Cartas do pai

De Alceu Amoroso Lima
para sua filha
madre Maria Teresa, OSB

IMS
INSTITUTO MOREIRA SALLES

Acervo Centro Alceu Amoroso Lima

Na biblioteca de sua casa,
à rua Paissandu, 200 (Rio, sd)

Sumário

Prefácio	7
Nota dos editores	13
Apresentação	15
"Tuquinha do meu coração"	18
"Reverendíssima abadessa"	25
1958	33
1959	71
1960	127
1961	195
1962	229
1963	259
1964	305
1965	485
1966	523
1967	571
1968	595
Portfólio	627
Alceu por Alceu	645
Cronologia	647
Índice onomástico	659
Agradecimentos	672

Prefácio

Impossível não evocar as palavras com que Montaigne apresenta seus *Ensaios* – "Eis aqui, leitor, um livro de boa fé" – ao abrir-se este singular volume de correspondência que, no entanto, ficaria melhor definido simplesmente como "um livro de fé". Sim, porque foi na fé, aquela cujo sentido transcendente dispensa adjetivo, que este livro encontrou razão de ser.

As cartas enviadas pelo pai Alceu Amoroso Lima começaram nas vésperas da filha Lia ser admitida, aos 22 anos, como monja enclausurada no mosteiro beneditino de Santa Maria, em São Paulo, em 1º de abril de 1951. A vocação, que a fez trocar o nome laico pelo de Maria Teresa, o mesmo da avó e da mãe, não arrefeceu, a princípio, a sofrida recusa da mãe em aceitar a escolha extremada.

A madre recorda que era ainda criança quando ouviu, pela primeira vez, o chamado imperioso para consagrar-se inteiramente a Deus. Durante anos manteve em segredo o caminho que havia escolhido, dando curso a um íntimo preparo sem qualquer hesitação ou turbamento. Chegou mesmo a estudar Letras Clássicas na Faculdade Nacional de Filosofia, no Rio de Janeiro, onde foi aluna do pai no curso de literatura, em 1949, quando o assistente de Alceu era o poeta Jorge de Lima. Na primeira prova, o pai tirou-lhe um ponto por erro de crase, pespegou uma nota 7 e completou a avaliação escrevendo em maiúsculas no alto da página: PAPAGAIO!

Cerca de um ano antes, em férias passadas com a família na fazenda São Lourenço, no interior fluminense, Lia havia lançado mão da linguagem simbólica para preparar o ânimo da mãe, já desconfiada, quanto à sua verdadeira vocação. Começou a tricotar um suéter de lã preta que, ao tomar certo corpo, chamou a atenção de dona Maria Thereza. "Quando você pretende usar um suéter desta cor?". "Para sempre", respondeu.

A partir daí as relações entre Lia e a mãe tornaram-se tensas, a mãe inconformada em "perder a filha", uma perda para o alto, reconhecia, mas que as levaria a um afastamento que somente o tempo poderia mitigar. Em estado de choque, dona Maria Thereza ficou vários meses sem conseguir falar com a filha.

Quando os trâmites haviam avançado ao ponto de não retorno – era já impossível postergar a data da entrada no mosteiro, pondo em risco seu projeto de vida –, Lia viu chegada a hora de informar o pai. Em agosto de 1950, Alceu recebeu uma carta de Hildebrando Acioly, embaixador brasileiro junto à Organização dos Estados Americanos-OEA, nova denominação, a partir de 1948, da União Pan-Americana, em Washington, convidando-o a assumir o cargo de diretor do Departamento Cultural da instituição. O conturbado clima familiar, onde tudo prenunciava o desenlace do destino de Lia, levara-o a retardar até outubro o envio da resposta aceitando o convite.

Já àquela altura, Alceu tinha o hábito de passar o tempo que podia em sua casa na Mosela, em Petrópolis, onde encontrava tranqüilidade para escrever. Numa noite chuvosa, Lia viajou sozinha e, lá chegando, telefonou ao pai pedindo que fosse buscá-la na estação rodoviária. No caminho para casa, sob um mesmo guarda-chuva, ela lhe disse, após dar a notícia: "Agora é a hora de Deus. Com Ele eu me entendo. Depois vem a hora do diabo". Caso o pai não consentisse, completou, "esta hora fica por sua conta". Em seguida, aliviada, confessou-lhe que havia decidido tornar-se freira aos 8 anos, quando fez a primeira comunhão. "Nunca tive a menor dúvida", confirmou Alceu.

As duas primeiras cartas que iniciam este volume, reproduzidas em forma fac-similar, são de 28 de dezembro de 1950 e de 23 de março de 1951. Na primeira, o pai despede-se da filha que, do cais do porto do Rio de Janeiro, acompanha a partida do *Argentina*, navio que levou a família aos Estados Unidos, onde Alceu assumiria suas novas funções, em Washington. Na segunda, dirigida a Maria José de Ferreira, abadessa do mosteiro de Santa Maria, Alceu faz uma comovida, dolorosa entrega da filha prestes a deixar, para sempre, o mundo e a consagrar-se ao serviço de Deus. São, ambos, pela comoção que suscitam, textos confessionais sem par na literatura brasileira. São também diacrônicos em relação ao período recortado para esta edição na correspondência Alceu-Tuca, como Lia era chamada em família, e foram inseridos para oferecer moldura e compreensão à correspondência que lhes segue. A partir da entrada de Maria Teresa, a incansável epistolografia do pai jamais deixou de chegar, com regularidade diária, até a morte de Alceu, em 1983, ao mosteiro de Santa Maria, do qual ela se tornou abadessa em 1978.

Os anos compreendidos por este primeiro volume das *Cartas do pai* – sugerindo que outros poderão sucedê-lo, como espera o editor – foram escolhidos por Alceu Filho e Silvia, irmãos da madre Maria Teresa, que tomaram a seu cargo a realização de um desejo expresso do pai. Trata-se de um recorte de quase 11 anos da correspondência ativa do pai, começando em 1º de julho de 1958 e encerrando-se em 31 de dezembro de 1968, que enfeixa período crucial na história política do Brasil. Alceu Amoroso Lima, graças à sua enorme autoridade moral e intelectual, exerceu, como se sabe, papel preponderante naquela longa noite da resistência civil ao regime autoritário implantado no país a partir do golpe militar de 1964.

Ressalvada, porém, a importância fundamental de sua voz clara e exemplar que, corajosamente, jamais se calou, mesmo nos momentos mais sombrios dos anos de chumbo no Brasil, não foi disso somente que sua correspondência tratou. Nem foi a política o principal assunto desses 11 anos das cartas de Alceu, para o bem do leitor. Homem de idéias gerais, sem especialidade, como gostava de definir-se, com certa ironia, mas também sem indulgência, havia deixado há muito de ser o intelectual omnívoro dos anos de juventude para concentrar-se na certeza, que o passar do tempo lhe trouxera, de que a sabedoria suprema é a sabedoria do coração. E o imenso coração de Alceu fazia caber tudo em suas cartas, os grandes temas de seu tempo como também as coisas menores, a pequena história, a graça vária da vida a cada dia renovada. Não por acaso gostava de citar a frase de Gilbert Keith Chesterton, romancista inglês convertido ao catolicismo: "A única lei da história é o imprevisto", para lembrar que o tédio é um dos maiores inimigos do homem, pois lhe tolhe a liberdade.

Se fosse preciso atribuir a essas cartas um gênero literário, este seria a autobiografia. Naturalmente confessional e tão bem representada na literatura francesa lida por Alceu em seus anos de formação, a epistolografia como prática cotidiana, a que o distanciamento da filha dileta o conduzira, proporcionou-lhe, em compensação, o interlocutor ideal com quem podia abrir-se sem reservas, com tempo e espaço para sua memória fluir solta, livre, ao correr da pena. Filho de dois séculos, o XIX, de seu nascimento, em 1893, e que, segundo ele, terminara somente em 1914, com a Primeira Guerra Mundial, e o século XX, no qual viveria a maior parte de seus quase 90 anos, Alceu sabia que não poderia partir deste mundo sem deixar seu testemunho.

Ao longo dos anos, várias de suas produções – na maior parte, artigos de imprensa posteriormente reunidos em volume – vinham assumindo feição francamente confessional e autobiográfica, caso de *Adeus à disponibilidade e outros adeuses* (Rio de Janeiro: Agir, 1969), com textos produzidos desde 1928, como o que dá nome à antologia, e *Companheiros de viagem* (Rio de Janeiro: José Olympio, 1971). Dois anos depois, seria publicado o livro *Memórias improvisadas* (Petrópolis: Vozes, 1973), resultante de um longo depoimento prestado por Alceu ao jornalista Cláudio Medeiros de Lima, revisado pelo autor.

Verifica-se agora, pelo cruzamento das respectivas cronologias, que boa parte das memórias recolhidas por Medeiros de Lima já havia sido testemunhada por Alceu em sua correspondência com a filha, como também estão presentes nas cartas muitos de seus adeuses a companheiros de viagem. A diferença com os textos éditos é que na interlocução com Tuca o tom é sempre íntimo, e a confissão, plena: pai e filha cúmplices na rememoração do percurso da vida inteira – infância, formação, maturidade serena – de um dos intelectos mais lúcidos de seu tempo.

Alceu pretendia que essa correspondência fosse a matéria-prima para o relato de sua passagem pelo mundo, uma biografia espiritual, mas não ela própria o texto da grande confissão que agora se oferece ao leitor. Mas quem melhor que Alceu para dar o tom exato a esse "documento humano, integralmente humano", que ele imaginava fosse brotar da pena de Tuca e que os filhos, sabiamente, preferiram manter como ele o escreveu, dia a dia, com total desassombro, durante 33 anos?

Alceu costumava dizer que um de seus segredos era "procurar viver realmente querendo acertar, porém sem ter a ilusão de que se possa acertar". Apesar de ter sido um combatente de idéias, em nome, sobretudo, da fé, da liberdade e da esperança, procurava não personalizar seus ataques, nunca visando à pessoa, lembrando sempre a frase de Santo Agostinho: "Ataca-se o pecado, mas absolve-se o pecador". A temperança dessa ética da compaixão não o impediu, contudo, de colocar-se firmemente contra os abusos do governo militar. Com exceção de um breve período após a decretação do Ato Institucional nº 5, de 13 de dezembro de 1968 – quando os dois artigos semanais que publicava no *Jornal do Brasil* foram suspensos, talvez por cautela do próprio diário, que era governista – o regime jamais ousou censurar Alceu Amoroso Lima, o que fez dele um dos raros intelectuais brasileiros de oposição com acesso à imprensa, naqueles anos de má memória para a história da liberdade no país.

A atitude, em relação a Alceu, dos dois presidentes militares do período espelhado na correspondência (1964-1968) – os marechais Humberto de Alencar Castello Branco (1964-1967) e Arthur da Costa e Silva (1967-1969) – foi sempre dúbia, hesitando, cada um a seu modo, entre o respeito temeroso de sua liderança intelectual perante a Igreja e a sociedade civil e a tentativa de mantê-lo por perto e, se possível, cooptá-lo. Na carta de 17 de dezembro de 1968, Alceu confessou à filha: "...*tenho vergonha de estar solto*, numa hora destas, pois são os melhores que estão presos de fato, embora todos nós estejamos presos cá fora...". Na verdade, pelo menos uma vez, ele esteve muito perto de ser preso.

O episódio aconteceu em São Paulo, dias depois da publicação do artigo "Terrorismo cultural", na coluna de Tristão de Athayde (pseudônimo de Alceu Amoroso Lima) no *Jornal do Brasil*, em 7 de maio de 1964, que foi uma das primeiras manifestações de repúdio ao golpe militar perpetrado em 31 de março, denunciando, entre outras arbitrariedades, as primeiras cassações de mandatos eletivos e a supressão de direitos políticos. Alceu fazia uma de suas freqüentes visitas à madre Maria Teresa, na abadia de Santa Maria, ainda em seu antigo endereço, na rua São Carlos do Pinhal, no bairro de Bela Vista (de onde se mudaria, em 1976, para a região da Cantareira), quando a monja foi chamada por dois senhores. Voltou e disse ao pai: "Vou atender uma visita com quem você não gostaria de estar. Por isso, não saia daqui". Percebendo logo tratar-se de agentes do Dops, a polícia política do regime, foi recebê-los em outro parlatório, onde se deu o seguinte diálogo:

"A senhora é filha do Tristão de Athayde?"

"Com muita honra."

"Ele se encontra aqui?"

"Não."

"A senhora poderia dizer onde podemos encontrá-lo?"

"Perfeitamente", disse Maria Teresa, dando-lhes o endereço do pai em Petrópolis e, também, em São Paulo, onde morava sua irmã Silvia, hospedeira habitual de Alceu em suas visitas às filhas residentes na cidade. Em seguida, despediu-se e acrescentou:

"Antes de encontrar meu pai, melhor vocês se comunicarem com o presidente Castello".

A referência ao presidente se explica num *post-scriptum* na carta que escreveu para a filha em 8 de maio de 1964, informando-a sobre o diálogo que segue, em resumo:

> Há alguns momentos, quase caí para trás, quando, atendendo o telefone, ouço uma voz que me diz: "Fala aqui o general Castello Branco..." Fiquei mudo, imaginando uma brincadeira. Ele repetiu. Eu perguntei: "Mas...o presidente da República?" "Sim, senhor. Pode comprovar." Então reconheci a voz. E ele foi me dizendo, mais ou menos o seguinte:
>
> "Há muito tempo que acompanho o que o senhor escreve e tenho aprendido muito com o senhor. É a propósito de seu artigo de ontem 'Terrorismo cultural'. O senhor talvez não esteja bem informado da infiltração comunista [...]."
>
> Eu então entrei também com as minhas explicações. "Pois é, presidente, o que eu temo é que, se nós perdermos a nossa linha de temperamento, de espírito de justiça, o comunismo se torne entre nós realmente uma conspiração perigosa. Mas eu me congratulo por este seu telefonema. É a primeira vez, creio eu, que um presidente da República desce de seus cuidados para falar com um simples jornalista [...]."

> E ele: "Há muito que o admiro e leio tudo o que o senhor escreve. [...] O senhor é um livre-atirador, sem compromisso. Desejo ter a oportunidade de conversar pessoalmente com o senhor. Na primeira oportunidade, pedirei que venha conversar comigo. Muito obrigado. Até breve."

Ao que se conhece, essa conversa particular jamais aconteceu. Tampouco Alceu ficou sabendo que havia sido procurado por agentes do Dops. Sua mulher, Maria Thereza, ficara muito assustada com alguns telefonemas ameaçadores a propósito da publicação do artigo, e a filha achou melhor não relatar ao pai o incidente no convento. "Foi para não preocupar minha mãe", justificou. "Ele contava tudo para ela."

Alceu, na verdade, estava preparado para o pior. Em carta datada de 27 de outubro de 1965, revelou uma extraordinária premonição que San Thiago Dantas lhe manifestara em conversa por telefone, no dia do golpe militar. "San Thiago se dirigia para o Palácio das Laranjeiras, onde ainda estava o Jango. Perguntei a ele o que ocorrera [...]", escreveu Alceu, "e querendo saber que probabilidades tinha o Jango de resistir". "'Poucas', me diz o San Thiago. 'Fala-se que alguns elementos aquartelados às margens do Paraíba lhe são fiéis. Mas creio que está tudo perdido. E você já pensou no que vão ser 20 anos de ditadura direitista?'"

"Sua profecia começa ou antes continua a realizar-se", comentou com a filha um abatido Alceu. "Temos apenas ano e meio de ditadura direitista. Faltam apenas... 18 e meio. Quer dizer que até o fim da minha vida terei de viver sob esse regime, sempre em oposição (como aliás tenho vivido toda a vida), mas agora muito mais na fogueira, mesmo que seja apenas a das idéias. E por isso pergunto a mim mesmo: até quando e até que ponto temos o direito de pensar e exprimir essas idéias? Enquanto durarem esses 18 anos e meio... E como não chegarei lá, em hipótese alguma, até o fim da minha própria vida."

Alceu Amoroso Lima também acertou em sua profecia. Morto em 14 de agosto de 1983, não permaneceu neste mundo o suficiente para ver o fim da ditadura. Legou, porém, aos brasileiros da sua e das futuras gerações, apesar do desalento a que aqueles dias ansiosos o levaram, uma verdadeira lição de esperança. E um exemplo de vida superior, que foi, este sim, o maior tesouro de sua herança.

Os primeiros passos para a publicação deste livro tiveram início há 11 anos, quando o Instituto Moreira Salles decidiu organizar o seminário "Presença crítica de Alceu", em homenagem ao pensador católico, no seu centenário e décimo ano de sua morte. Realizado em São Paulo, em 18 de novembro de 1993, o evento contou com depoimentos de Antonio Candido de Mello e Souza, Francisco Iglésias, João Etienne Filho, Davi Arrigucci Jr., Alceu Amoroso Lima Filho, João Luiz Lafetá, José Paulo Paes e Augusto Massi.

Os trabalhos de preparação desse encontro, em 1992, levaram-me a uma conversa preliminar com Alceu Filho, então residente em Salvador. Lá tomei conhecimento de que as cartas do pai para madre Maria Teresa estavam com a filha, e não, como eu supunha, no arquivo do Centro Alceu Amoroso Lima para a Liberdade, sediado na casa que fora do escritor, em Petrópolis. Anos depois, a família doaria importante conjunto de documentos pessoais e literários à Academia Brasileira de Letras, onde Alceu ocupara, desde 1935, a cadeira número 40. Desse conjunto, todavia, as cartas não fizeram parte.

Em 20 de outubro de 1992, fiz minha primeira visita à madre Maria Teresa na abadia de Santa Maria, para saber de sua disposição de publicar as cartas do pai. Havia vários problemas, disse-me ela – a saúde, o trabalho, a falta de tempo –, que a impediam de dedicar-se a isso, mas o principal deles, revelou, é que "ainda não estava na hora". Entendi suas razões e não insisti.

Cerca de oito anos depois, Alceu Filho fez-me saber que a irmã Tuca tinha decidido transcrever as cartas do pai para publicação. E mais, que os três irmãos que estavam se dedicando à tarefa achavam-se à procura de um editor. O que teria levado madre Maria Teresa a, finalmente, resolver-se?

Soube depois que, durante todo esse tempo, ela vinha se preparando para enfrentar o desafio. "Um dia", revelou, "foi como se papai simplesmente me tivesse feito um sinal e" – *mirabili dictu* ['coisa maravilhosa de dizer'] – "senti que a hora havia chegado".

Numa crônica – incluída no livro *Companheiros de viagem* – sobre a morte de seu amigo e cunhado, o escritor Afrânio Peixoto, em 1946, Alceu afirmou ter sido a "imensa naturalidade das coisas sobrenaturais, que recebera de volta o viajante fatigado".

Por que não pode ser ele, agora, com essa mesma naturalidade, quem regressa ao nosso convívio, braços e alma abertos, vivo como nunca, através desse grande gesto amoroso que são suas *Cartas do pai*?

Antonio Fernando De Franceschi

Nota dos editores

Livros como este reclamam um alentado conjunto de notas de rodapé devido à sua própria natureza. Em volumes epistolares, é comum que pessoas, acontecimentos e obras sejam mencionados de maneira informal, já que são familiares aos missivistas; para o leitor, no entanto, certas passagens podem se apresentar, muitas vezes, incompreensíveis.

Em *Cartas do pai*, um cuidado adicional com as notas se impunha, por força das referências constantes a um universo muito particular, o da Igreja Católica. Além disso, como o autor das missivas foi, desnecessário dizer, um intelectual completo, dos maiores de seu tempo, sua erudição apresenta-se naturalmente a cada parágrafo que escreve – e era preciso torná-la acessível.

Assim, o que se buscou nas quase 1.500 notas de rodapé do presente volume foi identificar minimamente os personagens citados – fornecendo, sempre que possível, suas datas de nascimento e eventual morte –, contextualizar os eventos referidos e prestar esclarecimentos básicos sobre encíclicas, livros etc., que a todo o instante surgem no corpo das cartas. É claro que algumas figuras ou fatos históricos são conhecidos pela maioria dos leitores; nestes casos, as notas foram inseridas sobretudo para situá-los no tempo, permitindo contrapontos. Com parentes próximos a Alceu, empregados e pessoas mencionadas apenas de passagem considerou-se dispensável tal critério.

Nas notas de cunho biográfico, optou-se por usar o nome completo da personalidade em questão (por exemplo, Joaquim Maria Machado de Assis), enquanto as entradas no índice onomástico levam em conta a forma pela qual ela é mais conhecida (simplesmente Machado de Assis). Em algumas missivas foi impossível conseguir informações sobre as figuras citadas, mesmo com a dedicação da família Amoroso Lima e com a verdadeira rede de contatos que se armou para localizar tais pessoas. Em geral, são nomes que não aparecem mais de uma vez e, quando ocorrem, o fazem de maneira breve e secundária para a compreensão do conteúdo das cartas. Apesar disso, quaisquer dados sobre eles, ou demais passagens do livro, que venham a complementar as notas de rodapé desta obra, serão bem-vindos – e contemplados em futuras reedições.

Como se verá, o autor usa com freqüência expressões e citações em seus idiomas de origem – que foram traduzidas, no primeiro caso, e identificadas, no segundo. Também é comum que sejam mencionados livros estrangeiros em seus títulos originais. Quando a nota se refere a uma edição específica, manteve-se o nome original, dando ao leitor subsídios para localizá-la – editora, local e ano de publicação. No caso de textos clássicos, foi utilizado o título da tradução consagrada. Um exemplo é *A l'ombre des jeunes filles en fleurs* – segundo livro de *Em busca do tempo perdido*, de Marcel Proust –, cuja versão mais conhecida no país é *À sombra das raparigas em flor*. Em se tratando de autores brasileiros, não foram dadas maiores indicações bibliográficas, à exceção das obras de Alceu Amoroso Lima. Quando o livro estrangeiro teve edição no Brasil o título aparece em *itálico*; caso contrário, fica em redondo.

Por fim, é importante frisar que as marcações inseridas no corpo das missivas – tais como pontos de interrogação e "sic" – são do próprio autor, salvo no caso das supressões que a família ou os editores julgaram necessário fazer e que se encontram claramente identificadas.

Apresentação

Estivemos, durante a maior parte do ano 2000, mergulhados nas cartas que geraram este livro: minha intenção é contar um pouco dessa viagem maravilhosa através da correspondência de meu pai, que agora entregamos ao público.

Antes de tudo, um agradecimento ao Instituto Moreira Salles, por meio de seu superintendente executivo, Antonio Fernando De Franceschi, muito especialmente *in memoriam* do nosso caro amigo embaixador Walther Moreira Salles (1912-2001), sem cuja sensibilidade histórica e literária e caloroso incentivo pessoal este livro não teria sido publicado; lamentamos não ter ele podido ver a obra pronta, mas temos certeza de que, de onde estiver com Deus, irá apreciá-la.

A destinatária dessas cartas, do fundo de sua clausura, hesitou bastante ante as insistentes solicitações para abrir essa porta. Por todas as razões que os leitores possam imaginar, mas também e principalmente por uma ordem prática: a falta de tempo, a dificuldade de subtrair às suas obrigações de abadessa de um mosteiro beneditino o tempo necessário para organizar, decifrar... e digitar o material que guardava com carinho havia 50 anos.

Finalmente, feita a nossa aliança, ela de reler e selecionar trechos e eu de, após a "primeira releitura", digitar o que ela ditava – e para isso me internar no convento dois dias por semana –, conseguimos outra adesão de valor, a da terceira irmã, Silvia, professora e perfeccionista, que daria ao nosso texto a ordem e o português corretos.

Então pudemos realmente nos absorver no trabalho e navegar, como se diz hoje, por 11 anos da vida de nosso pai: uma parte da "*História do meu pai*, que você escreverá um dia, quando, no silêncio e no recolhimento dos seus anos de abadia, sem a possibilidade da visita da Mamãe e minha, puder entregar-se totalmente às duas coisas. Ou, antes, a três: a união com Deus cada dia, na expectativa da união eterna; a evocação dos tempos em que éramos vivos na terra e íamos aí de vez em quando conversar com você; e as pessoas que vão te procurar, ou, melhor, que *irão* te procurar para que você as ajude a carregar o seu fardo e talvez para conversar um pouco também sobre o que *seus pais* deixaram de vivo em você. Espero que isso seja por longos anos e você possa escrever a *História do meu pai*, com a memória prodigiosa que tem, sem se preocupar em fazer literatura, mas contando o que foi *a nossa casa*, o que foi a Moselinha, que você viu no começo e adivinhou depois, em suas transmutações, o que foram as nossas cartas, as nossas manhãs de Santa Maria e tudo mais que você, única entre os nossos filhos, poderá e saberá reviver, no seu estilo, para a posteridade, para aqueles que puderem e quiserem utilizar-se de um documento humano, integralmente humano, dessas cartas em que se revive, dia a dia, momento a momento, a vida cotidiana. Será pelo menos um documento, em dez ou 15 ou 20 anos, do dia-a-dia de um sujeito que amou a vida intensamente e procurou vivê-la, cada dia, na máxima sinceridade [...]" (trecho da carta do dia 31 de dezembro de 1959).

Tentamos realizar essa profecia simplesmente publicando as cartas que ele escreveu, diariamente, à nossa irmã, abadessa Maria Teresa – para nós Tuca –, excluindo trechos repetidos (como ele gostava dos "de modo que" e dos "como eu já te disse"...), corrigindo aqui e ali alguns erros de português (sim, será para alguns surpresa, mas havia muitos) e mesmo retirando palavras absolutamente ilegíveis ou qualitativos menos delicados, daqueles que ele nunca dizia, mas que a "cinzentinha"– apelido de sua caneta Parker 51 de estimação, com a qual muitas dessas cartas foram escritas –, às vezes de tão irritada, fazia-lhe escapar dos dedos...

A nossa alegria foi imensa ao tentar como que reconstruir a imagem do nosso pai, pois ele estava todo ali nas cartas, sincero, íntegro de caráter, de uma profunda fé religiosa e ao mesmo tempo homem simples, humilde, alegre, engraçado, enfim, o pai aparecia de novo ali na sala do convento, como que a nos acompanhar de perto na tarefa, para evitar que o amor nos tornasse infiéis à verdade, que substituíssemos a sua extrema humildade pelo seu magnífico valor, mas também para zelar para que a sua admirada liberdade estivesse o tempo inteiro junto de nós.

É assim navegamos meses a fio, livres para recuperar a imagem e conversar e beber na substância de um pai muito grande, mas vigiados por ele para que não deixássemos de dar aos leitores a sua verdadeira imagem, que por trás daqueles "garranchos" pudemos perceber bonita, forte, homem de Deus vivendo entre os homens.

Em 1928, ao fazer a sua "segunda Primeira Comunhão", como gostava de dizer, integrando-se e entregando-se à vida apostólica de leigo católico, meu pai escreveu um artigo de jornal com o título de "Adeus à disponibilidade". Retirava-se da vida mundana intensa, dos amigos, dos passeios literários sem compromisso. E entregava-se ao serviço de Deus.

Este livro – ocorreu-nos o contraponto enquanto íamos navegando pelas cartas – representa a sua "volta à disponibilidade": estará disponível para o público leitor a face mais íntima dele, e temos certeza de que o seu percurso pelos caminhos de Deus durante esses anos irá trazer benefícios a muitos leitores, tantos de nós que talvez iremos questionar a nossa própria disponibilidade...

Aleluia!

Alceu Amoroso Lima Filho

Com Alceu Filho ▶
(Petrópolis, 1936)

Acervo do autor

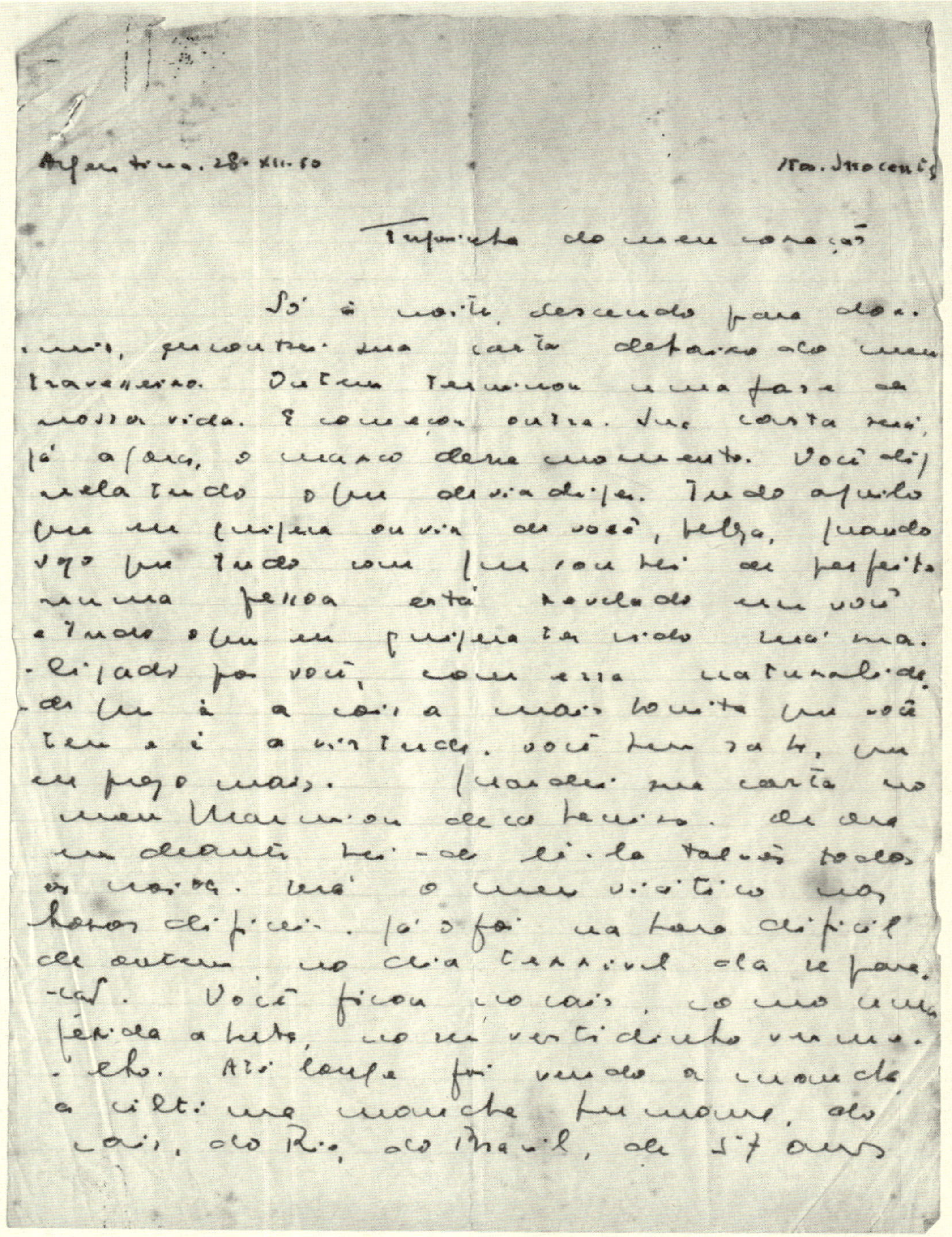

Argentina. 28.XII.50 [illegible]

Tuquinha do meu coração

Só à noite, descendo para dormir, encontrei sua carta debaixo do meu travesseiro. Ontem terminou uma fase da nossa vida. E começou outra. Sua carta será, já agora, o marco desse momento. Você diz nela tudo o que devia dizer. Tudo aquilo que eu esperava ouvir de você, [illegible], quando vejo que tudo com que sonhei de perfeito numa pessoa está revelado em você e tudo o que eu esperava ter visto realizado por você, com essa naturalidade que é a coisa mais bonita que você tem e é a virtude. Você tem 24, eu [illegible] mais. Guardei sua carta no meu Maritain de cabeceira. De ora em diante hei-de lê-la talvez todas as noites. Será o meu viático nas horas difíceis. Já o foi na hora difícil de ontem no dia terrível da separação. Você ficou no cais, como uma ferida aberta, no seu vestidinho vermelho. Até longe fui vendo a mancha a última mancha vermelha, do cais, do Rio, do Brasil, de 57 anos

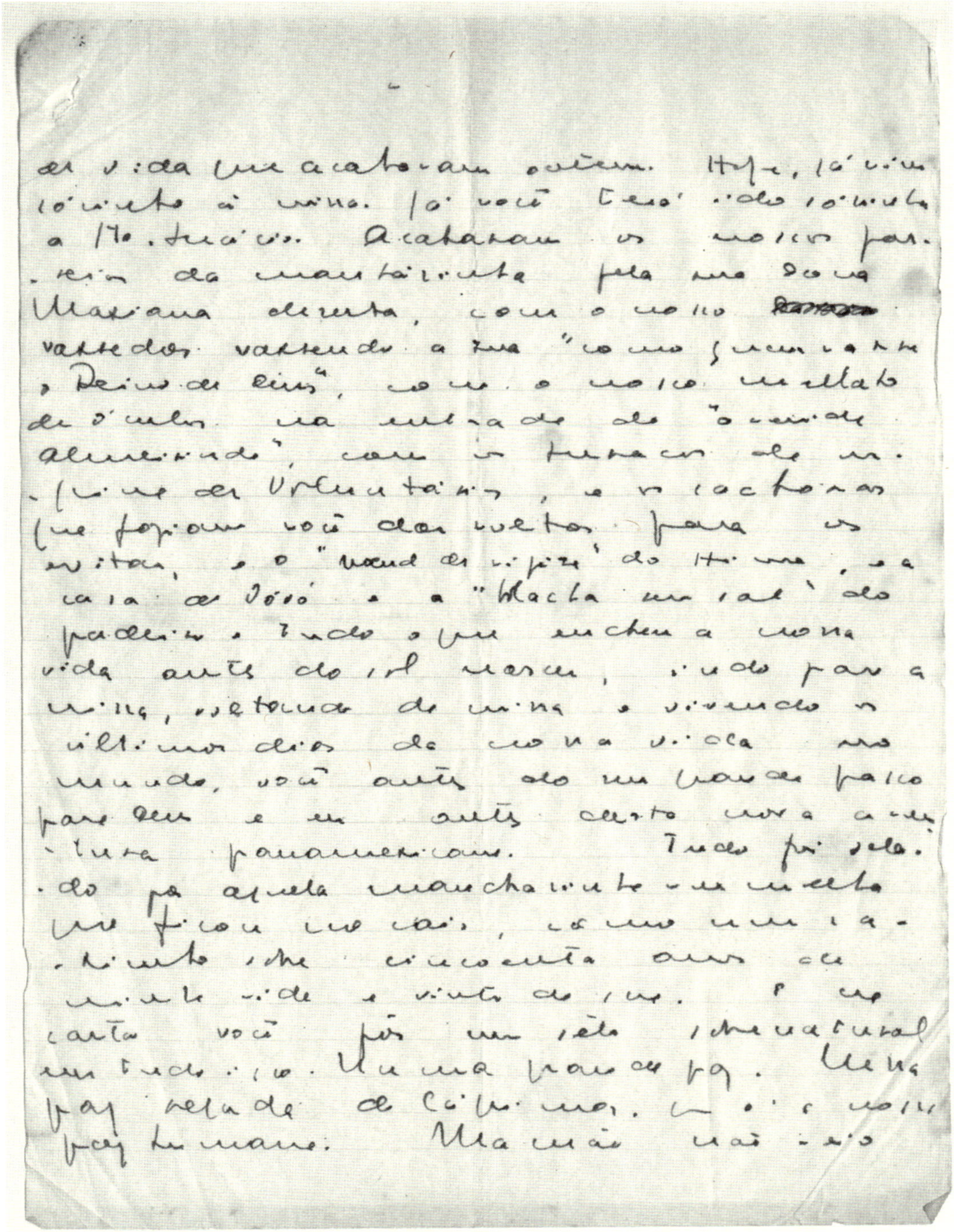
a vida que acabaram ontem. Hoje, só vim
sozinho à mina. Só você terá vindo sozinho
a [illegible]. Acabaram os nossos pas-
-seios da madrugada pela rua Dona
Mariana deserta, com o nosso [illegible]
varrendo a sua "[illegible]
o Reino da [illegible]", com o nosso [illegible]
de [illegible] na entrada do "[illegible]
alumiado", com os [illegible] de [illegible]
-[illegible] de Voluntários, e os cachorros
que fugiam você das [illegible] para os
evitar, o "[illegible]" do [illegible], a
casa de [illegible] e a "[illegible]" do
padeiro. Tudo o que encheu a nossa
vida antes do sol nascer, indo para a
mina, voltando da mina e vivendo os
últimos dias da nossa vida no
mundo, você antes do [illegible]
para [illegible] e eu antes [illegible] nova aven-
-tura panamericana. Tudo foi sela-
-do por aquela [illegible]
que ficou no cais, como um [illegible]
-[illegible] sobre cinquenta anos de
[illegible] vida e vinte do seu. E na
carta você pôs um selo sobrenatural
em tudo isso. Uma grande paz. Uma
paz [illegible] de [illegible]. [illegible]
paz humana. Mamãe não [illegible]

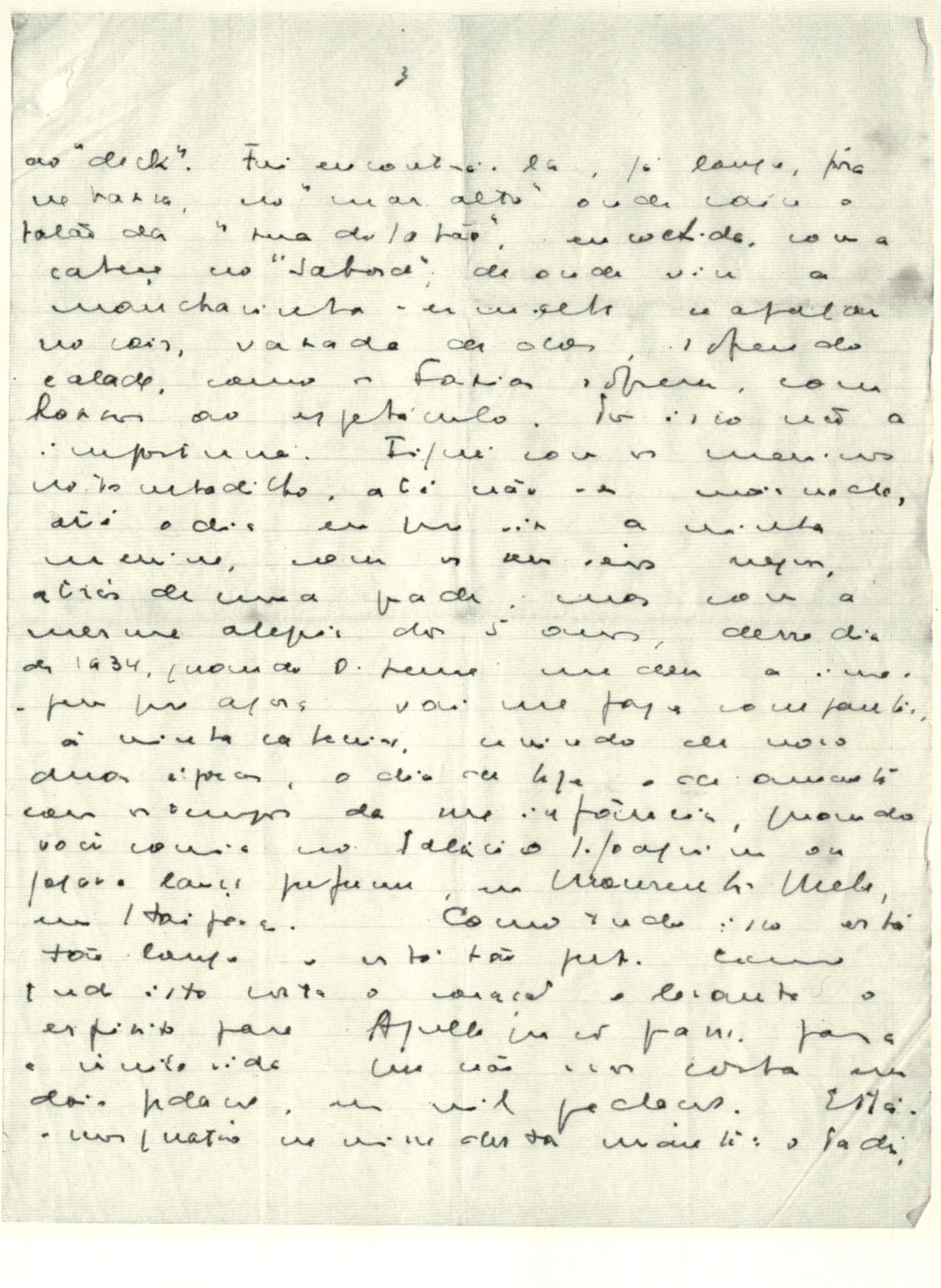

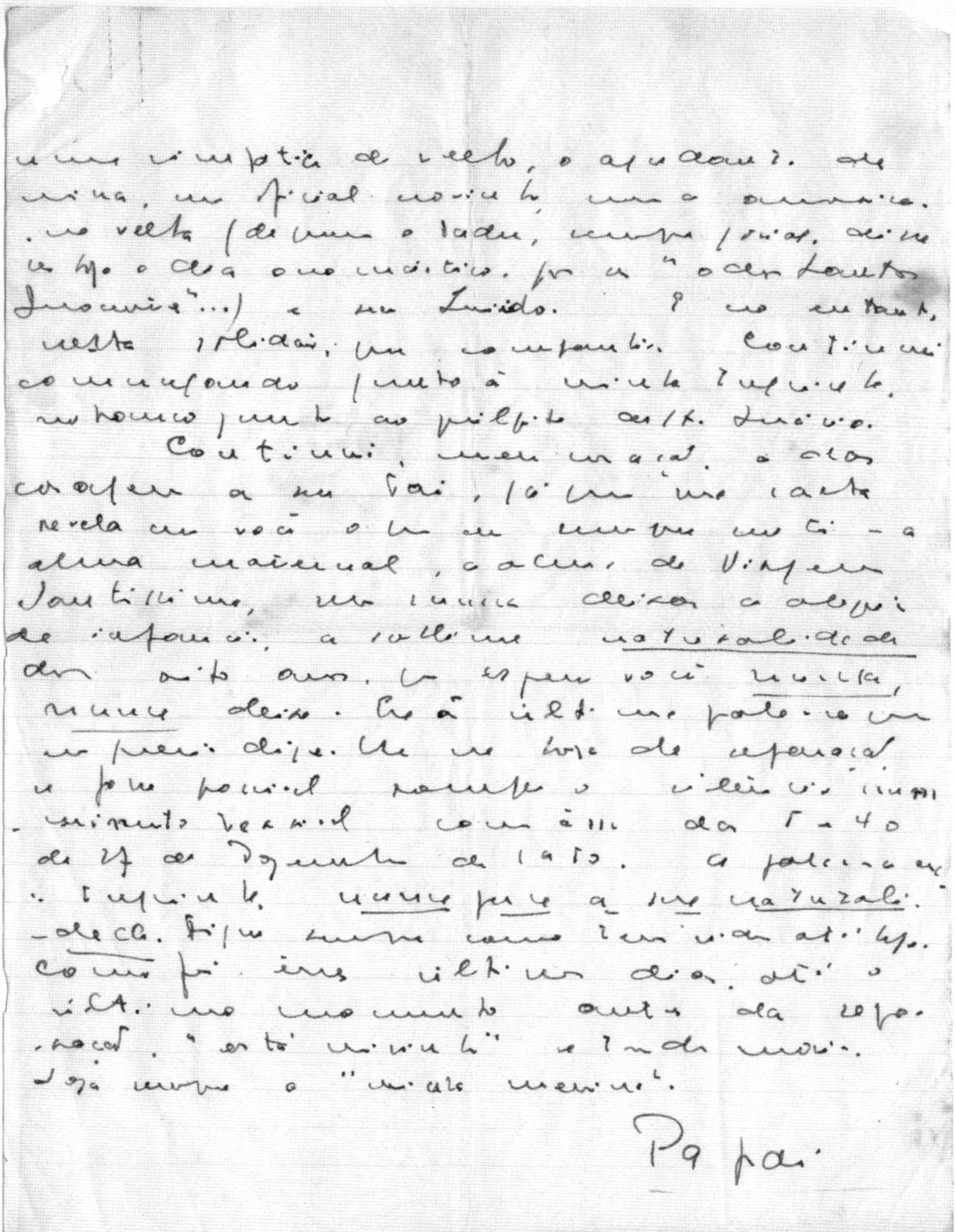

uma simpatia de velho, o aguardente de
minha, um oficial [illegible], uma [illegible].
no velho (de [illegible] o lado, sempre [illegible], [illegible]
[illegible] o dia [illegible], [illegible] "[illegible] Santos
Inocência"...) e seu Lúcido. E no entanto,
nesta soledade, um companheiro. Continuei
comungando junto à minha esquerda,
no banco junto ao púlpito [illegible] Inocêncio.
Continue, meu coração, a dar
conforto a seu Pai, [illegible] carta
revela em você [illegible] – a
alma maternal, a alma de Virgem
Santíssima, [illegible] nunca deixar a alegria
de infância, a sublime naturalidade
dos oito anos. Eu espero você nunca,
nunca deixe. [illegible] última palavra em
[illegible] disse. [illegible] de esperança
[illegible] possível [illegible] o último [illegible]
minuto terrestre com [illegible] das 5 e 40
de 24 de dezembro de 1950. A palavra [illegible]
[illegible] nunca perca a sua naturali-
-dade. Fique sempre como [illegible] até hoje,
como foi nos últimos dias, até o
último momento antes da sepa-
-ração, "estou morrendo" e tudo mais.
Seja sempre a "muito menina".

Papai

Argentina, 28 de dezembro de 1950 — Santos Inocentes[1]

Tuquinha do meu coração.

Só à noite, descendo para dormir, encontrei sua carta debaixo do meu travesseiro. Ontem terminou uma fase de nossa vida. E começou outra[2]. Sua carta será, já agora, o marco desse momento. Você diz nela tudo o que devia dizer. Tudo aquilo que eu quisera ouvir de você, beleza, quando vejo que tudo com que sonhei de perfeito numa pessoa está revelado em você e tudo que eu quisera ter sido será realizado por você, com essa naturalidade que é a coisa mais bonita que você tem e é a virtude, você bem sabe, que eu mais prezo.

Guardei sua carta no meu Marmion[3] de cabeceira. De ora em diante hei de lê-la talvez todas as noites. Será o meu viático nas horas difíceis. Já o foi na hora difícil de ontem, no dia terrível da separação. Você ficou no cais, como uma ferida aberta, no seu vestidinho vermelho. Até longe fui vendo a mancha, a última mancha humana, do cais, do Rio, do Brasil, de 57 anos de vida que acabavam ontem. Hoje, já vim sozinho à missa. Já você terá ido sozinha a Santo Inácio[4]. Acabaram os nossos passeios da manhãzinha, pela rua Dona Mariana[5] deserta, com o nosso varredor varrendo a rua "como quem varre o Reino de Deus"[6], com o nosso mulato de óculos na entrada da "avenida Almeirinda"[7], com os buracos da esquina de Voluntários[8], e os cachorros que faziam você dar voltas para os evitar, e o *noeud de vipères* do Hime[9], e a casa de Vovô[10] e a "bolacha sem sal" do padeiro e tudo o que encheu a nossa vida antes do sol nascer, indo

---

1. Festividade litúrgica, tradicionalmente celebrada a 28 de dezembro, em homenagem a todos os meninos com menos de 2 anos de idade, de Belém e arredores, que Herodes mandou matar querendo assim eliminar Jesus, de cujo nascimento tivera vaga notícia pelos Reis Magos, de acordo com a narrativa do evangelho de Mateus, 2, 16-17.

2. Alceu Amoroso Lima, a bordo do navio *Argentina*, partia rumo aos Estados Unidos para ocupar, durante cerca de três anos, o cargo de diretor do Departamento de Assuntos Culturais da União Pan-Americana, em Washington, e sua filha Lia, a Tuquinha, a quem são dirigidas as cartas deste volume, preparava-se para se tornar monja beneditina, ingressando no mosteiro Santa Maria, em São Paulo, sob o nome religioso de Maria Teresa. Desde 1978, madre Maria Teresa é a abadessa do mesmo mosteiro.

3. Referência à obra de d. Columba Marmion, uma das leituras prediletas de Alceu na ocasião. A respeito do autor, ver carta de 8 de julho de 1958, nota 16, p. 36.

4. Igreja dos jesuítas na rua São Clemente, bairro de Botafogo, no Rio de Janeiro.

5. Rua onde morava a família Amoroso Lima, em Botafogo.

6. Verso de um poema de Lauro de Araújo Barbosa (1915-1999), d. Marcos, OSB (Ordem de São Bento), poeta e tradutor, membro da ABL, onde foi recebido por AAL, a partir de 1980.

7. Vila residencial com entrada na rua Dona Mariana.

8. Rua Voluntários da Pátria.

9. Stanley Hime, morador na rua Dona Mariana; no jardim de sua casa havia uma árvore de raízes trançadas que Alceu designava de *noeud de vipères*, "nó de víboras", entrelaçamento de víboras num mesmo ninho. A expressão alude ao título de um dos mais célebres romances de François Mauriac (1885-1970), publicado em 1932 que apresenta uma densa trama familiar de maldade e ódio, de egoísmo e ganância tecida em torno da figura de um rico advogado, o qual será enfim tocado pela graça.

10. Manoel José Amoroso Lima, vulgo "Vovô Manduca", pai de Alceu.

para a missa, voltando da missa e vivendo os últimos dias da nossa vida no mundo, você antes do seu grande passo para Deus e eu antes desta nova aventura pan-americana.

Tudo foi selado por aquela manchazinha vermelha que ficou no cais, como um carimbo sobre 50 anos de minha vida e 20 da sua. E na carta você pôs um selo sobrenatural em tudo isso. Numa grande paz. Nessa paz regada de lágrimas que é a nossa paz humana.

Mamãe[11] não veio ao *deck*. Fui encontrá-la, já longe, fora da barra, no "mar alto" onde caiu o balão da "rua do sabão", encolhida, com a cabeça no *sabord*[12], de onde viu a manchazinha vermelha se apagar no cais, varada de dor, sofrendo calada, como os Faria[13] sofrem, com horror ao espetáculo. Por isso não a importunei. Fiquei com os meninos[14] no tombadilho até não ver mais nada, até o dia em que vir a minha menina, com os seus véus negros, atrás de uma grade[15], mas com a mesma alegria dos 5 anos, desse dia de 1934, quando dom Leme[16] me deu a imagem que agora vai me fazer companhia à minha cabeceira, unindo de novo duas épocas, o dia de hoje e de amanhã com os tempos da sua infância, quando você corria no Palácio São Joaquim[17] ou jogava lança-perfume no monsenhor Melo, em Itaipava[18]. Como tudo isso está tão longe e está tão perto. Como tudo isto corta o coração e levanta o espírito para Aquele que não passa, para a única vida que não nos corta em dois pedaços, em mil pedaços.

Estávamos quatro na missa desta manhã: o padre, uma simpatia de velho, o ajudante da missa, um oficial novinho, uma americana velha (de quem o padre, sempre jovial, disse ser hoje o dia onomástico, por ser "o dia dos Santos Inocentes"...) e seu Quiido[19]. E no entanto, nesta solidão, que companhia. Continuei comungando junto à minha Tuquinha, no banco junto ao púlpito do Santo Inácio.

Continuei, meu coração, a dar coragem a seu Pai, já que sua carta revela em você o que eu sempre senti – a alma maternal, sem nunca deixar a alegria da infância, a sublime naturalidade dos 8 anos que espero você *nunca, nunca,* deixe. Era a última palavra que eu queria dizer-lhe na hora da separação, se fosse possível romper o silêncio nesse minuto terrível, como esse das 5:40 de 27 de dezembro de 1950. A palavra era: Tuquinha, *nunca perca a sua naturalidade.* Fique sempre como tem sido até hoje. Como foi esses últimos dias, até o último momento antes da separação. Seja sempre a "minha menina".

Papai

---

11. Tratamento íntimo dado a Maria Thereza de Faria Amoroso Lima, com quem Alceu se casou em 1918.
12. Termo francês: escotilha.
13. Família paterna de Maria Thereza. Ver carta de 22 de janeiro de 1959, nota 86, p. 99.
14. Os filhos Jorge Alceu, Alceu, Paulo Alceu e Luiz Alceu.
15. Alusão à forma de vida monástica e enclausurada à qual sua filha estava prestes a aderir.
16. Dom Sebastião Leme da Silveira Cintra (1882-1942), bispo-auxiliar do Rio de Janeiro em 1911, bispo-coadjutor em 1921 e arcebispo em 1930, criado cardeal, o segundo do Brasil, em 30 de junho de 1930, pelo papa Pio XI. É de Alceu o livro *O cardeal Leme* (Rio de Janeiro: José Olympio, 1943).
17. Residência oficial dos arcebispos do Rio de Janeiro.
18. Secretário particular de d. Leme; Itaipava é o local da casa de veraneio da Arquidiocese do Rio de Janeiro.
19. O próprio Alceu, segundo o tratamento carinhoso – a partir da palavra "querido" – empregado por sua filha.

Acervo do autor

Na União Pan-Americana
(Washington, EUA, 1951)

ORGANIZATION OF AMERICAN STATES

ALBERTO LLERAS
Secretary General

WILLIAM MANGER
Assistant Secretary General

ARGENTINA · BOLIVIA · BRAZIL · CHILE
COLOMBIA · COSTA RICA · CUBA · DOMINICAN
REPUBLIC · ECUADOR · EL SALVADOR

GUATEMALA · HAITI · HONDURAS · MEXICO
NICARAGUA · PANAMA · PARAGUAY · PERU
UNITED STATES · URUGUAY · VENEZUELA

GENERAL SECRETARIAT
PAN AMERICAN UNION
Washington 6, D. C., U. S. A.

DEPARTMENT OF CULTURAL AFFAIRS
ALCEU AMOROSO LIMA, Director

Washington, 23 de Março de 1951 Sexta-feira Santa

Reverendissima Abadessa

De hoje a oito dias a caçula de minhas filhas, Lia, completará 22 anos de idade e , no dia seguinte, partirá para S. Paulo afim de seguir, sob sua direção, o caminho que Deus lhe traçou e que ela, com admirável fidelidade, tem sabido trilhar até hoje, sem qualquer vacilação e com o mais alto espirito de verdadeira mulher forte, a despeito de sua pouca idade.

Essa minha menina sempre representou muita coisa para mim. Foi ela o primeiro de meus filhos que veio à luz depois de minha conversão em 1928. Não direi que foi a minha preferida, porque um Pai e uma Mãe amam sempre, com afeto total, todos os seus filhos. Mas foi ela que, mais do que qualquer outro de meus filhos, sempre me acompanhou de perto, em minhas atividades, em minhas viagens e sobretudo em minha vocação espiritual. Fomos sempre companheiros de mesa eucaristica, como eramos sempre vizinhos à mesa doméstica. Foi minha aluna na Universidade, como foi, desde pequenina, minha acompanhante nos passeios e visitas, por toda a parte. Juntos fomos a Roma, ao centro da Cristandade. Juntos subimos ao Subiaco, fonte da vida beneditina. Juntos descemos às Catacumbas. Como juntos beijamos a mão do Vigário de Cristo.

Pode bem imaginar a Senhora quanto essa minha filha representa para mim. Costumo dizer-lhe que ela é a imagem do que eu quizera ter sido e , com ela, é o melhor, ou antes, a única coisa boa de mim mesmo que entra para o convento. Semore tive pela vida monástica uma especial predileção e sempre sustentei, por escrito ou verbalmente, que o destino do Cristianismo, no mundo moderno, depende, direta e imediatamente, do destino das Ordens e Congregações religiosas, onde se procura viver a vida perfeita. E o mandamento de Nosso Senhor é que procuremos viver como vive o nosso Pai dos Ceus. Outra coisa não faz, nem quer fazer, por toda a parte e em todos os tempos, a vida monástica. Eis porque considero que o destino, não só da Igreja, mas deste mundo em que somos condenados a viver, depende do destino da vida interior e contemplativa que as almas eleitas vivem na vida conventual.

Se assim é, imagine a Senhora com que profunda emoção vejo aproximar-se o dia em que toda a minha propria vida vai realizar o que tem de mais próximo de Deus, isto é a razão de ser de toda a vida de cada um de nós. Vejo aproximar-se esse dia como se fosse o da minha propria entrada para a vida monástica. Sou eu, Reverenda Senhora, que vou, junto a minha filha, inseparavelmente unido a ela até a morte, assim Deus o permita -como ela propria me lembrou em uma de suas inesqueciveis cartas- entrar sob o suave jugo da Regra Beneditina, no próximo dia 11 de Abril de 1951.

Como poderia eu então, aqui de tão longe, onde a Providencia Divina me colocou neste momento, deixar passar este dia, sem me dirigir pessoalmente àquela que, por determinação misericordiosa da vontade de Deus, vai representar, de ora avante, junto à minha filhinha, o papel que, até hoje, minha mulher e eu representamos! A Senhora, de ora avante, vai ser, abaixo de Deus, o Pai e a Mãe dessa nossa filha do coração. Doravante, é atravez de sua autoridade maternal e paternal, que nos devemos e queremos dirigir a ela. E, por isso mesmo, não desejo que essa delegação de poderes, por assim dizer, seja feita, por vontade divina e pela livre e espontanea vontade da nossa caçulinha, sem que, por nossa vez, lhe venhamos dizer que é tambem por nossa vontade e de todo o coração que, daqui a oito dias, lhe vamos entregar a nossa fi-

ORGANIZATION OF AMERICAN STATES

ALBERTO LLERAS
Secretary General

WILLIAM MANGER
Assistant Secretary General

ARGENTINA · BOLIVIA · BRAZIL · CHILE
COLOMBIA · COSTA RICA · CUBA · DOMINICAN
REPUBLIC · ECUADOR · EL SALVADOR

GUATEMALA · HAITI · HONDURAS · MEXICO
NICARAGUA · PANAMA · PARAGUAY · PERU
UNITED STATES · URUGUAY · VENEZUELA

GENERAL SECRETARIAT
PAN AMERICAN UNION
Washington 6, D. C., U. S. A.

DEPARTMENT OF CULTURAL AFFAIRS
ALCEU AMOROSO LIMA, Director

lhinha. Não importa que muitos milhares de milhas maritimas nos separem. As dimensões em que vivemos, em face de um acontecimento como esse, são puramente espirituais. De modo que, para mim, não faço distinção alguma entre estar aqui em Washington ou estar aí em S. Paulo. Cidades não têem o menor sentido e tão pouco distâncias, quando se trata de entregar uma filha a Deus e confiá-la à guarda quotidiana de quem, por tantos titulos, foi designada por Deus, de toda a Eternidade, para ser a sua mãe espiritual aqui na terra, sua diretora, sua guardiã. É um laço que nos une já agora, para sempre. Sei das suas virtudes, sei do seu carinho, sei perfeitamente a quem entrego a minha filha. E, por isso, no sofrimento natural dessa separação dilacerante, minha alegria espiritual é perfeita. Perfeita por saber que estamos cumprindo estrictamente com a vontade de Deus. Perfeita por saber que as grandes virtudes da vida beneditina, -a humildade e a obediencia- vão ser praticadas por minha filhinha, sob a santa direção de uma Monja de tão altas virtudes e de tão grande bondade como a Senhora. É de todo o coração, portanto, que lhe fazemos essa entrega. Nossa filha estará, de ora avante, em boas mãos. Terá, junto dela, um exemplo e sobre ela uma vigilância à altura da sua extraordinária vocação, que vem dos oito anos de idade!

Mas, Reverenda Abadessa, os pais são terrivelmente exigentes e eu, especialmente, que vou entrar com minha filha para o mosteiro, como sempre a tive como minha secretária particular, não posso crer que haja qualquer motivo, de ordem material ou espiritual, que nos possa impedir de nos escrevermos mutuamente e com frequência. Este é o pedido que já agora, com a liberdade de quem já se considera também um pouco o seu filho espiritual, venho lhe fazer, antes mesmo de entrar com ela para a casa de S. Bento. Permita, Reverenda Madre, que minha filha, mesmo durante esse periodo inicial de postulante e noviça, em que suas obrigações serão mais exigentes do que nunca, permita que ela possa escrever-me frequentemente, pelo menos uma vez por semana e que eu, por meu lado, seja autorizado a manter com ela uma correspondência que é hoje, na minha vida, o meu mais puro e mais alto consolo, fora das graças divinas que procuro diariamente receber, já agora sem a sua doce companhia, na mesa da comunhão.

Eis aí, minha Senhora, o que eu queria nesta hora tão grave de nossa vida, nesta hora que marca em nossa vida, já o fim de uma época e o inicio de outra, que começou no dia 27 de Dezembro, quando daí parti para esta minha missão nos Estados Unidos- eis o que eu queria dizer-lhe de todo o coração. Não procurei imprimir a esta carta nenhum caracter convencional. Ao contrário. Vencendo, mesmo, quem sabe, os deveres do protocolo, dirijo-me à Senhora com a intimidade que Nosso Senhor, creio eu, me permite ter com quem, já agora, vai ser o Pai e a Mãe de minha filha do coração!

Espero, dentro de um ano ou pouco mais, ter a alegria de ir pessoalmente levar-lhe os agradecimentos antecipados agora que, de tão longe, lhe dirijo pelo novo encargo que a Providencia Divina lhe colocou aos ombros, aumentando de mais uma filha, que espero seja tão obediente, submissa e virtuosa como as demais, o seu branco rebanho. Nessa data, poderei então, porventura, dizer-lhe, de vida voz, o que a frieza natural de uma carta, tão longinqua, não pode exprimir.

Só lhe quero dizer, minha Senhora, que lhe dou o que tenho de mais precioso. E fico tranquilo e alegre, por saber que o meu tezouro será guardado por mãos que representam a propria Providencia Divina, a propria autoridade do Pai dos pais.

Minhas Páscoas deste ano serão oferecidas pela felicidade de todo esse rebanho espiritual que aí, em Santa Maria, representa um desses oasis de vida perfeita, tão escassos e, ao mesmo tempo, tão indispensáveis para a salvação do mundo.

Estamos hoje, Sexta-feira Santa, no auge do sofrimento do nosso Salvador. E a dor

ORGANIZATION OF AMERICAN STATES

ALBERTO LLERAS
Secretary General

WILLIAM MANGER
Assistant Secretary General

ARGENTINA · BOLIVIA · BRAZIL · CHILE
COLOMBIA · COSTA RICA · CUBA · DOMINICAN
REPUBLIC · ECUADOR · EL SALVADOR

GUATEMALA · HAITI · HONDURAS · MEXICO
NICARAGUA · PANAMA · PARAGUAY · PERU
UNITED STATES · URUGUAY · VENEZUELA

GENERAL SECRETARIAT
PAN AMERICAN UNION
Washington 6, D. C., U. S. A.

DEPARTMENT OF CULTURAL AFFAIRS
ALCEU AMOROSO LIMA, Director

que atravessa o meu coração de pai e o de minha mulher, só pode encontrar consolo na contemplação dessa Cruz, onde sofreu para toda a Eternidade e pela redenção de nossos pecados, o Salvador do Mundo. Mas dentro de dois dias estaremos em plena Ressurreição e a Alegria perfeita estará de novo conosco.

Que esta carta seja, minha Senhora, o passaporte espiritual da minha filhinha, ao atravessar os umbrais dessa Casa. Nela deposito tudo o que vai no meu proprio coração, de angustia e de transfiguração. Com a minha filha lhe entrego a minha propria vida.

Respeitosamente lhe beijo as mãos, como amigo e

servo em Jesus Cristo

Alceu Amoroso Lima

◀ No seu escritório de Botafogo, no Rio (1918)

Foto: Sampayo/Acervo do autor

1958

São Lourenço[1], 1º de julho de 1958

O boletim do tempo continua *fair*[2], sem nuvens, com 10 graus à noite, a piscina "fumando" de manhã, a grama com o orvalho branco, e a névoa no fundo dos vales, enquanto o sol doura as montanhas, transformando a paisagem num autêntico *vatapá* para a vista...

Que pena que não possa ficar aqui os 30 dias de julho para repetir a maratona do ano passado! [...]

Mas confesso que largar este pequeno paraíso é realmente duro. Só São Lourenço[1] não decepciona (Santa Maria[3] à parte, pois essa sempre excede as minhas expectativas). E cada ano confirma o prognóstico e a saudade do ano anterior.

[...]

Ontem, pra começar, saíram já alguns artigos e mesmo mais do que pensava. Estabeleci – para falar a linguagem do dia, depois da Copa do Mundo – estabeleci dois times: os *Artigos* e as *Crônicas* ou, para falar linguagem mais corriqueira, os *Catataus* e as *Croniquetas*. E lancei o programa de 2 croniquetas e 1 catatau por dia.

Ontem, de saída, como sempre acontece, já não mantive o ritmo, mas em quantidade excedi, pois foram 5 Croniquetas para 1 Catatau. 5x1, bom resultado... Vamos ver como se comporta hoje a cinzentinha[4] e a... matéria cinzenta de que ela é, simbolicamente, a expressão colorida... pois o cinza é bem a cor adequada ao meu estilo... Creio que hoje vai haver empate, 2x2. Mas sempre que prevejo um resultado, erro...

---

1. Fazenda São Lourenço, no interior fluminense, de propriedade de um amigo de Alceu, Henrique Ferreira de Moraes. Alceu, que aí se recolhia periodicamente para escrever e descansar, evocou-a em *Manhãs de São Lourenço* (Rio de Janeiro: Agir, 1950).

2. "Belo".

3. Mosteiro beneditino Santa Maria, fundado na cidade de São Paulo em 1911, tornou-se, no ano de 1918, a primeira abadia feminina da América Latina. Sua fundação foi iniciativa do abade d. Miguel Kruse, OSB (1864-1929) e da jovem Ana Abiah da Silva Prado (1878-1944), filha de Maria Sophia Rudge e Antonio Caio da Silva Prado, neta de Veridiana Valéria e Martinho da Silva Prado, que lhe manifestara o desejo de ingressar na vida monástica. Após quatro anos de formação na abadia de Stanbrook, na Inglaterra, a jovem Ana, em religião madre Gertrudes Cecília, retornou ao Brasil com um pequeno grupo de monjas, três inglesas e quatro brasileiras, instalando-se na nova construção, nas proximidades da avenida Paulista, então um local ermo. Ela seria a primeira abadessa de Santa Maria, desde sua nomeação em 1918 pelo papa Bento XV – Giacomo della Chiesa, nascido em 1854 e pontífice de 1914 a 1922 –, até a sua morte, em abril de 1944. Em 1976, a abadia foi transferida para o bairro do Tremembé, nas imediações da Serra da Cantareira. Desde 1978, é sua abadessa madre Maria Teresa (Amoroso Lima).

4. Assim Alceu falará de sua caneta Parker 51 ao longo destas páginas.

No mais a tranqüilidade absoluta, a *grasse matinée*[5], os longos passeios no pátio e em redor da piscina apenas meio cheia e suja (pois a previdência não é a qualidade característica desta boa gente e quando chegamos a cozinha estava numa bagunça. Mas, como a improvisação é uma qualidade da roça que compensa a imprevidência, já ontem arranjaram uma chapa provisória para o fogão enquanto a definitiva também já chegou de Bom Jardim[6] e hoje se instala).

[...]

P.

São Lourenço, 4 de julho de 1958

[...] Encontro logo meu velho amigo o *mar*, que dizem ter sido o tema preferido de Shakespeare[7]. Não vejo bem que o seja, mas...

[...]

O mar é meu companheiro de vida desde a infância. Águas... Começou pelo rio, sem dúvida, pelo Carioca das Laranjeiras, nos tempos em que era ainda rio! Mas o rio, o meu Carioca, ia pro mar, como todos os rios que se prezam, e o meu desaguava por perto de nós, em Paissandu, já no fim da caminhada e naquela praia onde aprendi a nadar e onde passei, em adolescente, e moço, boas manhãs de areia e de madrugada. Chamava-se High-Life o lugar onde havia um quartinho para mudar a roupa e uma área, com umas barras, onde se fazia ginástica. O banho de mar, naquele tempo, ainda estava ligado às madrugadas. Ainda não havia começado esse hábito moderno de banho de sol. Era de mar mesmo o banho...

[...]

Mas, voltando ao mar, um amigo, futuro almirante, então guarda-marinha, quando me viu, ridiculamente com medo, arranhando a praia como caranguejo – como disse dos portugueses no Brasil o nosso mais velho historiador, frei Vicente do Salvador, em 1627! – resolveu pregar-me uma peça. Levou-me para longe da praia uns 20 ou 30 metros no seu bote e virou o dito. "Y usted está aqui", como me disse uma chilena há muitos anos quando lhe contei esse episódio de meu primeiro contato com o velho mar[8]. "O mar também é velho, mas todo mundo tem medo dele", dizia papai, quando o chamavam de velho, e era quando ele tinha a idade que hoje *eu tenho*! (quando quero me convencer de que realmente *sou velho* coloco-me na visão que eu tinha de papai, naqueles últimos anos de sua vida, por volta de 1920. Cá dentro, ainda custo a crer...).

5. "Dormir até mais tarde".

6. Cidade fluminense, próxima de Friburgo e a caminho da fazenda São Lourenço.

7. O dramaturgo e poeta inglês William Shakespeare (1564-1616).

8. Vicente do Salvador (1564-1636/9?), autor da primeira *História do Brasil*, escrita em 1627 e publicada no ano de 1889 por Capistrano de Abreu. A frase da chilena se traduz por: "E o senhor está aqui".

Mas desde então – e apesar da raiva que tive do meu amigo pela água que engoli – aprendi a nadar, essa é que é a verdade, e desde então fiquei amigo do velho mar, e ele para mim passou a significar essa coisa que tenho em mim provavelmente dos meus avós minhotos e do meu avô Visconde.

[...]

O mar pra mim é a natação e a remação da mocidade – quando eu atravessava, com Henriquinho[9], da Urca ao Morro da Viúva, e ainda guardo na boca o gosto gostoso da maresia – e são sobretudo as viagens de toda a vida. Esse gosto da aventura, essa sedução do mar que me acompanha a vida inteira e onde vejo quem sabe a imagem da *proporção* e da *liberdade* que me acompanham sempre. Da proporção porque o mar afinal é sempre contido entre as margens e suas ondas mesmo quando se enfurecem acabam sempre se acalmando e a planície oceânica é um movimento contínuo que dá a ilusão da imobilidade, de uma imensa safira parada e brilhando ao sol do dia ou a *amica silentia lunae* (o verso é *per amica silentia lunae*)[10]. E é também a imagem da liberdade, dos horizontes largos da aventura, das terras desconhecidas, das outras flores, dos outros homens, das muitas línguas, desse amor pelo desconhecido que os nossos avós lusitanos nos transmitiram.

Sou um inveterado praieiro, mas com a nostalgia do sertão. De modo que à beira-mar penso no sertão – e neste que tão pouco conheço senão na imaginação, pelas histórias do Arinos, ou de G. Rosa, ou de E. da Cunha[11], com livros, e naqueles dois dias de Campina Grande e Paulo Afonso! – no sertão penso é no mar, no mar que me acompanha desde menino e ainda hoje me atrai para a aventura dos 60.

P.

São Lourenço, 6 de julho de 1958

Depois de uma simpática chuvada ontem, depois do almoço, que lavou a atmosfera e tirou a poeira dos caminhos, o dia está hoje de novo *glorious*[12] e a araponga lá está martelando ao sol, como se fosse mesmo uma bigorna de ouro. [...]

---

9. Henrique de Toledo Dodsworth Filho (1895-1975), médico e advogado, foi prefeito do Rio entre 1937 e 1945. Ele e seu primo Jorge Dodsworth Martins (1884-1974) – militar, ministro da Marinha entre 1945 e 1946 – eram amigos de Alceu. Ver carta de 18 de julho de 1959, p. 116.

10. "Pelo silêncio amigo da lua"; referência ao verso 6.268 do épico *Eneida*, de autoria do poeta latino Virgílio (Publius Vergilius Maro, 70-19 a.C.)

11. Refere-se respectivamente a Afonso Arinos de Melo Franco (1868-1916), autor de *Pelo sertão* (1898), amigo de Alceu, tema e título de seu primeiro livro, publicado em 1922 pela editora Anuário do Brasil, do Rio de Janeiro; João Guimarães Rosa (1908-1967), autor de *Grande sertão: veredas* (1956); e Euclides Rodrigues Pimenta da Cunha (1866-1909), autor de *Os sertões* (1902).

12. "Glorioso".

Você define a humildade como a porta de todas as virtudes. Como dizer melhor? Para mim, ela quase se confunde com a naturalidade. Esta é um modo de ser, alguma coisa que precede a virtude. É como que o adro de todas as virtudes, de que a humildade é a porta de entrada.

A naturalidade é qualquer coisa de indefinido, de aberto, de vago, é como um grupo de crianças brincando à porta da igreja. A marca da naturalidade é a despreocupação. Quem *procura ser natural* já não é. A naturalidade é uma vocação. Embora a simples ausência de pose já seja uma forma de naturalidade. Esta, porém, no duro mesmo, é um estado constante.

[...]

A naturalidade é a preparação indefinida para a humildade. Esta já é alguma coisa de consciente, de definida, de consistente. Não é mais uma predisposição, uma vocação. É um estado. É uma estrutura do espírito. É uma moldura, dentro da qual nós colocamos a nossa pintura interior e exterior. (Ontem li que alguém – o pai do tal de Paul Morand – classificava os pintores em *de superfície*, ou extrovertidos, como Rubens, ou *de fundo*, e introvertidos, como Rembrandt[13]. A classificação é muito boa, não acha?) Pois a naturalidade é como a pintura *de fundo*, vem de dentro e por isso é uma preparação, a melhor possível, para a humildade. Esta, porém, já é uma pintura de superfície, voltada para fora, no sentido de *dever ser visível*, embora nunca contrafeita ou artificial. Mas podendo e até devendo ser cultivada. Aprendemos a ser humildes. Temos de adestrar a nossa humildade. Melhoramos ou pioramos de humildade. A vida é uma mestra de humildade. Mas naturalidade, esta não se ensina, nem se melhora ou piora. É ou não é. Pronto.

Mas a humildade só é realmente uma grande coisa quando vem precedida da naturalidade, quando é uma humildade natural, que apenas temos o dever de cultivar, de educar, de melhorar, de ensinar, para que sempre vá crescendo e não se deixe estragar pela vida e sobretudo artificializar-se. Pois a humildade que se contenta e se compraz consigo mesma, a que se exibe, já deixa de ser humildade – isto é, virtude real do publicano – para ser um farisaísmo às avessas, um falso publicanismo, que é então pior que o verdadeiro farisaísmo. Pois o fariseu verdadeiro ao menos se exibe, é tolo, é ridículo, expõe a sua mazela, embora convencido de que não a tem, nem que é doença alguma julgar-se o tal.

[...]

A falsa humildade é o pior dos orgulhos, como a verdadeira humildade é a mais humana e a mais natural das virtudes, desde que é justamente a que vem logo depois da naturalidade e é apenas uma naturalidade consciente e elaborada, embora essa elaboração deva tornar-se uma segunda natureza, sob pena de se converter em falsa humildade.

(Está um cheiro de melado que é uma gostosura...)!

P.

---

13. O pai do diplomata e escritor francês Paul Morand (1888-1976) foi Eugène-Edouard Morand (1854-1930), poeta e artista que, na classificação citada por Alceu, refere-se aos pintores flamengos Pieter Paul Rubens (1577-1640) e Rembrandt van Rijn (1606-1669).

São Lourenço,
7 de julho de 1958

[...]

Bom. Encontro-me hoje com a palavra *flor* no coco. E como sou um apaixonado delas não deixo passar a oportunidade de falar um pouco do que é a alegria da natureza. A flor é a infância do mundo vegetal. Elas são para a natureza física o que as crianças são para o nosso mundo humano. São o brinquedo das árvores. E representam igualmente o que a *arte* representa para os homens e até a filosofia, segundo Aristóteles[14]: a *in-utilidade*, o contrário das coisas úteis, aproveitáveis. A flor é um desperdício aparente, é completamente inútil. Existe para simples alegria dos olhos. O fruto é a economia da natureza. A flor – a arte, a pintura, a escultura, a poesia. Parece feita só para o nosso olhar. E por isso mesmo nos traz um enorme descanso, como todas as coisas que não se dirigem para um fim utilitário, para satisfazer uma necessidade material, como os legumes, por exemplo. A flor se dirige aos nossos olhos, e quando muito ao nosso nariz. É cor, é perfume, é forma. Tudo isso aparentemente para nada. Para viver apenas. "Eu estou aqui, inútil e brincando, mas... útil ainda que inútil", parecem dizer-me elas, quando as olho nos canteiros, nas matas ou nos jarros. "Você nos chama de inúteis, velho. Mas somos muito mais úteis do que você está pensando. Somos, sim. Apenas de modo diverso. Você precisa de nós muito mais do que nós precisamos de vocês, homens. Bem sei que vocês nos aperfeiçoaram e que as nossas irmãs rústicas estão para as nossas irmãs de estufa como uma garota dos matos de São Lourenço para uma menina de Sion."

P.

São Lourenço,
8 de julho de 1958

[...]

Confesso que atualmente só gosto de escrever duas coisas: estas cartas e as croniquetas. Descobri tarde, mas estava afinal na hora certa, no fim do dia, que o meu gosto já agora era apenas o da nota curta, mais em intensidade do que em extensão.

[...]

Bom, vamos ver no papelinho verde do telegrama o que é que você me sugere como *prato do dia*...Nada mais nada menos que

DEUS!

---

14. Filósofo grego (384-322 a.C.).

Santo Deus! Mais de uma vez eu disse ao padre Franca[15]: "Nós conversamos aqui sobre tanta coisa e no entanto conversamos tão pouco sobre Deus! Como que evitamos o assunto".

Assim ocorre sempre, mesmo com os homens mais próximos de Deus, na Igreja. Conversamos sobre tudo o que vem de Deus ou vai para Ele, mas, quando chegamos a Ele mesmo, é como se quiséssemos concentrar os nossos olhos sobre o sol! Não será mesmo esta a razão? Deus é tão luminoso, tão fonte, perfeição e fim de tudo, que é para nossa inteligência como o sol para os nossos olhos: não conseguimos fixá-lo face a face, e então nos contentamos com o seu reflexo, a partir do reflexo que é Ele mesmo, Jesus, que de fato representa, em relação a Deus, o papel que a lua representa em relação ao sol. Apenas é uma lua que é ao mesmo tempo sol. E é esse o grande mistério e é esta a falha na comparação. Nossa Senhora é que pode, com mais rigor, ser comparada à lua e à doçura humana e divina; tudo que diz respeito a Maria tem a graça, a serenidade, a doçura de tudo que é *luar*.

Mas Jesus Cristo também pode ser comparado à lua, embora uma lua solar porque, como diz dom Columba Marmion[16]: "Jesus é Deus posto ao alcance de nossas mãos". E a lua é uma espécie de sol posto ao alcance de nossos olhos. Assim é Nosso Senhor. Para ele podemos olhar porque é um dos nossos, revestiu-se dessa mesma coberta que cobre os nossos ossos e, ao mesmo tempo, não é dos nossos em tudo que nos afasta de Deus. Por isso Jesus é o luar de Deus, e Deus é o sol do Cristo.

[...]

(Quando olho para os rabiscos da página anterior querendo retomar o fio da conversa, verifico, com horror, que *não entendo nada*, absolutamente nada! Será que você entende?)

[...]

É no silêncio então que podemos conversar com Deus, ter intimidade com Ele, pois o silêncio substitui os luares e as lâmpadas e nos torna capazes de *olhar o sol face a face*!

Mas basta por hoje. É tanta pretensão do verme querer falar da estrela, do pântano querer compreender o que seja a estrela, simplesmente *porque a reflete*!

P.

15. Padre Leonel Franca (1893-1948), jesuíta, fundador e primeiro reitor da Pontifícia Universidade Católica (PUC) do Rio de Janeiro.

16. Irlandês, nascido Joseph Marmion (1858-1923), ordenado padre em Roma em 1881, trabalhou durante alguns anos numa paróquia da periferia de Dublin. Em 1886, decidiu fazer-se monge beneditino e foi aceito na abadia de Maredsous, na Bélgica, da qual se tornaria abade em 1909. Suas conferências espirituais foram reunidas em volumes e publicadas: *Le Christ, vie de l'âme*, 1917 (*Jesus Cristo, vida da alma*), *Le Christ dans ses mystères*, 1919 (*Jesus Cristo nos seus mistérios*) e *Le Christ, idéal du moine*, 1922 (*Jesus Cristo, ideal do monge*); sua obra, tida como uma referência de espiritualidade monástica, foi traduzida em Portugal desde os anos 20, conheceu várias edições e difundiu-se no Brasil.

São Lourenço, 9 de julho de 1958

[...]

São Lourenço continua a ser a minha maravilha! E quando olho, como ainda há pouco, pela última vez em 1958 (e *quando*, depois? e *se*?), estas seis janelas e de cada uma delas salta, nesta maravilhosa manhã de julho, com 5 graus à noite e um azul e um sol maravilhosos de dia, uma paisagem absolutamente idílica, para que meus olhos, como neste momento, só se levantem do papel para se espraiarem pelo verde das árvores e dos pastos, iluminados por um sol macio de inverno – quando isso ocorre, é com o coração já apertado que penso em deixar estas paragens, sem telefone, sem leitura de jornais, sem bondes, sem aulas, sem compromissos, sem academia[17], sem Centro Dom Vital[18], sem nada do que torna hoje o Rio uma grande chateação – quando penso em deixar tudo isso amanhã de madrugada, dou... graças a Deus por me dar cada ano esta renovação do espírito de férias, que na minha idade geralmente já não se tem mais, e por permitir que, nesses dez dias, tenha levado avante a tarefa que trazia engatilhada, e parta hoje com o coração tranqüilo de quem não se limitou a desfrutar estas férias, como uma inatividade, mas, ao contrário, como uma dessas atividades que repousam muito mais que a inação.

É o que eu digo. O que cansa é a ociosidade. De modo que o que há a fazer é agradecer a Deus e não me lastimar. Tanto mais quanto desta vez a partida daqui é a preparação de outra partida mais séria, da última aventura da minha vida de sessentão maduro e já começando a bichar... Talvez a perspectiva do imprevisto, dos horizontes novos, da língua a enfrentar e tudo o mais[19], depois destes dias em que cada hora volta com um programa rigorosamente igual como se fossem os ponteiros de um relógio, e os dias tanto se assemelham uns aos outros, que é difícil a gente se lembrar a quantas anda – talvez esse contraste também concorra para que o coração desta manhã já não reproduza a mesma tranqüilidade dos dias anteriores. Amanhã, dia *sem carta*, pois devemos partir de madrugada ou pelo menos antes do sol nascer. Mas *à chaque jour sûffit sa peine*[20].

[...]

Hoje vou me ocupar da mansidão. Palavra admiravelmente adequada a tudo o

---

17. Academia Brasileira de Letras, da qual Alceu era membro desde 1935.

18. O Centro Dom Vital foi inaugurado em 1922, com decidido apoio de dom Sebastião Leme da Silveira Cintra (1882-1942), então bispo-coadjutor do Rio de Janeiro (criado cardeal em 1930). O centro foi o prolongamento da revista *A Ordem*, criada no ano precedente como órgão da intelectualidade católica. O primeiro diretor da revista e primeiro presidente do Centro Dom Vital foi Jackson de Figueiredo (ver carta de 1º de outubro de 1958, nota 41, p. 48). Após a morte deste, em 1928, Alceu assumirá ambas as funções. Dom Leme e Jackson de Figueiredo foram figuras luminares na vida de Alceu, e à revista e ao centro ele daria o melhor do seu lúcido fervor. Muitos dos personagens que serão citados ao longo das cartas colaboraram, de forma eventual ou permanente, na revista e no centro.

19. Alusão à sua próxima viagem aos Estados Unidos, para lecionar por um período na New York University, como professor visitante do Brazilian Institute.

20. "A cada dia basta o seu penar".

que vejo pelas janelas da sala de pingue-pongue e o que ouço pela voz das crianças ao longe, da araponga, ponga, ponga, ponga, dos cavalos no pátio, até de um motor de caminhão por aqui na placidez mansa destes campos, se harmonizando tão bem com a voz das crianças e dos passarinhos – tudo se afina na mesma sinfonia pastoral.

Você bem sabe que a mansidão é das virtudes que mais amo, pois é o oposto da polêmica, do pessimismo, da irritação, da insatisfação, da queixa, da amargura, da briga, do palavrão, da impaciência, de tudo que torna a vida difícil para... os outros, e para nós mesmos, quando nos esquecemos de que Nosso Senhor era manso de coração e amava os mansos de espírito. Todo o Evangelho está penetrado de mansidão. Costumam invocar, em sentido contrário, o momento em que Nosso Senhor empunhou um chicote, ou coisa que o valha, para expulsar os vendilhões do templo. Mas isto não foi só exceção, e por isso não conta, como traço típico da figura do nosso modelo e Mestre, mas ainda representa o sinal do contraste, que deve haver em todo manso de espírito e de coração, para que não confunda mansidão com palermice, com ataraxia, com moleza, com preguiça, com conformismo (o meu perigo...), com cepticismo, com indiferença, com passividade, com insensibilidade, com egoísmo, com cinismo, em suma, com tudo o que seja *aparência* de mansidão, mas não mansidão real. Pois esta é a súmula da perfeição humana, justamente por ser uma superação e não uma privação. O manso de espírito de Nosso Senhor não é o que não tem bravura, mas o que a supera, o que vai além dos ímpetos e dos impulsos e consegue atingir realmente a serenidade, que é o estado de sabedoria. A mansidão é a virtude correspondente, em nosso temperamento, ao que é a minha famosa *proporção* para a inteligência. Se o espírito de proporcionalidade e de equilíbrio coloca cada idéia no seu lugar, a mansidão coloca cada sentimento, cada paixão, cada impulso no seu lugar. Por isso é que o manso de coração e de costumes é sempre um equilibrado de palavras e pensamentos. Mede e harmoniza os seus ímpetos e instintos como mede e harmoniza o seu pensamento.

A mansidão explica a grande palavra de Nosso Senhor que tanto gosto de repetir como sendo o mandamento típico para o apostolado, para a ação: "Eu vos envio como ovelhas entre os lobos"[21]. A ovelha é o animal a que Nosso Senhor mais nos compara e a quem Ele é comparado no Apocalipse. O cordeiro de Deus é o nosso modelo. Devemos ser como cordeiros e não como lobos. Devemos preferir morrer a matar, ser injuriados a injuriar, dar a receber, etc.

A mansidão é a virtude angélica por excelência. Se quisermos ser como Nosso Senhor disse expressamente que fôssemos, temos que ser mansos de espírito, de coração, de gestos, de costumes, de palavras. É difícil! Pois facilmente caímos na corrupção do ótimo, virando bois de carro, molengas, preguiçosos, passivos, em vez de cordeiros que saltam pelos campos e brincam como crianças, especialmente porque temos de ser cordeiros *de Deus* e não simples carneiros do campo ou dos estábulos.

Você bem sabe que amo extremamente a mansidão, embora, por uma aberração

21. Evangelhos de Mateus 10: 16, e Lucas 10: 3.

da natureza, *admire os brabos* (não se confundem sempre com os *bravos*) e fui trazido ao aprisco de Deus por um deles e moro no Centro Dom Vital ao lado de outro[22]...

Mas os mansos é que amo como manso é que quero ser. A mansidão é que procuro alimentar no coração.

P.

Hotel Grosvenor, Nova York,
4 de setembro de 1958
(A Distinctive Hotel of Quiet Charm)

O que diz acima o papel de carta do nosso hotel é exato. Ele tem realmente um *quiet charm*, que me encantou logo de início e me fez ter, ao entrar no apartamento do 15º andar, uma impressão de: "*É aqui*", igual à que tive quando vi o "tabuleiro"[23], no Rio. Ou – *bem* comparando – quando vi Mamãe pela primeira vez, distintamente, em fevereiro ou março de 1917, num cinema em Petrópolis, senti que *era ela*, e pronto, embora só dois ou três meses mais tarde, no Rio, é que começasse o namoro do vilão da rua com a princesa trancada no alto da torre. No caso, a casa da rua São Clemente[24], tão inacessível quanto um castelo medieval! Quando vejo os costumes das moças de hoje, e já daquele tempo... e lembro o que era a reclusão, quase de clausura, em que Mamãe viveu – *e vocês não viveram* – fico pensando que há um abismo entre os dois mundos e que nós passamos, durante esses quarenta anos, por uma revolução semelhante à do mundo em torno, da qual nem temos consciência. [...]

De modo que tudo nos coloca num ambiente familiar de paz, quietude, bom gosto, que me fez ontem ficar lendo até 1 hora da manhã um livro comprado pouco antes no sebo de uma livraria de Washington Square (de 4 por 2 dólares), enquanto Mamãe lia o jornal da tarde, num *quiet charm* que era tudo menos exílio. Ah, se não houvesse interrogação da New York University e do *escuro* que está pela frente, poderia dizer que estou realmente em férias, num recanto deliciosamente tranqüilo, e não em país estranho, na maior cidade do mundo, no bairro mais requintado do novo mundo, na avenida mais rica do mundo, na nação mais poderosa do mundo, a dois passos de uma universidade com 20.000 estudantes, e sem saber positivamente o que vai ser o dia de amanhã, pois lá no fim do mundo, nas ilhas Quemoy[25], a guerra pode

22. O primeiro era Jackson de Figueiredo e o segundo, provavelmente, Gustavo Corção; ver carta de 18 de janeiro de 1959, nota 73, p. 92.

23. Designação dada ao apartamento da família, situado no sétimo andar de um prédio da rua Paissandu, no Rio de Janeiro. A frase em inglês comentada por AAL significa que o citado hotel se distinguiria pelo seu encanto discreto, pela tranqüilidade.

24. No bairro de Botafogo, Rio de Janeiro.

25. Refere-se à chamada Segunda Crise do Estreito de Taiwan. Na data da carta, os EUA declararam que interviriam em favor de Taiwan, que desde agosto vinha tendo as ilhas Quemoy e Matsu atacadas pela China comunista.

estourar de um momento para outro, envolvendo tudo e todos, e aqui o famoso curso a dar ainda se apresenta como um dragão vomitando fogo, na entrada de uma caverna, como o que Siegfried[26] foi combater.

Apenas a minha espada, a *nothung* do herói wagneriano, é uma lâmpada acesa no altar de Santa Maria e do meu lado, uma chamazinha acesa no altar de São José[27], que ficou sendo, por todos os motivos, o meu protetor em Greenwich Village (nome histórico e hoje literário desta zona...). [...]

Mas vamos, para terminar, dizer o que foi, em duas palavras, o primeiro contato com a NYU. Foi bom. Não posso dizer o contrário. Não foi mau, nem excelente. Não foi excelente, pois *nada está preparado* e tudo inteiramente no ar, como aliás eu previra. De modo que temos de criar tudo, inclusive os alunos, creio eu. Duvido que já em outubro possa começar. Mas não sejamos pessimistas, quando até agora tudo tem corrido de modo tão maravilhosamente *smooth*[28]! Tenho até medo de que venha bruscamente uma reviravolta, mas se assim for: "Fracassos do Senhor, bendizei ao Senhor!" Mande-me frases como esta, ou como a "estação de Deus", e não haverá mal que me toque durante esses 12 meses... (Os três pontinhos aí estão não porque eu já esteja pensando em maio, mas porque já estou pensando no que sentirei no fim: se a alegria humana de não ter fracassado, ou a alegria sobrenatural de ter fracassado. Não vivia eu a relembrar a parábola da perfeita alegria ao Moraes e ao bispo de Ribeirão Preto[29]? Eis aí, seu Tristão, aplique agora a parábola a você mesmo e não se faça de tolo.

P.

Washington, 8 de setembro de 1958

[...]

Fomos rever o museu, onde há sobretudo quadros e cuja fachada penso que você ainda não conhecia. De modo que aí vai a foto.

A grande novidade é o quadro de Salvador Dalí[30], o pintor espanhol que já tentou todos os estilos em pintura, e todas as extravagâncias em sua vida, e que em 1941 se converteu, e agora em 54, por insistência do atual diretor desta galeria de

26. Personagem do drama musical em três atos *O anel do nibelungo*, do compositor alemão Richard Wagner (1813-1883). A *nothung* mencionada por Alceu a seguir é sua espada.

27. Igreja freqüentada por Alceu em Nova York.

28. "Macio, suave".

29. O primeiro é, provavelmente, Henrique Ferreira de Moraes, dono da fazenda São Lourenço; o segundo é d. Luís do Amaral Mousinho (1912-1962).

30. Salvador Dalí i Domenech (1904-1989); entre os anos 50 e 60, a religião – com a história e a ciência – ganha importância em sua obra.

Washington, pintou esta *Última ceia* que à primeira vista não me agradou, mas que pouco a pouco se impõe como sendo realmente um quadro clássico no sentido de ser impessoal, intemporal e total, feito ao mesmo tempo com a inteligência, o coração e as mãos, pois Dalí sempre foi de uma técnica impecável. Nunca me esqueço de um quadro dele, na fase supra-realista, em que havia uns relógios moles (sic) de efeito incrível e pintados com uma vivacidade inacreditável[31]!

Ficamos longamente sentados diante do quadro, que está exposto numa rotunda, como aquela do Louvre onde estão a Gioconda e outras celebridades, como o retrato de Francisco I – por Ticiano[32], creio. Está só, como sendo o *clou*[33] do museu hoje, e realmente é uma obra que a gente sente que *ficará* como um sinal da evolução da pintura moderna e da perenidade dos temas religiosos.

Passeamos demoradamente por todas aquelas salas, revendo antigas e vendo novas preciosidades que chegaram. Outra novidade são os microfones, que algumas pessoas usam, num novo sistema de *tour*, à distância, sem que se ouça como se ouvia outrora o guia explicando os quadros aos turistas. Não usamos o aparelho, mas fiquei intrigado com o *gadget* nos ouvidos de vários visitantes e só depois é que entendi a coisa.

P.

Nova York,
14 de setembro de 1958

Sem nenhum motivo especial para isso, mas numerosos motivos gerais, estou hoje em plena fase "mausoléu", e estado de espírito bastante, digamos assim – outonal. Não se preocupe com isso, é a primeira coisa que preciso dizer logo a você. E vale por esta carta bem como por todas que forem para aí, inspiradas no mesmo *mood*. Você sabe perfeitamente que isso é inevitável, e que estas cartas, sendo um diário, representam um desabafo, uma espécie de tentativa de libertação dos fantasmas interiores. Dão, portanto, uma visão bem parcial de uma pessoa, não toda ela. Quando se tem um calcanhar doendo isto não significa que se tenha todo o corpo doendo! Assim, se tenho o subconsciente e *um pouco a consciência* doendo, nesta longa fase-mausoléu de 1958, não significa que isto seja um estado constante e total.

Por outro lado, estou absolutamente convicto de que tudo isso só pode servir para a minha própria formação espiritual, o que se torna patente de modo especial numa festa como a de hoje, em que o significado da *Cruz* assume um sentido seriíssimo e profundo.

[...]

31. Refere-se à obra *A persistência da memória*.
32. De fato, o italiano Tiziano Vecellio (*c.* 1490-1576), ou simplesmente Ticiano, é autor do retrato mencionado.
33. "A grande atração".

Embora haja mil maneiras de vivermos a Cruz de Nosso Senhor e uma das mais vulgares é esta por que estou passando, nesta fase inicial de uma aventura, que tenho vontade, em muitos momentos, de nunca ter tentado. A palavra *arrependimento* quer formar-se no espírito e descer pela cinzentinha abaixo. Mas tenho até medo de que ela se forme, pois acredito muito no poder das *palavras em si*, especialmente quando correspondem a qualquer coisa de certo, de positivo. Quando deixamos que elas se formem e tomem curso, elas começam a reagir sobre nós mesmos e acabamos *vítimas do que nós mesmos forjamos.* Por isso é preciso cortá-las no primeiro dia em que certos complexos, como o de inferioridade, o de remorso, *ou o de arrependimento*, se formem em mim. E embora esse complexo de arrependimento não tenha sido tão estudado como o de inferioridade, por exemplo, é um estado de espírito, resumido numa palavra e que deve ter atormentado muitas pessoas.

Não quero, pois, dizer nem mesmo permitir que no subconsciente se formem *raízes* de uma *palavra* que deve ficar apenas na ponta da pena ou da língua, mas não descer ao fundo do espírito – não quero dizer que estou *arrependido* de ter vindo. Mas quero dizer que estou louco por *já ter passado* esta aventura e por já estar podendo pensar na volta.

[...]

É possível que tudo isso seja apenas uma impressão passageira, devido ao fato de *ainda não ter começado a trabalhar.*

[...]

Mas nada disso impede que os dias deste fim de verão sejam lindos e que as noites no Village sejam deliciosas, com as pequenas vitrines iluminadas e a maioria das lojas abertas, inclusive seus livreirinhos ótimos, onde toda noite vou *bouquinar*[34] como no cais do Sena[35]!, e os dois outros "cafés expressos" fornecem a Mamãe o melhor café de Roma, ou do Rio ou de São Paulo, que lhe estavam fazendo tanta falta, e as lojinhas tão pitorescas e os...

[...]

P.

Nova York,
15 de setembro de 1958

Segunda-feira, 9 horas.

Segunda-feira... Por toda a parte e em todas as circunstâncias, exceto na casa de Deus, segunda-feira é... segunda-feira. E nada mais. A despeito do dia lindo e da missa

34. Do verbo francês *bouquiner*: folhear e comprar livros antigos ou usados – apelidados *bouquins*.
35. Ao longo do rio, em Paris, armazenam-se e vendem-se *bouquins*.

das 7 e das palavras silenciosas de Deus ao nosso subconsciente e de que o essencial está ali, naquela mínima partícula de pão sem fermento[36], se realmente ali virmos *a súmula de todas as coisas*, que importa tudo mais? Tudo mais é apenas psicológico, reflexo, marginalismo, medo de viver...

De modo que as segundas-feiras hão de passar, como hão de sempre voltar e serão sempre dias de inquietação e de insegurança, como as sextas-feiras à noite e os sábados serão sempre dias de terra firme... E isso mesmo quando temos o cuidado de fechar as janelas para a próxima segunda-feira. É engraçado que tudo isso eu sentia vivamente, lá por volta de 1905/6/7, na rua Senador Vergueiro[37], nos piores anos de minha vida, os do ginásio. Depois, pouco a pouco, deixei de sentir. E as semanas passaram a ser pedaços de tempo, sem maiores diferenças de cada dia em si. Depois, pouco a pouco, as coisas foram voltando ao estado de ontem, e hoje, nesta segunda-feira, 15 de setembro de 1958, estou voltando, *ansioso*, a 50 anos atrás, a 1908, quando os anos piores já tinham passado (de 1905 a 1907), mas o equilíbrio posterior ainda não chegara. Assim é que, aos 65, estou me sentindo como se ainda tivesse 15! Não é mesmo engraçado?

[...]

P.

Nova York,
18 de setembro de 1958

[...]

Mas tudo isso é só pra te dizer que este mês de setembro, o primeiro da adaptação (se porventura...), melhorou um pouco o inglês e sobretudo me deu três boas coisas: a igrejinha de São José, onde todas as manhãs e às vezes à tarde vou beber um bom copo de *paz fresquinha*. Este apartamento, tão simpático, tão simpático mesmo, que já estou nostálgico de o deixar, quando os "meninos" vierem e o preço para *quatro*, com mais um quarto, for acima do orçamento. E, finalmente, a simpatia da gente da Universidade, que tem facilitado tudo e criado um ambiente de boa receptividade. Agradeço a Deus essa tríplice adaptação. Mas sinceramente não posso dizer que já esteja *over* esta fase dura, que há muito tempo prevíamos em cartas e conversas aí. Vamos ver o que será em outubro, depois de... *entrar no mato*!

[...]

P.

36. Alusão à eucaristia cristã.

37. No bairro do Flamengo, Rio de Janeiro.

Nova York,
21 de setembro

[...]

Mandar-lhe-ei um cartão ou uma cartinha. (Eis um exemplo lingüístico engraçado, em que um aumentativo gramatical representa um diminutivo real, pois cartão é menor que cartinha. Não é cômico? É o que hoje solenemente os lingüistas chamam *semântica*, que outrora [...] significava a mudança de sentido das palavras através do tempo. Hoje, embora também signifique isso, passou a significar mais o problema do *sentido* (*meaning*) das palavras em si.

Mas vamos deixar estes bordados lingüísticos para chegar aos fatos, já que quero ver se escrevo alguma coisa, pois vejo que é o único remédio (além destas cartas, que são como sempre o meu grande reservatório de equilíbrio interior, de proporção...) contra o vôo dos morcegos na caverna, provocado ou pelo menos aumentado por esta inação em que me encontro à espera de começar uma batalha no escuro e com a conhecida situação psicológica dos soldados nas trincheiras antes de se lançarem a um ataque. Tantos o descreveram como sendo um momento tão terrível que em geral distribuíam álcool ou pelo menos bebidas bem fortes para lhes darem o ânimo de deixar o abrigo da trincheira e se lançarem ao campo livre, sabendo que iam ter ao menos uns cinqüenta por cento de probabilidade de morte ou ferimentos. Meu caso, graças a Deus, é muito menos grave e seria até ridículo aproximar as duas coisas, se não fosse só para você e como prova de que estas cartas são mesmo um quase diário íntimo em que se pensa em voz alta ou de pena na mão, como um *tape recorder* registrando uma conversa.

[...]

P.

Nova York,
24 de setembro de 1958

[...]

E quando vai para a cama, fica pensando... pensando... e continua a pensar. E quem pensa... não dorme. Pra dormir é preciso começar por... não pensar. E é por isso que Deus me deu a graça de não saber o que é insônia. É que consigo mais facilmente não pensar do que pensar. E acho mesmo que comigo sucede uma coisa engraçada: os meus artigos e livros e etc. provieram mais de não pensar do que de pensar. Você dirá que é uma bobagem. E talvez o seja. Mas acho que é assim. Não *penso* como normalmente devemos pensar, isto é, articular logicamente raciocínios. Não. Sacudo as idéias de lá pra cá (e por isso é que penso melhor andando – andando eu ou andando a paisagem, no trem ou no automóvel), e dessa sacudidela é que, quando me sento para escrever, sai alguma coisa, sempre inesperada, pela cinzentinha abaixo ou da boca pra fora.

É por isso que *nunca sei o que vou escrever* quando me sento para escrever e *nunca sei o que vou dizer* quando me preparo para falar. É exatamente o que me faz dizer que *não penso* para escrever ou falar. Deixo apenas que as idéias ou o subconsciente, ou, melhor do que tudo isso, o Espírito Santo, *pensem por mim.*

E eis aí por que também nunca sei, quando começo estas cartas, onde elas vão parar e nunca imaginei, ao começar esta, que iria fazer considerações sobre o meu *pensar ou não pensar... That's the question*[38].

[...]

P.

Nova York,
25 de setembro de 1958

[...]

Bom, e ontem? Nada de mais a não ser uma sensação de calma crescente à medida que se aproxima o momento de subir a cortina para começar o espetáculo! É realmente como se se tratasse cada vez menos de mim mesmo e sim de outro em mim. E como nós sabemos perfeitamente quem é esse Outro, é a Ele que entrego tudo. De modo que o meu próprio eu, pobre coitado, vai se retirando lá para a cozinha e deixa as salas, as varandas, os quartos, o teto, o porão, o jardim – tudo – para o Hóspede. O melhor modo de hospedar – e o Hóspede é o próprio Cristo, como nos ensina nosso pai São Bento[39] – é deixar a casa vazia para que Ele tome conta e se sinta totalmente à vontade. E à medida que se aproxima o dia da estréia é o Hóspede e não o dono... que passa a morar na casa e atender a todas as obrigações. E o mais importante dos compromissos para mim, no momento, você bem sabe o que é...

[...]

P.

38. "Eis a questão". Referência a "Ser ou não ser, eis a questão", do *Hamlet*, de Shakespeare.

39. Bento de Núrsia (*c.* 480-*c.* 547), fundador da ordem beneditina.

Nova York,
1º de outubro de 1958

Graças a Deus, tudo começou bem. É o que quero logo dizer, pois a carta de ontem era de "vigília", e de propósito fechei-a e despachei, para você ficar *cocando* pela de hoje, que também mandarei hoje mesmo para que também a espera não seja demais. Vamos então começar pelo fim...

[...]

Mas o fato é que terminou a aula... e com palmas dos assistentes, o que, no fim de duas horas e às 10 da noite, não é de desprezar.

Com a minha inclinação "maníaco-depressiva" (que será a minha forma de loucura se algum dia virar Quincas Borba[40]...) eu já estou pensando que nas próximas aulas evidentemente não haverá palmas, que estas foram uma simples homenagem, etc. da primeira vez – ficarei pensando coisas, etc. É ou não é uma verdadeira e estúpida *autofagia*... Já o Jackson[41] dizia isso em resposta às minhas cartas de 1926/1928 e sobretudo às de 1928.

[...]

P.

Nova York,
7 de outubro de 1958

O dia de hoje começa com três preocupações. A primeira, a saúde do papa[42]. Embora as notícias de agora de manhã sejam mais animadoras, parece que desta vez o golpe foi terrível e ontem, no "Commonwealth", já corria o boato de que ele estava morrendo. Bem sei que a Igreja não precisa deste ou daquele papa e todos eles são "vigários de Cristo", os grandes, os medíocres e os maus. Mas quando se teve dois papas, como Pio XI[43] e Pio XII, um em seguida ao outro, quando se pensa no que eles fizeram pela Igreja, pelo mundo, durante esses 30 anos e se pensa na situação do mundo moderno, é com tremor que se vê prestes a extinguir-se – embora numa idade

40. Personagem dos romances *Memórias póstumas de Brás Cubas* e *Quincas Borba*, de Joaquim Maria Machado de Assis (1839-1908).

41. Jackson de Figueiredo (1891-1918), jornalista, professor e escritor, primeiro presidente do Centro Dom Vital e primeiro diretor da revista desta instituição, *A Ordem*. Convertido ao catolicismo, iria desempenhar papel importante na volta de Alceu à Igreja Católica, em 1928. O Centro Dom Vital publicou, em 1929, In memoriam *de Jackson de Figueiredo*, com testemunhos sobre a obra e a vida do intelectual, que "pertenceu a essa casta de homens cheios de um heroísmo nobre, designados naturalmente para estimular, para orientar, para comandar e para combater", segundo afirma Sérgio Buarque de Holanda (1902-1982) no volume.

42. Pio XII (Eugenio Pacelli, nascido em 1876; foi papa de 1939 a 1958).

43. Achille Ratti, nascido em 1857; papa de 1922 a 1939.

que já mostra a misericórdia divina em ação – um homem que dificilmente poderá ser substituído à altura. A pergunta é logo: "Quem virá depois? Será um homem do mesmo nível intelectual e da mesma feição temperamental dos dois Pios?" É sabido que há dois hemisférios no Colégio Cardinalício[44] e como eu não coloco no mesmo nível os dois hemisférios, *humanamente falando* (o que é sempre secundário), a inquietação e a interrogação crescem de importância. De modo que a primeira preocupação do dia é a mais grave e comunica a tudo mais um fundo de angústia.

A segunda preocupação é com as insônias de Mamãe...

A terceira não preciso dizer qual seja. Hoje é terça-feira e logo mais será, não mais o teste de estréia, graças a Deus, mas a continuação.

[...]

P.

Nova York
8 de outubro de 1958

[...]

Infelizmente as notícias do papa desta manhã não são tão favoráveis como as de ontem. Pelo contrário. E já começamos a pensar no sucessor que poderá ser tudo menos *melhor* do que os dois que nos vêm desde (...?, pois não me lembro a data certa da eleição de Pio XI mas deve ter sido lá por ...?[45]), de modo que já lá se vão muitos anos de dois grandes papas. Teremos um terceiro!? Já que o *nosso candidato*[46], ao menos por ora, não poderá passar de Milão ao Vaticano, a solução parece estar entre os arcebispos de Bolonha e o de Gênova – Lercaro[47] (o social) e Siri[48] (o teólogo). Pendo naturalmente pelo social, que acredito nos daria a nova *Quadragesimo anno*[49] *up to date*, que Pio XII confessadamente declarou ainda não se sentir com ânimo de tentar, tais eram as controvérsias, mesmo no nosso campo católico. Mas terá de vir. E o cardeal Lercaro, que há anos está no centro da Itália comunista, em Bolonha, é que melhor poderá fazer o que Leão XIII[50] fez em 1891 e Pio XI em 1931. Mas como sabe-

44. Designação do conjunto de cardeais que elege o papa no conclave.

45. Pio XI foi eleito em 6 de fevereiro de 1922, aos 65 anos de idade.

46. Alusão a Giovanni Battista Montini, à época arcebispo de Milão: como não era ainda cardeal, não figurava entre os eleitores do papa. Costumeiramente, os cardeais reunidos em conclave escolhem um dos seus como papa. Montini seria criado cardeal nesse mesmo ano de 1958 por João XXIII e acabaria eleito papa em 21 junho de 1963. É de notar que em 1952 ele havia recusado sua indicação ao cardinalato.

47. Giacomo Lercaro (1891-1976), criado cardeal em janeiro de 1953.

48. Giuseppe Siri (1906-1989), criado cardeal em janeiro de 1953.

49. Carta encíclica de Pio XI sobre a questão social, comemorando os 40 anos da *Rerum novarum*, do papa Leão XIII, citado a seguir.

50. Vincenzo Gioacchino Pecci, nascido em 1810, papa de 1878 a 1903.

mos que as vias de Deus nem sempre coincidem com as vias dos homens, é possível que um novo Sarto[51], desconhecido, surja do conclave. Como poderá também ser que o segundo milagre se produza...

[...]

P.

Nova York, 9 de outubro de 1958

Morte de Pio XII.

A carta de hoje – que vai no nosso papel de sempre, por ir em mãos – só pode ser dedicada, logo de início, à morte do nosso grande papa. Embora esperasse há três dias, a gente ainda estava se apegando a um segundo milagre, depois daquele que há anos – creio até que nós também estávamos aqui, não me lembro bem – já o tinha salvo da morte e com aquela aparição direta e silenciosa de Nosso Senhor a ele, que ele confirmou embora nunca mais tenha falado a respeito. Será que deixou alguma coisa escrita? Das numerosas notícias que o *New York Times* de hoje traz, não há menção alguma a essa aparição. E no entanto, ela é capital na vida de Pio XII, que era um homem constantemente preocupado com as coisas do mundo e da vida ativa e cotidiana, de modo mais constante. Sem embargo, o que valia sempre para ele acima de tudo e ele o acentuou até a última audiência, era a realidade – digamos assim – tangível das coisas sobrenaturais.

[...]

Será que o seu sucessor terá a mesma atitude? Pensar no sucessor creio que é o primeiro dever de quem considera o papa catolicamente, isto é, de quem olha para o vigário de Cristo antes de considerar a *pessoa* do pontífice.

De modo que o sucessor é que importa agora, como ele próprio o diria. Pois o essencial é que a *corrente apostólica*[52] não fique sem o seu elo imediato. E por isso a lei canônica convoca os cardeais todos, do mundo inteiro, para que acudam sem demora a Roma, para a eleição do novo pontífice. E o *NYT* de hoje já diz que na *jet age*, isto é, na idade do avião a jato, essa reunião se fará ainda mais depressa do que aquela que elegeu o cardeal Pacelli. Pois há três ou quatro dias chegaram aqui os primeiros aviões a jato de *passageiros* ingleses, que fizeram a viagem Londres-Nova York em seis horas em vez de nove. Mas nada disso vale nada a não ser como um símbolo de que quanto antes (e na Idade Média, iam de carro de mulas, senão de

51. Pio X (Giuseppe Melchiore Sarto, nascido em 1835, papa de 1903 a 1914), canonizado por Pio XII em 1954.

52. O papa, que é na verdade eleito bispo de Roma, vem a ser o sucessor do apóstolo Pedro, considerado o primeiro titular da Sé romana.

bois...) devem reunir-se os cardeais em Roma para a escolha do novo pescador (uma coisa aprendi hoje, é que o *anel do pescador* que o papa usa como símbolo de sua autoridade é destruído e não conservado. Assim pelo menos diz um dos tópicos do *NYT*).

E o sucessor, vamos fazer uma aposta? Quem será?

Acredito que seja o cardeal Lercaro de Bolonha. Voto nele. Infelizmente o *nosso* candidato só poderá concorrer para a *futura* sucessão! E no momento, com o problema comunista no centro das preocupações do mundo e da Igreja, o cardeal de Bolonha é o que há mais tempo e mais de perto vem vindo em contato com esses problemas. De modo que entre as quatro possibilidades é esta que vejo como mais provável. Quais são as quatro?

1. O cardeal Lercaro.
2. O cardeal Siri.
3. Um cardeal não-italiano.
4. Um desconhecido e imprevisto (como foi Pio X).

Entre essas quatro hipóteses acredito que a primeira é que será vitoriosa. E vamos rezar para que o sucessor de Pio XII pelo menos *siga a sua mesma linha*, em todos os assuntos e tenha a mesma atitude perante os dois *pratos da balança católica*... Pio XII soube admiravelmente ficar sempre como *fiel da balança*. Mas se a *facção* Ottaviani[53] triunfasse – *quod Deus avertat*[54] – caminharíamos para a opção pelo prato da Direita, da reação, do estreitismo, do espírito de condenação e de suspeita, da caçada às heresias, isto é, às *falsas heresias*, pois as verdadeiras devem ser extirpadas e combatidas. Foi essa maravilhosa *proporção* que Pio XII soube sempre guardar e Deus faça com que o seu sucessor continue a preservar. E você bem sabe que o *caso Maritain*[55] está sempre no meu espírito... Mas como Deus sabe sempre muito mais o que faz do que nós, estejamos certos de que do conclave vai sair o que deve sair. E rezemos para isso.

[...]

P.

---

53. Cardeal Alfredo Ottaviani (1890-1979), considerado o líder do grupo ultraconservador Cúria Romana, tendo feito toda a sua carreira na Congregação do Santo Ofício: assessor em 1935, pró-secretário em 1953, secretário em 1959, nomeado por João XXIII, pró-prefeito em 1966, cargo ao qual renunciaria em 1968.

54. "Que Deus não permita".

55. Jacques Maritain (1882-1973), filósofo e ensaísta francês. Junto com sua esposa, Raïssa (1883-1960; russa de origem judaica), converteu-se ao catolicismo em 1906, tornando-se um dos promotores do tomismo, designação comumente atribuída à obra filosófico-teológica do dominicano Tomás de Aquino (ver carta de 26 de janeiro de 1959, nota 97, p. 103). Ex-embaixador da França junto ao Vaticano, e professor em universidades norte-americanas. A pessoa e a obra de Maritain foram marcantes na vida de Alceu. O "caso Maritain" parece referir-se às investidas de católicos integristas contra o filósofo quando da publicação de seu livro *O homem e o Estado*, traduzido no Brasil por Alceu, em 1952.

Nova York,
11 de outubro de 1958

[...]

E hoje tinha coisas longas a ler no *NYT*, como as notícias do enterro do "nosso" papa (será que assim também chamaremos o próximo?). Há um retrato do cardeal Lercaro e você vai ver se a sua figura não dá a impressão de *angústia*, de quem teme vir a ser *eleito*.

Há também a notícia tocante, que me encheu de lágrimas os olhos, da partida da freira franciscana, madre Pasqualina (?), que cuidou dos apartamentos, a serviço de Pio XII, desde os dias em que ele foi núncio em Munique. E da sua bagagem – duas maletas e uma gaiola de passarinhos – com os seis canários e pintassilgos do papa, especialmente de um preferido, que voava por ali livremente enquanto ele comia, e que *ele mesmo* domesticou.

[...]

P.

Nova York,
12 de outubro de 1958

[...]

As notícias de Roma de hoje prevêem um longo conclave e predizem um papa "pastoral", para suceder a um papa "diplomático". Pio XII começou "diplomático", mas depois acabou mais que pastoral e místico.

E é esse equilíbrio que ontem procurei acentuar num artigo que comecei mas não acabei pois aqui, apesar das manhãs sem compromisso, e portanto ótimas para o trabalho, fico de tal modo absorvido pelo jornal e nele lendo o que vai pelo mundo todo e por aqui (e o *NYT* é um microcosmo), procurando também aproveitar a leitura para aprender inglês, lendo devagar e folheando o dicionário. Que língua! Ainda hoje estava vendo que a palavrinha de três letras *set* ocupa nada menos de duas páginas do dicionário, com duas colunas cada uma. Que massa de significações variadas, quando se olham os *advérbios* que são para a língua inglesa o que os *verbos* são para o português: o quebra-cabeças dos turistas como eu...

[...]

P.

Nova York,
13 de outubro de 1958

[...]

Você verá aí a lista dos cardeais *papáveis*[56]. Com que melancolia vejo ali o nome de monsenhor Montini, o nosso candidato. Confesso que *nenhum* dos outros nomes me diz *nada* e que *eu gostaria que saísse um completamente desconhecido e inesperado*, para que realmente houvesse uma liberdade total em face das *correntes* atuais. Imagine só você se vier o candidato dos espanhóis... Mas tenho muita fé no Espírito Santo. E você reze muito para que os cardeais do conclave saibam *ouvir* o Espírito Santo. Pois este fala sempre a verdade. Mas os homens, sejam cardeais ou não, quase sempre não sabem ouvir. *That's the trouble*[57]...

[...]

P.

Nova York,
18 de outubro de 1958

Quando eu era menino – não de ontem por fora, pois por dentro é como se fosse ontem – eu pensava que era obrigatório escrever, especialmente a minhas irmãs, quando me escreviam, por exemplo, de Andecy (férias, no campo, com o Sion, em 1900) para Paris, assim: "Chorei muito ao receber a carta de você", etc.

Pois bem, não direi que chorei *muito* quando recebi ontem sua carta sobre o nosso papa, mas que, tirado o muito, o que ficou ainda foi... muito, isso lá é verdade. Você sabe o que tem acontecido comigo desde que ele morreu: tinha feito força mesmo *para não pensar nisso.*

Procuro pensar em tudo, em me ocupar, em me distrair, em trabalhar, ou então em escrever sobre ele – já fiz dois artigos – mas como se já tivesse passado muito tempo e eu o considerasse realmente, *tel qu'en lui même enfin l'eternité le change*[58]. Mas pensar e sentir mesmo no duro, pela morte agora, *hic et nunc*[59], e em tudo aquilo que a perda dele representa para mim, para nossas idéias, para nossa passagem pelo Vaticano, por Maritain, por 30 anos de colocação de idéias, de posição, de atitude, de tudo – isso é *tão duro* que só há mesmo um jeito: pensar em outra coisa, apertar o

56. Por alusão ao italiano *papabile*, isto é, suscetível de ser eleito papa.

57. "Eis o problema".

58. "Que a eternidade enfim o transforme no que é" – primeiro verso do poema "Le tombeau d'Edgar Poe", do francês Stéphane Mallarmé (1842-1898), texto dedicado ao autor norte-americano Edgar Allan Poe (1809-1849). Na crônica "Um reacionário" (*in Companheiros de viagem*), Alceu interpreta assim o mesmo verso: "Só a morte transforma o homem em si mesmo".

59. "Aqui e agora".

coração, desviar a atenção, ouvir música, ir ao teatro, ao cinema, tomar lições de inglês, dar aulas, preparar as conferências, os discursos da próxima semana, pensar na saudade antecipada do *quiet and charm* do Grosvenor, que foi uma espécie de "Moselinha"[60] de Greenwich Village, que não esquecerei jamais, fazer prognóstico sobre o que será o novo hotel, com cujo nome pretensioso não simpatizei: Park Royal, mas com cujos aposentos simpatizei e pressenti que neles encontraria também um ambiente de *quiet and charm* para rezar, para escrever a você, para fazer os meus catatauzinhos e minhas croniquetas, etc. Se for pensar mesmo, no duro, no pai que partiu e deixou as ondas da saudade tomarem conta, babau tudo o que Marta fiou! De modo que o remédio é procurar não perder o controle e ficar com a cabeça no lugar, embora com o coração quente e o pranto a chegar à beira dos olhos, com vontade de transbordar quando recebo uma carta tão simples e tão dilacerante como a sua de ontem.

[...]

Mas o fato é que sua carta me deu vontade de escrever mais umas linhas sobre o papa. Vou ver se o faço logo que acabar esta. E essas croniquetas são escritas com um *mood* (lá vem...) inteiramente, ou quase, diverso daquele com que rabisco os catataus. A estes vou quando penso. Àquelas quando sinto.

Deve ser (ou é, recolhendo um pouco da vaga e quase esquecida experiência *poética...*) a diferença entre escrever prosa e escrever verso... As croniquetas são a minha poesia em prosa, ou pelo menos nascem de um impulso poético. Ao passo que os artigos vêm de uma meditação, de uma necessidade de pensar e comunicar aos outros o meu próprio pensamento. Saem pois diretamente da razão e da inteligência lógica. As crônicas sinto que vêm de um impulso existencial, do subconsciente. Ambos representam uma necessidade de expressão. Mas de fontes diversas!

Ontem tive a alegria de *ouvir a voz* de Maritain! E como o serviço telefônico aqui é de primeira ordem, parecia que estava conversando com ele. Mamãe é que pediu a ligação para Princeton. Houve uma pequena demora porque houve mudança do número. Quem atendeu foi Raïssa. Mas ele veio logo, com o seu habitual, insinuante e paterno: "*Oh, cher ami! Je savais que vous étiez là*"[61]...

[...]

P.

60. Designação dada à casa da família em Petropólis.

61. "Ó, caro amigo! Eu sabia que estava por aqui".

Nova York,
19 de outubro de 1958

[...]

Não devemos confundir papa e papado, mas nenhum papa pode contradizer o papado, e é este que é a Igreja e é como papado que ele representa a Igreja. De modo que a continuidade tem de ser a regra. Embora cada papa tenha a sua personalidade. E as circunstâncias podem mudar. E as encíclicas não são evangelhos. Estes são inalteráveis. Mas as encíclicas, pelo contrário, acompanham os tempos e vão refletindo, não só as exigências dos novos tempos, mas ainda as idéias e o temperamento de *cada papa* e é nesse ponto que eu terei um tempo duro e uma autêntica provação se vier um "da Junta"[62]. Mas se vier é que o Espírito Santo o quis. E se for assim, é que eu mesmo tenho de silenciar ou de mudar naquilo que estiver errado.

Nunca me esqueço da palavra do Jackson, respondendo à minha interpelação, quando Pio XI condenou a Action Française[63] e começou para a Igreja *a grande fase de abrir as portas* em vez de fechá-las: "Se eu for forçado a calar-me, quebrarei a pena, embora com alguma melancolia".

O Jackson não precisou "quebrar a pena" porque morreu. Aliás talvez não precisasse, pois afinal reacionários mil vezes piores do que ele – os Plínios[64] e companhia – continuaram a escrever *como católicos* e apoiando-se em Pio X ou em Pio IX[65], embora raramente em Pio XI e Pio XII.

Eu vim para a Igreja, não digo *porque*, mas na mesma ocasião em que senti a minha espontânea inclinação pelas idéias dos dois últimos Pios e de Leão XIII. Não diria o mesmo nem de Pio IX, nem de São Pio X (salvo a santidade e a liturgia).

Se agora vier um novo Pio IX ou um novo Pio X, deverei calar-me? Ou morrer como o Jackson?

Devo dizer que a perspectiva *não me preocupa absolutamente*. Talvez porque tenha praticado o que te disse, trancar o coração a sete chaves para não sentir demais a morte de Pio XII e as suas conseqüências. Confesso que, de vez em quando, há um ponto que me faz tremer: o destino dos livros de Maritain. Não duvido

---

62. Alusão irônica à facção ultraconservadora da Cúria Romana. Alceu utilizará também nestas cartas "Junta do Coice", apropriando-se da expressão rural que designa os bois que seguram o carro nas descidas.

63. Ação Francesa, movimento político francês animado desde 1904 pelo escritor Charles Maurras (1868-1952). Seu programa, centrado no "nacionalismo integral" e de rígida conotação tradicionalista, teve grande influência sobre os setores mais conservadores da burguesia francesa e em meios católicos, inclusive no Brasil como se depreende da reação de J. de Figueiredo mencionada por Alceu. A Action Française foi condenada pelo papa Pio XI em 1926, o que levou muitos católicos, entre os quais Jacques Maritain, a romper com tal ideário político.

64. Alusão provável a Plínio Corrêa de Oliveira (ver carta de 21 de janeiro de 1959, p. 98, nota 85) e a Plínio Salgado (1895-1975), um dos fundadores da Ação Integralista Brasileira, criada em 1932, cujo lema era "Deus, Pátria e Família". Escritor, Plínio Salgado esteve entre os participantes da Semana de Arte Moderna de 1922 e, nas suas próprias palavras, sua atividade literária prenunciou a sua ação política: "meu primeiro manifesto foi um romance [*O estrangeiro*, 1926]".

65. Papa Pio IX (Giovanni Maria Mastai-Ferreti, nascido em 1792), de 1846 a 1878, considerado um dos grandes artífices da "restauração" ultra-reacionária do catolicismo, por oposição às idéias do liberalismo.

que haja algum decreto do Santo Ofício, que Pio XII *pessoalmente* tenha posto numa gaveta e que um papa da "Junta" se apressaria a publicar. E a provação começaria logo. E com ela, quem sabe, o silêncio, a que o Jackson se referia: quebrar a pena com melancolia. Eu a quebraria em assuntos da Igreja, pois nos outros não só hoje vivo da pena e não poderia quebrá-la, como são idéias pessoais, que não seriam atingidas.

Mas confesso a você que ao menos por ora nada disso me tira o sono. Nem mesmo me ocupa a atenção. Cada vez mais deixo tudo nas mãos de Deus e sua carta exprime perfeitamente o meu estado de espírito. Trabalhei pela Igreja como achei que devia trabalhar e escrever. E por trinta anos nunca encontrei o menor obstáculo entre o que eu pensava – mesmo que não me tivesse convertido – e as idéias dos dois papas. Agora virá um terceiro Pio ou um outro Bento[66] ou Leão. Qual será sua tendência? Deus o sabe e o determina. Se divergir totalmente das minhas próprias inclinações (em matéria política, social, econômica, etc.), terei de reconsiderar e repensar alguma coisa, para ver se está realmente em desacordo com a *doutrina*[67]. Se não estiver, como penso que não (pois seria então dizer que os dois últimos papas erraram? Ou seria que eu é que interpretei mal os seus ensinamentos?), a conseqüência seria silenciar como intérprete da doutrina social da Igreja e falar cada vez mais em meu próprio nome, o que aliás já faço há muito. E se tiver de deixar a presidência do Centro Dom Vital nem isso me afetará. Você pode estar certa.

Pelo menos, por ora. *Estou certo da vitória... do Espírito Santo.* E não deste ou daquele candidato. E mesmo que venha um Ottaviani, é que era *melhor* que viesse.

Houve papas maus *como homens*, ao longo da História, mas *nunca houve* papas *errados como* papas. E é nisso que está a minha *serenidade*, que é absoluta, você pode estar tranqüila. *O que sair do conclave será o melhor, como papa, embora talvez não o seja como homem.*

[...]

P.

---

66. Referência a Bento XV, que desenvolveu grande atividade humanitária e diplomática durante a Primeira Guerra em prol da paz.

67. Referência ao *corpus* fundamental da fé cristã (*depositum fidei*: ou verdades contidas na revelação divina) do qual a Igreja é guardiã e ao qual os cristãos devem aderir, tradicionalmente distinguido das expressões da fé diversificadas no tempo, assim como daquelas questões nas quais os cristãos têm a liberdade de pesquisar, pensar e manifestar suas próprias opiniões. Alceu certamente conhecia o antigo axioma cristão: "unidade no que é necessário, liberdade onde há dúvida, e, em tudo, caridade", que seria publicamente relembrado por João XXIII e pelo Concílio Vaticano II, anos mais tarde.

Nova York,
25 de outubro de 1958

Ah, estes jornais, ou antes este *NYT* tão cheio de notícias e por vezes também tão antipático no seu republicanismo! Mas ao mesmo tempo tão aberto e objetivo no seu noticiário, que toma horas da gente cada manhã e deixa a cabeça quente com tanta coisa que diz. E o pior é que a gente vai se habituando a essa "cultura jornalística" e esquecendo ou não tendo tempo de ir mais ao fundo das coisas ou de esperar mais pela própria reação individual.

É como se fosse um banho de chuveiro prolongado que não deixa tempo nem de respirar direito. Mas é incontestável que abre os poros da pele! Embora ponha, cada manhã, o coração e a cabeça a trabalharem mais intensamente, confirmando ou contrariando as nossas posições. Ainda hoje, há uma notícia de extrema importância – a Rússia dando ao Egito o dinheiro de que ele precisa para construir o famoso açude de Assuã – "a pirâmide do século XX" – que os americanos, por ordem de Dulles[68], recusaram há dois anos! Isto é, a Rússia vai conquistar com dinheiro o mundo árabe, ao passo que os imbecis desses dirigentes da catastrófica política exterior dos Estados Unidos gastam o mesmo ou mais dinheiro em sustentar *militarmente* a China *nacionalista* e outros mitos totalmente fadados a desaparecer e acabam sendo *odiados* pelos asiáticos e africanos, isto é, pelo *mundo de amanhã*, que estará em grande parte em mãos do *homem de cor* (não-branco), como profeticamente o viu Pio XII e como dom Hélder[69] tão bem resumiu na homilia que ontem te mandei.

É isso que esses norte-americanos não vêem e com isso estão deixando a Rússia tranqüilamente ganhar a *guerra fria*, sem precisar de uma terceira guerra mundial para conseguir os seus objetivos. É incrível a cegueira destes imbecis, sentados num monte de ouro ou gastando-o *the wrong way with the wrong people and with wrong results*[70]...

Mas isto é apenas uma explosão, depois da leitura do jornal da manhã, como acontece com outros temas de que não tenho tempo de falar ou não interessam a você, como o papel de De Gaulle[71] em França, tão mais hábil do que parecia e dando a impressão de que está conseguindo *vencer o gaullismo*!

[...]

Ontem o acontecimento do dia foi sem dúvida esse velhinho cujo retrato aí vai

68. John Foster Dulles (1888-1959), que de 1945 a 1959 dirigiu a política externa dos Estados Unidos e a estratégia da Guerra Fria.

69. Dom Hélder Câmara (1909-1999), na época bispo-auxiliar do Rio de Janeiro. Organizador e primeiro assistente-geral da Ação Católica Brasileira, e grande artífice da Conferência Nacional dos Bispos do Brasil (CNBB), da qual foi secretário-geral.

70. "De maneira errada, com as pessoas erradas e com maus resultados".

71. Charles de Gaulle (1890-1970), militar e estadista francês; *gaullismo* era o nome dado a certas forças políticas de matiz conservador que se utilizavam do nome e do prestígio do chefe da França Livre na luta contra o ocupante nazista durante a Segunda Guerra Mundial.

(Casals[72]) e que ontem revi – do meio dos 3.500 assistentes que por duas ou três vezes se puseram todos de pé para aplaudi-lo – depois de 52 anos ou mesmo mais, pois não sei se foi em 1905, 6 ou 7, que andou pelo Rio, com o pianista Bauer, que não sei se ainda vive, e um violinista cujo nome perdi de memória. Como gostaria de ter ido dizer-lhe que fui um dos seus ouvintes há meio século! Mas não tinha convite para a recepção que o secretário geral ofereceu logo depois do concerto e tenho horror a ser "penetra". Poderia me ter *metido*. Mas estava com Mamãe e ficaria ainda mais constrangedor. Mas que tive pena tive, de não poder dizer-lhe quanto admirei sua tenacidade no exílio voluntário e a emoção de o rever, velho, depois de o ver menino. E como toca! Que doçura! Tocou uma sonata de Bach, em ré maior, que às vezes ouço na Moselinha, nas noites de terça-feira, de modo que à ampla emoção de o ouvir e de o re-ouvir, somou-se a de evocar a Moselinha, que, de longe, ainda é mais bonita e saborosa.

[...]

Ora, imagine você com que emoção o ouvi ontem, numa sala onde havia representantes de 81 nações do mundo e 3.500 pessoas entre as quais quantas celebridades, com a Orquestra Sinfônica de Boston, considerada a melhor daqui, e ouvindo, além da sonata de Bach, uma deliciosa canção catalã que era de uma beleza intensa e suavíssima e, por tudo, me lembrou logo você, mesmo antes de saber o nome: "O canto dos passarinhos" e que ele próprio musicou! Foi uma tarde memorável e por isso te mando o cartão de entrada e o retrato do homem para o álbum dos "USA 58", tá bem? Essa combinação de retratos, documentos e textos é que fazem dos seus álbuns uma coisa *startling*, como dizem por aqui, um termo bem sugestivo lembrando estrelas e garrafas de champanhe se abrindo.

[...]

P.

Nova York, 29 de outubro de 1958

Então, temos um xará[73] no Vaticano! E um xará cujo anel já beijei! Sim, senhora, foi em Paris, em dezembro de 1952, quando fui à sétima conferência da Unesco, como representante da OEA[74]. Monsenhor Roncalli era então núncio em Paris. A Unesco tem por hábito iniciar suas sessões com uma missa de ação de graças que não

72. Pablo Casals (1876-1973), ou Pau Carlos Salvador Defillo de Casals, nome original em catalão desse violoncelista espanhol. São famosas suas interpretações das suítes para seu instrumento compostas pelo alemão Johann Sebastian Bach (1685-1750).

73. Alusão a João XXIII, eleito em 25 de outubro (Angelo-Giuseppe Roncalli, nascido em 1881, foi papa de 1958 a 1963). João Batista era o nome de Alceu como oblato beneditino.

74. Organização dos Estados Americanos, criada em 1948.

é *oficial*, pois é uma instituição não-confessional, mas oficiosa, e a que comparece, entretanto, a maioria dos delegados. Foi em Saint Pierre de Chaillot[75] e o celebrante foi monsenhor Roncalli. No discurso que hoje o *NYT* recorda, ele fez o elogio da Unesco, citando Pio XII. Eu devo ter dado notícia disso na carta desse dia (dezembro de 1952). Procure nos seus "implacáveis arquivos"! Procure também a notícia que eu devo ter dado da recepção na Nunciatura, onde beijei a mão do núncio, hoje papa, a quem fui apresentado por um assistente dele, não me lembro quem, pelo nome, etc. Não me lembro senão disso. E creio que apenas falei com o núncio na entrada! Veja na carta do dia.

Mas o engraçado é o nome, que não era usado desde o século XIV! E tenho idéia de que houve um João qualquer coisa, português[76]. Pensei que fosse o João XXII[77], mas vejo que este foi francês. E o mais engraçado é já ter havido um antipapa João XXIII[78] naquele mesmo século. Isso tudo é gostoso para a gente sentir como a Igreja *brinca com os séculos*, assim como a sabedoria (Nossa Senhora) brincava com as estrelas[79]!

O novo papa é essencialmente *paternal*! E até os comunistas o classificam de "conservador paternalístico".

Não é um sucessor de Pio XII, que reunia paternalidade com santidade e genialidade política e intelectual. Este é puramente paternal, o que é o principal. E nos afasta logo dos perigos da Junta! Era o candidato dos cardeais franceses e a Junta (Ottaviani à testa) sempre foi antifrancesa e foi ela que matou o movimento dos padres operários[80] (sobre o qual eu sempre tive minhas reservas, mas não pelos mesmos motivos da Junta...). De modo que basta este fato para me alegrar com a escolha, que procurei traduzir no telegrama que ontem te mandamos e espero o correio já tenha feito chegar

75. Igreja parisiense no 16º distrito.

76. Na verdade, desde o século XIII: João XXI (Pedro de Espanha, conhecido como "o clérigo universal" por seu múltiplo saber, nascido em Lisboa, *c.* 1220, e papa de 1276 a 1277; morreu acidentalmente, esmagado pela queda de um teto).

77. Jacques Duèze, ou Duèse, francês, nascido em Cahors em 1245, papa de 1316 a 1334. É o segundo papa dito de Avignon.

78. Baldassare Cossa, nascido em Nápoles *c.* 1370, eleito pelo Concílio de Pisa durante o período conhecido como Grande Cisma do Ocidente, foi "antipapa" de 1410 a 1415; deposto pelo concílio de Constância, tornou-se cardeal de Frascati, onde morreu em 1419.

79.Cf. o livro dos Provérbios 8: 30-31, no Antigo Testamento; trata-se de uma passagem que a liturgia católica aplica à mãe de Jesus.

80. Esse movimento teve início por volta de 1943 na Igreja Católica da França, e o seu objetivo inicial, com o apoio do cardeal Suhard, arcebispo de Paris, era o de tornar a Igreja mais próxima do mundo operário. Criaram-se então equipes de padres, tanto do clero secular como do regular (principalmente dominicanos), que passaram a residir e a atuar nos bairros operários, nos subúrbios de Paris e em outras cidades francesas. Esses padres logo perceberam que a inserção missionária que pretendiam perderia consistência se eles não partilhassem também, e nas mesmas duras condições, o trabalho dos operários nas fábricas, nos portos, etc. Muitos deles tornam-se, pois, operários, e passam a viver e a trabalhar sem os sinais distintivos de sua condição eclesiástica e – o que foi um choque ainda maior para muitos setores católicos – participando plenamente da vida sindical e política da classe operária. Em 1953, Roma resolveu pôr fim à atividade dos padres operários, numa decisão considerada brutal e injustificada pelos membros do movimento e pelos setores que os apoiavam, dentro e fora da Igreja. A situação tornou-se a tal ponto dramática para as consciências que parte dos padres operários resolveu deixar o ministério sacerdotal; a outra parte inclinou-se, na esperança de um dia retomar aquela atividade. Após o Concílio Vaticano II, em 1965, o novo clima reinante na Igreja permitiu a retomada.

hoje de manhã e não causado algum susto! Fiquei satisfeito. Era impossível o nosso candidato. Um "emissário a Milão" , na frase de dom Hélder, seria uma *capitis diminutio*[81] para todos os cardeais do Conclave e só mesmo um *deadlock* total poderia justificar. E não podendo ser logo o verdadeiro sucessor de Pio XII, o Pio XIII (que será uma réplica de Leão XIII daqui a alguns anos, se os cardeais que o nosso pai e xará João vai dominar ouvirem o Espírito Santo, como estes hoje ouviram) – não podendo vir já um Pio XIII, que venha um Joãozinho XXIII, papa *pro tem.* Esta última expressão, latina e abreviada de *pro tempore*[82], é usada aqui para significar a interinidade.

[...]

Como não era possível eleger logo o verdadeiro sucessor de Pio XII e a maioria tinha a cabeça no lugar e não aceitaria o candidato da Junta, a solução tinha que ser conciliatória: Um homem bonachão, medíocre (será mesmo?), gordo, paternal, hábil, moderado, bem pastoral e que não terá a menor pretensão de suceder a Pio XII, mas, sim, a de marcar o lugar para o seu verdadeiro sucessor. Enquanto isso, poderá fazer um grande bem a todos nós e à Igreja, com a sua bondade pastoral, sua simplicidade, seu jeitão de vigário de aldeia, seu modo tão simpático: *obœdientia et pax*[83]. Basta que tenha "paz" no seu escudo de armas ou na sua divisa para que eu o tenha no coração.

De que precisa o mundo hoje, mais que tudo, senão do espírito pastoral, paterno, pacífico? Os três "pês" de João XXIII estão bem mostrando o dedo do Espírito Santo. Dois – ou, antes, três grandes papas – um logo em seguida ao outro, seria talvez uma medicina forte demais para a Igreja e para o mundo. Vamos respirar um pouco. Vamos fumar um cigarrinho. Vamos esticar as pernas. Vamos dar uma volta no parque durante o intervalo. O nosso bom João XXIII, o meu gordo e bonachão xará, vai permitir que a gente respire um pouco, depois desse mundo de coisas que Pio XII jogou constantemente e a todo propósito sobre as nossas cabeças. Vamos ter um tempo livre para meditar um pouco, sobretudo sobre o que ele nos disse em seus quinze volumes de encíclicas e discursos. João XXIII é um intervalo, um descanso, um pique, um banco, um copo d'água, uma boa cadeira de balanço, depois dessa tremenda corrida que os dois Pios nos obrigaram a fazer. Andávamos de língua de fora. O Espírito Santo viu isso lá de cima. E decidiu bater o gongo, para anunciar um tempo de repouso. Vamos respirar um pouco, antes de recomeçar uma nova caminhada. São as caminhadas que levam a Igreja a construir o reino de Deus, sem dúvida. Mas para caminhar é preciso parar para tomar fôlego. E o meu bondoso xará vai nos dar tempo a que façamos um pouco o balanço da obra imensa dos seus dois predecessores.

Lembra-me um episódio que se passou na Inglaterra em 1921. Caíra o governo Lloyd George[84], que fora desde antes da guerra o mais agitado governo da Inglaterra

81. Diminuição de capacidade, ou rebaixamento que acarreta certa humilhação: se o eleito não estivesse entre os cardeais, o Conclave teria de enviar um emissário, forçosamente cardeal, para solicitar a aceitação de um não-cardeal, caso do arcebispo Montini na época. Ver também carta de 22 de novembro de 1958, nota 107, p. 67.

82. Por tempo determinado: dizia-se que João XXIII, bastante idoso, seria apenas um papa de transição.

83. "Obediência e paz": lema episcopal de João XXIII.

84. David Lloyd George (1863-1945), premiê da Inglaterra durante a Primeira Guerra Mundial.

nos tempos modernos, pois Lloyd George foi um tremendo reformador que *modernizou* a vida política inglesa. Durante 20 anos não deu tréguas a ninguém. Por causa de uma derrota da Grécia contra a Turquia – quando a Inglaterra apoiou a Grécia – caiu o governo liberal presidido por Lloyd George, que fora o grande chefe inglês durante a Primeira Grande Guerra, o Churchill[85] da Primeira Guerra Mundial.

Subiu o governo conservador e foram perguntar ao novo primeiro-ministro, que era um sujeito obscuro chamado Bonar Law[86], qual seria o seu programa de governo. "*Don't do anything*", respondeu o velho *tory*, com *humour*. "*Não fazer nada! O senhor Lloyd George fez tanta coisa em tão pouco tempo que o de que a Inglaterra precisa é descansar um pouco, respirar, refazer-se, e para isso não fazer nada, por algum tempo.*"

Creio que terá sido esse o pensamento do Espírito Santo ou daqueles que elegeram o nosso bom pastor de Veneza[87]. Pio XI e Pio XII fizeram tanta coisa, abriram tantos caminhos novos, que é preciso agora dar um balanço em tudo, isto é, ver onde estamos e como estamos. Depois, retomaremos a viagem. Em suma, João XXIII é uma estação na viagem da Igreja, apesar daquela misteriosa profecia de Malaquias: *Pastor et nauta*[88]. Vejo muito bem o pastor. Mas o marinheiro não. Vejo tudo no meu xará, menos o mar, o horizonte, o futuro, as velas enfunadas, as chaminés fumegando, as ondas atravessadas pela proa da barca de Pedro. Vejo o pastor, isso sim, sentado e o rebanho em torno. O pastor paternal, bondoso, abençoando, perdoando, compreendendo, enxugando lágrimas, passando a mão pela cabeça, corrigindo sem bater, chamando cada ovelha por seu nome, mas cuidando que o rebanho fique onde está, não se metendo em viagens, nem para novos pastos, nem para novas aventuras. O pastor mas não o nauta.

Como explicar a profecia? Será que não tem valor, como tantos dizem? Ou que esse pastor pacífico terá, amanhã, de atravessar os oceanos, navegar para buscar refúgio em outro continente, se os cavaleiros do Apocalipse desencadearem sobre a terra o tufão da morte e da guerra nuclear? E o pastor terá então de se transformar em marinheiro como Pio IX[89] se transformou de liberal em reacionário.

Tudo isso é pura hipótese. O que podemos no momento ver é que o nosso João XXIII vem ser apenas um hiato entre dois Verbos de Deus. E esse hiato era necessário

---

85. Sir Winston Leonard Spencer Churchill (1874-1965), estadista inglês de papel preponderante na Segunda Guerra Mundial.

86. Andrew Bonar Law (1858-1923), líder do Partido Conservador, foi o único canadense a se tornar premiê britânico.

87. João XXIII era cardeal-patriarca de Veneza ao ser eleito.

88. "Pastor e navegante", ou "marinheiro". As "profecias de Malaquias" consistem num texto latino, durante bom tempo atribuído a um monge irlandês do século XI, Malachy O'More (1095-1148), hoje são Malaquias, que foi arcebispo de Armagh e primaz da Irlanda. Na verdade, teria sido um passatempo inventado pelo cardeal Girolamo Simonelli (ou Simoncelli) nas horas vagas do Conclave de 1590, que elegeria o papa Gregório XIV. As "profecias" começam com Celestino III, papa entre 1143 e 1144, e vão até o "último papa", que, contrariando uma tradição milenar, seria o primeiro a intitular-se Pedro – Pedro II. De acordo com tal texto, depois do atual papa, João Paulo II, só haveria outros dois.

89. Ao ser eleito, Pio IX suscitou, particularmente entre os liberais italianos, certa esperança por causa de suas posições abertas como padre e bispo, ao suceder a Gregório XVI (que morreu, segundo a expressão do historiador católico G. Alberigo, "no ápice de sua impopularidade", devida às suas posições intransigentes). No entanto, cerca de dois anos após sua eleição, Pio IX começou a adotar, para a Igreja e os Estados Pontifícios, confundindo estes com aquela, medidas que o tornariam um paradigma do reacionarismo a que alude Alceu. Nas profecias de Malaquias, a fórmula atribuída ao seu pontificado é *crux de cruce*, ou seja, a cruz da cruz.

à Igreja, para que um novo Pio, à altura dos outros dois, ficasse *maduro* à sombra da catedral de Milão e no eco dos São Carlos Borromeu[90], dos Santo Ambrósio[91], para ocupar quando Deus quiser o lugar vago com a morte de Pio XII. As velas da barca de Pedro estavam enfunadas continuamente há muito tempo. Precisavam murchar um pouco, antes que os novos ventos as enfunassem de novo. Setenta e seis anos podem não significar nada. Mas podem também ter entrado na conta, para que o descanso não dure muito tempo. Pode ser, e é provável, que eu não assista à nova eleição para o timão da Barca[92]. Mas você me escreverá ou antes telegrafará então lá para cima: "Papai, você bem que dizia".

Mas deixemos de profecias bobas e esperemos que esse telegrama você possa mandar de São Paulo para Roma, onde espero em Deus ainda poder conversar de novo duas horas, como em 1950, com Pio XIII!

Até lá, guardo nos lábios a suavidade da mão de João XXIII no nosso Paris de 1952, ainda quente da nossa viagem e de sua passagem por lá. [...]

P.

Nova York, 30 de outubro de 1958

[...]

Gostei muito, imensamente, das primeiras declarações do meu xará e estou de coração com elas. Vão constituir provavelmente o tema da primeira *Voz do papa*[93], que você bem vê que não havia motivo para interromper, embora provavelmente haja mais ocasiões de voltar a coisas feitas por Pio XII.

As primeiras palavras de João XXIII são tranqüilizadoras. Nada têm de reacionárias e sim de pacificadoras e gostei especialmente de que, ontem mesmo, um de seus primeiros contatos com o público e com o conclave (o último contato com este) girasse ou terminasse com as mesmas palavras de um dos dois Joões a que ele apelou para justificar a escolha de seu nome: "Filhinhos, amai-vos uns aos outros"[94]. É a súmula do cristianismo e ter pronunciado essas palavras logo de início, como a chave inicial do seu pontificado, me encheu de alegria.

---

90. São Carlos Borromeu (1538-1584), cardeal-arcebispo de Milão de 1560 até o fim da vida, foi importante promotor da reforma tridentina na Igreja Católica.

91. Santo Ambrósio (*c.* 340-397) foi bispo de Milão de 374 até sua morte e é um dos grandes nomes da Igreja latina, tendo combatido os resquícios de paganismo do Império Romano.

92. É costume designar a Igreja como "a barca de Pedro" em alusão à promessa de Jesus ao primeiro dos discípulos, pescador de profissão, de que faria dele "pescador de homens" (Mateus 4: 18-20); daí também o "anel do pescador" tradicionalmente usado pelos papas e destruído quando morrem, como lembrou Alceu na carta de 9 de outubro (p.51).

93. Série de artigos que Alceu escrevia para a revista *A Ordem*, do Centro Dom Vital.

94. Ver Primeira epístola de João 4, 11.

A única sombra foi a nomeação de monsenhor Tardini[95] para secretário de Estado. Será uma política? Se for, não gosto, pois me habituei a ver em Tardini *o outro prato da balança*... embora não necessariamente uma cumplicidade com a Junta. Está parecendo que quer logo restabelecer certos velhos costumes dentro do Vaticano, e isso está bem no seu temperamento conservador. Enquanto Pio XII, como verdadeiro pioneiro, não temia assumir pessoalmente responsabilidades (não nomeando um secretário de Estado, por exemplo) ou fazer inovações revolucionárias contra o excessivo italianismo da Santa Sé (como a nomeação de mais cardeais estrangeiros do que italianos, o que foi um passo perfeito no sentido católico da Igreja Católica).

Está se vendo, parece ao menos, que este papa vai voltar atrás de tudo isso e restabelecer tudo na rotina de outrora. Parece que reflete a opinião dos círculos vaticânicos, que sempre consideraram com reserva as inovações de Pio XII. É o preço que teremos de pagar ao conservadorismo e à mediocridade de um papa *pro tem*, tipo conformista e não abridor de caminhos. Por ora, e durante esse pontificado do tranqüilo ex-patriarca veneziano, o que teremos é a Igreja moderada, discreta, conciliadora, prudente, sem grandes iniciativas, etc. Este é que vai ser um pontificado diplomático e não o do diplomata Pio XII. Este, Pio XII, é que tinha cara de nauta, e o nosso bom Giovanni, de bom filho de colono e irmão desse simpático carregador de milho[96] do retrato que vai amanhã (pois a carta de hoje já vai cheia demais e o peso dos selos pode aumentar muito), muito mais lavrador que marinheiro... Lavrador e pastor, pai bondoso e sobretudo homem de grande humildade...

[...]

P.

Nova York,
2 de novembro de 1958

Aqui, o dia de Finados passa despercebido, pois comemoram os seus mortos em outro dia do ano, de que não me lembro agora, e este ano, caindo num domingo, até as missas de *all souls*[97], como chamam, serão amanhã. Não impede que hoje, mais que em outros dias, nosso pensamento vá especialmente para o Carmo e São João Batista[98], onde estão os nossos mortos, e onde um dia, espero, os nossos restos possam ter uma lápide de pedra, rasa com o chão, como a dos monges, com a inscrição que

95. Domenico Tardini (1888-1961), criado cardeal em 1958, fez toda a sua carreira eclesiástica na Cúria Romana.
96. João XXIII era filho de família camponesa.
97. "Todas as almas", ou as almas de todos os mortos.
98. Cemitérios do Rio de Janeiro.

já está em português, no túmulo de Quinquina[99] e Angé[100] e desejei ter, em latim, para ter ali conosco as próprias palavras na língua da Igreja: *Dormiunt in somno pacis*[101]. Isso me soa como nosso epitáfio desde os primeiros dias de Santo Inácio, em 1928, quando logo no dia 16 de agosto, há 30 anos, comecei a ir à missa todas as manhãs, coisa que nunca fizera antes e que constituiu o *corte* mais sensível entre os meus costumes, antes e depois do 15 de agosto[102].

O outro corte foi *sair à noite* sozinho, depois do 4 de novembro – depois de amanhã serão 30 anos – quando a morte do Jackson me levou ao Centro Dom Vital e ao encargo de uma presidência tão pouco... presidencial.

[...]

P.

Nova York,
5 de novembro de 1958

A coroação do nosso querido xará trouxe uma segunda confirmação à sua ótima inclinação para aquilo que dele esperávamos e para a completa afinidade com o nosso ideal da função da Igreja: espalhar o amor e a paz entre os homens e as nações, pois foi o tema do Bom Pastor – figura que será o símbolo de seu curto (?) pontificado – que ele desenvolveu no seu *excelente* discurso da coroação, também em latim, e que confirma, linha por linha, o discurso anterior, do *Desarmamento*.

Ficam assim definidas as linhas mestras do novo pontificado. Pio XII falou logo na *lei* e na volta à *lei natural*, no seu primeiro discurso, ou antes encíclica. Este fala do *amor*. E ambos falam de *paz* e de *justiça* como fundamento da lei e do amor. Tudo isso está na essência da Igreja, de modo que me sinto perfeitamente feliz, espiritualmente, e em absoluta união de espírito e de coração com o meu querido xará, que me está saindo um pai, um *pai de truz*, como pedíamos a Deus que nos desse! Louvado seja o Espírito Santo que fez com que os velhos cardeais *o ouvissem*!

P.

---

99. Apelido de Joaquina da Conceição, babá de Alceu.

100. Apelido de Ângela, filha de Quinquina.

101. "Descansam no sono da paz".

102. Data da volta de Alceu à Igreja Católica. Na carta de 12 de julho de 1960, ele escreverá "conversão ou reversão" (p. 160), aludindo, por um lado, cioso que era do sentido da terminologia cristã, ao batismo recebido na infância e, por outro, à mudança de vida sob o influxo da fé reencontrada em 1928, aos 35 anos de idade, quando já era o autor de uma obra crítica "que elevou a alturas até então nunca atingidas nossos padrões nesse ramo de literatura", como diria Sérgio Buarque de Holanda, no artigo "Universalismo e provincianismo em crítica", publicado no *Diário de Notícias* (RJ) de 07.11.1948. Na carta de 23 de fevereiro de 1964 (p. 335), Alceu, contrapondo conversão e volta, manifesta sua preferência por "volta" à fé católica, mas revê o termo na carta do dia seguinte (p. 337).

Nova York,
7 de novembro de 1958

[...]

E por falar em conferência: ontem à noite foi uma delícia para mim, pois foi em francês! Como é bom falar francês! É até um pecado. Descobri que, para minha correção moral, todo este "ardil" (chateação, em termo vulgar) do inglês é mandado especialmente por Deus para me penitenciar um pouco. Já que não uso voluntariamente cilício, Deus me arranja esses fáceis substitutos! Pois quando me esbaldo no francês, saio de lá tão contente, tão cheio de mim, tão pavão, que graças a Deus lá vem a lembrança de que aquilo foi apenas um pequeno alívio que Deus me mandou, a pedido de Nossa Senhora ou de São José, para não me deixar perder de todo a confiança em mim mesmo.

Pois foi uma delícia, depois de ter passado quase duas horas ensaiando a conferência em inglês, passar outras duas horas fazendo outra conferência, embora sobre o mesmo tema, mas em francês. Que pura delícia! Era como um copo d'água depois de um remédio amargo! Aquilo saía dos lábios como se nunca na minha vida tivesse feito outra coisa senão falar francês, e pelos calorosos aplausos no fim, de um bom público, que enchia literalmente a deliciosa salinha da Maison Française, completou-se mesmo o quadro de fatuidade do conferencista, que teve afinal a sua noite de verdadeiro repouso.

[...]

P.

Nova York,
10 de novembro de 1958

Este dia ainda soa mal aos meus ouvidos e me lembra sempre a manhã de Santa Maria em que o *golpe dos antigolpistas*[103] veio trazer a todos nós um novo período de subversão e de perplexidades. Aliás, cada dia me convenço mais de que o único jeito de enfrentar os tempos de hoje com serenidade é partir da convicção de que *não há melhores dias*, como tantos dizem. Os dias são sempre bons e maus, simultaneamente, e tudo está tão intrincadamente confundido que até mesmo o ritmo – hoje bom, amanhã mau, e vice-versa – pode não ser certo, pois amanhã pode ser pior que hoje, ou

103. Em 11 de novembro de 1955, o ministro da Guerra, general Teixeira Lott, a fim de evitar um suposto golpe de Estado contra a posse do presidente eleito Juscelino Kubitschek de Oliveira (1902-1976), depôs o presidente interino Carlos Luz (1897-1961), substituindo-o, também em caráter temporário, pelo senador Nereu Ramos (1888-1958).

melhor, mas também pode ser a mesma coisa. O essencial é procurar o *último fim*[104], isso sim, e nos mantermos seguros nele, procurando tirar do vaivém das ondas sobre as quais pisamos o máximo de força final para esse fim último, a nossa visão de Deus face a face, a nossa paz intangível, a nossa fixação em um *status* definitivo de plenitude ou de perdição. Se não nos segurarmos com unhas e dentes nesse ponto-final, então estaremos perdidos e as flutuações de cada dia nos arruinarão o espírito. Agora, a segunda exigência é que essa *corda presa no poste final* não nos tolha os movimentos no meio das ondas. Você entende bem o que eu digo. E o que há é que a maioria dos homens ora se prendem tanto ao gancho final que não acompanham o movimento das ondas, ora acompanham tanto esse movimento que cortam o cabo com o gancho de atracação e o bote vai solto pelo mar afora, ou antes é comido pelos tubarões.

Toda essa fácil filosoficação mostra a você como o caso Pasternak[105] continua a ser a minha preocupação – o homem sozinho em luta com a baleia branca, que no caso é o partido comunista, Kruschev[106], a Liga dos Jovens Comunistas, a União dos Escritores, todo o bloco que constitui a massa bruta da baleia branca acorrentando furiosamente um pobre homem desarmado, que ousou afrontar – não desafiar – e afrontar com querer, a ira da baleia branca.

Mas deixemos de mitos aquáticos e voltemos à terra, para outra metáfora, a do... comandante sem navio: Mamãe continua, silenciosamente, como sempre, roendo as suas saudades do mar... Não tem aqui em quem mandar senão em mim, que estou sempre pronto a obedecer, antes que a ordem seja dada.

P.

Nova York,
18 de novembro de 1958

[...]

E nosso João, hein? Quando todo mundo pensava que ele ia passear nos jardins do Vaticano, o nosso bom copo d'água lá estava... movendo moinhos! E ontem nos deu "de assustado" 23 novos cardeais, que certamente já tinha engatilhados "*por si acaso*"... E como o "acaso" veio pelas línguas do Espírito Santo, o nosso xará não foi por meias medidas: assim como tinha pegado um nome de 600 anos atrás, liquidou com uma tradição de 300...

104. Ou *fim último*, isto é, o bem supremo, Deus, segundo a tradição filosófica de inspiração cristã.

105. Boris Leonidovich Pasternak (1890-1960), romancista russo, autor de *Doutor Jivago*, publicado fora da então União Soviética, como na Itália em 1957, o que provocou polêmicas e reações contra o autor em seu país.

106. Nikita Sergueievitch Kruschev (1894-1971), primeiro-secretário do Comitê Central do Partido Comunista da União Soviética, nomeado primeiro-ministro em 1958 e demitido de suas funções em 1964.

E com isso lá veio o nosso Pio XIII (que eu não vá dar azar...) na cabeça da lista, mas também o nosso Tardini, secretário de Estado (continua a política do equilíbrio dos extremos do nosso Pio XII, tanto melhor), além do amigo Barbieri[107], do Uruguai, que será um grande cardeal, e todo nosso!!

[...]

P.

Nova York,
22 de novembro de 1958

[...]

E agora, feito assim o boletim médico do dia, vamos ao meu próprio dia. Fui às 10:30 para o *nosso bairro*, pois, embora morando hoje *uptown*, sinto-me sempre um *downtowner* e *villager*[108]. E quando volto ao bairro é como se chegasse a Petrópolis ou a São Paulo... É engraçado como a gente sente afinidade com um bairro ou uma cidade. Hoje em dia me sinto mais paulista que carioca, pois *petropolitano sempre fui*. E agora, depois de washingtoniano (51 a 53), o que me sinto é *villager*. Os dois meses ali dormidos, e agora a ida quase cotidiana ao Village – e às vezes duas vezes por dia, como ontem – já me fizeram realmente do bairro. Ainda ontem pensava: se algum dia voltar a NY é para o Grosvenor que voltaremos. Aliás, o cinzentinho é até melhor, estamos ali muito bem instalados. Mas me sinto *no estrangeiro*, de certo modo exilado (embora esses últimos dez dias me tivessem ligado mais aqui e à nossa nova igreja, e especialmente ao nosso sublime e grandioso Cristo de Assis lá no alto da nave, dominando o mundo, sombrio e doloroso, mas grande e supremo!), pois nos ligamos sempre muito aos lugares onde sofremos.

No Grosvenor foi diferente: sofrimento também houve, mas foi o de adaptação inicial, o da angústia das primeiras conferências e aulas. Para aqui viemos com essa fase vencida e Nosso Senhor nos mandou outra cruz que nos uniu de novo ao novo bairro e ao novo apartamento. Ele sabe o que faz.

[...]

P.

---

107. O arcebispo de Milão, Giovanni Battista Montini, o "Pio XIII" dos ardentes anseios de Alceu, acabara de ser criado cardeal por João XXIII. Recebeu o chapéu cardinalício e o título em 18 de dezembro de 1958. Antonio Maria Barbieri (1892-1979), OFM Cap. (Ordem dos Frades Menores Capuchinhos), arcebispo de Montevidéu a partir de 1940, seria criado cardeal em 1958.

108. Alceu se refere à parte norte (Uptown) e sul (Downtown, onde fica o Village, bairro em que residira) da ilha de Manhattan, um dos cinco distritos de Nova York – os outros são Brooklyn, Queens, Staten Island e Bronx.

Nova York,
23 de novembro de 1958

[...]

Herdei de papai um hábito invencível de *badaud*[109], isto é, de olheiro, como se poderia traduzir a palavra aplicando a que se dá aos que tomam conta dos automóveis nos pontos de estacionamento. Tudo me interessa e divirto-me facilmente apenas olhando para as coisas. É por isso que gosto tanto de cinema e arrasto Mamãe para ele assim que posso. É preciso ter muito cuidado de não contrair TVite, a moléstia da televisão de que alguns sofrem, mesmo patologicamente, tanto aqui como aí.

[...]

P.

Princeton Inn,
7 de dezembro de 1958

Só tenho esta folha de papel aqui: de modo que sou forçado a reduzir ao mínimo o noticiário do dia, embora tão importante, pois se trata da minha primeira visita (e cinco no total) a Maritain neste seu *retiro* (no verdadeiro sentido da expressão) em Princeton, que era o campus universitário para onde eu quisera ter vindo!

[...]

Tomamos em N. York o trem de 11:15 que pára (não são todos) em Princeton Junction. Esta deliciosa Princeton Inn, velha conhecida, está a dois passos da estação. Tudo igual, com uma sala nova, e muita gente, alguma *convention* feminina e protestante, com cantorias, à noite um "baile", sem nada perturbar o absoluto sossego dos hóspedes. Almoçamos aqui (uma hora de Nova York) e às 3:00 bati-me a pé (meia hora) para 26, Linden Lane.

Tudo igual. Recebeu-me uma empregada preta, e não mais a francesinha de outrora, que depois eu soube que só fica até as 5 horas, e à noite "comem sempre frios". Maritain foi o primeiro que desceu, sempre com aquele angélico sorriso, magrinho, pálido como sempre, com as *pochettes*[110] dos olhos bem acentuadas, mas sempre o mesmo, aquela aparência etérea e um certo cansaço, no ouvir e no falar. Mas, em suma, não mudou, nestes quatro anos em que não os vi e em que foram apenas duas vezes à França (1955 e 56) ficando desde então por aqui. Nem tenho certeza se foram

109. Do francês: "ficar de boca aberta observando as coisas na rua", pessoa ingenuamente curiosa.

110. Diz-se, em francês, que quem tem olhos empapuçados tem *poches*, "bolsas", ou *pochettes* – no diminutivo.

em 55. Vera[111] não apareceu, por causa do tal "lumbago". Raïssa igualzinha, *frileuse*[112] (como ele), fechando frestas por causa do *courant d'air*[113] e falando com aquela voz baixinha de quem anda sempre exausta. Transmiti-lhe a sua pergunta e ela me disse que não continuou, nem pretende continuar as *Grandes amitiés*[114]. Duas ou três vezes disse *"Je n'ai pas de temps"*[115]. Escreve versos esparsos, pensamentos idem e preparou, com Maritain, um longo ensaio para ser publicado numa revista, *Spiritual Life*, que um carmelita americano publica aqui, creio que em Minneapolis/St. Paul. Parece que vai ser um artigo *retentissant*[116] e que já foi revisto pelo *abbé* Journet[117], na Suíça, que lhes indicou novas fontes bibliográficas, especialmente o *Dictionnaire de spiritualité*[118], que eles foram encontrar na biblioteca presbiteriana (sic) aqui. O artigo é uma defesa da *vie intérieure*[119] e da contemplação, contra os exageros do liturgismo.

Conversamos longamente sobre esse ponto e sobre outros, como a política francesa (aprovaram a minha distinção entre De Gaulle e o gaullismo) e ela (Raïssa) me pareceu muito mais otimista do que ele, a respeito do futuro. Maritain já está *déçu*[120] (como eu nunca acreditei no De Gaulle ser capaz de dominar o gaullismo, não chego a estar *déçu*, embora com esperança ainda de que De Gaulle consiga *limitar* os males do gaullismo). Nem ela – Raïssa – creio que ainda acredita no De Gaulle, que eles vêem, creio eu, com os olhos de 1940, quando ele foi o herói da Resistência. Eles (os Maritain) vivem em verdadeiro RETIRO e têm pouco contato com a própria França. Mas ambos estavam muito contentes, pois haviam recebido a notícia de que amanhã, 8 de dezembro, o grau de *doctor honoris causa* ia ser concedido a Maritain pela Universidade Católica de Milão/Sacro Cuore, que é a universidade católica mais oficial da Igreja. "É a primeira vez que me conferem esse grau na Itália" e quem lhe comunicou foi o próprio padre Gemelli, o famoso franciscano, reitor. Isso mostra que não devemos temer qualquer "ottavianada" contra Maritain! Nada sabiam sôbre a atitude do novo papa, mas apenas também que fora o "candidato dos cardeais franceses". O papel acabou. Amanhã haverá mais se Deus quiser.

P.

---

111. Vera Umancoff, irmã de Raïssa, que vivia com o casal.

112. "Friorenta".

113. "Corrente de ar".

114. Em *Les grandes amitiés* (Paris: Desclée de Brouwer, 1949), Raïssa Maritain evoca as pessoas amigas ligadas à conversão do casal ao catolicismo; tradução brasileira: *As grandes amizades*, por Josélia Marques de Oliveira (1970).

115. "Não tenho tempo".

116. "De impacto".

117. *Abbé*: "abade". Charles Journet (1891-1975), teólogo e padre secular da diocese de Friburgo, na Suíça, seria criado cardeal por Paulo VI em 1965. Fundador da revista teológica *Nova et Vetera* e especialista em eclesiologia.

118. A publicação católica especializada *Dictionnaire de spiritualité, ascétique et mystique. Doctrine et histoire*, editada em Paris por etapas e em fascículos desde 1937 até a presente data.

119. "Vida interior".

120. "Decepcionado".

1959

Nova York,
1º de janeiro de 1959

Entremos nele com o coração junto ao Sagrado Coração de Jesus. Aleluia novamente!

Aqui estamos no limiar – como diz certo amigo – de um ano novo! Entramos nele, à meia-noite, ajoelhados em frente a Nosso Senhor, pedindo por vocês..., por tudo que está sempre presente em nossa oração, junto ao altar ou fora dele. Foi junto a ele que entramos o ano, como graças a Deus pudemos fazê-lo mais este ano, e na igreja de São Malaquias, o das predições, que nos vai levar um papa ao Brasil, daqui a pouco, pela primeira vez, já que o nosso Pio XII ali esteve ainda como legado ou, antes, como secretário de Estado e me deu aquela bènção especial junto a dom Leme, no Palácio do Catete[1], que é a única condecoração que uso.

Pois foi, como desejávamos, numa das duas igrejas – Holy Cross e St. Malachias – que ouvimos missa e comungamos os dois, à meia-noite e 15 de 1º de janeiro de 1959, enquanto a dois passos dali, na Broadway (pois São Malaquias está em pleno centro teatral, como as Clarissas se instalam, ou pelo menos se instalavam outrora, nos subúrbios das cidades...). Pois São Malaquias está, como uma casa qualquer, na Cinelândia nova-iorquina, entre teatros, cinemas, cabarés e multidões que ontem enchiam o Times Square na Broadway de uma massa compacta e barulhenta, a soprar infantilmente em gaitas, com chapéus coloridos e gritos atordoantes, para mostrar que ao menos estão dispostos a fazer alguma coisa no ano novo – agitar-se e gritar, fazer barulho e pôr chapéus coloridos nas cabeças ocas.

Só dois lugares comemoraram em silêncio e recolhimento: uma capelinha da Salvation Army[2], aberta sobre a rua, apenas com uma parede de vidro onde se viam umas 20 pessoas de pé, cantando hinos, em face de um quadro representando Jesus irradiando um fulgor divino. A Salvation Army é o tal grupo protestante que toca nas ruas, com uniformes militares, distribui folhetos pelos cafés e faz muita caridade com suas sopas populares e com seus refúgios para desempregados, mendigos e vagabundos. É um ramo protestante muito evangélico e realmente com espírito missionário. Lá estavam eles rezando enquanto os "pagãos" (foi a palavra empregada no simpático sermão do padre que celebrou a nossa missa!) berravam lá fora. São Malaquias estava cheia, e não era pequena. Nem se comparava a massa com o grupinho da

1. Sede do governo da República na então capital federal, Rio de Janeiro.
2. Exército da Salvação.

Salvation Army. Mas também era apenas uma das duas únicas igrejas de NY, que eu saiba, ou antes que nos informaram na catedral de Saint Patrick, onde havia missa de meia-noite.

P.

Nova York, 2 de janeiro de 1959

Cá está o nosso menino, com a graça de Deus. E com isto já Mamãe dormiu muito bem esta noite. (Estou vendo a hora, em junho, em que Mamãe dirá: "Afinal, bem poderíamos ter aproveitado mais um pouco, já que as passagens são válidas até 30 de agosto...")

O caso e a carta do L.[3] é que mais me ocuparam. Ele disse a P.[4] que estava esperando "ordens dos seus superiores" (sic), isto é, de *nós dois* (não dos generais ou coronéis...). Gostei. E por isso mesmo escrevi-lhe uma longa carta, que ele talvez te mostre se for aí (provavelmente não entenderá a minha letra), dando a ele o nosso *parecer*, mas deixando *a ele a decisão*. Mas é ou não admirável que um rapaz de quase 21 anos, só, à distância (estava sozinho em casa quando escreveu a Mamãe, aliás escreve cartas muito bem), não é admirável que esse rapagão diga que "está esperando ordens dos superiores", isto é, dos pais, para tomar uma decisão? E isto vindo de quem nós tratamos, brincando, com dona Celeste (ela o trata sempre assim) de *enfant terrible*[5]. É uma graça de Deus ter filhos como temos. Dudu[6] dizia que J.[7] era um santo. Mas afinal, cada qual a seu jeito. Não é o que podemos dizer do P., do *milord*[8], e até do *enfant terrible*? Onde e como quatro rapazes de 1959 se comportariam, com a liberdade que têm e sem que intervenhamos demais na vida deles, até deixando-os sós no Rio, onde e como se comportariam como os quatro se comportam, todos presos a nós e até o mais independente deles, já quase *maior*, a dizer que espera *nossas ordens* para tomar um rumo? *Deo gratias* e *Deo gratias*[9].

P.

---

3. Luiz, filho mais novo de Alceu.

4. Paulo, sexto filho de Alceu.

5. "Menino difícil" era o que dona Celeste, que fora secretária de Alceu na União Pan-Americana, queria dizer ao chamar Luiz assim.

6. Heloisa, irmã de Maria Thereza, mulher de Alceu.

7. Jorge, quarto filho de Alceu.

8. *Milord* – milorde, "meu senhor", tratamento reservado a nobres e pares da Inglaterra – era como chamavam Alceu Filho.

9. "Graças a Deus".

Nova York,
3 de janeiro de 1959

[...]

Pensam que domingos são... para conversar. Ora, conversa fiada, para mim, é o mais exaustivo dos trabalhos. De modo que uns chatos me tiram os únicos (?) dias em que poderia esbaldar-me mais, trabalhando. Únicos, minto, pois hoje, por exemplo, espero dedicar a tarde e já um pouco da manhã a avançar um pouco o trabalho da Pax Romana[10]. Mas os jornais... andam tão cheios de notícias... Ainda hoje, o novo foguete soviético parece que vai atingir a lua ou pelo menos orbitá-la. Ora, isto é realmente um acontecimento. Será o primeiro na história do mundo. E ao mesmo tempo é mais um passo para a definitiva instalação do regime comunista no mundo, o que traz consigo conseqüências em que penso há 40 anos, mas só agora os políticos parecem querer tomar a sério.

Sempre preguei uma aproximação com esses regimes, não porque os admirasse, mas precisamente *porque os odeio*. E julguei que tinham *vindo para ficar* e *não para passar*. Ainda me lembro de uma conversa que tive em 1937, há 20 anos, no Uruguai, em que eu dizia ao deputado Venancio Flores que o totalitarismo comunista tinha raízes que o fascismo ou o hitlerismo não tinham. Pois aquele vinha como fim de um movimento (o socialista) que vem do princípio do século XIX, ao passo que o totalitarismo da direita foi apenas uma *reação moderna* contra o outro. E acho que a democracia só se salva *se deixar de ser burguesa*, isto é, baseada na igualdade e na justiça social, aceita como inevitável.

Mas, ao contrário, o que estou vendo é a democracia cada vez mais se separar dos regimes novos e se juntar aos regimes reacionários e conservadores, e com isso levar o mundo não a uma evolução mas a uma nova guerra ou a uma nova revolução, com sangue, sangue, sangue, confirmando – *hélas!* – a teoria de Marx[11] de que a história se faz com revoluções. Ao passo que a nossa teoria cristã é que as revoluções não são a regra e sim uma exceção e são sempre causadas porque os governos e os povos não praticam a justiça social etc. e tal. Mas a cegueira dos nossos, inclusive, é total. Ainda agora o cardeal "X"[12] foi ao Juscelino[13] protestar contra o reatamento de *relações comerciais* (sic) com a Rússia, como se a Rússia não fosse alguma coisa que vai ficar no mundo e com a qual o mundo livre (ou assim chamado) tem de se entender. Tanto mais quanto o isolamento só beneficia a Rússia, já que ela se estende então pela África e pela Ásia sozinha e o Ocidente fica reduzido, pouco a pouco, a um simples *recanto* do mundo. Isso não será para os meus dias mas será talvez para os seus! E com que cauda de sofrimentos inenarráveis!

---

10. Movimento internacional católico para assuntos intelectuais e culturais, criado em 1947.

11. Karl Marx (1818-1883), pensador alemão.

12. Dom Jaime de Barros Câmara (1894-1971), arcebispo do Rio de Janeiro desde 1943, criado cardeal pelo papa Pio XII em 18 de fevereiro de 1946.

13. Juscelino Kubitschek, presidente da República de 1956 a 1961.

Enfim, vamos deixar de especulações em torno do foguete lunar dos sovietes e voltar à vida cotidiana... Como se fosse já hoje possível isolar a vida cotidiana dos foguetes lunares! Aliás, esse foguete tem segundas intenções políticas, pois amanhã chega aqui um *big shot*[14] para tratar de "negócios". Enquanto isso, o Brasil pensa ainda em termos de 1917, quando acreditava que a revolução russa seria reprimida com a de...

Tivemos ainda ontem, também, ou anteontem, a fuga do Batista[15], ditador de Cuba, e a vitória de um movimento que há dois anos foi desencadeado por um chefe – hoje herói nacional – Fidel Castro. Tudo isso toma tempo... e a gente fica sem o dito para os trabalhos de rotina que, afinal, são a vida de quem não está metido nem no foguete lunar nem nos homens de Sierra Maestra (lugar de onde partiu a revolução de Fidel Castro).

[...]

Por falar em dólares, Mamãe indagou o preço da manteiga em um fornecedor nosso e ele disse que está cobrando 85 *cents* por uma libra. 85 *cents* são 120 cruzeiros mais ou menos. E uma libra é meio quilo. De modo que o quilo custa 240 cruzeiros, o que mostra o preço da vida aqui, se reduzirmos à moeda brasileira. Naturalmente que isso é preço de varejo. Mas ainda assim! E é tudo assim. Qualquer livro, o *Doutor Jivago*, por exemplo, custa 5 dólares, isto é, 700 cruzeiros! O metrô (*subway*) custa 15 *cents*, isto é, 21 cruzeiros, e vai subir em breve. Em Washington, bondes e ônibus já estão a 20, isto é, 28 cruzeiros, o que custa aí 2 ou 3. Nosso jantar ontem, dos três, num restaurante italiano do Village (é o meu bairro e só nele me sinto à vontade, mas voltar para lá agora seria impossível, com tanta mala, etc., de modo que temos mesmo de ir lá o mais possível, mas continuar por aqui mesmo...) custou 12 dólares que, com 1,50 de gorjeta (inclusive para a guardadora dos casacos) perfaz 13,50, ou seja, quase 1.900 cruzeiros! Uma refeição sem qualquer luxo, que custaria no Copacabana de Petrópolis no máximo 400 cruzeiros. Tudo na mesma linha, sempre umas quatro ou cinco vezes mais caro aqui. Os jornais da tarde, 10 *cents*, isto é, 14 cruzeiros. Alguns, 5. O *New York Times* do domingo, 25 *cents*, isto é, 35 cruzeiros, o que *O Estado de S. Paulo* cobra 3, quase dez vezes menos! Não é possível fazer o cálculo em moeda brasileira já que também o que se ganha é em moeda americana. Seria impossível viver aqui com o que ganho aí. Por exemplo, ganho 20 contos na faculdade com o aumento atual que nem sei se passou, nem se o governo tem com que pagar... Bem, esses 20.000 correspondem a 140 dólares, o que daria para pagar dez dias de hotel, sem comida!!!!! E como nem um – quanto mais três – pode viver como o cavalo do inglês, só há um remédio: não pensar em cruzeiros e ir gastando como se ganha.

[...]

Bem, vamos ver se afinal trabalho um pouco.

P.

---

14. "Figurão".

15. Fulgencio Batista y Zaldívar (1901-1973), ditador cubano, expulso do poder, em 1º de janeiro de 1959, pela revolução liderada por Fidel Castro Ruiz (1926).

Nova York,
4 de janeiro de 1959
Domingo "Nome de Jesus"

Como é preciso pronunciar com todo amor o Nome de Jesus neste dia em que o bólido enviado da Rússia para a lua já ultrapassou as imediações desta (a uma distância apenas igual à que separa NY de Moscou!) e está caminhando *em direção ao sol* (sic) a uma velocidade que começou por 11 quilômetros por segundo (sic) e está diminuindo, mas poderá – dizem os russos – no dia 14 de janeiro atingir a órbita do sol e ficar por lá girando, como um novo planeta! A coisa é realmente tão grande como foi a bomba atômica em 1945[16], em Dona Mariana, lembra-se? Então era o começo da era atômica e agora é o começo da era espacial, já iniciada aliás com o primeiro *Sputnik* em 1957 e há pouco com os *Pioneer* e *Atlas* dos Estados Unidos. Mas os feitos russos excedem tanto os norte-americanos, que anda por aqui – respira-se no ar – um sentimento de desaponto que é uma boa lição para a complacência com que a maioria dos americanos ainda considera o mundo em torno de si e de que só agora, com as bordoadas que tem levado dos russos e os progressos dos chineses, vem acordando.

Mas em tudo isso o que me interessa é... o Nome de Jesus. E o Nome, não apenas como nome, evidentemente, mas como Verbo, e como Verbo que é o Ser por excelência, que é Deus. E isso é que me interessa, como é o que interessa ao mundo, ou pelo menos devia interessar. No momento, porém, só olham o imediato e este é tão fabuloso que até compreendo o estado de espírito do homem da rua.

Ontem vi na TV o Eisenhower[17] numa pequena cerimônia, na Casa Branca, para a inauguração da 49ª estrela da bandeira americana representando o recém-criado estado do Alasca. Você não imagina a impressão que ele me deu, de homem cansado, esgotado, liquidado, gaguejante, atrapalhado, magro, com todas as indicações do *homme à bout*[18] e totalmente inadequado à hora presente. Duvido que ele chegue ao fim do governo. E se não chegar, ainda é pior, pois vem um moço ainda mais detestável, como é o Nixon[19]. E o pior de tudo isso é que, do outro lado, na Rússia e na China, só se vê gente moça, decidida, empreendedora. É um espetáculo assustador. O Eisenhower, velho e esgotado. O seu substituto legal, moço e decidido, mas um fanático tipo macarthista, ultraconservador, reacionário, mas ao menos vivo e não mumificado como o Eisenhower.

O quadro não é alentador. Para me consolar, fiquei pensando numa croniqueta a escrever, comparando os Estados Unidos e a Rússia de hoje à Espanha e Portugal dos

---

16. O lançamento das bombas nucleares sobre Hiroshima e Nagasaki, no Japão, em 6 de agosto de 1945, no fim da Segunda Guerra Mundial.

17. General Dwight David Eisenhower, presidente dos EUA por dois mandatos, entre 1953 e 1961.

18. "Um homem acabado".

19. Richard Milhous Nixon (1913-1994), vice de Eisenhower, seria presidente dos EUA de 1969 a 1972, quando se reelegeu, tendo de renunciar em agosto de 1974, devido ao escândalo conhecido como Watergate – seus oficiais de campanha foram acusados de espionar, durante a disputa, a sede do Partido Democrata (localizada no edifício que deu nome ao caso); gravações mostraram envolvimento direto de Nixon na ação.

séculos XV e XVI. Naquele tempo, eram os novos continentes que eram descobertos, a Idade Média acabava e começavam os tempos modernos. Hoje, é a descoberta dos espaços, a navegação interplanetária, a *desorbitação* do homem deixando a terra para alcançar a lua e o sol e até para fabricar novos satélites ou mesmo novos "planetas". É uma nova dimensão do homem, como no século XVI.

Ora, assim como hoje, quatro séculos depois, aqueles dois países que no século XVI lideravam a nova era planetária da humanidade estão hoje reduzidos a duas pequenas nações de segunda classe, assim também – quem sabe – se daqui a quatro séculos estes dois pioneiros da era interplanetária – os Estados Unidos e a Rússia – não serão também duas nações marginais – como hoje são Portugal e Espanha – ao lado das grandes nações de amanhã, da Ásia e da África. O homem branco marginal ao lado do amarelo e do preto!

A analogia não é impossível. E será boa para marcar a relatividade das coisas humanas e pôr água na fervura do homem soviético de hoje (só vendo o riso aberto dos homens da rua em Moscou que os jornais de hoje reproduzem em foto) e consolar o desconsolo da decepção americana de estar perdendo a corrida dos espaços, quando tudo aqui é na base da competição.

E de tudo isso o que fica é

O NOME DE JESUS

No século XVI, como no século XX, como no século XXV, mudam as nações mas não muda o Nome Suavíssimo de Jesus. Do Salvador. Pode mudar no cartaz dos Prometeus que hoje julgam ser donos do mundo porque enviam um pedaço de aço ao sol, como os ibéricos enviavam um pedaço de madeira aos indígenas da América ou da Ásia. Mas o orgulho do homem de ontem foi rebaixado como a proa do homem de hoje o será. Embora a jactância do homem de amanhã ainda será pior! Não importa. O que flutua sobre tudo isso é

O NOME DE JESUS

Que hoje, como no século XVI e como no século XXV alguns pronunciarão com amor, como nós procuramos fazer (mas não tanto, como devíamos, ai de nós!) e outros pronunciam com indiferença, outros com ódio e outros nem pronunciam mais!

Está bem, perdoe essas incursões interplanetárias. Lembra-se do meu "excitamento" em Dona Mariana quando li o anúncio do Truman[20] contando da bomba de Hiroshima? No momento, nem pensei no horror que aquilo representava: 100.000 homens, ou mais, mortos e outros tantos feridos ou mutilados pela vida toda, para marcar com sangue o início da era atômica. Só via o fim da guerra e o início da dissociação do átomo de que há tanto tempo eu falava! E Pio XII (ah!), logo depois, comentava o fato numa alocução profunda. Que dirá o nosso João a respeito do *Sunik* (é assim que os russos estão chamando o seu novo *Sputnik* – de *sun*, o sol...).

Já são quase 10 horas. Fui à missa das 7. Ainda não li o Breviário. Mas os jor-

20. Harry S. Truman (1884-1972), presidente dos EUA de 1945 a 1953, que ordenou que fossem lançadas as bombas atômicas no Japão.

nais de hoje estão sensacionais, inclusive umas estatísticas religiosas da área de Nova York (15 milhões de habitantes) em que há 30% de católicos, 16% de protestantes, 18% de judeus, 2% de outras religiões de 35% de *no church goers*. É uma percentagem curiosa.

[...]

P.

Nova York,
6 de janeiro de 1959
Dia de Reis

Hoje é que terminam oficialmente as minhas férias e recomeçam as aulas. Estou sentindo um pouco do que senti em 30 de setembro. Mas não há de ser nada. Lá fora está um frio de rachar: de 8 a 10 abaixo de zero, mas o tempo frio deixa os meus pulmões e as minhas narinas encantados! Por precaução saí para a missa com um bolo de "camadas": 1 – camisa de meia; 2 – camisa branca; 3 – primeiro suéter; 4 – segundo suéter; 5 – o *pull over* de S; 6 – o seu *muffler*; 7– o casaco do uniforme de p. e sp.[21]; 8 – o sobretudo. Oito camadas e não senti calor! E na igreja não tirei nada. Só as luvas, pois o aquecimento não dá para levantar muito a temperatura da grande nave.

[...]

Hoje se anuncia que o tal "planeta artificial" dos russos subiu a 373.000 milhas (mais de 500.000 quilômetros) de altura e perdeu contato com a terra pelos aparelhos telemétricos. Mas isso não indica que não continue a subir e esteja a caminho de ser mesmo um grão de poeira, um asteróide rodeando indefinidamente em torno do sol. É o que dizem os próprios astrônomos americanos. Enquanto os russos tiram disso uma propaganda universal. É isso que falta totalmente ao governo americano atual. É um governo agonizante. O Eisenhower está com cara de caveira e, desde a vitória dos democratas em novembro, é uma sombra que vive jogando golfe na Geórgia ou descansando na sua fazenda de Gettysburg. É um repouso bem merecido mas que já devia ter tomado há muito. No fim dos quatro anos de governo estava consumido e nunca deveria ter continuado. Sua reeleição foi um desastre. O pior é o que se sabe: um fanático, condenado a fracassar se ousar investir para a eleição de 1960. É um fracasso total. O Dulles está com câncer. Ainda hoje anunciam os jornais que depois da hora de conferência que ontem teve com um *top-man* russo, o segundo em importância, logo depois de Kruschev (um tal de Mikoyan[22]), foi para a cama com febre. O ministro da Agricultura não foi a uma conferência hoje no Canadá porque está com

21. S é Silvia, segunda filha de Alceu; *muffler* é um cachecol; p. e sp. são, respectivamente, "pobre" e "sopa de pobre".
22. Anastas Mikoyan (1895-1978), líder soviético, um dos articuladores da distensão entre a URSS e os EUA.

um ombro deslocado (como Mamãe esteve...). É um governo em pleno desmantelamento. E com isso a opinião pública continua indiferente, com essa enorme "pataria" alimentada a vitaminas e sobrevivendo às custas de pílulas, quando já deviam normalmente estar "pontuais na sepultura", como dizia Machado de Assis[23]. Ou então a juventude num estado de espírito semelhante ao que representavam em França os livros da Françoise Sagan[24], antes de De Gaulle (reconheço que o gaullismo – que detesto, é puramente neofascista e vai dar em droga no fim das contas – foi uma injeção de ativismo numa França agonizantezinha) e representado pela tal moda das caricaturas e das anedotas *depressive*, macabras (dizem os dicionários que essa palavra só se usa na expressão "dança macabra", mas, usada ou não, é a que se aplica à mentalidade, digo, ao homem em moda aqui nos meios avançados).

Só há uma esperança: é que em 1960 venha um republicano vivo, como o Nelson Rockefeller[25], ou um democrata que se imponha, mas não vejo nenhum, pois o Stevenson[26] – como diz Mamãe, talvez com razão – está como o Brigadeiro[27] no Brasil, queimado por duas derrotas (embora intelectualmente valha por mil brigadeiros com "b" maiúsculo) e seja o único democrata em vista. E há um... católico (Kennedy[28]), mas a sua candidatura iria desencadear os velhos *ódios sectários*.

De modo que só vejo mesmo, no momento, o Nelson Rockefeller, apesar do *handicap* do nome, para reviver um pouco este país ameaçado de perder a carreira. E isso é grave, pois se trata dos destinos da *liberdade*, já que os novos bárbaros (russos, chineses e aliados) o que querem é esmagar a liberdade em nome da técnica, ou do socialismo, ou do partido comunista, de tudo que representa a morte da liberdade. Cada vez mais me convenço de que o grande, o maior valor ameaçado no mundo moderno é a liberdade. E tenho minhas dúvidas se será possível salvá-la sem primeiro passar por um longo crepúsculo no mundo inteiro. A civilização liberal cometeu esse grande crime: sacrificou o destino da liberdade, desde que não cuidou da justiça. De modo que, em nome da justiça, os novos bárbaros ligam a liberdade ao liberalismo, isto é, ao capitalismo e, em nome do socialismo, vão esmagar, por anos ou séculos, a liberdade.

Como você vê, estou hoje de mau humor ou, se isto for difícil de engolir (apesar de haver quem duvide de que eu jamais tenha bom humor, já que a bordo dos navios sou um urso e normalmente tenho horror a *parties*, conversas e companhia, quem sabe se tem razão) ou pelo menos de ânimo sombrio com o fim das férias.

P.

---

23. A citação encontra-se em *Memórias póstumas de Brás Cubas*, cap. VII.

24. Pseudônimo de Françoise Quoirez (1935), escritora francesa, autora de *Bonjour tristesse* (*Bom dia tristeza*), publicado em 1954.

25. Nelson Aldrich Rockefeller (1908-1979), governador do estado de Nova York.

26. Adlai Stevenson (1900-1965), rival democrata de Eisenhower.

27. Brigadeiro Eduardo Gomes (1896-1981), por duas vezes candidato a presidente da República e duas vezes derrotado: em 1945, por Dutra, e, em 1950, por Getúlio Vargas.

28. John Fitzgerald Kennedy (1917-1963), deputado e depois senador, seria o primeiro presidente católico dos EUA.

Nova York,
7 de janeiro de 1959

Imagine que hoje perdi a missa. Foi uma boa punição de Nosso Senhor, se acaso cada pequeno ato de nossa vida, além das famosas causas segundas de que por vezes nos temos ocupado nas nossas conversinhas de *quadriculado*[29] que "urge" recomeçar quanto antes, pois – a bem da verdade – são inferiores às cartas sob este ponto de vista, pois estas (as cartas) são menos interrompidas, mas por outro lado ganham naquilo que nada substitui: a presença.

Mistério da presença, coisa em que penso tantas vezes e nunca me canso de pensar e que está sempre... presente em meu coco e talvez venha a ser o tema da Páscoa deste ano, que é a Presença Suprema, quando Nosso Senhor firmou a sua presença perene entre os homens através da Eucaristia, e que os homens tentam substituir pelos progressos técnicos, procurando estar presentes em todos os recantos do mundo (revolução renascentista, tempos modernos a partir do século XV ou XVI), e agora dos tempos futuros, a partir de 1945 e 57 – a era atômica e a era espacial –, em que os homens procuram estar presentes no âmago da matéria (era atômica) e em todas as partes físicas do universo (era espacial).

Será mesmo engraçado que o homem venha a passear pelos planetas afora e encontre tudo vazio. Será então realmente que só neste grão de poeira é que há vida consciente? Ou vai o homem encontrar outras vidas e então o problema da encarnação volte a ser patético (vide capítulo tal do tal livro de um tal autor e uma conversa do tal autor com uma tal freira num tal convento, etc. e tal...).

Como a minha menina, amanheci hoje de bom humor apesar da desfeita... de Nosso Senhor, ou, melhor, da peça bem feita que Ele me pregou fazendo-me acordar às 8 e dizer para mim mesmo: "Bom, já perdi a missa das 8, posso virar para o lado e dormir ainda um pouco" (e não "descansar", como você e Mamãe insistem em dizer...). E já se sabe que, quando um dorminhoco como eu, que não sabe o que é insônia, como não sabe o que é cansaço (ouviu, dona Baby[30]?), vira pro lado, já se sabe que finca no sono de novo. Foi o que aconteceu e às 9 menos 10 é que o dorminhoco acorda, já sem tempo de ir à missa das 9, a última da nossa paróquia. De modo que fiquei mesmo em casa, como a bordo, contentando-me com o missal seco... A punição de Nosso Senhor foi porque ontem chegamos em casa à meia-noite e meia (não tinha jantado e tinha dado quatro horas de aula falando o tempo todo: duas horas com o senhor X e duas aos meus pobres e fiéis alunos!) e eu disse: "Bom, graças a Pio XII vou poder tomar um golezinho de uísque" (lá fora estava fazendo 9 abaixo de zero e um vento de 100 km/hora parecia atravessar a gente de lado a lado e nos mostrar que realmente temos um esqueleto!).

P.

29. Pequenas grades através das quais as monjas de clausura conversam com a família ou visitantes; parlatório.
30. A mulher de Alceu.

Nova York,
8 de janeiro de 1959

Como se perde tempo com correspondência! E agora tenho nada menos que dois "secretários" trabalhando até tarde (ontem fomos nos deitar à 1:45 sem ter saído para jantar, isto é, tomando a sp (sopa de pobre) em casa... É que eu tinha quatro cartas a escrever). [...]

P. é um companheirão e está começando a decifrar os meus garranchos. Quando empaca, Mamãe decifra. Às vezes, nem os dois, Mamãe e eu. Nem eu mesmo... Em francês, Mamãe tem de ditar, pois nem P. nem eu entendemos a minha famosa letra.

[...]

[...] mas o mal da correspondência é que quanto mais se responde mais se recebe. E é um torvelinho. Bem fazia Chesterton[31], que era mais brasileiro do que os brasileiros: não respondia a carta alguma! Que economia de tempo! E de selos! Eu estou com as minhas pilhas intactas e mesmo aumentadas, apesar do tempo que perco em responder. Mas é tão bom receber cartas e escrevê-las. Ontem nada fiz de trabalhos (o pior é que o livro sobre a *Age of Roosevelt*[32] é tão apaixonante que, por meu gosto, eu ficava só lendo. Hierarquia: em primeiro lugar, ler; em segundo, escrever; em terceiro e bem último, conversar).

Bom, ontem à tarde fui ver a tal já famosa *J.B.* É realmente uma grande peça de teatro, embora de uma filosofia de vida desastrosa ou, pelo menos, errada. É a história de Jó em nossos tempos. O próprio título *J.B.* o indica: o herói é Joe (J) que se confunde com Jó, e o B. é como que um segundo Jó.

Homem feliz, cercado de mulher e filhos, que vive invocando a Deus e dizendo que Deus está sempre com ele e lhe dá tudo, e agradecendo (a cena é um almoço com peru no *Thanksgiving*[33]), mas que perde tudo – filhos que morrem e mulher que o abandona. E fica somente Jó. Isto se passa num circo enquanto dois artistas ensaiam uma cena em que um é Deus e o outro é o Mal. Tudo admiravelmente encenado e com artistas de primeira, perfeitamente – e até mesmo fisicamente – adaptados aos papéis. E tudo ao mesmo tempo, ensaio, símbolo e vida real.

Os "amigos" vêm tentar Jó: um marxista, um panteísta, um calvinista. Jó a todos rejeita e, quando o Mal reconhece que Deus venceu porque Jó não blasfemou, Deus tenta o final da cena: substituir para Jó a mulher e ver se então ele agradece a Deus e acha que Deus é justo. E aí Jó, o Jó moderno, fraqueja, rejeita Deus e o Mal, mas não rejeita a vida. E diz à mulher – ambos em farrapos, pois haviam perdido tudo – que a única coisa real é o amor entre ambos e a vida dos dois no dia-a-dia.

---

31. Gilbert Keith Chesterton (1874-1936), romancista e ensaísta inglês, convertido ao catolicismo em 1922.

32. Trata-se de *The Age of Roosevelt: The coming of the New Deal* (Boston: Houghton Mifflin Company, 1959), de Arthur Schlesinger, autor norte-americano, nascido em 1917. A peça *J.B.*, comentada logo abaixo por Alceu, é de Archibald Macleish (1892-1982), poeta e dramaturgo também natural dos Estados Unidos.

33. Dia de Ação de Graças, que nos EUA é celebrado na quarta quinta-feira de novembro.

A filosofia contida é que a vida não tem sentido mas, ainda assim, é tolerável porque existe o amor.

Quanto comentário a fazer! O primeiro é que uma coisa é a dramatização, o aspecto estético. Outra coisa é a verdade. A filosofia de vida da peça é falsa, pois é afinal a apologia do agnosticismo, do cepticismo e a condenação de Deus pelo homem à vista das injustiças e do mal. Mas, como beleza, é formidável no palco. A verdade e a beleza podem estar dissociadas. É errado o aforisma de Keats[34] de que "beleza e verdade se confundem".

Depois temos a filosofia da peça. Nela, a atitude cristã não aparece senão incidentalmente e por duas vezes: quando J.B. diz aos três amigos que encontrou mais consolo nas pobres mulheres que lhe deram um manto contra o frio (e nelas é que estava a caridade e, portanto, o *Cristo*), e quando a voz de Deus fala por um alto-falante e uma menininha ouve, de mãos postas, e a mãe vem e a puxa e ela diz: "É uma voz". E a mãe diz: "Não, é o vento". E a menininha insiste: "Não, atrás do vento havia uma voz". É meio [...] mas de uma beleza intensa.

Tudo é de uma intensidade dramática perfeita. De modo que, como peça, é realmente de primeira. Mas o erro da filosofia que a peça contém está na atitude inicial do J.B.. Ele atribui a Deus toda a sua felicidade na terra e julga esta inabalável. Só fala em Deus, como se entre Ele e o homem não houvesse nada. De modo que, quando começam as provações, ele resiste mais do que o Mal (ou o demônio) pois o personagem tem típicos gestos demoníacos. Mas quando se trata de julgar a providência de Deus e a sua justiça que o J.B. vive proclamando enfaticamente, então Jó (ou J.B., o Jó do século XX) falha. E falha porque não contou com o que Deus colocou entre Ele e o mundo. E o que foi que Deus colocou entre Ele e o mundo? O que foi? Você bem sabe o que foi e tem sido constantemente objeto de nossas conversas e cartas: as causas segundas. É uma audácia intolerável prever como cada um de nós reagiria em face da provação de Jó, que perde tudo o que alimenta a nossa alegria na terra: mulher, filhos, saúde, fortuna, tudo. Ninguém sabe. E o grito de Jó contra Deus é natural. Como seria o de J.B.. Mas o que podemos dizer é que, partindo de onde J.B. partiu, isto é, de que aquela felicidade terrena era sólida, porque vinda de Deus, este foi *o seu maior erro.*

Tudo mais – revolta ou cepticismo – é explicável ou até inevitável. Foi o erro de Leibniz[35]: se Deus é bom, só pode ter criado em nome do bem. É o chamado otimismo leibniziano.

O mal inevitável transforma toda desgraça numa revolta ou num abandono de Deus. Foi o que sucedeu com J.B.. Ele não viu a existência do mal no mundo senão quando sofreu de perto. Acreditava que a sua felicidade era merecida por atribuí-la à justiça de Deus. Ora, não merecemos nada. A felicidade (termo que você, com razão

34. John Keats (1795-1821), poeta inglês.
35. Gottfried Wilhelm Leibniz (1646-1716), filósofo e teólogo alemão.

teológica..., aborrece) que temos é fruto da misericórdia e não da justiça de Deus. Sendo assim, é puramente gratuita, e tanto a temos como não a temos. A justiça de Deus opera na eternidade e não no tempo, é isso o que a Igreja nos ensina. Nossa posição na vida é muito mais precária e abandonada do que parece a essa teologia. À luz de uma teologia autêntica e cristã, em suma, natural e sobrenatural, a desgraça de Jó não implica apenas um capricho de Deus e, quando muito, uma provação. Deus quis pôr à prova a fé do patriarca. A de Jó resistiu à provação. A do Jó moderno – o J.B. – não resistiu mas não foi ao ponto de condenar a vida. Achou na vida um elemento que a justifica: o amor.

E, afinal, basta isso para que tudo mais volte. *Ama et fac quod vis*[36]. J.B. não é um novo Jó. Se o fosse, ficaria intangível a todas as desgraças. Já que a graça é gratuita. E a desgraça é culpa nossa, do pecado original, como da ação das causas livres que atuam no mundo, porque Deus assim criou o mundo, não como o mecanismo perfeito – o que seria repetir no tempo a eternidade (e isto seria inútil) – mas como um organismo em que a liberdade existe. E onde existe a liberdade e existem o bem e o mal, a verdade e o erro, há a possibilidade de escolher. J.B. partiu do pressuposto de que essa vida era perfeita. A partir desse erro inicial seria difícil que pudesse aceitar e justificar a vida e o universo. A fé verdadeira sabe que esse universo não é perfeito, de modo que nele tudo pode suceder. Nisso está o ponto de separação radical entre a fé e a não-fé. Ter fé é crer na justiça e na bondade de Deus apesar do mal e sabendo que o mal é inevitável, já que só o eterno – isto é: o que está acima do tempo – é perfeito.

Partindo desse princípio, J.B. não podia repetir o Jó bíblico. E ficou um Jó céptico e indiferente, embora extremamente humano. Oxalá que, em situação semelhante, pelo menos conservássemos o seu amor. Pois há os que tudo negam.

P.

Nova York,
9 de janeiro de 1959

Acho que hoje a carta vai ser curta e certa... Curta, porque preciso aproveitar o dia para dar um balanço no meu trabalho. Certa, porque espero não errar muito.

[...]

---

36. Ou *dillige et quod vis fac*, isto é, "ame, e faça o que quer": frase de Santo Agostinho em seus sermões sobre a primeira epístola de João (*Tractatus in Epist. Joannis*, 7, 8). Nascido em Tagaste, atual Argélia, o filósofo, teólogo e bispo de Hipona Aurelius Augustinus (354-430), dito Santo Agostinho, é considerado o "doutor da graça", pela centralidade, em sua vasta obra, do problema da graça divina correlativamente ao da liberdade. Exerceu importantíssima influência na formação de correntes filosóficas ao longo da Idade Média.

E então me lembrei da frase do Wagner[37], o inesquecível, de que não havia homem mais perigoso do que o aposentado... provisório, como esses funcionários durante o recesso da Assembléia...

P.

Nova York,
11 de janeiro de 1959
Domingo da Sagrada Família

[...]

E como pensar que podemos ter a pretensão de sermos como o Jó da Bíblia e não como o J.B. moderno, cuja resistência máxima ao mal é não blasfemar, mas também não justificar e apenas aceitar. Terrível e irrespondível interrogação! Pois não tenhamos a menor dúvida: não há resposta nenhuma para essa eterna interrogação. A fé é precisamente a luz na escuridão. Se não houvesse escuridão não haveria fé. Esta não é apenas luz. É luz no escuro. É uma luz que não suprime o escuro. Ao contrário, é uma luz que supõe o escuro. Que não existe sem ele. Que só existe porque há o escuro. Ciência (conhecimento) é luz que abole a sombra. Conhecer é suprimir a ignorância, isto é: substituir uma visão pela luz. A fé é conservar a escuridão, mas iluminada. A escuridão sem luz é a perda da fé. A luz em escuridão é a ciência no tempo como será a visão da eternidade. Ver a Deus face a face, sem nenhuma sombra, é a pura caridade, que deixou a fé e a esperança no tempo e, através da morte, chegou à plenitude da vida que é a supressão da fé e da esperança e a eternização do amor.

Mas cá por baixo, no tempo, seja na terra seja num desses outros pontos fixos no espaço que o homem está se preparando para pisar, quem sabe se mesmo em nosso tempo (como já vimos, a TV ou a desintegração do átomo que a nossa infância considerava fantasias da *Lecture pour tous*. Era a nova revista, junto com a *Je sais tout*[38], quando só pensavam na França como "parte da cultura"). Cá por baixo, no tempo – repito –, o nosso destino, a nossa opção, são a fé e a desesperança, ou então a fé e a esperança. Se a desesperança suprimir a fé, temos um escuro como luz. Se a fé vencer a desesperança, teremos a luz com a escuridão. O que não podemos ter, por enquanto, é a luz sem a escuridão. Isto é precisamente o objeto da esperança. Se já tivéssemos, aqui na terra, a fé sem o escuro, a esperança seria inútil. E a esperança não é

37. Wagner Antunes Dutra (*c.* 1899-1943), passou a conviver com Alceu em 1928, pouco após a morte de Jackson de Figueiredo, e foi seu secretário e amigo por 15 anos. A ele o autor dedicou vários escritos, entre os quais duas crônicas presentes em *Companheiros de viagem* (Rio de Janeiro: José Olympio, 1971).

38. Respectivamente "leitura para todos" e "eu sei tudo".

inútil porque o nome da sombra é precisamente: a esperança. A esperança é a sombra que acompanha a fé, como o desespero é a sombra sem a fé.

Luz e sombra – eis pois o outro nome da fé e da esperança, irmãs gêmeas, guiadas pela caridade. Péguy[39] colocava a esperança como a finalidade das duas outras irmãs. Mas como pode a sombra guiar a luz na terra e o amor no céu? A esperança é a gata borralheira das três irmãs – apenas uma gata borralheira que não é escorraçada pelas outras duas mas que, como sombra, fica na sombra para ser fiel a si mesma. É uma gata borralheira voluntária pois sabe que, se perder as duas irmãs – a fé e a caridade – se tornará o contrário de si mesma, passando de esperança a desespero. E, portanto, a esperança é a mais humilde das três irmãs e por isso mesmo a mais frágil e a mais tocante das três, a que mais precisa dos nossos cuidados.

Mas o melhor modo de cuidar dela é... cuidar das outras pois só uma fé e uma caridade sadias é que podem manter a pobrezinha da esperança, que sofre de paralisia infantil, de pólio, e cuja "vacina Salk"[40] é provida pela fé e pelo amor.... o casal de irmãs que cuida amorosamente da irmãzinha mais fraca, da doentinha, da que precisa de mais cuidados, pois sozinha, morreria... Eis por que precisamos cuidar antes de tudo da fé e do amor pois elas – o casal – é que cuidarão da irmãzinha mais moça e mais doentinha. Só indiretamente é que devemos cuidar da esperança, através da fé e do amor.

Mas por que tudo isso? Sei lá. Conversas de uma manhã de casa de família, graças a Deus com família, mas não com toda a família, e olhando para os asteróides interiores que orbitam em torno, incansavelmente, neste sistema planetário de nossa vida interior que os astrônomos procuram interpretar, cujas leis os "Newtons" procuram formular e cujos mistérios os *space men* do nosso século tentam galgar para ver o que há dentro de cada um deles. E voltarão da viagem sabendo tão pouco ou tanto como sabemos, mas sempre pensando que sabem mais...

[...]

Pobre e frágil e humilde esperança, a mais pura, a mais translúcida, a mais ameaçada, a mais doentinha, mas também a mais bela das flores do nosso jardim fechado.

[...]

Ainda tenho vários artigos prometidos e comprometidos mas estou desconfiado de que vou fazer um catatau chamado... *Decepção* (?). Amanhã direi se...

P.

---

39. Charles Péguy (1873-1914), escritor francês, que voltou à fé católica em 1908; escreveu em versos livres, em 1911, *O pórtico do mistério da segunda virtude*, meditando sobre a esperança.

40. Graças às pesquisas do médico americano Jonas Salk (1914-1995), foi possível o desenvolvimento da vacina contra a poliomielite, anunciado em 1955. A expressão em inglês que aparece no próximo parágrafo significa "astronautas".

Nova York,
12 de janeiro de 1959

[...]

[...] Ontem escrevi o tal catatau, coisa que não fazia há muito. Coisa ruinzinha. Mas o engraçado é que comecei pelo título, como te escrevi, o que sempre é mau (pois o título deve ser sempre a última coisa a sair, embora a primeira a ser lida pelo leitor) e, além disso, mudei completamente, ou quase, o teor e até mesmo o sentido do artigo, enquanto escrevia.

O título proposto era, como você se lembra, *Decepção*. A minha primeira idéia era que, da outra vez[41], o que os Estados Unidos me tinham proporcionado era uma reconciliação. E agora, uma decepção. A decepção já estava prevista na desilusão com a vitória do Eisenhower sobre o Stevenson. Assim comecei. Mas logo fui pondo um ponto de interrogação. Decepção? Decepção?

Mas como a cinzentinha é que dá ordens depois que se apanha com o bico no papel, como agora, o que era uma decepção minha, mesmo interrogativa, passou a ser uma decepção do povo americano. Era um ambiente de decepção. Não apenas a minha impressão deceptiva... E como o povo reagiu nas eleições de novembro, o que se vê é a necessidade de... mudar de rumo. E isto começa a se fazer. Mas *como* e *quem* vai operar essa mudança, como o F. D. Roosevelt[42] fez em 1933?

Esta é a interrogação.

Como você vê, a pena comanda o autor... Sai-se com uma idéia mas, à medida que ela passa para o papel, toma outro rumo e impõe mesmo conclusões que não estavam na consciência. Aliás, é esse sempre o caminho normal. Há um toque inicial do subconsciente: a necessidade vaga de escrever alguma coisa. Depois aparece a consciência: escrever isto. Em seguida, de novo o subconsciente, que vem à tona pelo fato do pressionamento do consciente, da pena. Finalmente, de novo o consciente, para rever o escrito, como farei agora, ou antes, logo mais, porque agora estou quase saindo para uma chateação: almoço numa repartição do State Department[43] oferecido a quatro educadores sul-americanos.

[...]

Junto um belo artigo que li ontem depois de ter escrito a baladinha das três irmãs. O autor é um grande escritor irlandês. Sua posição é diferente. Ele coloca a esperança como luz em si, independente da fé. Ele é um dos muitos irlandeses que,

41. Alceu viveu em Washington entre os anos de 1951 e 1953 como diretor do Departamento Cultural da União Pan-Americana. Ver carta de 28 de dezembro de 1950, nota 2, p. 22.

42. Franklin Delano Roosevelt (1882-1945), presidente dos EUA de 1932 a 1945, reeleito três vezes. Pôs em prática a política do *New Deal*, a fim de superar a grande crise econômica e social decorrente da quebra da Bolsa de Valores de Nova York em 1929.

43. Departamento de Estado, que coordena a diplomacia americana.

como Bernard Shaw[44] ou como Joyce[45], perderam a fé, mas a quem a fé nunca perdeu de vista...

Já é muito que numa literatura sombria e negativista (ele inclui Mauriac[46] e Greene[47], sem ver que estes têm uma esperança interior que está talvez oculta nos seus livros mas que não nos permite identificá-los com os negativistas da *beat generation*[48], por exemplo). Mas pelo menos crê na esperança, o que já é muito. O que eu digo é que separar a esperança da fé e do amor é condená-la a desaparecer. O próprio fato de tantos perderem a esperança porque a separam da fé e do amor é a prova. Ou antes, transformar a esperança – como os marxistas – numa pequena forma, num rótulo, numa disciplina contra a qual justamente reagiu Pasternak. E há mais esperança na sombria novela de Pasternak do que em todos os romances feitos pelo padrão oficial soviético, de que o comunismo é a esperança do mundo e a Rússia... o seu profeta. Cair nesse gênero de esperança falsificada, materializada, caricaturada, é outro perigo de separá-la das irmãs...

Mas o irlandês não chega a isso. E o seu hino à esperança é muito belo. E não exclui explicitamente o seu desdobramento sobrenatural. E é o essencial para que a esperança não se confunda com a fé. E a sombra humilde não queira se julgar luz... De qualquer modo, o artigo é muito belo, né mesmo?

[...]

P.

Nova York,
13 de janeiro de 1959

Hoje é dia de carta curta. Terça-feira. E ontem nem peguei nas notas da aula de hoje, de modo que preciso prepará-la hoje de manhã, pois de tarde tenho um *meeting* no departamento que chamam aqui de *Romance Languages*[49], antes da aula de inglês, de modo que é tarde ocupada. Portanto, é só para assinar o ponto que aqui estou.

Ontem, almoço no Institute of International Education[50], aliás num restaurante próximo, mas no jantar lá com os "sul-americanos", um dos quais o Anísio

44. George Bernard Shaw (1856-1950), escritor e dramaturgo irlandês.

45. James Joyce (1882-1941), escritor também nascido na Irlanda.

46. François Mauriac (1885-1970), escritor francês e católico militante, Prêmio Nobel de Literatura de 1952.

47. Henry Graham Greene (1904-1991), romancista inglês, convertido ao catolicismo em 1926.

48. Movimento literário surgido nos anos 50 na Califórnia, ilustrado por nomes como Allen Ginsberg (1926-1997) e Jack Kerouac (1922-1969).

49. "Encontro" e "Línguas românicas, ou neolatinas".

50. Instituto de Educação Internacional.

Teixeira[51] que está aqui para uma reunião de *Exchange of persons*[52], que é um programa cada vez mais desenvolvido e, afinal, do qual faço parte como uma das... pessoas trocadas (salvo seja). Encontrei o Anísio chegado anteontem do Brasil e que me achou com "ótima aparência" , isto é, gordo. "O senhor estava com aspecto cansado no Rio", confirmando o que Mamãe diz mas eu... não sinto. O que sinto agora é que estou *overweighted*, isto é: pesado demais, com 215 libras, o que deve corresponder a mais de 90 quilos, em peso de branco, o que é demais. Mas a verdade é – que N.[53] não me ouça – que passo melhor quando estou gordo. Um único ponto que, com a graça de Deus, me chateia no físico são os resfriados. E aqui, até agora (amanhã talvez já não o possa dizer) não me resfriei, como tenho dito, nem mesmo aqueles espirros habituais de "asma nasal" me têm chateado. O ar aqui é incomparavelmente mais seco do que o daí, seja no Rio como em São Paulo ou Petrópolis. E já combinei com Mamãe pôr em uso o aquecedor, na Moselinha, para ressecar mais o ar. Aqui acham o ar de NY muito úmido. Mas é que não sabem o que é a nossa umidade daí.

[...]

P.

Nova York,
14 de janeiro de 1959

Hoje começa o *no feasts land*[54] entre o ciclo da Epifania – a grande manifestação de Nosso Senhor ao mundo – e o ciclo da Quaresma com a sua sombria interiorização, à espera da Paixão e da Ressurreição de Nosso Senhor. É um período incolor [...] entre dois momentos de intensa luminosidade (já que a noite quaresmal não é a supressão da luz mas uma luz negra, a luz da vigília do sofrimento, do esquecimento, da condenação de Jesus. E a grande condenação de Jesus nos tempos modernos é o esquecimento. Não é a perseguição nem a aceitação, é a indiferença. E quando se vive num grande centro como este, lendo todas as manhãs as notícias do mundo inteiro, o que mais se sente é precisamente essa marginalidade de Jesus. Terrível).

Tudo continua a marchar como se não tivesse jamais ocorrido o que hoje revivemos na Epifania ou na Quaresma. E justamente a nossa função primeira é chamar a atenção para a existência disto, para a primazia disto e, ao mesmo tempo, para a inevitabilidade dessa longa Quaresma de Jesus, em que se mergulha no esquecimento ou então em 30

51. Anísio Spínola Teixeira (1900-1971), educador baiano, nome-chave do movimento pela reconstrução do ensino público conhecido como Educação Nova. Alceu dedicou-lhe crônica em *Companheiros de viagem*.

52. "Intercâmbio de pessoas".

53. Nena, como é conhecida Maria Helena, primeira filha de Alceu.

54. "Período não-festivo", ou o "tempo comum" da liturgia cristã.

anos de sua vida oculta, mesmo antes da Quaresma: a luz cinzenta antes da luz negra. E entre as duas luzes claras da Epifania de Jesus-Criança e da Páscoa-Pentecostes de Jesus nos três anos de sua vida pública, falando aos homens do seu pequeno mundo judaico, as palavras e os feitos que seriam pouco a pouco irradiados pelo mundo inteiro e hoje mudam a face da vida pessoal de uma sua amiga que vai para o convento ou de um sujeito de 65 anos que, se não fosse Ele, o que seria hoje?

Que teria sido de mim se Jesus não me tivesse aparecido através de um sujeito completamente oposto a mim[55], que lá por volta dos *twenties*[56] (como se diz aqui), enquanto o mundo entrava na *jazz age*[57] (como a chamou Scott Fitzgerald[58], o porta-voz dessa geração da euforia pós-guerra dos 20), depositou no fundo de um tipozinho completamente estragado pelo diletantismo e que teria prosseguido pelo mesmo caminho, sem dúvida alguma – depositou um fermento de contínua angústia interior, como a me lembrar constantemente o jeito do capuchinho do papa: *sic transit*[59]...

Essa voz interior é que o Jackson deixou no fundo da consciência desse sujeito que em 1918 estava em plena disponibilidade e nela continuaria a vida inteira. Como? Melhor do que agora sou? Pior? Quem sabe lá! Pelo menos agora a luta interior prossegue sempre, mantendo viva a presença de Cristo e a compreensão do seu silêncio tão cheio de palavras. Sua ausência tão cheia de presença. Sua angústia tão cheia de serenidade. Sua luta tão cheia de paz.

Ainda ontem, como tivesse um tempo livre, fui à tarde ao Village que continua a ser o único ambiente de NY onde me sinto à vontade e todos os dias deploro tê-lo deixado. Era preferível não economizar nenhum dólar mas viver esses últimos meses de vida fora do Brasil (pois já agora sinto que Mamãe, com a experiência atual, nunca mais consentirá em viagem alguma que ultrapasse dois ou três meses, e olhe lá...), num ambiente em que me sentisse afim. E é engraçado como, ao contrário de J., P. reage da mesma forma que eu, ao passo que J. ficou terrivelmente americanizado, atraído pelo espírito de otimismo desta terra.

[...]

N., pelo contrário, como P., reagiria como eu, sentindo-se à vontade naquele mundo de boemia, de arte, de extravagância de vestuário, de pobreza, de liberdade, de livros os mais disparatados, de coisas completamente avessas a nós mas em contato com as quais nos sentimos mais nós mesmos.

É por isso que me sinto muito mais à vontade na clara igrejinha neoclássica e nada moderna de São José, lá no Village, do que na sombria e solene catedral gótica onde vou todas as manhãs e onde o admirável Cristo hispânico da ábside é estupen-

55. Referência ao seu primeiro encontro com Jackson de Figueiredo.

56. Anos 20.

57. Era do jazz.

58. Francis Scott Fitzgerald (1896-1940), escritor americano, autor do livro de contos *Jazz age stories* (Contos da era do jazz).

59. "Assim passam as coisas".

do mas... não vai ao fundo de mim mesmo senão porque representa Nosso Senhor. Aí sim, me sinto totalmente unido a ele. Mas, como imagem, me assusta, me esmaga, me tira a respiração.

Ao passo que a sala branco-e-ouro do Village, tão menos bela em si do que o Cristo medieval e hispânico da Blessed Sacrament[60], me fala tanto ao coração, me acolhe tão bem, com tanta simplicidade, que é, como eu disse, uma gota de água fresca, uma imagem de criança, um ato de fé profundo no meio dos esgares de um baile de carnaval de um grupo de *teenagers*[61] (a pior máscara que há). Cada vez me impressiono mais com a máscara cínica dos *teenagers*. [...]

Estou me lembrando de uma freirinha como a que ontem subiu no elevador da NYU na hora da entrada de uma classe, tão bonitinha, com um narizinho tão arrebitado, tão extremamente moça e fresca, tão naturalmente mergulhada nas suas vestes solenes..., penso no que isso significa para um pai como eu que, aos 65 anos, guarda no fundo do coração uma tão invencível infância que até tem medo de olhar demais para dentro de si pois não sabe se é infância mesmo ou... se é tristeza de adulto...

Mas que coisa chata essa divagação toda... Deixei a cinzentinha guiar o automóvel, fiquei olhando para a paisagem, esquecido de que o volante sou eu. Ou não sou? E quando acordo vejo que a danada me levou para muito longe, para fora da cidade, para uns subúrbios, e já nem sei mesmo onde estou...

O que eu estava dizendo – creio eu – é que ontem entrei na igreja de Saint Joseph – a deliciosa mão acolhedora do Humilde entre os humildes, que acolheu Mamãe e a mim numa tarde bonita de setembro e nos colocou tão à vontade que à saída me sentia outro – e acho que devo ter dito isto logo a você. De modo que até hoje aquela igrejinha velha, com suas colunas de madeira, quase indistinta no meio das casas e em plena avenida das Américas, com um tráfego enorme, na esquina do Waverly Place, rua do coração do Village, até hoje ela é para mim um pique, um repouso, uma inspiração e lá vou, um minuto, sempre que posso, embora não à missa pois é muito longe.

E ontem lá fui rezar um pouco, fazer o Caminho da Cruz[62] e olhar para um rapaz com cara de artista, com um daqueles sobretudos curtos e amarelos (o dele era cinzento mas os amarelos são mais comuns, de que você certamente se lembra no boul. Mich. ou no St. Germain[63], com alamares e capuzes nas costas, tão Quartier Latin, que eu até compraria um para mim se esperasse passar outro inverno em NY, em Washington ou... em Paris, ou mesmo em Roma, embora lá o frio seja tão mais brando).

Pois o rapaz estava lá na frente, com um pescoço tão fino (sinal de boa raça), com uma ligeira barbicha – como os *villagers* gostam tanto de usar, ou os temíveis guerrilheiros de Fidel Castro, em Cuba, que estão fuzilando os "torturadores" do ex-ditador, uma vingança de "dente por dente" que vai custar caro à revolução pois está fazendo

60. Igreja do Santíssimo Sacramento, em Nova York.

61. "Adolescentes".

62. Ou via-sacra.

63. Boulevard Saint-Michel e boulevard Saint-Germain, artérias centrais do Quartier Latin (bairro de forte concentração estudantil e intelectual em Paris).

heróis e perpetuando ódios. Lá estava o rapaz tão quieto, com seu rosário, tão com os olhos fixos no altar e no presépio, tão absorvido na oração que mal me olhou quando nos vimos, ele saindo e eu vindo para fazer o Caminho da Cruz. Mas compreendi bem aquele jovem – no meio do carnaval-Montparnasse do Greenwich Village, onde as idéias mais salutares, do budismo zen ao materialismo soviético mais integral, se confundem – ele ali, calmo, do outro mundo, tão moço e tão perto do que Cristo será eternamente. O Menino respondendo aos anciãos do Templo e procurado avidamente pelos que o perderam de vista – ou vivem com medo de o perder – os pais, os irmãos, os amigos, todos, *usque ad saecula saeculorum*[64], amém!

Ponto. Pronto. Como diz...

P.

Nova York,
15 de janeiro de 1959

Hoje é dia de carta curta pois já são 11:15. Fui só à missa das 9 e a manhã já está desperdiçada. No entanto, o meu gosto é deixar a cinzentinha brincar no papel sozinha e o tempo correr sem precisar olhar os minutos do relógio. Mas a consciência do muito que tenho a fazer e do pouco que tenho feito nesses últimos dias está me assustando.

É certo que acabei os dois trabalhos que estavam entupindo a estrada, mas ainda não revi o que já está pronto e ontem recebi carta do missionário de Masaka e quero responder dizendo que já mandei. Pedi-lhe um artigo para *A Ordem*[65]. Como você verá – pois mandarei para você a segunda e terceira cartas dele – são as primeiras cartas que recebo desse continente africano.

[...]

Vivo navegando entre excesso de complacência comigo mesmo e excesso de confiança. E, no entanto, professando sempre a filosofia da proporcionalidade... Entenda-se a natureza humana! Se um sujeito aparentemente tão pouco complicado como este seu Q., que sobretudo os jovens (exceto alguns poucos) consideram como um sujeito simples, e até simplório, feito de um bloco só, etc. e tal (como consideravam o Jackson) – se um sujeito assim, tão pouco misterioso, quando olha um pouco mais para dentro de si encontra tanta contradição, tanto paradoxo, tanta coexistência estranha e tão pouca convivência, imagine como não deve ser a alma de um sujeito sem bússola. De fazer medo. Mas deixemos as almas dos outros em paz e sobretudo

64. "Até os séculos dos séculos".

65. Revista criada em 1921, no Rio de Janeiro, sob o impulso de d. Leme, como órgão da intelectualidade católica e, a partir de 1922, editada pelo Centro Dom Vital. Ver carta de 9 de julho de 1958, nota 18, p. 39.

não nos preocupemos com o que pensam de nós. Tratemos de pensar bem e curarnos das nossas moléstias.

Por falar nisso, ontem foi anunciado aqui um novo remédio contra a dor, chamado NIH (e mais um número, como 752, não sei bem), resultado de 25 anos de pesquisas em laboratório... Que diz o secretário de Saúde Pública ser dez vezes mais forte que a morfina ou o ópio e muito menos – ou mesmo nada – intoxicante. Parece que daqui a seis meses será posto à venda. Ao anunciá-lo, o secretário de Saúde disse que nunca tinha tido tanta alegria em anunciar alguma coisa. Tudo que seja alívio ao sofrimento físico é um alívio a todo sofrimento. Embora não tenhamos ilusão de que isso vá ser a última palavra. Pois os homens vivem inventando, ao mesmo tempo, remédios para suprimir a dor e armas para provocar a dor. A bomba de Hiroshima custou 100.000 vidas em cinco minutos!

Bom, se eu deixar a cinzentinha solta, lá vamos nós por esses ásperos caminhos da dor humana, que são sempre o grande mistério da vida. E não terminarei jamais, e os trabalhos me esperam. Primeiro, uma correspondência que cresce desanimadoramente, inclusive algumas cartas que preciso responder. E se fosse a mão, ainda iria mas... a máquina, não vão mesmo!

Mamãe lançou os olhos por esta página e disse: "Quando olho sua letra assim em conjunto não entendo nada. Quando olho mais de perto, sim". (Ela está copiando o meu catatau de 90 páginas e já chegou à página 40. Sem hesitar.) Eu: "Quando escrevo a Tuca deixo a pena correr pois sei que ela me entende assim mesmo". Mamãe: "Ela é a culpada de você escrever cada vez pior. Será que ela entende mesmo tudo?"

Fica aí a interrogação. Vejo que minha letra nestas cartas cada vez se parece mais com uma espécie de taquigrafia. Por isso me admiro de que você nunca me pergunte sobre uma palavra ou outra. Será que realmente você *topa tudo*?

P.

Nova York,
18 de janeiro de 1959

Ontem, dia de sua carta, ela chegou direitinho na hora e no tal papel amarelo, que felizmente vai sendo consumido aos poucos mas que demorará provavelmente até junho. Já tinha pedido a S. que te desse outro mas com certeza você vetou o pedido. Mania de pobreza. Como você diz, é uma penitência bem menor que outras, de modo que o remédio é mesmo tocar pra frente e decifrar... Mais faz você decifrando estes garranchos que, de vez em quando, duvido que você possa realmente ler correntemente, como diz que faz, *e eu mesmo não consigo*.

Sua proposta de uma voltinha pela Europa, antes de voltarmos para aí, seria sedutora se não caísse pela base: perderíamos a passagem de volta (sic).

Aliás, confesso a você que não gostaria de ir agora à França. À Itália, sim, e com todo gosto. Mas à França, não, ao menos por algum tempo. É engraçado. Em 1941 fui um gaullista 100%. Vibrei por De Gaulle. Foi o símbolo da Resistência que, por sua vez, era o símbolo da França. Depois da vitória, não sei se por culpa minha (assim dirão os meus adversários: "Foi porque você ficou contaminado de esquerdismo..."). O certo é que fui me afastando de De Gaulle e colocando-o no mesmo cesto que Franco[66] e Salazar[67]. Agora, esta, de De Gaulle de novo no poder.

É certo que uma coisa ainda pior se desenvolverá: o *gaullismo*, de que o Debré[68] [é representante] e hoje está encarnado no Parlamento francês. Hoje é De Gaulle que volta a ser o homem ponderado e "proporcional"... e o Parlamento que passa a ser o reacionário, o "ultra" (assim chamavam os que apoiaram a restauração da monarquia, depois da queda de Napoleão). Hoje a França está numa nova restauração e com uma vaga de *nacionalismo direitista*, de tipo fascista.

Isto me irrita muito, de modo que não teria gosto nenhum em ir à França agora. E o engraçado é que recebi ontem uma carta do Gilberto Amado[69] na qual ele pensa que eu estou encantado com De Gaulle. Vou escrever a ele dizendo o que penso. Ele ainda julga que *ser católico* é *ser direitista*. E como ele (Gilberto) sempre foi direitista *sem ser católico*, acha que eu também sou, pois provavelmente não está muito a par da minha posição, *nem direita, nem esquerda, nem centro. Above*[70]. E, no entanto, um que não quer ser nem *au dessus de la mêlée*[71], como pretendeu ficar Romain Rolland[72] em 1914. Entenda-se esse sujeito... É por isso que faço sempre a apologia da vida contemplativa, explicando que não a acho de modo algum incompatível com a vida ativa.

Sobre o Corção[73], você bem sabe o que é, e não preciso repetir. Seremos sempre duas ilhas. Jamais um continente... Uma ilha que admiro como um dos mais belos exemplares da "geografia intelectual" brasileira. Sempre que posso, vou fazendo propaganda aqui de sua obra e de seu livro em inglês, mas em cujas margens não tenho prazer nenhum de desembarcar. Prefiro admirar de longe a passear de perto. Sei que seriam passeios cheios de encostas íngremes a subir, e de muitos estranhos a encontrar, e de muitas controvérsias a deparar. E prefiro ficar de longe, admirando, a de perto... discutindo.

66. Francisco Franco Bahamonde (1892-1975), ditador espanhol de 1938 até sua morte.

67. António de Oliveira Salazar (1889-1970), feito premiê português em 1932, ficaria no poder até 1968, quando adoeceu gravemente; o regime por ele iniciado, no entanto, só cairia com a Revolução dos Cravos, em 1974.

68. Michel Debré (1912-1996), então primeiro-ministro do governo dito da 5ª República, após o plebiscito do qual foi ardoroso propagandista e que trouxe De Gaulle de volta ao poder.

69. Diplomata e escritor brasileiro (1887-1969), que será recebido por Alceu na Academia Brasileira de Letras.

70. "Acima".

71. "Por cima da confusão".

72. Escritor francês (1866-1944), que se declarou pacifista quando da Primeira Guerra Mundial.

73. Gustavo Corção Braga (1896-1978), engenheiro e escritor. Converteu-se ao catolicismo em 1939 e passou a colaborar com o Centro Dom Vital, do qual foi também presidente, e com a revista *A Ordem*. Passou a adotar posições intransigentes no âmbito social e religioso que o foram afastando de Alceu.

É um pouco como o Sobral[74], embora diferentemente. O Sobral acho apenas... cacete. Que isto fique entre nós. Rasgue esta folha. Ou então deixe, pois afinal, se proclamo que nada tenho a esconder do que penso, deixe ficar. Tenho uma admiração ilimitada pelo *caráter* do Sobral e acho-o, neste ponto, mil vezes melhor do que o Corção. Mas confesso que acho o Sobral maçante, longo demais, meio acaciano e solene demais. O excesso de *humour* no Corção e a falta dele no Sobral. São dois *titãs* do pensamento, sem dúvida alguma. E da Igreja. Mas opostos. E, por isso mesmo, uns *bicudos* difíceis de acomodar. Embora o Sobral mil vezes mais fácil, mais plástico, mais humano do que o Corção. Dois caracteres difíceis, diferentes, duros mas ao mesmo tempo com aspectos de ternura – que no Sobral são o *fundo de sua natureza* e no Corção foram trazidos pela graça e não ainda bastante incorporados à natureza.

E, entre os dois, o Hamilton[75], de longe o mais humano e equilibrado dos três. O mais fino, o mais simpático, o mais natural, o único com quem eu me entendo perfeitamente, talvez por ser *mais fraco e mais maleável* que qualquer dos outros dois. E o quarto... o quarto você conhece...

Ontem passei o dia em casa e por isso pude adiantar o trabalho, o que me deixou com a consciência mais tranqüila para poder ir à noite a uma fita inglesa de Alec Guinness, ator inglês extraordinário, convertido há tempos ao catolicismo. Antes havia um documentário sobre o *elevated* (o metrô elevado) que acabou aqui há uns dois anos e começou pouco antes de meu pai vir aqui em 1886, pois me contava como então essa era a maior novidade do mundo (como os quartos de hotel com banheiro próprio, também esplêndidos). Como gosto de um bom cinema! Mamãe diria "e também de um mau..."

Herdei de papai a *badeauderie*: o espetáculo das coisas me interessa e me diverte enormemente, embora sem querer fazer disso uma "filosofia espetacular do universo", como o Graça Aranha[76]. Mas *ver* é para mim um dos maiores encantos da vida. Depois é que vem *ler*. E finalmente *escrever*, numa hierarquia que é típica dos... preguiçosos.

P.

---

74. Heráclito Fontoura Sobral Pinto (1893-1991), advogado e católico militante, tendo ingressado no Centro Dom Vital em 1922.

75. Hamilton de Lacerda Nogueira (1897-1981), médico, professor e autor de diversos ensaios. Converteu-se ao catolicismo em contato com Jackson de Figueiredo (e sobre ele escreveria mais tarde um ensaio) e chegou a fazer parte da diretoria do Centro Dom Vital. A pedido de Alceu, que recusara convite do brigadeiro Eduardo Gomes para ser candidato a senador pela UDN, aceitou canditatar-se, fez a campanha e foi eleito. Depois deste mandato no Senado (1946-1955), seria deputado federal duas vezes (1959-1960 e 1960-1967). Alceu consagrou uma crônica a esse "homem que nunca perdeu a linha", poucos dias após sua morte. É de sua autoria *Jackson de Figueiredo* (São Paulo: Loyola, 1976).

76. José Pereira da Graça Aranha (1868-1931), escritor e diplomata. Sobre ele, Alceu escreveu a crônica "O grande animador", 20 anos após a morte do amigo (*in Companheiros de viagem*).

Nova York, 19 de janeiro de 1959

[...]

Esses três trabalhos são dos tais que a gente faz por ter feito e para se ver livre. Basta dizer que não reli nenhum deles. Nem tive vontade de o fazer. Ao passo que quando escrevo qualquer coisa pela qual me responsabilizo – e não apenas para me ver livre – a primeira coisa que faço é reler, até mais de uma vez, e sempre encontro o que mudar, embora pouco. De fato, não sou da turma dos que escrevem duas, três ou quatro vezes, mudando tudo. Sou dos que põem logo no papel o que vem à cabeça. E que fique como saiu... Salvo pequenos consertos parciais, especialmente nas croniquetas, que são hoje as únicas páginas que gosto de escrever, exceto naturalmente a "minha" carta, a "nossa" de cada dia, salvo a irreverência...

Como tenho saudades de A.[77]! Você nem imagina como isso me tem atormentado. Felizmente tenho um poder de me esquecer maior do que o de me lembrar. Quantas vezes porém, especialmente quando discutíamos o seu caso, disse isto a Mamãe: "É esse o nosso destino e o nosso dever. Prepará-los (os filhos) para eles mesmos e para o caminho que Deus lhes reservou, e não para nós".

[...] Ainda me lembro de uma ária famosa (*"J'ai perdu mon Eurydice"*[78]).

Tempos idos, tempos idos! Como carregamos conosco um tapete imenso onde tantas cenas foram tecidas! É até incrível como ainda temos forças para não arriar ao peso do tapete e encontrarmos disposição para tecer novas cenas ou pintar novos borrões de cor nos muros lisos do presente. E até pedir mais muros para o futuro. Homem insaciável!

P.

Nova York, 20 de janeiro de 1959

Dia de São Sebastião. Dia do nosso velho Rio, que, apesar de tanto ter mudado desde a minha verde infância nas Laranjeiras (que agora tantas vezes relembro do alto da varanda do "tabuleiro" olhando para o vale das Laranjeiras da minha "Casa Azul"[79]), ainda conserva o charme da cidade natal e do lugar onde afinal passei a maior parte

77. Alceu Amoroso Lima Filho.

78. "Eu perdi minha Eurídice": a frase encontra-se na versão francesa do libreto, feita em 1774 por Pierre-Louis Moline, para a ópera *Orfeo ed Euridice* (1762), do compositor alemão Christoph Willibald Gluck (1714-1787).

79. Demonstração pela qual o autor se referia à casa em que nasceu; em 1940, consagrou-lhe uma crônica: "Adeus à Casa Azul".

da minha vida. Quanto ao mais, só Deus sabe o segredo! De modo que, no dia do seu padroeiro, o meu primeiro pensamento vai a ti, cidade da minha infância, onde espero repousar *in somno pacis*... e de longe as asperezas de cada dia desaparecem – a falta d'água, o trânsito, o calor, a umidade, o telefone, as aulas obrigatórias, as conferências, as visitas – para só ficar o encanto das palmeiras, das montanhas, das praias, das acácias e das evocações do passado.

Acima de tudo, de Dona Mariana, da nossa casa e do tempo em que os sete[80] estavam reunidos em torno de nós, antes de começar a diáspora em 1950, no meio do século! Daí por diante, o Rio deixou de ser o centro. Ou antes, o centro deixou de ser o centro de nossa vida, para se tornar apenas o centro de irradiação. E o charme passou a ser São Paulo, Petrópolis, Bahia e mais... as viagens – Washington, Paris, Nova York. O Rio passou a ser apenas um ponto de partida e de chegada, com os nossos corações, o de Mamãe e o meu, viajando sempre entre São Paulo e Bahia, e voltando ao centro onde se passou nossa infância e onde nos unimos para sempre – Petrópolis. E este, sim, ficou sendo de novo o nosso centro. E o Rio, mais uma evocação do passado ou uma perspectiva do repouso eterno, mas sem vida, apenas um ponto de passagem... E a esperança até de fazer do Piabanha o nosso rio...

P.

Nova York,
21 de janeiro de 1959

Estou aqui para o bate-papo matutino, sem o qual não teria mais jeito de viver. É o melhor do meu dia. Como tantas vezes tenho dito, nas missas e nestas cartas é que me encontro realmente comigo mesmo, olho para centro de mim e sinto que sou eu mesmo, dando por isso mesmo a quem lesse *de fora* estas cartas uma impressão muito diferente do que *pensam que eu sou.*

Pois, apesar de ser totalmente diferente do Jackson, é possível que para muitos a idéia que fazem de mim é a de eu ser um sujeito absolutamente integrado nas suas posições e, por isso mesmo, sem interrogações nem reticências, em sua pontuação interior. E apenas com mais vírgulas e parênteses do que o Jackson, de quem muitos ainda julgam ser eu apenas o herdeiro e continuador. Quando, na verdade, a ação que o Jackson exerceu sobre mim foi assim como uma corrente elétrica que passasse através de minha *substância anterior* e a tivesse mudado, como faz aquilo que creio chamarem em química de eletrólise. Mas a *substância anterior* apenas eletrolisada e levada para o campo magnético do cristianismo (e tirada do campo magnético do diletantismo) continua a mesma.

80. Os filhos: Maria Helena, Silvia, Lia, Jorge, Alceu Filho, Paulo Alceu e Luiz Alceu.

De modo que continuo a ter necessidade de estimular em mim o espírito de *distinção*, para não permitir que o espírito de *proporção* se converta num espírito de *confusão*. Entendeu?

Exemplo: leio nos jornais, ou antes no jornal (e já me toma tempo demais), que o *Osservatore Romano*[81] de hoje ou de ontem publica um artigo de fundo reafirmando a *incompatibilidade formal* entre o socialismo e a doutrina social da Igreja. Isto é velho. A *Quadragesimo anno* o tinha dito de modo formal. E acredito que o artigo visa a advertir uma tendência da *ala esquerda* do Partido Democrata Cristão, na Itália, de se aliar com os socialistas (hoje já há uma *ala direita* dos socialistas que faz parte do governo democrata cristão italiano).

Minha própria posição, que continua a ser a de Chesterton, é a distributista. Nem capitalista nem socialista. Não deveria pois senão rejubilar-me com esse artigo. Mas é incontestável que ele me irritou quando o li. Só li a notícia. E estou *cheirando* nele a mão dos Ottavianis e a ponta da orelha do cardeal Tardini (secretário de Estado), ambos representantes da ala extremada do Vaticano. Vejo nisso a ação dos reacionários, dos conservadores, de todos os que se opõem a qualquer solução nova, com o aproveitamento de forças sociais avançadas mas que se separaram do comunismo, como hoje é o caso do socialismo não-comunista, como o de Nenni[82], que, precisamente, obteve um voto de confiança do Partido Socialista Italiano contra a *ala comunistizante* do partido. E é provavelmente para evitar que desse ponto derive uma aliança com os socialistas que o *Osservatore Romano* escreve o artigo. Seja como for, vejo que em Roma as forças reacionárias é que continuam dominando os círculos do Vaticano e como falta, no centro, a *grande figura*, cada vez mais (?) o Vaticano vai guinar para a direita, isto é, para o catolicismo aliado à aristocracia e à burguesia, e separar-se das classes populares. Pode ser que me engane, e *tomara que me engane*.

Mas temo muito que o *paternalismo* de João XXIII venha a ser como o paternalismo de Pio X, um passo para apoiar apenas o *tradicionalismo católico*, a solução do isolamento ou da estagnação, quando não a aliança com a direita, como outrora, como se ser católico implicasse realmente ser de um partido político e esse partido ser o da extrema direita.

Em suma, tudo voltando ao que era antigamente e o mundo que se dane, ou antes, que se divida e que volte às Cruzadas, refazendo a História. É de desanimar... O compromisso de que nasceu a vitória de João XXIII, o papa pastoral, está começando a se mostrar. A colocação de monsenhor Tardini e o prestígio do cardeal Ottaviani estão demonstrando que a marcha da direita continua. E que o equilíbrio que Pio XII criou, *acima das facções*, começa a ser rompido. Em benefício da "Junta do Coice".

Queira Deus que me engane e que tudo isso não passe de um momento de mau humor depois de ler o resumo de um artigo... Mas a verdade é que, cada vez mais, vejo esfumar-se a esperança de uma *ordem nova* baseada no cristianismo, de acordo com

81. Jornal da Santa Sé desde 1861.

82. Pietro Nenni (1891-1980), secretário do Partido Socialista Italiano; combateu o fascismo, inclusive nas tropas internacionais contra Franco, na Guerra Civil Espanhola (1936-1939).

o século de transição e as novas forças sociais. O que vejo é a Igreja aliar-se cada vez mais à *ordem velha* e desistir de tentar sequer qualquer compreensão da revolução que está se processando no mundo moderno. Política de avestruz, quando menos...

Será porque acordei mais tarde e só fui à missa das 9 ou porque amanhã tenho que falar aos brasileiros e ainda não sei o que vou lhes dizer durante duas horas e vejo pela frente tanta coisa a fazer, e pouco tempo, e pouca disposição? Ou porque Mamãe teve uma insônia tal que não dormiu um minuto a noite inteira, embora esteja de muito bom humor? Ou porque a aula de ontem não me agradou muito, embora não fosse nem melhor nem pior, mas... chata?

Em suma, voltando ao que comecei a dizer – se alguém tomasse estas cartas e atravessasse a rede de arame farpado da minha letra – talvez ficasse surpreso de ver um sujeito *aparentemente* tão seguro de si, tão dogmático com pessoas que esperam sua orientação (ou pelo menos assim dizem e são sinceros) e no entanto esse sujeito que parece poder orientar os outros, está ele mesmo perplexo e irritado, no fundo, porque sente que o vento que sopra no Vaticano – e afinal representa a voz do papa – não parece ser de modo algum o mesmo que sopra no fundo do meu coração.

E como é natural que em Roma é que tenham razão, e não o espírito de um sujeito tão pouco seguro em seus fundamentos como eu mesmo, é natural que não me sinta hoje nada de acordo comigo mesmo. Ou, melhor, sinta essa solidão interior de quem vê 20 anos de idéias ameaçados de um longo crepúsculo. Pelo menos.

Mas tudo isso, afinal, representa o caminho de todos aqueles que têm a audácia de querer *mudar a rotina*. Sinto que o espírito de rotina é que está dominando de novo as altas esferas vaticanas e que, no mínimo, é preciso ter muito cuidado para não se espetar. E ver que tanta esperança da mocidade mais uma vez se afunda na mediocridade e na apatia e na rotina e no marca-passo, afinal na velha prudência da carne, mas apresentada como audácia, como afirmação da intangibilidade da Igreja. Quem sabe não seria possível uma *volta ao espírito de Pio IX* e, quem sabe, um novo *Syllabus*[83] – mas não como o de Pio XII na *Humani generis*[84], duro e cortante como o dos anátemas de 1864? E estamos próximos do centenário. E se até 1964 os dominadores do Vaticano e os conselheiros do nosso boníssimo e paternalíssimo João

83. Em 8 de dezembro de 1864, Pio IX publicou a encíclica *Quanta cura* destinada a combater "os graves erros do tempo presente", atribuídos principalmente ao avanço das idéias liberais, sem esquecer "os funestíssimos erros do comunismo e do socialismo". Junto com a encíclica, o papa mandou publicar um anexo, intitulado *Syllabus*, contendo uma lista de 80 proposições, sem identificação de seus autores reais ou supostos, apresentadas como errôneas e devendo ser, por conseguinte, todas elas recusadas e condenadas pelos católicos. Assim, por exemplo, deveriam recusar e condenar a afirmação segundo a qual "o pontífice romano pode e deve reconciliar-se e compor-se com o progresso, o liberalismo e a civilização moderna" (proposição n. 80).

84. A encíclica *Humani generis*, publicada em 1950, opunha-se – numa clara reação defensiva e com uma linguagem que não parecia diferir da que fora empregada 86 anos antes por Pio IX, no tom "duro e cortante" assinalado por Alceu – às "perigosas tendências das filosofias modernas", consideradas inconciliáveis com a fé católica. Vinha acompanhada também de uma severa admoestação aos filósofos e teólogos católicos, que buscavam novas formas de diálogo com o pensamento moderno. Causou certa surpresa e suscitou polêmica, tanto mais que encíclicas precedentes do mesmo Pio XII, como a *Mystici corporis* e a *Divino afflante spiritu*, ambas de 1943, haviam sido recebidas como sinais de abertura e alento para a reflexão teológica.

XXIII forem os mesmos, que encíclica vamos ter como comemoração do centenário do *Syllabus*? A apologia de uma nova inquisição? Se assim for, que Deus me dê a maior das graças: não permita que eu chegue até lá... cá embaixo. Lá em cima, quem sabe verei as coisas de outro modo e saberei então se realmente era *eu que estava errado* e o cardeal Ottaviani e o Plínio Corrêa de Oliveira[85] é que representavam o autêntico espírito do Cristo no século XX.

P.

Nova York,
22 de janeiro de 1959

Quarenta e um anos de noivado! O dia 22 de janeiro sempre foi comemorado por Mamãe e por mim como sendo a nossa maior data. Com a graça de Deus, a partir desse dia nunca mais nos separamos e nem a morte nos separará, embora o maior pedido que sempre faço a Deus é que me leve primeiro ou então os dois juntos. Mas formamos uma união tão grande que nada nos separará jamais, por mais terrivelmente solitário que um tenha de viver, se tiver a desgraça de sobreviver! Mas não pensamos em tais perspectivas nem nos 41 anos que Deus nos permitiu viver sempre como noivos, como se o dia 22 de janeiro de 1918, uma terça-feira (hoje, as terças são o dia pesado da semana e daqui a pouco, em fevereiro, terça e quinta; mas no Rio a terça é nosso dia pois subimos para Petrópolis e lá é que é nossa terra. Lá é que se passou o dia 22 de janeiro e lá o 27 de agosto desse ano de 1918, que para vocês pouco diz mas para nós... E aí digo "nós" num sentido de geração).

Foi em 1918 que terminou a Grande Guerra que pensávamos ser a única e era apenas a primeira. Daí talvez a minha obsessão, a vida inteira, em combater a terceira grande guerra. Combater contra ela para não ter que combater nela. Ou combaterem nela os filhos que nasceram a partir desse ano de 1918, em que vi três ou quatro grandes coisas em minha vida: em janeiro, o noivado; em agosto, o casamento; em outubro, a vizinhança da morte, com a gripe; e em novembro, a paz. Veja você só que ano! Noivado – casamento – quase morte – paz. Haja o que houver, dificilmente poderia ter outro ano tão carregado de acontecimentos capitais em nossa vida. E já posso dizer *nossa*, pois os quatro acontecimentos de entrada na vida nova, com o fim da vida de solteiro, representaram a união com Mamãe. E por isso é que o 22 de janeiro foi realmente o começo de tudo. E Petrópolis está definitivamente ligado a tudo mais. Daí aquele sentimento e aquela frase clássica que digo para Mamãe quase que sistematica-

85. Jornalista (1908-1995), um dos fundadores da Sociedade Brasileira de Defesa da Tradição, Família e Propriedade (TFP), entidade católica ultraconservadora. Ver carta de 26 de janeiro, nota 104, p. 104.

mente, toda vez que, na Plymouth, entramos na rua XV: "Nunca chego a Petrópolis sem prazer, nunca a deixo sem saudade, nem que seja para voltar à tarde!"

De modo que hoje voltei da missa carregado de cravos (foi a flor que mandei a Mamãe em 22 de janeiro, ou antes, em 23, porque no dia 22 foi só à noite que soube do SIM e da conseqüente ida dos Amoroso Lima aos Faria, à Casa Grande[86]). Voltei, pois, carregando os cravos vermelhos – clássicos de 22 de janeiro e 27 de agosto –, além das rosas vermelhas de que Mamãe gosta de modo particular e de umas tulipas também vermelhas (a nossa cor, tradicionalmente, é o vermelho), que são a flor da época e chegam fechadinhas como cones e em meia hora se abrem como margaridas (flor engraçada, né mesmo?).

[...]

Como você diz, com razão, não há maior alegria no mundo do que... causar uma alegria aos outros.

[...]

P.

Nova York,
24 de janeiro de 1959

[...]

Você pede nesse bilhete a Mamãe histórias da minha infância. Como pediu também em outra carta, não sei se por malandragem (pois acho que já contei), ou mesmo porque não sabe, ou não se lembra, a história das rosas de Santa Teresinha, a única coisa esquisita que se passou na minha vida.

Pois, ao contrário do Corção – e isso também já te disse –, nunca nada de estranho ou de preternatural, isto é, sensível de modo *fora do natural*, jamais ocorreu comigo. Minha vida sobrenatural é puramente sobrenatural, isto é, supra-sensível. Não tenho nenhuma sensibilidade ao sobrenatural. Minha vida religiosa é praticamente *separada dos sentidos*. E puramente espiritual. Sinto em mim como que uma casa em quatro andares: o andar *térreo*, das *sensações*; o primeiro andar, da *sensibilidade*; o segundo andar, da *intelectualidade*; o terceiro andar, da *espiritualidade*.

Cada um vive por si. Não há elevador entre os andares. Nem mesmo escada de carga. Há apenas uma escada de serviço, e bem estreitinha... É o defeito de uma casa velha (o homem velho). Ainda hoje pedi muito a Deus que desse um jeito para eu

86. Casa dos sogros de Alceu, Alberto e Maria Thereza, em Petrópolis, que pertencera a Irineu Evangelista de Sousa (1813-1889), visconde de Mauá. A publicação de *Mauá* (1926), uma biografia do visconde, valeu a Alberto de Faria (1865-1931), advogado e industrial, o ingresso para a Academia Brasileira de Letras, da qual também fariam parte seu filho, Otávio de Faria, e dois de seus genros, Alceu e Afrânio Peixoto.

poder consertar a casa velha e construir um elevador, como dizia Santa Teresinha. Imagine se ela pensasse sequer num foguete que leva ao sol, num novo planeta! E dizer que houve um ou mesmo dois "cavalos" soviéticos que disseram que os foguetes mostraram o *vazio dos espaços*! Sem Deus! Como se Deus *morasse em algum lugar*, apenas um pouco acima... São mesmo uns cavalos! Mas o fato é que o velho Pascal já dizia: *Le silence des espaces éternels m'éffraye* (ou o *silence éternel des espaces*, não me lembro)[87].

Mas a casa velha deste seu Tristão de Athayde estaria precisando de um elevador...

Mas o que há é que cada andar vive separado do outro e só ligado por uma escadinha dos fundos... De modo que o andar lá de cima, o da espiritualidade, tem muito pouca comunicação com o térreo, o das sensações.

De modo que nunca penso nem espero por elas. E só uma vez, nesse caso das rosas, é que houve, ou antes, é que *se ouviu lá em cima* um rumor cá de baixo...

Eu estava fazendo o meu segundo concurso para a Faculdade de Direito em 1933, creio eu. Nele me inscrevi um pouco "por passado". Para mostrar que não tinha ficado abatido com o resultado do primeiro. Era um concurso de *Introdução à Ciência do Direito*. Nunca tinha ensinado isso. Não tinha mais pegado em livros de Direito havia muitos anos, de modo que fui me lançar num concurso sem preparação especial, sem interromper nem o trabalho na Cometa[88], das 9 da manhã às 5 da tarde, nem as crônicas literárias no *O Jornal*, nem a Ação Católica[89], nada. O resultado só podia ser o que foi. Não foi culpa nem injustiça de ninguém. Foi culpa minha e muito boa justiça de Deus, pois quem não sabe onde tem o nariz não pode esperar que Deus o encontre. A não ser que haja um "filósofo" soviético...

O caso é que eu estava no meio ou quase no fim das provas e, embora não esperasse muito (no primeiro concurso, o de Economia Política, neste, sim, eu entrei com certa esperança, embora também mal preparado), mas no outro, não. Ainda assim, uma manhã, saindo do Santo Inácio, da missa das 6:30, passei pelo altar de Santa Teresinha e *pedi-lhe um sinal*.

À tarde, sentado na varanda de Dona Mariana – deve ter sido num sábado – ouço um rumor na passagem, do lado do vizinho, e vejo surgir aquela velha babá de tia Carmen[90], a Paula, que nunca ia lá em casa, *sobraçando um ramo de rosas cor-de-rosa*

87. Blaise Pascal (1623-1662), cientista e filósofo fancês. A frase é "*Le silence éternel de ces espaces infinis m'effraie*" ("O eterno silêncio desses espaços infinitos assusta-me"), em *Pensées* (*Pensamentos*), fragmento 206.

88. Alceu trabalhou na Companhia de Fiação e Tecidos Cometa de 1918 até 1937.

89. Movimento de leigos – operários, camponeses, estudantes etc. – atuantes no apostolado católico. Vivamente apoiado pelo papa Pio XI em 1928 (carta *Quae nobis* ao cardeal Bertram), desempenharia papel de destaque na sociedade e na Igreja dos muitos países em que se estabeleceu. A iniciativa da AC, como ficaria conhecida, foi de um padre belga, Joseph Cardjin, que criou em 1924 a Juventude Operária Católica (JOC). No Brasil, a AC foi criada em 1934 no Rio de Janeiro, em ato solene conduzido pelo cardeal Leme, e seu primeiro presidente foi Alceu – que publicou, em 1935, *Pela Ação Católica* (Rio de Janeiro: Biblioteca Anchieta).

90. Irmã de Alceu.

para Mamãe! Tudo muito natural, sem dúvida! Mas ligado ao que eu pedi naquela manhã e ao meu estado de espírito... positivamente, tive um choque. Pela primeira vez uma mensagem do andar térreo atingiu em cheio o quarto andar e ficou tinindo por lá, chovendo pétalas de esperança, até terminar o concurso e eu chegar num terceiro lugar, muito distanciado e humilhado.

Fiquei pensando, enquanto não veio o resultado, as rosas pareciam ter sido uma promessa de vitória. Depois me pareceram... um consolo. "Você não tirou o concurso", pensei. "Mas não fique triste por isso. Aqui estou eu, aqui estão as minhas rosas, aqui está o meu sinal. *Aproveite a derrota*, mais do que aproveitaria a vitória".

Data daí, creio eu, uma compreensão mais profunda em mim do cristianismo como sendo uma *derrota contínua como sinal de vitória*. Ao contrário dos processos humanos, de procurar sempre a vitória como meio e como fim. Muito mais tarde, fui ver que Simone Weil[91] tinha tanto horror à vitória que no dia 11 de novembro de 1918, com a vitória dos aliados, fez-se *bolchevista*. Depois passou ao anarquismo e estava à beira do catolicismo, quando morreu. O Corção não gosta dela. Nem pode gostar... Mas eu gosto porque não sou cientista nem acredito em mim ou na inteligência como uma máquina infalível de pensar... Mas *that's another story*[92], as minhas coisas com o Corção.

Eis aí o caso das rosas, a única vez talvez (?) em que o andar lá de cima ouviu distintamente o que passou lá no térreo...

No mais, a casa tem mesmo quatro andares... Cada um deles tem vida própria. E o pobre do dono tem um trabalho danado de subir e descer a escada de serviço, do térreo ao primeiro e do primeiro ao segundo e do segundo ao terceiro, e do terceiro ao quarto, e descer de novo e... no entanto, não está cansado mas gostaria bem de instalar um elevador ou de alargar a escada.

Bom, basta de parábolas.

P.

---

91. Filósofa e escritora francesa (1909-1943). Após cursar uma prestigiada escola parisiense e ter estudado filosofia, fez-se operária numa fábrica de automóveis, deixou-a a fim de participar das Brigadas Internacionais na luta contra Franco e, voltando à França, tornou-se trabalhadora agrícola. De origem judaica, teve de deixar seu país em 1941, participando então da "França combatente" instalada em Londres sob a chefia de De Gaulle. Seus escritos, de forte ressonância místico-cristã (*La pesanteur et la grâce – A gravidade e a graça –*, *La connaissance surnaturelle* – O conhecimento sobrenatural – etc.), só foram publicados após a sua morte. Alceu, numa crônica consagrada a Weil, confessa a sua "fraternal simpatia" por ela e pelas pessoas da mesma têmpera espiritual (*in Companheiros de viagem*).

92. "Isso é outra história".

Nova York,
26 de janeiro de 1959

A notícia do dia é, naturalmente, o anúncio ontem feito em Roma, de um novo Concílio Ecumênico[93], o primeiro depois do Concílio Vaticano de 1869/70, que foi interrompido por causa da Guerra Franco-Prussiana e nunca mais reaberto. É, de certo modo, uma continuação daquele, já que o outro foi interrompido e não encerrado.

Confesso que a minha primeira reação não foi favorável. Mas preciso logo explicar que essa reação não é muito sadia já que nasce, não do objetivo declarado solenemente *e que é ótimo* (a reunião da Igreja Ocidental e provavelmente da Igreja Oriental Bizantina, separada desde 1054 – e adaptação do Código de Direito Canônico de 1917 a "novas necessidades", imagino que estas sejam a Ação Católica e o *status* do laicato, ainda muito sumário no código e que desde então é que se vem definindo), mas de uma pequena frase no meio do anúncio do futuro concílio de 1960 (provavelmente)[94]. Essa frase diz, no *Osservatore Romano,* que um dos objetivos desse novo concílio é o de: "Como supremo pastor da Igreja, ele (o santo padre, no discurso em que anunciou ontem a convocação do concílio) acentuou os perigos diariamente crescentes para a vida espiritual dos fiéis, especialmente *os erros que se estão infiltrando nas suas fileiras em vários pontos* e a atração imoderada pelos bens materiais que cresce cada vez mais com o advento do progresso técnico".

É a parte sublinhada dessa frase que me preocupa e onde sinto – espero que sem razão – o dedo "ottaviânico"...

Quem anda aos porcos, tudo lhe ronca. Sinto que a "Junta do Coice" quer aproveitar o mais possível o pontificado de João XXIII com medo de que venha de Milão[95] um Pio XIII, que continue a linha de Pio XII. E então aproveita a grande idéia de um Concílio Ecumênico para a possível aproximação das igrejas, para encaixar as suas ponderações ou mesmo aquilo que eu já lhe disse: um novo *Syllabus*, em 1964, centenário do de Pio IX. Queira Deus me engane e seja tudo apenas uma obsessão em torno de posições que, com Maritain à frente e contra a outra frente dos anti-Maritain, representa um dado capital em toda a minha vida. Esse fato de pensar em *nossa posição*, em *minha vida*, em *Maritain*, é que me levou a dizer que a primeira reação no caso pode bem não ter sido "a melhor" (como se diz que geralmente é) por

93. Em 25 de janeiro de 1959, em alocução aos cardeais, João XXIII assim se expressou: "Tremendo de emoção, humildemente, mas com firmeza de propósito, anunciamos-lhes a dupla decisão de celebrar um Sínodo Diocesano em Roma e um Concílio Ecumênico, na Igreja universal. Não é preciso que lhes dê, diletos filhos, grandes e abundantes justificativas da significação histórica e jurídica que virão a ter, quando realizados, esses dois acontecimentos".

94. A convocação oficial seria feita em 25 de dezembro de 1961, e a abertura solene do concílio dar-se-ia em 11 de outubro de 1962, após quase quatro anos de preparação. Ao convocá-lo, o papa deu-lhe também a designação oficial: "Concílio Ecumênico Vaticano II"; desde então, o concílio de 1870 ou "do Vaticano", passou a ser designado "Vaticano I".

95. Alusão ao arcebispo Montini, de Milão.

ser inspirada em motivos *selfish*[96], como se diz por aqui...

O que nos deve inspirar – em coisas altas e grandes como esta de um Concílio Ecumênico que será o 21º na História – é apenas o amor da verdade e nunca o temor de ver *nossas posições* confirmadas ou rebatidas. Temos de crer que em assembléias como esta, em que se vão reunir mais de 1.800 bispos de todo o mundo católico, *só a verdade prevalecerá*! Mesmo que o dedo de uma facção tenha entrado em algum momento, o resultado final bem sabemos que tem de ser inspirado pelo Espírito Santo. Basta nos lembrarmos na oposição que houve, por parte de bispos, no Concílio Vaticano, à definição do dogma da infalibilidade. E de como Santo Tomás de Aquino[97] não aceitava, em seus escritos, o futuro dogma da Imaculada Conceição!

É por isso que não gostei da minha primeira impressão. E se lhe comunico isto é porque você tem o dever de estar a par dos meus movimentos interiores para saber como este seu pai é vacilante e não merece tudo o que você pensa e diz dele. É um pobre homem, como outro qualquer, em busca da verdade, *en gémissant*, como queria Pascal[98], e que simpatiza mais com os que *procuram*, mesmo que estejam errados, do que com os que *acharam*, mesmo que estejam certos (v. o catatau *Homo viator)*. Tenho horror dos homens sem dúvidas, sem inquietações, sem procuras, certos de tudo, infalíveis, dogmáticos, condenadores dos fracos, dos inovadores, dos hesitantes, dos complexos, e que representam a eterna família dos fariseus. Tenho mais horror do farisaísmo do que do ateísmo. Imagine você se esta frase cai nos ouvidos dos nossos implacáveis censores...

Ainda ontem à noite, como todos os domingos às 10 da noite, fomos ouvir na TV o Fulton Sheen[99]. Falava sobre o humanismo e com tanto ódio intelectual, com tanta violência, com tanta certeza, com tantos gestos patéticos, que ficou tão feio, tão feio e tão antipático que compreendi a decepção que tive em 1951 quando fui visitá-lo aqui, com A., como primeiro encontro que tive com americanos importantes, antes mesmo de ir para Washington assumir o meu posto. Escrevi então, na *Tribuna da Imprensa*, um ou dois artigos que causaram escândalo, dizendo como fui a Fulton Sheen – o homem que no seu livro *God and intelligence* tinha dado o empurrão final para que eu caísse dentro do lago católico, e achei um homem tão... capitão-de-navio, tão cortante, tão militarizado, tão seguro de si, que me deu logo vontade de nunca mais me aproximar dos grandes homens.

Essa frase que de vez em quando repito – que os grandes homens devem ser vistos de longe e não de perto – vem muito da decepção que tive ao aproximar-me de

---

96. "Egoístas".

97. Dominicano (1227-1274), nascido na Itália, teólogo e filósofo, criou uma doutrina de inspiração aristotélica que diz que Deus é a causa de tudo, mas não age diretamente nos fatos da criação. O chamado tomismo (retomado, entre outros, por Jacques Maritain) não vê conflito entre razão e fé: a filosofia aristotélica é independente do dogma, mas existe em harmonia com ele.

98. Ver *Pensées*, frag. 421: "[...] *je ne puis approuver que ceux qui cherchent en gémissant*" ("só posso aprovar aqueles que gemendo procuram").

99. Nascido Peter Sheen. Bispo-auxiliar de Nova York (1895-1979), famoso por suas apresentações televisivas, e escritor. Alguns de seus livros, como *Verdades essenciais*, foram traduzidos para o português. O nome do livro a que Alceu se refere quer dizer "Deus e inteligência".

Fulton Sheen (e de Claudel[100] também). Ao contrário, aliás, do que me ocorreu com Maritain ou com Thomas Merton[101], o que mostra que é difícil generalizar. Se nunca fiz questão (a não ser um dia) de me aproximar de Mauriac, foi por isso. E quando o padre O'Reilly me disse que queria levar-me ao cardeal Spellman[102], no fundo do peito pensei: "Não faço questão nenhuma". Embora quem sabe lá o contrário se produzisse... Pois não seria aproximar-me de um grande homem mas de um homem medíocre com grande fama... Talvez mudasse de opinião...

Eis aí o que me inspira essa grande notícia do novo concílio. Está se vendo que o nosso bom Joãozinho, que nós julgávamos apenas um pique, está começando a botar as manguinhas de fora e está longe de querer ser apenas um parêntese. Já saiu dez ou 12 vezes do Vaticano. É provável mesmo que vá ao Brasil, para justificar Malaquias... E agora vai continuar o que Pio IX começou.

Peçamos ao Espírito Santo que o inspire e que os erros a condenar sejam realmente erros contra a verdade, mesmo que sejam os nossos, os meus, e que tenhamos de abandonar posições queridas e julgadas certas. De qualquer maneira, essa atmosfera de insegurança e de ameaça é a pior possível e a vejo muito ligada a esse prazer sadístico do anátema que está na alma de um bispo de Campos[103], de um Plínio Corrêa de Oliveira[104], de um Mesquita Pimentel[105], de um Ottaviani, que abandonam com gosto todo o rebanho, não para reconduzir ao aprisco a ovelha perdida mas para... matá-la! Deus me perdoe se estou fazendo mau juízo. Os inquisidores também mataram os hereges para lhes salvar as almas, como o Fidel Castro hoje, e depois de uma campanha heróica e vitoriosa contra o ditador Batista, mata os pequenos (os oficiais e policiais que cometerem atrocidades por ordem dos grandes), já que não pode

100. Paul Claudel (1868-1955), poeta e dramaturgo francês, convertido ao catolicismo no natal de 1886, quando de uma visita à catedral Notre-Dame de Paris. Diplomata, foi ministro plenipotenciário da França no Rio de Janeiro nos idos de 1910. Alceu, que o tinha como "o poeta católico do século [XX]", fez-lhe uma visita em Paris, no ano de 1950, e consagrou-lhe uma crônica no ano de sua morte.

101. Escritor e poeta norte-americano (1915-1968). Após sua conversão ao catolicismo, tornou-se monge trapista. Alceu iria traduzir mais tarde alguns de seus livros, como *Diário secular* (1961), e *Ofensiva de paz* (1965) e prefaciar outros.

102. Francis Joseph Spellman (1889-1967), arcebispo de Nova York desde 1939, criado cardeal em 1946.

103. Dom Antônio de Castro Mayer, nascido em 1904, bispo-coadjutor e em seguida arcebispo de Campos, Rio de Janeiro, de 1949 a 1981. Em 1960, foi um dos co-autores, juntamente com Plínio Corrêa de Oliveira, d. Geraldo de Proença Sigaud e Luiz Mendonça de Freitas, de um livro que se tornou emblemático da ultra-reação católica: *Reforma agrária – Questão de consciência*. Seria também um dos mais ferrenhos opositores às idéias e determinações do Concílio Vaticano II. Seu radicalismo nessa reação chegou a tal ponto que até mesmo o movimento Tradição, Família e Propriedade, dirigido por Plínio Corrêa de Oliveira, preferiu afastar-se dele. Dom Castro Mayer, tendo sido co-concelebrante de uma ordenação episcopal presidida pelo bispo d. Lefebvre, considerada cismática pela Santa Sé, incorreria em excomunhão em 1988. Morreu em 1991.

104. Em 1929, foi um dos promotores em São Paulo da Ação Universitária Católica (AUC) que precedeu, embora não exatamente no mesmo espírito, a Ação Católica Universitária (ACU). Naquele período, aproximou-se de Alceu. Da AUC passou à ACU, mas a ruptura não tardaria: em 1943, publicou um livro por antífrase intitulado *Em defesa da Ação Católica*. Para ele – e até hoje seus sequazes apregoam a mesma idéia –, o "progressismo" cristão começou no Brasil com o ato solene, presidido por d. Leme, criando a Ação Católica.

105. Ascânio da Mesquita Pimentel (1893-1978), escritor católico. Trabalhou na editora Vozes e foi um dos fundadores da Faculdade de Direito de Petrópolis, onde vivia. No campo da intelectualidade religiosa, divergia de Alceu – com quem, no entanto, se reconciliaria no fim da vida.

pegar os grandes. A sede de represália, de sangue, de vingança, de julgamento, continua até hoje.

P.

Nova York,
27 de janeiro de 1959

Hoje o jornal dá o plano dos *subways* daqui serem em breve dirigidos sem motorneiro. "É como um elevador automático horizontal em vez de vertical"! A comparação é fácil demais! Imagine você mil elevadores se cruzando ou se mudando todos por botão... Ainda há dias aplicaram um serviço automático aqui, para pagamentos no fim do mês, uma estrada de ferro. Foi uma tal *mess*[106] que tiveram de voltar ao processo antigo. O que não quer dizer que não seja possível, como foi possível o elevador por botão, e as viagens noturnas de avião, etc. Temos mesmo de nos ajeitar com esta era de "automação" e procurar que o homem não vire poeira ou peça de máquina. Poeira é bom que vire pois é mesmo a nossa primeira natureza... Mas peça de máquina...

[...]

Notícias do ecumênico hoje é que não se realizará senão em 1961. Os protestantes mais fanáticos já disseram *não*, peremptoriamente. Os moderados, anglicanos e luteranos, olham com simpatia. Os ortodoxos livres (no exílio) dizem: "Vamos sentar pra discutir, à maneira bem oriental". Os que estão sob a pata dos partidos comunas nem piam. E se piarem será para dizer injúrias. Mas na realidade, um concílio não visa principalmente a reconciliar diferenças externas, mas a rever a posição interna da Igreja. Ou, pelo menos, as coisas externas quando expressamente visadas. No caso, realmente, o papa falou logo em "reunião" com os dissidentes mas visou sobretudo, creio eu, ao Oriente. E isso é um *bom sinal*. Ele viu longe e a sua experiência nos Bálcãs[107] vai ajudá-lo muito. Nesse ponto, sim, está na grande linha. Deixa de querer fazer novos *syllabus* ou de pretender reconciliar os fanáticos – presbiterianos ou batistas. Eles que cuidem de si. Mas o Oriente e a África, eis o grande horizonte do mundo de amanhã. E a *presença* da Igreja ali é que é o tremendo problema.

P.

---

106. "Bagunça".

107. Alceu refere-se provavelmente àquela parte da carreira diplomática de Roncalli como visitador e depois delegado apostólico da Santa Sé na Bulgária e Turquia, entre os anos 20 e 30 do século XX.

Nova York,
28 de janeiro de 1959

Não há dúvida de que, no momento, as quartas-feiras são dias de *relax*. Mas na verdade só há bom *relax* (como traduzir bem a palavra? Descanso, desafogo, despreocupação, repouso, intervalo, distensão, relaxamento, respirar, soprar? Esses e outros termos não me ajudam e não me dão a impressão de dizer a mesma coisa que *relax*, que é como que um *espreguiçar*, como se faz depois do sono da noite, ou quando nos levantamos de uma posição constrangida por muito tempo e *acabamos a tensão*). Só há bom *relax* quando o espírito está, ou, antes, ficou satisfeito com a tensão e nesse caso é necessária uma dupla satisfação: a supressão da tensão e a satisfação com ela... Quando acabamos de dormir mas dormimos mal, o *relax* não é completo. Só o é quando o sono foi bom e... acabou. Aí sim, o espreguiçamento é realmente uma *distensão*. Senão a tensão continua, apenas aliviada de um dos lados – por ter terminado a tensão.

Tanta palavra perdida para dizer apenas que... não gostei da minha aula de ontem e muito menos da de inglês (o ensaio). Senti que estou fazendo cera (isto é, esticando demais e com isso repetindo o assunto: basta dizer que ainda estou no ponto que, pelos meus cálculos de bordo, devia ter terminado em novembro) e além disso pisando em terreno pouco firme, dando em aula coisas lidas na véspera (assunto econômico) e por isso não vindo cá de dentro. De modo que não senti de modo algum um *relax* semelhante ao de outras aulas e creio mesmo a anterior ou a outra, quando Mamãe voltou a ir e aí sim senti positivamente um momento de absoluta *descompressão...*

Ontem não. Saí da aula sem alegria, a não ser fisicamente. Pois ao entrar, às quatro, quando me lembrei de que só às 10 da noite sairia, senti um "cansaço"... que até parecia mesmo *cansaço*.

P.

Nova York,
29 de janeiro de 1959

Ontem, depois que te escrevi, naquele estado cinzento de espírito, tomei o remédio que em geral me faz bem nessa situação de má digestão cerebral: *escrever*. Em lugar de trabalhar (isto é, preparar alguma coisa preestabelecida), fui escrever, isto é, entrar por um caminho desconhecido, passear no jardim e olhar pras estrelas, cantar... Foi o que fiz e, como sempre, me dei muito bem. Pouco depois já estava com a cabeça desanuviada, como se tivesse tomado uma *magnésia intelectual* em vez de estomacal ou intestinal. E a cabeça melhorou (e quando digo cabeça, não se trata de dor de cabeça mas de cabeça chateada...). Pra mim esse é sempre o melhor remédio! Planejei quatro artigos dos quais escrevi um e meio e só não acabei o segundo porque fui comprar um livro com P. E como fomos de ônibus demorou muito a viagem pois ônibus aqui é carroça e só o *subway* é que caminha rápido.

[...]

Estive lendo a notícia sobre o 21º Congresso Comunista em Moscou. Que tremenda força! E que euforia de donos do mundo! Como enfrentar essa avalanche? Eis o terrível problema número 1 de nossos tempos!

Bom, tchau!

P.

Nova York,
31 de janeiro de 1959

Não é comum que os jornais forneçam matéria para rir e por isso quero contar o que acabo de ler e me faz vir rindo para esta gostosura cotidiana da conversa com a minha menina, não entre grades a dois passos de distância, mas entre continentes e 10.000 milhas...

O jornal conta que o mais velho senador, com 91 anos, que era presidente da Comissão de Relações Exteriores, renunciou. E então conta um dos casos que aconteceram com ele. Como presidente da Comissão de Relações Exteriores, tinha todos os dias uma porção de recepções a que comparecer. Estava em uma delas, consultando o seu caderninho de compromissos (um pouco maior que o meu) quando a dona da casa se aproxima e lhe pergunta: "O senhor está consultando para onde tem de ir ao sair daqui, não é mesmo?" "Não, senhora", respondeu o velho senador, "eu estou verificando *onde estou*!" Não é esbaldante? As melhores anedotas são sempre as *reais*. Ele também disse ao repórter, explicando a sua renúncia à presidência dessa comissão: "Estou cansado de fazer todos os dias só o que tenho de fazer. Quero ter tempo agora para fazer o que não sou obrigado a fazer". E com 91 anos, depois de ter sido uma criança doentíssima, além de ser um solteirão – parece um homem de 50 no máximo!

Mas sabe de onde estou chegando? Da nossa igrejinha de Saint Joseph onde fui à missa das 8. Na missa olhei para um rapazinho e me lembrei de Thomas Merton, cujo *Secular journal* foi escrito em 1941, logo depois de sua conversão, e que, ao entrar para o mosteiro, ele deu a uma baronesa russa[108] exilada que há 40 anos vive aqui como operária e fundou asilos para pobres, chamados Friendship Houses, e que ela agora publica com um prefácio dele. Nesse prefácio ele conta que escreveu algumas dessas

108. Catherine Doherty (1896-1985), russa de origem aristocrática, deixou seu país após a revolução soviética e, em 1938, abriu no Harlem, em Nova York, a primeira Friendship House norte-americana.

notas no Greenwich Village, em Paris Street, que é ali pertinho de Saint Joseph. De modo que era nessa data e certamente naquela igreja que ele ia à missa todos os dias, pois, recém-convertido, é provável que fosse à missa todos os dias.

[...]

Olhei para o rapazinho e fiquei pensando que poderia estar ali um outro Merton (no livro há um retrato dele na época). Ou pelo menos uma imagem do que apenas há 18 anos teria sido a presença dele naquela igrejinha, que tanto bem me fez e me recebeu com tanto carinho nos primeiros dias da adaptação e do período mausoléu[109].

E fiquei então matutando um vago projeto que provavelmente ficará só nessas linhas, o de passar dois ou três dias da Semana Santa na Abadia de Gethsemani. Poder rever esse homem que é para mim o primeiro dos americanos. Pois cada vez gosto menos do Sheen... E o Stevenson agora será o segundo.

P.

A bordo do *Del Norte*, 17 de julho de 1959

Ontem acabou aquele tipo de bloco amarelinho em que por tantos meses te escrevi e que lembrava o de 1951/53, lembra-se? Outro laço que se desata com a temporada 58/59, que já está de novo no mesmo escaninho do passado próximo, como a de 51/53 ou como as duas temporadas de 54, e quem sabe se, com elas, encerrando definitivamente o ciclo das viagens que começou com a nossa ida à Argentina, em agosto de 1949, e talvez termine agora, dez anos mais tarde. Quisera bem que não. E peço a Deus que não pois você bem sabe que tenho bicho-carpinteiro e ontem à noite discordamos, Mamãe e eu, o que raramente sucede e só ocorre mesmo em torno de nossa discordância congênita: Mamãe naturalmente estática e eu naturalmente dinâmico. Mamãe doida por não se mover e ficar no Rio, ou em Petrópolis (de preferência) ou em São Paulo. Mas ficar para remexer à vontade os seus guardados e arrumar à vontade a sua casa; e eu sempre girovago, gostando demais de não esquentar lugar.

Ontem o trabalho rendeu menos e não duvido que hoje ainda dê menos, pois a leseira de bordo é um fato e este pequeno balanço contínuo, com o mesmo barulho monótono, e a maresia que sem se sentir vai penetrando na pele, tudo concorre para este estado de sonolência que você bem sabe. Ou então essas "matracas" que, como agora estou ouvindo – a mulher de um dos três pastores que fala português como uma brasileira 100% – que, falando, falando, falando, também concorrem para essa atmosfera de chateação monótona que entibia as faculdades inventivas e não deixa aproveitar os longos momentos de folga que no Rio... lamentarei tanto, esquecendo

109. Era assim que Alceu se referia à União Pan-Americana, em Washington, onde trabalhou entre 1951 e 1953.

as outras circunstâncias e só me lembrando dos telefones e das chateações e dos trabalhos que me... impedem de trabalhar. De tudo o que fica é sempre o mesmo ramerrão: só trabalho bem em São Lourenço.

Como fala essa matraca!

O trabalho de ontem foi uma croniqueta, já nem me lembro sobre o quê, o que mostra que deve ter sido bem medíocre (como fala a matraca da pastora! Dirá ela que no salão grande não há obrigação nenhuma de silêncio e como não tem nada que fazer fica aí chateando os outros, chateando, chateando, repetindo, repetindo, repetindo como um disco quebrado que volta sempre ao mesmo som, ao mesmo som, ao mesmo som, oh chateação!!!).

Lá está ela, como toda boa americana, contando sua vida toda a outra velhota que encontrou pela primeira vez. Mas os americanos são terrivelmente extrovertidos e não sabem se encontrar, principalmente as mulheres, sem contarem logo, minuciosamente, toda a sua vida. Meu Deus, que ranzinzação, essa voz igual, igual, igual (ela não é antipática, ao contrário, mas se fosse muda como seria tão mais simpática!!).

O outro trabalho foi metade de um artigo, o segundo da série do *Inconformismo*, que acho ficará nisso, pois não me dá vontade de continuar (ah, parece que a matraca vai partir. Partiu. Que alívio!). Já acho que vou ao menos ao terceiro artigo da série. Ah, como é chato ouvir uma mulher – pior que ouvir um homem, por causa da voz fina – falar, falar, por minutos seguidos, sempre no mesmo tom, sem parar, sem vírgulas, sem dizer senão a mesma coisa, sua vida, a vida do marido, a vida dos filhos, como um círculo vicioso... Felizmente calou. E foi amolar em outra freguesia.

Dirá você... está na hora de irmos para Paris, em 1900...

Fomos num vapor alemão, o *Ipiranga*. A bordo, que me lembre, de conhecida ia a família Hasselmann, os avós do único *défroqué*[110] da turma dos doutores e monges. Era composta do velho, tipo típico do alemão, velho, baixo, gordo, de barba meio ruiva, ricaço e diretor – creio eu – da Sul América. A senhora, pesadona, bonachona, pastelona. A filha, que se ligou muito a Carmen e que mais tarde se casou com um inglês (Duff) e morreu há poucos anos, ainda com o sobrinho no convento. E um rapaz, o Ângelo, que andou um pouco comigo por Paris e tirou aqueles retratos meus nas Tulherias ou olhando o Sena, de jaquetão, que estão no álbum, mesmo um dele comigo.

Éramos conhecidos desde que ambos fomos alunos do Goldschmidt, o infeliz pintor e desenhista que me dava lições de... caligrafia... na casa de Dindinho[111] e que até poucos anos atrás eu via pela avenida Rio Branco, muito alto, muito parecido com um nobre dos quadros de Van Dyck, barbicha em pêra, muito míope, sempre de preto, sobraçando uns desenhos, sobretudo uma figura de Cristo que refazia sempre

110. Termo francês para designar quem deixa o estado religioso e/ou sacerdotal. Alceu faz alusão ao dominicano carioca frei Sebastião Hasselmann, que "deixou o hábito". A "turma dos doutores e monges" designa um grupo de jovens intelectuais que, nos idos de 1930, ingressaram na ordem dominicana e na ordem beneditina.

111. Antônio Martins Marinhas, padrinho de Alceu.

e de que vivia pobremente. Mais de uma vez foi ao meu escritório na Cometa para vender essa gravura e não sei por onde andou depois. Era emérito nas miniaturas, no bico de pena, falava com certo sotaque alemão e passou pela vida como um desses muitos artistas fracassados e triturados pela vida, melancolicamente, sem talento criador mas com muito talento para a arte bem feita, para a pequena arte, para o ensino, mas sem proteção, jogado de aluno a aluno, na ânsia de ganhar o pão de cada dia, sem emprego certo. Nunca lhe soube nada da vida íntima. Que drama obscuro e silencioso deve ter sido, pois, ao contrário das matracas extrovertidas, vivia para dentro de si mesmo, afundando cada vez mais no seu poço de melancolia... Nunca ouvi ninguém citar o nome dele. Viverá ainda na memória de alguma esposa que lhe tenha sobrevivido, de algum filho que nunca me disse se tinha, de algum discípulo como eu, ou então, como autor anônimo de uns Cristos que devem andar pelos antiquários de gravuras ou por algumas casas de subúrbios e de que o dono dirá: "É bonito, não é? Que bela expressão de doçura nos olhos, não é mesmo? De quem é? Não sei, não leio bem a assinatura. Tem um "G" no princípio e mais algumas letras. Griffith? Goldfish? Quem sabe lá"...

Depois de Paris nunca mais me aproximei do Ângelo Hasselmann. Vi-o no Rio muitas vezes, acompanhado de uma mulher-fantasma, muito pálida. Disseram-me, disse-me sobretudo o sobrinho, ainda de hábito branco, que ele deu para drogas, para cocaína e um dia pediu que eu fosse vê-lo na Casa de Saúde São José onde fora recolhido para se operar de um câncer no fígado, intoxicado de drogas. Lá fui. Um cadáver. Mas ainda falando bem e reconhecendo-me, já de volta a Deus pelas mãos do sobrinho ou pelas mãos da morte próxima. Recordamos um pouco o passado. Não muito. Havia muita distância entre nossos caminhos. As recordações em comum eram poucas, ele sempre fora meio esquisito. Fazia coleção de lápis... Só disso é que me lembro. Outra sombra que se apagou, do passado.

[...]

Alguém está tocando o *Rêve d'amour*, de Liszt, que está ligado a um episódio da minha vida, em 1915, que também termina uma era – a era 1912/1914 e um noivado fracassado com uma moça argentina, Nelly McKinlay. Esta fazia parte do grupo das "argentinas" do Majestic, em 1913, que foram as minhas *jeunes filles en fleur* [112] do fim da *belle époque*, antes da guerra, do Itamaraty e do encontro com Mamãe...

Mas se me antecipei a essa fase 1912/1914 é que a música é uma incomparável evocadora do passado e o *Rêve d'amour*, de Liszt, e agora a *Polonaise*, de Chopin[113], me levam para esse último período da minha mocidade que foi também o fim do século XIX e da *belle époque*.

Espero voltar a eles, mesmo sem o acompanhamento estimulante da música. O amador que toca não é de todo mau. E sobretudo não se mostra. Agora está tocando

112. "Mocinhas em flor": referência ao livro *À sombra das raparigas em flor*, um dos títulos que compõem a obra *Em busca do tempo perdido*, do francês Marcel Proust (1871-1922).

113. Franz Liszt (1811-1886), húngaro; Fréderic Chopin (1818-1849), polonês.

um noturno de Chopin que eu tocava na praia de Botafogo em 1917 enquanto pensava no passeio pela rua São Clemente às 6 horas para ver a princesa no alto de sua torre feudal, com seu laço preto de menina nos cabelos. Ah, saudades dos tempos idos! Ah, "música, doce música!", como disse Mário de Andrade[114]. Ah, música, música, por que não fiquei fiel às lições de Nepomuceno[115] e poderia agora estar fazendo ali no piano o mesmo que o americano – sendo um instrumento de paz, e de satisfação, e de harmonia para os outros (lá vem a *Sonata ao luar*) em vez de ser este casmurrão que só pensa em si, nos seus artigos, nas suas crônicas, numa avareza que Deus pune e na dúvida sobre se aplica-se a si mesmo a sentença de São Paulo ainda há pouco lida: *Radix malorum omnuim est cupiditas*[116].

Alguém fala em *avaritia*[117]. Santo Tomás em egoísmo. Tudo no fundo é o mesmo mal: o egocentrismo e não o teocentrismo, de que o alterocentrismo é uma forma. Ah, música, cruel música que tantos remorsos evoca, de um caminho não seguido, de uma infidelidade ao piano de que não me perdôo. Por que não continuei fiel? Por que deixei morrer em mim o pouco que o Nepomuceno acordou? E ficou apenas a paixão de ouvir, de ouvir, de me deixar embeber pela mais perfeita, a mais nobre, a mais alta, a mais divina mas também a mais cruel das artes, a que nos faz ver a nós mesmos como realmente somos, em nossa nudez, em nossa miséria, em nosso nada, pois a música é a grande dispersora da personalidade. Ela nos absorve. Ela nos toma nos braços. Ela nos embebeda. É uma Circe, uma feiticeira. Faz de nós o que quer. Somos uns frangalhos em suas mãos de fada má ou de anjo bom. Leva-nos indistintamente ao céu ou ao inferno, e sempre a uma espécie de dissolução da personalidade, a um estado de nirvanismo que é delicioso mas nos anula, nos reduz apenas a um elemento musical, a um som entre os sons, e enlouquece o próprio lápis-tinta que sucedeu à canetinha por falta de tinta e que, ele mesmo, se sentiu rodopiar nas mãos da feiticeira e de tão tonto que ficou já não sabe onde está nem o que quer. E agora que a música cessou é que pouco a pouco volta a si da vertigem para olhar em torno e verificar onde está, em que ano está, se já acabou com 1909.

[...]

E com isso acabavam as férias européias, e o rapaz, já *marcado* pelo Velho Mundo, voltava pelo *Araguaia* para começar uma nova etapa: a da mocidade. A da adolescência ficara à beira do Sena, do Reno, do Danúbio, dos velhos rios da Europa.

P.

---

114. Título de um dos livros (1933) do escritor paulista Mário Raul de Morais Andrade (1893-1945).

115. Alberto Nepomuceno (1864-1920), compositor e regente brasileiro.

116. Da Primeira carta de São Paulo a Timóteo 6, 10 : "A raiz de todos os males é o amor ao dinheiro", na tradução brasileira dita da Bíblia de Jerusalém.

117. "Avareza".

Del Norte, 18 de julho de 1959

Hoje de manhã, e durante toda a noite, o vapor jogou muito. Estamos diante do Ceará e dos seus "verdes mares bravios", que aqui a cem milhas da costa não são verdes e sim azuis, mas continuam bravios e fazendo com que Mamãe não pregasse o olho a noite inteira e hoje há gente de novo enjoada, como você estaria, e muito, se aqui estivesse, pois hoje, sim, o horizonte oscila de uns 20 ou 30 graus no mínimo.

A notícia do dia, captada pelo rádio, é que o Fidel Castro teria renunciado e deixado Havana. O presidente *in nomine* teria declarado "não aceitar a renúncia" e o Partido Comunista teria pedido a formação de um "verdadeiro governo revolucionário", o que mostra a sua importância e a existência de dois perigos: ou a volta do Batista ou a intervenção dos Estados Unidos ou da OEA, sob pretexto de "perigo iminente de um golpe comunista", como se deu na Guatemala.

É agora que se vai ver se Fidel Castro é mesmo um estadista ou um simples "meninão", como me disse o Gainza Paz[118] ter sido sua impressão da entrevista que com ele manteve. No meu artigo *As três revoluções*, escrito há três dias, eu digo que "a revolução cubana continua um mistério". Será que o mistério se dissipará antes de chegarmos ao Rio e já terei de mudar o artigo ou escrever um adendo? Nada do que nele escrevi é desmentido por esses golpes de teatro de Fidel Castro. É, como eu o chamo, "o último dos bolivarianos", isto é, dos heróis românticos, que se deixam levar pelo seu temperamento e não por sua razão. E como os comunistas são heróis realistas, facilmente derrotam os heróis românticos, que estão desarmados diante da frieza calculista dos comunistas, industriados por revolucionários profissionais e manejados por Moscou. É o momento crucial da revolução cubana: ou Fidel Castro se mostra agora um chefe ou então sua revolução será um lamentável fracasso. Não creio que sejam, nesse caso, os comunistas que tomem conta do poder e sim uma intervenção estrangeira: ou diretamente dos Estados Unidos ou diretamente da OEA apoiada militarmente pelos Estados Unidos. De qualquer maneira, será o fracasso imediato da "mais bela revolução do mundo", como romanticamente disse Fidel Castro a Gainza Paz que iria fazer. Terá sido apenas um bom guerrilheiro e um mau chefe de Estado, como aliás começou a ser, quando permitiu que a sua vitória mergulhasse num mar de sangue? Talvez já seja tarde para impedir que as conseqüências do mar de sangue liquidem, prematuramente, com o idealismo romântico do chefe dos barbudos, mostrando que já não há lugar no século XX para uma revolução do tipo século XIX.

Se ele, Fidel Castro, não tomar a sua revolução nas mãos, ela estará liquidada. E infelizmente, ao que parece, ele é muito mais um "meninão" do que um chefe de Estado. Assim, aliás, é que me pareceu nas suas entrevistas pela TV, desde a primeira,

---

118. Alberto Gainza Paz (1899-1977), jornalista argentino, ex-diretor do diário *La Prensa*.

na própria Havana, até as que deu em NY. Em todas falava demais e para dizer uma série de lugares-comuns, que não anunciavam nada de bom. Mais uma vez, o sangue chama o sangue e não constrói nada, quando é o sangue do ódio e da vingança. O único sangue redentor é o do Inocente, à imagem do Sagrado Sangue da Cruz Redentora. Foi isso o que esse último romântico não quis ver e com isso levará, possivelmente, para a destruição uma revolução que foi realmente popular, apoiada pelo povo, desde a ralé das ruas até o cardeal Arteaga[119], que ainda há dias dava o seu beneplácito à reforma agrária, de tipo distributista, mas feita perigosamente, isto é, *por decreto* e sem nenhuma consideração pela realidade dos fatos. No Brasil, esse modo de proceder custou a vida ao regime monárquico. Custará em Cuba a vida à revolução fidelista? Abrindo caminho de volta à ditadura ou ao comunismo ou à intervenção estrangeira?

Eis o mistério que talvez os próximos dias já possam decifrar. Trata-se de saber em que mãos estão as Forças Armadas, que são sempre a última palavra nas revoluções, pois afinal têm as armas nas mãos. O ex-chefe da Aviação declarou, nos Estados Unidos, que foram os "comunistas" que tomaram conta da Aviação, com um tal de Almeida. Se assim for, trata-se de saber se o Raul Castro, irmão do Fidel, que é o chefe do Exército, é realmente "simpatizante" do Partido Comunista, como dizem, ou não. Disso é que dependerá amanhã o destino do "fidelismo", que começou com a marcha triunfal, aclamada pelo povo real, de Sierra Maestra até Havana, e que poderá acabar, ingloriamente, por uma intervenção estrangeira, pois não creio que uma vitória das Forças Armadas comunistas fosse de alguma duração. Provocaria a guerra civil e acima disso: ou a volta da ditadura ou a intervenção dos Estados Unidos ou da OEA.

Mas já basta de chatear você com coisas políticas. É que estas cartas afinal são um reflexo diário dos meus pensamentos e estes são também políticos embora como "espectador", na terminologia do ator...

Ainda ontem, uma mocinha americana se destacou do grupo dos *teenagers* à noite para me perguntar: "*Mister, I cannot stop my curiosity: are you writing a book?*"[120], já que me vêem quase sempre sentado, escrevendo, e não participando dos jogos e do *farniente* turístico da banda que enche todos os navios de passageiros, de tipo *tour* como estes da Moore McCormack ou da Delta Line. E eu tive vontade de responder: "*I am writing my memoirs*"[121], o que não seria falso. Mas preferi dizer o que é mais exato: escrevo artigos para os dois jornais em que colaboro. "*On what subject?*"[122], continuou a curiosidade da jovem adolescente (cujo pai vai fundar, em Buenos Aires, uma fábrica) quando soube desta cinzentinha e das seis horas sem trocar a tinta da caneta do concurso de 1947, há portanto 12 anos, em que ela continua

119. Manuel Arteaga y Betancourt (1879-1963), arcebispo de Havana a partir de 1942, criado cardeal – o primeiro de Cuba – em 1946.

120. "Senhor, não consigo controlar minha curiosidade: está escrevendo um livro?"

121. "Estou escrevendo minhas memórias".

122. "Sobre que assunto?".

em serviço diário e quase contínuo. O que não lhe contei, pois isso não entenderia, é que a cinzentinha é que pensa por mim e me leva geralmente pelo cabresto... E assim, algum tempo depois, a menina travessa mas sinceramente curiosa (é menina mesmo – jovem como o pequeno grupo dos *teenagers* daqui de bordo, que em nada se compara com aquele exército orgiástico e furioso do navio que nos levou pelo Hudson acima, até Poughkipsie) se juntou ao grupo dos bridgeiros e acabou-se o silêncio. Pensei que o *frio* da refrigeração exagerada os assustasse mas esses bichanos não sentem nada e berram como uns desesperados, posando para um do *party*, ou para uma, que vai tirar – e já tirou – um *flash* lá em Oklahoma ou em Minnesota, quando voltar do *tour* de férias à South America.

Que respondi eu à menina curiosa, quando me perguntou, de novo: "*Excuse me, sir, what do you think while you walk?*"[123] – pergunta esta bem tipicamente *teenager*, não? E eu respondi o que já te tenho respondido sobre o prá-cá-prá-lá de São Lourenço: "*Do you know those medicines when it is written that you must shake before using them? Well what I am doing is to shake my ideas before writing them*"[124]. E ela saiu correndo, bem meninescamente, para contar aos outros *teenagers*, americanos e uruguaios, que esperavam pela resposta.

Dirá você agora, basta de presente, político ou não, vamos ao passado, vamos a 1909...

Estávamos então, de volta, pelo *Araguaia*, e logo que chegamos fomos, creio eu, não estou bem seguro, para a mesma Pensão Educadora, que era perto da casa do meu padrinho, cuja morte, já te disse, nos fora anunciada só na véspera da chegada ao Rio, por papai, que guardara para si, e nem mesmo para minha mãe, a notícia, recebida em Paris, pois ele faleceu a 8 de setembro e nós voltamos em outubro. Foi um choque terrível para mim. Mas não tanto quanto devia ser. A adolescência ainda está muito próxima da idade *sans pitié*[125], embora já possua de si um romantismo estranho completamente à infância.

Fomos então para a Pensão Educadora onde – e é isso um ponto a marcar – aconteceu o meu primeiro encontro com Mamãe! Acho que já te contei isso. Confesso que não estou muito claro a respeito. Nem me lembro bem se o encontro foi em 1909, de volta da Europa, ou no fim de 1908, quando os Faria, Mamãe inclusive, eles mesmos haviam voltado da Europa. Estou inclinado a crer que o encontro foi em 1908 e que em 1909 já os Faria estavam instalados na casa onde moravam vovó Viscondessa e tio Cipriano, na esquina da Marquês de Abrantes com São Salvador. Seja como for, de Mamãe só tenho idéia vaga de *duas meninotas*, ou três – Mamãe, tia Lúcia e Dudu – a que o menino em vias de terminar os seus estudos ginasiais não dava a mínima importância. Eu dava importância era a

123. "Perdoe-me, senhor, mas em que pensa quando está caminhando?".

124. Refere-se às caminhadas no pátio da fazenda São Lourenço, após o jantar. A frase em inglês é: "Já ouviu falar daqueles remédios de que se diz que é preciso agitar antes de usar? Pois bem, estou agitando minhas idéias antes de escrevê-las".

125. "Impiedosa".

Albertinho e Chiquita[126], os dois taludos. Não sei como conheci Albertinho, mas foi o primeiro que conheci, não sei se ali mesmo na Pensão Educadora, creio que sim, e em 1909 estreitei mais as relações em Petrópolis, indo pela primeira vez à Casa Grande visitá-lo e falando, pela primeira vez, com Mamamãe[127], que encontrei passeando na varanda da frente e a quem perguntei por Albertinho. Este me levou ao morro e ao barracão e me mostrou as suas armas. Pela primeira vez manejei um revólver, dando uns tirinhos numa bananeira, enquanto Albertinho, que era um "garganta", fazia furos no telhado de zinco do barracão (quando imaginaria eu então, nem tomando conhecimento do grupo das *crianças* abaixo dele e de Chiquita, que um dia o barracão e a Casa Grande iriam abrigar o meu idílio?).

Albertinho era um "garganta" e no Rio, já em 1908, me contava proezas falsas de suas experiências parisienses. Em Petrópolis, me levou a andar na sua *Grégoire*, um automóvel amarelo que trouxera de França, e onde pela primeira vez peguei um volante, matando um... galo, no caminho da Cascatinha.

No Rio, eu admirava de longe Chiquita e cheguei uma vez a dizer isso a um colega, só para me gabar, vendo-a de longe, no largo do Machado, sem nunca lhe ter dirigido a palavra, pois Albertinho, como bom Faria, distinguia bem claramente as suas relações de rapaz, fora de casa, com a família, que era rigorosamente *fechada*, como você bem sabe. Disse eu então ao colega por pura fanfarronada: "Aquela é a minha namorada"! Era no tempo da exposição de 1908, onde por vezes via de longe a família Faria, sem nunca me aproximar e sem tomar a sério as "crianças".

Só em 1917 é que uma dessas "crianças", com um vestidinho azul e vermelho, ia tomar conta para sempre do coração do adolescente que em 1908 ia com Manoel[128] aos primeiros concertos sinfônicos realizados no Rio, com música "moderna", dirigidos pelo Alberto Nepomuceno.

No ano anterior, deu-se a volta de Rui Barbosa[129], que fui receber como membro da delegação dos alunos do ginásio (já então eu era alguma coisa, entre os colegas, e não apenas o "menino rico de Botafogo"). E lembro-me de ir até a casa de Rui Barbosa, em São Clemente, de o saudar entusiasticamente e, se não me engano, até de lhe beijar as mãos, lembrando-lhe quem eu era, sobrinho do Marinhas, amigo e cliente dele na questão do mercado da Glória, que acabava de ser afinal vencida nos tribunais.

Em 1909, o 214 estava deserto. Aí é que senti mesmo a morte de Dindinho. É o fenômeno das *intermitences du coeur*[130], estudado por Proust. Só em contato com a chácara e a casa onde eu passara a minha adolescência e que estava cheia da presença de Dindinho é que *senti* realmente a sua morte e o vazio que deixara em mim e a saudade da infância.

---

126. Irmãos de Maria Thereza.

127. Avó materna de Maria Thereza.

128. Manoel Amoroso Costa, primo de Alceu.

129. Jurisconsulto, político e escritor (1849-1923). O autor refere-se ao regresso de Rui Barbosa ao país, após participar, enviado pelo barão do Rio Branco, da Segunda Conferência Internacional da Paz, em Haia (1907).

130. "Intermitências do coração".

Eu trouxera da Europa, com todo cuidado, o mais moderno dos brinquedos: um avião. Tinha mais de um metro e meio de asa e uma hélice de madeira, que se movia por um meio engenhoso, um feixe de cordões de borracha que se enrolava e se prendia. Quando se largava, o movimento da hélice conseguia levantar o aviãozinho em miniatura e fazê-lo voar ao menos uns 50 metros. Foi o que fomos experimentar na chácara deserta das Laranjeiras, Manoel e eu. Não duraram muito os vôos. No fim de alguns, o avião foi de encontro a um dos sapotizeiros e arrebentou a hélice. Não encontramos outra no mercado. E o meu belo brinquedo, que tanto me custou trazer de Paris, ficou por lá mesmo, inutilizado. Minhas proezas de aviador, orgulhoso de ter assistido à Semaine d'Aviation de Reims[131], terminaram antes de nascer.

Aliás, durante os verões de Petrópolis, logo depois do vôo de Santos Dumont[132] no Bagatelle, em 1904, nós, os Rocha Miranda, os Almeida e Silva, os Faria (pelo menos Albertinho), os Dodsworth (Henriquinho, Jorge) e eu – soltávamos na popa da barca de Petrópolis uns papagaios de tipo novo imitados da *Demoiselle* de Santos Dumont que naquele tempo entusiasmava a fantasia dos brasileiros, principalmente dos adolescentes como nós, que cantávamos a todo momento uma canção famosa, criada por um cantador de circo – Eduardo das Neves[133] – que dizia qualquer coisa neste gênero, no final: "A Europa curvou-se ante o Brasil e cantou parabéns em meigo tom. Apareceu Santos Dumont" (sic).

[...]

Eu por essa época já começara em Petrópolis a jogar tênis. E já era sócio do Fluminense. O esporte continuava e os autos recebidos do Rui eram lidos do princípio ao fim.

Mas os estudos foram tomados a sério, de modo que criei fama de bom aluno. Na casa dos Souza Bandeira[134] havia um pavilhão nos fundos, onde havia um quarto de estudos para os rapazes. O Antoninho ainda terminava o ginásio, não sei bem onde.

[...]

[...] era também da turma de Petrópolis, onde arrastava em vão a asa a Chiquita, então disputada por todos os rapazes e que iria causar uma grande decepção a todos quando, em 1912, ficou noiva de um homem famoso, mas muito mais velho do que ela[135]...

E assim terminava o meu ano de escola... E agora se aproxima a hora do almoço..., com o navio jogando sempre e esta mesa também, e a letra...

P.

---

131. Semana da Aviação, na cidade francesa de Reims.

132. Alberto Santos Dumont (1873-1932). O vôo a que Alceu se refere, o primeiro do aeronauta brasileiro, na verdade aconteceu em 1906, no parque parisiense de Bagatelle; nele o *14-Bis* cobriu 60 metros.

133. Compositor (1874-1919).

134. Família de João Carneiro de Souza Bandeira (1865-1917), advogado e ensaísta, tio do poeta Manuel Bandeira. Alceu foi seu aluno na Faculdade de Direito, e trabalhou por um tempo no escritório de advocacia desse "homem que representou a elegância intelectual, a sutileza, o requinte de um mundo que ia desaparecer para sempre". Antoninho era um dos filhos do jurista.

135. Afrânio Peixoto (1876-1947), médico e escritor, concunhado de Alceu, membro da Academia Brasileira de Letras a partir de 1910.

Del Norte,
19 de julho de 1959

Estávamos em 1910 na Pensão Central e no começo dos cinco anos de escola tão diferentes dos anos de ginásio!

Ainda não escrevia nada então. Isto começou no ano seguinte, em 1911, já na casa da rua Marquês de Abrantes, onde passamos esse ano. Creio que a freqüentação da casa do Souza Bandeira serviu alguma coisa para isso, isto é, para passar da *passividade* da leitura ou do estudo, onde a maioria permanecia, para a atividade de escrever, de criar, você mesmo, alguma coisa, isto é, de uma *atividade* mental. Estou querendo me lembrar se foi só mesmo em 1911 que isso começou. Houve antes, sem dúvida, alguns trabalhos encomendados, e até mesmo aquele trecho dos 9 anos, que o Köpke[136] publicou, como o fazia como bom precursor que era nessa matéria das composições infantis, em um dos seus livros de leitura, que creio estar perdido, pois no que Zaíra[137] tinha (e me emprestou, ou deu, e nem sei onde anda) nem creio que esse trechinho figure, mas estou certo de que existiu e a única coisa que dele me lembro é que falava no "preclaro Shakespeare" (sic), não sei a que respeito.

Lembro-me também de que foi nessa época que eu comecei a escrever "um romance"... Só me lembro, aliás, de ter feito uma referência a ele numa visita que fiz com as "manas" à casa dos Monteiro de Barros na rua São Salvador, onde eu admirava muito a graça e a beleza de uma menina, a mais moça delas, irmã da Belinha, e que se chamava (predestinado que sou ao nome...) Maria Teresa. Era linda, casou-se depois... Pois numa das visitas à casa delas, em menino, é que me lembro de ter dito que estava começando a escrever um "romance", talvez só para fazer fita ou, como então se dizia, fazer bonito, ou fazer farol diante das meninas, pois não tenho a menor idéia do que possa ter sido essa veleidade frustrada.

Só em 1911 é que me lembro de um artigo na *Época*, revista da Faculdade de Direito, sobre *"conflitos de leis"*. Ah, em 1910 houve o tal outro trabalho, é verdade, até mesmo publicado e encadernado em vermelho como prêmio, pois tirou o primeiro lugar num concurso promovido pelo Sá Viana, de quem eu fiquei sendo o primeiro aluno da classe, depois de estimulado pelo sucesso dos canhões do *Minas Gerais*[138].

[...]

Na casa da d. Luzia (onde o pai, o velho Souza Bandeira, reinava com a eficiência de seu espírito, sua prodigiosa memória e suas amizades na academia de que era

136. João Köpke (1852-1926) foi "o primeiro mestre" – título que o autor deu à crônica dedicada ao professor no ano de 1951 (*in Companheiros de viagem*).

137. Irmã de Alceu, casada com o primo Manoel Amoroso Costa.

138. Esse trabalho sobre Direito Internacional foi elogiado por Sá Viana, professor de Direito de Internacionalismo Público na Faculdade de Ciências Jurídicas e Sociais, dizendo que ia pedir uma salva de canhão do navio de guerra *Minas Gerais* ancorado no porto do Rio de Janeiro.

membro – um dos poucos e últimos "salões literários" da época) foi onde me senti realmente seduzido a passar da linha da passividade da leitura para as tentativas de fazer eu mesmo alguma coisa.

Foi ali também que me decidi a pedir ao velho Bandeira para trabalhar no seu escritório, então ainda florescente. Tinha idéia de seguir advocacia, mas de modo vago. O Gustavo se definia nitidamente pela diplomacia, mas esta ainda não me dizia nada. De modo que, creio que já em 1911 ou pelo menos 12, entrei para o escritório do Bandeira, que era na rua do Rosário, 112.

P.

Del Norte, 20 de julho de 1959

Outra confissão a te fazer é que tenho, embora contra a vontade, pensado no tal prêmio do Moinho Santista. Confesso que é... pelo dinheiro. Que vergonha! Mas é a verdade. O valor intelectual do prêmio é nulo. Basta ver a quem foi dado no ano passado (um político sem nenhuma importância, fora dos meios estritamente jurídico-políticos) e só por ser paulista. De modo que não é por vaidade que tenho involuntariamente pensado nele. É pior. É por concupiscência. Ou antes, por prudência da carne! Pois dizem tais coisas do aumento do custo da vida, que estou prevendo grandes dificuldades para o futuro próximo (do remoto Deus cuida e possivelmente não haverá muito que cuidar...). Mas do próximo. Temo que o custo da vida tenha excedido de muito os recursos do meu haver e por isso uma soma agora do orçamento extraordinário viria aumentar um pouco os *revenus*[139], agora que os dólares vão virar cruzeiros... Digo isso só para você ver o prosaísmo de certas preocupações, dos *passeios* ou dos *devaneios* que não são apenas "chacoalhar de idéias", mas essas desinteressantes preocupações de fazer coincidir o custo da vida com o orçamento professoral e editorial, que são hoje as duas fontes dos meus *revenus*...

Mas isso foi apenas um pequeno desabafo para te confessar que gostaria bem de receber o tal prêmio, mas também se não o receber – e esta é a última chance – já no dia seguinte não pensarei mais nisso. Um dos dons que mais devo agradecer a Deus todos os dias, e nem sempre ou raramente o faço como devia, é esse de *esquecer*. Passou, passou. Os mortos que enterrem seus mortos.

P.

139. A renda familiar.

São Lourenço,
13 de setembro de 1959

A bomba de ontem você já imagina qual tenha sido... Quando escrevi aquele tópico da carta de ontem, estava certo de que o resultado seria mesmo aquele (Lucio Costa ou Villa-Lobos[140]), pois se a votação ia ser na sexta-feira de manhã não se concebe, se fosse eu o contemplado, que até sábado às 8 horas não soubesse de nada! Entretanto, eu fazia a ressalva "embora ainda não oficialmente confirmada". Mas sempre pensei, por todos os motivos, inclusive pela sua moléstia grave recente, que o Villa-Lobos é que realmente receberia o voto do júri.

Este porém era mais variado do que eu pensava e pelo menos quatro votos sei que devo ter tido: o do Edgar Amaral[141], o do Austregésilo de Athayde[142], o do Calmon[143] e o do padre Alonso[144]. Provavelmente devo ter tido o do Jorge Americano, que é o diretor do Moinho Santista. Talvez venha a saber mais detalhes pelo Austregésilo de Athayde, que se mostrou muito empenhado; há dias eu lhe dizia que não pensasse nisso e fugi mesmo do assunto. Mas na sexta-feira, na inauguração do busto de Afrânio e na quinta, na academia (quando eu já ia escapulindo), o Austregésilo pediu-me que o esperasse, pois queria falar-me. Era sobre isso, eu fugi, pois inclusive me parecia ridículo estar cuidando do assunto como se estivesse preparando o júri.

Nesse ponto tenho a consciência perfeitamente tranqüila. Quando o Didi[145] e o Thiers[146], que foram os principais promotores da minha indicação na Comissão de Letras, tocaram no assunto comigo, eu evitei e desconversei. De modo que nem com o Levi[147] nem com o Didi nem com o Thiers nem com o A. de A. disse nada a respeito, senão ao A. de A. que "não pensasse mais nisso". Aos outros, nem isso. De modo que, sob este aspecto, tenho a consciência tranqüila, o que será bom, pois já prevejo muitos aborrecimentos com esse prêmio, como te disse. Enfim, Deus assim o quis. Agora, que me dê forças, já não digo para não me envaidecer, o que acho fácil, pois já sei que todos estarão dizendo que furei a classe como *tertius* e que a opção, como dizia um tópico do *Correio da Manhã* de anteontem, era Villa-Lobos ou Lucio Costa. Ninguém

140. Arquiteto e urbanista (1902-1999), um dos criadores de Brasília; Heitor Villa-Lobos (1887-1959), músico e compositor.

141. Edgar Ferreira do Amaral (1894-1978), general, à ocasião chefe do Estado-Maior das Forças Armadas.

142. Belarmino Maria Austregésilo Augusto de Athayde (1898-1993), jornalista, eleito para a Academia Brasileira de Letras em 1951, e seu presidente de 1959 até sua morte. Alceu também se referirá a ele nestas cartas como "A. de A." e "xará".

143. Pedro Calmon Moniz de Bittencourt (1902-1985), jurista, professor, escritor e ministro da Educação nos governos Dutra e Juscelino Kubitschek, eleito em 1936 para a Academia Brasileira de Letras.

144. Padre Artur Alonso (1901-1990), jesuíta, um dos fundadores da Associação da Educação Católica (AEC), e reitor da PUC do Rio de Janeiro. Sobre Jorge Americano, citado a seguir, e que também teria votado em AAL, ver carta de 24 de outubro se 1960, nota 135, p. 172.

145. Rodrigo Octavio Filho (1892-1969), advogado e ensaísta, eleito para a ABL em 1944, sucedendo a seu pai, um dos fundadores da instituição.

146. Thiers Martins Moreira (1904-1970), professor de literatura e escritor, colega de trabalho de Alceu na União Pan-Americana em Washington, onde foi assessor entre 1951 e 1952.

147. Levi Carneiro (1882-1971), jurista e ensaísta, membro da Academia Brasileira de Letras a partir de 1936.

admitia que um T. de A.[148] pudesse atravessar-se entre o homem de Brasília e o homem dos concertos de Washington ou Paris. O *azar do páreo*, como por vezes acontece, é que venceu.

Mas o engraçado foi o modo como a notícia chegou aqui.

Estava eu tranqüilamente terminando de ler o capítulo X de *Leão XIII*, quando Mamãe e J. irrompem pela sala: "Acho que você ganhou o prêmio, pois está aí um *jeep* com a reportagem do *Jornal do Brasil*". Estava eu tão entretido no trabalho, que nem ouvira o auto subir a ladeira. Senti logo que devia ser isso mesmo. "Onde estão eles?", perguntei. "Lá na entrada dos fundos". Fui, dizem, com uma cara fechada, de quem é interrompido, neste retiro, por visitas. Chegando à entrada lá estavam cinco homens na soleira da porta.

Apertei a mão de todos e o mais mocinho me perguntou: "O senhor sabe por que estamos aqui?" "Não", respondi. "É que o senhor ganhou o Prêmio Santista". "Ah!" "O que sente o senhor com esta notícia?" "Que o prêmio devia ter ido para outro. O Villa-Lobos é que devia ter recebido." "É. Mas foi o senhor." "Tem certeza?" "Foi do prêmio Moinho Santista que telefonaram. E nós estamos aqui para entrevistá-lo, representando o *Jornal do Brasil* e a *Folha da Manhã*."

Aí então eu os trouxe para o salão e começaram os retratos.

Contaram-me a odisséia da viagem até aqui. À 1 hora da tarde de sexta-feira se tocaram para Teresópolis, de lá para Friburgo, de lá para Macuco, já à meia-noite. Dormiram num banco do próprio carro, de madrugada. Perguntavam nas casas mas ninguém queria responder. Provavelmente com medo de serem assaltantes. Acabaram batendo com os ossos aqui às 11 da manhã, depois de 22 horas de viagem, estrompados, sujos de poeira e famintos. Já haviam percorrido todos os hotéis de Friburgo e até ido ao Colégio Anchieta à minha procura. Pediram banho. E vieram conversar aqui na sala. Passeei com eles pelo pátio. Li para eles a crônica *Da rapadura à cachaça*. E bebemos ao prêmio um uísque nacional... Lauto almoço. Quiseram ir embora rápido para o furo sair no domingo.

E aí perco o fio da meada e mergulho de novo nesta tebaida cada vez mais amada, e apenas com medo de que os tais repórteres de Friburgo tenham descoberto o meu paradeiro e hoje rompam a barreira. Quando eu disse aos rapazes: "Em 25 anos vocês foram os primeiros que romperam essa barreira em que me tranco de vez em quando", ficaram todos ufanos e me pediram para fazer uma referência a eles numa crônica! Talvez faça, antes de começar, daqui a pouco, o capítulo XI de *Leão XIII*, que devia ter ficado pronto ontem, para hoje eu terminar o trabalho. Mas o Moinho me atrasou e acho que só amanhã poderei acabar.

P.

---

148. Tristão de Athayde, pseudônimo de Alceu.

São Lourenço,
15 de setembro de 1959

Um dia a menos! E isto aqui cada vez mais delicioso, a despeito do tempo quase continuamente encoberto. Era a primeira vez que vínhamos aqui em setembro e não é dos melhores meses: não tem o frio de junho ou julho, nem as laranjas de maio a agosto, nem as jabuticabas de outubro, nem as chuvaradas do verão, que fornecem o espetáculo violento e capitoso da terra ardente embebida e bebendo avidamente as cachoeiras do céu. No verão, porém, tem a bicharada e o calor.

O melhor mesmo é o mês de julho, embora sem uma coisa que este setembro tem: o sossego, a ausência das crianças levadas, que são os donos da casa, embora os nossos dois pivetinhos e especialmente o M.[149] não tenha muito respeito pelo pingue-pongue solitário do "vovô", e quando lhe dá na veneta mete a mão na porta e já sabe que o avô não protesta, interrompe o trabalho, vai com ele para as janelas, onde ele já se instalou pois não espera por ninguém. Ontem pela manhã já o peguei descendo a escada de pedra, na frente, depois de ter aberto a porta e a cancela, para ver os três potrinhos que nasceram esta semana, um dos quais acho que estava ontem bem ruinzinho, deitado ao pé da mãe.

Assim morreu um pintassilgo que o pequeno pegou na arapuca, na viagem, e colocou entre os coelhos, a pomba e os periquitos do viveiro; não suportou a perda da liberdade e ontem lá estava morto, coitadinho, sem nem ao menos o consolo daquilo que o François Coppée[150] observava num verso famoso: "*Est-ce que les oiseaux se cachent pour mourir?*" O pobre do pintassilgo não resistiu à prisão nem pôde esconder-se para morrer em paz, e nós, adultos e crianças, olhamos para essa humilde tragédia animal sem que o coração bata. Como os passarinhos nos devem considerar com desprezo!

Ontem afinal terminei com *Leão XIII*!

Penso que não saiu de todo mal, e pouco a pouco, durante esses oito dias, fui tomando gosto pelo assunto e vendo-o mais em função do tempo e das circunstâncias, que realmente o colocam como uma figura excepcional que encerra uma época e abre outra. Nele acabam os papas anatematizadores, tão do agrado dos bispos de Campos e seus diletos discípulos, e começam os papas construtores dos novos tempos e do novo século. Leão XIII está mesmo na transição e por isso é que uns o olham apenas à luz do século XIX e apontam nele o reacionário, o continuador de Pio IX, o condenador das idéias modernas. Outros o olham apenas à luz do século XX e então vêem nele só o papa dos operários e da questão social, anunciador do século socialista e da renovação das relações entre a Igreja e o estado com novos moldes, à luz do princípio da "tolerância civil".

149. Marcelinho, filho de Jorge Alceu.
150. Escritor francês (1842-1908); o verso citado significa: "Os pássaros escondem-se para morrer?".

Procurei olhá-lo de cima, a cavaleiro dos dois séculos, e dizer que ele não foi uma *ou* outra coisa, nem mesmo uma *e* outra coisa mas *nem uma nem outra coisa.*

Terá saído o que Deus quis, ou antes o que Deus... não quis mas apenas *permitiu.* De modo que no fim não sei ao certo se saiu o que eu aos poucos fui querendo que fosse, pois a verdade é que não tive bem, como devia ter tido, uma idéia do conjunto antes de começar e fui formando a visão global à medida que ia cuidando da visão parcial. É um processo errado, como o do professor que vai aprendendo a matéria à medida que a vai ensinando.

[...]

Poucas vezes, prosseguindo, fiz um livro ou artigo com o plano pronto. Aqui me lembro de o ter feito duas vezes. Com os *Mitos de nosso tempo*[151] e com *A realidade americana*[152]. Estes já vinham prontos, faltando apenas escrever... Os demais vêm saindo aos poucos, à medida que a própria ação vai levando o pensamento e este então reagindo sobre a operação.

[...]

P.

Rio de Janeiro,
28 de outubro de 1959

[...]

Ora, tudo isso que disse não é nada de molde a manter a paz de espírito. Pelo contrário, é o melhor fermento para a inquietação.

E por isso é que nem consegui ontem, durante a viagem em silêncio a dois (que é a mais deliciosa das conversas íntimas), saborear o gosto de relaxar os músculos do espírito, depois de cumprida a missão em Minas, durante essa semana agitada, mas bem aproveitada, sem dúvida alguma, e com a gratidão renovada ao Espírito Santo, que me permitiu cumprir razoavelmente o meu programa, que me pareceu um pouco como de outrora, quando houve dias, neste mesmo Belo Horizonte, em que falei *seis* vezes! Mas desta vez, se não houve maratona como essa (quando os cabelos ainda eram escuros e o coração ainda não lutava contra 15 ou 20 quilos a mais de enxúndias, que são o sinal mais típico do envelhecimento), desta vez houve a responsabilidade de conferências perante um auditório de engenheiros e matemáticos, e respectivos alunos, e outra perante quase 3.000 estudantes, entre 15 e 20 anos, embora umas duas ou três centenas fossem de adultos ou pelo menos de... adultinhos. E não é brin-

---

151. Rio de Janeiro: José Olympio, 1943.

152. *A realidade americana: ensaio de interpretação dos Estados Unidos* (Rio de Janeiro: Agir, 1954).

cadeira falar a gente dessa idade e responder a perguntas, ao menos das dezenas que foram formuladas nos papeizinhos distribuídos.

E em Ouro Preto, já não sei o que dizer em torno do mesmo tema. Se for lá para o ano, como esperam, hei de falar sobre coisas totalmente estranhas a Ouro Preto. Aliás, caí na asneira de dizer, na falação, que me orgulhava mais de ser chamado "cidadão de Ouro Preto" do que de "cidadão do mundo". Dessas coisas que são ditas ao calor da palavra. E o prefeito, presente, veio dizer-me no fim (depois de aplaudir e com ele a assistência) que há muito tinha idéia de oferecer o título de "cidadão honorário" de Ouro Preto ao Rodrigo Melo Franco[153] e a mim! De modo que, muito possivelmente, antes do dia de Cristo Rei de 1960 teremos, Deus sabe, de refazer o caminho por esses dias passados e falar mesmo, uma vez mais, sobre as *velhas pedras...*[154]

Assim sendo, e sobretudo amanhã, a carta vai ser como esta, refletindo aquele estado de diafragma comprimindo o coração, ao menos em expectativa. Na hora, será mesmo como Deus quiser.

P.

Petrópolis,
17 de dezembro de 1959

[...]

O que mais me ficou deste tempo foram as viagens de automóvel com o Arinos[155] e o Antônio Prado Júnior[156], especialmente a excursão aos castelos do Loire[157], onde voltaria, com minha mãe e C.[158], em 1913 ou 14, e sobretudo a viagem com o A. P. e dona Eglantine[159], de 13 ou 15 dias, via Alemanha, Áustria, Itália, Suíça e França. Esta sim, assim como algumas excursões com os Arinos a Chartres, Compiègne[160] e não sei mais o quê. O automóvel ainda era uma grande novidade!

---

153. Rodrigo Melo Franco de Andrade (1898-1969), sobrinho do Afonso Arinos. Tendo ficado órfão de pai aos 12 anos, fez em Paris o seu curso secundário, hospedando-se com seu tio. Nessa ocasião, conheceu Alceu. Em 1916, juntos passeariam por Ouro Preto levados pelo senador Virgílio de Melo Franco (1897-1948), avô de Rodrigo. Em 1936, organiza e passa a dirigir o Serviço do Patrimônio Histórico e Artístico Nacional (Sphan).

154. Alusão a Minas Gerais; em 1945, Alceu escrevera *Voz de Minas*, dedicado à memória de seu amigo Wagner Antunes Dutra, e com "um agradecimento muito particular" a Rodrigo Melo Franco de Andrade.

155. O autor de *Pelo sertão*, que tinha residência em Paris.

156. Antônio Prado Júnior (1880-1955) era filho do conselheiro Antônio Prado, primeiro prefeito de São Paulo, e seria ele mesmo intendente do Distrito Federal – cargo equivalente à Prefeitura do Rio de Janeiro –, entre 1926 e 1930, tendo implementado importantes mudanças urbanísticas na cidade.

157. Vale do rio Loire, na França, conhecido por seus castelos.

158. Respectivamente dona Camila da Silva Amoroso Lima e Carmen, irmã de Alceu.

159. Antônio Prado Júnior e sua mulher, nascida Eglantina Penteado (1883-1931).

160. Chartres é famosa por sua catedral, construída no século XIII; já Compiègne é a localidade na qual, em 1430, foi feita prisioneira Joana d'Arc (1412-1431), mártir francesa da Guerra dos Cem Anos, canonizada em 1920.

A primeira vez que nele entrei foi com Dindinho, para um passeio numa Mercedes que pertencia ao seu Silva, dono do Hotel dos Estrangeiros e da Pensão Educadora. Creio que foi num 2 de novembro. Dindinho alugou o carro para irmos ao cemitério do Carmo, o que era uma viagem naquele tempo, e depois darmos uma volta pela cidade, creio mesmo que até a Tijuca. Foi uma novidade. A velocidade sobretudo me impressionou.

Vira os primeiros carros em Paris em 1900! Depois no Rio, umas caranguejolas esquisitas, de entrar por trás e que faziam um barulho horrível. Lembro-me de uma vermelha, do dono do Park Royal, um Ramalho Ortigão. De modo que, em 1909, com o Arinos já possuindo um carro próprio, aquelas excursões pelas estradas que você conhece pelos retratos foram uma novidade. Ah, uma outra companhia de então: o Joãozinho Melo Franco e dois ou três mineiros amigos dele. Não me lembro se o Camilo (não o Luiz Camilo, o embaixador aposentado) foi relação de Paris ou do Rio. Em Paris também o Temístocles Graça Aranha[161], mas muito pouco, e não sei se foi então ou em 1913. As viagens sim, ficaram gravadas. A primeira neve na Áustria...

[...]

Em Berlim ia receber um dia o impacto da aviação. Foi lá, hospedados no enorme hotel Adlon, que nos chegou a notícia da travessia da Mancha, de avião, pelo Blériot[162]! E foi um estampido no mundo inteiro, tão grande ou talvez maior do que o *Sputnik* de 1957. Fui depois assistir à Semaine d'Aviation de Reims, a primeira no mundo...

P.

Petrópolis,
31 de dezembro de 1959

Sábado, já mais de meio-dia! Que atraso, né? Mas você sabe o que é conversa de obras, com o mestre das ditas e a dona da casa. A grande novidade é que esta atendeu a uma ponderação de L. sobre a "superstição do azul", de que, "tendo de morrer em algum lugar algum dia, o melhor ainda é morrer na casa de que mais se gosta" e eu acrescento: "Já que não pôde ser na Dona Mariana, tanto melhor que seja, algum dia, nesta Moselinha, cujo único inconveniente é a inimizade inveterada com a minha rinite nasal. Mas como, para um cara..." (interrompi a frase e agora... só no Juízo Final...).

Fomos conversar com o pintor. A novidade é a *cor azul*. Fiquei contente que Mamãe combinasse o seu sonho com a explicação de L. dizendo que a Moselinha, pintada de azul, ainda iria ficar mais unida a mim mesmo, marcando o princípio e o

161. Temístocles da Graça Aranha (1894-1956), diplomata. Ver carta de 7 de julho de 1960, nota 77, p. 156.

162. Louis Blériot (1872-1936), engenheiro e aviador francês; essa travessia se deu em 1909.

fim de uma vida, que, com a graça de Deus, *você* há de ver inteira, podendo até recompô-la na *História do meu pai*, que você escreverá um dia, quando, no silêncio e no recolhimento dos seus anos de abadia, sem a possibilidade da visita da Mamãe e minha, puder entregar-se totalmente às duas coisas.

Ou, antes, a três: a união com Deus cada dia, na expectativa da união eterna; a evocação dos tempos em que éramos vivos na terra e íamos aí de vez em quando conversar com você; e as pessoas que vão te procurar, ou, melhor, que *irão* te procurar, para que você as ajude a carregar o seu fardo e talvez para conversar um pouco também sobre o que *seus pais* deixaram de vivo em você. Espero que isso seja por longos anos e você possa escrever a *História do meu pai*, com a memória prodigiosa que tem, sem se preocupar em fazer literatura, mas contando o que foi *a nossa casa*, o que foi a Moselinha, que você viu no começo e adivinhou depois, em suas transmutações, o que foram as nossas cartas, as nossas manhãs de Santa Maria e tudo mais que você, única entre os nossos filhos, poderá e saberá reviver, no seu estilo, para a posteridade, para aqueles que puderem e quiserem utilizar-se de um documento humano, integralmente humano, dessas cartas em que se revive, dia a dia, momento a momento, a vida cotidiana. Será pelo menos um documento, em dez ou 15 ou 20 anos, do dia-a-dia de um sujeito que amou a vida intensamente e procurou vivê-la, cada dia, na máxima sinceridade, consciente de sua mediocridade mas vivendo cada minuto na maior sinceridade de uma vida entregue, primeiramente, ao dia-a-dia do tempo e das paixões terrenas e pouco a pouco entregue a coisas eternas e imutáveis.

A cada momento penso mais no contraste. Outro dia, contra o positivismo árido, estreito, primário do I.L.[163], apreciando Bergson[164] à luz de Comte[165], procurei fazer uma comparação – falando em meia hora, de coração aberto, sem ler, sem notas, ao público da academia (muito mais próximo de I.L., salvo exceções) – entre o positivismo vesgo e primário do homem que só viu em Bergson a "obscuridade", e a simpatia profunda de um sujeito como eu, que não consegue aderir às críticas tomistas

163. Ivan Monteiro de Barros Lins (1904-1975), médico e ensaísta, eleito para a Academia Brasileira de Letras em 1958, autor de uma *O positivismo no Brasil* e de *Católicos e positivistas*.

164. Henri Bergson (1859-1941), filósofo francês. Sua obra distanciava-se do alemão Immanuel Kant (1724-1804) e do neokantismo, bem como do positivismo de Comte (ver nota seguinte), escolas que, cada uma a seu modo, haviam dominado a metafísica do século XIX. O seu modo de filosofar daria realce aos dados da experiência íntima e da "intuição", entendida como simpatia intelectual que permite apreender aquilo que o objeto a ser conhecido tem de único. Seus cursos no Collège de France atraíram um grande número de pessoas, entre as quais o jovem Alceu. Seu livro sobre "as duas fontes da moral e da religião" encontra-se com certa corrente mística cristã, ancorada em personalidades excepcionais, suscetível de opor ao mundo da máquina e à vaga materialista que estava fazendo surgir um "suplemento d'alma". Bergson, de origem judaica, teria deliberadamente evitado converter-se ao catolicismo, para o qual inclinava, a fim de permanecer fiel e solidário ao povo judeu, vítima de tentativa de exterminação pelos nazistas alemães. Em mais de uma destas cartas, Alceu registrará a importância da iluminação bergsoniana de seu caminho.

165. Auguste Comte (1798-1857), filósofo francês, grande promotor e autor do *Curso de filosofia positiva*, teoria através da qual pretendia lutar contra a alteração dos costumes resultante da Revolução Francesa, restaurar um período orgânico e estável de "ordem" e "progresso" e, enfim, fazer os espíritos convergirem para uma doutrina única. É considerado o pai da "sociologia científica" e sua influência maior acabou sendo exercida fora da França, inclusive no Brasil.

contra Bergson e continua a ver nele um restaurador do mistério, do mundo *obscuro* em que todos vivemos.

Achei o I.L. tão terrivelmente primário, tão horrivelmente lírico, limitado, que – apesar de saber que Maritain ou o padre Franca (citados por I.L.) consideram a *philosophie nouvelle*[166] de Bergson tão errada quanto aquelas contra as quais se apóiam, sobretudo a filosofia de Kant –, continuo fiel a essa redescoberta do deserto, do mistério, do invisível, que me permitiu, de 1914 a 1928, reencontrar a verdade na pessoa de Cristo.

Minha letra está horrível. E acho que mesmo você não entenderá o que vai saindo desta cinzentinha, mais subconsciente do que conscientemente, pois nem eu mesmo entendo.

Voltemos... ao azul!

Fiquei tão contente de aproximar a Moselinha do Cosme Velho[167] e sentir ou pressentir que será aqui, algum dia, o meu último adeus ao mundo, que há pouco, tomando o meu uisquinho para compensar a umidade ambiente, me senti tranqüilo de aceitar algum novo convite de voltar à New York University, desde que Deus me permita terminar meus dias aqui na Moselinha.

Mamãe toca chamando para o sanduíche do almoço e vou ficar por aqui.

P.

166. "Nova filosofia".

167. O Cosme Velho é o bairro onde ficava a Casa Azul, residência da infância de Alceu.

1960

Rio de Janeiro, 17 de janeiro de 1960

Puxa – que até já não sei mais como se escrevem cartas: quantos dias passados, quanta coisa havida e os "arquivos implacáveis"[1] com um buraco, que até parece os do Adhemar[2] em São Paulo, que não ficam atrás, analogicamente, ou pouco ficam atrás, deste tráfego insuportável do Rio, a que não faltam nem buracos, nem poeira, nem sobretudo a loucura serpentina dos lotações, de que a gente se esquece um pouco aí em São Paulo, onde positivamente há muito mais ordem e sossego de viver do que neste intolerável Rio, de onde quisera, quanto antes, me mudar – apesar deste nosso "tabuleiro" se revelar da pontinha, nestes dias de verão, com um calor bem suportável, de uma frescura quase serrana (sic!), à tarde e à noitinha, na rede da varanda da frente.

É de não se perceber que estamos na segunda metade de janeiro e com esta perspectiva agradável: o fim das férias quase coincidindo com a subida para Petrópolis. Aliás, cada vez mais estou considerando Petrópolis como *morador*, muito mais do que como *veranista*, e quase concordando em alugar a Moselinha no verão para apenas conservá-la no inverno. Quem sabe se de 1960 para 61 não fazemos isso, indo fazer no Velho Mundo coisas que não pude fazer em 1950 ou 52: passar uma semana em Santiago de Compostela, alguns dias em Ravena, outros na Sicília, conversar talvez *sentado* com o papa – infelizmente não mais o nosso Pio XII – e finalmente passear a pé, por uns dois meses, pelas ruas de Paris? (Estou ouvindo alguém chupar saliva na boca...) [...]

P.

Rio de janeiro, 20 de janeiro de 1960

A leitura dos jornais me deixa sempre deprimido. É um mal, reconheço. Está bem que pessoas como você, ou como seria a minha vida ideal, exclusivamente dedicada à

1. Alusão à coluna que o jornalista e advogado João Condé (1912-1996), famoso colecionador de manuscritos e documentos literários, mantinha na revista *O Cruzeiro*.

2. Adhemar de Barros (1901-2001); Alceu alude à passagem subterrânea no vale do Anhangabaú, em São Paulo, obra apelidada de "buraco do Adhemar", por ter sido construída em 1958, durante a gestão desse político à frente da Prefeitura da capital paulista (1957-1961).

oração e ao estudo (quando muito ao ensino e à criação literária, embora esta última já mude a situação, pois exige um *contato* com os "acontecimentos") –, pudessem ou possam viver sem essa dose de veneno diário... Mas quem vive, por força do passado e das circunstâncias, em contato com o mundo, não pode positivamente isolar-se. E o sinal mais completo do isolamento é precisamente a não-leitura dos jornais. Por isso é que a fazenda (mesmo que não fosse São Lourenço) representa para mim a vida ideal, no sentido de *meio* evidentemente, não de *fim*, pois evita essa injeção cotidiana de toxinas que envenenam o organismo. [...]

P.

Rio de Janeiro, 22 de janeiro de 1960

Faz hoje 42 anos que ficamos noivos e evoco, com a mesma nitidez do 22 de janeiro de 1918, as cenas que já por mais de uma vez te contei *du côté de chez Lima*, e Mamãe *du côté de chez Faria*[3], nessa noite petropolitana que eu queria passar em Petrópolis hoje, mas que as arrumações e os cuidados com o menino que hoje foi "descosido" adiaram para amanhã.

A frase de d. Almeidinha[4] é que domina a noite, na varanda da Casa Grande, com aquela simplicidade de uma autêntica grande dama: "Seja bem-vindo a esta casa".

Ou então, antes dela, a minha ridícula exclamação, *pour me donner une contenance*[5], lá na casa da rua 7 de Setembro, quando dr. Alberto foi, todo sério e danado da vida, levar o sim a papai. E enquanto os pais do noivo se preparavam para a visita, e o candidato atrapalhado se viu a sós com o "bicho papão", só encontrou para dizer aquela sublime estupidez: "Muito obrigado pelo tesouro que o senhor me dá", logo esmagada por um simples olhar do futuro sogro, que exprimia um tal arrependimento ("Será *isto* o meu futuro genro?", terá pensado sem pensar). Fiquei mudo já fora de tempo, pois perdi a melhor das ocasiões de ficar calado...

E depois, o pão-de-ló para disfarçar o encabulamento geral e a minha fuga, com Mamãe, para a varanda, para passar-lhe ao dedo a perolinha que papai me dera para eu dar, na suposição de que a *demora* não fosse uma recusa, e minha mãe muda como uma estátua não apenas naquela noite, mas por toda uma semana, a ponto de me alarmar!

E lá fora as magnólias perfumando o jardim, o Piabanha deslizando, as estrelas namorando os namorados e cá dentro um tumulto que se traduzia em tantas palavras

---

3. Referindo-se às famílias de Alceu e de sua noiva, respectivamente. A expressão francesa *du côté de chez* – no caso, do lado dos Lima, do lado dos Faria – alude a *Du côté de chez Swann*, traduzido no Brasil como *No caminho de Swann*, primeiro livro de *Em busca do tempo perdido*, de Marcel Proust.

4. D. Maria Thereza de Almeida Faria, sogra de Alceu.

5. "Para simular aparência de tranqüilidade" diante de Sr. Alberto, seu futuro sogro.

que Mamãe, no seu silêncio, deve ter ficado também profundamente arrependida. Pois afinal ia passar do colégio ao casamento sem ter conhecido o mundo, sem ter sequer aprendido a dançar, sem nunca ter dançado ou ido a um baile, ou apenas a um no Itamaraty, guardada por todos os lados e saindo cedo – em suma uma transição tão violenta, que poderia ter sido um desastre, se ela fosse outra e se ele fosse outro... Graças a Deus deu certo... Porque os dois não eram outros.

E ontem, ao buscar na Cúria os papéis de A. para o casamento, encontro o velho monsenhor Caruso, que me diz: "Aposentei-me ontem. Estou aqui há 42 anos!" Isto é, em 1918, nesse mesmo mês das magnólias e dos vagalumes, à beira do Piabanha, o jovem sacerdote tomava conta de um lugar de confiança que só deixaria hoje, quando o noivo de 1918 ia cuidar com ele mesmo dos papéis de casamento do quinto filho!

Como tive, naquele momento, a sensação de *tempo*, da volta ao passado, da presença deste, do que fica (como aquelas janelas da praça XV tão *iguais*) e de tudo o que passou, como o Wagner, como dom Leme, ou de tudo o que veio depois, como você, por exemplo, como a Europa e os Estados Unidos, como o professorado e o próprio Tristão – o meu outro eu – tanto ou mais eu mesmo que o primeiro de 1893...

Tudo isso em pílula e em alguns minutos, naquele mesmo sobrado dos fundos da catedral, que pisei muitas vezes nos tempos áureos da Ação Católica, dessa mesma que nasceu liturgicamente ali na catedral, quando dom Leme a lançou em 1934 e que hoje mudou tanto e está tão esfacelada em pequenos órgãos e serviços ativos, sem a mais leve sombra daquele *espírito* que nós – com dom Leme à testa[6] – quisemos imprimir naqueles tempos pré-históricos e que se podiam exprimir na importância que dávamos (ou que julguei poder dar) ao termo *participação*. É engraçado. Logo no início, quando senti o choque da Ação Católica e senti ou pensei que ela ia ser uma *nova era* na vida da Igreja – e foi isso que coincidiu com o 15 de agosto[7] e me fez realmente *jogar tudo* na grande parada da *conversão* – o emprego da palavra *participação* na definição inicial de Pio XI sobre Ação Católica – "participação dos leigos na hierarquia da Igreja" – foi uma revelação para mim. E coincidiu com o outro choque da teoria do *Corpo místico*[8], em que vi que éramos parte do Corpo de Cristo

---

6. No momento em que Alceu escrevia, governava a arquidiocese o cardeal d. Jaime de Barros Câmara, que sucedeu a d. Leme.

7. Alceu converteu-se ao catolicismo em 15 de agosto de 1928.

8. Entre os anos 1925-1935, deu-se, entre os mais esclarecidos teólogos católicos, a redescoberta, com base nos escritos paulinos (por exemplo, Efésios 1, 22-23; Colossenses 1, 18-24) da doutrina da Igreja como "Corpo místico de Cristo" e de suas raízes patrísticas e medievais, que haviam sido encobertas pela ênfase que o tridentinismo, a partir do final do século XVI, dera à noção de Igreja como instituição visível e organizada hierarquicamente. A noção de "Corpo místico de Cristo" designa principalmente todos os seres que participam da comunhão, ou *koinonia* espiritual de Deus tendo o Cristo como chefe, ou cabeça, e neste sentido inclui, segundo a forte expressão dos padres da Igreja, todos os justos de todos os tempos. Numa vertente mais tangível, à qual Alceu parece referir-se, essa noção dava realce a uma visão da igreja como pluralidade de membros que podem e devem exercer funções diferentes no seio da comunidade, pluralidade essa inspirada e governada pelo Espírito do Cristo. Isso deu novo alento ao laicato católico. Em 1943, Pio XII tornaria pública sua encíclica *Mystici corporis Christi,* mas nela sanciona-se a tese, algo diferenciada da inspiração inicial, da identidade entre o "Corpo místico" e o caráter "corporal" visível e hierarquicamente estruturado da Igreja Católica Romana.

e não apenas espectadores ou adeptos. Foi pra mim uma nova luz, ligada diretamente à conversão.

Pois bem, pouco depois, a princípio sem dar importância ao fato, mas pouco a pouco percebendo que o esquecimento e o desuso do termo *participação* e a sua substituição por *cooperação* não eram fortuitos, tive um choque às avessas. Mas de certo modo ainda no subconsciente. Senti que ou eu tinha exagerado a importância da palavra "participação" – como sinal da nova importância do leigo na Igreja – ou então as autoridades recuavam e o próprio Pio XI e sobretudo Pio XII foram advertidos por "Pizzardos"[9] ou "Ottavianis" do Santo Ofício, e recolocaram os leigos *no seu lugar*.

Desde então, a AC começou a morrer... Morrer em mim, sobretudo, mas também morrer em si mesma, e foi sendo substituída por outras coisas que assegurassem mais a *autoridade do clero*. Era uma reação clerical contra a exagerada intromissão dos leigos na vida da Igreja. Desde então senti o regresso, a decadência da Ação Católica. Não quero exagerar. Tanto mais quanto poderão dizer, com alguma razão, que estou confundindo meu caso pessoal com o da própria Igreja. Reconheço isso. E por isso prefiro *não pensar muito no assunto*, deixando que o tempo e a experiência me iluminem. E sobretudo a graça.

Mas não posso evitar a evidência. E esta é a AC como tal, como corpo organizado e autônomo, não-militarizado e centralizado como uma *polícia especial* para prender os hereges..., e ao mesmo tempo como um fermento na massa, como uma nuvem de dedetização... Isso, esse recuo, essa desimportância (como diria o Mário de Andrade) do que de início pareceu ser um *novo estatuto do leigo*, no próprio Código de Direito Canônico, tudo isso foi sumindo, sumindo, sumindo. E hoje só resta de tudo isso quase que apenas uma lembrança histórica, um momento ligado entre nós apenas à pessoa de dom Leme. Com sua morte tudo começou a morrer no campo da AC e os bispos é que voltaram a agir diretamente, em geral em contato direto com o estado, com os governos, e o povo continuou ou voltou a ser de novo o *rebanho passivo* que comparece às procissões, às audiências e aos congressos, como às missas, apenas para *ouvir*, para *receber*, para *constar*.

Quando penso nisso, sinto um verdadeiro frio na espinha. Será para isso que se falou tanto no "exército pacífico", na "mobilização do leigo", no "apostolado leigo", etc., etc.? Será que realmente essa "maioridade dos leigos" (o termo foi expressamente rejeitado por Pio XII) era apenas um desejo e um mito de nossa imaginação de "cristãos novos"?

Mas o fato é que hoje ninguém sabe mais quem é o presidente nacional da AC ou mesmo se este existe, e a própria AC está convertida em secretariados, em ambulatórios de serviços, em grupos perdidos, como outrora, como antes, cada qual cuidando do seu cantinho e sem o menor espírito de comunidade.

[...]

---

9. Giuseppe Pizzardo (1877-1970), criado cardeal em 1937, foi secretário do Santo Ofício de 1951 até 1959, tendo sido substituído pelo cardeal Ottaviani.

Tudo isso é profundamente melancólico, mas longe de me desanimar me leva a crer que essa é a vontade de Deus e que a AC foi uma esperança *excessiva e prematura* e agora está na grande fase da *gestação obscura*, do *nisi granum*[10]... *Deo gratias!*

Afinal, de onde veio tudo isso? Das janelas quebradas e despintadas da praça XV abandonada, vista da Cúria... A *incúria vista da Cúria...*[11]

E com esse péssimo trocadilho mudemos de assunto! Escrevo essas coisas para me *libertar*, para sacudir esta lerdeza, para jogar fora o lixo, para cortar o cabelo e as unhas... da alma, para me desembaraçar desses hóspedes incômodos e reticentes, que usam óculos escuros e representam a figura de Cassandra[12] pelos séculos afora. Pronto, saí do banho. Transpus para o papel os intrusos. Limpei as teias de aranha. Dedetizei o apartamento e... não penso mais nisso. Morreu a Ação Católica. Viva a Ação Católica! *Le roi est mort. Vive le roi!*[13] [...]

P.

Moselinha,
24 de janeiro de 1960

[...]

Prefiro mil vezes o pecador carregado de culpas – com maridos ou mulheres tortas, e tudo o mais – ao virtuoso empavonado todo satisfeito de si e de suas virtudes. Considero o farisaísmo uma lepra muito mais repugnante do que todo decepcionismo, do que todo cepticismo ou protestantismo ou ateísmo. O homem que se orgulha de crer em Deus é para mim mil vezes pior do que o homem que não crê em Deus, ou mesmo que ataca Deus ou a Igreja, ou Nosso Senhor. Não posso com o fariseu. E por isso sou tão inclinado ao extremo oposto, a aceitar os errados com excessiva efusão, desde que não tenham também o seu farisaísmo. Pois afinal não é fariseu apenas aquele que se *orgulha da virtude*. É fariseu também aquele que se orgulha do pecado. De modo que o cinismo e a hipocrisia são irmãos siameses. Cá no íntimo, ainda prefiro o cinismo à hipocrisia.

Mas quando o pecador não tem consciência de si próprio – que é o caso das pessoas

10. Evangelho de João 12, 24 : "Se o grão de trigo (*nisi granum...*) que cai na terra não morrer, permanecerá só; mas se morrer produzirá muito fruto".

11. Na praça 15 de Novembro situava-se a sede do Centro Dom Vital, da revista *A Ordem* e da Ação Católica; a Cúria Metropolitana do Rio de Janeiro, do cardeal d. Jaime de Barros Câmara, também ficava à praça 15 de Novembro, esquina da rua 7 de Setembro, na Igreja Nossa Senhora do Carmo.

12. Personagem da mitologia clássica, filha dos reis de Tróia, Príamo e Hecuba, sempre almejou alcançar o sacerdócio. O deus Apolo, apaixonado por ela, concedeu-lhe o dom de predizer o futuro. Cassandra, porém, se recusou a entregar-se ao deus, que lhe cuspiu na boca e, com esse gesto, a amaldiçoou para que ninguém mais acreditasse em suas profecias.

13. "O rei morreu. Viva o rei!". Frase pronunciada na proclamação dos reis franceses, citada para lembrar a ingratidão humana.

que não possuem nenhum senso moral e, pelo contrário, são portadoras de uma carga hereditária de sífilis moral de que não têm consciência nem culpa alguma ou não se orgulham de si – então me sinto até atraído pelo pecador, pois, embora não haja nada mais gostoso e sadio do que a virtude simples e modesta, não há nada de mais intolerável do que a virtude satisfeita consigo mesma e que faz alarde de si. Esta é de arrasar. Mas, ponto final.

Vamos ao almoço como à primeira penitência das férias e com o propósito de vir trabalhar o mais depressa possível depois do vatapá engolido. [...]

Mas para mim hoje só o Petrópolis dos petropolitanos é que fala ao coração e me dá o que venho aqui buscar, silêncio e solidão. [...]

P.

Moselinha,
25 de janeiro de 1960

Conversão de São Paulo

Lembra-se de que, nesta grande data, íamos sempre a Itaipava?

[...]

Tudo isso vai tão, tão longe que se confunde com as coisas sonhadas ou pressentidas, e já não estou tão novo como você para ter a memória fresca, nem tão velho para não me recordar com lucidez das coisas antigas. De modo que a névoa do esquecimento vai tomando conta do horizonte, e talvez por isso, egoisticamente, é que digo sempre preferir o esquecimento à memória. Assim que me sucede algo de desagradável, passo logo a pensar: "Felizmente há o esquecimento e eu sou mais fácil de esquecer do que de recordar". Dito e feito. Dali a poucos dias a lixa do tempo vai passando sobre as rugas e a superfície se torna de novo lisa.

[...]

P.

Petrópolis,
26 de janeiro de 1960

[...]

Da igreja fui... à oficina, para não perder o hábito. Logo mais, se Deus quiser, busco o carro depois da conferência, pois foi apenas para uma regulagem do motor. Não subiu muito bem a serra desta vez. Não é de admirar. Está com mais um ano no lombo e 93.000 milhas (150.000 km mais ou menos) de andado. Se eu pudesse, o trocaria, como se faz nos States, com 20 ou 30.000 milhas, no máximo. Mas não posso. E tenho mesmo de ir comandando o velho barco! Ou então ouvir, como no outro dia, do "seo" Joaquim, enquanto desmontava a Plymouth: "Diacho, seu, os americanos inventam os troços e os outros é que se danam!"

Ontem, para não me sentir *cansado*, rabisquei uma croniqueta sobre "romance", especialmente o inédito da Heloneida Studart[14] e um pouco em resposta à carta dela, que mandei a você junto com a minha de ontem, que me esqueci de pôr no correio hoje de manhã quando fui passar um telegrama pelo aniversário do Guilherme Guinle[15]. Não faz mal, voltarei à tarde.

[...]

P.

Petrópolis, 30 de janeiro de 1960

[...]

De modo que São Pedro de Alcântara[16] é espanhol demais para me *tocar* profundamente. Mas hoje de manhã estava com fibra de o sentir, pois tínhamos ido ontem à noite – em vez de jantar – a uma comédia americana, no cinema, que era uma patacoada (os americanos, quando querem ser cômicos, caem logo na palhaçada), mas com uma longa cena extremamente indecente. De modo que o cinema estava cheio de rapazinhos e meninotas, que lá estavam, sob pretexto de a fita ser cômica, mas ao mesmo tempo sofrendo o impacto de uma cena que outrora se chamaria de obscena.

E eu, que estou longe de ser *moralista*, saí de lá revoltado ou não tão revoltado como devia, mas chocado com o terrível poder da decomposição moral que pode ter sobre temperamentos em plena adolescência e portanto em plena eflorescência dos instintos. Quadros prolongados da mais revoltante e impudica sensualidade, sob pretexto de comicidade. E vendo a enorme turma de meninos e meninas, de 15 ou 17 anos ali presentes, saí realmente pensando como é possível conciliar essa lubricidade sem limites com toda educação dos sentidos. Seria preciso uma fortíssima dose de *caráter*, de fortalecimento da vontade, para compensar essa tremenda carga com que se sobrecarregam os sentidos. E o resultado é... a juventude transviada. É perfeitamente lógico.

14. Heloneida Studart (1932), escritora e política. O romance a que Alceu dedicaria uma crônica é *A culpa* (1960).

15. Engenheiro e empresário carioca (1882-1960) e amigo de Alceu, que lhe consagrou uma crônica no ano de sua morte (*in Companheiros de viagem*).

16. Ou Pedro Garavito (1499-1592), frade franciscano e místico espanhol, organizador e líder de um ramo reformado da ordem franciscana, os alcantarinos. Santa Teresa de Ávila (1515-1582) o consultou antes de empreender a reforma do Carmelo, que instauraria uma regra mais austera, originando o ramo dos carmelitas descalços.

Daquelas premissas só pode resultar essa conclusão. Nem sei se havia uma limitação de idade, na porta do cinema, pela censura. Se havia, faltava toda e qualquer fiscalização. Ou então, tratando-se apenas de uma cena, e sendo o resto todo uma patacoada, embora sempre no limite da licenciosidade, aquela turma de adolescentes em grupos ali estava com o beneplácito das famílias, ou da não-boa-fé destas.

De qualquer maneira, ao assistir à missa diante da imagem de um dos mais austeros dos santos, fiquei sentindo o tremendo e irremediável contraste entre o Cristo e o mundo, e o perigo constante desse inevitável *contato-com-o-mundo* que o cristão terá de ter. Pois só se pode afastar do mundo quando se faz como você: levantar a barreira. Quando não, a pessoa pode transformar-se num moralista fechado, pouco inteligente, fanaticozinho. Ou então, como é a minha tendência: abrir demais as janelas, não maliciar os "laranjas" ou temer ficar incluído entre os "estreitistas", os "bonzinhos", os "beatos", etc.

Como é difícil a... já sabe, né... Ontem mesmo li uma frase de Mauriac: "Devemos ter o espírito aberto, mas sabendo pôr a parede...". Certo.

Por tudo isso é que pedi muito a São Pedro de Alcântara que me desse um pouco do seu ascetismo, virtude que me falta. Na querela entre jesuítas e Pascal, o jansenista[17], eu seria incluído, por mais estranho que pareça, entre os "laxistas", como eram chamados os jesuítas pelos jansenistas. Na boca do Cristo vejo e ouço muito mais a palavra *perdão* do que a palavra *anátema*...

São Pedro de Alcântara, dai-me um pouco do seu ascetismo para compensar o meu abertismo...

[...]

P.

Petrópolis,
1º de fevereiro de 1960

Ora, não sei se é um bem ou se é um mal, e sinceramente creio ser o *oposto* da mania judicante do Corção e portanto um erro igual e contrário, o erro não-judicante por medo, timidez, o que for – eu, ao contrário, cada vez tenho mais medo de *julgar*. Acho que foi essa a razão principal pela qual, há tantos anos, deixei a crítica. Julgar significa optar. Optar sempre foi a minha... pedra no caminho. Se deixei a igreja foi, em parte, porque lá fora tinha ao menos a ilusão de não precisar optar. Se custei muito a voltar é que, para transpor a soleira da *porta cœli*[18], era preciso *optar* e portanto *julgar*. Se deixei a crítica foi também por isso, embora a minha concepção de

17. Que segue o jansenismo, doutrina de Cornélio Jansênio (1585-1638), teólogo holandês, a qual se opõe ao livre-arbítrio e defende a graça como um dom inato concedido a poucos.

18. Porta do céu, um dos títulos latinos atribuídos à Igreja Católica.

crítica tenha sido sempre a *menos optativa e judicativa possível*. Quando no meu livro, *A estética literária e o crítico*[19], faço a apologia da crítica *criadora*, é precisamente contra a crítica judicativa, embora reconheça que a natureza da crítica é judicante, como etimologicamente discutimos o caso: a sua oposição à poesia, que é etimologicamente criação. Tudo isso denota um temperamento antijudicativo ou antiopcional, de modo que em tudo o que tenho escrito até hoje – e creio que não mudarei se ainda viver algum tempo – a minha preocupação é *dar um balanço*, equilibrar, proporcionar, usar o *e* e não o *ou* e com isso julgar o menos possível.

Ora, tudo isso é o oposto do que faz a força do Corção. Ele é sempre juiz, pronuncia sentenças, embora no estilo menos sentencioso e menos judicante que seja possível imprimir. Ele é juiz no fundo, nunca na forma. E este é talvez o segredo de sua originalidade: ele julga continuamente, dando a impressão de que não julga.

Nem sempre, aliás. Muitas vezes é contundente, irônico, ferino, sendo juiz no fundo e na forma. Daí a pouca simpatia que desperta mas ao mesmo tempo o fanatismo que também desperta em muitos e a admiração em todos. Isso é duro para todo juiz que tem o temperamento judicativo ao passo que eu tenho cada vez mais horror a julgar: sinto no julgamento o espírito do farisaísmo flutuando e insinuando-se, pois afinal os fariseus eram antes e acima de tudo juízes dos atos alheios, embora fracos juízes dos seus próprios atos. Graças a Deus o Corção nunca chega ao farisaísmo. Fica porém no tribunalismo...

Mas isso foi, por exceção, um desviozinho...

[...]

P.

Petrópolis,
3 de fevereiro de 1960

Esta carta deve chegar aí antes de outras anteriores, pois deixei no Rio, por esquecimento, a pasta de cartolina com a carta de ontem (e talvez também a de anteontem) e queria hoje de manhã pôr esta no correio, quando dei pela coisa. Como provavelmente só irei a Paissandu no domingo, só na segunda é que seguirão as anteriores. De modo que, desta vez, não culpe o correio. Culpe a mim. Aliás, estou notando, comigo, um outro sinal de... envelhecimento: Esquecer as coisas. Na segunda-feira, esqueci aqui os óculos e a cinzentinha, que tirara para espiar a caixa d'água... onde uma lagartixa se metera na véspera à noite e foi preciso esvaziar para limpar as duas caixas (a nova, diz Mamãe, estava mais suja do que a velha!). Ontem esqueço no

19. 2. ed., Rio de Janeiro: Agir, 1954.

Rio a pasta. Eu que caçoava ou caçôo com Mamãe, que está sempre procurando a sua caixa de óculos, estou sendo hoje gozado por ela.

P.

Petrópolis, 7 de fevereiro de 1960

[...]

Em tudo isso o que se vê é que o novo papa está sendo pouco a pouco absorvido e cercado pelos piores elementos do reacionarismo vaticano e o que começa a dominar a Igreja *administrativa*, no momento, é o mais feroz clericalismo autoritário. Se os ventos não mudarem até lá, vamos assistir em 1964, no centenário do *Syllabus*, a um novo *Syllabus* ainda mais terrível que o anterior! O pastor (João XXIII) vai ser comido pelos lobos...

Cuidado, seu Alceu, você não está contando com... o Espírito Santo. Se for assim, se João for de fato um Leão, como Leão XIII no fim da vida se tornou um João, é que são esses os desígnios de Deus.

Não banque o Léon Bloy[20], acusando Leão XIII de ter traído a Igreja, ou mesmo um Bernanos[21], chamando Pio XII, depreciativamente, de "papa diplomata". Você não tem jeito para isso. Limite-se a discordar do papa, como no caso da imprensa, nos *meios*. Mas evite fazê-lo publicamente. Não te entenderiam. Tanto mais que seu pastor não é dom Hélder[22], mas dom Jaime... (falou a cinzentinha...).

Está bem, cinzentinha, estou vendo ou ouvindo o teu espírito santo de orelha, que te é sussurrado lá de São Paulo, de uma abadia muito nossa conhecida... Compreendo e aceito a tua observação. Mas não posso é deixar de ter terríveis saudades, cada vez maiores, do tempo em que Pio XI condenava a Action Française, o comunismo, o nazismo e o mussolinismo (depois, é verdade, de o ter chamado, por ocasião do Tratado

20. Escritor francês (1846-1917) de grande ímpeto polêmico e católico ardoroso, um dos inspiradores da conversão de Jacques e Raïssa Maritain, foi também um crítico mordaz do conservadorismo da Cúria vaticana, bem como do materialismo, da escola literária do naturalismo, do positivismo – e da democracia. Por causa de suas firmes posições, viveu em situação de extrema miséria material. É dele a célebre frase: "Só há uma tristeza: a de não ser santo".

21. Georges Bernanos (1888-1948), escritor francês. Iniciou sua vida literária como jornalista adepto do movimento Action Française, liderado por Charles Maurras – que acabaria por abandonar. Católico fervoroso, Bernanos denunciou a aliança da Igreja com as forças reacionárias da Europa de então. Em 1938, deixou seu país e, após curta estada no Paraguai, instalou-se no Brasil, onde permaneceria até 1945. No Brasil, Bernanos publicou, em francês, *Lettres aux anglais* (*Cartas aos ingleses*), *Le chemin de la croix-des-âmes* (*O caminho da cruz das almas*), *La France contre les robots* (*A França contra os robôs*) e *Lettres inédites a Jorge de Lima* (*Cartas inéditas a Jorge de Lima*). A revista parisiense *Esprit* publicou algumas de suas cartas destinadas a Alceu: *Lettres à Amoroso Lima* (*Cartas a Amoroso Lima*), agosto de 1950 (pp. 187-209).

22. Dom Hélder Câmara era então bispo auxiliar do cardeal Câmara; entre ambos, não havia nenhum parentesco.

de Latrão[23], de "homem providencial") e sobretudo das mensagens de Natal de Pio XII, quando realmente o próprio papa acenava com uma *nova ordem cristã.*

Tudo isso é perfeitamente lógico e corriqueiro. É o deserto que se aproxima. O grande mar de areia, onde julgávamos que ia surgir uma seara verde e colorida de flores e de frutos. O deserto de areia... o sol, o cansaço (será que até este chegará?), o suor, a sede e o abandono, o repúdio. Terá chegado a hora de ler São João da Cruz[24] e nada mais...

Estou lendo o livrinho dos Maritain: *Liturgie et contemplation*[25], que me parece absolutamente certo, pois sempre assim senti a liturgia como caminho para a união pessoal com Deus. Mas que vai ser uma bomba em certos meios, acredito. E os meios antilitúrgicos mais uma vez tirarão do texto dos Maritain mais do que ele contém. Como sempre, Maritain é o... equilíbrio, o balanço, a proporção (como seu discípulo carioca...) mas os outros tirarão dele o que não disse. "Liquida com o liturgismo e o movimento litúrgico", dirão os Mesquitinhas[26], como dirão que João XXIII "liquida com os liberalismos" da imprensa, etc.

Tudo isso é ótimo! Eis a conclusão a que chego. Escrevendo o que acima ficou, já me libertei dos urubus e dos carnegões! Está de novo *tudo azul*! Nenhum cansaço, nenhuma dúvida, nenhuma queixa! Os da "Junta do Coice" estão flagelando Jesus. Estão obedecendo às ordens de Deus, para nosso bem. *Precisamos apanhar muito.* Se Ele apanhou, como haveríamos nós de escapar?

Aleluia! Não há nada como poder dizer a uma monja, isto é, a quem tem o coração tão leve! Você recebeu o peso. E vai transferi-lo para Quem continua na Cruz até a consumação dos séculos *carregando nossos pesos*! [...]

P.

Petrópolis,
11 de fevereiro de 1960

Daqui a três meses dizem que será divulgada a tal carta de Fátima[27], com as revelações de Nossa Senhora, que teriam feito Pio XII chorar quando as ouviu. Até hoje, não consegui apurar com segurança o que há de verdade e o que há de boato nessa

---

23. Assinado por Pio XI e Mussolini, pôs fim à "questão romana", constituindo a cidade-estado do Vaticano e reconhecendo o direito de a Ação Católica estabelecer-se em território italiano, entre outras medidas.

24. Ou Juan de Yepes (1542-1591), frade carmelita, reformador da ordem, com Santa Teresa de Ávila, e um dos grandes mestres da mística cristã. Autor de *A noite escura*, em que evoca a purificação que Deus opera nas almas, quando tudo parece perdido.

25. "Liturgia e contemplação".

26. A família Mesquita, proprietária do jornal *O Estado de S. Paulo.*

27. Em 1917, Nossa Senhora teria aparecido a três crianças – Lúcia de Jesus (1907), hoje freira, e os irmãos Francisco Marto (1908-1919) e Jacinta Marto (1910-1920), beatificados – em Fátima (Portugal); as revelações que a Virgem teria feito foram transcritas em uma carta, entregue ao papa Pio XII.

informação e aguardo o mês de maio com vontade de que fique, de uma vez esclarecido, se possível, o que há por trás de tudo isso. Não consigo dominar, em mim, a desconfiança em torno de todo esse negócio.

Será talvez a minha velha tendência ao cepticismo ou o meu *preconceito*... contra o regime salazarista, que me levam a vislumbrar através de tudo isso um espírito de propaganda parecido com o que leva o nosso JK a desenrolar por três horas a fio, diante da TV, as maravilhas do seu progresso material de 50 anos em 5. Durante os sete anos do Estado Novo não fizemos outra coisa senão ouvir isso através do DIP[28] ou do próprio Getúlio, que na tal meia hora da Rádio Nacional vivia fazendo o autolouvor do seu governo. Ainda me lembro, como se fosse hoje, daquela meia-noite, lá no apartamento de dona Almeidinha, em que todo mundo foi ouvir uma comunicação "sensacional" do Getúlio. Era a comunicação da descoberta do petróleo na Bahia, que iria *resolver todos os problemas nacionais*...

Depois, já passado o Getúlio, e creio mesmo que depois de seu suicídio, foi a outra bomba, a do petróleo no Amazonas, que fez delirar os brasileiros e especialmente os "nacionalistas". Se o petróleo da Bahia era uma realidade, embora não resolvesse problema algum, o da Amazônia era apenas uma vaga expectativa que até hoje não deu resultado algum. E os patriotas continuam a espetar o chão do Amazonas, sem querer recorrer às companhias estrangeiras por um falso nacionalismo e o Amazonas continua a rolar indiferente ou sobre um tesouro oculto ou sobre a rocha nua de um subsolo sem riqueza alguma.

Por essas e outras é que fico de pé atrás com a publicidade em torno de Fátima, – pois não sei bem onde termina a verdade da revelação de Nossa Senhora às crianças e onde começa a exploração patrioteira do nacionalismo português para fazer concorrência a Lourdes[29]. Continuo com a minha talvez condenável mas invencível tendência a desconfiar desses sinais visíveis da comunicação de Deus com os homens, a não ser pelos sacramentos e pela vida essencialmente espiritual e sobrenatural. Bem sei que a Igreja ainda é mais cuidadosa – para não dizer céptica – nessas manifestações e por isso mesmo é que me considero autorizado a pôr de quarentena esses fenômenos, enquanto a Igreja não der a palavra definitiva, coada através de muitas peneiras e onde, mesmo assim, não se considera infalível. Se até da palavra do papa em matérias como a dos meios de controlar a liberdade de imprensa podemos em consciência discordar, quanto mais desses casos mais obscuros, qual seja, essa misteriosa carta, que não se sabe ao certo quem escreveu (não era a Lúcia analfabeta?), a quem, nem como, nem o que contém. Até lá, limito-me a esperar, fazendo muito em não prejulgar.

É engraçado como quantas vezes, ao tomar da cinzentinha, não tenho a menor idéia do que vai sair. Por isso é que digo ser ela que comanda e não eu.

---

28. Departamento de Imprensa e Propaganda, criado durante o Estado Novo (1937-1945) para difundir a ideologia do regime e as realizações de Getúlio Vargas (1883-1954), que governou o Brasil de 1930 a 1945 e de 1951 a 1954.

29. Durante o ano de 1858, em Lourdes (França), a Imaculada Conceição teria aparecido 18 vezes à menina Bernadette Soubirous (1844-1879), feita santa por Pio XI, em 1933.

Bom, agora, cinzentinha caprichosa, não sei bem o que tinha a dizer, e deixe seu patrão falar um pouco, embora ele não tenha senão de repetir a mesma história do tempo... desperdiçado, sempre que não se tem uma regra fixa. Se não fosse a regra e não fosse o dogma, há muito que as ordens monásticas teriam desaparecido e com elas a própria Igreja! É por isso que eu compreendo, perfeitamente – é a verdade – por mais que me irrite, a atitude das Juntas do Coice em Roma ou aqui, inclusive do inefável bispo de Campos, quando insistem tanto na disciplina, na autoridade, no anátema, na obediência à letra dos documentos pontifícios, etc. e tal. *Não justifico*, porque acho que o fazem por obstinação, por hábito, quando não pelo amor do poder. Mas compreendo.

Bom. Lá vou seguindo sem querer os caprichos dessa caprichosa criança que me escapa pelos dedos afora como um peixe...

Ontem, ainda assim, saiu uma croniqueta que aí vai, para louvar o Manifesto[30], para você ver se em certas expressões não dá a impressão de que, se fosse eu a redigir, não diria outra coisa. Está aliás muito bem redigido e pensado e está se vendo que foi polido e repolido, pensado em cada item. Vai despertar muita poeira, mesmo entre os *udenistas*, pois afinal é a afirmação de que o gênero de oposição *lacerdista*, de caráter puramente negativo ou então visando, como por um momento visou, a um regime de "emergência" com o Carlos Lacerda[31] fazendo o papel de De Gaulle ou de Salazar, ou o tal *realismo* pregado pelo Juracy[32] e pode ser chamado de *juracysmo* (isto é: a conquista do poder como prioridade número um, às custas de qualquer aliança, como se viu na tentativa do Juracy ser o *tertius* de uma *união nacional* com a retirada do Lott[33] e do Jânio[34]) – ambas as correntes estão ultrapassadas.

E esses moços apresentam um programa positivo, construtivo, para ser realizado tanto no poder como na oposição e partindo de fatos e posições atuais, inclusive nas *obras* do juscelinismo, que ninguém pode negar e que o povo aprecia por patriotismo. É o tal caso: o povo sente menos o peso da vida cara do que o *orgulho* de ter uma capital nova e novas estradas louvadas pelos jornalistas estrangeiros e toda essa patacoada que vai ser o espetáculo da inauguração de Brasília ou da vinda do Eisenhower.

O povo é *naturalmente carnavalesco*, e o JK compreendeu isso muito bem, de modo que está governando carnavalescamente, com dinheiro falso que dá impressão de verdadeiro, porque algumas obras *visíveis* se têm feito por aí com ele. De modo que é um fato que a popularidade do JK tem crescido apesar da vida cara. Repete-se, em

---

30. Referência à carta-manifesto que os deputados udenistas José Sarney – nascido em 1930, futuro presidente da República (1986-1990) –, Edílson Távora (1921) e Clóvis Ferro Costa (1919) entregaram à direção do partido. No documento, os parlamentares apresentavam propostas de programa baseadas em um redimensionamento da filosofia do desenvolvimento, a partir da visão de que no centro da vida econômica deveria estar o próprio homem – e não o progresso material.

31. Jornalista e político (1914-1977), foi o primeiro governador do estado da Guanabara (1961-65).

32. Juracy Montenegro Magalhães (1905-2001), deputado federal pela UDN e articulador político, aparecia como um dos possíveis candidatos à eleição presidencial.

33. Apesar da retirada a que alude Alceu, o general Henrique Teixeira Lott (1894-1984) seria candidato à Presidência da República nas eleições de outubro de 1960 pela aliança PSD-PTB.

34. Jânio da Silva Quadros (1917-1992) também acabaria se candidatando ao Planalto, por uma coligação de forças dominada pela UDN, que derrotou Lott.

outros termos, o caso do Getúlio. Este se tornou popular por causa das *leis sociais*. O JK se está tornando popular por causa das *obras feitas*. Cidade bonita, estradas, açudes. Como o nosso povo é muito sensível às coisas *exteriores*, não está sabendo muito bem a que preço isso se faz e as negociatas atrás de tudo isso. O que ama é a figuração e o préstito, o samba, o carnaval, em suma...

E Brasília é um carnaval de cimento armado, menos o primeiro do que o outro. E alguma coisa fica de tudo isso, como ficaram as leis sociais, com as quais o Getúlio improvisou a sua popularidade. [...]

P.

Petrópolis, 17 de fevereiro de 1960

[...]

Mas ontem senti que Petrópolis se afastou um pouquinho mais da velha cidade pacata e familiar da minha infância onde tudo se passava mais ou menos em família. No grinfo (onde se bifurcam as duas vias na serra) todo um aparato de policiamento, faixas amarelas, multas e companhia. Mas para que a nota amiga do velho Petrópolis não estivesse ausente, o guarda, meu desconhecido, se dirige a mim assim: "Dr. Alceu (sic), então o senhor não sabe que não se pode passar a faixa amarela contínua (ultrapassar outro carro)? Da próxima vez serei forçado a multá-lo em 200 cruzeiros". "Desculpe e muito obrigado."

Foi um arzinho do Petrópolis íntimo e simplório de outrora, no meio da cidade nova e da estrada moderna, que colocam as relações humanas em termos de regulamentos, faixas, multas e companhia.

O guarda talvez fosse filho de algum operário da Cometa a quem eu dera tostõezinhos outrora, no meio da serra, como já uma vez encontrei um *chauffeur* de diplomata, creio eu, no aeroporto Santos Dumont. Foi uma nota humana naquela rispidez regulamentar a que responderam, com certeza, com multas, os dois outros carros na minha frente, retidos por igual motivo... Petrópolis civiliza-se... e com isso desumaniza-se. E a minha infância vai morrendo aos poucos, como todas as infâncias e mocidades.

[...]

Combinei com o Roberto Gomes ficar no quarto dele durante o carnaval de 1916, na Cremerie Buisson[35]. E levei para o meu isolamento duas coisas contraditórias: as comédias de Aristófanes[36], para ler e uns vidros de lança-perfume, para...

---

35. Antiga fábrica de queijos, fundada em Petrópolis pelo francês Jules Buisson, hoje parque Cremerie.

36. Iniciador da comédia grega (*c.* 455-375 a.C.). É de sua autoria a peça *As rãs*, a que Alceu se refere adiante.

respirar o éter! Era mais grave do que álcool... Graças a Deus cheirei apenas um vidro e ainda me lembro do sono bom, à tarde, que aquele éter me provocou, com as *rãs* de Aristófanes caídas no colo e ouvindo ao longe as cigarras, como estou ouvindo agora (1960), do lado de lá do rio, no nosso terreno. As cigarras são tão helênicas! E tão – férias! Até hoje! Fiquei lá (em 1916) os três dias de carnaval, sozinho, passeando pelos matos e uma vez até aparecendo nas Duas Pontes[37] com surpresa para todo mundo que me dava como empenhado a fundo nos bailes carnavalescos!

Foram três dias de absoluto retiro, entre os gregos, as cigarras, as matas então virgens da Quitandinha e um pouco de éter para adormecer e sonhar, influenciado por Baudelaire[38] e seus paraísos artificiais. Êta mocidade maluca, nessa misturada de solidão, de trópico, de Grécia, de vício, de fuga ao mundo! 21 anos! Encruzilhada de caminhos: advocacia, diplomacia, Itamaraty etc.

[...]

Tudo isso é o que me evocam os andaimes que acabo de ver do hotel Majestic (em Petrópolis), prestes a desaparecer. Ali passei os dois verões mais *dissipados* da minha mocidade. E ali se decidiu, de certo modo, a minha vida. Poderia ter sido engolfado pelo mundanismo. Mas essa reação do carnaval de 1916 creio que foi providencial. Apesar da bisnaga de éter, Aristófanes foi mais forte: *o livro venceu o lança-perfume*!

Estava lançado o meu destino!

Só mesmo esta languidez das manhãs de Piabanha, ao som das cigarras e à vista da acácias, é que me permite esta gostosa e melancólica evocação da mocidade e das encruzilhadas do nosso destino!!!

P.

Petrópolis,
20 de fevereiro de 1960

[...]

Às vezes me salta esta idéia: na *realidade* divina – que é afinal a nossa realidade profunda – tudo o que fazemos ou vamos fazer *já foi feito*. Você já pensou nisso? Nós nunca fazemos nada pela primeira vez. Nós só *repetimos no tempo* o que já fizemos *na mente de Deus*. São coisas tão estranhas que a gente tem medo de dizer *alto* para não atrapalhar os espíritos e quiçá estes fazerem muitos arrepiar carreira, pois a maioria faz do céu uma espécie de continuação da terra e nada mais, e da Outra Vida

37. Casa de seus tios em Petrópolis.

38. Charles Baudelaire (1821-1867), poeta francês, autor de *Paraísos artificiais*, inspirado no livro *Confissões de um comedor de ópio*, do inglês Thomas De Quincey (1785-1859).

um mero prosseguimento desta vida, apenas sem a morte e certos incômodos da vida atual.

Essa projeção da terra *sobre* o céu é um antropocentrismo que a teologia não pode aceitar. A vida cá na terra, isto é, *no tempo*, é que representa uma projeção da vida eterna. Deus primeiro. E em Deus tudo o que d'Ele vem, inclusive as menores circunstâncias de nossa vida. Tudo isso está naturalmente implicado na natureza de Deus. Para Ele não há surpresa. Enquanto para nós, segundo a frase de Chesterton que eu vivo repetindo, "o imprevisto é a lei da história" (isto é, do tempo, pois história são os acontecimentos no tempo), para Deus o imprevisto não existe. Tudo já está não só previsto mas... feito. Passado, presente e futuro se fundem no ser contínuo da transcendência. O que vai ser já foi. Tudo que fazemos já foi feito. O que nos atrapalha é precisamente a nossa linguagem, reflexo aliás da nossa condição *temporal*. O verbo é o centro da linguagem. E a conjugação dos verbos é mesmo o pesadelo das crianças e o tropeço dos adultos... Para o Verbo Divino, não há conjugação, já que Este está íntima e indissoluvelmente ligado à idéia de tempo.

Essa idéia, pois, de que tudo o que pensamos ou fazemos já foi pensado e feito é a única explicação para a tal palavra de Salomão que tanto me impressiona: "Não há nada de novo debaixo do sol..."[39] divino. Debaixo do sol astronômico tudo é novo... Mas na realidade ontológica realmente não há nada de novo, de inicial, de inédito. Vivemos apenas, no tempo, o que está vivido em Deus. E por isso é que sentimos tantas vezes a sensação de já ter sentido, de já ter visto, de já ter pensado isto ou aquilo, e os psiquiatras dizem mesmo que esse é um sintoma de desequilíbrio, que um francês chamou de *délire du dejà-vu*[40]. Mas não será esta mais uma dessas minúsculas *fendas* pelas quais penetra, neste nosso mundo fechado no tempo, no escuro, no mistério, no imprevisto, um pouco dessa luz serena? E tudo penetrando até o âmago, que só vamos contemplar, para nosso bem ou para nossa condenação, depois da morte!

[...]

P.

39. Livro do Eclesiastes 1, 9.

40. "Delírio do que já foi visto".

Petrópolis,
3 de março de 1960

[...]

Hoje também vai ser muito curta a carta. Quero ver se ainda escrevo algumas linhas sobre a próxima chegada do Stevenson. O engraçado é que, tendo escrito uma porção de artigos sobre ele, não *sinto* nada do que tenho ou devo dizer.

[...]

Não tenho nenhuma recordação pessoal da *pessoa*, que é o que dá vida a qualquer evocação. É por isso que não devo escrever memórias... Ao contrário de um Schmidt[41] ou de um Gilberto Amado, por exemplo, que viveram e vivem em contato com as pessoas, eu prefiro e sempre preferi viver em contato com as idéias, e estas não dão para... memórias.

As pessoas se chateiam quando se fala em idéias e só se interessam quando essas idéias são encarnadas num corpo. E cada vez mais fujo dos contatos com as pessoas, em carne e osso, e me refugio no outro plano, o do espírito. Bem vejo, por exemplo, que o próprio Cristo se juntou a um corpo ou se fez corpo para poder interessar aos homens. Se a encarnação fosse apenas uma ideação, já o cristianismo teria, ou antes, não teria passado a ser, se realmente fosse, a revelação divina, de modo que a hipótese é inimaginável. Pois de duas uma: ou era o Verbo de Deus realmente o Filho enviado pelo Pai, e nesse caso, ou com corpo ou apenas com idéia, o cristianismo continuaria no mundo com suas vicissitudes, "até a consumação dos séculos", ou não era, e então a encarnação ou *in-ideação* teria sido apenas uma criação humana a mais, uma aspiração, uma religião natural, e teria morrido ou se perdido entre as superstições, como as demais. Mas o fato de ter havido uma *en-carnação* e não apenas uma *in-ideação*, é a prova patente de que as coisas, para durarem, têm de ser *matéria e forma*, como dizem os filósofos, ou corpo e alma, como dizemos nós. E é por isso que, voltando à vaca fria, quero escrever sobre Stevenson e não sei o que dizer...

[...]

P.

Petrópolis,
8 de março de 1960

Até que enfim posso prosseguir... A interrupção foi apenas de um dia, ainda compensada por um P. S. do dia anterior, mas já me pesa na consciência. E temo muito qualquer interrupção no curso de um prazer legítimo e de um dever moral.

41. Augusto Frederico Schmidt (1906-1965), poeta e editor.

Basta que deixemos um espaço vazio para que entrem logo esses micróbios e essas forças estranhas que andam sempre à espreita para nos arrastar para onde não devemos ir. Mesmo as coisas mais íntimas e mais... devocionais, como estas cartas, se se deixa um furo no cano, adeus, água corrente... É engraçado como quanto mais vivo menos confiança tenho na natureza humana. É provavelmente a experiência que nos faz ver o nosso próprio eu com mais lucidez e por isso mesmo nos leva também a considerar com mais profundidade os perigos que nos cercam. Enquanto não tocamos de perto a nossa fragilidade, nos expomos com audácia. Mas aos poucos vamos adquirindo uma visão mais objetiva dos perigos no meio dos quais vivemos – tanto os interiores como os exteriores – e vamos criando medo. E prontos a entrar no excesso oposto. Os moços brincam com a vida. Os velhos a defendem *demais*.

Como vamos sabendo melhor os riscos que corremos e tendo mais a perder do ponto de vista moral à medida que temos menos a perder do ponto de vista material – o resultado é que vamos tendo medo de tudo e de nós mesmos. E caminhando para essa ataraxia que acaba, em geral, sendo a condição dos últimos anos de vida, especialmente quando nos aproximamos da fronteira dos 70 e só podemos alcançar os 80 *si validi sumus...*[42] E como a invalidez assume muitas formas, uma delas é essa perda crescente da coragem de viver, em virtude do conhecimento mais claro que vamos tendo dos riscos que corremos. O difícil, como sempre, é ficar à distância dos dois extremos. E ainda aí, o que sinto é certo... (ia dizendo *cansaço*, mas começo a ter alguma superstição do termo, o que confirma o que ficou dito acima)... certa chateação, digamos, por repisar mil vezes na mesma tecla.

[...]

P.

Petrópolis, 24/25 de março de 1960

[...] E que *dois* dias! Falhei ontem no "ponto" e hoje estou em cima da hora, pois já são 9:15 e às 10:15 devo descer para almoçar com o Stevenson no Rio!

É lógico que isso não me dá prazer algum. Antes pelo contrário. Fiel ao meu velho *slogan* de não me agradar o contato pessoal com os homens que mais admiro, justamente porque os admiro demais, preferia muito continuar a vê-lo de longe, possivelmente disputando pela terceira vez a eleição para presidente dos Estados

42. "Se ainda estivermos válidos".

Unidos, e me lembrando dos entusiasmos com que, em 1951, defendi sua candidatura... sem poder fazê-lo oficialmente (se a OEA fosse a ONU, eu teria sido advertido, se não demitido).

Este foi um dos motivos por que recusei ao Lafer[43], ministro das Relações Exteriores, e ao Schmidt, a *éminence grise*[44] do regime JK, a indicação do meu nome para dirigir os serviços de informação da ONU, em NY, com 3 ou 4.000 dólares por mês (ao que me disseram) com a intenção de passar mel nos lábios de um professor que ganha 150 dólares (25 contos) mais ou menos por mês, isto é, um pouco menos do que o oferecido... Mas seria ao preço da liberdade, ou, se a palavra for enfática demais, ao preço dessa gostosura última que me resta a esta altura, de poder escrever sem restrições forçadas a não ser as da própria consciência ou as da dúvida, ainda mais exigentes...

De modo que, depois de ter dito desse homem o mais que se pode dizer, sem nunca ter tido a menor veleidade de me aproximar dele nos Estados Unidos, desde 1951 e 59, sou hoje forçado a entrar em contato pessoal e constrangido com ele. Constrangido, porque aceitei o convite apenas para não dar uma de rogado. [...]

P.

Petrópolis,
26 de março de 1960

[...]

Mas o que interessa não é o que o Tristão pensa do Stevenson, mas o que sentiu chegando perto da... montanha. É que ele pertence ao grupo Maritain, isto é: dos que, longe de decepcionarem, confirmam. É um encanto, já no olhar, ao mesmo tempo infantil e sério, traindo uma autêntica naturalidade e simplicidade que só se encontram raramente em homens tão altamente colocados e uma figura mundial. Pouco lhe falei. [...]

Havia umas cem pessoas ou mais, distribuídas por oito ou dez mesas, inclusive na varanda, e a conversa rápida que pude ter com o homem foi antes e depois, alguns minutos, e numa visita à casa Rui Barbosa[45], em obras, por uns 15 minutos. Bastou, entretanto, para o diagnóstico. Tem realmente como homem a mesma classe que tem

43. Horácio Lafer (1900-1965), empresário e político, ministro da Fazenda no governo constitucional de Vargas, e ministro das Relações Exteriores no governo de Juscelino Kubitschek.

44. "Eminência parda".

45. No local funciona hoje a Fundação Casa de Rui Barbosa. Comprada pelo governo em 1924, juntamente com o arquivo de Rui Barbosa, a casa foi aberta ao público como museu em 1930 e abriga importante acervo de escritores brasileiros.

como político e como escritor. Foi Maurício Nabuco[46] que me apresentou a ele, até com exagero, dizendo inclusive que eu era "o homem que mais o admirava no Brasil e que, nos Estados Unidos, chegara até a porta de sua casa sem ter tido coragem de entrar".

[...]

P.

Petrópolis, 27 de março de 1960

Este domingo da meia-Quaresma, que deveria ser de Aleluia, é de tristeza com a catástrofe cearense do terrível rompimento do açude de Orós, no vale do Jaguaribe, que normalmente conta com 25 milhões de metros cúbicos de água e já está com 70 milhões, sendo que as águas já passaram por cima das muralhas, que aliás não são de cimento mas de terra, ao que se vê das fotos, e dificilmente resistirão a essa tremenda massa d'água. Ontem à noite as notícias eram mais favoráveis, mas esta manhã os jornais estão pessimistas. Parece que recomeçaram lá as chuvas durante a noite e os sangradouros – feitos para aliviar a pressão – já aumentaram demais na largura, e poderão levar consigo de roldão a muralha, quase toda de terra. Há 11 cidades, dizem, que ficarão submersas, se isso acontecer. Uma delas é Aracati, com 45 mil habitantes (mais ou menos Petrópolis), que dizem já ter sido evacuada pela população. Você imagina o que é uma cidade como Petrópolis ter de ser abandonada totalmente, em 24 horas, sem estradas para retirada, pois todas são de terra e estão enlameadas e sem ter cidades próximas onde essa população possa se refugiar! É um drama autêntico, pior do que a seca. É a diferença entre um desastre de trem e um desastre de avião. E isso na hora exata em que o governo se preparava para um espetáculo esfuziante na inauguração de Brasília, como coroamento espetacular das invenções juscelínicas. É certo que o JK não é o culpado direto da tragédia de Orós, mas, *se for verdade* uma acusação feita ontem por um deputado cearense (suspeito, sem dúvida, por ser da oposição) de que os apelos dos engenheiros das obras de Orós, no ano passado, para liberação das verbas destinadas a reforçar as paredes do açude antes de chegarem as chuvas de março não foram atendidos e houve verbas desviadas para Brasília (o que é perfeitamente possível dada a obsessão do JK), então a responsabilidade deste é inevitável.

[...]

---

46. Maurício Hilário Barreto Nabuco de Araújo, diplomata (1891-1979), filho de Joaquim Nabuco, foi embaixador nos EUA e no Vaticano.

De qualquer maneira, Orós e Brasília são perfeitamente simbólicas do Brasil real, tudo feito às pressas, sem fundamento, sem ordem, à moda de aventura, confiando na sorte e no famoso "Deus é brasileiro".

Hoje começa a aparecer uma reportagem do Hélio Fernandes[47], no *Diário de Notícias*, sobre Brasília. É impressionante a falta absoluta de condições para sua habitabilidade normal, a partir de 21 de abril, data fixada pelo JK à brasileira, isto é, idealmente, sem nenhuma base senão emocional, simbólica e... demagógica. E o único argumento dos mais ponderados é que "de outro modo não se faria". Argumento tipicamente... brasileiro, como se a construção de Brasília fosse mais importante do que o bom senso, a experiência, a natureza das coisas e a mínima consideração pelo próximo e pelo momento presente.

Enquanto isso, o nosso Rio é entregue cada vez mais ao acaso e à prefeitura...

P.

Petrópolis,
4 de abril de 1960

[...]

Hoje vou ver se escrevo outra croniqueta, menos sentimental e mais chata, comentando um texto do velho Hipólito da Costa[48], de 1813, sobre a mudança da capital para o sertão, de que ele era entusiasta e que para mim é uma loucura, mas não um erro. E com os séculos, ou mesmo os decênios, trará suas vantagens. Os empedernidos antimudancistas, como o Corção, erram tanto por fanatismo sectário como os mudancistas, como o Sobral, que acham que da mudança da capital vai começar uma era nova. Será apenas a continuação da era velha, com um quisto a mais no sertão, que pouco a pouco se tornará um pólo magnético mas sem prejuízo algum nem do Rio nem de São Paulo.

[...]

P.

47. Jornalista carioca (1920), diretor da *Tribuna da Imprensa*; a nova capital seria, efetivamente, inaugurada a 21 de abril de 1960.

48. Hipólito José da Costa (1774-1823), fundador da imprensa brasileira – o *Correio Braziliense* (1808-1822), por ele criado em Londres, onde vivia e morreu, foi o primeiro jornal em língua portuguesa a circular no Brasil.

Petrópolis,
8 de abril de 1960

Se você soubesse como a cinzentinha há dois dias está "braba" comigo! Só sinto a bichinha se mexer e remexer no bolso da camisa, mandando-me mensagens cifradas, toda nervosinha, a perguntar, a cada momento: "Então, como é? Há dois dias não saio do bolso nem para uma carta sua pra São Paulo! Não é possível continuar assim! Isso não sucedeu nunca! Você bem sabe, seu malandro, que não posso viver sem comer e sem beber e essas cartas, afinal, representam as minhas refeições cotidianas!"

[...]

P.

Petrópolis,
9 de abril de 1960

[...]

Como o destino *eterno* de uma alma fica sujeito a considerações tão mesquinhas (ou mesmo que não o sejam) como o choque emotivo de quem está com o coração mutilado e em cicatrização e portanto com um mal-estar geral que inclusive não lhe permitirá pensar em nada e muito menos em desfazer o que representam anos de ateísmo prático. E dizer que é essa a condição de 90% dos homens, ao menos dos homens, e de uns 30% das mulheres de nossa orgulhosa "civilização cristã", para os Ottavianis e os próprios Sheens que mandam que nos defendamos até mesmo de contatos e *pontes*... com os pestíferos do lado de lá.

Quando a diferença entre as duas margens é que, numa delas, o ateísmo é oficial, ao passo que na outra é privado, como a economia... Que grande farsa! É *esta* civilização burguesa praticamente tão atéia quanto a comunista e que os cardeais nos mandam defender a unhas e dentes, confundindo-a com a civilização cristã que deveríamos ter! Não consigo engolir essa orientação atual da Igreja *oficial*, dos seus *big shots*. E como, na realidade, o comunismo é realmente intragável e intratável, mais fanático ainda do que todo o Colégio dos Cardeais juntos, mesmo que todos fossem "ottaviânicos", somos forçados a preferir isso que aí está a um mundo totalitário, seja de que tipo for e de modo particular ao totalitarismo ateu. Mas será que a barreira cardinalícia, muito mais feita de palavras que de atos, evitará o novo dilúvio que arrancará à Igreja toda liberdade de ação?

De qualquer modo, o que temos de fazer é procurar evitar uma ruptura total com o outro lado da ponte e agir no sentido de corrigir o ateísmo prático do nosso lado, que é evidentemente a ponte mais fácil para passar ao outro lado, subordinando-se a ele em vez de o converter.

Os suicídios são típicos das épocas de fim de civilização como a nossa. Há um capítulo na grande obra de um dominicano alemão – Weiss[49] – sobre o cristianismo, dedicado à epidemia de suicídios, no fim da civilização grega e da civilização romana. Impressionante. Deve estar mencionado no meu livro *Economia moderna*, quando falo do fim da economia antiga. E embora o caso que nos toca de mais perto não tenha os mesmos motivos ideológicos daqueles últimos (gregos e romanos), é um fato que revela um desespero típico de quem não vê solução para nada porque rejeitou a única solução autêntica para tudo.

E, no entanto, como tenho pena dos suicidas! O desespero que os leva a desertar da vida é muito mais nobre do que a própria vida que em geral levavam, na farra, no luxo, no puro instinto animal. [...]

P.

Rio de Janeiro,
24 de abril de 1960

Tenho tanto que fazer que... não faço nada! É sempre assim. [...]

Por não falar nisso, ontem li uma frase do Henri de Montherlant[50], que acaba de entrar para a Academia Francesa, sem ter apresentado a sua candidatura, com 24 votos entre 29 votantes, que me encheu as medidas: *"Ceux qui me visitent m'obligent. Ceux qui ne me visitent pas, me font plaisir"*[51]*!* Cem por cento de acordo. Você bem sabe o sentido em que está empregado o verbo *obliger*, que aí não é *obrigar* mas *fazer uma deferência*.

A frase é dedicada aos visitantes, mas ainda mais aos... não-visitantes e muito mais sutil do que a minha: "Quem me visita não é meu amigo"[52], que é indelicada para com os visitantes... Adotarei a sentença montherlânica, e não era à toa que Bernanos o considerava o maior estilista ou mesmo, creio eu, o maior escritor francês vivo. Pensando, como creio, que era *la plus belle rose française contemporaine*[53], com o que, aliás, se insurgia o mais fiel dos bernanosianos, o Albert Béguin[54], que detestava o

49. Albert-Maria Weiss (1844-1925); a obra referida é a tradução francesa de sua *Apologie du christianisme au point de vue des moeurs et de la civilisation* (Apologia do cristinismo do ponto de vista dos costumes e da civilização), traduzida e editada na França em 1894. O título completo do livro *Economia moderna*, que Alceu menciona em seguida, é *Introdução à economia moderna* (Rio de Janeiro: Agir, 1956).

50. Romancista e dramaturgo francês (1895-1972).

51. "Quem me visita faz-me uma deferência. Quem não me visita muito me alegra".

52. A frase inteira é: "Quem me visita não é meu amigo, até passar da porta de entrada".

53. "A mais linda rosa francesa contemporânea".

54. Escritor e crítico literário suíço de expressão francesa (1901-1957) e um dos expoentes da intelectualidade cristã, foi diretor da revista *Espirit*.

Montherlant. Pelo que vejo, tudo isso é boa farinha para um bolinho de milho do *Jornal do Brasil*, às quintas ou sextas...

[...]

P.

Petrópolis,
4 de maio de 1960

[...]

E ainda quero adiantar ou acabar a releitura do último dos romances do Jorge de Lima[55], que já havia lido, como vejo das anotações de há 20 anos (em 1939). Mas, como acontece, já havia completamente esquecido. A releitura dos que havia lido *mal* e a leitura dos que não havia lido foram para mim uma revelação do Jorge de Lima romancista, quase tão grande como o poeta, e não sei mesmo se retiraria o quase. E dizer que escrevia esses romances ao correr da pena, e que se tivesse vivido mais teria dado ainda outros muitos! Não conheço outro escritor tão *naturalmente* fecundo como o Jorge, e o fazia como Coelho Neto[56], impelido pela necessidade de ganhar a vida e com uma arte quase toda intencional, por uma pressão interior invencível, que revela a autêntica personalidade genial.

Não sei se um Jorge Amado[57] ou se um Tatá (Otávio de Faria[58]) ou um Lúcio Cardoso[59] são superiores a ele. Se forem, no romance moderno, acho que serão os únicos. Pois do Erico Verissimo[60] só mesmo *O tempo e o vento* é que está no mesmo nível. E do José Lins do Rego[61] tampouco fica abaixo, senão no número dos romances, já que o Jorge foi sobretudo poeta e deu ao romance apenas uma colocação lateral na sua obra. Mas tem um tal vigor de expressão e uma tal personalidade no modo de vir de cima a baixo, do mais alto misticismo ao mais baixo instintivismo, em escala das sensações e alusões, que é mesmo um caso de romancista completo, em extensão e intensidade, cujos defeitos são apenas o do atropelo na execução de uma obra que lhe bro-

55. Poeta e romancista (1895-1953), cujo desejo era o de "restaurar a poesia em Cristo".

56. Henrique Maximiano Coelho Neto (1864-1934), autor de vasta e variada obra, e um dos fundadores da Academia Brasileira de Letras.

57. Romancista (1912-2001), membro da Academia Brasileira de Letras.

58. Autor católico (1908-1980), cunhado de Alceu, colaborador da revista *A Ordem*, integrou, como seu pai, Alberto de Faria, a Academia Brasileira de Letras, para a qual entrou em 1972.

59. Joaquim Lúcio Cardoso Filho (1913-1968), outro escritor de influência católica.

60. Escritor e editor (1905-1975), Verissimo sucederia a Alceu na União Pan-Americana, em Washington.

61. Romancista (1901-1957), membro da Academia Brasileira de Letras a partir de 1955.

tava de dentro como uma fonte incessante, de que ele só aproveitava o que podia, deixando perder-se muita coisa, por falta de tempo e atenção e sem qualquer polimento. É uma torrente.

[...]

Hoje, pelos jornais, uma notícia "ducha-de-água-fria" suprimiu a tal emenda que aumentava os professores catedráticos de 17 para 40 contos mensais. Enquanto isso, aumentaram os generais para 68 contos mensais, fora as gratificações, etc. e tal. É isso um índice do desdém pela cultura. No tempo do Império os catedráticos eram equiparados aos generais e aos magistrados do Supremo Tribunal, que hoje estão ganhando cinco vezes mais do que eles! Isto basta para mostrar os novos rumos do país. Como o governo – digo, o Executivo – precisa dos magistrados e dos generais para garantir os seus poderes, dá todo apoio a qualquer aumento de vencimentos. Como não precisa dos professores, estes que se arrumem!

[...]

P.

Rio de Janeiro,
23 de maio de 1960

Assim como os restaurantes baratos têm "o prato do dia", as almas fracas têm... a preocupação do dia. Digo os *fracos* porque os outros, já sabendo que esta vida é um longo tecido de preocupações, não pensam nem mesmo distinguem *a do dia*, como se pudesse haver momento – quanto mais dia – sem ela, de modo que vivem na perfeita serenidade e deixam que elas passem como passam as horas, indefectivelmente, tanto as boas como as más...

Mas as almas fracas pensam... no prato do dia e, por exemplo, acordam um pouco antes da hora (embora para redormirem, pois se a alma é fraca o corpo ainda é sadio) para se lembrarem que logo mais têm de retomar as aulas do centro, interrompidas por duas semanas, e com a curiosidade de ver de quanto caiu a freqüência, se mesmo de todo, inclusive com o tempo frio e ameaçador que está fazendo – e não se lembrando mais *onde* interromperam o tema na última aula, há duas semanas já (o tempo correndo, o tempo correndo e o tempo correndo). Além disso, e mesmo *mais*, a corrida das 7 às 8, para às 8:15 estarem no Leblon e falarem em inglês para um auditório ignoto, na American School, numa rua General Artigas que nem sabem onde é.

Conseqüência: tomara que já chegue amanhã, isto é, que o tempo hoje corra ainda mais depressa. Mas como as obrigações nem por isso cessam, vamos ver se amanhã ainda há algum catatauzinho escrito como os outros nesta semana para que eu possa suprir estes dois dias de buraco na Moselinha e não seja interrompido por coisa alguma e, ao mesmo tempo, com a casa cheia de Mamãe, lá embaixo, mexendo e remexendo gavetas e jardins.

[...]

P.

Rio de Janeiro, 24 de maio de 1960

[...]

E voltemos então por um momento aos velhos tempos da escola, já reambientado no pátio do São Joaquim, onde passara antes tão maus momentos, quando escondia com vergonha a merenda, tão bem preparadinha por mamãe, e que os malandros iriam comer, os mesmos diante dos quais eu tinha vergonha de comer... Como são as coisas que acontecem aos tímidos! pois naquele tempo eu era tímido e só mesmo com a prática dos auditórios é que fui ficando sem-vergonha...

Os outros professores, já na praça XV, eram mais assíduos (sem falar no Sá Viana, que não faltava nunca e era, como já contei, o terror da segunda série da Escola de Direito).

[...]

Creio ter com isso decifrado a trama dos professores da escola. Nenhum deles exerceu qualquer influência sobre mim, a não ser Sílvio Romero[62], com o seu evolucionismo spenceriano que aliás andava *no ar*. Mas era um professor gostoso de se ouvir. E embora eu não estivesse presente ao ato formal de nossa formatura (pois colei grau sozinho no dia 11 de dezembro de 1913, quando completava 20 anos, por ter de seguir no dia seguinte para a Europa). A Escola não me interessava. A advocacia tampouco. Tampouco os colegas. Largava os cinco anos de Direito sem ter me apegado a nada daquilo. Seguia para o Velho Mundo, com uns vagos propósitos. Seguiria a orientação do Bandeira e sobretudo do Barros Barreto[63], de estudar Direito em Heidelberg. Veio 1914... E foi um "*alors Malherbe vint*"[64]... E tudo mudou na vida do mundo... Na minha própria vida também!

P.

---

62. Sílvio Vasconcelos da Silveira Ramos, pseudônimo Sílvio Romero (1851-1914), crítico, ensaísta e historiador da literatura brasileira, um dos membros fundadores da Academia Brasileira de Letras.

63. Provavelmente Francisco Barros Barreto (1895-1969), advogado e jurista.

64. Na verdade, "*Enfin Malherbe vint...*" (Malherbe enfim chegou) – trecho de *A arte poética*, de Nicolas Boileau (1636-1711), que evoca a mudança causada na poesia francesa pelos versos de François de Malherbe (1555-1628).

Rio de Janeiro,
5 de junho de 1960
Domingo de Pentecostes

[...]

Eis aí, pois, um sábado bem nutrido. Espero fazer o mesmo neste domingo de Pentecostes, onde tenho tanto que agradecer ao meu querido Espírito Santo, a pessoa da Santíssima Trindade que mais incomodo e com quem me sinto mais à vontade para conversar e pedir coisas... Se não fosse Ele...

P.

Rio de Janeiro,
6 de junho de 1960

[...]

Hoje a lebre corrida foi a da Escola Superior de Guerra. Graças a Deus tudo correu bem. Falei das 9 e 5 às 10 e 5. Depois os debates se prolongaram das 10:15 às 11:35! Mais ou menos exaustivo, pois o auditório é realmente o que há de escolhido, com mais civis até do que militares. Houve uns dez interpelantes e as respostas tomavam às vezes de cinco a dez minutos. Graças ao Espírito Santo tudo correu bem. Já me queriam pegar, lá mesmo, para outra, na semana que vem. Recusei. Agora, o Wanderley Pinho[65] me telefona dizendo que no Instituto Histórico me designaram como relator das teses relativas à história religiosa no Congresso que, em 1963, vai reunir-se aqui em comemoração do quarto centenário da fundação do Rio. Disse que, de *longe*, podia auxiliar, mas comparecer a reuniões, não. Ontem recebi telefonema do padre Alonso dizendo que o cardeal Montini deve chegar *esta semana* e pedindo que o saúde, em nome da PUC, pois vão dar-lhe o título de doutor *honoris causa*. Respondi-lhe que não estava habilitado, sem dados biográficos, etc. e que aceitaria a incumbência só se ele não encontrasse outro melhor. Ficou de ver se na Nunciatura há dados pois deseja que seja eu mesmo. Tenho pelo Montini, como você sabe, a maior admiração e tanto você como eu guardamos dele a imagem inesquecível daquelas conferências na Universidade de Roma, mas daí a fazer uma saudação... Vamos ver.

[...]

P.

---

65. José Wanderley de Araújo Pinho (1890-1967), político e historiador.

Petrópolis,
12 de junho de 1960

[...]

Não me neguei, porém, a folhear as provas da parte da obra de José de Alencar[66] que mais me interessa para a conferência na academia. Engraçada a tendência invencível que sinto e que se parece com a tal sensação de *alívio* quando vou procurar uma pessoa com quem preciso falar e não a encontro... Minha inclinação é para ler coisas *diferentes* daquelas que necessito ler para um determinado trabalho. Se preciso escrever sobre literatura vou ler... filosofia e vice-versa! Retardo quanto possível a... especialização. É a conseqüência lógica daquilo que vivo te dizendo e você protesta. Mas se me perguntarem, na hora da morte, e eu tiver tempo de responder, o que fui acima de tudo na vida, responderei: um *amador*... E como me chamo Amoroso...

[...]

P.

São Lourenço,
7 de julho de 1960

[...]

Voltemos a 1913 e à minha viagem sozinho no *Cap Finisterre*[67], em dezembro. Foi então que não conversei com ninguém a não ser com os empregados de bordo e isso mesmo... Fui interpelado por um pintor francês: "*Jeune homme, pourquoi lisez-vous tant?*" "*Parce que je n'ai rien à faire.*" "*Alors il faut ne rien faire*"...[68] [...]

Eu estava em pleno namoro com o século XIX e ia começar um período de franco namoro com as *jeunes filles en fleur*, no Majestic!

Cheguei a Boulogne[69] à noitinha e o trem para Paris partiu lá pelas 9. Ainda fui conversar com o maquinista, que me disse à francesa: "*Je vais vous secouer un peu*".[70] E durante a viagem comecei a ver os campos brancos, pensei ser ainda areia mas já era neve! Ao chegar à *gare du Nord*[71] estavam mamãe e C[72]. me esperando, com a *remise*[73],

66. José Martiniano de Alencar (1829-1877), romancista.
67. Nome do navio em que viajava.
68. "Rapaz, por que lê tanto?" "Porque nada tenho a fazer." "Então o melhor é não fazer nada."
69. Cidade portuária francesa no canal da Mancha.
70. "Vou sacudi-lo um pouco".
71. Estação ferroviária do Norte, em Paris.
72. Carmen Amoroso Lima.
73. "Entrega"; aqui, como se verá, designa carro de aluguel.

que era um carro auto-alugado com um *chauffeur* que depois me ensinaria a guiar, nas avenidas das Fortifs[74] ("*fortifications*", hoje arrasadas) e nos guiaria numa volta pelos castelos do Loire que iríamos fazer os três e a seu tempo. Mamãe, previdente com o frio, tinha no automóvel um... tijolo quente para os meus pés! Eu estava tão desabituado de falar e com tanto frio que mal podia dar notícias de papai, do fim do curso, de Z.[75], etc.

[...]

Era 31 de dezembro! E já o começo de 1914! De 1914! Quando chegamos ao Majestic passava de meia-noite e o quarto em que fiquei instalado era ao lado do de mamãe e C. e era enorme. Mais tarde eu me mudei para uma mansarda do hotel, quando os preços começaram a subir. Já!

Dormi, como se dorme aos 20 anos (Mamãe dirá: "Como se dorme até os 66 pelo menos"...).

No dia seguinte, 1º de janeiro de 1914, acordei ao som de um *orgue de barbarie*[76], como lá chamam.

Foi ao som da música que entrei no ano mais trágico do século XX, quando o novo século ia começar a ser o que tem sido, violento, brutal, agitado, sangrento e sombrio.

Pareceu-me que naquele momento era e iria ser por alguns meses exatamente o oposto. Com 20 anos, com curso de Direito terminado, feito em Paris, sem programa certo e contando ficar dois anos na Europa estudando, inclusive na Alemanha, hospedado num dos hotéis mais luxuosos da Europa, sem nenhuma responsabilidade, junto a minha mãe e C., a ler o *Figaro* procurando o teatro do dia, ou antes da noite, e com a vida aberta diante de mim, como se fosse uma suavíssima planície, apenas com o mistério do futuro e a leve inquietação da carreira a seguir, e com pouca inclinação para carreira alguma... No momento só pensava em freqüentar alguma universidade, ouvir conferências, conversar com alguns amigos que se encontravam em Paris ou iam chegar...

[...]

Estamos em Paris, inverno de 1914, dominado pelo... namoro com as meninas que infestavam o Majestic e a quem minha mãe e C. me apresentaram. Entre elas duas brasileirinhas. Ferrei logo um namorico com uma delas, sem conseqüência.

[...]

Mas, naturalmente, o namoro não durou. Não sei se eu mesmo me chateei ou se as meninas saíram do hotel. O fato é que em pouco tempo passei... do Paraguai para a Argentina! Havia todo um bloco fechado de mocinhas argentinas, entre as quais eu iria viver até agosto, entre a guerra, a volta a toque de caixa para o Brasil e a despedida no trem, em Biarritz, e depois a tal viagem de Santos, a cruzinha atirada fora e o *Rêve d'amour*, de Liszt, cuja melodia, no porto de Santos, encerrou o capítulo *jeunes filles en fleur*.

[...]

74. Expressão popular francesa para falar dos antigos muros que cercavam Paris.

75. Zaíra, irmã de Alceu.

76. A expressão – literalmente, "órgão de barbárie" – designa "realejo".

Entramos, Temístocles[77] e eu, para um curso de dança! Foi aí que aprendi o tango, que – pelo que eu saiba – seria eu o primeiro a dançar no Brasil, no salão do hotel de Poços de Caldas, em 1915.

[...]

P.

São Lourenço, 9 de julho de 1960

[...]

E 1914?

[...]

Em Veneza, me lembro, por exemplo, de um momento desses que ficam gravados, não sei como nem por quê, na cabeça da gente e só têm valor para nós mesmos. Acho até que foi em 1913. Eu estava no Hotel Danieli no canal da Ponte dos Suspiros, perto do Palácio dos Doges[78], jantando sozinho. E comecei a pensar num problema que até hoje me angustia: a dificuldade de *concentração* do pensamento.

Sempre fui perseguido pelos... desvios. E esses desvios, nas aulas, nos escritos, nas conversas, provêm dessa dificuldade, na fonte cá dentro, de me concentrar num ponto só. Isso mesmo faz com que, vindo a S.L.[79], com a idéia de escrever um discurso de recepção na academia, faça tudo... exceto o discurso.

Pois já era essa mesma a minha meditação no jantar solitário, no Hotel Danieli, de Veneza, onde, se não me engano, haviam estado Musset e George Sand[80]. Quem sabe também Proust. Ou Byron[81] (ah imaginação, *folle du logis*[82], já partiste de novo!)... Isso mesmo que faz com que eu julgue que a única matéria que se devia ensinar aos adolescentes, e não se ensina, é a atenção; isso mesmo que faz com que eu me sinta *amador* em tudo e escape a todo profissionalismo. Tudo isso foi o tema da minha meditação solitária, na sala de jantar ilustre, nesse fim do século XIX, da *belle époque*, que fui viver por uns dias apenas, nos canais de Veneza.

---

77. Filho do escritor Graça Aranha. Este, futuro animador do modernismo, ao se despedir, em Paris, de Temístocles e de Alceu, que em 1913 embarcavam para o Rio, convocou-os a fazer no Brasil uma "revolução literária".

78. Palácio dos duques, sede da República Veneziana entre os séculos IX e XVIII, localizado na praça San Marco.

79. Fazenda São Lourenço.

80. Alfred de Musset (1810-1857), poeta francês, por um tempo ligado a George Sand (1804-1876), pseudônimo da escritora francesa Aurore Dupin.

81. George Gordon, dito Lord Byron (1788-1824), poeta inglês.

82. "A louca da casa". O filósofo e teólogo francês Malebranche (1638-1715) assim define a imaginação em seu *De la recherche de la verité* (Sobre a busca da verdade). Alceu traduz a expressão por "maluquinha do sótão". Ver carta de 22 de março de 1964, p. 349.

Senti isso tão fortemente, essa sensação de *dispersão* interior, de multiplicidade de idéias se acotovelando na cabeça, da impossibilidade de encontrar um rumo certo, aquela proporção, aquele equilíbrio, que sempre foi uma espécie de Pasárgada do meu espírito, ou uns Campos Elíseos, ou um Paraíso Perdido (ou procurado...) a vida inteira, com a sensação de *dissociação* da minha própria personalidade, da impossibilidade de reter, num feixe só, os vários *eus* (como mais tarde eu veria que foi o tormento de Fernando Pessoa[83], o que faz, aliás, a novidade da sua poesia e com isso explica o êxito que tem até hoje, porque correspondia a um estado de espírito geral, que Freud[84] explicaria (se é que), de que Proust faria um romance, que o *Jouvenceau*[85]de 20 anos sentia de tal maneira que num certo momento... peguei a cabeça entre as mãos e fiquei assim absorto, sem chorar, com os olhos secos, tentando me segurar, não a cabeça apenas mas as *idéias* com as mãos!). [...]

P.

São Lourenço,
10 de julho de 1960

[...]

Nesse tempo, em 1914, e nessa excursão, entrei nas igrejas como simples turista à procura de belezas artísticas. Estava então em pleno... culturalismo. E as conversas com o E.[86] não me haviam em nada abalado as... descrenças. Só mesmo o choque do encontro com o Jackson ia "sacudir essa lerdeza", isto mesmo tão pouco profundamente que até hoje, cada dia, me queixo de mim mesmo e desse relaxamento de fibras interiores que os vinte anos do estado de espírito de então me deixaram. E de que o pequeno episódio do Hotel Danieli, de um jovem de 20 anos, no fim do mundo antigo (século XIX...), segurando, em Veneza, nervosamente, a cabeça entre as mãos, à procura de si mesmo e de sua unidade interior perdida.

E no entanto foi por essa época, ou antes (?) ou depois (?), que li o *Dominique*, de Fromentin[87], um dos livros que me impressionaram na minha mocidade, e senti, como se fosse minha, a frase inicial que tantas vezes tenho repetido: "*Je me suis mis d'accord avec moi même*". Em Veneza eu queria segurar com as mãos não apenas a

83. Alusão aos heterônimos do poeta português Fernando Pessoa (1888-1935).

84. Sigmund Freud (1856-1939), médico nascido na Morávia, então território do Império Austro-Húngaro, criador da psicanálise.

85. "Jovenzinho".

86. Refere-se ao amigo Eddy Macedo, que tentou convertê-lo; ver carta de 12 de julho de 1960, nota 103, p. 161.

87. Eugène Fromentin (1820-1876), escritor e pintor francês. A frase inicial de *Dominique* quer dizer: "Pus-me de acordo comigo mesmo".

testa, mas as idéias dispersas que me puxavam de um lado para o outro, sem que eu soubesse ao certo *quem era o meu eu verdadeiro*.

Mas ao mesmo tempo, ou pouco depois, ou pouco antes, o acordo que eu julgava ter feito comigo mesmo era o do *diletantismo*. E como sibarita de formas e de idéias, é que passei pela Itália, suas igrejas e seus museus, em 1914.

[...]

Foi por essa época que estourou em Paris o *affaire* Calmette[88] e o assassinato deste por madame Caillaux, cujo marido era o presidente do Conselho dos Ministros; Calmette, diretor do *Figaro*, órgão já direitista como hoje, fazendo uma tremenda campanha contra ele, socialista. Um escritor publica a reprodução de uma carta do Caillaux à mulher, que ele (Calmette) obtivera das mãos da primeira mulher do Caillaux, despeitada. Nessa carta havia esta frase: "*J'ai écrasé l'impôt sur le revenu* (imposto de renda) *en ayant l'air de le défendre*"[89]. Era a desmoralização de Caillaux perante os próprios socialistas seus partidários.

Nessa tarde, Temístocles meu amigo foi à redação do *Figaro*, não sei por quê e lá viu uma senhora com uma bolsa como todas as mulheres, esperando para falar ao diretor do jornal. Era a madame Caillaux, que dentro de minutos iria friamente matar o inimigo do marido. Foi uma sensação tremenda em França e em toda a Europa. O processo, que não demorou e onde o defensor da esposa foi o próprio Caillaux – que naturalmente se demitira da presidência do conselho – foi sensacional. A absolvição de madame Caillaux abalou e dividiu a França, como deve ter acontecido no tempo do *affaire* Dreyfus[90] e está hoje acontecendo de novo, embora já muito mais complicado, em torno do De Gaulle e sobretudo do "gaullismo".

Imediatamente, os rumores de guerra surgem, logo depois que outro acontecimento internacional veio de novo sacudir o ambiente sereno (aparentemente) em que o brasileirinho de 20 anos podia ir tranqüilamente passear a sua inquietação metafísica e o seu desencanto com a mediocridade do mundo moderno, "onde nada acontecia"..., pelos 3.000 anos de passado itálico e passava as noites, displicentemente, entre brotos de quinze anos e as manhãs ouvindo ao longe alguém falar sobre a alma na filosofia de Epicuro[91].

---

88. O episódio ao qual Alceu se referirá neste e no parágrafo seguinte envolveu Joseph Caillaux (1863-1944), presidente do Conselho de Ministros (1911) e ministro das Finanças (1913), sua mulher Henriette (1874-1943) e o diretor do jornal *Figaro*, Gaston Calmette (1858-1914), a quem ela assassinou.

89. Em suas *Memórias improvisadas*, (Petrópolis: Vozes, 1973, p. 104), Alceu traduz assim a frase: "Fiz cair a lei do imposto de renda fingindo que a defendia".

90. O capitão Alfred Dreyfus (1859-1935), francês de origem judaica, membro do serviço de inteligência do Estado-Maior do Exército; em 1894 foi acusado de traição e sumariamente julgado pelo Conselho de Guerra, que o condenou à degradação militar e à prisão perpétua na Ilha do Diabo, na Guiana Francesa. A acusação, que se revelaria falsa, suscitou intensa campanha anti-semita e dividiu os franceses. O caso, gravíssima crise política entre a direita e a esquerda, teve longos desdobramentos. O mais famoso foi a participação do escritor Émile Zola (1840-1902), que publicou, no jornal *L'Aurore*, a 15 de janeiro de 1898, "J'accuse" ("Eu acuso"), carta aberta ao presidente Félix Faure (1841-1899), defendendo a inocência do capitão. Após o artigo, Zola acabou por se exilar na Inglaterra. Em 1906, Dreyfus seria provado inocente e reintegrado ao Exército.

91. Filósofo grego (341-270 a.C.), cuja moral assume o prazer como o bem supremo.

A tempestade começou a roncar com o *affaire* Caillaux e aumentou com o assassinato do grão-duque da Áustria em Sarajevo[92]. As nuvens se acumularam mais rapidamente do que tudo fazia prever. Em poucas semanas, em dias, o quadro da Europa tinha mudado *de fond en comble*[93]. Paris era outra, os jornais com longas manchetes. As discussões cresciam, a direita e a esquerda se engalfinhavam a propósito da "lei dos três anos"[94], o mês de julho entrava, como agora. Mas entrava com o sol quente, que naquele tempo era condição de *guerra* e com os ânimos de ponta a ponta esquentando até o vermelho. E uma bela manhã, o ultimato da Áustria à Rússia, pois o imperador Francisco José vira dedo dos russos nos assassinos. E a Alemanha ao lado da Áustria... a França ao lado da Rússia...

P.

São Lourenço, 12 de julho de 1960

[...]

Estávamos naquele outro mês de julho, há 46 anos. Dia a dia as coisas se tornavam mais terríveis, mais trágicas, nos jornais e no ambiente, agitado pela crise Caillaux e pela crise de Sarajevo. Na verdade, eu não acreditava que a guerra viesse, devido principalmente à languidez efeminada do ar de Cítara[95] (o Hotel Majestic...), no meio das *jeunes filles en fleur*, que viviam num ambiente completamente alheio ao que se passava em torno, embora, de minha parte, e lá na minha mansarda (onde eu fazia versos em francês, inspirados em Musset), eu tivesse certa noção do perigo iminente, tal era força do hábito, as ameaças anteriores nunca transformadas em realidade, e sobretudo, o amolecimento provocado pelo ambiente.

Era positivamente um fim de era, de século, de civilização, de estado de espírito, no sentido mais literal do termo. Quando digo e repito isto em todos os tons, ao longo desses 40 anos, estou realmente revivendo, a cada momento, as sensações e os acontecimentos vividos dia a dia no Majestic – entre um bando de moças frívolas, dançarinas, em torno das quais nós, três ou quatro rapazes, esvoaçávamos como mariposas –,

92. O assassinato de Francisco Ferdinando em Sarajevo, na Iugoslávia, em 28 de junho de 1914, é considerado um dos estopins da Primeira Guerra Mundial.

93. "De alto a baixo".

94. Lei de reorganização das Forças Armadas francesas, que, em 1913, estendeu de dois a três anos a duração do serviço militar.

95. Alusão à ilha grega de mesmo nome, também conhecida como ilha de Afrodite, pois era tida como um paraíso de amor e prazer.

e a fogueira que se preparava febrilmente lá fora e ainda se mantinha apenas oculta, nas chancelarias e nos estados-maiores, de onde respingavam gotas ardentes e inflamadas, nas redações dos jornais. O mais absoluto contraste, entre o fim de um mundo de absoluta irresponsabilidade e o começo de outro envolto em chamas, morte, tragédia, e no meio... a possível, provável, futura, mas naquele momento nem suspeitada *elevação espiritual*! Quem me falasse em conversão ou reversão naquela hora, naquele mês de julho de 1914 em Paris, encontraria, em resposta, o mais céptico dos sorrisos.

[...]

Hércules e Ônfale[96]... Poderia ser a imagem mitológica do jovem de 20 anos, rodeado de borboletas de 15 a 20 anos e dançando à noite com elas, de manhã passeando no Bois[97], de bengala e luvas, e à tarde, depois do almoço, ainda estendendo e esticando as últimas horas de um mundo de renda, música, languidez, sedas e tangos, mexericos e perfumes, namoricos e elegância requintados e decadentes, enquanto a tempestade começava a roncar ao longe. Aníbal em Cápua[98]...

De repente, o trovão. O ultimato da Áustria à Rússia. A solidariedade da Alemanha, da França, a corrida aos bancos. Eu mesmo fui buscar no banco o depósito de mamãe, 20 e tantos mil francos, que naquele tempo era uma fortuna, pois o meu quarto, por exemplo, custava 10 francos por dia. Mamãe passou a levar o dinheiro consigo, junto ao colete, com medo de perder! Foi então que a vi de longe, alegre, uma tarde, num corredor do Majestic, e se divertindo. Disse-lhe: "Já sei que mamãe encontrou parceiros de bridge!" 1914...

No dia 31 de julho, creio que era uma sexta-feira, o decreto de mobilização. Era a bomba. Afixado em papel amarelo, nas agências do correio, nas *mairies*[99], em toda parte. Estupor. E ao mesmo tempo o *cheiro de pólvora*, como então se dizia, e a linguagem inflamada dos jornais patrióticos, como o *Figaro* ou nacionalistas militantes como a Action Française, alimentavam um entusiasmo guerreiro em nós, que era ainda mais decadente e irritante, do que os próprios *Jeux de l'amour et du hazard*[100] das nossas *mariandages*[101] com as argentinas em flor. [...]

Que pena eu não me tivesse lembrado então de ter um diário e de fixar, dia a dia, a marcha dos acontecimentos e da sua repercussão em mim!

Só me lembro nitidamente de que houve outro acontecimento sensacional: o

96. Hércules, transposição latina do herói mitológico grego Héracles, para expiar um crime tornou-se escravo de Ônfale, lendária rainha de Lídia, que lhe impôs algumas duras tarefas. Seduzida por seu desempenho e sua beleza, Ônfale o alforriou e desposou.

97. Bois de Boulogne, parque de Paris.

98. Alusão a um episódio da Segunda Guerra Púnica. Objetivando Roma (*c.* 213 a.C.), o general cartaginês Aníbal (247-182 a.C.) tomou Cápua e lá parou para esperar reforços, em vez de avançar, com o que perdeu terreno – e a guerra – para os romanos.

99. "Prefeituras municipais".

100. Pierre Carlet de Chamblain de Marivaux (1688-1763). Alusão à comédia de Marivaux, cujo título está no singular: *Le jeu de l'amour et du hasard* (O jogo do amor e do acaso).

101. "Namoricos", "flertes".

assassinato de Jean Jaurès[102], o grande chefe e orador socialista, por um nacionalista exaltado. As paixões estavam tão aguçadas na França, entre nacionalistas e socialistas, que se julgava inevitável uma guerra civil dentro da França, como dentro da Alemanha, onde havia a mesma separação, de modo a evitar a guerra *entre as nações*. Mas tudo desapareceu diante da paixão *nacional*, que dominou tudo. O Eddy[103] era um nacionalista (francês) 100%. Ele estava então em Vichy, com a mãe, passando o verão. De lá me escreveu um cartão onde havia a seguinte frase: "*L'assassinat de Jaurès est la première victoire sur l'ennemi*"[104](sic). Este o estado dos ânimos. Como hoje.

Eu estava entre os nacionalistas, embora sem o fanatismo do Eddy, e acompanhei, de *smoking* (sic) (a indumentária aí é capital para se ver o caráter inconseqüente e misto dessa vida que eu levava, nessa fronteira dos dois mundos...) – de *smoking*, repito, pois tinha ido a alguma reunião, ou *dancing*, ou jantar, ou teatro, e fui depois, lá pela meia-noite, aos *boulevards* e acompanhei, creio que com o León Casasus[105] ou com o Temístocles, o *cordon*[106] que se fez até a estátua de Strasbourg, na praça da Concórdia[107], sempre com um pano preto até então em sinal de luto pela perda, em 1870, da Alsácia e da Lorena. Os manifestantes da frente (nós éramos a "mosca do coche"...) levavam flores. Iam ou íamos cantando a *Marselhesa* e outras marchas militares e patrióticas. Passamos perto de uma construção, onde havia trabalho noturno. Lembro-me do olhar de *ódio e desprezo* que os operários nos lançaram. Por gosto e decisão deles a guerra não se declararia. Os socialistas estavam no poder, com Viviani[108]. Se não estivessem, quem sabe se não teria havido mesmo a guerra civil ou então uma imediata ditadura militar, que um dia chegaria, com o "gaullismo" e com o próprio general De Gaulle. Naquele momento, pensar num general à testa de um governo francês era qualquer coisa de absolutamente impensável...

Depois fomos ao *boulevard* na frente da redação do *Le Matin*, o grande jornal popular, que dava as notícias já em grande *placard* luminoso.

Não tenho certeza do dia. Sei que se anunciava a *neutralidade* da Itália, recebida com ovações pela multidão, pois a Itália tinha aliança com a Alemanha e com a Áustria pelo chamado "Tratado da Tríplice Aliança" e temia-se que entrasse ao lado da Alemanha. A Inglaterra, pelo contrário, apoiava a França. Novas acla-

102. Socialista francês (1859-1914), fundador do jornal *L'Humanité* (1904), assassinado a 31 de julho de 1914.

103. Eduardo Álvares de Azevedo Macedo, colega de Alceu na Faculdade de Direito no Rio, nascido no Brasil mas criado e educado na França. Em Paris, tornaram-se mais próximos, e Eddy tentou então converter Alceu ao catolicismo e ao nacionalismo integral maurrassiano. O escritor recusou, mas reconhecia dever ao amigo "a visão de uma perfeita compatibilidade entre o catolicismo e uma cultura atualizada". Vichy, mencionada em seguida, é uma cidade balneária no centro da França.

104. "O assassinato de Jaurès é a primeira vitória contra o inimigo".

105. Filho de um ex-embaixador do México nos Estados Unidos, exilado em Paris depois da queda do regime Porfirio Díaz (1830-1915), no México, em 1911.

106. "Cordão", no caso designando uma passeata.

107. Nessa praça de Paris, uma série de esculturas homenageiam as grandes cidades francesas, entre as quais Estraburgo, capital da região Alsácia-Lorena.

108. René Viviani (1863-1925), socialista francês, presidente do Conselho de Ministros de 1914 a 1915.

mações. No dia seguinte, não sei qual era, fui à Gare de l'Est[109] já para ver partir trens mobilizados.

Não sei se foi na tarde de sábado, na referida rue Royale, em frente à Madeleine[110], ou se foi antes. Creio que o tal *monôme* (préstito) de que já falei foi nessa noite de sábado. Creio que sim. Passei ali uma hora no refúgio, começo do boulevard des Capucines, vendo passar o movimento, que parecia ou *me* parecia frenético. Tive então, nitidamente, e pela primeira vez, a sensação *de ver acabar um mundo.* Era o século XIX que acabava. Era a minha infância, ou antes, adolescência, que acabava. Era a paz do mundo que acabava. Era Cápua, era o Majestic, eram as argentinas em flor que sumiam, como gotas de orvalho que se evaporam depois dos bailados noturnos, com o primeiro raio de sol. No caso, era o primeiro raio de sombra. Era a *belle époque* que ruía. Era o meu mundo de estudante que sumia no horizonte. Acabava a minha formação de diletante. Começava a minha formação de militante. Longe ainda de 1928! Mas já com o futuro desenhado no horizonte. Nada disso se apresentava nítido como hoje vejo. Mas eu tinha, isso sim, a sensação clara de *fim* de alguma coisa de muito belo, de muito tranqüilo, de muito fácil, que acabava. E o desconhecido é que se abria.

Tive, numa dessas manhãs, no meu quartinho da mansarda do Majestic, outro *toque* nos nervos e no coração. Ao meu lado morava um rapaz, que dizia ser das Ilhas Maurícias, vivia num grupo de outras moças. Creio que era noivo. Foi mobilizado. E numa daquelas manhãs, às 5 ou 6 horas, no lusco-fusco matinal, ouvi os ruídos dos preparativos de sua partida para o regimento. Senti como se fosse comigo, o abandono cruciante da vida fácil pelo inferno em perspectiva. Tive uma das primeiras sensações do *horror à guerra.*

Na Gare de l'Est, ao contrário, era a euforia da inconsciência patriótica. Nos vagões, grandes inscrições a giz "*à Berlin*", "*à Berlin*", etc. Mas já nas plataformas, as despedidas cruciantes, as lágrimas das mulheres que ficam com as crianças. Mas havia em tudo um ar de aventura vitoriosa, de passeio, de vitória certa, de alegria, no meio das lágrimas.

Logo depois desceu sobre Paris uma atmosfera pesada e sombria. Visivelmente. Ruas desertas. Homens em uniformes mal-ajustados, com ar triste. Zuavos passando pela praça da Concórdia (lembrança nítida dos uniformes vermelhos!). E as primeiras notícias da guerra. Quase nada. Comunicados raros e secos. Impressão de que tudo ia muito bem. Por absurdo. Cessavam, dia a dia, os passeios matutinos ao Bois, os cavaleiros, as luvas, as bengalas, os teatros. As próprias flores começavam a murchar. Alguns partiam logo. O hotel em pouco tempo anunciou que ia fechar. Os *maîtres* eram em geral austríacos. No fim de dez ou 12 dias, fechavam. Fomos para o Celtic. Tudo se dissolvia. Acabava o idílio. A realidade dura começava a entrar em cena.

---

109. Estação ferroviária do Leste, em Paris.

110. Refere-se à igreja de Sainte Marie Madeleine (Santa Maria Madalena), conhecida simplesmente como a Madeleine.

Eu continuava a crer que a guerra seria curta. O primeiro choque que tive foi ao ler um comunicado do ministro da Guerra inglês, abrindo o voluntariado (sic), pois mesmo assim os ingleses proclamavam o serviço militar *obrigatório*, dizendo: "No fim de três anos os voluntários podem ausentar-se". Tive um frio na espinha. Três anos... Começamos a pensar na volta. Pensamos numa saída temporária, passando um trimestre na Espanha ou Portugal e voltando... depois da guerra! Foi apenas um rápido projeto. Cada dia que passava tornava a atmosfera mais carregada.

[...]

Afinal a bomba estourou no famoso comunicado que assim começava: *De la Somme aux Vosges*[111], etc.... Os alemães estavam em plena França!

[...]

P.

Rio de Janeiro, 24 de julho de 1960

[...]

Ah, esses salões, esses salões! Como não me arrependo de me ter definitivamente afastado deles! Mas não é mau, de vez em quando, revivê-los para sentir que continuam exatamente iguais a 30 ou 40 ou mesmo 50 anos atrás, quando os freqüentei por volta dos 20 anos. Realmente só os freqüentei entre os 18 e os 23 ou 24, entre 1910 (e olhe lá, apenas os do Souza Bandeira, mais *intelectuais* que sociais) e 1916 ou 17.

O forte foi mesmo *durante a guerra* e bem mostra a inconseqüência da mocidade, ou da minha mocidade. Ou então a confirmação da velha observação durante uma festa, de que "quanto mais próxima a ameaça da morte, mais forte a paixão da vida". O que se confirma com a ausência de suicídios entre os velhos. É um triste e mesquinho paradoxo esse apego à vida à medida que nos aproximamos da morte. Só os moços sabem morrer!

[...]

P.

111. Entre os meses de agosto e setembro de 1914, as tropas alemãs invadiram a França, ocupando por um tempo a região que ia da Somme até os Vosges, duas províncias situadas, respectivamente, a oeste e a leste do país.

Rio de Janeiro, 3 de setembro de 1960

[...]

Isto é, tenho *certas* qualidades e *todos* os defeitos do verdadeiro equilíbrio... Sempre que vejo dois sujeitos discutindo, sei logo que *ambos* têm razão. Quando vejo dois sujeitos brigando, já sei que *nenhum dos dois* tem razão. E assim por diante... Não consigo tomar partido por um sujeito, por um partido, por uma classe, por um país, por um filósofo, ou mesmo por uma filosofia, por um poeta, por uma escola literária, por um regime político. *Tenho horror ao um*... E foi isto que me reteve tanto tempo às portas da Igreja Católica. E só entrei quando vi e senti que ela não era *uma* mas múltipla. E que sua unidade não era unicidade, nem uniformidade, mas plenitude. [...] E que tudo o que é verdade é católico, em qualquer religião, qualquer partido, qualquer época, qualquer pessoa, desde o ateu ao místico mais canonizado pela Igreja. Meu horror é ao *um* que exclui *o outro*, à unicidade que exclua a variedade, ao dogmatismo que exclua a liberdade. Daí o meu horror ao fanatismo de qualquer regime, seja ele católico ou anticatólico. E a minha paixão pelas *distinções*. Sim, mas... Não, mas... Ah, a minha paixão pelas adversativas!

[...]

P.

Rio, 7 de setembro de 1960

[...]

Só sei viver de coração aberto e crendo na boa-fé, no desarmamento e na sinceridade do próximo. Tenho horror a essa atmosfera de eternas segundas intenções. E no entanto é a própria atmosfera do mundo político, social, intelectual. *Tudo é cálculo* nesse mundo. Como *tudo é Graça* no nosso... E quando pretendemos unir os dois mundos, estamos nos aproximando do território da impostura, que fez o Bernanos sofrer a vida inteira. Pois para ele o *tout est grâce*[112] era muito mais profundo, fundamental, patético, do que para um sujeito medíocre como este seu correspondente, sem protesto...

[...]

P.

---

112. "Tudo é graça", frase final do *Diário de um pároco de aldeia,* romance de Georges Bernanos.

Rio de Janeiro,
16 de setembro de 1960

Hoje de manhã, ao sair para a missa, fui levado aos meses do namoro "Laranjeiras" ou "Clemente" – como então me chamavam (1917). Ao passar pelo leiteiro, às 6:25, ouvi que este dizia ao porteiro do nosso edifício: "Está atrasado. Já são 6 e meia". Não eram. Tanto assim que cheguei antes da missa. Mas a frase me lembrou as que por vezes ouvi ou os gestos que via ao entrar de táxi na rua São Clemente, e mais de uma vez vi os *chauffeurs* (perdão, choferes...) de um ponto de táxi que ali havia e ainda há tirarem o relógio (pois em geral os motoristas ou não o têm ou o usam à antiga moda portuguesa, no bolso!) e dizerem: "São 6 horas"... E lá ia eu, de táxi, preparando-me pouco depois do Santo Inácio, para pôr a cabeça para fora, do lado esquerdo, e ver no alto do 299 uma figurinha pálida, com um laço de fita preta no cabelo, imóvel, sem um gesto, deixando apenas os olhos seguirem a passagem do táxi, sem mesmo voltar a cabeça e dizendo, com sua mera presença, o *adsum*[113], que me encorajou a romper, a 31 de dezembro, e só então, a tremenda cortina do silêncio. Que diferença com os namoros e as intimidades de hoje, *que já eram as do nosso tempo, mas não eram as da fortaleza Faria*, que guardava ciosamente, no alto da torre, a *princesse lointaine*[114]!

Tudo isso fui eu pensando no trajeto daqui para a igreja, ao longo da Paissandu, da Marquês de Abrantes, da Fernando Osório, da Senador Vergueiro, sozinho, sem aquela companhia de Dona Mariana, na missa das 6, sem o táxi de São Clemente e a princesinha de fita preta em 1917! Que imensa melancolia! Como a velhice é igual para todos, nesse cortejo de sombras que vai acompanhando a nossa solidão, e quanto mais as sombras crescem, mais aumenta a solidão!

[...]

P.

Rio de Janeiro,
17 de setembro de 1960

[...]

Os ânimos, aliás, estão cada dia mais tensos. E não sei como vão agüentar até 3 de outubro. Mas o pior será depois de 3 de outubro. Acredito, e mais uma vez te digo, na vitória do Jânio. Mas o que vejo, depois, é a vingança dos vencidos. Vai ser terrível.

---

113. "Estou presente".
114. "A princesa distante".

Pior, muito pior que a dos vencidos nas outras vezes. Pois terão consigo os comunistas e os agitadores das classes operárias, somados à pavorosa alta do custo de vida. Ainda ontem a secretária de dom Hélder me disse que nunca pensou ver cenas tão horríveis como tem visto. Conversou ontem com uma velha mãe, cuja filha única, desempregada por um ano, se tinha suicidado diante dela, por miséria. E um padre do subúrbio me contou que há dias uma mãe matou o filho pequeno a machadinha e se jogou na frente de um trem por miséria.

O dilúvio mergulhou o mundo por coisas semelhantes.

P.

Petrópolis,
18 de setembro de 1960

Vento, vento, vento. Sonoridade bem moseliana. O aspecto trágico e sombrio do meu novo vale, o vale da descida, como o das Laranjeiras foi o da subida. Meus dois vales. O perigo de ver num só alegrias, noutro só tristezas. Não seria verdade. Preciso nunca esquecer a promessa que fiz no vale da infância, de que homem feito não trairia a criança que ali sofreu, psicologicamente, como outras crianças sofrem fisicamente. E que ali quase morreu. E por várias vezes disse a si mesmo: "Quando eu crescer, não vou me esquecer de dizer a todos que é uma mentira convencional (começara a estar em moda então um livro de Max Nordau[115], *As mentiras convencionais*) a afirmativa de que a infância é a idade da alegria. Hei de protestar. Preciso não esquecer".

De modo que hoje não poderia dizer, sem trair a minha própria infância, que o vale das Laranjeiras foi o vale da alegria. E que o vale da Mosela é apenas o vale da melancolia. Não seria verdadeiro. Aqui também tenho alegrias. Espero em Deus que ainda as tenha. E se para aqui venho sempre com alvoroço e sempre o deixo com tristeza, é precisamente porque aqui encontro de novo algumas das alegrias do vale das Laranjeiras. E é mesmo por isso que aqui me refugio sempre que posso e valorizo os vários motivos da alegria e sobretudo a nova compreensão da alegria: a alegria espiritual, a que transcende os motivos puramente sensíveis e telúricos da alegria.

[...]

P.

---

115. Médico, jornalista e escritor húngaro (1849-1923), sionista; o título completo da obra a qual Alceu se refere é *As mentiras convencionais da nossa civilização.*

Rio de Janeiro,
21 de setembro de 1960

[...]

Seria engraçado que agora os *jesuítas* é que tomassem a si a liderança dos católicos em matéria social, depois de nos terem atacado violentamente quando desenvolvemos aqui as idéias de Maritain! Seria uma reviravolta das mais pitorescas. A conversa, aliás, que tive ontem com o tal jesuíta francês não me caiu aos pés. Falou-me ele de uma carta de 40 páginas que o Geral dirigira aos S. J.[116] de todo o mundo sobre *Liturgia e patrística* e me disse que havia uma enorme diferença entre os nossos jesuítas de outrora (do nosso tempo) e os de hoje, dos jovens. Deu-me então várias sugestões e pedidos: que eu promovesse um "retiro fechado" nosso, *des intelectuels catholiques*[117], que ele mesmo pregaria. E que eu escrevesse sobre "os exercícios espirituais de Santo Inácio".

[...]

P.

Rio de Janeiro,
24 de setembro de 1960

Li agora um discurso do Jânio Quadros, pronunciado ontem num almoço oferecido pela revista *O Cruzeiro* e me lembrei dos grandes discursos de Rui Barbosa nas famosas campanhas eleitorais de 1910 (?) e 1919[118], especialmente na primeira, que encheram a minha mocidade. É realmente uma grande peça, em que há sentenças como estas: "A alma sempre se refaz dos agravos que não merece", que é realmente um grande e alto pensamento, em estilo talvez hoje superado pela violência da oratória totalitária, mas que não morre nunca. Aliás, apesar do estilo do Jânio se ressentir de uma fidelidade exagerada a modelos clássicos, de Vieira[119] ao padre Franca (Leonel) passando pelo Rui, os temas são de toda atualidade e admiravelmente bem colocados, dentro rigorosamente da linha do mais íntimo dos meus amigos. Inclusive se declara "católico, apostólico, romano", como todos os outros. Foi uma chave de ouro para a campanha.

Assim também um discurso de ontem à noite do Carlos Lacerda na TV, feito em tom muito diverso do habitual (de que na véspera dera uma mostra também pri-

116. *Societas Jesu*, ou Companhia de Jesus, é a designação oficial da ordem dos jesuítas fundada por Santo Inácio de Loyola (1491-1551).

117. "Intelectuais católicos".

118. Rui Barbosa disputou com o marechal Hermes da Fonseca (1910) e Epitácio Pessoa (1919) a Presidência da República.

119. Padre Antônio Vieira (1608-1697), jesuíta e escritor.

morosa e... teatral, descrevendo uma diligência que havia feito pra descobrir a impressão de folhetos injuriosos contra ele e contra o Jânio, num desses institutos, o dos bancários).

[...]

Foram duas chaves de ouro, falada e escrita, para esta campanha eleitoral que felizmente está chegando ao fim, pois, a par dessas peças que enchem a inteligência, o que tem aparecido é tão miseravelmente medíocre, feio, baixo, "vale-tudo", cafajeste, barulhento, demagógico, que só peço a Deus que chegue o dia 3 e que – e é o principal – sejam respeitados os resultados das urnas.

Desta vez acredito que o Jânio e o Lacerda ganhem, mas que o Milton Campos e o Ferrari[120] (vice) sejam batidos pelo Jango[121]. Como você vê, até um sujeito tão vacinado contra a "politicite" como eu está também picado pelos mosquitos da febre "politicional", que anda grassando por aí, e precisa tomar uns bons comprimidos de "antipoliticilina". Tudo passará depois de outubro, depois das urnas abertas. Embora então é que vá começar a inana e depois do 3 de outubro ou do 10 de outubro (quando os resultados já estiverem definidos) é que vai começar a luta verdadeira dos vencidos, sejam eles quais forem, contra os vencedores, sejam quais forem.

[...]

P.

Petrópolis,
25 de setembro de 1960

[...]

Quando passo da leitura dos jornais para esta carta matutina e diária, é como se passasse do sol à sombra, da fome à saciedade, da sede a um copo d'água, do verão prematuro do Rio de ontem (43 graus em Bangu à sombra!) à noite petropolitana que me permitiu, hoje de manhã, vestir a mesma roupa que eu usava na primavera em Nova York.

Os jornais – especialmente destes dias pré-eleitorais e da reunião da ONU, em que os líderes comunistas, a que se juntou pela primeira vez um líder latino-americano, o Fidel Castro – só agora se lançaram *contra a própria ONU*, o que mostra que a devemos defender com unhas e dentes, cada vez mais, pois se vê que a conspiração comuna só visa a uma coisa: o imperialismo *exclusivo* sobre o mundo todo. A *coexistência* é apenas uma máscara e uma etapa. Por isso mesmo é que temos de manter,

---

120. Milton Campos (1900-1972) e Fernando Ferrari (1921-1963) eram candidatos à Vice-presidência da República em chapas diferentes.

121. João Belchior Marques Goulart, Jango (1918-1976), seria reeleito vice-presidente da República em 1960.

mais viva do que nunca, a atitude de *fazer a ponte* para o novo mundo de amanhã, antes que os comunistas de todo o mundo a façam, em vez de ficarmos do lado de cá do rio, destruindo ou não construindo ponte alguma...

[...]

P.

Rio de Janeiro, 1º de outubro de 1960

Mês dos anjos! Mais do que nunca, como são os anjos bons necessários para o combate aos anjos maus, soltos por esse mundo afora, inclusive cá por nossa boa terra... Hoje, depois de uma tarde verdadeiramente carnavalesca, de despedida da propaganda eleitoral, desceu sobre a cidade uma grande paz.

Ontem à tarde você não imagina o que era o rebuliço, a trepidação no centro da cidade. Tudo no Rio acaba em carnaval, e o candidato dos comunistas – Sérgio Magalhães[122] – converteu a avenida, numa segunda terça-feira gorda!

Não assisti ao comício da praça Floriano, realizado à noite. Esses comícios demonstraram que o povo, e todo ele, de alto a baixo, tomou parte nesta luta eleitoral. Trata-se de saber agora se se conforma com a vitória do *outro*, do adversário. É a minha tecla que tão poucos compreendem, pois estão mergulhados até o queixo no fanatismo partidário e me acusam de indiferente, de espectador, como certa vez o escreveu em título de artigo o meu amigo que você conhece...

[...]

P.

Rio de Janeiro, 7 de outubro de 1960

Ontem falhei! Há quanto tempo isso não acontecia! Mas não importa muito, pois já são cartas a serem entregues pessoalmente, se Deus quiser. Atribuo a falta não tanto

122. Sérgio Nunes de Magalhães Júnior (1916-1991), candidato a governador do estado da Guanabara, seria derrotado por Carlos Lacerda.

ao JQ já eleito, mas aos dois duelos MC-Jango na vice e CL-SM[123] para governador. E ainda estão prolongando o *suspense*. Acredito que termine pela vitória do Jango – *hélas!* – e pela do CL. Mas ainda durará a luta vários dias, inclusive pela ridícula lentidão com que a apuração vai sendo feita no Maracanã, por um processo do tempo do onça e dirigido por um velho desembargador que já devia estar, como eu... aposentado e na rede... [...]

P.

Petrópolis,
24 de outubro de 1960

Estou me reportando a 30 anos atrás, ao dia 24 de outubro de 1930, quando saí de casa de manhã, depois de saber, ao regressar da missa, que *algo nuevo* estava acontecendo e que, provavelmente naquele dia, o Washington Luís[124] cairia.

Você dormia em casa o sono de uma gorduchinha de 1 ano e meio, para quem o mundo se limitava aos mingaus, a Mamãe e à babá, com uma vaga noção de que havia também em casa um sujeito que roubava um pouco a Mamãe e se agitava o dia todo num entra-e-sai, que seu bestuntinho de ano e meio atribuía apenas a uma mania obscura de não ficar quieto em casa, ou de não pular no jardim como as meninas mais velhas que jogavam bola no "terreno" e faziam de vez em quando você refugiar-se junto à babá ou queixar-se junto à autoridade suprema que *trônait*[125] no primeiro andar da casa, até onde seus pés sozinhos não conseguiam chegar, mas já tentavam, por certo, subir as escadas.

No caminho de volta da missa vim matutando no que se passara e ainda cheio da memória do Jackson, falecido dois anos antes, e na sua estreita ligação com o Pedro de Oliveira Ribeiro[126] (então chefe de Polícia), uma idéia se encasquetou na minha cabeça: eu tinha de estar ao lado do Pedro nesse dia...

Cheguei em casa, escrevi uma carta a Mamãe ("em caso de morte"), deixei-a na gaveta da secretária, despedi-me dela sem dizer nada do que estava acontecendo, ou apenas relatando os rumores que corriam, e saí de casa como quem vai para o escritório, pois a esse tempo eu estava na Cometa e ia de manhã para a rua da Candelária, almoçando na cidade e só voltando à tardinha, para ser saudado pelo Boy (cachorro pastor de grande estimação) em grandes pulos, assim que ouvia o tilintar das minhas chaves no portão!

---

123. As siglas designam, respectivamente, Jânio Quadros, Milton Campos, Carlos Lacerda e Sérgio de Magalhães.

124. Washington Luís Pereira de Sousa (1869-1957), presidente da República eleito em 1926, deixou o poder antes do final de seu mandato e se exilou, quando da Revolução de 1930. Ver carta de 18 de fevereiro de 1962, nota 1, p. 229.

125. "Reinava".

126. Não foi possível obter mais dados sobre essa pessoa.

Fui de casa ao Santo Inácio. Ao quarto do padre Franca, também já a par do que estava se esboçando desde a madrugada, quando o general Azeredo Coutinho[127], comandante da região, foi procurar dom Leme para intervir junto ao Washington Luís, para que renunciasse e cedesse o poder a uma Junta Militar, já que a partida estava perdida para o governo, no norte, em Minas e no sul e a resistência em São Paulo era problemática. Foi então, creio eu, que o Washington, ao ser procurado nessa manhã pelo cardeal, lhe disse a seguinte tal frase: "Vá tranqüilo, dom Sebastião. Sofia (a mulher) tem a sua fé. Eu tenho a minha força"!

Eu, naturalmente, ignorava tudo isso que se estava passando, entre o Palácio São Joaquim e o Palácio Guanabara. Ao padre Franca pedi para confessar-me, dizendo-lhe do meu propósito de colocar-me ao lado do Pedro naquele momento e no lugar mais visado pelas forças da revolução: a chefatura de polícia. Confessei-me, pois acreditava haver risco de morte e pedi-lhe que, em caso fatal, zelasse por Maria Thereza. O padre Franca não me dissuadiu de ir. Era um caso meu de consciência, que hoje não compreendo bem, mas naquele momento como que se apresentava aos meus olhos ligado ao 15 de agosto e ao 4 de novembro de 1928[128]...

Fui. Agora não me lembro como o seu tio Cláudio[129] juntou-se a mim. Creio que me telefonou para casa, contando-me os rumores que corriam ou dando notícias mais precisas, pois creio que nesse tempo ele era diretor de *O Jornal*, ou pelo menos tinha ligações íntimas com as redações, sempre bem informadas.

O fato é que nos encontramos na Chefatura de Polícia, rua da Relação, e passamos juntos o dia inteiro. Do que se passou lá, talvez aproveite o trigésimo aniversário de hoje para escrever um catatauzinho, se tiver tempo esta semana. Devia ter escrito para sair ontem, pois não posso perder a oportunidade do assunto, e os 30 anos de um acontecimento desse tipo merecem um rodapé que tenho de encher de qualquer maneira, às vezes de puro ar não-oxigenado, ficando *cheio* e *vazio* ao mesmo tempo...

Lá chegando, encontrei o Pedro, calmo como sempre, e já informado de tudo. Confirmava a iminência de graves acontecimentos. Aliás, dias antes, o Sobral, grande amigo do Pedro, mas muito ligado aos revolucionários e bem informado, já apregoava que devia haver o golpe no Rio e tinha providenciado para que um grupo de investigadores amigos (lembro-me de dois deles: um Vidal e um Machadinho!) raptassem o Pedro quando vissem tudo perdido. Pois ele, bravo como era, não sairia por si mesmo.

Lá ficamos, de conversa, no salão do chefe: o tio Cláudio, o Tasso da Silveira[130], que trabalhava na polícia, o Wagner[131], idem, o Barreto Filho[132], secretário do Pedro,

---

127. Otávio de Azeredo Coutinho, então comandante da 1ª Região Militar; ele seria convidado para o cargo de ministro da Guerra de Júlio Prestes – que, porém, não chegou a assumir a Presidência da República.

128. Data da morte de Jackson de Figueiredo.

129. Cláudio Ganns (1896-1960), jornalista e historiador, neto de Irineu Evangelista de Sousa, o visconde de Mauá, era casado com Layde, irmã de Alceu.

130. Advogado, jornalista e poeta (1895-1968), diretor da revista literária *Festa*.

131. Não foi possível identificar essa pessoa; o Wagner mais próximo a Alceu era Antunes Dutra, que, no entanto, não trabalhou na polícia, como faz supor o texto.

132. José Barreto Filho (1908-1983), advogado, político e escritor, do grupo fundador de *Festa*.

e mais uns entre os quais o Carlito Rocha[133], mais tarde presidente do Botafogo F. C., e outro homenzarrão, creio que Castro e Silva, parente do Ronald[134], de que tenho vaga idéia.

A certa hora, aproximaram-se nos ares uns aviões. Pertenciam aos revolucionários, pelo que informaram. Olhamos da sacada aguardando se "bombardeavam" ou não. Passaram serenos, em esquadrilha, como que reconhecendo o terreno.

A certa altura, *distribuíram revólveres para a resistência*... Eu declinei. Creio que o Cláudio também. Prefiro morrer a matar. Fez-se pouco a pouco um vazio. Interrompido apenas pela entrada e saída de um ou outro funcionário, que pediam assinaturas ao Pedro, creio que para salvo-condutos. Lembro-me, entretanto, da chegada pirandelliana de uma família *de preto*, luto fechado. Era o... Americano[135] (esqueci o primeiro nome), então procurador-geral da República, com a mulher e a filha, pedindo salvo-condutos para seguirem de automóvel, creio, para São Paulo, de onde eram. Ele depois foi reitor e presidente do Instituto Brasil-Estados Unidos e foi visitar-nos, de surpresa, em Washington, em 1952.

No momento, depois que saíram, com os seus respectivos salvo-condutos, disse-me o Pedro, com olhar desdenhoso: "Os ratos começam a abandonar o navio"!

No silêncio e no vazio que se fez, vendo o Pedro sozinho na sua secretária, fui a ele e disse-lhe: "Pedro, o momento é grave e ninguém sabe o que pode lhe suceder. Você não acha bom recolher-se e fazer o seu exame de consciência?" Ele concordou. Eu voltei para a sacada. Ele mergulhou debaixo da parte alta da secretária, que o tapava à minha vista. E por uns cinco minutos houve um completo silêncio, como se tudo se preparasse para um ato definitivo, de vida ou morte.

Pouco depois, ele tentou falar com o Palácio Guanabara, para onde telefonava, de momento a momento, e onde estivera de madrugada, vendo o Washington Luís armar o revólver e pô-lo à cinta, dizendo: "Resistirei até o fim". Quando viu que o telefone de lá não respondia, disse-me: "Provavelmente já atacaram ou isolaram o palácio e cortaram as comunicações telefônicas".

Logo em seguida, quando já chegavam notícias de que a multidão empastelara *O País* (jornal governista), na avenida Rio Branco, e dirigia-se para a Chefatura de Polícia, irrompeu na sala aquele grupo de investigadores preparados pelo Sobral. Reconheci logo o golpe. Dirigiram-se agressivamente ao Pedro, dizendo-lhe que não havia mais nada a fazer e que resistir, quando o próprio Guanabara já silenciara, seria um simples suicídio, ou morticínio inútil. Alguns protestaram. O Carlito Rocha ou outro (talvez aquele Castro e Silva) soltou um grito: "Viva a República", meio ridículo e solitário. Foi a despedida da República Velha ali... O Pedro vacilou, vendo-me no outro lado da sala, veio a mim e perguntou: "Que devo fazer?" E eu, calmamente (de

133. Carlito Martins da Rocha (1894-1981).

134. Alceu provavelmente se refere ao poeta Ronald de Carvalho (1893-1935); não foi possível levantar mais dados sobre Castro e Silva.

135. Jorge Americano (1891-1969), advogado paulista que foi procurador-geral da Justiça do Distrito Federal até 1930 e seria reitor da Universidade de São Paulo entre 1941 e 1946.

fato), lhe respondi: "Vá, Pedro". Nada mais. Ele voltou para sua mesa, tomou o chapéu e saiu acompanhado pelo grupo dos investigadores amigos. Cláudio e eu saímos logo em seguida, sem ver para onde ele se dirigira. Fomos para a avenida Rio Branco e telefonamos para Dona Mariana, onde Mamãe já estava inquieta e sem notícias. E você... brincando no jardim, debaixo do cajazeiro.

Soube depois que o Pedro se dirigira ao Convento da Ajuda, na praça Sete, no fim do boulevard Vila Isabel e lá ficou, escondido atrás de um altar, por um sacristão seu amigo, antes que fosse para Santa Teresa e para outros esconderijos que lhe arranjamos, inclusive afinal a fazenda de São Lourenço, onde passou uns 20 dias, até que veio apresentar-se ao Salgado Filho[136], já então quarto delegado auxiliar, depois da passagem de dois loucos que fizeram o diabo na polícia, a ponto de o Salgado Filho ter de anular todas as carteiras de investigadores, pois os maiores malandros do Rio haviam arranjado ser investigadores de polícia.

Cláudio e eu passamos a tarde na cidade, vendo o carnaval revolucionário, caminhões carregados de gente aos urros, os lenços vermelhos saindo por toda parte e um aspecto realmente de meter medo e a lembrar as *charrettes* da Revolução Francesa e as da recente Revolução Russa de 1917! No dia seguinte, porém, a cidade estava calma como se nada houvesse acontecido. Muito mais agitada ficaria por dias seguidos, quando o Getúlio se suicidou.

Eis aí como passei o dia 24 de outubro, há 30 anos passados, brincando com a morte, pois aos 36 anos a gente ainda se julga tão longe dela que não faz caso de morrer, paradoxalmente!

E assim caiu a República Velha, para mim. Nessa mesma tarde, depois de deixar Cláudio, fui ao Palácio São Joaquim. Ou foi no dia seguinte pela manhã. Não tenho certeza, creio que não deixei nada por escrito no próprio dia. Contei tudo a dom Leme, como ele me contou os episódios de que ele participou diretamente, inclusive o de levar o Washington ao Forte de Copacabana, sem que este pronunciasse uma só palavra, dando a entender que julgava o cardeal mancomunado com os generais, para o deporem. Nunca falei com o Washington depois disso. Durante os dias de outubro fui lá ao Guanabara, numa comissão creio que do Centro Industrial, para falar confesso que não sei bem o quê, ou pedir garantias e lá ouvimos dele palavras de absoluta confiança na vitória da "legalidade" e na posse pacífica do Júlio Prestes[137], presidente eleito, que iria ser empossado a 15 de novembro. Não admitia, nem de longe, que a revolução pudesse vencer. Ou pelo menos dava a entender que assim pensava.

O cardeal me disse depois que enviara o meu relato verbal, agora redigido por ele, ao Vaticano. E assim terminou, para nós, a República Velha. E começou esta nova que, em 30 anos, quase que só nos deu decepções e só agora nos abre uma janela para aqui-

136. Joaquim Pedro Salgado Filho (1888-1950), advogado, apoiou a Revolução de 1930, após a qual seria quarto delegado auxiliar e chefe da polícia do Distrito Federal e, entre 1932 e 1934, ministro do Trabalho, Indústria e Comércio do governo Getúlio Vargas.

137. O paulista Júlio Prestes de Albuquerque (1882-1946), apoiado por Washington Luís, tinha sido eleito presidente, mas foi impedido de tomar posse pela Revolução de 1930.

lo que era o ideal da revolução: mais liberdade política. Mas hoje se deslocou para o terreno da economia, da vida cara, do desenvolvimento, de Brasília, etc. [...]

P.

Rio de Janeiro, 28 de outubro de 1960

[...]

Continuo sempre incapaz de ser *unilateral* e por isso é que o genro do Sílvio Júlio[138] não me entende e fica confuso, pois o que quer é as coisas bem colocadas, estas à direita, estas ao centro, aquelas à esquerda, e a Igreja naturalmente à direita, com os fiéis arrumadinhos lá dentro, como soldadinhos de chumbo numa caixa... E como eu não tenho jeito para soldadinho de chumbo nem para soldado de ferro ou aço, o pessoal se queixa de que sou dúbio, impreciso, vago, fugitivo, "bom moço", flutuante, contraditório, *que sé yo*. E preferem os homens unilaterais que gostam de tomar atitudes extremas e nítidas, a favor ou contra.

E eu continuo, aos 70, como aos 20, incapaz de *ver a razão de um só lado*. Se na própria Igreja, que é a razão ou filha da inteligência divina, e pois acima das dúvidas, para quem nela crê, – se mesmo na Igreja, nós vemos posições legítimas e contraditórias entre si, em questões livres, por que não admitir logo que a maioria dos homens se divide em posições, cada uma das quais tem suas razões legítimas.

Foi por isso que não continuei como advogado e até hoje não consigo me esquivar a crer e ouvir os dois lados e muitas vezes ficar indeciso e perplexo procurando terceiras soluções ou permanecendo em posição de aceitação de uma e outra, segundo estas ou aquelas condições. Isto me impediu sempre uma atitude partidária ou polêmica. E hoje me coloca sempre em atitude que não agrada a gregos ou troianos, que querem ser contra ou a favor. Veja o que esse jornalista de Ribeirão Preto faz com minha entrevista por telefone, dando aos títulos uma expressão totalmente diversa do que eu digo no texto, que afinal não podia negar, já que fora gravada, penso eu. Se não fosse um pequeno jornal do interior, seria caso de retificação, mas se não passar da zona da Alta Mojiana, que fique por lá. Mas que criará confusões na zona, isso criará. É que ninguém pode ser senão a favor ou contra Fidel Castro. E quando eu digo que ele começou bem e descarrilou depois, mas que as idéias da revolução continuam legítimas, o pessoal não entende. E quer logo uma resposta: sim ou não.

Assim é o mundo moderno, cada vez mais. E vejo, com inquietação crescente, que essa mentalidade é a que mais domina. Por isso mesmo, cada vez mais me sur-

138. Possível referência a Sílvio Júlio de Albuquerque Lima (1895-1984), poeta, ensaísta e professor da Universidade do Brasil, hoje Universidade Federal do Rio de Janeiro. Não foi possível identificar quem seria o genro.

preendo, dentro de mim mesmo, a dizer: "Afinal, falta pouco para acabar a peça, pelo meu lado, e por isso vou tenteando e evitando tomar posições pró ou contra, como cada vez está mais em moda, com desprezo de toda *nuance*. Será que sou um homem da *Idade Velha*, que apenas vive falando em *Idade Nova*[139], mas está mil vezes mais longe desta que daquela?" [...]

P.

Rio de Janeiro,
29 de outubro de 1960

[...]

Lá por fora, o grande acontecimento, ou antes a expectativa de um grande acontecimento é a eleição nos Estados Unidos que está por dias. Acredito, hoje, que vai também haver mudança por lá. Não saberia dizer exatamente por quê. Talvez pura intuição. Há meses ou semanas pensava o contrário. Ou pelo menos não ousaria fazer qualquer prognóstico. Mas tenho a intuição de que o Kennedy (o candidato dos democratas e o primeiro católico que ocupará a Presidência, caso seja eleito) tem adquirido muito terreno nesses últimos tempos, depois dos debates na TV. O Nixon é, sem dúvida, menos inteligente e vivo que o outro, e sobretudo muito menos atraente fisicamente e mesmo o contrário, com o queixo pro lado e uma cara de poucos amigos, ao passo que o Kennedy parece um meninão e exerce sobre o sexo feminino o mesmo *appeal* que o Carlos Lacerda no Brasil. E nos EUA, mais ainda que no Brasil, os grandes eleitores são as mulheres. Kennedy tem por si as mulheres, os operários e os intelectuais. E o *common sense* em geral. O Nixon tem os homens de dinheiro, os políticos profissionais e os homens da situação, os continuístas. Acho que os primeiros vencerão desta vez, tanto mais quanto os fracassos internacionais recentes dos Estados Unidos desmoralizaram também o State Department. Julgo, por isso, que vai haver *changes* por lá também. [...]

P.

---

139. Alceu acreditava que o mundo vivia uma fase de transição, antecedendo uma almejada "Idade Nova", conceito que aparece em dois de seus livros – *No limiar da Idade Nova* (Rio de Janeiro: José Olympio, 1935) e *Pela cristianização da Idade Nova* (Rio de Janeiro: Agir, 1946) – e que, segundo o sociólogo Luiz Alberto Gómez de Souza (1935), poderia ser entendido como "uma tradução meio livre" do que mais adiante passou a ser chamado *new age* (ver seu artigo "Lições do Fórum Social Mundial", publicado na revista *Contemporaneidade e Educação*. Rio de Janeiro: Instituto de Estudos da Cultura e Educação Continuada, ano 6, n. 9, 1º semestre de 2001).

Petrópolis,
30 de outubro de 1960

Deveria estar hoje em Ouro Preto. Se estiver vivo no ano que vem, procurarei nesta data não faltar ao convite. Afinal aquele padre Mendes Barros[140] e a gente da velha Vila Rica representam os meios e as pessoas que me querem bem e ainda me deixam à vontade. Confesso que, no Rio, já não me sinto à vontade perante qualquer auditório. Uns porque são atrasados demais, outros porque são avançados demais, como os da novíssima geração, que esperam uma outra linguagem. Outros, os católicos... ainda é nestes, como os de amanhã, que afinal... Outros, os científicos, como o da próxima sexta-feira, porque também avançaram no sentido de uma especialização, com que nunca me conformei! De modo que, já hoje, quando convidado a falar diante de qualquer desses auditórios aqui no Rio, tenho a impressão perfeita de que bateram em porta errada. E que realmente o tal mocinho que escreveu contra o C.[141], por mais errado que seja (em BH) tinha razão: a partir de certa idade e de certo momento na vida, torna-se ridículo estar se exibindo em público e repetindo as mesmas velharias, em linguagem que já não diz nada aos novos auditórios. Por isso é que os professores deviam ser jubilados aos 65 e não aos 70. Já me sinto com dois anos de... sobra. Já tinha não só o direito, mas o dever, de escrever apenas memórias ou falar do meu canto. Mormente quando a velocidade do mundo cresce de dia para dia e a barreira entre as gerações se torna mais espessa e difícil de atravessar.

Ao passo que, no interior, onde a vida é mais lenta, ainda podemos falar uma linguagem que seja ouvida, ou pelo menos encontra uma vida "autêntica" que admite sentimentos mais humanos, etc. Tudo isso para dizer do meu remorso de não ter aceito o convite de Ouro Preto. E a dúvida, a suspeita secreta e inconfessada, de que seja outra a explicação. E afinal mais grave.

É que, em moço, eu amava mais as coisas velhas. Em velho, amo mais as coisas moças. Aquele meu primeiro artigo de 1917, antes do Tristão, era não só um hino a Ouro Preto, mas ao passado, à tradição, ao Brasil antigo. Foi por essa época ou antes mesmo, em 1913 e 14, ao voltar da Europa, que eu sentia simpatias monarquistas. Afonso Arinos, um tradicionalista, era um dos meus modelos, além de amigo. Lia os clássicos. Era um céptico. Gostava de conversar com as pessoas de idade. Admirava o estilo colonial, então em moda, e que mesmo em 1923 ainda era o que meu cunhado Manoel adotara para a casa de papai, na rua Dona Mariana, que ele afinal nunca chegou a ocupar. O Eça de Queirós[142] que eu admirava, como os companheiros aliás, era o de *A cidade e as serras* e não o da sua mocidade irreverente ou mesmo o dos romances realistas. Até mesmo na influência do Eddy, nas simpatias vagas pela Action Française, era esse amor ao passado e às coisas mortas que me inspirava. No Paris de 1913 oscilei entre tomar aulas de latim

140. José Pedro Mendes Barros (1913-2000). Professor e escritor, o padre Mendes Barros criou, em 1938, em Ouro Preto (MG), o Grêmio Literário Tristão de Athayde, que presidiu até o ano de sua morte.

141. Provavelmente Gustavo Corção.

142. José Maria de Eça de Queirós (1844-1900), escritor português.

ou de história... Optei por esta. Sempre o prestígio do passado e um grande desdém pela mocidade, pelas coisas novas, pelas revoluções, pela boemia, pelas extravagâncias. Em suma, o tal "envelhecimento prematuro" a que tanto me tenho referido.

Em 1922, foi a Semana da Arte Moderna[143], e em 1928, foi a conversão, que me fizeram trocar a Idade Média pela Idade Nova... Embora o catolicismo ainda tivesse o *perfume do passado*, que era afinal o que me seduzia em moço, quando em geral é para o presente e o futuro que se voltam nossos olhares.

A partir desses seis anos, entre 1922 e 1928, é que começou a haver em mim uma mudança radical, embora sujeita naturalmente a altos e baixos. E o passado foi... passando e cedendo ao presente e ao presente e ao futuro.

O temperamento ficou o mesmo (gosto de ler *memórias*) (ainda ontem estive lendo as da Helena Morley[144] – *Minha vida de menina* – onde tive a emoção de ler o que ela escreveu, em Diamantina, no dia 11 de dezembro de 1893, que nada tem a ver com o que acontecia no Cosme Velho. Mas dá sempre um arrepio na gente ler o que uma menina de 13 anos escrevia nas montanhas mineiras, que eu iria conhecer 23 anos mais tarde, em 1916, no mesmo dia em que um menino nascia no Rio, no verde vale das Laranjeiras!).

O temperamento ficou o mesmo, repito, amigo do silêncio, das coisas antigas (mas misturadas agora às modernas...), inimigo de visitas, conversas, cafés, bares, cabarés e companhia, mas já agora com uma tremenda sedução pelo *futuro* e uma paixão à distância pelo presente, pelos acontecimentos, pelos... ia dizendo *jornais*, mas na realidade não dou a menor importância aos jornais, posso passar e passo, na fazenda, dias seguidos sem lê-los, mas tenho a sedução constante pelas coisas futuras, pelas revoluções, pelas originalidades, pelas posições políticas avançadas, etc. Mamãe observava isso há dias: "Você tem uma preferência secreta pelos malucos, pelos amorais, pelos extravagantes, por *tudo aquilo que você não é!*" E, como sempre, a voz de d. Baby é a voz da verdade. É tal e qual. Desde os tempos da advocacia, em que me seduziam mais os argumentos do adversário do que os meus próprios. Daí o meu horror à polêmica. E o gosto com que conto o tal conto de Pirandello[145] em que os dois discutidores se convencem reciprocamente e voltam a discutir, no dia seguinte, com a opinião que o outro tinha na véspera!

Em suma, este seu pai é um velho irrecuperável. Morrerá flutuando na morte e não mergulhando nela...

De tudo isso o que você deduz é que tenho tempo a perder... o que não é exato, pois preciso preparar a conferência de amanhã – *Religião ou sentimentalismo* – tema novo, sem disco... e já é meio-dia e meia, com a manhã toda ocupada nos jornais, que

143. Realizada no Teatro Municipal de São Paulo entre 11 e 18 de fevereiro, com festivais nos dias 13, 15 e 17, a Semana marcou o surgimento do modernismo no país; seus membros defendiam "uma arte genuinamente brasileira, filha do céu e da terra, do homem e do mistério", como anunciou o escritor Menotti Del Picchia (1892-1988). Alceu muito escreveu a respeito: ver, por exemplo, os vários volumes de *Estudos*, publicados entre os anos de 1927 e 1933; *Contribuição à história do modernismo* (Rio de Janeiro: José Olympio, 1939) e *Modernismo: 50 anos depois* (Petrópolis: Vozes, 1972).

144. Alice Dayrell Caldeira Brant (1880-1970) escreveu esse que seria o seu único título entre 1893 e 1895, isto é, na adolescência.

145. Alceu refere-se provavelmente ao conto "Pari" (Iguais), de Luigi Pirandello (1867-1936), escritor e dramaturgo italiano, Prêmio Nobel de Literatura de 1934.

aliás trouxeram desde ontem uma notícia do Jânio que me aborreceu: o modo como ele embarcou, de surpresa, driblando todo mundo e confirmando o *unpredictable*[146] do americano e as suspeitas de que é um timoneiro que poderá causar as maiores surpresas. Foi positivamente ridículo o modo como ontem embarcou, à última hora, depois de ter anunciado que seguiria no dia 1º e ontem mesmo embarcando em Santos. Hoje há uma notícia de Buenos Aires, dizendo que um deputado argentino teria combinado com ele aqui sua ida a BA antes da viagem à Europa e que o Jango se fartou de declarar que antes iria à Bahia, ser padrinho do filho do Juracy, que se casa amanhã ou depois. Em suma, continua a driblar todo mundo e a confirmar que realmente é, antes e acima de tudo, um individualista, que faz só o que lhe dá na veneta. Não sei quem me dizia há tempos, creio que foi o Austregésilo de Athayde: "Ele ainda nos vai dar muito trabalho".

De qualquer maneira, a fuga de ontem foi ridícula e vai decepcionar muita gente. A mim me irritou. Um homem que se preza, nas condições de presidente eleito, não tem o direito de usar destas palhaçadas e sair fugido do Brasil. O resultado é que vai ter toda a imprensa contra ele. Já hoje, o próprio *Diário de Notícias*, o seu maior sustentáculo, se mostra, ao menos no noticiário, irritado. E ninguém pode deixar de estar. Foi uma *gaffe*. E como nos lembramos logo das outras (como a da "renúncia"), ficamos de pé atrás, relembrando o *doido varrendo* depois de *doido varrido*[147]. [...]

P.

Rio de Janeiro,
3 de novembro de 1960

[...]

O que eu vi desse ambiente paulista do início do século foi o que já, mais de uma vez, te contei.

Em 1901, a visita à casa da condessa Pereira Pinto, que era tia da sua abadessa fundadora, creio eu, na hora da agonia da filha. A tremenda impressão que esse primeiro contato com a morte me causou. E seria também a prova de que, no meio daquela aristocracia antipática, de um São Paulo dividido em castas, havia um ambiente religioso autêntico, capaz de enfrentar a morte com aquela estupenda serenidade. O que não a impedia de se manter fechada em um preconceito de classe e em suas fortunas fabulosas. A fundadora, desde pequena, teve a visão próxima de gente capaz de enfrentar a morte com aquele grande espírito cristão. E portanto, o espírito da *belle époque* não era apenas o da futilidade e do mundanismo. Era também o de uma fé que guardava uma

146. "Imprevisível".

147. A campanha eleitoral de Jânio Quadros teve como símbolo uma vassoura – o candidato iria "limpar" o país da corrupção – e o mote musical : "Varre, varre vassourinha...".

força interior profunda, embora sem nenhuma repercussão na vida social e política, a não ser para *voltar ao passado*, como era o caso do Eduardo Prado[148], grande escritor de fé profunda também, mas fechado ao novo ambiente.

De modo que a descrição da *belle époque*, em São Paulo, teria de mostrar o *enriquecimento* dos latifundiários e cafeiristas, inclusive dos "comissários" (de que o livro do Nelson Palma Travassos[149], de leitura indispensável para situar o tempo da fundadora no ambiente paulista da época, faz uma boa descrição), explico: comissários do café, representando uma nova classe de enriquecidos, que se diferenciava da velha classe dos aristocratas, de que os Prado eram representantes típicos, e de que a "chácara do Carvalho" era a expressão arquitetônica. E que eu ainda conheci nos seus últimos arrancos de esplendor.

Lembro-me mesmo de um baile lá em que eu sustentei com dona Eglantine, casada com o Antônio Prado Jr., a tese de que "o casamento é a morte do amor" (sic). Ainda me estou vendo, todo pedante, numa sala, a defender a tese que eu mais ou menos bebera no *De l'amour*, de Stendhal[150], que eu lera a bordo, em 1912, e relia por vezes com todo o pedantismo e a petulância dos 20 anos.

Tipicamente *belle époque*. Lembro-me também das primeiras motocicletas e de um ou dois passeios na garupa de uma delas, pilotada por uns primos dos Prado, de sobrenome Pacheco Chaves (um deles, o Edu[151], foi o mais famoso, por ter sido o primeiro aviador que fez São Paulo-Buenos Aires de avião), pois esses Pacheco Chaves eram "aristocratas" no sentido não apenas do privilégio mas da audácia, das atitudes pioneiras, dos riscos, dos empreendimentos. E nesse ponto a fundadora está na linha – mal comparando – do Edu, ou mesmo mais tarde do Paulo[152], já em decadência, mas escrevendo um livro como *O retrato do Brasil*, de um pessimismo bem Prado mas também de uma coragem de afirmação bem "aristo", como foi o apoio que ele, Paulo, veio dar ao modernismo, em 1922, o que representou, creio eu, o último arranco dos Prado antes de sumirem, como estão sumindo, no absoluto apagamento de uma vela de sebo que se extingue. [...]

No tempo da dona Veridiana, que mal vislumbrei em 1901, eles ainda estavam no proscênio. De dona Veridiana guardo apenas a recordação de... uvas (sic). Sim, ela foi das primeiras – sempre o pioneirismo dos Prado – senão a primeira, que teve uma enorme plantação de uvas do tipo "niagara", em São Paulo, hoje chamadas uvas paulistas. Só me lembro dela como uma velha dura, feia, impressionantemente dis-

---

148. Político e escritor (1860-1901), adepto da monarquia e do catolicismo tradicional, membro fundador da Academia Brasileira de Letras.

149. Escritor (1903-1985), jornalista, membro da Academia Paulista de Letras. Alceu se refere, provavelmente, ao livro de memórias *Quando eu era menino...*, que Palma Travassos lançou em 1960, no qual, ao falar de sua infância, aborda características da sociedade brasileira do começo do século XX.

150. Marie-Henri Beyle (1783-1842), escritor francês de pseudônimo Stendhal; seu ensaio *Do amor* foi publicado em 1822.

151. Eduardo Pacheco Chaves (1887-1975).

152. Paulo da Silva Prado (1869-1943), escritor, participou da Semana de Arte Moderna. Seu livro *Retrato do Brasil: ensaio sobre a tristeza brasileira* foi publicado em 1928.

tante, amedrontadora, que nós fomos visitar por ser avó da mulher do Arinos, amigo de papai, e que nos recebeu do alto de sua condescendência e com conversas com mamãe e papai, de que eu não participei, só entrando em cena o "miúdo" de 7 anos, quando ela mandou vir uns cachos de uvas do seu parreiral e nos mandou servir. Ainda as vejo, eram brancas, ou antes verdes, mas bem maduras, um regalo. Creio que data daí a minha *gula* por uvas paulistas. É pouco porém para um retrato físico ou psicológico da velha matrona, que criou a fundadora com o mesmo amor feroz que papai atribuía a dona Antonieta em face do dr. Arinos.

Esses Prado foram autênticos aristocratas, com as virtudes e os defeitos de gente dura, distante, malcriada, mas valente e decidida, capaz de produzir panfletários como o Eduardo e fundadoras de abadias como a dona Abiah.

De modo que o ambiente de São Paulo era então de uma congenialidade que não poderia ser resumida apenas sob um aspecto. Como até hoje, em que São Paulo é o maior *melting pot*[153] de raças e idéias do Brasil inteiro.

Agora basta de Prado, basta de *belle époque*, basta também de carta. [...]

P.

Rio de Janeiro,
5 de novembro de 1960

[...]

Não dissocio nunca as pessoas dos seus ambientes. E especialmente as casas representam para mim uma moldura inseparável da tela. Evoco sempre as pessoas entre paredes, móveis ou jardins. Assim como sempre evoco esses jardins, esses móveis ou essas paredes, habitados por pessoas, em simbiose constante. Assim como a mim mesmo só revejo unido às casas onde vivi e onde fui deixando pedaços de mim mesmo, como elas deixaram em mim as marcas de suas mãos de cal, de madeira ou de grama... Assim é que verei sempre Raïssa no salão de Princeton e mesmo na biblioteca de Dona Mariana quando lhe pedi que assinasse, com Jacques e Vera, aquela página de 1906 (?), em que Léon Bloy assinalava a 11 de junho, dia de São Barnabé, o batizado dos três *filleuls*[154] e a chamava de "teia de aranha", tão frágil já era. Como o era no dia de junho de 1958 em que lhes disse adeus, sentindo que seria para sempre.

Vamos ver se posso evocar um pouco disso para a próxima croniqueta de quinta-feira, quando já os jornais tiverem possivelmente tomado conhecimento do que ontem comuniquei, de modo que muito comoveu a todos, e por um momento refazendo no Centro Dom Vital aquele ambiente que há muito tempo lhe faltava e que as lutas e os ressentimentos recentes ainda tornaram mais seco, frio, puramente rotineiro. Ontem,

153. "Cadinho, caldeira".

154. "Afilhados". Léon Bloy foi padrinho de batismo do casal Maritain e de Vera, irmã de Raïssa.

ao menos por um momento, a *união* se fez de novo – enquanto rezávamos pela alma daquela que em Paris ainda não estava sequer enterrada – ao receber aquele telegrama do Jacques ("*Raïssa entrée dans la lumière*"[155]) (para cujo retrato na nossa parede do centro pude ontem apontar), num testemunho de atenção especial para conosco. Fomos um dos primeiros a ter notícia especial e pelo telégrafo. Com o preço fabuloso dos telegramas, na minha resposta coloquei apenas três palavras: "*union prière Lima*"[156] e paguei Cr$ 1.100! Tudo isso fez com que aqueles minutos fossem de novo o que o centro sempre devia ser. E o Hargreaves[157] – interrompendo a conferência, lendo apenas o *final* e evocando a "comunhão dos santos" que naquela hora se fazia *concretamente* – foi feliz e encontrou a palavra exata, como eu encontrei a prece exata, única atitude autêntica em tais momentos – que é a *palavra de Deus*.

P.

Petrópolis, 9 de novembro de 1960

Está eleito nos States o nosso candidato[158]. Desta vez "estamos em todas", como se diz. E como sempre, em vez de me alegrar, o que sinto logo é o peso da responsabilidade. É um tanto ridículo escrever isso, pois afinal não fui eu o eleito, nem lá nem cá... Mas, afinal, sinto-me tão ligado àqueles que recomendo ou por quem torço nas eleições, que é como, ou pelo menos, um pouco como se fosse eu mesmo o eleito. Mas deixemos de sutilezas psicológicas e vamos aos fatos.

Por ora só sei o fato bruto: o K. de lá (há também o K. de cá e o K. do outro lado – Kruschev) alcançou há pouco, diz uma notícia lacônica do rádio, o voto eleitoral que lhe faltava para ser considerado presidente. O sistema lá é diverso. Os "eleitores" votam nos candidatos, sim. Mas de acordo com os estados há a designação de uns tantos "eleitores" (na proporção da força eleitoral do Estado), que vão então votar numa convenção que escolherá o presidente. Mas, como são "mandatos imperativos", esses votos eleitorais não podem falhar. O que se chama "mandato imperativo" é quando alguém é designado para exercer o seu voto de uma *determinada maneira*. Isto é, se escolhido para votar em Kennedy, só pode votar nele. De modo que não há surpresas, como – mal comparando – na academia quando um acadêmico promete o voto a um candidato e depois não vota nele. No caso do "mandato imperativo" não pode haver isso. Cada estado então, de acordo com sua

155. "Raïssa entrou na luz"; Maritain referia-se à morte de sua mulher, em 4 de novembro.

156. "União prece Lima".

157. Henrique José Hargreaves (1903-1991), filósofo e professor, figura eminente do laicato católico brasileiro. Foi diretor do Centro Dom Vital de Juiz de Fora (MG).

158. John Fitzgerald Kennedy.

população, dispõe de tantos "eleitores". Por exemplo, o estado de Nova York manda 45 "eleitores" (chamados "grandes eleitores") à convenção, ao passo que o Alasca manda três! Nunca percebi a vantagem dessa dupla eleição ou eleição em *dois graus*, como se diz. A menos que pudesse haver *liberdade* por parte do "grande eleitor". Como não há, desde logo se sabe quem foi eleito, conforme o número de *votos eleitorais* que obteve.

Outra particularidade interessante é esta: quando um candidato obtém maioria absoluta dos votos de um determinado estado, fica com *todos* os votos eleitorais. Não é preciso ter unanimidade, coisa que jamais seria alcançada. De modo que, tendo metade mais um dos votos dos eleitores inscritos em Nova York, por exemplo, o candidato leva consigo para a convenção todos os 45 "grandes eleitores". Assim sendo, o importante é conquistar os grandes estados, como Nova York ou Califórnia. Não sei detalhes. Mas creio que o K. arrastou consigo os maiores estados. Pois teve muito mais "votos eleitorais" do que o Nixon, até agora, apesar de ter apenas uma margem de pouco mais de 1 milhão de "eleitores" no total. Até há pouco 27 milhões contra 26 do Nixon. Como todo mundo esperava, é um páreo duro, com pequena vantagem para o católico sobre o quaker.

Pela primeira vez um católico vai pisar, como presidente, a Casa Branca. Mais uma "primeira vez" em nossos tempos! Também será o mais moço de todos os presidentes americanos, 43 anos, creio eu. Carreira fulminante e devida quase que exclusivamente ao seu *charme* pessoal, até físico, e, dizem, à sua eloqüência, brilho e vivacidade de inteligência. Sinto nele o estofo de um novo F. D. Roosevelt e o ímpeto dinâmico do velho Theodore Roosevelt[159], do início do século. Certamente vai imprimir à ação dos Estados Unidos um dinamismo que corrigirá aquilo que eu já pressentia *antes* de lá morar: um *envelhecimento* prematuro (v. prefácio de *Europa de hoje*[160]). Com o Kennedy tenho a impressão de um rejuvenescimento, que é, a meu ver, o melhor sintoma de sua vitória, e do que os Estados Unidos podem e devem representar no mundo moderno.

É o que a vitória do Jânio e do Carlos Lacerda *deveriam* representar entre nós. Ou possivelmente representarão. Mas veja só. Enquanto aqui no Brasil os vencidos se agitam para deteriorar, previamente, o clima nacional, com greves, agitações, votações de projetos indecentes, como o que a Câmara dos Vereadores votou anteontem, aumentando brutalmente os funcionários públicos estaduais (da Guanabara), a tal ponto que dizem que a *renda total* do estado, 26 bilhões de cruzeiros mais ou menos, será *inferior* ao orçamento de 61 *só para pagar os funcionários*, com os novos salários!!!

É uma verdadeira loucura!

Pois enquanto isso se faz aqui, tanto o senhor JQ como o senhor CL passeiam pelo estrangeiro!

[...]

---

159. Eleito vice-presidente em 1900, Theodore Roosevelt (1858-1919) assumiu a Presidência em 1901 com o assassinato de William McKinley (1843-1901); venceu as eleições presidenciais em 1904. Em 1906 ganhou o Nobel da Paz.

160. Livro publicado por Alceu em 1951.

As notícias de hoje são de que a greve está cedendo. Mas o importante é o que ela significa como sinal do que vamos ter por aí durante os próximos cinco anos e das contradições do governo atual, de uma parelha JK-Jango, em que este fica na sombra, fomentando agitações, ao passo que aquele, pela boca do ministro da Justiça, ameaça até decretar um estado de sítio. No fundo tudo faz parte do grande terremoto que agita o mundo inteiro e que entre nós até que tem chegado tão suave e diluído, que faz *gosto*. Ou *medo*... [...]

P.

Rio de Janeiro,
11 de novembro de 1960

[...]

Não dou, decididamente, para assembléias, embora defenda a sua necessidade. Eu dou mesmo é para... não dou pra nada. Pois detesto ditadores e ditaduras, mas como prefiro, incomparavelmente, o *homem só* ao homem mal-acompanhado, ou mesmo muito acompanhado, ou até, quem sabe, ao homem simplesmente acompanhado, o lógico seria ser favorável ao governo unipessoal e portanto ditatorial, em que tudo se faz *en petit comité*, ou sozinho. De modo que a conclusão é que faço muito bem em só tratar de coisas políticas de longe e com... pinças e luvas de borracha, logo muito pouco democraticamente. E no entanto sou cada vez mais democrata e anti-oligarca ou autoritário. Em suma, um sujeito completamente imprestável. [...]

P.

Petrópolis,
18 de novembro de 1960

[...]

Neste dedo mindinho de prosa matutina, quero apenas dizer que agora de manhã passei por nada menos de quatro lugares onde a picareta está destruindo ou modificando os restos do Petrópolis da minha e até da sua infância...

Primeiro, o Convento de Lourdes, cuja casa velha está já pela metade derrubada e onde foi na minha infância a famosa Pensão Lentz, em cuja falência papai perdeu 50 contos (que não tinha...) por ter endossado uma letra. Nela moramos em data que eu não recordo (pois devia ter uns 2 ou 3 anos) mas me recordo, em menino, de ter ido a um baile em que vi dançarem pela primeira vez um *fox trot*, especialmente por três elegantes do tempo, de volta da Europa – os Caldeira – e o mais engraçado é que hoje mesmo, olhando para a velha pensão meio demolida, um rádio vagabundo tocava *o mesmo fox trot* que há muito eu não ouvia. E a música, ressuscitando fantasmas, enquanto a picareta os espantava, produziu um efeito psicológico bastante confuso, num coração de quase 70 dezembros, mas cujas cordas ainda vibram como se tivesse 7.

Logo adiante, outra demolição: o velho Hotel d'Europa, há muito condenado e em litígio. Hoje quase todo demolido. Foi um dos grandes centros dos verões da *belle époque*. E mesmo lá por volta de 1915, nos meus anos de mundanismo, dancei em seus salões o tango argentino...

Mais adiante o Hotel Majestic, esse ponto central do meu mundanismo da época.

[...]

E logo depois a velha casa ao lado da casa das "meninas", cujo muro pulei em 31 de dezembro de 1917, rasgando a calça, com César, indo à casa mudar outra e em seguida, conseguindo, na mesma noite, no caramanchão das "meninas", arrancar de uma mocinha tímida e que nunca dançara nem dançaria, um *sim* tão em surdina, que só mesmo as flores ou os namorados conseguiram ouvir...

[...]

Quatro casas em ruínas! Quatro fugas dos fantasmas de outrora! Quatro novos golpes na minha infância, adolescência e mocidade. Tudo numa só manhã! Aos 67 anos de idade! Os extremos se encontram. A vida é um círculo, na simbologia hindu. Os extremos se tocam. E quanto mais nos aproximamos dos 70 (que o salmista dá como termo normal de nossa vida, ou até 80 *si validi sumus...)*, mais os companheiros interiores do passado vão acordando e fazendo companhia à gente. E então, quando um sujeito obcecado por casas e prédios e jardins, como eu, vê as ruínas se acumularem e os restos do passado indo sucessivamente abaixo, é realmente o momento de entrar em si, ou antes entrar em Deus, e procurar, cada vez mais, ver tudo *sub specie eternitatis*[161], que é uma perene infância. Isso que você viu desde criança. E que eu só muito lentamente fui descobrindo. E por isso nos compreendemos tão bem.

[...]

P.

161. "Do ponto de vista da eternidade".

Rio de Janeiro,
20 de novembro de 1960

Eis que chegamos ao fim de um novo ano litúrgico e os horizontes do mundo sempre negros, cada vez mais negros, especialmente com o ponto de apoio que a Rússia soviética – e portanto a revolução comunista – conseguiu na América, com a rápida transformação da Revolução Cubana.

Isso me vem logo à cabeça por ter sido objeto do diálogo que ontem à noite mantive, por uns 20 minutos, com o Walter Lippmann[162], na casa dos Nabuco. Não foi uma conversa tão agradável como a que tive com o Adlai Stevenson. Mas muito mais séria e profunda. Embora tão rápida. Esses jantares são realmente encontros quase desperdiçados. Digo *quase* porque afinal vi ontem que o Lippmann pôde ainda conversar com o Luís Viana[163] e o próprio Maurício Nabuco, que chegara na véspera da Argentina.

[...]

Logo depois do jantar, o Maurício manobrou para ficarmos os três (inclusive o Lippmann) conversando a sós num sofá da própria sala de jantar e só aí é que pude conversar uns 20 minutos com o Lippmann. Gostei. Muito menos aberto que o Stevenson e sem muito brilho. É muito mais velho (71 anos), poucas palavras mas *nenhuma* arrogância, perguntador como todo bom americano, simples, cordial e sabendo ouvir. Eu não estava nos meus bons dias... mas procurei dizer, em poucas frases, o que hoje digo mais longamente no *New Frontier*, mas sem muito *élan* e com o inglês de novo enferrujado. Raio de língua... A minha e a dele. Disse-lhe o que esperávamos dos novos Estados Unidos pós-Kennedy, da razão de 95% dos brasileiros serem pró-K, etc. Ele me disse: "Desta vez, ao contrário de eleições anteriores, tomei partido pró-K, pois senti que havia realmente *duas vertentes*".

Perguntou em seguida duas coisas: *a*) a razão de ser da antipatia ou ressentimento da América Latina contra os Estados Unidos; e *b*) como deviam os Estados Unidos agir no caso de Cuba.

O que lhe respondi quanto ao primeiro caso você bem sabe, pois afinal é o que tenho dito e repetido. Citei naturalmente a tal frase: "*Good business*" e não "*Good neighbours*"[164]. Ele perguntou sorrindo: "Foi Nixon mesmo que disse isso?" Eu não afirmei, pois não sei se foi ele ou alguém por ele. O de que me recordo bem é que li isso em Los Angeles e desde logo senti que era essa a crítica que os republicanos de 1952 faziam contra a política internacional de Roosevelt e Truman.

Com respeito a Cuba eu disse mais ou menos o seguinte: "Quanto menos os senhores agirem, melhor, e sobretudo nada de invasão ou ataque a Cuba". E ele: "Sempre

162. Jornalista americano (1889-1974), especialista em política estrangeira.

163. Luís Viana Filho (1908-1990), professor, historiador, ensaísta e político. Eleito para a Academia Brasileira de Letras em 1954.

164. Isto é: os EUA preferem "bons negócios" em lugar de "bons vizinhos".

sustentei isso, repetidamente. Mas as coisas estão chegando a um ponto muito grave: que perdêssemos todos os nossos bens materiais, vá lá; que sejamos insultados, pouco importa; mas agora estão começando a matar nossa gente" (alusão a dois ou três americanos que participaram de uma pequena contra-revolução recente, contra Fidel Castro, e foram fuzilados). E acrescentou: "O regime de Fidel Castro está realmente ameaçando o mar das Caraíbas e recebemos pedido de proteção da Guatemala e da Nicarágua, governos de pouco crédito. Mas se amanhã recebermos pedido idêntico da Colômbia?"

Ele mesmo não deu resposta. Vê-se que está vacilante. Eu lhe disse: "Não se pode dizer nada, cá de longe, mas a minha impressão é esta: quanto *menos* fizerem, melhor. A situação em Cuba chegou a este ponto por erros antigos dos Estados Unidos que, no momento, por falta de habilidade do Departamento de Estado, julgou ser Fidel Castro um baderneiro como outro qualquer e a sua revolução uma nova quartelada de mudança de um ditador para outro. Mas a revolução de Fidel é muito mais séria e profunda e traduz um fenômeno espalhado por toda a América, *dentro de cada país*, sem necessidade de uma ação direta da Rússia ou da China", etc.

Foi essa a nossa conversa. E ele ainda acrescentou: "Eu quisera encontrar aqui na América Latina quem me dissesse, claramente, *como devemos agir*, no caso de Cuba", prova de que não encontrou, na minha resposta, o que queria, e prova também daquela simplicidade americana, daquela verdadeira humildade, com que não se envergonham de *perguntar*.

[...]

P.

Rio de Janeiro,
24 de novembro de 1960

[...]

Dia de Ação de Graças. Confesso que não tenho simpatia alguma por essas atitudes religiosas oficializadas pelo estado, mesmo quando promovidas pela Igreja. Essa promoção me soa tão falsa, tão sem repercussão alguma nos corações! Há qualquer coisa de puramente exterior e espetacular em tudo isso, que me deixa aparentemente frio.

Logo mais vai haver um *Te Deum* solene na Candelária. Recebi convite do governador provisório do estado. Não da Igreja. Vai fazer a oração gratulatória o arcebispo de Niterói. É possível que eu vá, mas desde já confesso que, se for, vou muito mais por curiosidade que por sinceridade. Ação de graças é... Eucaristia. Esta, oferecemos todas as manhãs e sai do fundo do coração, sem qualquer convite, sem galões e penachos, sem fraques e cadillacs, sem oratórias pulpitícias e agradecimentos de encomenda.

Essa espetacularidade me deixa frio, quando não irritado. E me lembra logo o fim do Antigo Regime na França, em 1789, ou na Rússia de 1917, quando a religião é adotada pelo estado como ornamento e sinal de respeitabilidade. Bem sei que a Igreja aprova todo esse triunfalismo, mas nele eu só vejo a máscara de um mundo morto. O destino da fé em nossos tempos não está nas cerimônias oficiais e gigantescas. Está nas missas do dia de semana; está nos mosteiros e conventos; está nas nossas (perdão pelo farisaísmo...) conferências sem público; está principalmente na igreja do silêncio, ou nas missões, ou no apostolado obscuro, nos catecismos suburbanos, nas crianças, em tudo o que *não* for oficial ou ornamental, em tudo que tiver a marca da humildade, da surdina, do fora de moda, das selvas, das catacumbas, dos claustros e das igrejas vazias. Esta é a marca da fé em nosso tempo. Pois vivemos tempos de falta de fé, de falta de padres, de conventos pobres, de religião troçada ou perseguida, de laicismo triunfante. Tudo o que representa, hoje mais do que nunca, a igreja *triunfante da terra* me soa falso. Tudo o que representa a igreja militante, sofredora, esquecida, soa autêntico. Acho que será isso o que tenho a dizer pelo Natal deste ano. E por isso mesmo o *Te Deum* solene de hoje, na Candelária, não me diz nada ao coração. E se lá for, será para confirmar esses sentimentos ou, por imprevisto, ser desmentido.

P.

Rio de Janeiro,
29 de novembro de 1960

[...]

Mudando de assunto. O caso Cardonnel[165] voltou à baila, de modo violento, com a divulgação da sua volta à França. O pessoal da JUC está indignado. Agora mesmo o Emo Duarte[166] disse que teme um desvio coletivo da mesma, em direção à Esquerda, caso o Cardonnel seja mesmo removido de volta à França. Estou com vontade de sondar dom Hélder a respeito, e, se possível, fazer pessoalmente uma *démarche* junto ao cardeal, ouvidos os dominicanos. Estou certo de que o Corção não tem pessoalmente nada com isso, mas não só ele como o Centro Dom Vital ficarão mal se essa retirada se consumar, a ponto de sermos acusados, nós em bloco, por causa da polêmica com o Corção, de termos sido os provocadores dessa retirada, que vai cavar

165. Frei Jean Cardonnel (1921), dominicano francês, convidado a exercer seu ministério no Brasil como professor no convento de estudos dos dominicanos da capital paulista, destacou-se pelo ardor de sua pregação – em São Paulo, Belo Horizonte e no Rio de Janeiro –, a qual os meios católicos conservadores consideraram esquerdizante. A gota d'água para a ratificação de tal juízo parece ter sido uma entrevista concedida ao jornal *O Metropolitano*, da União Nacional dos Estudantes (UNE), além dos artigos publicados no mesmo órgão. Gustavo Corção, n'*O Estado de S. Paulo*, atacou severamente as idéias de Cardonnel. Em consequência das reações suscitadas, o dominicano se viu forçado a deixar o país.

166. Escritor e advogado (1920-1967).

um abismo entre nós e os *novos*. Acredito mesmo que essa aproximação que estou tentando com alguns elementos egressos do PC – especialmente o Antônio Paim[167], no caso do curso de Campinas e do curso que pretendo promover no CDV para o ano – caia por terra, em conseqüência dessa retirada *real e simbólica* do frei Cardonnel, que, por bem ou por mal, se transformou num pomo de discórdia. Isto provocará uma fuga em massa, para a esquerda, da JUC, que já estava se reaproximando até do próprio Corção, com quem tiveram um ou dois encontros, pelo que me disseram. Como você vê, o velho dilema direita-esquerda, dentro das próprias hostes (nome que me desagrada, como milícia, soldado de Cristo etc., tudo com cheiro a militarismo, que visceralmente me afasta)... repito, dentro das próprias hostes católicas, está continuando a produzir seus males.

[...]

Será que morrerei vendo a morte dos meus ideais políticos, de uma democracia avançada socialmente ao extremo, com a real ascensão das massas trabalhadoras ao poder, com uma justiça social real e não apenas nominal, mas também com a preservação da *liberdade individual e das liberdades públicas*? Será apenas um sonho irrealizável, ao menos em nosso século, e ao qual – como realidade – só se chegará *depois das revoluções sangrentas*? Será que a Igreja não conseguirá, indiretamente, convencer os seus fiéis de que a sua doutrina social é a da *justiça sem sangue*? Começo a duvidar, e no fundo de mim mesmo, cada vez mais, vai penetrando a idéia de que há na História uma irreversível marcha ao sangue e à violência, especialmente quando a mensagem cristã deixou de ser pública para ser particular (e antes, quando era pública, não era a mesma coisa?). Não foi o nome de "cristã" utilizado sempre para justificar o emprego da força, ora para libertar o túmulo de Cristo, ora para defender a Europa dos mouros, ora para defender o antigo regime contra a democracia, ora para defender a "democracia" (já agora com aspas...) contra o totalitarismo? Ou os pseudo-*regimes de ordem* (Espanha e Portugal), baseados nominalmente na Igreja, contra o "comunismo" (também entre aspas), pois a palavra, nesse caso, passa a englobar tudo o que for contrário ao "generalíssimo" Franco ou ao "doutor" Salazar...

Amargas reflexões de quem vê os seus ideais político-sociais cada vez mais ameaçados até o "dia-de-são-nunca" e os próprios meios católicos cada dia mais convencidos de que contra o comunismo *vale tudo*. Ao passo que os que *se servem do comunismo*, como Fidel Castro, para levar avante a sua pseudo-revolução nacional, se jogam já agora abertamente contra a Igreja, como ontem falou fanaticamente o Fidel Barbudo enquanto o arcebispo auxiliar de Cuba também fazia ler – ou dificilmente ou sem conseguir – nas igrejas, uma nova pastoral contra o regime Fidel.

[...]

P.

167. Filósofo, professor e ensaísta (1927), um dos fundadores, em 1989, da Academia Brasileira de Filosofia.

Rio de Janeiro,
1º de dezembro de 1960

Hoje o meu nariz está fazendo das suas, separado, como tantas vezes anda, do resto do corpo. Mudemos de assunto. [...]

Agora leio esse relatório sobre a situação do Nordeste. É impressionante. No Nordeste está o caldo de cultura de onde pode provir uma *fidelização* do Brasil. Lá surgiu um deputado estadual, um tal de Francisco Julião[168], organizador das Ligas Camponesas. Estas poderão representar um levante coletivo, que será um rastilho de pólvora. E será a conseqüência do desenvolvimentismo do JK, que precipitou uma industrialização a galope, sem base financeira ou econômica segura, e *sacando sobre o futuro*, isto é, emitindo dinheiro a jato contínuo, para ser pago pelo sucessor, e com isso elevando o custo de vida a tais alturas que nunca a elevação dos salários conseguirá equilibrar. E daí a miséria e a fome.

À noite, 11:30, TV Rio, para assistir ao balanço de um ano do Banco da Providência[169] de dom Hélder. Este insistiu no tema *fome* aqui no Rio. No tema *miséria.* No tema tuberculose. No tema *sem teto. Tudo aqui no Rio.* Agora, desloque isso para uma zona já em si miserável como o Nordeste, com 20 milhões de brasileiros a viverem ainda assim, num tempo em que o rádio anunciou – notícia que atinge mesmo os que não sabem ler – que na China ou nos Bálcãs ou na Rússia não há mais miséria. Pode não haver liberdade, mas não há miséria. E a resposta do povo com fome já se sabe que *só pode ser esta*: "Que me importa a liberdade! O que eu quero é comer, é matar a fome". Não é comer como glutão. É *não morrer de fome.* E a fome é má conselheira há séculos, diz o povo. E isso que era apenas um provérbio para nós que nunca passamos fome é hoje um espantalho e uma esperança!

Repetiu-me ontem, na TV Rio, um moço que lá estava, uma frase que ouviu de um ricaço, com quem ele conversara há tempos sobre a fome no Rio: "Ah, essa gente já está habituada a isso"! Triste.

É com frases como esta, que infelizmente correspondem a uma realidade do empedernecimento e cinismo dos que a pronunciam, que se enterram civilizações. Infelizmente não é apenas um que a diz. Somos todos nós que, sem o dizermos, agimos *como se* também pensássemos assim. E é isso que faz com que ninguém possa hoje, em sã consciência, dormir em paz. E cada vez mais se acumulam nuvens no horizonte e reforça-se o nosso pressentimento de que *não há remédio contra a avalanche.* E só depois dela é que o sol poderá de novo raiar. Mas como somos visceralmente contra a força cega das avalanches – sejam elas humanas ou geológicas – nossa posição terá sempre de ser essa: fazer tudo para que a avalanche não venha, mas sem

168. Fundador, em Pernambuco, das Ligas Camponesas, Francisco Julião Arruda de Paula (1915-1999) lutava pela democratização do acesso à terra. Foi deputado federal entre 1963 e 1964.

169. Instituição filantrópica criada em 1959 por d. Hélder Câmara, sob a égide da Arquidiocese do Rio de Janeiro, para assistência a pessoas socialmente excluídas. Suas atividades continuam até hoje.

nunca negar a veracidade dos motivos das avalanches sociais e fazer tudo para que os males que elas querem corrigir sejam corrigidos *sem o recurso a elas.*

Temos sempre de agir, pois, nessa gangorra trágica.

[...]

P.

Petrópolis, 18 de dezembro de 1960

[...]

O fato é que o Manuel Bandeira[170] voltou, ouviu minha palestra com enorme atenção, felicitou-me, e agora mostrou mesmo que pegou, como sempre, o essencial, que foi o começo. É sempre assim: o essencial se diz em poucas palavras. Tudo mais é para encher tempo. A poesia do MB, aliás, é composta de "essenciais". Daí ter ele apenas publicado *um livro*, sempre aumentado, de época em época, mas um só, ao longo dos seus 70 e pico anos de vida; e com esse livro único, ter conquistado também um lugar único na poesia brasileira moderna de que é o verdadeiro príncipe. Engraçado como o Guilherme de Almeida[171], embora eleito príncipe, inclusive com o voto do MB, passou ultimamente a segundo plano, onde aliás sempre esteve, pois afinal não passa de um *excelente* poeta, mas não chega, no rigor da expressão, a *grande* como o MB ou como os *big* da segunda geração modernista – os Jorge de Lima, os Schmidt, os Murilo Mendes[172], os Vinicius[173], os CDA[174], e mesmo os Cassiano[175]. O poema de Guilherme de Almeida sobre Brasília *est tombé à plat*[176], por exemplo. E nunca o vi citado.

[...]

P.

---

170. O poeta Manuel Carneiro de Souza Bandeira Filho (1886-1968), membro da Academia Brasileira de Letras a partir de 1940.

171. Em 1959, eleição organizada pelo jornal *Correio da Manhã* elegeu Guilherme de Andrade e Almeida (1890-1969) "Príncipe dos Poetas Brasileiros". Escritor, advogado e jornalista, ele ingressara na Academia Brasileira de Letras em 1930.

172. Murilo Monteiro Mendes (1901-1975), convertido ao catolicismo em 1934 e ligado ao grupo de escritores católicos do Rio de Janeiro.

173. Marcus Vinicius Cruz de Moraes (1913-1980), poeta, dramaturgo e compositor, foi, por certo tempo, ligado aos autores católicos.

174. O poeta e cronista Carlos Drummond de Andrade (1902-1987).

175. Cassiano Ricardo Leite (1895-1974), escritor, eleito para a Academia Brasileira de Letras em 1937.

176. "Caiu no vazio".

Petrópolis,
19 de dezembro de 1960

[...]

A decepção de ontem foi a perda do campeonato de futebol pelo Fluminense, ao qual me sinto ligado de menino. Embora reconheça que foi justa a vitória do outro clube, o América, que há 25 anos não tirava o campeonato. Mas não deixa de chatear. Telegrafei ao Sobral, que é hiperfã do América, do qual foi até diretor há anos. O desenrolar da partida pela TV-Rádio do seu João, aqui ao lado, interrompeu o silêncio total em que vinha decorrendo o domingo e atrapalhou a parte final dos meus trabalhos de ontem. [...]

P.

Rio de Janeiro,
23 de dezembro de 1960

[...]

Ontem na academia conversei com o Álvaro Lins[177], que recordou mais uma vez, não sei por quê, a descoberta que eu fiz do José Américo com *A bagaceira*[178], e me contou o seguinte caso, que já me havia contado, mas eu esquecera, com o meu bendito hábito de guardar cada vez mais *mal* o que me contam, e por isso apresso-me em deixá-lo aqui registrado.

Quando eu elogiei muito *A bagaceira*, o Grieco[179] escreveu contra, achando que era um livro medíocre, que não merecia o barulho que eu fizera. Ciúme, por não ter sido o lançador. O fato é que o José Américo soube e quando, dois anos mais tarde, veio para o Rio, como ministro da Viação, perguntou ao diretor da Central onde *trabalhava*... o Grieco, qual o horário dele. O diretor explicou que ele recebia, mas não ia lá, como era costume com certos figurões nomeados de favor. O José Américo, ressentido, recomendou ao diretor que aplicasse ao Grieco o horário comum de qualquer outro funcionário. Então o Grieco se vingou com o seguinte epigrama: "O senhor José Américo, como romancista, *dá* sono; como ministro... *tira* o sono". Boa, não?

[...]

---

177. Álvaro de Barros Lins (1912-1970), crítico, ensaísta, professor e jornalista, membro da Academia Brasileira de Letras a partir de 1955.

178. Em 1928, um artigo elogioso de Alceu tornou conhecido esse romance de José Américo de Almeida (1887-1980), escritor e político, eleito membro da Academia Brasileira de Letras em 1966.

179. Agripino Grieco (1888-1973), crítico literário, jornalista e poeta.

Contou-me ainda o Álvaro Lins a entrevista que teve com o cardeal Cerejeira[180] na qual este lhe dissera que sua preocupação era afastar-se o mais possível do Salazar – apesar de serem amigos e antigos companheiros de quarto em Coimbra – para que não se alegasse que a igreja e o estado estavam fundidos. Diz que o Cerejeira ainda acrescentou: "Para que não suceda como ocorreu com a República, em 1910, quando a igreja foi perseguida porque se aliara demais à monarquia".

[...]

P.

Rio de Janeiro,
24 de dezembro de 1960

[...]

[...] com a morte do nosso velho companheiro Antônio Austregésilo[181], que desaparece aos 84 anos...

[...]

Primeiro candidato por telefone: o Lêdo Ivo[182], que há muito namora a Academia, mas nunca se apresentou. Segundo o meu velho costume, fui logo pondo os pingos nos is, nos seguintes termos: "Tenho um compromisso tácito com dois candidatos antes de você e nesta ordem: Afrânio Coutinho[183], Aurélio Buarque de Holanda[184]. Se nenhum dos dois se apresentar, pode contar com meu voto, já que quanto ao seu valor literário você sabe que é 100%". "Perfeito", disse ele. E assim ficou logo claro o problema, mesmo em relação aos outros dois (só o Álvaro Lins me falou no Aurélio, na quinta-feira, na Academia) e nos que viessem a apresentar-se. Aliás, fiz uma gafezinha com o Lêdo Ivo, trocando o nome do seu último livro[185] quando ele me perguntou se já o havia recebido... Mas destas já tenho outras, com as minhas distrações, que é melhor não contar nem pensar, pra não ficar convencido de gagaísmo prematuro...

[...]

Lembro ainda, apenas para sua informação e registro (pois afinal estas cartas, por isso mesmo que são escritas sem pensar em publicidade e só para você, vão fazer o

180. Manuel Gonçalves Cerejeira (1888-1977), cardeal-patriarca de Lisboa de 1929 até 1971.

181. Médico e ensaísta (1876-1960), era membro da Academia Brasileira de Letras desde 1914.

182. Poeta, jornalista e ensaísta (1924), seria eleito para a ABL em 1986.

183. Professor e crítico literário (1911-2000), entraria para a Academia Brasileira de Letras em 1962.

184. Aurélio Buarque de Holanda Ferreira (1910-1989), lexicógrafo, filólogo e escritor, seria o sucessor de Antônio Austregésilo na ABL, a partir de 1961.

185. Alceu pode estar se referindo tanto ao volume de poemas *Magias* como ao ensaio *O girassol às avessas*, os dois títulos publicados por Ivo em 1960.

papel, para você, *e para todos aqueles que você quiser que leiam, pois você está plenamente autorizada a dispor deste diário como bem entender, depois da minha morte*) um episódio que é anterior à minha entrada para a academia em 1935:

O Gilberto Amado concorria com o Austregésilo. O Graça Aranha fazia campanha pelo Gilberto. E a dona Yayá, sua mulher, pelo Austregésilo, não sei por quê. O Graça então leva à dona Yayá um escrito qualquer do Austregésilo *dizendo que era do Gilberto.* Diante daquele estilo arrevesado e falsamente simbolista do Austregésilo, dona Yayá triunfa: "Você vê, como é que vão botar na academia um sujeito que escreve tão mal!" O Graça, então, perfidamente, mostra-lhe a verdadeira assinatura do tal palavrório...

P.

Rio de Janeiro,
25 de dezembro de 1960

[...]

Um telefonema que não falta no dia de Natal, por mais surpreendente que seja – o do Nelson Rodrigues[186]! É o autor de peças e livros terríveis de imoralidade, que não se sabe ao certo se têm ou não conivência com o autor. Acredito mesmo que tenham. E é homem nitidamente de esquerda. E no entanto, apesar de eu não falar dos seus romances e atacar as suas peças, ele não falha um só Natal. E quando eu lhe disse da alegria que tenho em receber os seus telefonemas nessas grandes festas religiosas, pois na Páscoa também telefona, disse-me: "Sempre o faço com o medo de não ser muito bem recebido".

Procuro tratá-lo com o maior carinho, pois acredito que há nele um remorso de lidar com tanta sujeira moral e de sujar as mãos com isso, aproximando o sucesso do escândalo, mas no fundo com uma nostalgia da pureza. A não ser que seja – mais prosaicamente – para estar de bem com um crítico, mesmo... aposentado e considerado um "velho gagá" pelos seus amigos das letras. De qualquer modo é uma alegria de Natal receber assim esse telefonema de tão longe. [...]

P.

186. Nelson Falcão Rodrigues (1912-1980), escritor e jornalista.

Rio de Janeiro, 26 de dezembro de 1960

[...]

Telefonema de *O Globo*: "Aqui fala o seu discípulo e amigo Kuril (?) que mais uma vez etc., etc. Pergunto ao senhor: Quais foram, a seu ver, os maiores acontecimentos de 1960?"

Minha resposta: "A eleição de Jânio Quadros; a vitória do poderio de J. Kennedy nos USA; a África com 12 novas nações na ONU; o K. na Rússia um pouco mais 'manso'...; e o Concílio Ecumênico preparado na Igreja". E continuo:

"Nas nossas letras, os cinco *Diários*: de Pedro II[187], Carolina[188], Lúcio Cardoso[189], Roberto Corrêa[190], Álvaro Lins[191]; e *O retrato* (do Partido Comunista) pelo Osvaldo Peralva[192]".

No fim, diz ele: "O senhor devia cobrar *royalties* por estas entrevistas!" Contei-lhe então o que Afrânio Peixoto dizia a respeito e acrescentei: "Mande então 1 cruzeiro"...

[...]

P.

---

187. *Diário de viagem ao Norte do Brasil de Pedro II, imperador do Brasil.*
188. *Oito décadas*, de Carolina Nabuco de Araújo (1890-1981), filha de Joaquim Nabuco.
189. *Diário I.*
190. *Diário 1950-1960*, de Roberto Alvim Corrêa (1898-1983), professor e crítico literário.
191. *Missão em Portugal. Diário de uma experiência diplomática.*
192. Osvaldo de Ribeiro Peralva (1918-1992), jornalista.

1961

Rio de Janeiro,
3 de janeiro de 1961

[...]

Ontem se matou, obcecado pela solidão (sic), o autor do famoso tipo caricatural, o Amigo da Onça. Chamava-se Péricles Maranhão[1]. Vou lhe mandar o artigo do Hélio Fernandes, que está admirável. O problema da solidão me persegue, mas de modo tão diferente desse desesperado. Mas como tenho uma imensa simpatia e piedade por ele! Escreveu duas cartas à mãe despedindo-se e dizendo que, no Natal, ainda conseguiu vencer a solidão. Mas não no Ano Bom. Que pureza de alma!

Tenho uma imensa piedade pelos suicidas. Creio que devíamos ter orações especiais por eles. Acho que são homens e mulheres que mostram os limites do ser humano: a máxima esperança e o máximo desespero. Só não conhecem a esperança suprema, que vence a contradição. Mas são criaturas vivas, que alcançam um nível de altitude espiritual e aos quais só falta um degrau para chegarem à santidade. São infinitamente superiores aos 99% do rebanho humano. São realmente criaturas excepcionais, a que pouco faltou para alcançarem a santidade. Estou certo de que Deus perdoa a todos o ato do desespero. É certo que cometem o maior dos pecados: duvidar da misericórdia divina. Mas o cometeram por serem superiores à espécie humana e à vida medíocre. Só lhes faltou a confiança em Deus, a esperança suprema. Mas subiram tão acima da humanidade corrente que merecem todo o nosso amor e compaixão.

Compreendo, *racionalmente*, o julgamento severo da Igreja para com eles, mas de coração estou com eles. Sinto uma imensa simpatia e mesmo admiração por eles. São pessoas corajosas, que tomam a vida a sério, que pedem demais à vida. Que não suportam viver com o ideal que arquitetam e não podem contentar-se com o que têm. Veja este caso do caricaturista: o caricaturista é uma espécie de palhaço. Faz rir todo mundo, e no entanto, como esse, vive em plena tragédia. É um caso tão belo que merece um livro, um romance. Sua vida é positivamente um romance verdadeiro. E o mais sério dos romances. O mais trágico. O homem que não conseguiu vencer a solidão! O homem que não conseguiu sair de si mesmo! O homem que não conseguiu encontrar a Deus, e O procurou em tudo, sem saber que O procurava, e que por Ele era procurado. Que drama! De dimensões universais. Como um drama grego de alta

---

1. Péricles de Andrade Maranhão (1924-1961), caricaturista, começou sua atividade na revista *A Cigarra*, com *As aventuras de Oliveira Trapalhão* e tornou-se famoso ao criar o o *Amigo da Onça*, lançado na revista *O Cruzeiro*.

classe. Terá alguém que o escreva! É mais difícil do que se pensa. Mas que permite a um verdadeiro romancista entrar a fundo no mistério da alma humana. Nessa necessidade de Deus que há em todos nós. Esse O procurou na caricatura, no riso, no *humour*. Alcançou o que nenhum outro alcançou. *Criou um tipo perene: o Amigo da Onça*. Poderia viver bem, ganhava bem, nada lhe faltava. Mas faltou-lhe o amor, o amor que em vão procurou. Perdeu a mulher faz alguns anos. Perdeu o filho novo! Foi a sua solidão (tentou suicidar-se várias vezes, era evidentemente um esquizofrênico) que o levou à morte. Deus certamente o perdoou, de todo o coração! Era a Ele que procurava.

P.

Rio de Janeiro, 9 de janeiro de 1961

[...]

A notícia do estrangeiro é que o De Gaulle teve uma grande vitória no plebiscito: 75% a seu favor, isto é, a favor de uma solução intermediária – nem "Argélia departamento de França, nem Argélia livre"[2] – que não agrada a ninguém e que terá de ser fatalmente um degrau para a independência argelina. Não resolve nada. Trata-se agora de saber quanto tempo vai durar a *transição*. Para a França, continuará o mesmo regime da ocupação militar, em que a economia francesa se exaure cada ano, obrigada a sustentar na Argélia um exército de 500.000 homens, sabendo que é uma tentativa inútil de *retardar* o que fatalmente terá de vir. Enquanto isso, o ódio contra a França vai crescendo. E no dia em que se fizer a independência, vai correr muito sangue. Infelizmente, porém, os homens não aprenderão jamais a resolver pacificamente os seus problemas. Cada vez me convenço mais de que os que, como nós, lutaram sempre pelas soluções pacíficas, incruentas, jurídicas, morais, espirituais, racionais e não-sangrentas lutarão sempre uma batalha de antemão perdida. Mas nem por isso poderão deixar de travar a batalha. Mas sem qualquer ilusão de poder alcançar o nosso objetivo. Só nos deve alimentar a certeza de que devemos combater esse combate contra as soluções violentas sabendo de antemão que haverá sempre soluções violentas. O que nos deve animar é a certeza de que estamos lutando pela boa causa e que, se não fizermos isso, será ainda pior. Essa a esperança que nos deve sempre animar. *Não a de conseguirmos tudo mas a de evitarmos o pior.*

[...]

P.

2. O objeto do plebiscito foi a "autodeterminação da Argélia", colônia francesa na ocasião. A independência argelina ocorreria em 3 de julho de 1962.

Petrópolis,
17 de janeiro de 1961

Ontem o Juscelino fez um discurso dizendo que foi o governo que "menos emitiu". Sabendo-se, pelas cifras, que ele emitiu mais que todos os governos brasileiros desde as eras coloniais, só pode ser uma a conclusão: nunca houve na política brasileira um "sofista" igual ao JK. Digo "sofista" porque esse paranóico, que está por dias, consegue fazer tais artifícios com as cifras e alegar que "quem emitiu foi o Congresso e não eu" (esquecido de que a maioria do Congresso era a *sua* maioria, e portanto bastava uma palavra sua para que essa maioria não votasse os créditos e aumentos que implicavam os déficits e as emissões astronômicas), assim querendo jogar os ônus sobre os ombros dos seus companheiros de loucuras desenvolvimentistas e ficando para si com as glórias populares dos "progressos" materiais realizados. Pois o povo, tão ingênuo, mormente o povo do campo, só vê as obras e não olha para o vermelho...

[...]

P.

Petrópolis,
8 de fevereiro de 1961

[...]

As ordens religiosas têm toda a razão de conservar seus membros – e sobretudo suas "membras" – à margem do noticiário, pois afinal o que a leitura diária dos jornais nos traz é uma tal confusão na cabeça, que realmente põe ou pode pôr em perigo a paz de espírito. Mesmo um sujeito que tenha a capacidade de esquecer que eu tenho – e é uma graça que deveria agradecer a Deus todos os dias – precisa sempre fazer um esforço especial de esquecimento para que o noticiário e os comentários jornalísticos de cada manhã e do mundo inteiro não absorvam totalmente a capacidade de pensamento próprio. De modo que dou graças a Deus quando vejo você me dizer que nada sabia aí da baderna da Força Pública, que aliás acabou sendo abafada de modo estranho, *fingindo* o governo de São Paulo e o federal que no fundo não houve nada, pois acaba não abrindo inquérito, não punindo ninguém, concedendo os aumentos pleiteados e até nomeando o comandante da Força Pública que apoiou o levante para um alto cargo em Brasília, creio que de chefe de polícia do Distrito Federal. Tudo isso é suspeito e está bastante em contraste com os "bilhetinhos" do Jânio Quadros[3], abrindo comissões de inquérito a torto e a direito e iniciando um sis-

3. Era costume do então presidente da República enviar suas ordens através de "bilhetinhos".

tema de governo extremamente personalista, em que o presidente da República mete o bedelho em tudo.

E ainda não começou a "batalha parlamentar", pois até agora ele ainda não precisou da Câmara ou do Senado para nada. Mas como não tem neles maioria de adeptos, está arriscado – ou é mesmo certo – que o conflito entre os dois poderes vá surgir em breve, como no Rio (Guanabara) já está a todo pano, com o Carlos Lacerda brigado com a antiga Câmara de Vereadores e não lhe reconhecendo poderes, ou pelo menos não lhe mandando nenhum projeto de lei. Ao mesmo tempo, um ministro do Supremo Tribunal reconhecendo a ela – Câmara dos Vereadores – poderes legislativos no estado, e à Assembléia Legislativa apenas poderes para elaborar a nova Constituição do estado... Me perdi!

Desculpe se chateio com essas trapalhadas políticas, mas, como nessas cartas vou colocando tudo que me vem à cabeça cada manhã, você vai suportando essas excursões que não te interessam, nem são interessantes, mas que me preocupam profundamente. Tudo isso era apenas para você ter uma idéia viva de como a nossa cabeça cá fora vive cada manhã solicitada por problemas de toda ordem, nacionais e internacionais e, se quisesse trabalhar, como de fato devia, era melhor ir viver como vocês. Ponto. Soltei o carnegão. Vou trabalhar.

[...]

P.

Petrópolis,
13 de fevereiro de 1961

[...]

Como é carnaval, o segundo pensamento vai para os carnavais antigos, pois hoje não há mais propriamente carnavais.

[...]

Carnavais de outrora... De criança, pouquíssimas recordações.

[...]

Não sei se vi ou se ouvi falar dos carnavais que vou lhe contar. Essas impressões antigas, visuais ou auditivas, se confundem. Mas sei que naquele tempo havia batalha de flores, antes de haver batalhas de confete, estas, sim, de plena lembrança, até mesmo depois de casado, na Casa Grande.

De fantasia, em menino, também nada me lembro. Só das do tempo de moço, ou mesmo antes, de uma só, a de "Pierrot", creio que a única, num baile do Palace Hotel, já em 1916, ou mesmo 17. O meu Pierrot era amarelo, com borlas azuis. Nunca mais me fantasiei, a não ser a bordo do *Araguaia*, em 1909, de volta da Europa, de "feiola". Tive, como já te contei, um grande sucesso, e ganhei o primeiro prêmio, um cinzeiro que por muitos anos andou, vazio, por Dona Mariana, e hoje talvez esteja no "museu" de Mamãe.

Começo a me lembrar mais nitidamente dos carnavais de outrora, aí por volta de 1912, quando torci o pé na praça Dom Afonso, e fiquei segunda e terça de pé esticado, no sobrado da rua 15, onde passávamos o verão. Foi o ano em que morreu o barão do Rio Branco[4] e, como suprema homenagem, foram suspensos os festejos no Rio e um pouco por toda parte, falando-se num "carnaval na Quaresma" como compensação aos "foliões", como então se dizia, e creio que já não se diz mais. Michou, naturalmente.

Lembro-me dos carnavais anteriores, na Renânia, nas Duas Pontes. Acho que nem vínhamos até Petrópolis. E na segunda-feira enchíamos de água umas bisnagas de borracha, em forma de revólver, e ficávamos na calçada, esguichando os "alemães de Petrópolis" que passavam de pé para ir à cidade. Alguns pediam, já de longe: "Moço, não esguicha não!" E nós não esguichávamos. Mas molhávamos as mocinhas de blusa branca, por implicância, só para ouvir os gritinhos e as corridinhas e os pedidinhos: "Não faça!" Era tudo. Possivelmente algum baile à fantasia, de crianças, no Palácio de Cristal, mas não me lembro bem.

Os carnavais mais lembrados foram os de depois de 1910, ou 11, ou 12, com o "entrudo". Eu, no sobrado da rua 15, onde preparávamos enormes limões, do tamanho de bolas de futebol, e os levávamos nas mãos, trêmulos como geléia, para deixar cair na cabeça dos que passavam, descuidados, na segunda-feira, dia em que o entrudo era permitido, ou tolerado, pela polícia. Quando acertávamos em cheio, o camarada ficava pingando, pois havia uns cinco litros de água nesses enormes limões. Fugíamos rápido da janela e, como a porta embaixo estava trancada e não havia ninguém na janela, só ouvíamos os desaforos da vítima. Em geral, porém, não acertávamos e era só o susto, e os desaforos também...

Mais tarde, e por uns dois ou três anos seguidos, saíamos de carroça para o entrudo, com pipas d'água, cheias de limões pequenos, que passávamos dias enchendo, na casa do Frontin[5], hoje da condessa Pereira Carneiro[6], pois o Henriquinho era figura importante do grupo. Saíamos então com essas pipas e com bombas de jardim e íamos atacar as casas. Lembro-me bem de três ataques: Um deles à casa que hoje é das manas, Piabanha 191, e era naquele ano ocupada pela gente do Graça Aranha. A varanda e as próprias salas ficaram inundadas com um jato de água. Outra casa era a do pai do Ari de Almeida e Silva[7], que tinha uma bomba de pressão no jardim e não nos deixava entrar. Ficávamos alagados pois a pressão da bomba era grande. Outra casa, em frente, na avenida Koehler, não sei de quem era, mas uma vez nos deu um banho... de farinha de trigo, e em represália carregamos uma das moças para... dentro do rio! Finalmente, no próprio ano de 17 ou talvez creio que no de 16, fomos à Casa Grande, onde também

4. José Maria da Silva Paranhos Júnior (1845-1912), diplomata, ministro das Relações Exteriores de 1902 até a sua morte.

5. André Gustavo Paulo de Frontin (1860-1933), engenheiro.

6. Maurina Dunshee de Abranches, condessa Pereira Carneiro (1899-1983), proprietária do *Jornal do Brasil*.

7. Amigo de Alceu.

"seu" Antônio Gomes Novo, o velho jardineiro, – que ainda sobreviveu dois ou três anos, ou mesmo mais, depois do nosso casamento – também organizava uma batalha de bombas etc., com tio Raul[8], que permitia realmente uma autêntica batalha d'água!

Foi aí que eu rolei, dentro de uma das pipas já vazias, o caminho que vinha dar no "portão da macaca". Eu estava era... "na água", pois levávamos sempre uma garrafa de cachaça, por causa dos resfriados, *sweaters* e por vezes sapatos de borracha. Lembro-me bem desse dia. Mamãe e tia Lúcia[9] eram vagas crianças para nós. Chiquita era da nossa idade, e as meninas Bento Coelho[10] também. Nesse dia, eu fiquei encantado com Emerita[11] (sic). E como estava, como te disse, sob a ação da nossa cachaça, e de um vinho do Porto que dona Almeidinha nos fez servir naquela salinha onde até hoje por vezes ainda bebo o meu *sherry*, e veio tudo numa bandeja com toalha de renda, uma lindeza, em contraste com o nosso desbragamento – eu, "na água", dei para fazer uma "declaração" não só a Emerita, mas à própria dona Almeidinha...

Foi dali que fui com Henriquinho para a casa dele, ambos bem "altos", e pedimos "sal de frutas" ao jardineiro, que nos trouxe "amônia" dizendo que o farmacêutico dissera que, "para o nosso mal", aquilo era melhor do que sal de frutas. Tudo isso há quase meio século! Santo Deus! Diga agora você, qual o carnaval mais pitoresco?

[...]

P.

Petrópolis,
16 de fevereiro de 1961

[...]

Os jornais estão cheios de dois triunfos da Rússia e do comunismo internacional: um é o assassinato do Lumumba[12], que era o agente da Rússia no Congo, levado a isso aliás por culpa da Bélgica em primeiro lugar e da ONU, em segundo. Assassinado, ele será ainda mais vitorioso do que vivo ou preso, como estava. Vira mártir. E o crime será aproveitado pelos russos e companhia da maneira mais espetacular. Para detalhes, só de viva voz. O segundo ponto que os russos marcaram nesse dia foi um novo foguete interespacial que está a caminho de Vênus, e ontem já se encontrava a 500.000 quilômetros da Terra e passando muito bem! Os próprios americanos reconheceram ontem que estão com cinco anos de atraso em relação à Rússia, nesse terreno dos

8. Raul de Faria.

9. Lucília de Faria Proença.

10. Bento Coelho de Almeida, irmão da sogra de Alceu; as "meninas" eram suas filhas Ernestina, Maria Izabel, Angelia e Gigi.

11. Prima da mulher de Alceu.

12. Patrice Lumumba (1925-1961), líder do movimento nacionalista que em 1960 conquistou a independência do então Congo Belga, atual República Democrática do Congo e ex-Zaire.

foguetes. Tudo isso em conseqüência da política de economias do Eisenhower, que regateou o quanto pôde os créditos necessários a esses estudos e preparativos.

Mas não apenas isso. Também há duas outras causas, para falar só nos Estados Unidos, a única potência hoje em condições de competir com a Rússia comunista: uma é a *opinião pública* em geral, que não acreditava na Rússia e na sua capacidade de organização. Só o *Sputnik* é que a despertou da ilusão em que vivia, pensando que os Estados Unidos, como tinham chegado na frente no caso da bomba atômica, e com isso foram os grandes vitoriosos da guerra em 1945, manteriam esse "segredo"! Um homem como o Churchill chegou a dizer isso, num discurso nos Estados Unidos, aí por volta de 1948 ou 50: "O destino da liberdade no mundo está na posse do segredo da bomba atômica com os Estados Unidos". Poucos meses depois, a Rússia fazia explodir a sua primeira bomba atômica. Mas a opinião pública americana disse que era mentira, etc. E essa era a opinião em todos os países do Ocidente, especialmente na Espanha e Portugal. [...]

P.

Petrópolis,
15 de março de 1961

[...]

O tempo de hoje está cada vez mais agitado. Sobretudo de ontem, depois do discurso do Jânio, propondo as primeiras medidas drásticas para cessar a crise. A de segunda-feira foi o início de uma reforma cambial, em que acaba com uma taxa privilegiada para as importações do estrangeiro. Enquanto o dólar está a 250 cruzeiros (ontem foi a 275!), o governo fornecia dólares a 100 cruzeiros para a importação. Agora vai passar a fornecer a 200. Com isso vai arrecadar uma soma muito maior, para fazer face ao déficit, mas também tudo vai ainda subir mais, de início. Basta dizer que a gasolina, que custa 10 cruzeiros o litro, vai passar a 20. E como tudo é transportado daqui para ali, e o transporte, por estrada de rodagem ou de ferro, é feito a óleo diesel ou gasolina, em tudo vai repercutir esse aumento. Fora os demais. Os livros estrangeiros, por exemplo, vão a preços exorbitantes. Não se pode prever nada de certo nessas medidas. Pois uma coisa, em economia, é a teoria, e outra, o fato. Mas que, de início, vai haver uma alta enorme em tudo, e não apenas nas coisas importadas, é um fato. Se a alta for realmente enorme, os resultados podem ser até piores, dado o modo drástico com que foi feita a mudança. (Tudo aqui se faz assim.) Se for apenas o que o governo diz – uns 5% – então será razoável. De qualquer forma, a atmosfera cá fora é tensa. [...]

E o Jânio ainda acrescentou no tal discurso: "e o pior ainda está por vir".

[...]

O Jânio está seguindo uma orientação estritamente pessoal. E aí está o perigo, a meu ver. Não sou contra o que ele está fazendo. Mas o modo exageradamente personalista com que está agindo poderá levar-nos a más conseqüências, pela hipertrofia do *poder pessoal*, que sempre levou os governos à ruína. E não falta quem esteja de alcatéia para fomentar o descontentamento nas Forças Armadas, que no frigir dos ovos são sempre os que garantem... (Telefone urgente!)

[...]

P.

Petrópolis,
26 de março de 1961

[...]

Do que encontrei de útil nos jornais, apenas um excelente perfil psicológico do Jânio, pelo Hélio Ribeiro[13].

[...]

[...] embora um pouco exagerado, é um documento. Confirma aliás o que tenho dito: uma personalidade diferente, extremamente livre e disponível em tudo, com o grave perigo de se tornar um chefe carismático, em qualquer quadrante. Lembra-se daquelas palavras misteriosas, ou bem claras, a dom Hélder, que lhe repeti, da velada insinuação às intervenções políticas do nosso inefável e reacionarissíssimo dom Jaime: "Isto pode acabar mal" e mudou secamente de assunto? Mas, ao mesmo tempo, deixou-se fotografar beijando a mão do cardeal, num gesto que um franciscano, ex-professor de alemão na Faculdade Nacional de Filosofia, me disse achar exagerado, e que tinha, como tudo no Jânio, uma segunda intenção. A ele, Jânio, se aplica integralmente a velha sentença: "não dá ponto sem nó". É o oposto, nesse ponto, do JK, que era um inocente junto do JQ. Este é positivamente maquiavélico, no sentido de ter sempre uma segunda intenção, até agora sempre bem-intencionada, mas capaz de tudo. Enquanto o JK era um vaidoso, meio primário, aberto, franco, leal sem dúvida, mas infantil e sobretudo prodigiosamente vulnerável e desarmado. Nesse ponto, muito mais parecido comigo do que o Jânio, que é o POLÍTICO 100%, que tudo prevê e adota analogicamente a velha sentença que tanto impressionou o Claudel: "Deus (no seu caso o presidente...) escreve direito por linhas tortas"[14].

Apenas ele se encontra diante de um fato que o pode derrubar de um momento para outro, quando ele menos pensar. Quem o elegeu foi, antes de tudo, a *vida cara*

13. Jornalista.
14. Provérbio transcrito em português por Claudel na abertura de *Le soulier de satin* (*O sapato de cetim*), de 1928.

(creio que escrevi isso a você, no tempo da propaganda), assim como quem manteve a popularidade do JK até o fim foi Brasília. Mas a reforma cambial violenta que ele, Jânio, acaba de fazer, está começando, como era de esperar, a provocar novo aumento espetacular de tudo. Depois da Semana Santa, que é sempre um período de trégua política, é que vamos ver como o povo vai sentir cada dia os efeitos da reforma cambial, com a gasolina a 17 cruzeiros em vez de 9, e isso evidentemente mais que explorado pelos adversários. Esse vai ser o teste. Se ele sair a campo, como é provável, congelando preços e perseguindo os que se aproveitaram da reforma para elevar exageradamente os preços, então terá o povo consigo, e ninguém poderá com ele. Se ele durar 12 meses, o perigo é que venha a durar... 12 anos...

[...]

P.

Rio de Janeiro,
18 de abril de 1961

[...]

Os acontecimentos de hoje são os de Cuba, onde houve uma invasão séria de "cubanos" do exterior (exilados) e que é o primeiro ataque sério ao governo Fidel Castro. Pela primeira vez, há muito, estou de acordo com o Corção, pois a invasão não é um ataque dos Estados Unidos, mas dos próprios cubanos, embora evidentemente vindos dos Estados Unidos, onde se haviam refugiado. A Revolução Cubana está seguindo o curso normal dos que constroem com sangue e ódio. Não creio que a contra-revolução de agora já tenha forças para vencer, mas de qualquer modo é a prova de que violência gera violência e o que há hoje em Cuba é uma guerra civil latente ou patente, que tão cedo não cessará. De modo que as atenções do mundo, de repente, passaram dos espaços siderais para um ponto bem pequenino do mapa. Vamos ver como se desenrolam os acontecimentos. Minha profecia é que a revolução anticastrista será desta vez esmagada, mas persistirá o germe e outra virá já ou em breve, forjada dentro da própria Cuba, e então só de cubanos, e não vinda de fora. Este fato, de ser a atual uma invasão, vinda de fora, embora feita por cubanos, a enfraquece muito e permitirá, provavelmente, que o Fidel a esmague com um novo rio de sangue. E se vencer, ficará... até eu mais não ver.

Que mundo este nosso!

[...]

P.

Rio de Janeiro,
5 de maio de 1961

[...]

À noite, longa conversa com quatro estudantes, em torno de uma tese sobre cultura brasileira, que eles (são da JUC) têm de apresentar em um congresso jucista, em Natal. Ficaram das 8:45 às 10:43. Já iam saindo, quando Mamãe, já exasperada, telefonou a Nena, para ela me telefonar chamando, etc. Mas já estavam indo embora. Diz Mamãe irritada: "Para ir fazer qualquer visita, você fecha a cara, mas para falar, falar, falar a estudantes, no fim de um dia de trabalho intenso, você não hesita".

Será que Mamãe não compreende a diferença, o abismo entre as visitas, e uma visita de estudantes à busca da verdade!? Realmente, a expectativa de um encontro à noite me estraga o dia. Mas quando o encontro se realiza e os debates permitem não a discussão, mas o monólogo, a aula, a resposta longa, – então a coisa muda de figura, e me sinto um tanto apostólico realmente. É como nas aulas... O meu elemento.

[...]

P.

Rio de Janeiro,
8 de maio de 1961

[...]

Engraçado, como até agora não tomei conhecimento de Brasília, senão de modo totalmente teórico e distante. E muito menos sinto qualquer vontade de conhecê-la de perto. Nem vi em que mudou a face do Brasil. Nem aqui nem aí houve a mínima mudança. Houve em Minas. E sobretudo no Triângulo Mineiro. O que é perfeitamente natural, pois Minas, mais que São Paulo, se tornou o caminho para Brasília, como Goiás já era uma continuação de Minas. De modo que é compreensível o entusiasmo mineiro por Brasília e a recepção entusiástica que o Juscelino teve em Belo Horizonte, onde foi literalmente *carregado pelo povo*, segundo a clássica imagem. Aqui no Rio também. Passeou pela avenida Rio Branco, dizem, e por toda parte foi aclamado. Pode-se afirmar, com convicção, que está reeleito para 1965. O brasileiro gosta é da *dolce vita* e o JK faz seu sucesso na distribuição de... narcóticos políticos, que adormecem o povo na doce ilusão da "prosperidade". Ao passo que o JQ é um moralista.

[...]

O brasileiro é desperdiçado por natureza, de modo que o governante ideal para ele é um JK, que joga dinheiro pela janela, porque o imprime ilimitadamente na cozinha...

Fora dessa volta do popular JK – desperdiçado, leviano e farofeiro como nosso bom povo, e com isso incontestavelmente simpático e, acima de tudo, *bom moço*, dizendo sim a todo mundo, sem caráter, bem Macunaíma[15]... – o acontecimento desses dias foi o lançamento do homem no espaço, dos Estados Unidos, o primeiro que dirigiu por si uma cápsula espacial...

Quando comparo essas primeiras incursões superatmosféricas com os primeiros navios a vela, para a América ou as Índias, fico mesmo pensando que um dia hão de rir-se da cápsula onde um Gagarin[16] ou um Shepard[17] passaram encerrados alguns minutos para subir a 285 quilômetros acima do solo, como os primeiros navios, onde as "casquinhas de nozes", ridículas ao lado dos leviatãs de 60 ou 80 mil toneladas dos nossos dias, sem confusão com os 600 ou 800 de há um século. Será que ainda verei isso? Espero que você veja e mande me contar... se por acaso lá do "balcão" não se puder continuar a ver o que vai se passando cá por baixo... e que talvez nos interesse...

[...]

P.

Petrópolis,
17 de maio de 1961

[...]

Quando se sofre uma decepção o resultado é que toda ação fica tolhida no nascedouro, pelo medo de uma nova decepção, e vem auxiliar a preguiça natural do meu temperamento aos 67...

Essas e outras são as "angústias" que a consciência da missa me desperta, isto é, a consciência do que é a missa e do que eu faço dela (uma rotina) durante semanas seguidas.

Mas, ao mesmo tempo – e essa é a porta de Deus no caso – quando tenho assim um relâmpago que me ilumina a verdadeira natureza da missa, vem também uma grande paz como estranhamente sinto agora nos momentos difíceis, uma paz lá no fundo da inquietação, mas que se manifestou de modo formal, pela primeira vez, nessas condições, em 1951, no dia 1º de abril, em Washington! Sabe bem por quê, né?

Ela provém, é evidente, da "clara notícia" de que aquilo (a missa) é o essencial. Tudo o mais pode faltar, mas o que aquilo representa e é não faltará jamais. Pode fal-

15. Personagem criado por Mário de Andrade na "rapsódia" *Macunaíma, o herói sem nenhum caráter* (1928).

16. O cosmonauta soviético Iuri Alekseievitch Gagarin (1934-1968), que no dia 12 de abril de 1961, pilotando a nave *Vostok 1*, tornou-se o primeiro ser humano a sair da atmosfera.

17. Alan Bartlett Shepard Jr. (1923-1998) foi o primeiro americano a ser lançado ao espaço. Conduzindo a cápsula *Freedom 7*, no dia 5 de maio de 1961, ele realizou um vôo suborbital de 15 minutos.

tar a minha consciência do valor daquilo, sem dúvida. Mas o que aquilo representa e é, isso não se altera em nada com o que sinto ou penso. De modo que o sentimento de paz imensa, produzido também por esse choque – de tomar de repente consciência do valor efetivo da missa –, ultrapassa tudo mais e especialmente vence a angústia...

[...]

P.

Rio de Janeiro, 21 de maio de 1961

[...]

Quando repasso o que se passou em 1928, vejo que tudo ficou nos mesmos lugares, mais ou menos. E foi, ontem à noite, objeto de alguma meditação minha, nas galerias do Municipal, a dois passos daqueles lugares que geralmente ocupávamos nós dois, nos concertos sinfônicos de sábado, lembra-se? Enquanto Mamãe (estávamos nas duas primeiras cadeiras laterais, fila A) inspecionava, de binóculo, a platéia, aliás repleta, verificando que 99% das pessoas nos eram desconhecidas, e que dos antigos conhecidos de outrora só estava, nas mesmas cadeiras, a família Grandmasson[18] – eu fazia uma observação oposta.

Apesar da *gente* ser completamente outra, a situação, ao menos aparente, era *a mesma*. Bem sei que lá fora do teatro tudo parece ter mudado muito, e mesmo totalmente, desde os meus tempos de solteiro, naquele mesmo ambiente, ligeiramente modificado por uma reforma que o teatro sofreu. Mas tudo ali, ao contrário, permanecia o mesmo. Não apenas nas decorações, especialmente naquelas náiades de Visconti[19], no teto, todas envoltas em confetes multicores e nadando ou voando no ar, e que tantas vezes contemplei, desde 1909 (inauguração do teatro) até há dois ou três anos passados, data de nossa última ida ao Teatro Municipal, antes da última estada nos States – mas também no vestuário das pessoas, lá embaixo: os homens de *smoking* e as damas de grande vestuário, coisa que já não se vê mais nem nos teatros de Nova York (salvo talvez na Metropolitan Opera em dias de gala) nem nos da Europa (salvo também esses espetáculos de gala). Ali não, era um espetáculo comum e todo mundo estava no trinque, como se dizia no tempo em que eu mesmo ia de casaca às representações, até mesmo noivo, ou antes namorado – pois creio que depois de noivo, e sobretudo depois de casado, nunca mais enverguei vestuário de tal cerimônia para ir ao teatro. Mas o que eu queria dizer era minha surpresa de ontem à noite, ao verificar que nada mudou. Ao contrário do que eu pensava então, há 30 ou 40 anos, quando

18. Hélène Grandmasson Chaves era casada com um primo de Alceu – Armando –, filho de Julieta e Alfredo Ferreira Chaves. Julieta era tia materna de AAL.

19. Eliseu d'Angelo Visconti (1866-1944), pintor.

acreditava que tudo aquilo estava para acabar muito breve. A própria Revolução de 30, que foi a mudança política mais forte desde então até hoje, não mudou nada daquilo. A revolução *de classe* não houve, ou então ainda não houve, de modo que os elegantes e as grã-finas continuam firmes.

Era o rapaz de 24 anos que não divergia muito do velho de 67... Eis o nó da questão. Aliás, é o que você diz, e é no fundo o que me inquieta. O *vieil homme*[20] é sempre o mesmo no homem velho. 1928 não mudou nada na natureza. E a graça terá vindo em vão?... Não afirmo, para não cair no extremo oposto e negar tudo, depois de ter pensado mudar tudo. Inclusive, ao casar, fugir do mundo e condenar Mamãe a nunca conhecer ao menos o normal de uma vida social de 99% de suas colegas de colégio, não chegando sequer a dançar, ou saber dançar, quando eu fora dançarino tal, ao menos entre 1913 e 1916, que cheguei a introduzir o tango nos salões de Poços de Caldas, em 1915, senão nos do Brasil (Rio-São Paulo)...

[...]

P.

Rio de Janeiro,
9 de junho de 1961

[...]

Você não imagina como tenho uma atração pelos suicidas. São pessoas que tomam a vida a sério. Como conversamos aí, a propósito daquela moça, estou certo de que Deus tem por eles um carinho especial. Os católicos os desprezam ou odeiam ou condenam implacavelmente, e também os que tomam o catolicismo a sério, embora "à campista"[21]... – porque os equiparam a Judas. Ora, não são todos da mesma categoria. Judas teve, no suicídio, a prova do resto de grandeza que havia nele e que o havia feito discípulo e mesmo apóstolo. O monstruoso, em Judas, não foi o suicídio. Foi a traição. O suicídio não chegou a redimi-lo, porque indicou a sua desesperança na misericórdia. E cada dia mais me prendo à misericórdia divina. E tenho por vezes a *tentação* (procuro combatê-la mas ela volta insidiosamente) de pensar que a justiça é um atributo *humano* que *atribuímos* a Deus, ao passo que a misericórdia, esta é realmente um atributo divino, que por vezes podemos atribuir aos homens e forma mesmo o caminho da santidade. Respeito a justiça, acho que é a virtude do mundo. Sem ela o mundo seria invivível. Mas amo a misericórdia, e é nela que vejo a virtude da eternidade. E nesta a justiça se tornará perfeitamente inútil. *No céu tudo será mi-*

20. "Velho homem", em alusão a diversas epístolas de São Paulo (Romanos 6, 6; Efésios 4, 22; Colossenses 3, 9-10): o "homem velho" simboliza o estado de vida anterior de quem, na fé, revestiu-se do "homem novo".

21. No molde dos católicos formados na escola do bispo de Campos, d. Antonio Mayer, muito conservador.

sericórdia! Que bom! Que alegria! Enquanto houver necessidade de justiça, há sofrimento, desigualdade e violência. Basta dizer que não há justiça sem sanção. E sanção é sempre violência.

Não sei... Ou antes já sei por que fui levado do suicídio de mais uma jovem – e só os jovens se suicidam – a estas longas considerações já muito sabidas e tratadas em nossas manhãs e tardes marianas... Afinal, de Dona Mariana a Santa Maria já havia uma ponte entre nós...

[...]

P.

Petrópolis, 21 de junho 1961

[...]

Fico pensando no problema "tempo perdido" e na nossa posição, Mamãe e eu, em face dele. Mamãe não perde um minuto. Está sempre fazendo alguma coisa. Suas insônias são mesmo uma conseqüência dessa impossibilidade de não estar sempre fazendo alguma coisa, o que faz com que, até mesmo para comer, raramente Mamãe fique sentada do princípio ao fim de uma refeição. Agora eu. *Adoro não fazer nada.* Mas detesto *perder tempo.* Como conciliar as duas coisas? Acho que facilmente. É que não considero *não fazer nada* ficar remoendo idéias, embora imprecisas, para um fim predeterminado. Eis por que considero que ficar sentado uma hora depois das refeições, ou ficar no escritório, no cadeirão, de olhos fechados, não é perder tempo. É não fazer nada... de aparente. Mas é trabalhar por dentro, sacudir o remédio antes de usá-lo. Perder tempo é, para mim, fazer coisas exteriores sem um objetivo certo. Por exemplo, o que fiz esta manhã: acordar tarde, por preguiça, que é ainda resquício da gripe; perder a missa, mas comungar às 8:40; verificar, já na Padaria das Famílias, ao lado da "carrocinha"..., que esqueci a gaita em casa; voltar; ir pagar a conta da luz; voltar à padaria, ao melancólico muar, que olha sempre a Plymouth com o rabo do olho desconfiado...; ir à oficina, pra variar; antes... ter trocado dois pneus, e perdido com isso, na rua 13 de Maio, uma boa meia hora; encontrar casualmente com o arcebispo de Brasília, dom Newton[22], de passagem por Petrópolis; ir à oficina na estação, para verificar um "barulhinho" esquisito e alinhar os pneus; levar o chapéu de chuva de Mamãe pra consertar; voltar de ônibus; ler os "venenos" nos jornais...

Tudo isso toma a manhã inteira, e nem li ainda as "horas menores"[23]. Passei apenas os olhos pelo plano da conferência, para não permitir que a distração entulhe e

22. Dom José Newton de Almeida Baptista (1904-2001), primeiro arcebispo de Brasília, no cargo de 1960 até 1984.

23. Assim são designadas, na recitação do Ofício Divino, as horas "prima", "terça", "sexta", "noa" e "completas", distintas das "maiores", ou mais solenes, que são "matinas", "laudes" e "vésperas". Alceu as recitava em seu breviário.

baralhe as idéias na cabeça para amanhã. Com tudo isso... meio-dia e meia. Sem contar que, logo mais, tenho de ir buscar o carro na oficina e ir ao Rio, pode-se dizer que o dia *está perdido*, a não ser a "meditação" depois do almoço ou daqui a pouco. Nem ouso iniciar as duas croniquetas que estão roxas para sair. Receio desordenar demais as idéias cá dentro. Como você vê, a expectativa de uma conferência de responsabilidade estraga completamente os dias que a precedem. Seria tão mais cômodo para mim ter logo escrito a conferência e assim não pensava mais nada. Por que não o faço? Por preguiça? Por vaidade? A perigosa vaidade de falar sem ler? Ou mesmo a preferência de falar sem ler, como numa aula? Ou simplesmente o hábito? Sei lá. O que sei é que, como você vai vendo, por dias seguidos a tal conferência está sempre presente nos meus pensamentos e não tenho sossego para fazer mais nada e só penso em me libertar dessa incômoda presença e da inquietação que sempre produz o imprevisível de... tocar sem música. Tomara já acabar com isso e... ter feito. Certo de que, logo começa nova inquietação: a preparação dos *estoques* antes da fazenda.

Somos mesmo – ou pelo menos eu sou – criaturas que não merecem a paciência do Deus conosco.

[...]

P.

Rio de Janeiro,
22 de junho de 1961

Duas palavras apenas, por motivos óbvios... É hoje o dia da tal conferência, e preciso pôr a cabeça no lugar.

[...]

Mesmo assim não pude escapar aos "venenos" do dia.

Os desta manhã estão sombrios. Tanto nos Estados Unidos como na Rússia. Altas personalidades admitiram a possibilidade de uma guerra entre as duas potências "ainda em 1961". Não sou alarmista mas também não costumo tapar o sol com a peneira. E creio que, realmente, nunca houve um momento tão delicado como o atual. E o ponto de ruptura é agora Berlim. Os russos afirmam que até o fim do ano assinam um tratado de paz em separado, com a Alemanha Oriental (comunista). E Berlim fica assim isolada em território comunista alemão, e os russos têm um acordo com os três outros – França, Inglaterra e Estados Unidos – de não fazer paz em separado, digo, de não assinar qualquer tratado sobre o destino de Berlim sem ser de acordo com os seus ex-aliados contra Hitler[24]. Mas os tratados hoje não valem nada, diante

24. Adolf Hitler (1889-1945). Nascido na Áustria, tornou-se chanceler da Alemanha em 1933. Promovendo a expansão do nazismo, levou os alemães à Segunda Guerra Mundial (1939-1945).

das realidades sociais. E a realidade é que a Rússia não quer ter as mãos atadas em nada, e quer favorecer os comunistas alemães da Alemanha Oriental, e com isso isolar Berlim, ou jogar uma Alemanha contra a outra, numa guerra civil que será o início de uma guerra universal.

Continuo a ver, com horror, a perspectiva de uma terceira guerra mundial. Continuo na minha convicção de que ela, a terceira, será ainda mais inútil que as duas primeiras, no sentido de trazer a paz ao mundo. E continuo a achar que um mau acordo sempre é preferível a uma nova guerra. Mas vejo que as experiências anteriores não serviram de nada e que as novas gerações marcham para um novo holocausto, de que só sairão se os regimes de violência e de autoritarismo vencerem. Isto é, uma nova derrota da liberdade.

Basta por hoje. Já é bastante para perturbar toda tranqüilidade de espírito para tratar de coisas tão remotas como sejam mil anos de "filosofia clássica", quando o mundo amanhã pode estar de novo e *como nunca* todo em chamas, e voltando à estupidez mais primitiva das lutas entre tupis e aimorés.

P.

Rio de Janeiro, 8 de agosto de 1961

[...]

O grande acontecimento destes dias é o feito do novo astronauta soviético Titov[25], fazendo 17 voltas ao redor da Terra e ficando em sua nave espacial *Vostok II* (que quer dizer *Oriente*, nome evidentemente posto acintosamente para hostilizar o Ocidente, isto é, os Estados Unidos) 25 horas (sic) e até dormindo nela, diz ele, por oito horas! Percorreu 700.000 quilômetros, o que equivale a ir e voltar da lua!

É realmente um feito formidável que prenuncia uma provável *ida à lua* para breve. E não dos astronautas americanos, que até agora só conseguiram pequenos vôos, sem maior importância [...], em comparação com os vôos russos.

Tudo isso não demove as cabeças duras de fechar os olhos à realidade e querer manter o Brasil isolado e distante para não se contaminar com o comunismo. É realmente lamentável que sejam os comunistas a realizarem feitos como esse, mas não nos esqueçamos de que foram os americanos que abriram em 1945 a "era atômica" e, se não abriram a era astronáutica, foi por culpa própria, isto é, do regime Eisenhower, que só pensou em consolidar o dólar e negar créditos para os estudos astronáuticos. A defesa dos que apóiam essa política "eisenhoweriana" (os conservadores) e dos que se recusam teimosamente a dar valor a esses feitos, ou só vêem neles o perigo do imperialismo soviético – é que tudo isso é "propaganda comunista". Não há dúvida de

25. Gherman Titov (1935-2000), o segundo homem a entrar em órbita terrestre, o que ocorreu a 6 de agosto.

que os comunas utilizam tudo isso para propaganda. Mas temos de distinguir (lá vai...) o que é *o feito em si* e o que é um *aproveitamento* político pelos homens do Partido Comunista. Podemos louvar o feito, como se deve fazer, e ao mesmo tempo criticar a propaganda, o que também deve ser feito. Essa é a posição verdadeira. Tudo mais é partidarismo ou fanatismo.

[...]

Mas por isso mesmo é que a guerra é cada vez mais um absurdo total, pois os russos mostram que podem colocar no espaço e fazer explodir onde quiserem bombas de hidrogênio que liquidarão cidades inteiras num minuto. E os americanos também em parte podem fazer o mesmo. E depois, José? Será a volta a situações tão precárias de vida, ao menos por muito tempo, depois de liquidada metade da humanidade e com a vitória não da democracia, mas de regimes políticos mais absolutos do que os hoje existentes.

Mas a verdade é que os homens não ouvem idéias. Ouvem fatos. E possivelmente terão de ver perecer algumas centenas de milhões de seres humanos e grande parte do patrimônio artístico e intelectual do passado, para recomeçarem do marco zero. Será talvez o desígnio divino, que tantas vezes na História já viu civilizações inteiras desaparecerem para outras surgirem. E como os cristãos, em 2.000 anos, não conseguiram realizar na terra nenhuma civilização autenticamente cristã, talvez seja a intenção da própria Divina Providência que tudo ou quase tudo pereça, para que tudo recomece. Ou seja, realmente o *fim. O que não creio.* Creio antes que seja uma provação e que tudo recomeçará de *novas catacumbas.*

[...]

P.

Rio de Janeiro,
28 de agosto de 1961

Que situação! Impossível fazer uma síntese. O fato é que estamos em regime de exceção. O ministro da Guerra declarando que *não dá posse* a João Goulart[26] .Ora, segundo a Constituição, não há dúvida alguma de que a ele cabe a sucessão do Jânio, que parte hoje para a Europa, deixando o Brasil pegando fogo. Estamos apenas com uma máscara constitucional. Se realmente continuássemos na legalidade, o presidente interino, o tal Ranieri Mazzilli, já teria prendido o ministro da Guerra. Quem foi

26. Com a renúncia de Jânio Quadros, no dia 25 de agosto, cabia ao vice-presidente João Goulart, na ocasião em viagem oficial à China, assumir imediatamente o posto, mas ele só conseguiria fazê-lo após a aprovação, pelo Congresso Nacional, no dia 2 de setembro de 1961, da emenda constitucional que instituiu o regime parlamentarista no Brasil. Na interinidade, o presidente da Câmara dos Deputados, Pascoal Ranieri Mazzili (1910-1975), ocupou a Presidência da República. O ministro da Guerra era o general Odílio Denys (1892-1985).

preso foi o Lott![27] E perfeitamente dentro dos regulamentos do Exército, por ter assinado um manifesto legalista. Ele que, por duas vezes, destruiu a legalidade, derrubando dois presidentes legais, – o Carlos Luz[28] e o Café Filho[29]. Não tem autoridade moral alguma para se apresentar agora como defensor da legalidade. Mas os fatos dolorosos são esses: a lei manda que o João Goulart assuma a Presidência. Se este fosse patriota, renunciaria, para permitir novas eleições, mas duvido que o faça espontaneamente, pois toda sua ambição é retomar, ou antes tomar o governo e restaurar o getulismo. De modo que estamos neste dilema: ou se instaura uma ditadura militar ou se volta ao getulismo e ao juscelinismo com o Lott como ministro da Guerra, como já se anunciou ser o propósito do Jango.

Eu não hesito: pela legalidade, mesmo com todas essas péssimas conseqüências. Continuo fiel à minha velha máxima: antes uma má legalidade do que uma boa ditadura.

De modo que minha posição está clara: apoio à solução legal, com a posse do Jango Goulart, mas com um apelo a que renuncie, para permitir, também legalmente, que o povo se pronuncie por meio de novas eleições. Caso ele seja eleito, terá força para dizer: "Foi o povo que me elegeu". Ao passo que agora só poderá dizer que foi eleito por bambúrrio, pois teve apenas 400.000 votos a mais que o Milton Campos, e este teve 1 milhão e tanto de votos em branco, o que foi evidentemente conseqüência da má composição gráfica das cédulas, que fez com que muita gente, inclusive eu, se esquecesse de votar no vice-presidente.

A conseqüência agora é esta! Como os pequenos fatos, aparentemente insignificantes, têm largas conseqüências! O fato grande, agora, hoje, é que estamos sob um duplo disfarce: disfarce ditatorial militar, com a declaração do ministro da Guerra de que não dará posse ao Jango, quando por lei tem de dar, mas, ao mesmo tempo, os ministros militares continuam subordinados ao presidente interino, respeitando a máscara legal. Por outro lado, disfarce legalista, pois o presidente, que é o chefe das Forças Armadas, permite que o seu ministro da Guerra faça declarações públicas de que não dará posse ao vice-presidente que tem todo o direito de ser empossado. Duplo disfarce.

Por sua vez, o ministro da Guerra, o marechal Denys, prende o Lott por fazer declarações políticas, mas ele mesmo as faz também, sem que ninguém o prenda. Veja você como estamos vivendo apenas um *baile de máscaras*!

A imprensa e o rádio estão censurados, mas a censura não é explícita. Também mascarada. Um trágico carnaval!

---

27. No dia seguinte à renúncia de Jânio Quadros, o marechal Henrique Lott tornou público um manifesto conclamando a nação a defender a legalidade constitucional – e por conseguinte a investidura de João Goulart. O ministro da Guerra determinou então a prisão de Lott, que ficou detido numa fortaleza militar.

28. Carlos Coimbra da Luz (1894-1961), em 8 de novembro de 1955, como presidente que era da Câmara dos Deputados, assumiu a Presidência da República devido à doença de Café Filho e de seu impedimento declarado pelo Congresso Nacional. Na ocasião, um golpe liderado por Lott, a fim de garantir a posse do presidente eleito Juscelino Kubitschek de Oliveira, obrigou-o a renunciar.

29. João Café Filho (1899-1970), eleito vice-presidente da República em 1950 na chapa de Getúlio Vargas, assumiu o governo após o suicídio deste, mas um distúrbio cardiovascular forçou-o a afastar-se do cargo em 3 de novembro de 1955.

Tudo isso, por culpa de dois temperamentos: o Lacerda, antes de tudo, e em seguida o próprio Jânio, que não teve a virtude máxima – ou uma delas – de um chefe de estado: a paciência. E joga o Brasil no caos, sem que ninguém o suspeitasse uma hora antes.

[...]

P.

Rio de Janeiro,
29 de agosto de 1961

[...]

No momento o impasse é este: os militares insistem no "impedimento" do Jango; o Congresso e todo mundo resiste (esplêndido novo discurso do Adauto[30]); o Jango, de Paris, pelo telefone, entretanto, como bom malandro da escola getuliana, declara que "aceita um entendimento", isto é, vai tirar partido da legalidade incontestável em que se encontra. E o fato é que, se vier, vai fazer um governo muito mais direitista do que o Jânio, que era realmente um homem livre e de idéias, por mais discutíveis que fossem muitos de seus atos. Ao passo que o Jango, se vier, vai ser fiscalizado. E já agora parece inevitável a passagem da emenda parlamentarista, que dá muito mais poder ao Congresso e torna o cargo de presidente mais decorativo. Como em França.

[...]

P.

Rio de Janeiro,
31 de agosto de 1961

[...]

O Carlos Lacerda ontem tentou mais uma vez renunciar e dissuadiram-no, mas cada vez cai mais na opinião pública, e sabe-se que está mais ou menos prisioneiro no Palácio da Guanabara, sem poder falar na TV ou no rádio, como quisera, por imposição do próprio ministro da Guerra que ele, Carlos, apóia, pois é o único governador, ao que parece, que está do lado dos milicos.

30. Adauto Lúcio Cardoso (1904-1974), deputado federal, de 1955 a 1960 e presidente do Supremo Tribunal Federal no período de 1967-1971.

Por outro lado, as Forças Armadas lançaram um manifesto muito pífio, defendendo sua posição. Mas é inequívoco que a opinião pública, em sua esmagadora maioria, é pela posse do Jango. Os três milicos, que se chamam por antonomásia "as Forças Armadas", estão aparentemente sós, contando apenas com aqueles poucos dos nossos, os civis, que por pavor do comunismo topam tudo. Mas o Rio Grande do Sul parece estar em peso, do lado da legalidade, e com o governador Brizola[31]. Inclusive o Exército, o III, localizado lá. Tanto assim que o general Cordeiro de Farias[32], que partira para lá a fim de substituir o general que lá está, voltou de São Paulo, depois de conversar com o Carvalho Pinto[33] e de ouvir deste que está pela posse do Jango, o que dá a entender que o II Exército também não está com o Denys e sim com o Carvalho Pinto e a legalidade.

[...]

P.

Rio de Janeiro,
2 de setembro de 1961

[...]

Continuo – para passar agora ao plano pessoal – a receber manifestações pró e contra minha atitude. Junto aqui o telegrama do Jânio, já agora *histórico*, que nem mando pelo correio, para não se extraviar, mas que você deverá colar no álbum de 61, pois foi a última manifestação do JQ antes da renúncia e pelos seus termos você vê que ele já estava sob tremenda pressão psicológica.

"Desejo agradecer ilustre jornalista, um dos mais altos valores do nosso pensamento, generoso artigo a meu respeito, e assegurar que tenho feito tudo que se encontra meu alcance sentido mostrar-me digno confiança nosso povo e angústias hora presente.

Abraços,

J. Quadros."

Essas "angústias hora presente" já não seriam os *motivos de renúncia* que o trabalhavam e se concretizaram no dia seguinte às 6:15 da manhã, quando comunicou sua decisão aos seus auxiliares diretos?

[...]

P.

31. Leonel de Moura Brizola (1922), na época governador do Rio Grande do Sul, organizou em seu estado uma grande campanha de mobilização popular em favor da posse de João Goulart.

32. Oswaldo Cordeiro de Farias (1901-1981), ex-chefe do Estado-Maior das Forças Armadas no governo Jânio Quadros.

33. Carlos Alberto Alves de Carvalho Pinto (1910-1987), eleito governador de São Paulo em 1958.

Rio de Janeiro,
3 de setembro de 1961

A situação continua mais obscura e ameaçadora do que nunca.

O Congresso votou ontem às pressas a Emenda Parlamentarista. Com ela, ficam de tal maneira diminuídos os poderes do chefe de estado, que, se o Jango aceitar, entrará completamente desmoralizado e com a vitória indireta dos militares. Diante da reação que a emenda despertou no Sul e em toda gente sensata, duvido que ele aceite. Se não aceitar, cria-se novo impasse. Poderá voltar ao Rio Grande. Parece que já está em Brasília, para onde se diz ter embarcado à meia-noite, e lá poderá tomar posse ou chefiar um movimento rebelde contra o Congresso. E nesse caso estará com a razão, embora não com a lei vigente. De modo que se dará novo conflito, já agora podemos dizer de *duas legalidades*: aquela sob a qual ele foi eleito e aquela sob a qual ele venha a ser empossado. E a meu ver a autêntica legalidade é a primeira, a presidencialista.

[...]

P.

Rio de Janeiro,
4 de setembro de 1961

Hoje as perspectivas são menos sombrias do que ontem, quanto ao desencadeamento da guerra civil, mas não quanto ao modo como vamos sair desta enrascada: uma emenda pior que o soneto (sendo o soneto não a guerra civil, que seria sempre a solução mais catastrófica, mas o regime passado). O Jango declarou que aceita o parlamentarismo votado pelo Congresso. Para ele, pessoalmente, é a desmoralização completa perante a opinião pública. E antes e acima de tudo perante os gaúchos, que anteontem o receberam com a maior recepção triunfal que alguém já teve no Rio Grande. Hoje, ao que dizem os telegramas – e não duvido que seja verdade, apesar da mentirada geral que anda por aí – foi vaiado no mesmo balcão do Palácio Piratini (Porto Alegre) onde fora anteontem ovacionado.

[...]

Triste situação. Que nem ao menos servirá para nos livrar do Lacerda, embora desmoralize um João Goulart, infelizmente presidente desta infeliz República.

Tudo isso por culpa dos partidários do Jânio que o abandonaram e dele próprio, Jânio, que se mostrou pelo menos um "imaturo", como disse o prefeito de São Paulo, ou um "temperamental" ou um "neurótico" ou um "doido varrido", como todos nós dissemos no início da sua campanha, que tanto varreu que acabou varrendo a si próprio.

Basta de política.

[...]

P.

Rio de Janeiro, 7 de setembro de 1961

[...]

Hoje o Jango deve tomar posse e para isso, segundo a nova lei, terá também de anunciar o seu ministério, que doravante, com o parlamentarismo, terá de apresentar-se ao Parlamento e obter um voto de confiança. Por isso terá de decidir-se já, bem à brasileira, às pressas.

[...]

P.

Rio de Janeiro, 8 de setembro de 1961

[...]

Trinta anos depois, continuamos a *ensaiar* regimes, depois da tremenda decepção janista.

E estamos nesta interrogação e perplexidade com os novos rumos. O discurso do JG foi incontestavelmente bom. Confirmando o que... (lá vem...) eu dizia ao padre Alonso: "Fará um governo muito mais direitista que o Jânio". Há hoje até um bom tópico no *Diário de Notícias* (que continua bifronte), chamando a atenção para os perigos de uma excessiva guinada à direita, do Jango, ou já agora do Parlamento, com medo da acusação de "esquerdismo", que os *três erres* (os ricos, os ratos e os reacionários) levantaram contra o Jânio e o deram por terra ou mesmo... por mar...

[...]

P.

Rio de Janeiro, 11 de setembro de 1961

[...]

Ontem a pequena novidade do dia foi um telefonema do San Thiago Dantas[34] pedindo-me para ir conversar com ele. Fiquei logo assustado pensando que seria con-

34. Francisco Clementino de San Thiago Dantas (1911-1964), jurista e professor, recém-nomeado para o cargo de ministro das Relações Exteriores.

vite para participar da delegação à ONU, que deve partir por esses dias, com o Afonsinho[35] (pai) à testa. Fui logo com o meu redondo *não* bem engatilhado. Felizmente era mesmo apenas para trocar idéias em torno da política exterior do novo governo. Como me disse o San Thiago, eles querem prosseguir na mesma política do Jânio, apenas com mais *savoir-faire*[36] e sem aquele caráter personalista que o Jânio estava imprimindo. Por isso querem preparar melhor a opinião pública, de modo particular no caso do reatamento com a Rússia. Como lhe falei nos textos da nova encíclica sobre as relações entre as nações, ficou muito interessado, e já preparei uma pequena seleção, que hoje deixarei em sua casa.

[...]

Conversamos por mais de uma hora sobre política exterior, não sobre a interna, nem sobre os acontecimentos da renúncia. E sobre a opinião pública em face dessa política. Aconselhei-o a que falasse pessoalmente com o grande cardeal de São Paulo[37] e com o grande dom Hélder. Ele falará numa reunião de bispos. Achei preferível que conversasse isoladamente com cada um, e destaquei os dois como capazes de compreender e influir na referida reunião dos bispos.

Também me consultou sobre a necessidade de mandar um "grande nome" para o Vaticano "fora mesmo da área católica" e a respeito me perguntou o que pensava de uma insinuação feita pelo primeiro-ministro Tancredo Neves[38]: o marechal Lott! Imagine você! Vetei logo a coisa, que seria errada, erradíssima. "O Lott está completamente queimado nos meios católicos e sua nomeação seria uma prova de que vocês querem se servir da embaixada no Vaticano para fins políticos." Ele respondeu logo e por duas vezes: "Não se pensa mais nisso".

Se o Lott soubesse que eu é que impedi que ele fosse *paradear* suas condecorações à beira do ilustre Tibre...

Como o San Thiago me falou, e concordei, na remessa de um "nome nacional" ou pelo menos "de gabarito" para Roma, fiquei pensando depois em dois: ou o Capanema[39] ou o Pedro Calmon. Direi isso ao San Thiago.

P.

35. Afonso Arinos de Melo Franco (1905-1990), professor, político, escritor. Eleito senador em 1958, foi ministro das Relações Exteriores no governo Jânio Quadros, voltando a ocupar o mesmo cargo no segundo gabinete parlamentarista. Membro da Academia Brasileira de Letras, era sobrinho do autor de *Pelo sertão*; seu filho, homônimo, também ingressaria na ABL.

36. "Habilidade, competência".

37. Dom Carlos Carmelo de Vasconcelos Motta (1890-1982), arcebispo de São Paulo de 1944 a 1964, criado cardeal em 1946, ano em que fundou a Universidade Católica de São Paulo (em 1947, a instituição receberia, do papa Pio XII, o título de Pontifícia). Foi o primeiro presidente da Conferência Nacional dos Bispos do Brasil - CNBB (1959-1963).

38. Tancredo de Almeida Neves (1910-1985), primeiro-ministro de setembro de 1961 a junho de 1962.

39. Gustavo Capanema Filho (1900-1985), ministro da Educação e Saúde Pública de 1934 a 1945, no primeiro governo de Getúlio Vargas.

Petrópolis, 13 de setembro de 1961

Agora mesmo acabo de recusar o convite que julguei que me seria feito no domingo. Aliás, quando o San Thiago me disse, ou antes, me perguntou se eu me ausentaria do Rio por esses dias, vi logo ao que vinha. E agora de manhã me telefonou perguntando: "Como está o senhor em matéria de permanência no Rio? Queria convidá-lo para fazer parte da delegação à ONU, para a assembléia deste ano, de setembro a dezembro".

"Ah, San Thiago, muito obrigado por você se ter lembrado do meu nome mas no momento não me é absolutamente possível, por vários motivos, ausentar-me do Rio." "Nem por tão pouco tempo? É irrevogável ou prefere pensar?" "Não, é irrevogável." "Então, sinto realmente muito, etc. e tal pontinhos."

Mamãe não concordou com a recusa, mas eu não me arrependo. Se tivesse dito sim é que neste momento já estaria com a cachola ardendo, de prós e contras. Mesmo que tivesse adiado a resposta. Aliás, no domingo, como te disse, já ia com o meu "não" engatilhado. Nada como a paz de espírito. Se eu aceitasse, diriam logo: "Viu? Foi para isso que tomou a atitude que tomou. Já recebeu o pagamento", etc.

Não. A vontade que teria de rever por um trimestre Nova York, e mesmo estender a viagem um pouco, pois essas comissões são bem remuneradas e dão margem a isso, sobreponho a satisfação de estar inteiramente em paz com a minha consciência. No momento, tendo chocado tanta gente com minha atitude, preciso mostrar à opinião pública que o fiz inteiramente por convicção, sem esperar nada em troca. Passado algum tempo, se houver brecha de voltar a alguma universidade, por um novo período de cursos na Europa ou nos Estados Unidos, não direi não. Mas isso para o futuro. E como o futuro a Deus pertence, o mais certo é mesmo que nunca mais saia deste triângulo, Rio, São Paulo, Petrópolis, com uma ou outra diversão por Minas, Bahia, Rio Grande etc.

A paz interior acima de tudo, mesmo que haja nisso também uma vaidade: a vaidade da independência. Ou o exagerado escrúpulo. Ou o medo de ser malvisto, atacado de novo pelos "lacerdas" como em 1954, quando aceitei ir a Caracas[40].

[...]

P.

---

40. Alceu foi como delegado do Brasil à X Conferência Pan-Americana, realizada na capital da Venezuela, que ratificou a Carta da OEA aprovando resolução que concedia aos EUA o direito de tomar qualquer medida contra o "perigo comunista".

Rio de Janeiro, 15 de setembro de 1961

[...]

Na academia a pergunta do Afonso Arinos, querendo saber se eu tinha aceito, diante do Levi Carneiro e do Austregésilo de Athayde. Este me perguntando também se eu consentiria em permanecer no Conselho Nacional de Cultura. Respondi ao meu xará[41] que não queria continuar. Insistiu. Mantive o não. Estou na maré das negativas. Provavelmente hei de receber qualquer outro convite nesse sentido. E aí será mais difícil dizer não, dada a natureza do projeto: a reforma do ensino superior, a que o novo ministro da Educação quer dar prioridade[42]. O Afrânio Coutinho, baiano como ele só, disse-me ontem: "Estive hoje com o ministro. Falei muito no seu nome". Respondi: "Por amor de Deus, não fale nada".

Como é tão mais confortável a atitude do meu vizinho Corção! Sempre em oposição, achando que tudo está errado. De minha parte, confesso que não tenho a mínima idéia de como fazer alguma coisa, nem em política exterior, nem em política educativa, nem em política social.

Das três, ainda é na exterior que tenho idéias menos vagas. Nas outras, só posso dizer é que nunca aceitei ser ministro nem da Educação nem do Trabalho, exatamente porque nada tinha a dizer de prático.

[...]

P.

Rio de Janeiro, 19 de setembro de 1961

O triste acontecimento de ontem foi a morte do secretário-geral da ONU[43] em um acidente (ou atentado?) de avião na África. É uma perda tremenda para a paz mundial. Parece, realmente, que a cólera de Deus desceu sobre o mundo. Pois de a um tempo a esta parte, tudo conspira para que a "conspiração comunista" se apodere do mundo.

[...]

O Dag foi uma figura número 1 da frente da paz. Sua perda é, portanto, simplesmente catastrófica, tanto mais quanto a Rússia pleiteia sua substituição por um

41. AAL refere-se ao seu pseudônimo, Tristão de Athayde.

42. Antônio Ferreira de Oliveira Brito (1908-1997) foi ministro da Educação de 8 de setembro de 1961 a 11 de julho de 1962.

43. Dag Hammarskjöld (1905-1961) chegou ao posto de secretário-geral da ONU em 1953, foi reeleito em 1957 e recebeu o Prêmio Nobel da Paz no ano de sua morte.

triunvirato, que virá enfraquecer ainda mais a ONU, que ainda é a única barreira forte contra o choque dos extremos.

[...]

P.

Petrópolis,
18 de outubro de 1961

[...]

Me deu vontade de escrever uma crônica sobre *Jânio Quadros no exílio*, a propósito de uma segunda *dita* do Manuel Bandeira, com transcrição de trechos agressivos de cartas do Sobral, para fixar até para mim mesmo o que penso deste personagem estranho, mais estranho ainda que o Getúlio, de nossa história política, que pode ser ao mesmo tempo descrito como um histrião ou como um mito ou como um "demônio" (Schmidt) ou como um Fidel Castro ou um herói carismático que ainda virá um dia levantar as massas brasileiras! Resisto à tentação e deixo para depois, pois *Dieu premier servi*[44], como dizia Jeanne d'Arc e escrevo à minha menina, tarefa que, sem irreverência, coloco todos os dias logo abaixo ou logo depois da oração e da comunhão cotidianas. Deus me perdoe se estou exagerando.

[...]

P.

Rio de Janeiro,
21 de outubro de 1961

[...]

Interrompi por me ter dado um desejo urgente de... escrever! Creio que, estimulado pela leitura, nos jornais da manhã, de trechos do libelo anti-Fidel Castro, que o nosso Fidel da extrema direita – o velho golpista Carlos Lacerda – fez ontem em Miami, onde se acha de férias, trabalhando pela salvação da América e pela cruzada anticomunista, sob os aplausos do ilustre GC[45] e o olhar complacente do nosso pas-

44. "Deus servido em primeiro lugar".
45. Gustavo Corção.

tor[46], ou dos nossos pastores. Aliás, ontem dom Avelar Brandão[47], que não tem os mesmos motivos de prudência e reserva de dom Hélder, declarou, em claro e bom som, ao *JB*, que a palavra "socialização" (em torno da qual os "Junta de Coice" estão fazendo um cavalo de batalha) é a perfeita tradução dos termos latinos correspondentes na encíclica, chamando-a de "neologismo ideológico". Tenho pena de não saber onde ele, dom Avelar, está morando, para lhe mandar um telegrama. É tão ridícula essa celeuma em torno de uma palavra, que parece a disputa dos bispos "bizantinos" em 1453, enquanto os turcos invadiam Constantinopla.

P.

Rio de Janeiro,
23 de outubro de 1961

[...]

[...] depois que a travessia do túnel nos restituir a cidade de São Sebastião e do vale verde da minha infância, quando Copacabana também era verde. Ainda me lembro da vista bucólica que se tinha logo depois do túnel velho, o único que então havia, olhando o vale à direita, todo coberto de capinzais, com uma ou outra casinha branca. Lembro-me dos capinzaleiros e vaqueiros que por ali viviam, como se estivessem nos vales "de entre Douro e Minho"![48]

Como tudo era diferente! Até parece que o ar do mar – e era um fato – vinha até a beira da saída do túnel, quando hoje não passa da própria avenida Atlântica, retido pelo dique espesso dos arranha-céus. Logo que se acendiam as luzes do bonde, à entrada do túnel, minha mãe dizia: "Alceu, fecha o capotinho", pois não se ia a Copacabana sem levar agasalho, tal a diferença de temperatura dos "ares salitrados". E eu ainda me vejo fechando o capotinho azul de botões dourados, que era uma capinha sem mangas, como o de marinheiro mesmo, e antegozando, depois da umidade do túnel, que pingava água pelas paredes mal-acabadas e com umas vagas e pálidas lâmpadas elétricas, quando a cidade e as casas ainda se iluminavam a gás, creio eu – ainda me vejo antegozando aquela saída maravilhosa do outro lado, quando a boca do túnel se abria para a luz, para o verde, para o vale dos capinzais, e lá longe a ourela também esverdeada do mar esbranquiçado, que os arranha-céus ainda não tapavam. Era um deslumbramento! E minha mãe consentia então que o seu menino desabotoasse de novo o capotinho e respirasse, por todos os poros, os ares daquela outra face do Rio, que é hoje quase uma cidade estrangeira, embora fulgurante de

46. Dom Jaime de Barros Câmara.
47. Dom Avelar Brandão Vilela (1912-1986), na época arcebispo de Teresina.
48. Região do norte de Portugal.

luzes, tráfego, cinemas, *boîtes*, *chez* isto ou *chez* aquilo, lojas suntuosas, hotéis com *terrasses*, borbulhantes de gente em mangas de camisa...

[...]

E lá ia o menino, com a mãe ao lado, até o fim da linha, que era na "igrejinha". E de lá se tomava o calhambequezinho sobre o trilho *decauville*[49], em cima do areal branco, puxado por um burrico de gravura de livro infantil, até a casa mourisca das "senhoras Tembrink", amigas de minha mãe e de tia Nenê[50], casa que era como que um castelo de mouros, mal-assombrada, como um castelo forte, voltado para o sul, para a zona dos piratas de pano vermelho na cabeça e de olho furado e tapado de pano preto. Isso hoje é Ipanema, e Leblon, é uma sucessão de torres construídas ou em construção, que se prolongam estrada do Niemeyer acima, até o Juá (de trágica memória para mim por causa do Jackson), o São Conrado, o Retiro dos Bandeirantes, tudo à espera da nova estrada litorânea ligando o Rio a Santos, de que já se fala e será para os netos do Marcelinho... Como em 60 anos tudo mudou! Como mudará nos próximos 60!

[...]

Preciso urgentemente ir a Paris, para voltar aos meus 6 anos aos 60, enquanto não passo para a casa dos 7, com um zero ao lado, ou para a casa dos zeros definitivamente... Ah, Copacabana, Copacabana, como me fazes viver e reviver, tu que me pareces hoje, por vezes, tão estranha, tão pouco minha, tão nada nossa, tão outro país, outra gente, outro mundo, e no entanto, queiras ou não queiras, também és tão minha, tão do menininho de capotinho azul, que lia os versinhos do bonde:

Pais que tendes filhos enfezados
Pálidos, tristes, constipados,
Fugi da manga e da banana (sic)
Para os ares salitrados de Copacabana!

Êta chô!
[...]

P.

49. Alusão ao francês Paul Decauville (1846-1922), inventor de uma estrada de ferro portátil, estreita e facilmente transportável.

50. Ernestina Moutinho Dória, irmã de dona Camila, mãe de Alceu.

Rio de Janeiro, 1º de novembro de 1961

[...]

[...] com o sentimento cada vez mais vivo de um grande desencanto entre mim mesmo e a enorme maioria dos católicos. Impressionante, como me sinto desajustado num meio em que entrei para encontrar ajustamento. Digo mal, julgando encontrar ajustamento. Mas, ao cabo de 33 anos me sinto tão pouco ajustado, como naqueles dias de setembro ou mesmo de agosto de 1928, logo que se divulgou a notícia de que eu havia comungado de novo, e Bentoca[51] me convidou para entrar para a Congregação Mariana de São João Batista da Lagoa. Senti um choque, como se me tivessem dado um "caldo" na piscina (sabe o que é?) sem eu saber, ou sabendo muito pouco, nadar. Recusei, como quem recusa uma comida que não tolera (não sei qual seja ela para mim...) e tive a satisfação de não *ser insistido*. Mas até hoje, à medida que vivo, embora freqüentando pouco todos os meios, inclusive o "católico", tenho a impressão de não me sentir bem em nenhum deles, salvo... você já sabe qual é. Aí sim, em Santa Maria, me sinto como peixe n'água, *tel qu'en moi même enfin je me retrouve*[52], inclusive nas interrogações e hesitações como estas do momento atual, em que vejo os católicos apavorados com a marcha agressiva e aparentemente invencível do comunismo, pretendendo reagir por todos os meios e alarmados, acima de tudo, com o que chamam de "a infiltração comunista nos meios católicos".

P.

Petrópolis, 6 de novembro de 1961

[...]

Vim pensando na *eutanásia*. Há certas posições morais na Igreja que são duras de engolir. E de que não estou, no fundo, convencido. E tem havido atenuações. Por exemplo, no parto sem dor, hoje oficialmente autorizado pela Igreja, depois das palavras de Pio XII e que outrora era considerado... imoral. Como já foi considerada imoral a... anestesia. Toda e qualquer anestesia. E no próprio anticoncepcionismo tem havido atenuações. Na própria eutanásia. Não foi ainda Pio XII, que tanto se ocupou com esses problemas, que declarou *não ser obrigatório prolongar a vida dos enfermos*? Outrora, era um imperativo de ordem médica e de ordem moral. Sendo assim, por

51. Bento Ribeiro de Castro, tio de Alceu.

52. "Quando enfim me reencontro como sou", parafraseando o verso de Stéphane Mallarmé. Ver carta de 18 de outubro de 1958, nota 58, p. 53.

que não apressar a morte de um doente categoricamente condenado *pela ciência médica* e pela evidência, a não ter cura? E que está sofrendo e morrendo cada dia. Sobretudo cada noite. Triste espetáculo de ver assim uma vela se apagando, mas uma vela viva e sofredora e de tão altas qualidades morais, como acabo de ver na visita que fiz ao Saraiva[53].

[...]

P.

Rio de Janeiro,
11 de novembro de 1961

Nunca escrevo esta data sem emoção. Não tanto pelo que os dias 10 e 11 deste mês evocam de acontecimentos nacionais, e não são poucos. Inclusive o dia em que daí viemos para ver o Rio assaltado pelos golpistas do Lott e do Flores da Cunha[54] – que conseguiu em 1955 o que o Carlos Lacerda não conseguiu em 1961, isto é, conquistar o Congresso para o *golpe*, e o outro 10 de novembro de 37, quando ia começar a era getulista.

O 10 de novembro que sempre abre, na saudade, uma janela, é o de 1918, quando a paz *pareceu* que ia afinal raiar sobre o mundo. Já tenho, por mais de uma vez, evocado esse dia, que coincidiu com a minha convalescença da gripe espanhola. Ainda no ano passado o fiz. Não vou refazê-lo. Apenas dizer a você que as mesmas cenas – e com elas ainda um vago reflexo sensível do que então senti e tanta outra coisa posterior – fizeram com que ficasse esmagado e esquecido no porão da consciência, lá onde se guardam as boas memórias e uma ou outra das más que voltaram hoje. Faço a distinção porque guardo muito mais o que houve de bom no meu passado do que o que houve de ruim. Já tenho repetido que sou mais homem de *esquecer* que de *lembrar*, exatamente ao contrário de Mamãe, que não se esquece e por isso... não dorme, pensando...

[...]

P.

53. Augusto de Mello Saraiva, amigo de Alceu, paraplégico havia anos.

54. José Antônio Flores da Cunha (1880-1956) era, na ocasião do golpe, presidente da Câmara dos Deputados.

Rio de Janeiro,
5 de dezembro de 1961

[...]

E que mundo duro e difícil! Cada manhã os jornais só nos trazem motivos para perder a cabeça. Ainda agora, uma notícia, coisa que a mim não trouxe novidade alguma a não ser a confirmação de que Fidel Castro é, acima de tudo, um *oportunista*. A declaração deste de que é e sempre foi comunista e que se não o dizia há mais tempo é porque "não queria alarmar os burgueses". Mais uma vez se confirma a sentença leninista de que "os fins justificam os meios", que foi o motivo pelo qual Albert Camus[55], como me disse pessoalmente no Rio, anos atrás, deixou o Partido Comunista de França. A realidade é que Fidel Castro *não era* realmente comunista, quando em Nova York dizia ao diretor de *La Prensa*, o Gainza Paz (devo ter te contado em carta, em 1958), que iria fazer "a mais idealista das revoluções". Agora se declara hiper-realista, que mente para vencer. Amanhã, se o comunismo não tomar pé na América, dirá que agora é que estava mentindo, apenas para alcançar o apoio da Rússia, etc. Quando se entra no caminho do maquiavelismo, não há saída.

[...]

P.

Rio de Janeiro,
6 de dezembro de 1961

Até hoje a OEA tinha nações democráticas e nações ditatoriais. Isso não a impedia de viver.

Essas nações "ditatoriais" eram em geral da direita e por vezes da esquerda. Aquele é o caso da República Dominicana, agora em plena evolução para que não se cale (pois os Trujillo[56] fugiram, como o Batista, e agora não se sabe o que ali será governo. Mais uma ditadura oligárquica, que deixa atrás de si o caos e com ele os Fidel Castro!). A ditadura "da esquerda" foi a de Perón[57], por exemplo, do meio para o fim. E em parte o nosso próprio Estado Novo, mas "à brasileira".

---

55. Escritor francês (1913-1960), nascido na Argélia, esteve no Brasil entre julho e agosto de 1949. Sua passagem pelo país é evocada na crônica "Uma macumba no Brasil", que está no volume *Diário de viagem*, e no conto "A pedra que cresce", incluído no livro *O exílio e o reino*. Em 1957 Camus ganhou o Prêmio Nobel de Literatura.

56. Rafael Leónidas Trujillo y Molina (1891-1961). Assumiu o poder em 1930 – através de um golpe – e nele permaneceu até morrer num atentado.

57. Juan Domingo Perón (1895-1974), militar de carreira, tornou-se presidente da Argentina em 1946 e seguiu governando – desenvolvendo uma política de cunho populista – até ser deposto em 1955.

[...]

Mas, voltando à OEA. Agora há um caso novo: um dos países membros se declara *comunista*. Será o caso de excluir esse país? *That's the question.*

Mais uma vez sou contra a expulsão.

[...]

P.

Rio de Janeiro, 16 de dezembro de 1961

Esta minha mesa de trabalho está ficando tão cheia que acabo adotando uma das duas atitudes que atribuem ao barão de Rio Branco e ao Chico Campos[58]. A primeira é a de remover a mesa, tal e qual, com a papelada toda, e colocar outra vazia para ir enchendo com o tempo. Conta o Luís Viana Filho que nas mesas do barão, no Itamaraty, encontraram até vários relógios (sic) esquecidos entre os papéis. A outra solução, mais drástica, que atribuem ao Chico Campos, quando secretário da Educação em Minas, é a de passar a mão na papelada, indistintamente, e jogar tudo para o chão! O contínuo vinha e varria. Resta a solução... proporcional: ir desbastando a floresta pouco a pouco com os resíduos que irão para alguma lata da Moselinha, para que a umidade os consuma, ou as traças, mesmo em Petrópolis, as roam...

E ainda há outra solução, que me foi dada pelo Alfonso Reyes[59], o mexicano com quem tanto me identificava, e que me deu a seguinte idéia: ter sempre na mesa de trabalho uma gaveta com a inscrição: "papeles que el tiempo arreglará"[60]. E mais: nunca mais abrir esta gaveta.

[...]

P.

58. Francisco Luís da Silva Campos (1891-1968), jurista e político, ministro da Justiça de 1937 a 1945 e mentor da legislação autoritária do Estado Novo.

59. Escritor (1889-1959), foi embaixador de seu país no Brasil.

60. "Papéis que o tempo vai solucionar".

Rio de Janeiro, 31 de dezembro de 1961

[...]

Se não fosse, hoje em dia, Santa Maria, e em Santa Maria se não fosse uma "nossa menina" sempre alegre, sempre igual, sempre animada, sempre criança, sempre com todas as janelas abertas para Deus, e por isso com o ar puro do espírito varrendo sempre todos os miasmas da minha melancolia, da inquietação, da dúvida, da divisão, da discórdia comigo mesmo, do medo, em suma, dos fantasmas do demônio exterior e interior – se não fosse você pouco ou nenhuma seria essa famosa proporção que tanto prego, essa famosa prudência, esse propalado equilíbrio, essa superioridade, esse vôo alto, essa "ponte solitária sem estradas" (a mais grata comparação que recebi em 61 e está sendo um formidável *tranqüilizador* íntimo...); se não fosse isso –, que seria de mim, neste confuso crepúsculo de 61? Mas, como sempre, a solução: coloquemos tudo nas mãos de Deus, e procuremos apenas o estado de graça! Tudo o mais virá por acréscimo! Aleluia 1961! Aleluia 1962! E um viva, viva, viva a dona Baby! Essa sim, *sempre serena*!

P.

1962

Petrópolis,
18 de fevereiro de 1962
Septuagésima

(Vigília da Quaresma.) Concentração em torno do essencial. Necessidade de fixar o eixo essencial-acidental, para substituir o direita-esquerda, que está dividindo de novo o nosso meio, como foi no tempo do integralismo, logo depois da Revolução de 30[1], e no momento em que também o Partido Comunista fora fundado e o Prestes[2] empolgava a opinião pública. Depois disso apareceram o Brigadeiro e o Jânio, para polarizar os que queriam uma renovação sem revolução nem reação. E fui um deles. Ambos falharam. O Brigadeiro totalmente. O Jânio... eis a esfinge.

[...]

P.

Porto Alegre,
7 de março de 1962

Aqui estamos pisando pela primeira vez esta cidade, cuja primeira impressão foi: primeiro, de uma extrema limpeza; segundo, de certa semelhança com cidades uruguaias, especialmente Montevidéu; terceiro, cidade ordenada, clara, alegre mesmo, com ruas largas, povo tranqüilo e ordeiro, movimento intenso mas à paulista.

[...]

Demos uma volta pela cidade, que é realmente encantadora, aberta, clara, leal, limpa, alegre realmente e com um toque uruguaio bem marcante, pela cor cinzento-clara, talvez. Que diferença da Bahia! Cada qual com seu charme, o da Bahia muito mais sutil e requintado, misto de tradição e de mistério e aventura. Esta aqui, *sem mistério algum*. Parece uma cidade de vitrine, extrovertida, que dá tudo o que tem sem

1. Movimento iniciado pelas oligarquias, insatisfeitas com o resultado das eleições presidenciais de 1930, em associação com grupos radicais do Exército brasileiro. Houve, com o movimento, a derrubada do governo legalmente constituído e a posse de Getúlio Vargas no dia 3 de novembro, em lugar do presidente eleito, Júlio Prestes.

2. O Partido Comunista Brasileiro foi fundado em 1922; a adesão de Luís Carlos Prestes (1898-1990) ao comunismo deu-se em Moscou no ano de 1934. De volta ao Brasil, em 1935, Prestes se tornaria o presidente de honra – indicado pelo jovem estudante de Direito Carlos Lacerda – da Aliança Nacional Libertadora, frente de inspiração comunista que se opunha ao fascismo.

reserva, exatamente o oposto da Bahia, que se esconde, sorri, trapaceira, abre-se mas aos poucos, reserva surpresas a cada minuto, sonsa como diz você, mas com encantos de filtro, que nos vêm da África, de Portugal, da floresta da colônia, da escravidão, do império, da palavra cantante e fácil, da negaça e da oferta, dos contrastes gritantes, da sujeira lírica do mercado à fina flor da aristocracia camoniana ou das três velhinhas do velho solar de Santo Amaro[3].

Ao passo que aqui estamos na fronteira, na raça forte, aguerrida, lutadora, perigosa nos arrancos do gauchismo, como me contam ter sido o momento da renúncia, em que o Brizola, este Carlos Lacerda da esquerda, se desmandou alucinadamente, como um touro solto e, *se não fosse o Jango* (sic), teria mesmo lançado o Brasil na guerra civil. E ao mesmo tempo, fora desse *louco perigoso*, uma gente sóbria, severa, séria, forte, trabalhadeira, calada (salvo o Britto Velho[4]...) e com algo de castelhano, de fidalgo, de polido, de grave, que se compõe à arquitetura, às largas avenidas, que reproduzem a largueza e a franqueza de alma desses gaúchos, que são capazes de grandes brigas por uma causa e de grandes rasgos de generosidade. Essa franqueza, essa largueza, essa claridade, está refletida na cidade.

Bom, basta de psicologia urbanística...

[...]

P.

Petrópolis,
6 de abril de 1962

[...]

Ontem tive uma boa conversa com outro dominicano, ainda mais famoso, o padre Jacques Loew, o fundador das *missions prolétariennes*[5], em França, de passagem por aqui. É um homem em plena maturidade, parecido com o Van Acker[6], que não fala muito, mas diz com rara precisão o que quer dizer e que naturalmente está 100% com a nossa posição.

---

3. Referência ao Solar Paraíso, uma das primeiras construções do que viria a ser a primitiva área urbana da cidade.

4. Provavelmente Carlos de Britto Velho (1912-1998), deputado estadual, na época secretário de Educação e Assistência do governo gaúcho.

5. "Missões proletárias". O frade dominicano francês Jacques Loew (1908-1999), um dos precursores do movimento dos padres operários, trabalhou durante vários anos como estivador no porto de Marselha, registrando sua experiência no livro *Journal d'une mission ouvrière (1941-1959)*, Paris: Ed. du Cerf, 1959. Fundou depois a Missão Operária Pedro e Paulo, cuja atividade continua. Alceu prefaciou a edição brasileira de seu livro *O Evangelho e o povo: missão operária* (São Paulo: Duas Cidades, 1967).

6. Leonardo van Acker (1896-1986), filósofo belga radicado em São Paulo a partir de 1921, foi professor da Faculdade São Bento e da PUC.

Propôs-se fazer um resumo de seus livros sobre sua obra entre os operários (começou pelos *dockers*[7] de Marselha) que foi a origem dos *prêtres ouvriers*[8]. Ele, porém, ficou na função de "padre-padre" e de leigo, como braço direito da ação no meio operário. Daí ter sobrevivido à condenação dos "padres operários" provocada pela ação do cardeal Ottaviani em Roma, o que aliás tinha certo fundamento, embora por muitos anos tenha sido um desastre para a ação catequética e missionária nos meios operários e dando mão forte aos reacionários, que continuam a tratar os operários como escravos, apenas com direito a voto, e olhe lá...

O padre Loew me disse: "Há 30 anos que desejo conhecê-lo, desde que este seu discípulo – e apontou para frei Romeu[9] – e outros me falavam do seu 'mestre sábio e profeta' (sic...) (nem mestre-de-obras sou, nem profeta de 'acender lampiões'...) e depois, por causa de sua passagem por Saint Maximin[10], em 1950!" Tudo tão longe! Tudo esfumado na distância. Teria sido *eu mesmo*, na praça XV ou em Saint Maximin?...

Temo muito que uma onda exagerada de melancolia me invada...

[...]

P.

Petrópolis, 23 de abril de 1962

[...]

Mas é inútil. Uma geração não sabe falar à outra. Quando muito esta outra *sentirá mais* a linguagem de um ou outro da velha geração. Se na praça XV os novos ouviram dom Martinho[11] ou o degas aqui, é que a distância entre eles e nós não era assim tão grande. Hoje, dos 70 aos 20 há meio século de distância, e meio século em que o mundo caminhou tanto como nos dez séculos da Idade Média. Imagine você um diálogo entre o poeta Ausônio[12] do século IV e o poeta Rabelais[13] do século XVI!

---

7. "Estivadores".

8. "Padres operários"; ver carta de 29 de outubro de 1958, nota 80, p. 59.

9. Frei Romeu Dale (1912), dominicano brasileiro, foi da "turma de doutores e monges". Na época, era assessor nacional da Juventude Universitária Católica (JUC).

10. Convento de frades dominicanos, no sul da França; durante vários anos, lá se formaram algumas gerações de dominicanos brasileiros.

11. Dom Martinho Michler (1901-1969), beneditino alemão, veio para o Brasil em 1933, instalando-se no mosteiro da ordem no Rio de Janeiro, em que foi abade de 1948 a 1969. Professor e conferencista no Centro Dom Vital, foi um dos pioneiros da renovação litúrgica no Brasil, bem antes do concílio Vaticano II.

12. Decimus Magnus Ausonius (*c.* 310-*c.* 395), poeta latino que fez pública profissão de fé cristã ao tempo do imperador Valentiniano I.

13. O francês François Rabelais (1494-1553) foi, além de escritor, frade franciscano, médico e professor de anatomia.

Ou mesmo entre Santo Agostinho e Descartes[14]! E no entanto, uns e outros dizendo-se "filhos da Igreja"! Agora, pense você nesses 50 anos, de 1910 a 1960, em que houve:

1 – a guerra de 14 a 18
2 – a revolução russa de 17
3 – a revolução fascista de 21
4 – a revolução nazista de 33
5 – a nova guerra de 39
6 – a bomba atômica de 45
7 – o *Sputnik* de 57[15]
8 – os Gagarins, Titovs e Glenns[16] de 60 e 61

E no meio disso coisas como a independência de 20 países africanos, o desmoronamento do Império Germânico e o reerguimento da Alemanha, o comunismo na China e em Cuba, a independência da Índia, a TV, o Brasil de 1930, 37, 55, 61, etc., o modernismo, a entrada dos doutores para o São Bento, etc., etc. Meio século em que o próprio rabiscador destas linhas viu nascer não só o primogênito Tristão, como sete flores e 13 subflores[17]... E uns livrecos e uns catataus e croniquetas. E em que apareceu e desapareceu o Jackson. E em que apareceram e desapareceram o Corção, o Carlos Lacerda e tantos outros que passaram como meteoros, mas sempre deixando um rastro, por vezes doloroso. E *a estrela* subiu no horizonte em 1918, 27 de agosto!

[...]

P.

Rio de Janeiro,
21 de maio de 1962

Segunda-feira, por mais bonito que esteja o dia, é sempre segunda-feira, o dia mais chato da semana, quando recomeça a ronda do *labor et vanitas*[18], que ontem se encaixou, não sei como, num dos trabalhos – estes sim autênticos – dos meus dias de... ócio, e que são sempre os únicos dias em que tenho a impressão de fazer alguma coisa. Pois com a semana o que se faz é correr daqui para ali, conversar, dirigir carro, encontrar sujeitos na rua, fazer ou receber visitas, dar aulas e sobretudo não fazer

14. René Descartes (1596-1650), filósofo e matemático francês que, ao romper com a secular influência do pensamento "escolástico", fundou o racionalismo moderno.

15. Primeiro satélite artificial a entrar em órbita ao redor da Terra. Deu à União Soviética primazia sobre os EUA na chamada "corrida espacial".

16. Referência a Iuri Gagarin e Gherman Titov, soviéticos, e John Glenn (1921), norte-americano, também pioneiro dos vôos espaciais (foi o primeiro astronauta de seu país a orbitar ao redor da Terra, feito realizado em fevereiro de 1962).

17. Alusão ao seu pseudônimo, bem como aos seus filhos e netos.

18. "Trabalho e vaidade".

nada mas se agitando tanto que se dá corda no relógio de pulso, enquanto nos dias como esses três (!) passados, o bicho parou, pois só anda com o dono andando. E na semana o que se vê é gente andando, andando, andando pelas ruas de lá pra cá, de cá pra lá, e para quê? Quantas vezes, na rua, guiando a "vovó"[19] ou metido no meio dos outros, tenho como que uma parada de espírito, uma espécie de solidão total, e vejo só o *movimento* dos outros, como se todos estivessem loucos, andando, se agitando, mexendo os braços e as pernas, emitindo de vez em quando uns sons sem sentido pela boca, tudo sem sentido, como se todos estivessem num círculo do inferno, condenados a isso para todo o sempre: andar, andar, andar, sem nenhum objetivo, sem ir para parte alguma, em roda, em reta, em ziguezague, de qualquer jeito, até mesmo parados nas esquinas esperando que mude o sinal. E quando vem o olho verde, toda ronda recomeça, sem parar, sem sentir, sem saber por quê, vindo não se sabe de onde e indo ninguém sabe para onde, sempre andando, andando, andando, como um Judas errante, como o Judeu Errante[20], símbolo tremendo dessa *coisa* sem fim, que a mim me alucina quando me esqueço que faço parte dela e por um segundo saio dela, me isolo, e tenho a sensação aguda de que tudo isso não tem sentido algum e que Pascal tinha toda razão quando dizia que os males do mundo provinham do homem não ficar sentado numa cadeira no seu quarto...

Bom, basta de filosofia barata, logo assim de manhã, no começo de uma semana em que essa procissão sem santos continuará das 7 da manhã às 7 da noite, a passar ou a rodar, mas sem parar.

[...]

P.

Petrópolis,
10 de junho de 1962
Domingo do Espírito Santo

[...]

Só agora emerjo [...] do mergulho num catatau sobre o Espírito Santo e tomo pé na praia... Realmente, me meti tão a fundo nessas dez páginas, que precisava de qualquer jeito entregar logo mais, que me isolei totalmente do ambiente, como há muito não o faço. Devia ser sempre assim. Mas em geral é o contrário. E a cada momento me volta à cabeça aquela cena do Hotel Danieli em Veneza, 1914, e um jovem de 20 anos apertando a cabeça com as mãos e sentindo a impossibilidade de ser *um*... Estou

19. O seu automóvel Plymouth.

20. Menção à lenda sobre o habitante de Jerusalém que, por maltratar Jesus Cristo durante o calvário, foi obrigado a vagar pela Terra até o dia do Juízo Final.

me vendo, sozinho, na pequena mesa da sala de jantar do aristocrático hotel veneziano, ao lado do canal sombrio, junto ao Palácio dos Doges, atravessado pela fatídica "ponte dos suspiros", de onde dizem que eram atirados ao fundo da água os inimigos dos Doges... e sentindo em mim a sensação de ser tudo ao mesmo tempo, de não deixar nada fora de mim, de ser isto *e* aquilo (ou/ou–e/e... já naquele tempo) e de repente apertando a fronte com as mãos como se sentisse que ia dissipar-me no espaço e perder o sentido de mim mesmo. E procurando fixar-me em mim mesmo, sem poder conter a distração invencível e o apelo de tudo ao mesmo tempo, de todas as vozes do universo, de todos os Cilas e Caribdes[21], de todas as sereias, sem querer pedir nenhuma, mas alarmado por não poder concentrar-me em nada, nem no meu pensamento, nem no meu destino: estou formado, estou solteiro, estou absolutamente disponível, mas o que vou fazer, que caminho escolher, que mulher escolher, que profissão escolher? Nenhum caminho, nenhuma mulher, nenhuma profissão, *nenhum deus* me chama, me seduz, me permite concentrar-me em mim mesmo. Quero provar todas as fontes, perder-me em todos os horizontes, amar todas as mulheres, seguir todas as filosofias, aceitar ou repudiar todas as religiões, e afinal nada disso me satisfaz. E não consigo nem ao menos saber por que motivo me encontro aqui sozinho, em Veneza, no Hotel Danieli, seguindo sozinho não sei para onde, incapaz de ser alguém mais ou alguém simplesmente, pela vontade de ser tudo e todos. Isto é, não ser ninguém.

[...]

Pois é. Quando li o título do catatau fiquei alarmado e despachei rapidamente a leitura dos jornais, embora doidinho por ler a página de esportes, pois logo mais o Brasil joga com a Inglaterra e se for batido sai do campeonato. E eu no fundo continuo sócio do Fluminense de 1906 ou 8 ou 10, já não sei, e acompanhando apaixonadamente, embora de longe, a bola nos gramados e a sucessão dos craques, desde o Waterman ou o Friedenreich daqueles tempos, até os Pelés e Amarildos[22] de hoje...

Bem, consegui juntar algumas migalhas no coco e preparar às pressas um catatau espírito-santense, que não tenho nem coragem de reler!

[...]

Tudo às pressas. Tudo corrido. Tudo jornalisticamente. O oposto do que deveria ser um trabalho autenticamente intelectual.

[...]

Autenticamente intelectual.

[...]

P.

---

21. Alusão a Cila e Caribde, os dois monstros femininos da mitologia grega que representavam os riscos de navegação, pois devoravam embarcações e tripulantes. Como estavam postadas uma de cada lado do estreito de Messina, não havia escapatória para quem passasse entre elas.

22. Respectivamente Francis Walter (?-?), Arthur Friedenreich (1892-1969), Edson Arantes do Nascimento (1940) e Amarildo Tavares da Silveira (1940).

Petrópolis,
23 de junho de 1962

[...]

Não sei onde está a tal biografia do Tristão que o Mariz[23] começou e resumiu tudo nisso: o Alceu só começou a ser interessante [...] *depois do casamento*. É um fato. Se alguma coisa fiz na vida foi unicamente depois que a "grande silenciosa" se colocou a meu lado, sem a mais vaga disposição de se enquadrar na minha moldura nem de fazer papel de conselheira ou de secretária, antes pelo contrário criando por vezes dificuldades tremendas, – como no momento da minha conversão ou de sua entrada para o convento – e tomando sempre a atitude – que aliás nunca foi atitude alguma – de que ela se casara com o Alceu e não com o Tristão. E que o Alceu de 1928 fez alguma coisa que o de 1918 não fizera, de modo que, de certo modo, fez qualquer coisa que não estava no contrato!!!

Você me compreende. A nossa união é realmente qualquer coisa de maravilhoso, e se eu sobreviver, serei mais *liquidado* do que Maritain tem sido sempre. Uma união em que Mamãe continuou intangível e imutável, como em 1918, mas na qual eu mudei muitas vezes, inclusive nessa tendência a olhar mais para o futuro do que para o passado, quando Mamãe continua a ser rigorosamente o oposto. E hoje mesmo, quando lhe dei um reloginho de cabeceira (porque o que eu lhe dera em Nova York quebrou), o que mais ela apreciou foi *ser igualzinho ao outro*. Mamãe é sempre assim: uma rocha.

Por isso mesmo é que as ondas flutuantes deste *marzinho* não se perderam de todo. E mesmo, pelo contrário, tudo que é anterior a 1918 tem muito pouca importância em minha vida. Esse aliás é um ponto difícil em qualquer biografia, pois Mamãe terá horror a qualquer invasão na nossa intimidade, mas, ao mesmo tempo, é um fato absolutamente certo que *sem ela* nada teria ocorrido como ocorreu. Eu teria sido apenas um diplomata, a princípio disponível e depois neurastênico e sempre um diletante, passeando pelo mundo aquele mesmo Alceu perplexo do Hotel Danieli, no fim do mundo velho e da *belle époque*. Teria sobrevivido ou morrido, como um vestígio apagado dessa *belle époque*. Foi Mamãe, em 1917, que começou a mudar tudo isso, quando me forçou – aliás contra sua vontade e até com o seu protesto, que me deixou no momento perplexo –, me forçou a abandonar o Itamaraty e a pedir a papai um lugar ou na Cometa ou na firma Amoroso Costa[24], para poder casar. Eu estava disposto a deixar tudo e ser apenas um industrial ou um comerciante anônimo, contanto que fosse ao lado de Mamãe. Como papai me valeu, um ano depois, em 1918, eu pude me casar, e, no outro ano aceitar o oferecimento do Renato Lopes[25] e fazer nascer o primogênito Tristão, que era realmente

23. Escritor, amigo de Cipriano Amoroso Costa – primo de Alceu, filho do tio de mesmo nome, que era marido de Francisca, irmã do pai de AAL. O livro ficou inacabado.

24. Empresa que atuava no comércio de tecidos, de propriedade do "tio Cipriano".

25. Renato Toledo Lopes, diretor de *O Jornal*, que acabara de fundar, e para o qual convidou o amigo Alceu a colaborar na seção literária.

filho de Mamãe também, pois *sem ela eu nunca teria passado de um diletante.* Eis o *heart of the matter*[26]. Mas como dizer isso sem ferir a terrível modéstia de Mamãe, que tem um horror físico a tudo que seja o mais vago aceno de "mostracite". E que ficaria uma fera se fosse posta em evidência. E no entanto, se isso não for dito, tudo mais ficará prejudicado e será falso. (Estou pensando no Mané, o cozinheiro português de Vovó Mocinha... ou então no Catulo[27], não o cearense mas o romano *nec tecum nec sine te*[28]...)

Você me fala das outras casas. Primeiro uma resenha puramente cronológica e *no Rio*:

1893 a 1900 – a Casa Azul. Viagem à Europa.

1901 a 1903 – a casa de meu avô nas Laranjeiras e a do meu padrinho, também nas Laranjeiras. Grandes chácaras, como a da casa azul.

1903 a 1909 – rua Senador Vergueiro, 74. Fim das chácaras. Jardim pequeno. O quarto. O ginásio. Viagem à Europa.

1910 – a Pensão Central na rua Barão de Itambi. Entrada para a Faculdade de Direito. Rua do velho Souza Bandeira, a amizade com o Gustavo[29], uma namorada de muro (Alicinha...).

1911 – rua Marquês de Abrantes. Primeiros escritos, contos. Escritório do Souza Bandeira.

1912 – rua Voluntários da Pátria. Casa de tio Alfredo[30] durante a ida deste para a Europa, com Carmen. Amizade com o Eddy. Revelação da Igreja inteligente e do grupo reacionário: *Action Française.* Direção da revista *A Época* na Faculdade de Direito. Viagem à Europa.

1913 – (junho). Hotel América, rua do Catete, com papai. Minha mãe e Carmen em Paris. Fim da faculdade. Volta à Europa em dezembro, sozinho.

1914 – volta da Europa em setembro. Uma casinha na rua Benjamin Constant por três meses. Viagem fracassada a Paracatu, com o Arinos, em dezembro.

1915 a 1918 – praia de Botafogo. Escritório do Souza Bandeira em 1915 e 1916. Grupo: Henriquinho, Cipriano, os Castro Maia, Didi Rodrigo Octavio (pouco), Paulo Goulart (pouco), João e Eddy Macedo, Gustavo Bandeira. Já na diplomacia. Começo da *débacle*[31].

1917 e 1918 – Mamãe! Sempre na praia de Botafogo. Muita leitura. Poemas a Mamãe, do tal livrinho *Regeneração* (título sintomático e dedicado a ela nestes termos: *tibi Mariae Teresiae dulci!*[32]). Bico calado. Edição de 50 ou 100 exemplares, que está até hoje sob a guarda de Mamãe, nem eu sei onde.

---

26. "O âmago da questão"; a expressão inglesa serviu de título a um romance de Graham Greene, publicado em 1948 e traduzido no Brasil como *O coração da matéria* (1966).

27. Caio Valério Catulo (87-54 a.C.), poeta latino, que numa série de peças líricas evoca sua paixão por Clodia, dando-lhe o nome poético de Lésbia. O outro personagem de mesmo nome é Catulo da Paixão Cearense (1863-1946), poeta e compositor.

28. "Nem contigo, nem sem ti", em latim.

29. Gustavo Barroso (1888-1959), advogado, professor, contista, folclorista e militante. Eleito membro da Academia Brasileira de Letras em 1923.

30. Alfredo Ferreira Chaves, tio materno.

31. "Ruína financeira".

32. "A ti, terna Maria Thereza".

1918 – lua de mel em Petrópolis (Piabanha, 148) e três meses ainda na praia de Botafogo.

1919 – rua 2 de Dezembro, 28. Nascimento de Maria Helena. Casinha chegada à rua. No fim do ano, dois meses na praia de Botafogo, 122.

1920 – rua Dona Mariana. E aí, você tem a palavra!

1920 a 1950 – Dona Marianíssima, onde todos nasceram, exceto Quiquinha[33], na praia do Flamengo, e você, em Petrópolis.

1951 a 1953 – Estados Unidos.

1953 (fim) – Petrópolis, Moselinha.

1954 – rua Paissandu, 200.

? ? ? – rua General Polidoro... ou onde Deus quiser.

Vida aqui em Petrópolis:

1894 – com um mês, num chalé da Pensão Central, rua XV de Novembro.

1895 a 1900 – na Westphalia, casa onde foi assinado o Tratado de Petrópolis[34], e onde passei a virada do século diante deste crucifixo, até hoje em minha frente!

1901 a 1908 – Renânia. Duas Pontes.

1909 a 1912 – um sobrado na rua XV.

1913 – Paris.

1914, 15 e 16 – Hotel Majestic, Paris.

1917 – um sobrado na avenida João Pessoa, perto da praça dom Afonso.

1918 – rua Sete de Setembro. Noivado.

1919 a 49 – rua Piabanha, a sua Piabanha, sempre confinada com a Casa Grande. Tanto numa como noutra as atividades jornalísticas e publicistas do Tristão, inclusive o drama dos concursos, também ligado a Dona Mariana.

1950 a 1953 – USA.

1954 – Moselinha.

Onde estou? Rabiscando estas *causeries d'enfance, de jeunesse, de maturité e de vieillesse...*[35] Pendurado em vários poleiros, desde Cosme Velho, 2, a Paissandu, 200. Resultado: apenas dois zeros à direita. 100% de crescimento. Não é nada. De 1893 a 1962 a moeda subiu mais de 1.000%...

Agora, dessas casas, as que representaram alguma coisa de sério foram:

Cosme Velho, 2 – o paraíso inconsciente.

Laranjeiras, 214 – meu padrinho e a infância.

Senador Vergueiro, 74 – adolescência.

Praia de Botafogo, 202 – mocidade.

Dona Mariana, 149 – maturidade.

33. Apelido da filha Silvia.

34. Documento que selou, em 17 de novembro de 1903, a incorporação do Acre, que pertencia à Bolívia, ao território brasileiro.

35. "Conversas sobre infância, juventude, maturidade e velhice".

Paissandu/Mosela – velhice.
(Las edades del hombre[36]*...)*

E com essa brincadeira, lá se foi a manhã e não fiz nada.

Quanto à política, creio que o San Thiago está "queimado" pois as cúpulas dos partidos não o aprovaram[37]. Mas como ele e o Jango querem obter uma recusa categórica da Câmara, no fundo para mostrar a separação entre as duas camadas – a dos donos da vida e da situação, e a do povo – um pouco de demagogia com muito de verdade. Em suma, a terrível cisão que a renúncia do Jânio tornou mais viva.

Um editorial do *JB* coloca muito bem as coisas, dividindo os pró ou contra o San Thiago, entre os que querem renovar de fato, ou inovar, e os querem permanecer. No fundo, a velha distinção dos nossos partidos imperiais – liberais e conservadores. Embora em estilo 1962 com cores mais berrantes, etc.

[...]

P.

Rio de Janeiro, 5 de julho de 1962

Continuamos em plena crise política, que ontem parecia explodir em revolução armada e hoje se manifesta através de uma greve geral preventiva (ou advertiva...) de 24 horas. Tudo isso indica o erro da Câmara em rejeitar o San Thiago, alegando que sua aceitação traria problemas sociais graves. Sua rejeição é que está agravando esses problemas e trazendo-os para o meio da rua. Mas tudo isso é um *processo* muito longo. Ainda hoje o *JB* dá *unusual* relevo ao meu artigo "Na linha de Júlio Maria" provavelmente porque eu falo na crítica que faz à *intelligentsia* burguesa, isto é, à empedernida oposição que "a alta sociedade" faz a tudo que seja evolução social. Lembro então que desde 1931 me bato contra o "espírito burguês", de que o direitismo de hoje é um sintoma atualíssimo.

Será que saímos desta legalisticamente? Acredito que sim, mais uma vez, mas é uma advertência. E como disse o Jânio (sim, o bicho está de novo na arena, como está o Plínio Salgado (sic) que saiu do túmulo encabeçando um "bloco dos pequenos partidos", assim dizem os jornais, "de tendência reacionária"...).

[...]

É a luta dos extremismos em cheio.

Mas creio que sairemos desta em paz. Embora, como diz o Jânio, de crise em crise

36. "As idades do homem", em alusão ao título espanhol – *Las edades del hombre: la trayectoria de una vida* (Buenos Aires: Serviam, 1943) – do seu livro *Idade, sexo e tempo: três aspectos da psicologia humana* (Rio de Janeiro: José Olympio, 1938).

37. O Congresso havia rejeitado a indicação de San Thiago Dantas para primeiro-ministro.

vamos caminhando para uma crise final. Aliás, o choque atual entre o presidente da República (Jango) e a Câmara é bem parecido com o outro choque entre outro presidente da República (Jânio) e a mesma Câmara. Em agosto do ano passado falaram em *impeachment* (condenação do ocupante de cargo público) do Jânio, como ontem já um udenista mineiro propôs o *impeachment* do Jango. É um processo que continua. E como o Jango está com o coração em mau estado, não é impossível que venha a ocorrer sua morte ou sua renúncia, como a do seu predecessor.

[...]

P.

Rio de Janeiro,
9 de julho de 1962

[...]

Lembrei-me de uma *charge* a fazer em relação ao Carlos Lacerda: tema em quatro variações.

1932 – pró-comunista.
1942 – antifascista.
1952 – anticomunista.
1962 – pró-fascista.

[...]

P.

Rio de Janeiro,
14 de julho de 1962

[...]

No momento estamos ameaçados de um golpe militar, com ou contra o próprio Jango, e naturalmente contra o atual Parlamento. Houve ontem, da tribuna da Câmara, um deputado boca-quente, que denunciou um documento que os militares apresentaram ao Jango, como resultado de suas conversas, em que exigem o plebiscito[38] já. Isso mostra como as *pressões ocultas* estão se fazendo. Pressão de sindicatos,

38. Sobre a manutenção ou não do regime parlamentarista.

pressão de militares, pressão do cardeal (anticomunista), pressão das classes conservadoras (produtores, etc.).

Tudo isso mostra a *realidade*. Não é só o Parlamento que legisla. São todos esses *pressure groups*[39].

[...]

P.

São Lourenço, 21 de julho de 1962

[...]

Ainda ontem, à saída da missa, comentava com monsenhor Franca[40], a vida dos eremitas do deserto, que nem missa celebravam ou tinham, e viviam apenas da comunhão espiritual com Deus, por quase um século, como alguns deles. E relembrei a frase de dom Martinho, depois da Paz Constantiniana: "Quando os imperadores se tornaram cristãos, os cristãos (os verdadeiros) foram para o deserto!" Era uma fórmula bastante "jansenista" e por isso mesmo pouco minha, que sou antes um morno que um ardente. Era pela primeira vez que ouvia, tão bem expressa, a independência da Igreja em face do poder civil e do seu próprio poder temporal. Até então, e por influência póstuma do Jackson (e do seu integrismo maistreano[41]), eu ligara demais a Igreja ao estado e às instituições políticas. Em mim, a ação de dom Martinho foi no sentido de mostrar a autonomia da Igreja em face das instituições políticas. Nos rapazes (os futuros monges) foi sobretudo o próprio "movimento litúrgico", que era aliás uma conseqüência dessa concepção independente da Igreja, com certa tendência à *primazia* da Igreja sobre o estado, que provinha (em dom Martinho) da cisão que, na Alemanha, se fez entre mocidade católica e evangélica, e mocidade hitlerista!

[...]

P.

39. "Grupos de pressão".

40. Padre Leovigildo Franca; irmão do padre Leonel Franca, costumava freqüentar com a família de Alceu a fazenda São Lourenço.

41. Por alusão ao conde Joseph de Maistre (1754-1821), escritor e filósofo francês, adversário da Revolução Francesa e monarquista irredutível, tanto em vista do governo da sociedade como da Igreja: foi talvez, com o seu livro *Du pape* (Sobre o papa), de 1819, o principal teórico do ultramontanismo, que defendia a afirmação do poder supremo do pontífice.

São Lourenço, 26 de julho de 1962

Mesmo aqui – nesta deliciosa mesmice, que só tem dois inconvenientes: a marimba e a... conversa – os imprevistos não faltam...

[...]

Aproveitei para uma lambada em Brasília (a propósito desta absurda mudança do conselho), outra no Schmidt, que criticou o manifesto que os bispos entregaram ao Jango, contra a carestia, e ainda outra no Ivan Lins, sempre sem citar nomes, como de costume, pois gosto sempre de me manter no terreno das idéias e não das pessoas, a exemplo do que faz o papa, que nunca personaliza nada, nem mesmo alude a um sistema próprio e sim às idéias.

Lembro-me que a primeira crítica que li a essa atitude foi em Paris, em 1912/13, nos artigos da *Action Française* que o Eddy me levou para ler. Até o Léon Daudet[42] e o Maurras iam direto às pessoas e diziam que só assim podiam atingir as idéias. E diziam que era uma covardia ir só a estas, e que não indo às pessoas os ataques não surtiam efeito algum etc. É exatamente o método dos comunistas e revolucionários em geral. Como sempre, os extremos se tocam.

[...]

P.

Rio de Janeiro, 1º de agosto de 1962

[...]

No momento o que quero é falar de uma novidade. Parece que iremos... a Roma. Sim, senhora! Por pouco tempo, e... se o governo não cair, pois nada mais frágil do que a estabilidade deste governo, sujeito a desmoronar de um momento para outro. O caso é que o Afonsinho (ministro do Exterior) me convidou ontem para integrar, com ele próprio e o embaixador no Vaticano, a comissão de três que deve representar o Brasil na abertura do concílio, em 8 ou 10 de outubro. Diz ele que o núncio[43] é que fez o convite, avançando que deviam ser três representantes, nenhum fosse sacerdote, nem... mulher, e que gostaria que o próprio ministro fosse um deles. Quando pensaram no outro, pois o terceiro teria de ser naturalmente o próprio embaixador na Santa Sé, diz o Afonsinho que, ao mesmo tempo, o núncio e ele falaram no meu no-

42. Jornalista e ensaísta (1863-1924) e, com Charles Maurras, um dos dirigentes da Action Française.
43. Dom Armando Lombardi (1905-1964), núncio apostólico no Brasil a partir de 1954.

me, e o núncio comentou: "Será esplêndido", etc. O Afonsinho então levou o meu nome ao presidente da República, que também o aprovou acrescentando: "Vejam lá se podem dizer uma palavra ao papa sobre dom Jaime" (... !!! ...)

[...]

Quero ver no que dá. Vejo tudo tão frágil, da parte desse ministério arranjado às pressas, e com um caráter por vezes tão nitidamente esquerdista, que temo muito que uma reação do Parlamento (direitista) o derrube, pois... mas não entremos na política, senão...

[...]

P.

Petrópolis,
5 de agosto de 1962

[...]

Estamos iniciando uma semana decisiva em nossa vida nacional interna: a nova luta entre os dois poderes da República – o presidente e a Câmara. O presidente, pretendendo retomar os poderes de que foi destituído (com concordância dele próprio, aliás) na crise do ano passado, por meio de um pedido dos poderes especiais e antecipação do plebiscito. E a Câmara não querendo dar.

A razão teórica está com a Câmara, e mesmo praticamente seria muito melhor que tudo se fizesse sem interrupção do que ficou decidido no ano passado, mesmo em estado de crise. Mas (lá vem a obsessão de ver os dois lados dos problemas...) o fato é que, perante o povo, a Câmara está desmoralizada porque não tem feito nada. De modo que, se hoje houvesse um plebiscito, a maioria absoluta seria pela volta ao presidencialismo[44].

[...]

P.

44. No plebiscito, que seria realizado em 6 de janeiro de 1963, 9.457.448 eleitores preferiram o presidencialismo, contra 2.073.582 que se manifestaram favoráveis à manutenção do parlamentarismo.

Rio de Janeiro,
8 de agosto de 1962

[...]

A situação política se agravou ontem com a intempestiva declaração do ministro da Guerra, acompanhado pelos da Marinha e da Aeronáutica[45], a favor do plebiscito! Isto é, saindo do silêncio até agora seguido pelos militares, como deve ser, para fazer pressão sobre a Câmara, o que foi estúpido e contraproducente, estragando o trabalho dos conciliadores e reforçando o dos intransigentes. Eu mesmo já considero que, neste momento, toda a conciliação – se ainda é possível – torna-se quase impossível, pois será considerada como uma decisão feita sob pressão. Exatamente o que os três ministros militares tentaram fazer há um ano, "desaconselhando" a posse do Jango, e que concorreu para que a Câmara votasse a favor da posse. Renova-se agora a pressão e a Câmara deve resistir, sob pena de se desmoralizar. Se os militares derem o golpe, não atendendo ao voto da Câmara, cabe-lhes a responsabilidade de reinstalar a ditadura no Brasil, e portanto merecem toda nossa condenação. Da mesma maneira que condenei o golpe do Lott (apoiado pelo Sobral...) e a tentativa do golpe dos milicos, quando o Jânio renunciou, também condeno formalmente agora toda a pressão das Forças Armadas, direta ou indireta, e naturalmente – por maioria de razões – considero que o eventual golpe será um desastre.

[...]

P.

Rio de Janeiro,
9 de agosto de 1962

[...]

E com isso, naturalmente, a missão junto ao concílio fecha-se antes de se abrir. A menos que continuemos neste chove-não-molha e eu possa aceitar, sem desdouro, uma missão não-política de um governo legítimo. O engraçado é que um dos argumentos em que se baseia o primeiro-ministro[46] para pedir o "plebiscito já" e soprou ao Nelson de Mello (ministro da Guerra) as palavras desastradas de anteontem, esse argumento é que é preciso "legalizar" pelo voto do povo um regime que não é "legítimo"

45. Respectivamente general-de-exército Nelson de Mello (1899-1989), almirante-de-esquadra Pedro Paulo de Araújo Suzano (1903-1978) e major-brigadeiro Reynaldo Joaquim Ribeiro de Carvalho Filho (1903-1973).

46. Francisco de Paula Brochado da Rocha (1910-1962), jurista e político, empossado em 6 de julho de 1962.

porque não foi referendado pelo povo. Como se o fato de ter funcionado um ano, com anuência de parte a parte, não fosse o melhor dos referendos! Tudo sofisma!

[...]

P.

Rio de Janeiro, 10 de agosto de 1962

[...]

Que houve ontem? Certa distensão no clima político. O ministro da Guerra foi procurar o presidente da Câmara para "explicar" o sentido de suas palavras, reafirmando que nunca lhe passou pela idéia qualquer idéia de golpe. O primeiro-ministro adiou para terça-feira próxima a sua apresentação à Câmara. O líder do Partido Trabalhista[47] discursou reafirmando os propósitos "democráticos" do governo. Este desistiu de pedir *já* o plebiscito, encaminhando-o por lei ordinária (logo, *se* aprovado pelo Congresso) e para 1963.

[...]

P.

Petrópolis, 11 de agosto de 1962

[...]

Tive agora de manhã uma longa conversa com a irmã Emanuel[48] sobre o caso Merton, que eu temia. O que há é apenas uma recusa do superior-geral de autorizar a publicação do seu livro *sobre a paz*!!! *Peace in the post christian era*, que me mandou escrito à máquina, com a nota "*not to be published*".[49] Foi a conseqüência do ataque de um bispo americano, provavelmente dos "ottavianistas", como são 95% ou mesmo 100% dos bispos de lá, na linha reacionária do cardeal Spellman. Já em 1951, ao chegarmos lá, na primeira conversa (que durou dez horas!) com Maritain, este me disse: "Só se salva um bispo: o bispo Sheil"[50] e mencionou um outro, que não me lem-

---

47. Na Câmara, o presidente era Ranieri Mazzilli, e o líder do Partido Trabalhista Brasileiro, Almino Monteiro Álvares Affonso (1929).

48. Irmã Maria Emanuel (1912-2002), nascida Elsie de Sousa e Silva, beneditina do Mosteiro da Virgem de Petrópolis.

49. "A paz na era pós-cristã", tradução literal do título do livro de Merton; a nota diz: "Não é para ser publicado". Alceu, na sua versão em português – que, afinal, editaria, pela Vozes, em 1965 –, nomeou a obra *Ofensiva de paz*.

50. Bernard J. Sheil (1886-1969), arcebispo de Chicago, conhecido por sua luta em prol da justiça social.

bro. Sheil, pouco depois, foi boicotado pelos magnatas do dinheiro, em Chicago, e posto à margem. Esses magnatas é que sustentavam economicamente as obras sociais do bispo, entre estudantes e operários. Tudo faliu.

[...]

Um problema de ordem pública! Isto é, o ateísmo só é mau quando ligado ao comunismo... Logo, o que para elas interessa não é o ateísmo, e sim o comunismo. O ateísmo entra em ação para justificar a *guerra santa*. Acho tudo isso monstruoso, mas é o que vigora em 90% da nossa "população católica", especialmente feminina. Respeito aquelas que combatem todo ateísmo, pois os livros do Merton contra a guerra e a bomba atômica começam a despertar nos bispos belicistas a mesma repulsa. Consideram-no um "terceira coluna", como se dizia durante a guerra, um "pacifista", um "inocente útil" que enfraquece o esforço militar dos Estados Unidos contra a Rússia. É, em ponto grande, o mesmo que ocorre conosco. Pode o papa celebrar a paz em cada discurso. Os católicos, em sua imensa maioria, querem a guerra com a Rússia. Esta é a triste verdade. Estou mesmo convicto de que as *mães* brasileiras, as mais pacifistas mulheres do mundo, se forem perguntadas em um plebiscito se estão prontas a mandar seus filhos para a guerra contra a Rússia, dirão sim em 90% ou mais dos casos. Estão convictas, pela própria propaganda anticomunista dos padres, bispos e cardeais, que *só mesmo pela guerra, embora nuclear, é que se resolverá o problema*. E dirão que será um holocausto para a salvação da humanidade. De tal maneira confundem comunismo com ateísmo. Elas toleram e acham até muita graça no ateísmo capitalista. Seus maridos em sua maioria são ateus, teóricos ou práticos. Isso não as perturba, é problema de foro íntimo. Mas se o ateu, em vez de ser capitalista, como os maridos, é comunista, *só então é que o seu ateísmo começa a valer*, não mais como um problema de foro íntimo, mas como um problema em si. Mas aquelas que combatem o ateísmo apenas quando ligado ao comunismo mostram que se servem do ateísmo para justificar sua defesa da *dolce vita*, que será fatalmente perturbada pelas "reformas sociais". Já nem digo mesmo pela revolução.

E é por isso que cada vez me convenço mais de que todos os nossos esforços de *preservar a paz* serão vãos e de que realmente a revolução, ou antes as revoluções e as guerras virão. E que só depois de uma imensa sangria e de misérias sem fim para a humanidade, é que nova aurora vai raiar. Apenas, *não será a mesma coisa* em toda a terra. E continuo a crer que, entre nós, será muito mais suave. Continuo convicto da não-violência profunda do povo brasileiro. E que essas mães belicistas da alta burguesia, ou essas mulheres revolucionárias, da juventude ou do proletariado, serão a exceção. Queira Deus!

Bom, vamos ficar por aqui. Uma idéia durante a missa: *a singularidade substancial do cristianismo*. A desenvolver.

P.

Rio de Janeiro, 12 de agosto de 1962

[...].

Me sinto profundamente humilhado de ter escrito uma *Introdução à economia moderna*[51] sem saber nada de ciência econômica, que é hoje uma matéria tão difícil, como cálculo diferencial. Aliás, digo a você sem a menor sombra de falsa modéstia (isto já é um desmentido...): quando leio o que escrevem hoje os especialistas dos vários assuntos de que me tenho ocupado em meus livros, ao longo desses cansados... 40 ou 50 anos, sinto positivamente vergonha de mim mesmo e dou graças a Deus que a Agir[52] não continue a publicar minhas obras completas e tremo à idéia de que a Aguilar[53] vá reeditar coisas que ficariam muito melhor guardadas nas folhas – intocáveis quase – dos jornais velhos. Algum erudito então, daqui a 50 anos, revolvendo esses jornais, diria: "Ora esta, quem será esse Tristão?..." E se for um camarada com gosto de fazer revelações, dirá para leitores que nunca irão verificar a procedência do fato: "Houve, há 50 ou 100 anos, um sujeito que se meteu a escrever sobre tudo e não sabia nada..." Ou então, se for otimista, dirá o oposto: "Vocês não sabem o que descobri: um sujeito que sabia tudo", etc. A primeira hipótese é a mais verdadeira.

Pois esse sujeito hoje, quando lê os especialistas em religião, filosofia, sociologia, crítica, direito, etc., fica tão envergonhado de ter escrito sobre tudo isso apenas... intuitivamente, que – falando sério – só se consola quando pensa que a comédia está por acabar. Estou falando a você, não só com a franqueza de sempre, mas com absoluta objetividade. É o velho tema, mas sempre novo: estamos hoje na era dos estudos em profundidade, e limitados a um pequeno domínio. Eu venho de uma geração e de uma época (isto, para não parecer que estou querendo bater nos peitos etc.) em que a dominante era outra: sobretudo... hoje a crítica pertence aos filólogos e catadores de textos, que são capazes de conhecer a fundo todos os segredos da língua. E eu sou até hoje, por influência do Köpke, um tipo avesso à gramática, de tal modo que seria incapaz de ensinar português numa escola primária. É fato. E quem escrever minha biografia, se... não disser isto, estará embrulhando um tijolo em papel celofane...

Será que vou desperdiçar mais um dia como ontem? Não fiz nada à tarde. Nem ler... Ou apenas algumas páginas do tal dicionário de teologia sobre "concílio". Acontece isto: cada vez que pego um tema, fico logo com vontade de ir a fundo nele. E como neste não posso ir, fico então no estado de espírito acima exposto. Como

---

51. Ver *Esboço de uma introdução à economia moderna* (Rio de Janeiro: Centro Dom Vital, 1930) e *Introdução à economia moderna* (Rio de Janeiro: Civilização Brasileira, 2. ed., 1933).

52. Livraria Agir Editora, inaugurada no Rio de Janeiro em 1944, tendo AAL entre seus sócios-fundadores.

53. Editora José Aguilar, fundada pelo espanhol José Aguilar, no Rio de Janeiro, na década de 1950. De fato a Aguilar publicaria, em 1966, o volume *Estudos literários* (organização de Afrânio Coutinho). A editora foi vendida em 1975 para Carlos Lacerda – que dez anos antes havia fundado a Nova Fronteira –, adotando, a partir de então, o nome de Nova Aguilar.

posso falar de concílios, quando a matéria é imensa, complexa, dificílima, com questões teológicas de toda ordem, ou históricas, que ocupam especialistas a vida inteira? Tenho, mas naturalmente não consegui encontrar, uma *Histoire des conciles*[54], em dois grossíssimos volumes, mas... onde estão eles?

[...]

Se eu tivesse esperado e preparado tudo mais com o mesmo cuidado, não teria escrito nada... E o *outro* me pergunta lá dentro: "Quem perderia com isto?" "Ninguém e nada".

Mas para que tantos desvios em torno de um velho tema, que estamos cansados de discutir e mostra, por isso mesmo, que é uma das minhas obsessões íntimas. Para que esses 30 ou 40 volumes publicados? Para quê? Que restará de tudo isso? Nada. No fim desses 40 anos sou apenas um "inocente útil" para a maioria dos "católicos", repudiado pelo próprio bispo de sua diocese[55] e pelos seus amigos de ontem, e mais solitário do que nunca, pois os novos e os radicais também não... ia dizendo não me entendem, mas achei a frase tão pedante, tão irreal, tão *fishing*[56], que resolvi não escrevê-la, mas depois – como quero que você saiba tudo – comecei a explicar, e a emenda saiu pior do que o soneto, pois evidentemente o que o outro outro (há o outro pessimista e o outro otimista) quer é que realmente você pense: "Mas como papai é modesto", etc. e tal.

Começamos aquela conversa boba da rua Dona Mariana às 6 da manhã: "obrigado, de nada, obrigado pelo seu de nada, de nada pelo seu obrigado do meu de nada", etc.

Um "bicho" que ultimamente não tenho citado, mas que, antes de Proust, me encaminhou por esses caminhos secretos que a juventude arquidogmática de hoje desconhece e a que tem horror, é Amiel[57], ídolo da minha adolescência, e que há muito não releio, pois foi dos tais que em 1928 eu rejeitei com violência e hoje... que perigo, recomeço a olhar com saudade.

[...]

Alguns dirão: "O Alceu está de novo envenenado pelos fantasmas de sua adolescência!"

Frase perigosa.

E eu a interpreto, ao contrário, como uma nova abertura de espírito, depois do necessário fechamento de janelas, em 1928 e seguintes. Aquilo que o Fiori[58] viu talvez muito bem, com a sua alusão a uma "nova disponibilidade" em Porto Alegre, este ano, em março. Será por isso que o Sobral me acusa de contraditório? E que eu me sinta

---

54. "História dos concílios". Alceu refere-se, provavelmente, à obra de Karl Joseph Hefele (1809-1893) e Henri Leclerq (1869-1945) assim intitulada.

55. D. Jaime de Barros Câmara.

56. Do verbo inglês *to fish*, pescar; aqui se emprega no sentido figurado que designa usar de artifícios para "caçar elogios".

57. Henri Frédéric Amiel (1821-1881), escritor suíço de expressão francesa. Seus "estados de simpatia universal" não o impediam de praticar uma grave e sincera introspecção, principalmente no *Journal intime* (*Diário íntimo*), que manteve de 1847 até a sua morte.

58. Ernani Maria Fiori (1914-1985), literato, filósofo e professor em Porto Alegre.

hoje completamente dessintonizado com o grupo dos "vitalistas"? E tendo sempre o cuidado de cuidar do Jackson como homem, mas não como político, pois como político me sinto hoje no pólo oposto ao dele. Aliás, nunca me afinei com ele, embora logo depois de sua morte, por certa fidelidade póstuma, procurasse refletir certos gestos seus e atitudes que redundaram, por exemplo, na simpatia pelo integralismo, que seria o caminho do Jackson se vivesse, creio eu. Nisso acho que os integralistas têm razão.

[...]

P.

Rio de Janeiro,
19 de agosto de 1962

Acabo de falar, no telefone, com o Manuel Bandeira, que continua a ser um dos homens que eu mais admiro neste país, e de quem cada vez mais me aproximo, intelectual, espiritual e moralmente, embora o termo "espiritual" deva ser reservado para a nossa fé definida, que ele não partilha senão de modo indefinido: crença em Deus, devoções a Nossa Senhora e a certos santos, etc., e de quem vou ter um tremendo remorso, se lhe sobreviver, por nunca me ter aproximado. Como nunca me aproximei de escritor algum, e mesmo de amigo algum, como você sabe. Não irei fazê-lo agora, mas já sinto remorsos antecipados de nunca o ter feito. Telefonei para pedir-lhe que me emprestasse o *Macunaíma*, pois o meu exemplar sumiu. E tive com o Manuel daquelas conversas que eu gosto.

[...]

P.

Rio de Janeiro,
25 de agosto de 1962

[...]

Essa flutuação minha em relação aos outros (os amigos até os estranhos), que se tem acentuado recentemente, não será uma explicação para a minha caligrafia?!...

Sem acreditar muito em grafologia, é evidente que a letra é o homem... até certo ponto. O problema está nesse "ponto". Esta minha letra, cada vez mais incompreensível, aberta, irregular, saltitante, com letras engolidas (os "a" iguais aos "o"...) e tantas outras coisas, que *de longe enganam*, não será também um retrato fiel do sujeito que... de longe engana? Não será essa minha crescente aversão a visitas (fui obrigado, agora mesmo, a convidar o Garric[59] para jantar aqui no próximo sábado...), a conversas, academias, conselhos, congressos, congregações, mesas-redondas, etc. e tal, não será isso uma prova do meu medo de... *desapontar de perto*? Saiba você que essa é uma velha e profunda convicção que tenho.

Se não lhe falo mais sobre isso é para não parecer que estou *fishing* e portanto lhe proíbo de tocar no assunto para me contradizer. Para apoiar pode.

Creio mesmo que sempre senti isso desde menino. [...]

P.

Rio de Janeiro,
26 de agosto de 1962

[...]

O Jânio Quadros continua a se mostrar como um possível, se não provável, ganhador da corrida em São Paulo[60]. Os próprios jornais mais conservadores já começam a se ocupar com ele. Viram que a campanha do silêncio não adiantava. Voltam então à campanha da calúnia, como *O Cruzeiro*, do Chatô[61], por exemplo. E parece que, nas ruas de São Paulo, o aniversário da "renúncia" foi comemorado com faixas e dísticos de lado a lado. Tudo isso indica que ele está entrando na reta final com vantagem...

E confesso que, no fundo, é por ele que eu torço. Contra mim mesmo. O meu eu lá de cima, da região serena e sensata, me diz: é um doido e quem faz um cesto faz um cento, e tudo o que o Schmidt ou o Candido[62] me disseram de seu "alcoolismo" e até de sua "desonestidade" calou fundo em mim, junto à desconfiança definitiva de um homem temperamental e cujo olhar realmente não inspira confiança.

Mas existe o meu outro eu. Existe o meu eu povo, que se governa por intuitos, por simpatias e antipatias, por imponderáveis, e sente muito mais do que pensa. E esse meu eu inferior respeita o outro mas... vai pensando por si mesmo. E no caso...

---

59. Daniel Garric, correspondente do jornal francês *Le Figaro* no Brasil.

60. Refere-se à candidatura de Jânio Quadros ao governo de São Paulo. O político perderia a disputa para Adhemar de Barros.

61. Francisco de Assis Chateaubriand Bandeira de Melo (1892-1963), dono de uma rede de empresas de comunicação – os Diários Associados – que englobava quase cem veículos, entre jornais, revistas e emissoras de rádio e TV. Foi fundador, em 1947, do Museu de Arte de São Paulo (Masp). Três anos depois inauguraria o primeiro canal de televisão da América Latina, a TV Tupi Difusora.

62. Candido Antônio José Francisco Mendes de Almeida (1928), sociólogo e professor, foi chefe da Assessoria Técnica da Presidência da República em 1961, no governo de Jânio Quadros.

continua janista, por mais absurdo que seja, e torcendo, contra o outro, pela vitória desse doido. Veja como este seu equilibrado pai é tão desequilibrado, tão dividido como "todo homem do século XX", que hoje o eu lá de cima analisa com tanta frieza e tanto bom senso. Eta chô!

[...]

Carta maluca esta, como o Jânio. E como o admirador do Jânio e seu torcedor, *quand même*[63].

[...]

P.

Rio de Janeiro,
13 de setembro de 1962

A primeira parte do desfecho grevista, para a crise, completou-se ontem com a demissão do Conselho de Ministros, depois dos telegramas, nitidamente subversivos, de três comandantes de Região Militar, a partir do Rio Grande do Sul, respondidos à altura pelo (ex-)ministro da Guerra, marechal Nelson de Mello, e por um grupo de generais aqui do Rio, reunidos no Ministério da Guerra. Mas como hoje de madrugada o gabinete se demitiu e até o presente momento o governo está de fato numa situação esdrúxula – pois não há *legalmente* quem o substitua, a não ser que a Câmara vote, hoje mesmo, a emenda constitucional que autoriza o presidente da República a designar um gabinete provisório, – a não ser isto, estamos de fato em uma situação *de fato*. Será que isso é que visou à renúncia intempestiva do gabinete, antes de submeter-se a um voto da Câmara? Será que, de caso pensado, não foi tramada essa situação de fato, sabendo-se que a lei *não previra* essa hipótese (da renúncia do gabinete e portanto do abandono do poder antes de um voto da Câmara), a fim de permitir aos golpistas agirem com o pretexto de "estarmos sem governo legal"? São suposições que me repugna fazer mas são admissíveis, diante do prolongamento de uma posição de irredutibilidade de parte a parte, em torno da fixação da data do plebiscito. Ou seja: a Câmara quer deixar vaga a data, ou, na melhor das hipóteses, fixá-la para 15 de abril; e o governo e o Partido Trabalhista querem antecipá-la para 7 de outubro, concomitantemente com as eleições. É o momento, ou nunca, do jeitinho brasileiro entrar em ação, fixando o plebiscito para... janeiro, como já foi proposto. Mas a irredutibilidade de ambas as partes torna difícil a solução intermediária, que seria (ou será?) a melhor.

[...]

P.

---

63. "Até mesmo".

Rio de Janeiro, 15 de setembro de 1962

[...]

A Câmara votou ontem a realização do plebiscito a 6 de janeiro, objeto do Projeto Capanema, que há dias a própria Câmara, ou pelo menos a sua Comissão de Justiça ou os líderes dos partidos haviam rejeitado, e que foi de certo modo o motivo principal da saída do Brochado da Rocha e da queda do gabinete. Diante da ameaça de guerra civil ou de golpe, hoje de madrugada a Câmara cedeu. Não será tarde? Se o tivesse feito há dias (e você se recorda que em carta anterior eu te disse que esse era o caminho racional e brasileiro de um acordo), se o tivesse feito em tempo, teria possivelmente ou mesmo provavelmente evitado a queda do gabinete, e já agora esta greve geral de caráter nitidamente revolucionário. Não digo já comunista, mas revolucionário.

[...]

P.

Giulio Cesare, 25 de setembro de 1962

[...]

Voltemos a 1919... Com surpresa minha, pergunta-me o Renato Lopes, no meio da avenida Rio Branco: "Você quer fazer uma seção 'Bibliográfica' no nosso novo jornal, que se chamará *O Jornal*, só para moer o *Jornal do Commercio* e o Félix Pacheco[64]?" O Renato escrevia, nesse tempo, no *Jornal do Commercio* da tarde, onde eu publicara ao menos dois artigos, um chamado "O êxodo", pregando a volta à terra; e o outro, com não sei que título, propondo o "serviço civil obrigatório"; e mais um terceiro, agora me lembro, propondo que a polícia constituísse um ministério à parte, o Ministério da Segurança Nacional. Desses três me lembro. Creio não ter havido outros, a não ser no *Jornal do Commercio* da manhã, uns dois ou três.

[...]

Relutei, dizendo que não tinha prática de imprensa. E ele: "Quero fazer justamente um jornal *dos tímidos*, dos que não tenham sido ainda estragados pela rotina do jornalismo. Aceite e vá procurar o Arrojado Lisboa[65], que é um dos que estão organizando comigo o novo jornal".

64. José Félix Alves Pacheco (1879-1935), jornalista e político, eleito para a Academia Brasileira de Letras em 1912. Foi diretor-proprietário do *Jornal do Commercio*, de 1899 até a morte.

65. Miguel Arrojado Ribeiro Lisboa (1872-1932).

[...]

Subi a serra rejubilando-me e sentindo um novo caminho aberto, além do que Maria Thereza me abrira – o principal, e do outro que eu fora também forçado a abrir, embora a contragosto, o da Cometa, para "ganhar o pão de cada dia"...

Eram, pois, três caminhos inteiramente novos, em pouco mais de um ano, de 18 a 19, que iam mudar completamente os rumos de minha vida: o central, Mamãe, e os dois laterais, das letras e do pão... O Renato me aconselhou a começar logo e a ir mandando os artigos, para começarem a ser publicados assim que o jornal saísse.

[...]

Papai, porém, de novo se sentiu atraído pelo convite, embora por outro lado desapontado, pois pressentiu logo que na Cometa seria um fracasso, um "desajustado", como de fato fui. E também nas letras não o seria? Acho que em tudo, apesar das aparências de conformismo, um conformismo puramente exterior!

O fato é que fui procurar o A. Lisboa, que era um engenheiro barbadão, que fora diretor da Central e seria diretor das Obras contra as Secas, no tempo do Epitácio[66]. Nada tinha de homem de letras, mas de ciência prática, embora muito rigoroso nos seus métodos e foi quem fez questão do título de *Bibliografia* que a minha seção teve e manteve por muito tempo, apesar de lhe ter eu dado, logo de início, a feição de *crítica literária*, bem diversa do *registro bibliográfico* com que sonhava o velho Arrojado, que era homem de saber tudo e nunca dizia que *não tinha lido um livro*.

Quisera ter feito com ele a gracinha de perguntar se lera algum livro *inexistente*. Garanto que responderia de modo afirmativo...

Esses primeiros artigos... Ah, e o nome de Tristão? Você já sabe. Antes de tudo isso, eu escrevera um soneto para uma revista literária obscura da época (lembro que já te contei tudo isso, mas não importa, confronte os testemunhos) e apresentara esse soneto como sendo da autoria de *Vasco de Athayde*. Este nome fora escolhido apenas porque, no momento, a guerra nos tinha feito "cair em nós" e nos levado a exaltar também nossas origens portuguesas. (Com a guerra de 14 começa a decair a influência da França em nós.)

O soneto não foi publicado. Devia ser horroroso, mas eu andava de veia poética por causa de Mamãe, e do volumezinho *Regeneração* publicado *só para ela até hoje*.

O fato é que o meu pai achou melhor eu arranjar um pseudônimo, por causa da Cometa e da dificuldade que tivera de me encaixar lá. Antes ele procurara colocar-me na própria firma Amoroso Costa, mas os sócios portugas se opuseram. *Et pour cause...*[67]

Houve então o episódio do "seu" Otto, que você conhece. Mamãe passava à máquina meus artigos (como neste momento ainda o faz, 43 anos depois! *Deo gratias*!) e eu os copiava num copiador de cartas e os deixava em cima da minha mesa no escritório. "Seu" Otto abriu o envelope, viu o nome (agora Tristão de Athayde sem

66. Epitácio Lindolfo da Silva Pessoa (1865-1942), presidente da República de 1919 a 1922.

67. "E não sem motivo...". "Seu" Otto, a quem Alceu se refere a seguir, era o gerente da fábrica de tecidos Cometa.

saber do pirata das costas africanas com este nome) e nada comentou. Quando apareceu *O Jornal* ele comprou o primeiro número, como gostava de fazer e deparou-se com o nome "Tristão de Athayde". Dois dias depois me perguntou o que era aquilo, e eu tive de confessar! Era dele, principalmente, que papai queria esconder a minha *fraqueza* literária! Mas não houve jeito. Ele, porém, achou natural, pois percebeu logo minha absoluta inaptidão para as funções de "industrial". E me deixou em trabalhos de escritório e de *public relations* (como hoje se diria) e acima de tudo lidando com as questões de terras e águas que nos punham em choque com o Ministério da Guerra e com a fábrica de pólvora da Estrela, cujo diretor era o coronel Raimundo Borges, futuro sogro do Juracy.

E assim foi que nasceu o Tristão, logo antes de Maria Helena. Seria o primogênito. E nunca mais tive coragem de o deixar, por isso mesmo.

Ciao.

P.

Giulio Cesare, 1º de outubro de 1962

São 11 e 30 e o vapor joga bastante, apesar do dia lindo que está fazendo. Imagino você aqui, vendo o horizonte subir e baixar violentamente, em relação ao nível do vapor. Só agora me *dei cuenta* de que este papel é o que ontem nos deram, e está com o nome de Mamãe, e ela provavelmente ficou com a minha pasta.

[...]

E as memórias? Ia me esquecendo do prometido. Estamos entre 1919 e 1925, quando intensifiquei minha correspondência com o Jackson, a quem fora apresentado pelo Afrânio Peixoto, creio que em 1919 mesmo, pouco depois do nascimento do Tristão. O Jackson nesse tempo escrevia no *Notícia* e ao menos por três vezes – que eu saiba – contestou de público artigos meus: quando considerei o João Ribeiro[68] como nosso maior historiador e ele colocou nesse posto o Rocha Pombo[69], que estava ligado ao grupo do Tasso-Murici[70], pois era do Paraná, como eles, e fora simbolista, tendo até publicado um romance, *No hospício*, que felizmente não o levou até lá... A outra vez foi quando louvei muito uns versos do Ronald de Carvalho, já de tipo modernista

68. João Batista Ribeiro de Andrade Fernandes (1860-1934), jornalista e professor, eleito em 1898 para a Academia Brasileira de Letras.

69. José Francisco da Rocha Pombo (1857-1933), jornalista, professor, poeta e historiador. Eleito em 1933 para a Academia Brasileira de Letras, não chegou a tomar posse.

70. José Cândido de Andrade Murici (1895-1984), crítico literário, renomado historiador do simbolismo brasileiro, fazia parte, com Tasso da Silveira, do grupo da revista *Festa*.

(aliás, não me lembro se então sua contestação já foi por carta). E creio que não houve a terceira vez, a que acima me referi.

Dessa época me contou o Cláudio que, estando na Livraria Católica, o Jackson lhe perguntou, logo nos primeiros dias, a respeito de minha colaboração em *O Jornal*: "Quem é esse Tristão?" Eram os primórdios de uma aproximação que iria mudar a face da minha vida, e até hoje não cessou, embora cada vez eu me sinta mais longe das posições políticas do Jackson e mais próximo das posições "liberais" que eu mesmo tinha quando começou nossa correspondência. Esta começou por motivos políticos (ele autoritário, eu liberal) e não religiosos. Mas logo na segunda ou terceira carta, o duelo se fez no terreno exclusivamente religioso. Ainda hoje, quando me afasto constantemente das posições autoritárias e direitistas, penso nas cartas que o Jackson me escreveria, porventura mais violentas que as do Sobral, que sempre foi um democrata.

Entre 1919 e 1925, porém, o Jackson não representou papel algum em minha vida. Eu estava totalmente alheio a qualquer influência pessoal e só preocupado em escrever o meu artigo diário. É certo que foi o Jackson que me pediu para escrever a biografia de Afonso Arinos, para uma coleção que o Álvaro Pinto – fundador da casa editora Anuário do Brasil e da revista *Terra do Sol* – lançara. Escrevi e foi o meu primeiro livro, no próprio ano da Semana de Arte Moderna (1922).

[...]

P.

Paris,
11 de novembro de 1962

Poucas palavras, para um dia tão grande, dos mais eufóricos da minha geração e da minha época, pode-se dizer. Nunca mais o mundo, pelo menos o mundo livre, terá uma alegria tão grande como foi a do 11 de novembro de 1918[71]. Vamos agora mesmo assistir ao De Gaulle. Sua antipatia pessoal e seu bonapartismo atual não riscam do passado – e quem sabe do futuro – tudo que ele representou para este mundo livre. Vamos vê-lo passar em revista as tropas na Étoile[72]. Até quando se comemorarão com armas os grandes acontecimentos de paz!?

[...]

P.

71. Fim da Primeira Guerra Mundial, com a assinatura do armistício.

72. Praça em Paris onde se dão os desfiles e homenagens militares oficiais da França. Charles de Gaulle era presidente da República, eleito em 1958.

Paris,
21 de novembro de 1962

Retomo aqui o nosso velho papel de carta porque o fino acabou, e ontem comprei um bloco que pretende ser fino mas é pouco menos grosso que este, e tão pequeno (era para caber no bolso do sobretudo) que a única graça que tinha era ter sido comprado numa ruela (Saint Séverin), próximo à igreja de Saint Julien le Pauvre[73]. Aquele delicioso *vieux Paris*[74] que juntos palmilhamos em 1950, e hoje volto a percorrer, vadiando, mesmo com o frio e a neve de agora, com mais prazer do que percorrendo museus, que hoje em dia *m'assoment*[75].

De modo que, especialmente aqui em Paris, tenho ido a poucos e rapidamente, como você tem visto por estas cartas. Prefiro o ar livre, as ruas, o espetáculo da vida cotidiana, as multidões do metrô, em suma: a realidade. É ainda a maior das artes e, como leio cada vez menos e aqui escrevo também cada vez menos, o que interessa realmente é a realidade. E a realidade de cada dia, a cada momento. Não quero fazer filosofia fácil à custa dessa realidade cotidiana e, no fundo, o que há é simplesmente preguiça e velhice. *Voilà tout*[76]. A realidade afinal é o espetáculo e um espetáculo gratuito, mais divertido mesmo do que a maioria dessas peças de teatro, mesmo quando *rafinées*[77] de espírito, como as de Marcel Achard[78] que fomos ver ontem e anteontem. Espetáculo divertido, fino, malicioso, sutil, engraçado, mas sai-se de lá com a impressão de ter perdido a noite. É um *champagne* de boa marca, mas apenas uma bebida. Poderíamos mesmo dividir as peças que temos visto em comidas e bebidas.

[...]

P.

Paris,
3 de dezembro de 1962

O tempo continua implacavelmente bonito, só pra machucar... Dias daquele azul romano, ainda mais acinzentado, e de um sol tão grande que até parece de brinque-

73. Situada no bairro parisiense conhecido como Quartier Latin.
74. A "Paris antiga".
75. "Me enfadam".
76. "Assim é".
77. "Requintadas".
78. Dramaturgo francês (1899-1974), escreveu também roteiros e diálogos para filmes. Em 1959, foi eleito membro da Academie Française.

do e basta para dar a tudo um ar festivo, mas também melancólico, de chegada. Mas de fato é de partida, e provavelmente para sempre, por mais que tudo seja possível. Bem sei. Sei também que, apenas partido o trem, o sentimento que vai dominar é o outro – é o da alegria da volta, da volta sobretudo a vocês, que tudo sobreleva e compensa. Pois uma hora a mais de Paris, fora dos planos, já seria o oposto desta nostalgia mansa da despedida. Seria uma prisão, sem sentido.

[...]

P.

Cannes,
7 de dezembro de 1962

[...]

Cá estou eu escrevendo, até mesmo sem pauta, como nos tempos idos de infância, da passagem de uma fase a outra: escrever sem pauta ou com pauta. Para mim hoje em dia dá na mesma: é sempre aquela bagunça que só você mesmo decifra e é um pouco a imagem de minha alma: de longe, aparentemente tão igual; de perto, tão cortada de constantes intercessões e contradições, pois sou um sujeito de monólogo exterior (não gosto de conversar) e de diálogo interior. Tenho horror aos homens monologados e fanáticos, que só acreditam em si mesmos ou naquilo que adotaram como posição, interesse ou filosofia de vida: os dogmaticistas, os unilateralistas, os polemistas, os fariseus, os fanáticos em suma!

Mas esta não será a hora de fazer filosofia da personalidade, e sim de dizer adeus ao Velho Mundo, na pessoa desta *midinette* da Côte d'Azur[79], tão graciosa como as autênticas que deram fama mundial ao nome, isto é, as costureirinhas que saem ou saíam ao meio-dia dos *ateliers* de costura parisienses, para almoçar ou encontrar os namorados.

Cannes é uma espécie de *midinette* parisiense. Antes do meio-dia está deserta, ao menos nesta fase de *morte saison*[80]. Ao meio-dia então se encontram na Croisette, a avenida beira-mar daqui, velhotes e velhotas em quantidade...

[...]

P.

79. Parte do litoral mediterrâneo francês que vai de Cassis até Menton, na divisa com a Itália.

80. "Estação morta", ou período de redução de atividade.

Petrópolis,
23 de dezembro de 1962

[...]

Hoje leio as palavras do nosso João XXIII sobre o Natal, declarando mais uma vez que o signo do seu pontificado, "até o fim", será o da paz. Vem apenas em resumo nos jornais, mostrando que a saúde e as forças são cada vez mais precárias, e o retrato que o *Diário de Notícias* estampa é impressionante, de abatimento brusco, completamente diverso do papa que deixamos em Roma, em outubro. Que tristeza! E que lição para nós que depositamos nele tanta esperança, depois de o considerarmos, a princípio, como uma... saída para o impasse da eleição. Revelou-se nestes quatro anos um homem *providencial*, para a Igreja e para o mundo, correspondendo de tal maneira a tudo que alguns de nós do fundo do coração desejávamos e do fundo da inteligência pensávamos, que agora Deus nos vem dizer: "Mais uma vez preciso lembrar a vocês, meus filhos desmemoriados, que nunca devem colocar em pessoa alguma suas esperanças". Precisamos portanto estar preparados, se formos embora depois dele, para mais um conclave, depois de um concílio ou no meio dele. E desde já implorar ao Espírito Santo que lhe dê um substituto na mesma linha, essa linha da mansuetude, da paz, da união, do verdadeiro espírito pontifício – construtor de pontes – que é a obsessão de certos sujeitos já meio birutas como eu que chegam ao fim da vida só vendo uma solução para o mundo: aquela que São João Evangelista não cessava de murmurar, de modo monótono e invariável: "Filhinhos, amai-vos uns aos outros".

[...]

P.

1963

Petrópolis,
13 de janeiro de 1963

[...]

E foram mais de *10 milhões* de "não", contra *1 milhão* de "sim", até agora, um resultado absolutamente inequívoco em favor da volta do presidencialismo (maiores poderes do presidente e menores do Parlamento), indicando que a maioria absoluta do povo é contrária ao Congresso, por ser este palpavelmente inimigo de qualquer reforma de base, contra os intrusos plutocráticos, etc. Aliás esses meios plutocráticos – do dinheiro – estão encantados com a eleição do Adhemar[1].

[...]

P.

Petrópolis,
15 de janeiro de 1963

[...]

Ontem aproveitei para duas croniquetas, uma sobre o resultado do plebiscito, que talvez permita podermos passar de novo de regime a regime (agora, de volta do parlamentarismo ao presidencialismo) sem agitação. Mas o importante não é o regime. É o que os homens farão dessa volta. O balanço do parlamentarismo não foi bom, sem dúvida: choque do Jânio com o Congresso; renúncia do dito; ameaça de golpe para não se dar posse ao Jango; e, afinal, governo deste por um ano com um jorro inflacionário de tal ordem que a vida está hoje pela hora da morte, e com isso as ameaças de graves perturbações sociais extremistas estão em pauta.

[...]

P.

1. Adhemar de Barros governou o estado de São Paulo de 31 de janeiro de 1963 a 5 de junho de 1966, quando foi cassado por conta de suas críticas ao governo federal – chegara a exigir publicamente a renúncia do presidente Humberto de Alencar Castello Branco (1897-1967). Com os direitos políticos suspensos, Adhemar deixou o país.

Petrópolis, 17 de janeiro de 1963

A conversa do dia é o aumento de preços. Até que ponto subirá essa espiral? Até que ponto a estabilidade do governo resistirá a essa crescente insatisfação de todo mundo, que só favorece aos proclamadores de métodos violentos de transformação social, como ainda ontem fez o Fidel Castro? Em compensação, Kruschev continua a pregar a coexistência pacífica e os métodos pacíficos de contato com as "nações capitalistas" etc.

A idéia de "guerra e paz" domina o mundo, tanto no plano nacional como internacional. E, no nosso caso, o plano nacional prevalece, dada a presença do clamor geral contra os preços, sem que entretanto os dois planos possam dissociar-se.

Ainda agora tomei gasolina pelo novo preço: 72 cruzeiros, o que ontem à noite ainda me teria custado 31! E como o custo do transporte afeta todas as mercadorias, tudo vai encarecer proporcionalmente. Só temo que as estruturas não agüentem, como quem engorda demais está arriscado a arrebentar as costuras da roupa anterior, feita na base de medidas antigas. Ora, a inflação significa inchação!

[...]

P.

Petrópolis, 3 de fevereiro de 1963

[...]

Bem sei que é muito mais difícil ignorar o que se diz quando se vive ao lado de uma pessoa do que ignorar o que uma pessoa escreve quando se tem apenas encontros acidentais com ela. Mas o processo em si tem de ser este: deixar falar, deixar escrever, deixar sobretudo desabafar, como é o caso com os psicopatas de que esta pessoa é um exemplo perfeito. Os doidos são pessoas que possuem um câncer espiritual, ou antes, psíquico. Assim como o câncer é uma célula biológica que enlouquece, a loucura é um câncer cerebral e psíquico. Em ambos os casos, dá-se um processo de aceleração e de reprodução mórbida do processo. No câncer é o caso da multiplicação violenta das células que vão corroendo os tecidos sadios. Na loucura é uma aceleração violenta de estados de alma, de idéias, de sentimentos, de desejos, que vão corroendo também os estados de alma normais. A loucura é portanto uma cancerização psíquica. E há inúmeros graus de loucura, como há graus de tumores malignos. Não há *uma* loucura, como não há *um* câncer. Há uma hierarquia de estados de insanidade, como há uma hierarquia de estados cancerígenos. Umas são curáveis, outras, incuráveis. Mas nos dois casos há aceleração e multiplicação de células ou de estados normais. É uma hipertrofia de vitalidade que, como toda hipertrofia, acaba matando a vida normal. Mais um caso em que os extremos são o mal e a proporção [...] é que representa o bem. O louco vive em estado de aceleração contínua: pensa demais, sente demais, fala demais, vive em estado de superdinamismo, e com isso em estado de constante insatisfação, ou então em tal aceleração que atinge paradoxalmente a imobilidade. É o caso da catatonia, isto é, da imobilidade absoluta dos músculos ou do espírito, provocada por um excesso de movimento. Como é o caso da matéria, que é a energia em grau máximo, dando-nos a ilusão de imobilidade, como a terra que se move aceleradamente e no entanto não é capaz de mover normalmente a superfície de um copo d'água.

[...]

P.

Petrópolis,
5 de fevereiro de 1963

[...]

Não hesitarão em dizer que sou, como dizem os franceses, um *lâche*.[2]

Já deixei o Jackson. Hoje deixo Maritain.

Não é exato. Nem deixei o Jackson, nem hoje deixo Maritain, de quem ontem recebi uma carta de boas-festas. Acontece apenas que não vejo incompatibilidade alguma em ser discípulo sem ser uma cópia de papel-carbono. Sinto-me tão ligado a Jackson como a Maritain, hoje como ontem. Mas nunca me senti xifópago de qualquer dos dois, e antes sempre procurei segui-los em tudo aquilo que, previamente, havia sentido em mim mesmo como caminho da verdade. Só quisera anular-me no Cristo, isto sim, mas Ele próprio não quer isto. Quer é que cada um de nós o imite, não no sentido de reproduzir tudo que Ele faz, mas de agir ou procurar fazer como Ele faz, mas dentro de uma natureza que podemos aperfeiçoar. A minha mania da lei da perfectibilidade, como fundamental no universo, encontra um eco profundo no evolucionismo espiritualista de Teilhard de Chardin[3] e é mais um elo entre nós...

[...]

P.

2. "Covarde".

3. Pierre Teilhard de Chardin (1881-1955), jesuíta francês, paleontólogo e geólogo. Cunhou uma teoria polêmica – a evolução biológica seria continuada por uma evolução cósmica. Seus escritos, censurados pela Igreja, só foram publicados postumamente – entre eles, *Le milieu divin* (O meio divino) e *L'énergie humaine* (A energia humana), aos quais Alceu se referirá nestas cartas. Em 1962, o Santo Ofício, presidido pelo cardeal Ottaviani, lançou uma advertência pública contra suas idéias. Ver também a carta de 18 de fevereiro de 1964, nota 73, p. 330.

Rio de Janeiro, 8 de fevereiro de 1963

[...]

Enquanto recebíamos *por sessão*, havia o cuidado de fazer 12 sessões por semana, para inteirar os 60 pacotes, mas agora que os 60 passaram a constar do orçamento, bastaram 11 sessões para dar conta da matéria... Como te disse, tenho a impressão de estar recebendo os "atrasados" de 25 anos, pois até acabar o Conselho Nacional[4], o máximo que recebíamos eram 100 cruzeiros por sessão. Depois que passou a Federal é que abriram os bolsos... Você multiplique isso por todas as repartições públicas e está explicado o caos financeiro e a circulação de 800 bilhões de cruzeiros que há dez anos era de 100 bilhões, se tanto. Imagine que só no mês de dezembro foram emitidos 80 bilhões! E depois alguém se surpreende da alta vertiginosa de tudo e do *desaparecimento nada misterioso* das mercadorias, quando se fala em tabelar ou limitar os preços.

[...]

P.

Petrópolis, 15 de fevereiro de 1963

[...]

O *auto* é uma forma espanhola de teatro, que apresenta, creio eu, duas características que o distinguem dos demais gêneros dramáticos: tragédia, comédia, etc. O auto é por natureza *religioso e popular* no seu tema e no modo de ser tratado. Tem uma finalidade didática, portanto, e não apenas recreativa ou expressiva. Visa a ensinar alguma coisa. E ensinar elevando moralmente. E por meio de uma moralidade de tipo religioso. E uma religiosidade católica. Por isso mesmo é típico do *siglo de oro*[5] espanhol, quando toda a vida nacional e portanto as artes e as letras estavam impregnadas do primado da Igreja Católica e da mensagem que ela transmitia. O auto portanto é a utilização do teatro para fins apologéticos. Nisso se diferenciam os moralistas católicos da Idade Média ou do Renascimento dos primeiros moralistas e padres da Igreja, que condenavam radicalmente o teatro por ser um instrumento do demônio,

4. Desde 1935 Alceu era membro do Conselho Nacional (depois Federal) de Educação.

5. "Século de ouro", período de intenso desenvolvimento das artes e letras espanholas, entre a segunda metade do século XVI e a primeira do século XVII; os autos de Pedro Calderón de la Barca y Henao (1600-1681) são paradigmáticos do gênero.

para continuação do paganismo. O auto é a ressurreição do teatro, não mais condenado pelos teólogos mas aproveitado por eles como instrumento catequético.

[...]

P.

Salvador,
22 de fevereiro de 1963

Vou ver se termino o segundo Teilhard que trouxe. O outro – *Milieu divin* – já acabei e agora estou também acabando um já começado em Petrópolis, *L'énergie humaine*. Essa leitura tem naturalmente ajeitado minhas posições, confirmando umas, sugerindo outras e contradizendo algumas, o que exige uma readaptação de certos pontos, sempre penosa. Tanto mais quanto todos, embora exprimindo mais sistematicamente o que penso e digo há muito, em certos pontos não me agradam, e em outros vêm colocar-me ainda mais em oposição à posição do Corção, isto é, a do mais rigoroso e fechado tomismo. Essa desarrumação intelectual e rearrumação a que me está obrigando a leitura completa de Teilhard é parecida com o estado atual desta sala em que estou escrevendo, ao mesmo tempo de jantar, de visitas e escritório. [...]

P.

Salvador,
25 de fevereiro de 1963

[...]

À noite realizamos o sonho de meio século, até ontem alimentado em vão por Mamãe: ver os "cordões" e préstitos carnavalescos. O Jorge Amado me arranjara um convite para o palanque oficial na praça da Sé, diante do estrado onde os clubes e cordões vêm fazer suas exibições para o júri. Chegamos já tarde, de modo que só vimos o fim, mas onde desfilaram uns seis ou oito ranchos. E foi delicioso, sobretudo um "afoxé" (é um grupo de candomblé chamado Filhos de Oban (?), que quer dizer São Jerônimo[6] na religião africana deles, toda penetrada de sincretismo católico). Um menino carregava a imagem de um pastor, com um cajado escuro numa das mãos e uma pedra na outra, que dizem ser São Jerônimo, e tinha vários símbolos religiosos e outros de aculturação negra, com um estandarte, com a figura e um dístico do "pai João".

6. Alceu provavelmente se refere ao afoxé Filhos de Obá. O autor diz que Obá significa São Jerônimo (320-420) por este ser um dos santos cristãos associados sincreticamente a Xangô – conhecido como "Obá [rei] de Oió".

[...]

Ele aliás entende de cultos afro-brasileiros a fundo, como é corrente aqui, entre os intelectuais da esquerda ou meia-esquerda, e me disse que há na universidade um professor da Nigéria que ensina línguas africanas. Ficamos ali no palanque, com cicerone, por umas duas horas, e foi realmente esplêndido, sentados, com a "viração" soprando. O Mario Cravo[7] chegou, figura estranha de guerreiro gaulês, rude mas muito atraente e me intimou a voltar ao *atelier*, onde quer me dar "uma lembrancinha". Eta chô! Estava também o simpático Carybé[8] e o Jorge Amado saíra pouco antes. O meu cicerone (cujo nome não sei) me intimou a voltarmos amanhã à tarde, para vermos os numerosos grupos que não tínhamos visto. Você teria "adorado" o espetáculo, que *nada tem de imoral.* Nada mesmo. Qualquer revista grã-fina que anda nas casas de família é mil vezes mais indecente do que esses grupos realmente populares. Não é demagogia. É fato. O único carro alegórico onde havia umas dançarinas egípcias, *meio* pouco vestidas, mas ainda muito mais vestidas do que em qualquer praia da alta sociedade, foi um clube "Cruz da Vitória" (antigo "Cruz Vermelha"!) e que pertence à "classe média", me disse o meu vizinho cicerone e onde "não deixam entrar preto". Disse-me ele que as mulatas daqui são as mais discriminadoras de raça. E acrescentou: "Dizia-me ontem uma mulata: 'esta Bahia está cheia de negros' ".

Foi um espetáculo de beleza, de cor, sobretudo de movimento, formidável. Num dos cordões – "Os Mercadores de Bagdá" – pois a atração do Oriente é sempre fundamental nessas alegorias populares, havia uns "passistas" que deram um *show* de capoeiragem formidável. Rapidíssimo mas eletrizante.

Foi positivamente uma noite cheia e na qual senti de perto aquela impressão de *gravidade* que Mário de Andrade notou no carnaval carioca e de alegria espontânea e dinamismo de movimentação que nunca tinha visto tão solto. É a dança na sua feição mais primitiva e por isso mesmo mais perto da sua tendência religiosa, de oferenda, de sacrifício ao deus desconhecido... E repito, sem nenhum caráter imoral. Estritamente estético, espetacular e esportivo. Uma formidável libertação de energia recalcada e de muitas frustrações que escapam da vida cotidiana, em que se come mal, se trabalha longe de casa, se mora mal e se vive uma vidinha primitiva e difícil, como a que vi de perto e *cheirei* na favela à beira-mar. O mar, ali perto, é uma janela para o ar puro e o cheiro de maresia compensa os outros odores.

No carnaval tudo o que não tiveram durante o ano se liberta em movimento, em canto, em dança, em ritmo, em cores, em brocados, turbantes, cocares, fantasias as mais fantásticas, numa orgia de cores e formas fora do comum, que são realmente uma festa para os olhos e uma libertação. Na praça, depois do nosso palanque e do estrado dos cordões, ficou o povo pulando, pulando, pulando, que é o verbo carnavalesco daqui, por excelência. Creio que no Rio não será tanto. Aqui carnaval é,

7. Mario Cravo Junior (1923), escultor, gravador e desenhista.

8. Hector Julio Páride Bernabó, dito Carybé (1911-1997), pintor argentino naturalizado brasileiro, radicado em Salvador a partir de 1950.

acima de tudo, libertação pelo movimento. Um *dinamismo* de três dias para compensar o *apatismo* de 362...

Ciao.

P.

Petrópolis,
9 de março de 1963

[...]

A aliança Adhemar-Lacerda, candidatos da pecúnia e da extrema direita para o futuro quadriênio, está assegurada. E eu, naturalmente, do lado oposto! Esse lado ainda está obscuro, mas já se fala muito no Magalhães Pinto[9], governador de Minas – que, sendo udenista, é da esquerda udenista, com apoio das forças do Jânio – (que ainda é um trunfo, não como candidato próprio, mas como indicador de candidatos) e possivelmente com um vice do tipo Miguel Arraes[10].

[...]

P.

Petrópolis,
15 de março de 1963

[...]

Tenho horror de ser avarento, direta ou indiretamente, e só gosto de ter dinheiro para gastar, para dar, para fazer... meus negócios (no dia em que eu comprei dólares a 832 cruzeiros o bicho começou a descer e está a 650 cruzeiros...). Como não comprei senão pensando em gastá-los em Roma, não me importa, senão que podia ter obtido um pouco mais para pagar a pensão romana...

[...]

P.

9. José Magalhães Pinto (1909-1996), político, banqueiro e professor, foi governador de Minas Gerais entre 1961 e 1967.

10. Miguel Arraes de Alencar (1916). Eleito para o governo de Pernambuco em 1962, assumira no dia 31 de janeiro de 1963 e seria deposto pela ditadura militar em abril de 1964. Ficou preso até 1965, quando obteve um habeas-corpus e pediu asilo político à Argélia.

Petrópolis,
18 de março de 1963

[...]

Moralidade – quem não tem a casa em ordem não pode ser independente. A liberdade é fruto da honestidade. E quem vive desperdiçando o que tem paga caro a sua leviandade.

Tudo isso é o tumulto lá de fora. Daí sentir eu até remorsos desta manhã tão bonita, tão calma, tão silenciosa (nem mesmo nos vizinhos há conversas) e agradecer a Deus por ter-me permitido falar um pouco d'Ele com você e portanto comigo mesmo. Ou vice-versa, pois quando falo comigo você me ouve e quando falo com você ouço-me a mim mesmo...

[...]

P.

Petrópolis,
25 de março de 1963

[...]

A paixão pela liberdade, esta sim, é a minha grande paixão interior que só tem crescido com os anos. E acredito que seja *o clima* da minha velhice. Todas as minhas alergias de hoje, em face de pessoas, de idéias, estão na proporção indireta de sua negação da liberdade. Se hoje tenho mais reservas do que há dez anos em relação aos Estados Unidos é que vejo neles a intolerância crescendo e a liberdade ser apenas um nome ou um artigo de cartaz e reclame. A minha idiossincrasia atual pelo Corção ou pelo Carlos Lacerda ou pelo Schmidt, etc., etc., está toda contida nessa paixão da liberdade que vejo em todos eles ceder ao *medo da liberdade* e ao culto da autoridade, desde que essa autoridade seja para... combater o comunismo, por exemplo. Que eles o rejeitem, com razão, por ser contra a liberdade, mas que entendam que para combatê-lo vale tudo, inclusive acabar com a liberdade, isto não! Ah, os velhos tempos em que o Corção era partidário, como todos nós, da liberdade do Partido Comunista, por motivos democráticos! Democracia que dá liberdade para a organização, como na França ou na Itália, de todo partido político, menos os antidemocráticos.

[...]

P.

Petrópolis, 30 de março de 1963

[...]

No Rio, o dia de ontem foi violento. O clima do Lacerda vai levando o Brasil à guerra civil latente. Ele proibiu o tal congresso pró-Cuba[11] que se está realizando em Niterói. Contava que o governo federal reagisse e ele então marcaria mais um ponto à direita nas suas pretensões nacionais e internacionais. Mas o governo federal até gostou que fosse ele a proibir o congresso, dando assim uma satisfação aos americanos. Acontece porém que isso decepcionou o Lacerda, ou abriu-lhe a vontade de ultrapassar os limites, e fechou a UNE[12], e ocupou prédios federais, e impediu que pessoas com passaportes visados para o congresso pró-Cuba desembarcassem no Rio.

Ora, isso permitiu ao governo federal ocupar com tropas do Exército prédios federais e pontos de desembarque aéreos e marítimos, como fez ontem, esboçando uma possível *intervenção* que *não* creio que ocorra, mas que, de qualquer modo, mostra como esse Lacerda está fazendo tudo para ser deposto ou provocar uma intervenção, de modo a poder voltar ao seu clima de agitador profissional, preparando então sua candidatura presidencial sem os encargos de governador de estado. Ele, Lacerda, tem sempre saído violentamente de todos os cargos, por renúncia ou revolução. Já está cansado de ser governador e está então fazendo o possível *para ser vítima.*

E já se sabe que o Adauto[13], cada vez mais reacionário, lhe deu ontem plena cobertura na Câmara, enfrentando o Brizola, que no caso é quem está com a razão, por pior que seja. [...]

P.

Petrópolis, 31 de março de 1963

[...]

Ontem rabisquei uma croniqueta sem importância, chamada *Estado de guerra*, em que falo do espetáculo deprimente de nossas brigas políticas, especialmente as do Lacerda, enquanto deveríamos cerrar fileiras em torno da guerra... à inflação.

Nessa, como em todas as minhas recentes posições políticas, coloco-me a favor

---

11. A Frente Parlamentar Nacionalista (FPN) patrocinou oficialmente o Congresso Continental de Solidariedade a Cuba. Designou 41 deputados federais, de todos os partidos, para irem ao Rio e instalarem o evento no Palácio Tiradentes. Quando os membros da delegação cubana – o poeta Nicolás Guillén, Joel Domenech Benítez, vice-presidente do Conselho de Ministros, e os capitães do Exército Revolucionário José Rebellon e Jorge Resquet – estavam vindo para o Brasil, Carlos Lacerda afirmou que proibiria a entrada no Palácio de pessoas sem imunidade parlamentar.

12. União Nacional dos Estudantes, cuja sede era no Rio de Janeiro.

13. Deputado Adauto Lúcio Cardoso , na época líder da UDN na Câmara.

do atual governo, e portanto contra a oposição, de que o Lacerda e seus cupinchas representam a negação. E com eles todos os meus "companheiros de diretoria". Li mesmo que o Hamilton é vice-presidente do grupo direitista da Câmara, chamado "Ação Democrática Parlamentar". Leio também que no PDC[14] há uma luta entre o PDC carioca (tendência conservadora) e o PDC nacional (Montoro[15], etc.), de tendência meio esquerda, que é a que me parece justa.

No meio de todo esse xingamento recíproco e posições extremadas, o Jango declarou ontem solenemente em Brasília que é antiextremista, "anti" *ambos*... os extremos. Tudo o que ele disse poderia ser subscrito por mim. Logo, não posso ser oposição a um governo que sustenta *idéias iguais às minhas*. Se as *intenções* são outras, isso só a visão divina pode penetrar.

[...]

P.

Rio de Janeiro,
2 de abril de 1963

[...]

Há na Guanabara um clima irrespirável provocado pelo Lacerda, que está fazendo de tudo para que o governo federal intervenha, de modo que ele encontre um jeito de sair como vítima. Se o governo federal fizer isso, terá dado a mais errada cartada de sua vida, pois o Corvo[16] não quer outra coisa senão isso. Como o mesmo querem as "classes conservadoras" de Pernambuco, contra o Miguel Arraes. Oposição lá, governo estadual aqui, estão fazendo o possível para que o problema brasileiro passe para a área militar, esperando eles dar um golpe direitista, como o da Argentina e, de ontem, na Guatemala. Se o anticomunismo já era uma boa bandeira política, agora se torna ainda mais rentável, com os Estados Unidos só abrindo a bolsa a quem se alinhar com eles na guerra fria contra Cuba.

[...]

P.

---

14. Partido Democrata Cristão, fundado em 1945.

15. André Franco Montoro (1916-1999), professor e político, na ocasião deputado federal e presidente nacional do Partido Democrata Cristão.

16. Apelido dado a Carlos Lacerda por seus adversários.

Petrópolis, 10 de abril de 1963

[...]

O papa assinou ontem em público (pela quarta vez, pois todas as encíclicas são sempre assinadas no seu gabinete privado, o que mostra mais uma vez como o nosso João não se prende a rotinas e protocolos e gosta sempre de falar claro e em contato com o povo) a nova encíclica *Pacem in terris*, que se anuncia como tão importante, ou mais, quanto a *Mater et magistra*[17]. Estou ansioso por lê-la, mas os jornais só publicarão resumos insuficientes e teremos de esperar até a chegada dos jornais europeus que, estes sim, informam, e na íntegra. Quando se espera do papa alguma coisa de forte e particularmente quando se deseja que ele confirme uma posição que julgamos ser a nossa – mas afinal pode não ser – a expectativa ainda é mais angustiosa. Quando eu digo "pode não ser" refiro-me sempre à necessidade que tem o papa de atender a todos os pontos de vista realmente livres dentro da unicidade substancial da doutrina da Igreja. Esta necessidade é que deixa sempre a gente em suspenso, temendo ter apenas... tirado a sardinha com a mão do... papa. Isto é, atribuído a ele ou à Igreja o que afinal pode não passar de uma opinião pessoal, tão legítima quanto outra qualquer. E sabemos que os mais íntimos do papa, certos cardeais da Cúria Romana, a começar por seu amigo Ottaviani, estão em posição completamente oposta da que julgo ser a verdadeira.

[...]

P.

Petrópolis, 11 de abril de 1963

[...]

Parece que, em toda a encíclica, não aparece uma só vez a palavra *comunismo*. É um fato da mais alta significação.

[...]

Falou muitas vezes na fome e nem uma vez em comunismo, o que mostra claramente sua posição. É a fome, em sentido genérico, que provoca o comunismo, e não

17. *Mater et magistra* (*Mãe e mestra*, 1961) e *Pacem in terris* (*Paz na terra*, 1963) são cartas circulares de João XXIII. Em maio de 1963, a editora José Olympio, do Rio de Janeiro, publicaria ambas no volume *As encíclicas sociais de João XXIII* – sendo a segunda introduzida por texto de Alceu.

este que gera aquela. Logo, é mais premente para a paz do mundo curar as causas do comunismo do que clamar contra este, como fazem os Lacerdas de todos os matizes e os cardeais reacionários.

Está se vendo pois que o nosso João mais uma vez confirmou e excedeu todas as nossas mais caras esperanças e representa realmente a voz de Cristo, neste mundo tão esquecido d'Ele.

[...]

P.

Rio de Janeiro,
20 de abril de 1963

[...]

Quanto à situação política, continua tensa, mas não creio que seja para arrebentar. Mais uma vez, creio eu, passamos pelo gargalo da garrafa sem quebrá-la.

[...]

P.

Rio de Janeiro,
23 de abril de 1963

[...]

Telefonema anual da Escola Superior de Guerra. Digo anual porque uma vez por ano lá chega este convite que não posso recusar e representa a conferência mais *pesada* do ano. Pesada porque se desenvolve em duas partes: a primeira é uma aula, dos 50 minutos habituais. A segunda é outra hora, depois de um intervalo de *questions*[18]. Ora, eu considero esse sistema de *questions* a pior das invenções americanas... para os conferencistas. Os franceses, que foram, creio eu, os inventores do gênero "conferência" nunca se lembraram de submeter o conferencista a essa tremenda provação: depois de uma hora de conferência, outra de sabatina. É como se se impusesse aos jogadores de futebol que repetissem o jogo depois de uma partida, submetendo-se a testes da assistência! O sujeito está cansado [...] e doido por se ver livre da massada e

18. "Questões".

logo então começa o exame livre que *dá muito mais trabalho* do que a própria conferência, pois o conferencista tem de responder a toda espécie de perguntas, sobre assuntos os mais variados, por vezes sem qualquer relação com o tema e feitas por uma assistência *de alto gabarito intelectual* e muito heterogênea. E no entanto não se pode recusar. Preferiria muito que se começasse pelo fim... ou que se reduzisse a aula a um debate livre em torno do tema proposto, que é sempre aliás muito vago e vasto. Desta vez *Aspirações de interesses do povo brasileiro.* Cabe toda a obra de Gilberto Freyre[19] dentro dele. E de todos os historiadores e sociólogos brasileiros de cambulhada... Mas fica mal dizer não. E será a quinta, ou sexta ou sétima vez que respondo sim. A propósito: o *não* venceu folgadíssimo no domingo – 800 e tantos mil contra 40 ou 50.000. A propósito da divisão ou não do Rio por municípios. Era previsto e não mudou em nada a face da cidade[20]. [...]

P.

Petrópolis,
1º de maio de 1963

[...]

Na política internacional, uma má notícia nos jornais de hoje: os comunistas melhoraram bastante sua posição política nas eleições italianas de domingo e com isso enfraqueceu-se a posição dos democratas cristãos e sua política de *apertura a sinistra*[21]. Vão atribuir essa votação sem precedentes dos comunistas (passaram de 22 a 25% do eleitorado e os democratas cristãos caíram de 42 a 38%) à política de aliança com os socialistas e até à audiência do genro do Kruschev[22]. Motivo para que os integristas de todo o mundo (dentro do Vaticano ou do Palácio São Joaquim) aleguem que é preciso não fazer abertura qualquer à esquerda e sim à direita.

De qualquer maneira, foi um golpe para os que pregam, como nós, os métodos conciliatórios e não repudiatórios. [...]

P.

---

19. Gilberto de Melo Freyre (1900-1987), sociólogo.

20. O resultado se refere ao plebiscito ocorrido em 21 de abril, no qual a população deveria optar entre dividir ou não a cidade do Rio de Janeiro – que, em 1960, fora transformada em estado da Guanabara – em vários municípios.

21. "Abertura à esquerda".

22. Alexei Adjubei, genro de Nikita Kruschev e na época diretor do jornal *Izvestia*. Em março de 1963, em companhia de sua mulher Rada, foi recebido em audiência particular por João XXIII. Esse ato renderia tão duras críticas de setores da Cúria Romana a João XXIII que ele registrou em seu diário: "Quando se souber o que eu disse e o que ele [Adjubei] disse, penso que o nome do papa João será abençoado. [...] Deploro e lamento aqueles que se prestaram, nesses dias, a ações inomináveis. Ignoro e esqueço". Adjubei esteve no Brasil no mesmo ano, convidado pelo governo Goulart, tendo sido recebido em audiência por San Thiago Dantas.

Rio de Janeiro, 10 de maio de 1963

[...]

Essa mensagem dos bispos, que podia ter sido – como foi intenção de dom Hélder e dom Cândido[23] – uma retomada de contato entre os bispos e o povo, veio a ser um novo motivo de escândalo para os que ainda lêem tais documentos e esperam alguma coisa da ação oficial da Igreja no Brasil, e um novo motivo de absoluta indiferença para a enorme maioria dos católicos.

Tudo vai continuar exatamente na mesma. Assim como mataram a Ação Católica e, com isso, a ação dos leigos que dom Leme quis lançar, agora matam a ação dos bispos que promovem ultimamente a ação dos leigos, como se fizera no tempo de dom Leme.

Agora nem uma coisa nem outra. Tudo voltará à mais estrita rotina. Os bem-pensantes, satisfeitos consigo mesmos. Os ricos, satisfeitos com suas riquezas. Os cardeais [...] satisfeitos com suas púrpuras e suas campanhas anticomunistas. Os arcebispos em seus palácios. Todo mundo satisfeito. Mas os partidos liberais cada vez mais conservadores. Os partidos conservadores cada vez mais reacionários. O Lacerda, com probabilidades cada vez maiores de aproveitar uma brecha para se instalar no Palácio da Alvorada, para grande gáudio do seu séquito feminino de histéricas. E o povo cada vez mais miserável, trabalhado pelos demagogos ou pelos autênticos revolucionários e confirmado na sua convicção de que todo esse movimento social da Igreja não passa de uma tapeação e de que a Igreja continua cada vez mais a ser dos ricos, dos poderosos, dos importantes. E quando muito as beatas e os beatos continuarão a gritar os seus "benditos" ou a usar as suas fitas azuis...

Dirá você: "Papai, você está amargo. Você não costuma ser assim".

Você não vê logo que digo tudo isso para *me libertar* das minhas sucessivas decepções? Decepções!...

[...]

P.

23. Dom Cândido Rubens Padim (1915), beneditino desde 1942, daquela "turma de monges e doutores" de que fala Alceu (ver carta de 17 de julho de 1959, p. 109). Em 1962 foi nomeado por João XXIII bispo-auxiliar do Rio de Janeiro, exercendo a função de assistente nacional da Ação Católica Brasileira.

Rio de Janeiro,
13 de maio de 1963

[...]

Os brasileiros levaram ontem de novo uma surra vergonhosa dos italianos[24], em Milão. Bom para machucar o nacionalismo tolo dos que enchem a boca com o bicampeonato do mundo, como se só no Brasil se soubesse jogar futebol. Bom para mostrar que é preciso preparar os times para os jogos internacionais e sobretudo para o novo campeonato mundial, na Inglaterra, em 1966, e não improvisá-los confiantes nos louros antigos. Mas triste para a atmosfera deprimida que continuamos a respirar e faz com que os dois nomes que o grande público se prepara a sufragar para presidente nas próximas eleições sejam o Juscelino Kubitschek e o Carlos Lacerda, isto é, o homem que deu ao Brasil aquela falsa euforia de Brasília e companhia e o homem que vai arrastar o Brasil à cisão direita-esquerda violenta, preparando a futura revolução comunista-fascista.

O atual governo está completamente desprestigiado, essa é a verdade, embora devesse ser prestigiado por ser um governo que pretende realmente evitar o dissídio extremo que o Lacerda quer provocar e que o Juscelino procura evitar mas voltando aos seus processos de tapeação coletiva, tão maus ou piores do que o extremismo direitista do Lacerda. Mas os atuais processos foram abandonados, tanto pelas altas classes (que não toleram o Jango e o acusam de fraco com os comunistas) assim como pelos esquerdistas (que o acusam de fraco com os imperialistas!). De modo que, nas consultas prévias de opinião, que começam a ser feitas, homens do centro como o Magalhães Pinto ou do atual governo como o San Thiago têm 2 a 3% dos resultados das pesquisas. Ao passo que o JK ou o CL têm 25 a 30% cada um.

Fico só pensando, se viver até lá, como me decidir ou como aconselhar os poucos que esperam uma palavra minha. Pelo mal menor, sim. Mas... onde está o mal menor? No JK, com sua leviandade e com o antecedente de ter sido, na realidade, o iniciador do nosso descalabro financeiro? Ou no CL, com o seu direitismo gaullista ou salazarista, arrastando o Brasil para a área das opções direita-esquerda e tendo por si os mais intoleráveis reacionários da igreja? Vai ser uma situação semelhante àquela do Sobral nas eleições do Jânio, em que proclamava a necessidade de *votar em branco*, o que é um direito, mas dificilmente um dever.

[...]

P.

---

24. A seleção jogou contra a Itália no estádio San Siro, em Milão, e perdeu de 3 a 0.

Rio de Janeiro, 31 de maio de 1963

[...]

E no entanto, ao perder esse duplo pai[25] – do coração e do espírito – tenho lágrimas mas não tenho tristeza. Antes, de novo, aquela visita, a única que me alegra totalmente, a visita da paz. *That's it*[26].

[...]

E assim transferi para o papel a minha dor. E situei um pouco mais a figura desse octogenário cuja manga do casaco puxei com tanta sem-cerimônia por sua causa e que tão pouco me falou à esperança na papelaria da rua Oitava quando li em letras garrafais num jornal de tarde: *John XXIII,* nome estranho e totalmente *unexpected*[27].

E agora recomeça a expectativa. A mensagem deste continuará? Afirmo que sim, na entrevista que já te mandei. Mas será mesmo? Será possível que venha um sucessor ainda mais humilde do que ele, a ponto de retomar a direção do comboio na mesma linha, e o leve pelo mesmo destino a que o outro o endereçou? Não será um milagre ainda maior do que foi o da linha joanina, tão espantosamente coincidente com a que eu desejava, mas nunca imaginava que viesse tão igual à que eu esperava ou... não esperava?

[...]

P.

Rio de Janeiro, 3 de junho de 1963

[...]

Lia eu, ontem à noite, a palavra do maior teólogo protestante de nossos dias, Karl Barth[28]: "Seria terrível se João XXIII morresse agora". E ele está morrendo. Sinal de que devemos ter muito cuidado nesses nossos temores. Eu também acho terrível que ele morra agora, antes do fim do Concílio. Mas, se tivesse morrido antes da *Mater et magistra* e da *Pacem in terris,* não teria sido muito pior? E se não tivesse vindo? E se tivesse sido apenas um tapa-buraco? E se tivesse dado para trás?

[...]

P.

25. Alusão à amplamente noticiada agonia de João XXIII, que morreria dias depois.
26. "Assim é".
27. "Inesperado".
28. Teólogo suíço (1886-1968), de origem protestante calvinista, cuja obra se orienta pelo existencialismo cristão.

Rio de Janeiro, 4 de junho de 1963

Tudo acabou mansamente, como era de prever[29]. E temos o nosso santo João recebendo hoje o prêmio de tanto sacrifício.

A unanimidade em torno do grande morto continua.

[...]

P.

Rio de Janeiro, 12 de junho de 1963

[...]

Dos acontecimentos do mundo, ontem pelos jornais, destaco um: em Saigon, no Vietnã, ex-Indochina, um monge budista se deixou queimar vivo, sem um gesto de dor, como protesto dos monges budistas, uns 500, contra o que dizem ser "discriminação" do governo *em favor dos católicos* (sic) e proibição, alegam, dos monges budistas fazerem procissões, etc.

O caso é típico de fanatismo religioso e não sei até que ponto as tais reivindicações representam realmente um pedido de liberdade religiosa ou, o que é mais provável, alguma exigência contra a liberdade religiosa concedida aos católicos.

A tal trágica cena decorreu no momento em que, na catedral, se celebravam exéquias por João XXIII. É incrível. E mostra as tremendas barreiras que a paz proposta pelo nosso João terá de vencer para chegar ao Oriente. Ontem mesmo o jornal oficial chinês de Pequim publica um violento artigo contra Kruschev "por estar este caminhando em direção a Deus (sic) e levando de novo a Rússia ao capitalismo". Outro sinal tremendo de fanatismo no caso anti-religioso. Que terrível esse mistério do Oriente e que caminhada ainda existe para que Ocidente e Oriente se entendam! Kipling[30] achava impossível. João XXIII achava possível. Eu também. Mas que cordilheira a atravessar!!!!

P.

---

29. O papa João XXIII morreu em 3 de junho de 1963.

30. Joseph Rudyard Kipling (1865-1936), escritor inglês nascido na Índia; em 1907 ganhou o Prêmio Nobel de Literatura.

Rio de Janeiro, 14 de junho de 1963

[...]

[...] e que também perfumam este fim de vida, onde procuro, só Deus sabe com que custo, não me deixar invadir pela atmosfera que ronda estes nossos dias de crise política que vejo seriamente agravada com a saída do San Thiago Dantas do ministério. Há semanas atrás eu imaginava isso provável e lamentável por motivos de saúde e ora vejo de novo, e com mais pena ainda, lamentável e provável, por motivos políticos. Estou sentindo que o Jango, para neutralizar as ameaças subversivas do Brizola ou para ganhar os votos necessários na Câmara, de setores anti-Dantas, está jogando o seu maior trunfo às feras. E com isso, a meu ver, cometendo o maior erro político de sua vida, por excesso de habilidade, para contentar todo mundo. Esse malabarismo excessivo poderá jogá-lo por terra, como estão se preparando para fazê-lo os lacerdistas, pois o Lacerda seria o anti-Jango por excelência. O Lacerda viria substituir, aos trancos e barrancos, o excesso de malabarismo do Jango e sua tentativa de contentar todo mundo, aproveitando a atmosfera de cepticismo total que reina no momento e é o ideal para que os arrogantes e violentos entrem em cena. De modo que o ambiente está ótimo para um golpe que, desta vez, seria militar e do tipo argentino. Caso não seja de tipo cubano. De qualquer modo, pelas tergiversações do Goulart e pela cegueira das direitas, chegamos a um extremo em que dificilmente as soluções à brasileira vão funcionar.

Você vê o que está sucedendo com o San Thiago. Até há dois meses atrás, as direitas o condenavam como um agente de Moscou. Hoje estão alarmadas com sua saída e pondo a mão na cabeça. É exatamente a reprodução do que aconteceu durante a experiência parlamentar, quando recusaram o San Thiago para primeiro-ministro e depois torceram as orelhas. Agora a coisa ainda é mais grave. Mas desta vez a culpa não é da Câmara, é sobretudo do próprio Jango. Valia muito mais a pena que ele (Jango) enfrentasse de novo a situação do Jânio, não conseguindo da Câmara a votação dos seus projetos de reforma agrária e outros, mas com isso provocando uma reação popular que acabaria forçando a Câmara a ceder, do que fazer o que ele está fazendo, como discípulo do Getúlio, mas sem a habilidade deste, em querer jogar com todos os trunfos e acabando por perder a partida.

[...]

P.

Rio de Janeiro, 21 de junho de 1963

Aleluia! Oh, homem de pouca fé! Até o último momento, diante das fumaças negras de ontem, apenas por ter lido esta manhã um comentário do correspondente do *JB* muito pessimista, pois acreditava que, não sendo a eleição de Montini imediata, era preciso pensar no *tertius*. Mais uma vez o Espírito Santo nos logrou a todos e a mim, por excesso de vontade de ser o que... acabou sendo![31] Só assim teremos a continuidade da posição e orientação do nosso João XXIII, embora com outro espírito. Pois se Roncalli foi pastor, Montini vai ser apóstolo. Toda a sua figura, toda a sua inclinação, todo o seu feitio, é apostólico. E acredito que, nesse sentido, é que dará a sua marca própria ao seu pontificado.

De qualquer modo, estou tão cheio de alegria, que de novo, ao me certificar da notícia, as lágrimas me vieram, como ao saber do estado de coma do nosso bom pai, em maio passado. Ninguém para o substituir como o homem de fogo que durante três tardes nós acompanhamos, de boca aberta, na Universidade de Roma.

[...]

P.

Rio de Janeiro, 30 de junho de 1963

IV Domingo – Coroação de Paulo VI

Estou passando o dia em Roma e me lembrando de que podia realmente estar lá entre o povo ou de casaca participando dessa grande data. Mas como nada disso é possível, contentemo-nos com a participação interior que é sempre a melhor e peçamos a Deus somente isto – que Paulo VI não nos desiluda.

[...]

P.

---

31. Giovanni Battista Montini, cardeal-arcebispo de Milão, foi eleito papa em 21 de junho de 1963, passando a se chamar Paulo VI.

Petrópolis,
6 de julho de 1963

[...]

A situação militar está grave. Foi preso, como devia, um marechal do Exército, presidente do Clube Militar, onde houve uma grave manifestação de indisciplina, pois 2.000 (?) oficiais assinaram um manifesto intimando o presidente da República a *aumentar o aumento* dos oficiais e o Congresso a votar este aumento até o dia tal. Um tipo de ultimato. Pensei eu: "Se fosse o Epitácio Pessoa já teria mandado prender o marechal Magessi[32], presidente do Clube Militar, como mandou prender o marechal Hermes[33] em 1922". Ontem mesmo o ministro da Guerra mandou prender, com toda razão, o dito marechal. O Clube Militar é o reduto dos oficiais direitistas, os nossos gorilas, parecidos com os da Argentina. Se o ministro e o presidente consentissem no tal ultimato, o golpe estaria caracterizado ou precipitado. Será que vão tentá-lo? O editorial do *Globo*, órgão do lacerdismo, apoiava a atitude dos militares. Mas não creio que dessa prisão fosse redundar o que da prisão do Hermes em 1922 acabou resultando: a Revolução de 30. Não creio, mas há coisa tão grave como. É que agora há um movimento de sargentos e mesmo de soldados, contra os oficiais gorilas do Clube Militar. E isso significa a passagem do extremismo para o campo militar, o que é da maior gravidade. Portanto, situação *política* tensa e que ainda dificulta mais a solução do problema da vida cara, que é o mais ameaçador. Que vida!... [...]

P.

Rio de Janeiro,
11 de julho de 1963

[...]

Agora então, com a situação cada vez mais ameaçadora, com a proximidade do mês de agosto – o mês das agostadas, do suicídio do Getúlio e da renúncia do Jânio – o ambiente é cada vez mais obscuro. Continuo a crer que tudo não passará de ameaças, e seria o cúmulo que, no momento em que a Argentina parece voltar à normalidade, pela provável passagem do governo militar a um governo civil, seria o cúmulo que agora ocorresse entre nós o oposto.

O que há, porém, é que o problema é mais profundo e tudo o que se está pas-

---

32. Augusto da Cunha Magessi Pereira (1899-1989), que havia sido chefe de polícia do Distrito Federal em 1956, sob o governo de Juscelino Kubitschek (1956-1961).

33. Hermes Rodrigues da Fonseca (1855-1923), governou o país entre 1910 e 1914. Em 1922, o Clube Militar, o qual presidia, foi fechado – e ele, preso.

sando na superfície é apenas o sinal aparente de alguma coisa de muito mais séria que se passa por baixo e é irreversível – a decadência da burguesia dominante e a ascensão de novas classes ainda não preparadas para assumir o poder.

[...]

Este, o ambiente sombrio em que estamos, com o Lacerda provocando agitação e insuflando o golpismo *legal* (deposição do Jango pelo Congresso) e com isso estimulando o golpismo *extralegal* (militares e esquerda negativa).

[...]

P.

Rio de Janeiro,
14 de julho de 1963

[...]

Bom, não vamos entrar por esse terreno, que nos levaria muito longe. Começo por não *equiparar* o comunismo em si com o nazismo. Lembro-me de uma conversa que tive em 1937 (ou 47, não me lembro bem) no Uruguai, com um deputado católico, Venancio Flores. Eu sustentava que comunismo e fascismo não podiam ser equiparados. O comunismo era um *exagero monstruoso* mas de um movimento de certo modo irreversível, como o socialismo. Tinha séculos de história atrás de si. Ao passo que o fascismo era uma *reação momentânea* contra o comunismo (revolução comunista – 1917; revolução fascista – 1921) e o nazismo era um *exagero monstruoso* do fascismo. Era portanto um movimento que vivia em função do comunismo, ao passo que o socialismo era uma evolução lógica e irreversível do capitalismo, que não era possível eliminar mas apenas ultrapassar ou corrigir pela doutrina social cristã ou que nome tenha o *realismo* dos papas. E eu dizia isso muito antes da *Mater et magistra* e da *Pacem in terris.*

Tenho dado a impressão de equiparar os dois extremos como antes (lá por 1930) dei a impressão de optar pelo fascismo contra o comunismo. Há textos meus daquele tempo, que indicam realmente essa falsa posição, que os integralistas me jogam no rosto, de vez em quando, quando aludem à minha simpatia pelo movimento, como reação contra o comunismo, ou até como uma aprovação total do movimento.

[...]

P.

São Paulo, 17 de julho de 1963

[...]

Preciso ter cuidado comigo mesmo, pois, quando leio ou ouço disparates desse gênero, fico possuído de um sentimento que não tenho o direito de ter, nem contra inimigos, quanto mais contra ex-amigos: *ódio*. Mas é ou não é um fato que as pessoas que mais odiamos são aquelas de que outrora mais gostamos, quando deixamos de gostar? O pior dos ódios é o ódio entre irmãos ou entre ex-partidários.

É por isso que a atual polêmica entre Moscou e Pequim pode ser um excelente motivo para que todos os não-comunistas ou anticomunistas do mundo se aproveitem para facilitar uma aproximação com o Kruschev, pois seu desaparecimento ou sua queda política representaria – ou representará, isso sim – a melhor preparação para a terceira guerra mundial, que os chineses ardentemente pregam. E pregam há 20 anos os católicos. Inclusive eu, provavelmente, pois não quero bancar o fariseu. Bastam para isso os meus ex-amigos, oniscientes e peremptórios... Todos nós considerávamos a coexistência pacífica, que o próprio Stálin[34] pregava, como um estado de relações internacionais inaceitável. Custa-me crer que eu tenha dito isso algum dia, já que sempre protestei contra a hipótese da *guerra preventiva*, embora tenha escrito certa vez, durante a guerra da Alemanha contra a Rússia, uma coisa que *hoje repudio* como devia ter então repudiado, pois é puro maquiavelismo. "Era bom que os alemães de Hitler vencessem os russos de Stálin, para depois os aliados (anglo-americanos) vencerem os alemães, isto é, os totalitários se liquidariam entre si e os democratas assim venceriam os dois." Raciocínio imoral, que hoje eu repudio categoricamente, mas que os nossos "gorilas civis"... provavelmente devem ter achado – ou achem até hoje – muito justo. Não eu, ao menos o eu de hoje, que acredita pensar menos sectariamente e mais catolicamente do que o eu de há 20 ou 30 anos. Digo isto para você saber que este seu pai é tão ruim como os outros que ele agora não tolera, e, ao menos uma vez, ou pelo menos em um artigo (ou entrevista) escreveu essa coisa errada, em estilo que hoje condena. Autocrítica...

[...]

P.

34. Josef Vissarionovitch Djugachvili, dito Stálin (1879-1953) – sucessor de Vladimir Ilitch Ulianov (Lênin, 1870-1924) –, governou ditatorialmente a URSS até a morte. Seus crimes foram oficialmente denunciados em 1956 por Nikita Kruschev.

Rio de Janeiro,
29 de julho de 1963

[...]

Quando os russos diziam que em breve teriam a "bomba", os americanos, ao menos o grande público, nunca imaginou que fosse possível. O próprio Churchill disse aquela frase, ambígua, certo, mas, no fundo, certo de que os russos estavam blefando: "Enquanto os Estados Unidos possuírem o segredo da bomba atômica, a liberdade estará preservada no mundo". Pode ser verdade, mas era uma ingenuidade acreditar que uma só potência pudesse guardar segredos por muito tempo, quando sabemos o que é hoje a espionagem internacional. E mais errado ainda dizer que *a liberdade* depende de um *invento material*. Seria total inversão da ordem de valores e da experiência histórica. *A liberdade só repousa na verdade*. Não em armas. Dirão os cépticos: *quid est veritas?*[35] Ao que podemos replicar: *quid est libertas?*[36] E assim por diante, pois o diálogo é por natureza circular e sem fim... No princípio e no fim só havia e só haverá o monólogo. O diálogo está entre os extremos, e como vivemos, nós também, entre o início e o fim, nossa vida é um diálogo. O diálogo é bom, embora o monólogo seja melhor (ao menos na vida espiritual) e você bem sabe que sujeitos como eu são substancialmente monologuistas, embora sustentem que os homens e as nações devem dialogar. Não há nisso a mínima contradição. O diálogo não é a última nem a melhor palavra. É o monólogo que é a última e a melhor palavra.

Mas assim como Maria tinha a "melhor parte" e no entanto, se não fossem os trabalhos de Marta, ela, Maria[37], não podia contemplar e ter a melhor parte, assim também não é possível o monólogo sem o diálogo, embora não necessariamente nas mesmas pessoas. Há quem nasça para dialogar e há quem nasça para monologar. E há ainda os que nascem para monologar mas são levados a dialogar a vida inteira, e se vingam da vida dialogando... à distância.

[...]

Sou, por natureza, um sujeito de diálogo interior e de monólogo exterior (quanto a esta última afirmação, que Mamãe não me ouça...).

P.

35. "Que é a verdade?": alusão à frase de Pilatos na versão latina do Evangelho de João 18, 38.
36. "Que é a liberdade"?
37. Cf. Lucas 10, 38-42.

Rio de Janeiro, 8 de agosto de 1963

Começaram ontem os choques, por ora apenas à distância e na estação da Leopoldina, entre Polícia Militar do estado (Lacerda) e tropas do Exército.

É o primeiro sinal do que poderá vir a ser a luta entre CL e JK – ou mais propriamente entre o Lacerda e o governo da União, de agora em diante. E mais amplamente ainda – o choque entre direita e esquerda, que o brizolismo e o lacerdismo estão representando entre nós, depois da renúncia do Jânio. É apenas uma amostra do que poderá vir a ser o Brasil de agora em diante. E o interessante, ou o triste, é que o nosso cardeal[38], como ainda ontem me confiava dom Hélder, está patrocinando a todo vapor o Lacerda, que vai fazer da bandeira anticomunista o *slogan* de sua campanha presidencial.

[...]

P.

Rio de Janeiro, digo, Petrópolis, 28 de agosto de 1963

[...]

Leio algumas "revelações" de monsenhor Capovila[39], o mais íntimo colaborador de João XXIII, sobre a famosa entrevista com Adjubei, que ele assistiu.

[...]

Monsenhor Capovila revela o *holocausto* de nosso João XXIII pela "conversão" da Rússia. Qual o papel tipicamente evangélico e católico senão esse? E no entanto o que esse jornal viu, como terão visto todos os corções do Ocidente, foi um gesto político e não evangélico. Para esses reacionários o gesto evangélico ou pastoral seria colocar-se *ao lado do anticomunismo total.* Como se isso não fosse um gesto político e da pior das políticas – a que quer a destruição do inimigo, em vez da sua conversão.

Mas é tal a cegueira dos que confundem a Igreja com os estados (liberais ou ditatoriais, pouco lhes importa, desde que não sejam socialistas), que viram um ato político no que era um ato evangélico no mais puro sentido da expressão.

38. Dom Jaime de Barros Câmara.

39. Monsenhor Loris Francesco Capovilla (1915) já estava ao lado de Roncalli quando este assumiu a Sé patriarcal de Veneza e o acompanhou a Roma, após a eleição papal, como secretário particular, tendo sido designado seu executor testamentário em 1954. Desde a morte de João XXIII, vem publicando escritos do papa e entrevistas sobre aquele período.

Isso que *Il Tempo*[40] diz hoje foi o que no próprio momento da entrevista disseram os órgãos direitistas e foi o que precipitou a morte do grande papa, que conseguiu, por um momento ao menos, fraternizar o mundo, o que, mesmo depois de morto, não lhe é perdoado pelos belicistas e continuístas. Será que desta nossa conversinha fiada vai sair uma croniqueta?

[...]

P.

Rio de Janeiro, 31 de agosto de 1963

Lá se foi o mês de agosto sem nenhuma das "agostadas" anunciadas pelo alarmista número 1 do Brasil – CL – mas com uma agravação progressiva do clima abafado em que continuamos a viver e do qual se aproveitam os pregadores de processos extralegais (os golpistas) ou então os preparadores da candidatura Lacerda, ao qual estão ligando agora aquela velha fórmula que o Ataulfo de Paiva[41] tantas vezes empregou referindo-se a mim e em conversa comigo mesmo: "Quanto mais batido mais cresce". O Ataulfo acrescentava: "como pão-de-ló..."

A frase pode ser aplicada ao Lacerda com razão, pois realmente sua candidatura vem crescendo na medida em que é hostilizado pelas forças governistas (que ele hostiliza de modo ainda mais arrogante e agressivo do que é hostilizado) – mas também pode ser aplicada aos métodos usados pelo Lacerda contra o comunismo: quanto mais ele castiga o comunismo com a violência de suas palavras e atos, mais o comunismo cresce no Brasil, especialmente entre os moços e os operários e lavradores. É sempre a velha história: como combater os erros? Reprimindo ou prevenindo? Pela violência ou pela brandura? Pelos métodos do calor das fogueiras inquisitoriais? Ou pelos métodos do calor fraterno e evangélico? De um ou de outro modo? Você bem sabe que solução é a minha: a do nosso João XXIII.

[...]

P.

40. Jornal romano que publicou algumas das "revelações" de monsenhor Capovilla.

41. Ataulfo Nápoles de Paiva (1867-1955), magistrado. Ministro do Supremo Tribunal Federal de 1934 a 1937; foi eleito no ano de 1916 para a Academia Brasileira de Letras, a qual presidiu em 1937.

Rio de Janeiro, 18 de setembro de 1963

[...]

Como eu quisera estar este ano, como no ano passado, preparando a minha viagem a Roma! Quando leio, no livrinho das anotações diárias, que hoje, há um ano, estava "pagando a passagem"..., com João XXIII se preparando em Roma para o dia 11 de outubro[42]! *Anche la luna è venuta...*[43] Tudo parece um sonho! Um sonho que passou muito depressa, e que nunca mais se reproduzirá! Inclusive o dólar estava a 500 cruzeiros. Hoje, a 1.100! E as emissões de cruzeiros continuam incessantemente. Só este mês, 60 milhões...

Se tudo não acabar em ditadura militar, só mesmo porque Deus não quis. Fizemos tudo para isso, por ação ou por omissão, eu inclusive, ou antes, a partir de mim. O complexo de culpa é perigoso, sem dúvida, pois nos enfraquece. Mas o complexo da inocência é igual a farisaísmo e antes fraco como o publicano, do que farisaico[44]...

[...]

P.

Rio de Janeiro, 19 de setembro de 1963

A situação política cada vez mais tensa. A situação financeira cada vez mais negra. A oposição ao governo cada vez mais intensa, por parte dos conservadores, dos direitistas, dos esquerdistas e do *man in the street*[45] acossado pela vida cara. Quem se beneficia de tudo isso? Quem, por seus porta-vozes diretos e indiretos, tudo faz para aumentar a tensão? Quem? Quem? Quem? Já se sabe – o Lacerda, que vai capitalizando todo esse descontentamento e resumindo tudo num *slogan* dos seus cupinchas: "Só resta uma esperança: Lacerda". Ele aparece, como o Plínio Salgado em 35, ou como o Jânio em 60: o salvador. Acabará como os dois predecessores, pela renúncia, pelo exílio e pelo esquecimento. [...]

---

42. Data da abertura solene do Concílio Vaticano II, em 1962. Alceu esteve presente como membro da delegação oficial do governo brasileiro.

43. "A lua também se fez presente...".

44. Os Evangelhos evocam várias vezes a figura do publicano – ou "coletor de impostos" –, desprezado por seu ofício, mas acolhido por Jesus. Já a figura do fariseu é associada à hipocrisia e chama-se farisaísmo ao ato de se vangloriar de suas virtudes.

45. O "homem na rua", isto é, o homem comum.

Seja qual for o resultado de tudo isso, o que vemos é cada vez mais aquele velho "cepticismo democrático" caminhando a passos largos, à medida que crescem, de todos os lados, os ataques contra um governo medíocre, sem dúvida, mas que pelo menos não caiu até hoje no fanatismo, nem da direita nem da esquerda. Está apenas no fanatismo da descrença e da malevolência. [...]

P.

Rio de Janeiro, 24 de setembro de 1963

A tensão político-militar-sindical é tão intensa que domina tudo o mais. Estamos vivendo realmente momentos semelhantes aos que precederam, por exemplo, a Revolução de 30 ou o Estado Novo (37) e ninguém sabe até que ponto será possível a manutenção do regime de liberdades políticas, quando a situação financeira (inflação e vida cara) se torna cada dia mais catastrófica. No momento todos estão insatisfeitos. Todos. De modo que nada mais fácil do que um brusco golpe, seja à direita, seja à esquerda, e no momento é difícil dizer, senão impossível, em que sentido poderá ser ou mesmo *se* será. Como sou um inveterado otimista, conto sempre com a melhor hipótese e fico sempre na esperança de que não haverá nada de grave, e que o governo (medíocre, sem dúvida) do JG terminará normalmente.

Hoje, entretanto, há um indício sério: a mulher e os filhos do Jango[46] partiram para a Espanha para "passar férias". Haverá maior absurdo? No momento em que o governo anda dando dólares a conta-gotas, a família do presidente vai "passar férias" no estrangeiro! Como não pode ser para desafiar a opinião pública, pois afinal creio que o Jango, por pior que seja, não é um suicida, só há uma explicação razoável: estão fugindo e o Jango quer colocar a família a salvo. E nós? As outras famílias? Dirá ele: a minha é a mais ameaçada. Sim, mas também a mais responsável, desde que se trata da família do presidente. Considero este sinal, este sim, muito perigoso, e de molde a atenuar ou mesmo contestar vitoriosamente meu otimismo. É um péssimo sinal, sob todos os pontos de vista.

Outro sinal político péssimo, embora mais remoto, é o fracasso daquela "terceira força", a aliança do Magalhães Pinto com o Arraes, para contornar a opção Lacerda-JK. Parece que fracassou e estamos mesmo condenados a ter de escolher entre a cruz e a caldeirinha...

Quando vejo, no meu caderninho, que hoje eu estava a bordo do *Giulio Cesare*, a caminho do concílio, no ano passado... [...]

P.

---

46. Respectivamente: Maria Thereza (1937), João Vicente (1956) e Denise (1958).

Rio de Janeiro, 26 de setembro de 1963

Primeiro, as "amargas"... (paródia ao título de um livro de memórias do Álvaro Moreyra[47] – *As amargas não...*).

A "amarga" máxima é que a tensão política chega hoje ao auge, no choque entre militares e líderes sindicais, entre os quais o Jango parece que optou (definiu-se, como vivem querendo que o faça, tanto os esquerdistas como os direitistas) e o resultado é que podemos, amanhã ou hoje mesmo, ter um golpe à vista e no duro: ou dos *generais* ou dos *sargentos.*

Ainda ontem conversei com duas pessoas do lado dos generais *mas não muito*: o Celso Souza e Silva[48], do *JB*, e o Murilo Miranda[49]. Este francamente golpista – entrega do poder ao ministro da Guerra até o fim do mandato do Jango, para presidir as eleições de 65. O outro, o Celso, ainda hesitante ("quando acordo, de manhã, sou democrata; quando me deito à noite, virei golpista"). Mais ou menos foram estas as expressões.

Eu continuo rigorosamente antigolpista e firme partidário da "legalidade" atual, por pior que seja. Mas se o próprio João Goulart, ao que dizem, quer dar o golpe esquerdista, estarei contra ele. E atribuo a maior culpa de tudo que está acontecendo aos adversários do Jango, que o levarão (se houver golpe dele, *à la* Getúlio) ao golpe como levaram o Jânio à renúncia e o Getúlio ao suicídio (este por terem denunciado o "mar de lama", realmente existente).

De modo que a radicalização da política, a partir da renúncia, é que nos está arrastando para um novo 1937, sem sabermos se será dos generais ou dos sargentos. Tanto uma como outra solução será *péssima* para o Brasil e para todos nós.

[...]

E um conjunto de erros de todos nós nos vem arrastando quase que irrecuperavelmente para o golpe.

[...]

P.

---

47. Jornalista, cronista e poeta (1883-1964), eleito para a Academia Brasileira de Letras em 1959. O livro *As amargas não* foi publicado em 1954.

48. Celso Antônio de Souza e Silva (1924-2000) foi embaixador do Brasil – na Rússia (1974-1979) e na Inglaterra (1986-1989) –, representante do país na Comissão de Desarmamento da ONU (1967) e diretor do *Jornal do Brasil.*

49. Escritor (1912-1971), fundador da *Revista Acadêmica.*

Rio de Janeiro, 1º de outubro de 1963

[...]

Ao lado de tudo isso que é pessoal e mínimo temos a revolução quase na rua, provocada mais uma vez pelo Lacerda, que deu uma entrevista escandalosa a um jornal americano. Os três ministros militares deram uma nota violenta e o *JB* vem com um artigo violentíssimo contra o Jango, como que apoiando o Lacerda, embora o jornal declare que não, o que não me admira mais. A nota dos ministros militares também situa o Adhemar, pelas palavras meio "brigadoras" que pronunciou ontem. De modo que tudo indica ou um golpe do próprio governo, imitando o Getúlio de 37, ou um choque realmente de extremas, com um golpe de uma delas.

De qualquer modo a crise chegou a um estado de tensão absoluta. A cada momento podemos nos encontrar em estado de sítio ou estado de guerra civil, como em 30, 32, 37, etc. e tal. As culpas são recíprocas, e não nego que o governo permite infiltrações esquerdistas e mesmo comunistas disfarçadas, como, por exemplo, no Ministério da Educação.

[...]

P.

Rio de Janeiro, 4 de outubro de 1963

São Francisco de Assis

Cada dia me sinto mais franciscano... Não por me afastar dos meus amigos beneditinos, por estar em desacordo político com alguns deles. Ou dos meus amigos dominicanos, com quem estou tão de acordo. Mas porque cada vez mais sinto que a posição de São Francisco no século XII[50], como a de Charles de Foucauld[51] no século XIX, correspondem à necessidade da evangelização do mundo. Sempre me chocou a distinção entre ricos e pobres, tomada como uma condição inevitável... [...]

---

50. Francisco de Assis, nascido – em uma família rica – Giovanni Bernardone (*c.* 1181-1226), aderiu à pobreza evangélica e foi, por certo tempo, eremita e pregador itinerante. Fundou a ordem franciscana e, com Santa Clara – também nascida em Assis, de origem nobre (1194-1253) –, seu ramo feminino, o das irmãs clarissas.

51. Militar francês (1858-1916) convertido ao catolicismo em 1886, fez-se monge trapista em França, sendo ordenado padre em 1901. Tornou-se depois eremita e missionário no Saara, sob o nome de Irmão Charles de Jesus. Morreu assassinado no deserto. Não chegou a fundar uma comunidade religiosa, mas na esteira de seu exemplo surgiram os Irmãozinhos e as Irmãzinhas de Jesus.

Acho que, nesse ponto, há uma superioridade social na mensagem socialista, quando pretende eliminar essa distinção da sociedade. Creio que essa posição é a do cristianismo. A existência de ricos e pobres é sempre uma anomalia que devemos procurar corrigir. Acho que na pastoral de Montini[52] isso se acha implícito. [...]

P.

Rio de Janeiro, 5 de outubro de 1963

[...]

Tudo concorre, politicamente, para tornar mais negro o ambiente. O governo pediu o "estado de sítio"[53]. O Congresso vai considerá-lo na segunda-feira. Estou acreditando que vão negá-lo e que, apesar disso, não haverá o que se ameaça: a ditadura militar. É inegável que essa senhora misteriosa que se chama Opinião Pública é contra o estado de sítio e o mais engraçado é que em torno do "não" se encontram os extremos e mesmo os antiextremos. Exemplo: o Lacerda, na extrema direita; o Brizola ou os sindicatos da CGT[54], na extrema esquerda, ou os estudantes da UNE e os tipos antiextremos com ele. É uma aproximação curiosa! Acredito que isso dá à opinião pública um caráter completo, que forçará o Parlamento a dizer "não". Mas... e os militares? E o governo? Este, a meu ver, entra nisso constrangido e por pressão militar. Por isso mesmo sem fazer muita força, e mais da boca para fora. Restam os milicos. E terão estes a imprudência, senão a temeridade, de assumir tal responsabilidade? E sobretudo de passar do sítio ao golpe? Esta é a pergunta que só na terça ou quarta-feira poderá ser respondida. Acredito que não. Mesmo que o "sítio" venha por 30 dias, sob ameaça de que *sem ele será pior*, como se diz. Acredito que no fim dos 30 dias será suspenso. Será mais uma vez a minha laranjice?

No momento, quero apenas consignar esse encontro um tanto paradoxal dos extremos e dos antiextremos ou meios-termos (não gosto desta expressão porque dá a impressão de coisa morna e dizem que Deus vomita os mornos. E eu considero que ninguém foi menos morno do que o nosso ardente pai João. A não ser que chamem Jesus de morno. As palavras andam tão gastas, tão vítimas da inflação como a moeda...). [...]

P.

---

52. Alusão aos delineamentos da ação pastoral da Igreja Católica sob o pontificado de Paulo VI.

53. Jango havia pedido um mês de estado de sítio, que seria negado pelo Congresso.

54. No contexto, a sigla CGT – inicialmente Confederação Geral dos Trabalhadores Brasileiros (1929), depois, somente "dos Trabalhadores" (1945) – significava o Comando Geral dos Trabalhadores, criado em 1962, no 4º Encontro Sindical Nacional. De orientação petebista, liderou greves e mobilizações: a "Campanha do Esforço Concentrado", em apoio às reformas de base de Jango, a campanha pela volta ao presidencialismo, além da organização de greve que conquistou a Lei do 13º salário. O movimento seria destruído após o golpe militar de 1964, ressurgindo depois como Central Geral dos Trabalhadores (1986) e, hoje, Confederação Geral dos Trabalhadores.

Rio de Janeiro, 7 de outubro de 1963

[...]

Estou quase certo de que o Congresso hoje ou amanhã vai rejeitar o pedido do "sítio". Fazendo-o dá um trunfo ao Jango contra os três ministros militares, que agiram agora como os outros três dos tempos da posse do Jango, que também queriam dar um golpe. Se o Congresso disser "não", se elevará no conceito público, sem diminuir a autoridade do Jango, já que só os seus inimigos sistemáticos (a começar pelo *JB*) é que julgam que ele quer mesmo dar o golpe, como Getúlio, seu mestre..., em 1937.

[...]

P.

Rio de Janeiro, 8 de outubro de 1963

[...]

O "sítio" acabou, com o esvaziamento ainda maior deste mediocríssimo governo, embora com a demonstração, uma vez mais, da existência de um negócio chamado Opinião Pública, que no caso presente reuniu todos os setores numa impressionante unanimidade, o que demonstrou a absoluta falta de sensibilidade objetiva do governo. Obcecado pelo antilacerdismo (como o Lacerda pelo anticomunismo), o que o Lacerda faz pelo fortalecimento do comunismo entre nós este governo inepto faz pelo fortalecimento do Lacerda. Parece até que organizaram um novo "atentado", o que me parece forjado pelos lacerdistas, mas com certas aparências de verdade.

Se o Jango quisesse preparar a candidatura Lacerda à Presidência, não agiria com mais habilidade.

[...]

Entre um fanático, um inepto e um leviano, eis o Brasil de hoje. O recuo do governo foi um espetáculo lamentável. A melhor explicação a ser dada é que o Jango quis se livrar dos militares que andavam dispostos a dar um golpe. Mas nem sei se isso conseguirá, pois já se diz que *não aceita* a renúncia dos militares, embora estes saíssem completamente desmoralizados da ridícula aventura de ida e volta, coisa inédita em nossa História, e que esvaziou completamente o Jango, mesmo que aparentemente o tenha favorecido.

Fico irritado porque vejo o lacerdismo crescer de dia para dia, e demonstrar que tem muito mais capacidade de governo do que essa gente que não sabe ser moderado. Isso de ver o fantasma do Lacerda em toda parte é como o Lacerda ver um fantasma de comunismo em cada esquina. Antolhos de lado a lado. Cada um só vê *o* adversário e avança para ele como o touro para a bandeirilha. E daí? Daí é que vamos caminhando – devagar e sempre – para o direitismo mais patente e para o início do *terrorismo*, como na Venezuela[55], onde a guerra civil é agora crônica. Só nos pode salvar disso a índole pacata do povo brasileiro, que é *arruaceiro* mas *não-revolucionário*. De modo que está pronto para a baderna, mas não para a conspiração. Ou quando muito para a conspiração mas não para a revolução, sobretudo com R grande. E o Lacerda é o único que nos poderá lançar no caminho do sangue. [...]

P.

Rio de Janeiro, 10 de outubro de 1963

[...]

Mas hoje lancemos o nosso pensamento para trás, para um ano atrás, quando tudo parecia tão melhor do que hoje, e quando vivia o nosso João XXIII, de imperecível memória.

Tenho a impressão de que a morte de João XXIII me afetou mais do que a morte de dom Leme. Será uma ingratidão? Ou uma irreverência? Ou uma simples aparência? Creio que não. Esse papa correspondeu de tal maneira ao que eu esperava da Igreja desde 1928 e ainda não tinha encontrado, que sua passagem por nós foi como que uma dessas graças passageiras que Deus nos manda, como que a dizer: "espera". Uma palavra e tudo está dito. João XXIII foi a passagem da esperança... e o rastro que deixou, ao menos para mim, me acompanhará até o fim.[...]

P.

Rio de Janeiro, 13 de outubro de 1963

[...]

Aliás, o discurso do papa começa com outra palavra que também estabeleceu um contato imediato. É quando, falando da necessidade de definir de novo a Igreja, insi-

55. O governo de Rómulo Betancourt (1908-1981) caracterizou-se por uma série de conflitos internos. Na sua gestão também foi iniciada a fase do multipartidarismo na Venezuela, fenômeno que se refletiu nas eleições de 1963, com a vitória do candidato da Acción Democrática, Raúl Leoni (1905-1972), o qual iniciou o combate à guerrilha.

nua claramente que prefere a palavra *mistério* a qualquer outra[56]. E aí também me senti inteiramente à vontade pois sempre pensei assim. A Igreja, mais que corpo, instituição, assembléia, e muito menos fortaleza, é um *mistério* e *fermento*. E encontro as duas palavras no texto dessa admirável alocução, como que a dizer que ele, papa, gostaria que os padres conciliares acentuassem bem estas duas palavras, que considero (lá vem...) as mais aptas a designar o que é realmente a Igreja: um *mistério*, isto é, qualquer coisa que está para lá de qualquer definição científico-teológica ou de qualquer compreensão racional; e um *fermento*, isto é, qualquer coisa de imponderável que penetra por toda parte e faz crescer as massas por dentro.

[...]

P.

Rio de Janeiro,
14 de outubro de 1963

[...]

Telefonema de um deputado estadual, infelizmente muito pouco credenciado, pois, embora general reformado e professor, não tem bom nome político, ao menos nas áreas da oposição udenista, pois é um antilacerdista rubro mas não "vermelho"... que me consulta de que prêmio se trata (Nobel), que o *Correio da Manhã* ontem divulgou. Ele diz que vai apresentar uma moção na Assembléia a favor do prêmio, etc. Confesso a você que isso me dá um tremendo mal-estar. Como tenho dito, acho isso de um ridículo atroz e uma "presepada", como se diz, tipicamente provinciana. "Não, senhor", diz o general-deputado, "o senhor é o mais credenciado dos brasileiros para isso", etc. e tal. Já se viu?! Só quem viaja um pouco ou está a par do que se passa pelo mundo da cultura universal, é que pode ficar sério diante de uma proposta desse gênero. Enquanto um Claudel ou um Cocteau[57] morreram sem receber esse prêmio, enquanto um Malraux[58] ou um Dámaso Alonso[59], ou centenas de outros escritores realmente universais estão à espera em vão de tal prêmio, três humílimos "acadêmicos" do sul de Minas, com uma generosidade tocante de *coração* para com quem escreveu *A Voz de Minas*, saem-se dos seus cuidados para pensar nisso. E alguns jor-

---

56. Alceu refere-se ao discurso do papa Paulo VI na abertura do segundo período do Concílio Vaticano II, em 29 de setembro de 1963.

57. Jean Cocteau (1889-1963), escritor, cineasta e artista plástico francês, esteve por algum tempo próximo do círculo de intelectuais católicos sob influência de Jacques Maritain.

58. André Malraux (1901-1976), escritor e ministro da Cultura da França de 1958 a 1969.

59. Professor, filólogo e crítico literário espanhol (1898-1990), membro da Real Academia Española.

nalistas ou deputados tomam a sério o negócio e o pobre do Tristão se vê envolvido, sem a mínima culpa, num ridículo que lhe dá vontade de enfiar a cara num buraco. Ora já se viu, um pobre homem chegar aos 70 sem nunca ter dado entrada na polícia, e ficar de repente enredado nessa trama provinciana que o cobre de ridículo!!!

[...]

P.

Rio de Janeiro,
15 de outubro de 1963

[...]

A situação política cada vez mais grave. Agora o Jango dá o seu *coup de barre à droite*[60], aproximando-se do PSD, e o Paulo de Tarso[61] hoje renuncia ao ministério, antes de ser degolado.

[...]

O grupo das "esquerdas" também se dessolidarizou do Jango, embora sem romper de todo.

[...]

Onde encontrar o homem que nos salve dessa tríplice definição?... Penso no Magalhães Pinto... mas o CL o anulou, dentro da UDN, e fora da UDN o MP não tem força política, nem *appeal*[62], como tem o "nosso Carlos"...

E o Jango está visivelmente se passando para o Juscelino, e este para ele, para JK-65, contra Lacerda-65... São os dois dísticos que começamos a ver nos automóveis e muito mais CL-65 do que JK-65. Entre eles, o que poderá um *tertius*?

[...]

P.

---

60. "Guinada à direita".
61. Paulo de Tarso Santos (1926), advogado, foi ministro da Educação de junho a outubro de 1963.
62. "Encanto".

Petrópolis,
16 de outubro de 1963

[...]

A situação financeira é catastrófica. A inflação cresce de dia para dia[63] e com ela o custo de vida, que por sua vez provoca o aumento de salários e para isso o choque entre patrões e operários, entre governo e sindicatos e por aí afora. O clima passional, o recurso à violência, os atentados frustrados ou fictícios, as "guerrilhas" e os "guerrilheiros", tudo mantém a gente num estado de tensão constante que a cada momento – como foi no dia do "estado de sítio" – ameaça romper os diques.

Você pergunta o que é estado de sítio?

É a *suspensão de garantias institucionais* (habeas-corpus, inviolabilidade de domicílio, censura à imprensa, etc.) durante um certo período, aprovada pelo Congresso.

[...]

P.

Rio de Janeiro,
18 de outubro de 1963

[...]

Um simples caudatário do dinheiro, como diria Péguy. Essa é a desgraça do mundo moderno, a opção entre a *liberdade à custa do dinheiro* ou a *ditadura às ordens do poder*. Triste liberdade, de nome, em que se vive com a desordem nas ruas, greves sobre greves, povo passando fome, pânico nos salões e nos bancos, revolução latente nas escolas, etc. Ou então a posse do poder por um braço forte qualquer, da direita ou da esquerda, para impor a ordem pela força, às ordens dos generais lacerdistas ou dos sargentos brizolistas. Se acaso o Brizola não for então considerado direitista, ou o Lacerda esquerdista, pelos superdireitistas ou superesquerdistas de amanhã.

Enquanto isso o Jango vai cozinhando o nosso *caldo de incultura* a fogo frio.

[...]

P.

---

63. O aumento geral de preços em 1963 seria de 81,3%.

Rio de Janeiro,
7 de novemrbro de 1963

A semana *se mueve*, como a Terra de Galileu[64]... Já estamos na quinta-feira e amanhã se encerra a primeira parte da reunião do conselho, que me tem retido no quinto andar do ministério. Mas como as aulas estão também para terminar, não quero perder estas últimas, que são também as minhas últimas, ao menos como catedrático.

Fui ontem assediado (creio que já te contei, pois começou de véspera) para aceitar o encargo de suceder ao Eremildo como diretor da Faculdade Nacional de Filosofia[65]. Não aceitarei em hipótese alguma. Francamente, está acima de minhas forças. Não que deixe de reconhecer que talvez pudesse pacificar os ânimos, ao menos por alguns dias, mas sinto que positivamente não se coaduna com o meu jeito essa função, num ambiente a que me considero, agora mais do que nunca, visceralmente alheio.

Ontem ainda houve acontecimentos desagradáveis, manifestações dos alunos em frente à faculdade, de solidariedade com os 15 que foram suspensos ou expulsos, não sei bem, nem quero saber. E na reunião que tiveram com o ministro e o reitor, no próprio salão do ministério, jogaram bombas lacrimogêneas, que parece provirem do laboratório de química da Universidade da Guanabara (lacerdista...). O lacerdismo já está no meio da rua contra o *unismo* (a UNE é o órgão oficial dos estudantes, controlado pelos esquerdistas). E criando, ou incentivando, o clima de terrorismo que se está ensaiando no Brasil. E o meu antilacerdismo se escora, sobretudo, nesse temor de que se instale no Brasil o que já está vigorando na Venezuela, na Colômbia ou já triunfou em Cuba.

Continuam pois as coisas num impasse que a meu ver só cessará com um interventor, de fora da escola, e com as férias que não tardam. As aulas estão programadas até o dia 20, de modo que faltam menos de 15 dias e já no fim desta semana haverá cursos que se encerram. O engraçado é que todos os meus alunos – e tenho uns da diretoria – continuam assistindo às aulas e entregando trabalhos, como se nada houvesse, o que bem mostra que tudo foi criado pelo fanatismo de um grupinho dirigente e pela inabilidade do Eremildo, ao se apegar ao cargo.

[...]

P.

---

64. Galileo Galilei (1564-1642), astrônomo e físico italiano, defendeu a teoria de que a Terra girava em torno do Sol. Após negar sua convicção diante do tribunal do Santo Ofício, teria murmurado "*Eppur si muove*" – "no entanto se move". Alceu serve-se, aqui, da expressão em espanhol.

65. Referência a Eremildo Luiz Vianna (1913-1998). Professor de História, ele se tornaria colaborador e defensor declarado do regime militar, tendo invadido a Rádio MEC logo após o golpe, em 2 de abril de 1964, ficando à frente da emissora até 1969. Denunciou 44 professores, supostamente subversivos, que seriam, então, "cassados" e aposentados.

Rio de Janeiro,
12 de novembro de 1963

[...]

Quando se pensa no pouco tempo que nos resta cá por baixo e nos motivos que nos levam a nos privar constantemente desses prazeres puros que nos poderiam encher a vida, é que sentimos quanto se desperdiça o tesouro que Deus nos deu.

Passamos a maior parte da vida a fazer coisas que não queríamos fazer e a desperdiçar os momentos em que poderíamos fazer o pouco de gostosura que há na vida.

[...]

Agora mesmo uma senhora veio falar comigo na porta da igreja. Vinha indagar-me do que dizer a um anglicano "que não crê no inferno". "Está nas Escrituras", disse eu, e tive vontade de repetir-lhe e frase de Sancho Pança sobre as bruxas, "*no creo en brujas, pero que las hay, las hay*". Eu diria, com perdão de certos "doutores", extremos defensores da ortodoxia: "Eu creio no inferno, porque está nas Escrituras, *pero que no lo habrá eternamente, por la misericordia divina, no lo habrá...*[66]"

Deus me perdoe a audácia, mas é porque creio acima de tudo na misericórdia, como infinitamente superior à justiça. Isso um pouco por... causa própria. Se houvesse apenas a justiça divina, eu já estaria sentindo na pele o calor (ou o frio?) do gelo ou das chamas eternas.

[...]

P.

Rio de Janeiro,
13 de novembro de 1963

Ontem foi um dia de festa, com uma noitinha na rede da varanda, depois de *un repas bien mérité*[67], pelo encerramento do meu curso como catedrático efetivo da Universidade do Brasil na FNF[68].

[...]

A aula, posso dizer a você sem falsa modéstia, foi realmente boa, e mesmo uma das melhores que terei dado durante todo o meu curso, desde 1937. O tema era fácil

---

66. Sancho Pança é o escudeiro de Dom Quixote no clássico romance de Miguel de Cervantes Saavedra (1547-1616). As frases em espanhol significam, respectivamente: "Não creio nas bruxas, mas que elas existem, existem" e "mas que não haverá eternamente [o inferno], pela misericórdia divina, não haverá...".

67. "Uma refeição bem merecida".

68. Faculdade Nacional de Filosofia; a sigla oficial é FNFi.

e familiar e a assistência, de tal maneira simpática e seleta, que não podia senão inspirar o velho mestre que se despedia dos alunos. Para aqueles dos presentes que pela primeira vez assistiam a essa última aula, a impressão que deve ter ficado é de que realmente o Tristão foi um bom professor, e é pena que, etc., etc.

Comecemos pelos... estudantes, ou antes, pela sala, que era a maior das salas de aula da faculdade, no anexo, onde eu dei todas as minhas aulas deste ano, e deve ter impressionado os assistentes calouros. Estavam lá, aparentemente, todos os alunos das duas turmas de português e pedagogia, segunda série.

Começou pela entrega de uma rosa por uma aluna, que sempre foi das mais interessadas, rosa que aqui está, florindo, pois era apenas um belo botão, sobre a minha mesa, lembrando-me, em sua graça efêmera, que passará daqui a dois ou três dias, como tudo passa depressa em nossa vida, mas fica para sempre em nossa lembrança, e já dei mil vezes graças a Deus por ter Ele consentido que, oficialmente, fosse encerrado com chave de ouro, sem dúvida, o meu *rather long*[69] ofício na FNF. A menina em botão que me deu o botão de rosa não falou. Como não falou ninguém! Foi ótimo. Comecei por isso mesmo, dizendo: "A despeito da ilustre assistência que me honra neste momento de despedida, esta aula é uma aula como outra qualquer, e vou começar dando os pontos da segunda prova parcial, de que os assistentes NÃO precisam tomar nota" (risos, como se diz nos anais da Câmara). Desanuviou toda a possível emoção. Como já comentamos mais de uma vez – o silêncio é a plenitude da palavra.

Veio depois a aula de mais de uma hora. "Hora e meia", disse o Manuel Bandeira ao Afrânio Coutinho, e foi sobre "a cultura brasileira no século XX".

Acabou com vivíssimos aplausos, sinceros, longos e calorosos. Registraram a aula pela rádio Roquete Pinto, e não sei se vão passar a qualquer momento. Ainda não indaguei.

Os alunos, os 60 dos dois cursos, ficaram em suas filas à frente, e os penetras atrás. Havia gente de pé, e portanto mais de cem pessoas, bem mais, talvez.

Entre os presentes, não alunos: o Athayde[70], o Deolindo Couto[71], o Didi Rodrigo Octavio, o Luiz Viana, o Josué Montello[72], o Bandeira, o Faria Góes[73], o Thiers, o Levi Carneiro, o Leonídio Ribeiro[74], o Aloysio Novis[75], o ex-dom Xavier de Mattos[76], o

69. "Particularmente longo".

70. Austregésilo de Athayde.

71. Deolindo Augusto de Nunes Couto (1902-1992), neurologista, professor e ensaísta, foi presidente do Conselho Federal de Educação e membro, com Alceu, à época, do Conselho Federal de Cultura. Eleito para a Academia Brasileira de Letras em 1963.

72. Josué de Sousa Montello (1917), jornalista, professor e romancista, membro da Academia Brasileira de Letras a partir de 1954.

73. Joaquim Faria Góes Filho (1901-?), professor; foi membro do Conselho Federal da Educação e diretor do Departamento Nacional do Serviço Nacional de Aprendizagem Industrial-Senai (1948-1960). Não foi possível apurar a data de sua morte.

74. Médico, professor e escritor (1873-1976).

75. Aloysio Augusto Novis (1911-2000), otorrinolaringologista, nascido em Paris e naturalizado brasileiro, foi médico do Instituto de Neurologia da Universidade do Brasil.

76. Professor, sobre o qual não foi possível obter mais dados.

Anísio Teixeira, o Newton Sucupira[77], o Mário Martins[78] com a filha, o Celso Cunha[79], o Hélio Vianna[80], o Américo Lacombe[81], o Afrânio Coutinho, a Matilde Matarazzo[82], o Paulo Bittencourt[83], o Almeida Júnior[84], – são os que eu me lembro.

Uma observação que você já terá feito talvez: nem uma batina! *Ninguém* dos meios católicos. Nem mesmo dos amigos mais chegados lá do centro, estes por terem provavelmente ignorado, embora o *JB* desse a notícia ontem de manhã. Essa ausência é absolutamente sintomática. Você não acha?

[...]

À tarde, às 2 horas, na aula de encerramento do curso de Literatura Brasileira, nova festa. Aí, a aula foi muito inferior à da manhã. Versou sobre "o romance modernista" e achei-a incompleta pois julgava que amanhã ainda a completaria. Mas depois que o negócio terminou, com discursos, flores e poesias, achei ridículo voltar amanhã e deixei para a minha assistente Maria José Negrão[85] as duas horas. Esta falou deliciosamente bem, dizendo – quase chorando – que quando se encontra comigo, por um minuto que seja, de passagem, desaparecem-lhe todas as preocupações. Basta me ver. E citou o tal "raio de luz" da Amelinha[86], que lá estava, com mais uns dez quilos de tão radiosa. Estavam também quase todos os antigos alunos, vários hoje catedráticos.

[...]

Por tudo isso, levantemos os corações para Deus. Ofereço a Ele tudo isso tão, tão, tão grato por encerrar assim um dia de tríplice festa (na conferência da tarde o Deolindo Couto acabou pedindo que me aplaudissem de pé) e assim foi. Será que estou pisando no poço da vaidade? Ou a alegria das festas será apenas... natural? Decida você o caso.

Ciao.

P.

---

77. Newton Lins Buarque Sucupira (1920) advogado, professor de História e de Filosofia, membro do Conselho Federal de Educação.

78. Jornalista e político (1913-1994).

79. Professor (1917-1989), filólogo e ensaísta, membro do Conselho Federal de Educação.

80. Historiador (1908-1972).

81. Américo Jacobina Lacombe (1909-1993), professor, historiador, membro do Conselho Federal de Educação e diretor da Casa de Rui Barbosa. Ligado ao Centro Dom Vital, foi também militante da Ação Católica.

82. Matilde Matarazzo Gargiulo (1908-1982), à época professora de Italiano da Faculdade Nacional de Filosofia, membro da Academia Brasileira de Filologia.

83. Jornalista (1895-1963) e proprietário do jornal *Correio da Manhã*.

84. Provavelmente o autor se refere a Antônio Ferreira de Almeida Junior (1892-1971), médico, professor, pioneiro da Educação Nova. Membro do Conselho Federal de Educação, firmaria, em 1965, com Alceu e Newton Sucupira, importante parecer sobre o ensino de pós-graduação; as reformas propostas só se concretizariam a partir de 1968.

85. Maria José da Trindade Negrão (1927), ex-aluna de Alceu, foi sua assistente na FNFi a partir de 1954 e na PUC a partir de 1955.

86. Maria Amélia Pontes Vieira Alcofra (1917), também ex-aluna de Alceu, à época assistente no Departamento de Latim da FNFi.

Rio de Janeiro, 15 de novembro de 1963

[...]

Na academia houve de novo manifestações. O Josué, no momento em que eu entrava, recebido de surpresa por uma salva de palmas, repetia o que escreveu naquele delicioso artigo da manhã, que te mandei ontem. Por mais que eu pedisse a palavra, para evitar que outros falassem, falaram: o Levi, fazendo um rasgadíssimo elogio a minha última aula; o Didi, dizendo que, já no Pedro II, eu era líder, o que contém duas inverdades: nunca fui líder nem nunca o Didi andou, que eu me lembre, pelo Pedro II (ginásio) e sim no Alfredo Gomes. Mas o calor do carinho humano com que o Didi sempre fala da nossa velha amizade, e que data realmente da adolescência e nunca variou, é tocante; falou o Jorge Amado, depoimento importante, dizendo que eu represento *o povo brasileiro* e que me conheceu em 1930 (é exato, ou antes deve ser 32 ou 33, na praça XV) e que hoje sou "mais moço que então"; o Magalhães Júnior[87], também socialista, o secundou, acrescentando: "prova de que ele é hoje mais socialista do que católico, dirá algum eminente catolicão"; falou ainda o Augusto Meyer[88], que tem uma fibra germânica, jansenista, resistindo assim à morte da esposa, com quem era muito bem casado e por longos anos; e falou também o Afrânio Coutinho, que propôs uma "sessão pública" em minha homenagem. Protestei e o xará Athayde felizmente recorreu à proibição do regimento, mas não evitei uma sessão particular com o mesmo fim, a se realizar logo depois de 11 de dezembro. Veja você!

[...]

Todo mundo que encontro me fala nessa "aposentadoria", tal a ilusão de que vou "descansar"... Como posso descansar se nunca cheguei a me cansar? Terei cansado os outros, isso sim.

[...]

P.

---

87. Raimundo Magalhães Júnior (1907-1981), jornalista e teatrólogo, membro da Academia Brasileira de Letras a partir de 1956. Foi um dos fundadores do antigo Partido Socialista Brasileiro.

88. Crítico literário, ensaísta e poeta (1902-1970), diretor do Instituto Nacional do Livro. Eleito para a Academia Brasileira de Letras em 1960, foi recebido por Alceu no ano seguinte.

Petrópolis,
17 de novembro de 1963

Tive uma bruta decepção ao me ouvir ontem pelo rádio. Aquela "última aula", que eu reputava uma das melhores da minha vida de professor, era de fato uma bodega, uma aula muito medíocre que ouvi agora um tanto envergonhado por ter ocupado 80 minutos de gente tão importante com coisa tão vazia. Até mesmo a *fluência* da dicção, que me parecera muito boa ao pronunciá-la, foi muito relativa. Tudo muito terra-a-terra, incompleto, *sacadé*[89], em suma, no máximo aquilo que eu disse de início: uma aula como outra qualquer. Corrijo pois o que te disse outro dia. Não foi uma grande aula de encerramento. Foi uma honesta despedida... Antes assim, para não me embandeirar! Todas as vezes que cedo à vaidade, Deus se encarrega de me corrigir. Tanto melhor!

[...]

P.

Rio de Janeiro,
23 de novembro de 1963

Ainda aniquilado pela tragédia de ontem[90], que em um segundo varreu do mundo um homem que eu só comparo a outro, João XXIII. Apenas este tinha 83 (?) anos e Kennedy, pouco mais da metade, 46, e poderia fazer tanto, tanto pelo mundo se... não pensássemos... na idade de Nosso Senhor. Em 33 anos Ele fez mais pelo mundo do que outro qualquer filho do mundo. E o nosso velho João o fez em cinco anos. De modo que o tempo em densidade compensa o tempo em extensão. Em três anos de governo e mais nos que os precederam, esse rapaz – com sua carinha de universitário garoto – fez mais pelos Estados Unidos do que qualquer outro presidente, equiparando-se a homens como Lincoln, Roosevelt, Washington[91] – os maiores – e fatalmente seria reeleito.

E para o mundo então?! Minha profunda consternação não é tanto ver morrer em plena mocidade uma flor humana como essa, ao lado da sua Jacqueline, que parece uma aluna do colégio Bennet[92], e com aquelas duas crianças maravilhosas

89. "Entrecortado".

90. O assassinato de John F. Kennedy em Dallas, no Texas.

91. Abraham Lincoln (1809-1865), Franklin Roosevelt (1882-1845) e George Washington (1732-1799), ex-presidentes norte-americanos.

92. Tradicional escola carioca.

de frescura, – é ver desaparecer o *único* campeão *político* daquelas mesmas idéias que, no plano espiritual, João XXIII lançou ao mundo. E vê-lo morrer assassinado por aqueles que representam exatamente os *ideais*... opostos – do ódio, da intolerância, do racismo, da violência. É isso que me deixa aniquilado e só me consolo com o *Nisi granum*...

E a única explicação é essa. Para que os grandes ideais triunfem, é preciso que os seus portadores diminuam, desapareçam, apodreçam, tenham eles 80 ou 40 anos. Uma vez lançada a semente, a planta morre, ou pelo menos a flor morre. Está cumprida a sua missão. Será que, aos olhos de Deus, estava cumprida a missão desse jovem e autêntico líder do mundo livre? Aos olhos de Deus, pode ser. Aos nossos, não. E ao nosso coração, então, como à nossa inteligência e às nossas convicções sociais, é um abismo que se abre e é o caminho aberto à entrada do pior monstro que ameaça o nosso mundo – o fanatismo. Kennedy foi vítima do *fanatismo conservador* e é esse fanatismo que encontra agora o caminho livre, sem ter pela frente esse jovem Siegfried[93] da liberdade, da coragem, do diálogo, da simpatia e da inteligência irradiantes que ele encarnava como ninguém. É uma dessas mortes em pleno esplendor da luz, da glória, da aclamação popular – 250.000 pessoas o aplaudiam – e foi morto covardemente por um fanático armado de um fuzil-luneta, do alto de uma janela, numa tocaia infame como a dos nossos mais bárbaros sertões! Que contraste! De um lado, a covardia, a tocaia, o pistoleiro, o verme humano a serviço do fanatismo cego e de outro, a juventude, a lealdade, a alegria, o amor, a fé. Morreu depois de pronunciar palavras idênticas às de João XXIII, apelando para os "homens de boa vontade" e citando a sentença dos Salmos de que "se a cidade não tiver a Deus como fundamento"[94]... tudo numa linha de sacrifício, de pureza, de inocência, que fazem de sua vida um modelo para todas as vidas humanas nos séculos futuros, coroada pelo martírio.

Tudo isso me deixa num mutismo e numa vontade de não falar com ninguém, de não ver ninguém, de não ouvir nem ler nada, que é desde ontem o meu estado de espírito, de animal acuado no sentimento biológico de que as trevas venceram. Digo biológico porque é o corpo que pensa assim. O espírito, este pensa como deve pensar. Tudo isso está nas linhas da Providência – é mais um episódio da luta entre os filhos das trevas e os filhos da luz, nos termos dos manuscritos pré-cristãos do Mar Morto[95].

Kennedy foi sem dúvida uma expressão máxima do filho da luz.

[...]

P.

93. Personagem de Wagner. Ver carta de 4 de setembro de 1958, nota 26, p. 42.

94. Cf. Salmo 127, 1.

95. Alusão aos documentos ou manuscritos de Qumran, localidade palestina a noroeste do Mar Morto, onde vivera uma comunidade dos essênios até a sua destruição, no ano de 68, pelos romanos. Em 1947, foram achados em grutas da região textos provenientes da biblioteca da comunidade, entre os quais uma regra de disciplina, que evoca a luta entre os filhos das trevas e os filhos da luz.

Rio de Janeiro,
24 de novembro de 1963

[...]

Continuo, como todo o mundo, diminuído, tolhido, ressecado, desiludido e acima de tudo, apreensivo. Tudo indica que os Estados Unidos vão entrar de novo num período de isolamento, de dureza, de tensão. Tudo aquilo que vinha sendo feito durante cinco ou seis anos, no sentido de distensão Oriente-Ocidente, democracia-socialismo, Estados Unidos-Rússia, por um grupo de *top men* composto de João XXIII, Kruschev, MacMillan[96] e Kennedy, sofre agora mais um baque, talvez irremediável, com a morte do mais jovem e irradiante do grupo. Resta apenas o cidadão Kruschev, na Rússia, mas já no fim de seu mandato, e tremendamente combatido pelos chineses, que o acusam de mole etc., e pelo seu próprio partido. [...]

P.

Rio de Janeiro,
26 de novembro de 1963

[...]

De manhã, fui à Universidade Rural, que é uma beleza. Quanta coisa importante e bonita aqui a dois passos e nós sempre falando mal de tudo e de todos. E caçoando dos "ufanistas". Mas o que cansa... nessas excursões é que se fala incessantemente, e a conferência é até menos exaustiva do que as conversas, antes e depois, sobretudo nessa distância, uma hora e meia de ida e outro tanto de volta. [...]

P.

Rio de Janeiro,
27 de novembro de 1963

[...]

De modo que tenho ao menos de *parecer* com o retrato... favorecido. Sabe da anedota? Um sujeito mandou pintar o seu retrato e, quando o viu, achou-o muito *melhor*

96. Harold MacMillan (1894-1986), primeiro-ministro britânico (1957-1963).

do que o original. E o pintor lhe respondeu: "Nesse caso, o senhor não tem agora outro remédio senão procurar parecer-se com o retrato"...

[...]

P.

Rio de Janeiro, 1º de dezembro de 1963

Entramos no último mês de 63 e no primeiro do novo ano litúrgico. Bem como no dos meus 70, com aposentadoria e tudo.

Ainda não sei bem o que vai representar como "trabalhos profissionais" essa aposentadoria. Pretendo, se for possível e Deus não mandar o contrário ou não me fizer mudar de intenção, deixar realmente, ao menos por um ano, de dar aulas nas duas universidades, onde desde 37 e 41 finquei o eixo central de minhas atividades propriamente profissionais, desde que, em 37, deixei a profissão de "industrial" [...] que ao menos *de nome* (e fora os trabalhos literários e apostólicos, que não entram na categoria de "profissionais") me ocuparam por 20 anos, desde 1917.

Dá um certo arrepio poder olhar para trás e contar períodos, vários de mais de 20 anos cada. Mas não é à toa que se chega ao *limite*.

[...]

P.

Rio de Janeiro, 6 de dezembro de 1963

[...]

Ontem, os exames. Só uma ficou (embora várias o merecessem), porque ficou muda e tive de dar zero. Mas houve cavalgaduras deste jaez: "Qual a população do Brasil?" "Quatro milhões" (!!!???); "Ah, não! Quatro bilhões de habitantes"...

Com gente desse tipo é possível tomar a sério uma "universidade"?...

Sinto-me com culpa pois devia ter reprovado todos, mas... logo invoco razões – matéria nova, falta de compêndios, primeiro ano, etc., e *last*... último ano de professorado oficial...

O fato é que a turma passou e ao menos 30% devia ter ficado.

[...]

P.

Rio de Janeiro,
22 de dezembro de 1963

[...]

Escrevi os meus dois comentários aos *Boatos* e defini minha posição radicalmente *antigolpista* como sempre (desde 1930) embora também radicalmente reformista. Entenda-se. Mas é verdade. *Les deux bouts de la chaîne*[97], de Bossuet[98], transportados para o terreno da nossa triste situação política, que pode bem ser que caminhe para uma definição violenta e militar, janguista ou lacerdista, caso não venha a ser apenas *miliquista*, que seria ainda pior. De qualquer modo, minha posição é a mesma: *avançada nos fins, moderada nos modos...*

[...]

P.

Rio de Janeiro,
31 de dezembro de 1963

E aqui termina a corrida de 63. Que tal foi?

Continua a dominar o ano a dupla morte do Velho e do Moço[99], o velho mais moço que todos os moços do mundo, e o moço com o que há de melhor nos velhos, a experiência do mundo e da vida, que o fez conseguir galgar o posto político mais importante do mundo nesta hora, sem *deixar* de ser pioneiro e vencendo a velhice reumática da *política* americana, mais conservadora do que qualquer política conservadora do Velho Mundo!

De modo que a grande e dupla ferida do ano foi realmente o desaparecimento desses dois homens, em quem repousavam as nossas esperanças de uma *revolução pacífica*.

Será que a morte deles fará com que não se faça revolução alguma e tudo continue direitinho como querem os *bien instalés*[100]? Ou se fará uma revolução sangrenta?

[...]

Em contraste com essa *paz maior* (não pasmaceira...) no campo internacional, o campo nacional foi de ano em pé de guerra... Sim, mas mesmo aí sinto ou pressinto certos índices de melhoria. Afinal, fecha-se o balanço do ano sem que o apregoado

97. "Os dois extremos da corrente".

98. Jacques-Bénigne Bossuet (1627-1704), bispo, orador e escritor francês.

99. Respectivamente, o papa João XXIII e John F. Kennedy.

100. "Bem-instalados".

golpe tenha sido dado, nem pelo Jango, nem pelo Lacerda, nem pelo Brizola, nem pelos militares... Foi ou não foi uma vitória contra a previsão de todas as cassandras?

[...]

P.

1964

Rio de Janeiro,
1º de janeiro de 1964

[...]

Contaram-me uma ontem que por sua vez foi contada pela madame Marcel Proust, aquela sobrinha do Proust[1] em cuja casa Mamãe e eu almoçamos em 1952.

No romance de Proust existe a figura de uma *demi-mondaine*[2] chamada Odette de Crecy, que é amante de Swann, um dos principais personagens do livro. Proust, para descrever a personagem de seu romance, inspirou-se numa mulher famosa, desse gênero, chamada Laure Heyman (?). Essa mundana linda teve, por anos, um apaixonado para quem ela nunca ligou, apesar de suas constantes solicitações, que era um aristocrata francês, muito rico, muito elegante e bonitão. Ele sempre solicitando viver com ela e ela sempre recusando. Um dia, ela recebe uma carta dele, despedindo-se para uma longa viagem e agradecendo a ela a *recusa*. Ia começar uma nova vida, longe da França e da vida que até então levara.

Sabe quem era esse homem? Charles de Foucauld[3]!

[...]

P.

Rio de Janeiro,
4 de janeiro de 1964

[...]

É evidente que no momento mesmo daqueles sábados de União Pan-Americana (1951) eu não apreciava nada disto, pois se há lugar-comum de uma evidência absoluta é esse de que só quando perdemos as coisas é que passamos a sentir quanto as amávamos.

O amor é alguma coisa de tão luminoso que a sua presença nos ofusca e não con-

1. Adrienne Proust, chamada Suzy (1903-1986), filha de Robert Emile (1873-1935), irmão do escritor, e de sua mulher, Marthe Dubois Amiot (1878-1953).

2. "Semimundana".

3. O futuro padre Charles de Foucauld; ver carta de 4 de outubro de 1963, nota 51, p. 287.

seguimos tomar conhecimento dele. Só quando volta à sombra é que então podemos compreender e até mesmo sentir o que foi a luz. Assim com a *presença*, especialmente a das coisas e pessoas amadas. Essa presença nos oferece tanto que só quando nos falta é que a sentimos. Quando chego em casa e Mamãe não está é que a sinto mais presente. Sua presença é tão luminosa para mim que é como as cores do arco-íris, invisíveis quando não refratadas pelas chuvas.

[...]

Como poderia deixar de comentar *hoje* o grande acontecimento universal: a partida do papa para a Palestina[4]!

(Tanto as árvores nos escondem a floresta!)

Momento realmente histórico. Mais um passo na ecumenicidade da Igreja. Tanto mais quanto ele vai desembarcar em território muçulmano e até será recebido com *honras oficiais* pelo governo da Jordânia, onde está situado o campo de aviação (cidade de Amã), de onde seguirá, de automóvel, até as margens do Jordão, que hoje divide Israel da Jordânia, portanto os árabes dos hebreus. Esse fato do papa ser recebido pacificamente pelos dois inimigos ferozes que estão teoricamente em estado de guerra, e tanto uns como outros inimigos *potenciais* dos cristãos, não é um belo sintoma do espírito da Nova Cruzada pelo amor e não pelas armas?

[...]

P.

Rio de Janeiro,
5 de janeiro de 1964

O nosso grande Paulo VI deve estar chegando em Nazaré, depois de ter ontem feito a Via Crucis e celebrado no Santo Sepulcro, após uma aclamação popular por árabes, judeus e cristãos, como nunca se vira! Que grande gesto!

[...]

Gestos como este podem realmente atuar mais do que palavras na história humana e de modo particular na paz universal, pois o povo entende muito mais os gestos do que as palavras e quando entende as palavras é porque as vê envoltas em gestos, em posições, em situações, isto é, em palavras do *corpo todo* ou do *ambiente*, e não apenas da boca e da inteligência. Por isso é que o fato da ida do papa, da sua *presença* muito mais do que tudo o que possa ter *dito* é que tem importância. Mas o que disse está inteiramente de acordo com o que devia dizer no sentido da fraternidade universal, da paz, do entendimento recíproco, de tudo aquilo que *falta* aos homens de hoje, fiéis ou infiéis.

4. Referência à viagem de Paulo VI realizada entre 4 e 6 de janeiro. Ele foi o primeiro papa, desde são Pedro, a peregrinar por aquela região.

Como se vê do que está se passando com os nossos fidelíssimos católicos patrícios, no momento empenhados em assinar um manifesto a propósito dos "acontecimentos do dia 30", explorados a mais não poder pelo exibicionismo sobrálico. Problema da Faculdade Nacional de Filosofia onde os acontecimentos do dia 30 foram apenas o prosseguimento de uma luta que vem se arrastando e se agravando paulatinamente desde que o Eremildo Viana e a diretoria se desentenderam. A eleição de Faria Góes pode ter serenado o ambiente não fosse a provocação dos 12 dissidentes que reabriu tudo. Agora a intolerância de parte a parte é cada vez pior. Como te disse, ontem apareceu a primeira versão do tal manifesto, em termos absolutamente desbragados e apenas assinado pelo Sobral e mais um. Hoje, já um pouco mais serenados os ânimos, aparece a outra versão, que talvez ainda não seja a última, em termos comedidos, e que até eu poderia assinar (mas não o farei), porém já o vi só assinado, além dos dois antigos, por *católicos*: Corção, padre Leme Lopes[5], Eremildo, Hamilton (sic), Tasso da Silveira e outros, *todos católicos*.

É um manifesto do direitismo católico, pelo menos até agora, mais do que de "professores universitários" e por isso mesmo é que, embora eu não estivesse aposentado, não assinaria. Com certeza vão me pedir para fazê-lo. E por isso mesmo é que já estou preparando o meu *não*. Não – porque a provocação partiu dos 12 e não dos outros. Não – porque no fundo é um caso puramente *político*. Não – porque houve culpa de parte a parte e portanto não devem ser apenas incriminadas as "autoridades", como pretende o referido manifesto.

Além dessas razões centrais, há o motivo acidental (a aposentadoria) e há aquilo que não se define: não me sinto à vontade figurando ao lado de um grupo nitidamente direitista e reacionário, de cujos membros individualmente posso ser amigo, mas com cujas idéias estou em franco desacordo.

Haveria ainda uma quarta razão. É que um manifesto como este é mais um passo na luta da radicalização que se está processando no Brasil, e cada vez mais todo o meu empenho é no sentido de aproximar os opostos e não de exacerbar as divisões. Talvez seja mesmo esta última a principal razão para que não assine o tal manifesto.

Não faltará, naturalmente, quem me inclua entre os amorfos, que não querem tomar posição, ou entre os oportunistas ou "inocentes úteis" ou "demagogos", que querem conquistar as boas graças dos estudantes.

Mas a isso já estou habituado e a minha regra é sempre aquela, que aliás não tive ocasião de proclamar agora, nessas *festas dos 70*, como esperava: digo o que penso sem me importar com o que pensem do que digo.

[...]

Chamem-me de pacifista, sincretista, desertista, até covarde. Mas não posso é ser infiel à minha consciência, que vê no Cristo um sinal de união e não de... contradição. Pois a contradição que há n'Ele – *signum cui contradicetur*[6] – não deve vir de nós, seus

5. O jesuíta padre Francisco Leme Lopes (1912-1983).

6. "Como um sinal de contradição"; referência à missão de Jesus, segundo o Evangelho de Lucas 2, 34.

filhos, e sim de fora, dos outros, dos que O contradizem. Se nós julgarmos ou praticarmos a luta, a divisão, a hostilidade, as barreiras, os muros, as trincheiras, a intolerância, somos *nós* os contraditores do Cristo que sempre pregou a paz, a fraternidade, o amor, a união, e por isso somos traidores e infiéis, muito mais dignos de reprovação do que os que *não são filhos.*

[...]

P.

Rio de Janeiro,
6 de janeiro de 1964

[...]

Sempre fui comodista, preguiçoso e talvez por isso é que nunca acreditei em *forçar* o que quer que seja. Ou as coisas se passam organicamente, de dentro para fora, ou não há jeito. Você é testemunha de que assim sempre procedi com todos vocês em matéria de educação. Sempre procurei mostrar o bom caminho, mas sem *forçar* nem mesmo meus filhos a segui-lo.

[...]

Estou mesmo bolando de vez em quando os elementos de alguma conferência, das que não faltarão, que me peçam em 1964 ("você que está agora aposentado...") e que girará em torno do sentido da palavra *diálogo*, e sua distinção de *polêmica*, *discussão* ou *controvérsia*. São coisas análogas, mas não idênticas. E estou matutando se a *presença* não é justamente um sinal de *debate* ou *discussão*, mas não de diálogo. O diálogo se faz *à distância*. Daí julgar eu que venho de fato *dialogando* com o mundo moderno há muitos anos, senão desde que comecei a escrever. E o diálogo, se é fecundo, é justamente porque diverge da *discussão* ou mesmo do *debate, que exigem a presença*. Ao passo que o diálogo não a exige e pode até exigir a ausência ou quando muito a manifestação *unilateral* de longe (artigos etc.) ou de perto (conferências) e estas ou com *questions* (mas sem debate) ou sem elas. Dirá você que estou apenas *vestindo de diálogo* minha invencível tendência ao monólogo. Será?

É um tema a matutar.

Já tenho julgado e dito que *prego o diálogo* mas *pratico o monólogo*. Talvez seja a verdade e daí a contradição de minha vida e o meu isolamento.

[...]

P.

Rio de Janeiro,
9 de janeiro de 1964

[...]

O artigo do Luiz Santa Cruz provocou uma pequena tomada de consciência pois nele senti a simpatia profunda e ao mesmo tempo uma restrição nas entrelinhas e um contraste entre o Tristão mais *religioso* de 1928 e o Tristão mais *político-social* de hoje. A esse respeito "senti-me na obrigação" (segundo uma frase freqüentemente usada por Tatá nos seus livros) de olhar um pouco para dentro de mim mesmo e fixar o sentimento de *solidão total* em que me encontro, separado de todos os da *minha geração*, sem encontrar tampouco qualquer afinidade realmente profunda com os da novíssima, estes sim, exageradamente *socializados*, como é o caso dos membros da Ação Popular[7] ou do chamado "grupo Luiz Alberto"[8] e companhia.

Os antigos me chamam de *comunistizante* e os modernos (este grupo) de *ultrapassado*.

Só me resta a sentença que ainda não foi utilizada como eu previa: "Digo o que penso sem me importar com o que pensam do que eu digo" e é realmente o sinal da solidão.

[...]

Em sentido contrário, apoiando o tal livro do Plínio, Sigaud, Mayer e companhia, contra a reforma agrária[9], fingindo defendê-la, leio declarações do dom Vicente Scherer[10], arcebispo de Porto Alegre, e de um bispo de Pouso Alegre[11]. Tudo movimentação dos *latifundiários*. Uma sociedade desses latifundiários chega a dizer que se deve defender "a propriedade privada e as instituições cristãs", *nessa ordem*. Vou aproveitar para citar e mostrar que o tal embaixador da Colômbia, que eu tenho citado, não está sozinho. Tudo isso é *concupiscência do dinheiro*, com máscara de defesa da "Tradição, Família e Propriedade"[12], *slogan* de um movimento também agora fundado que se denomina por "Deus, Pátria e Família" dos integralistas. Estou *ardendo* para *escrever* contra tudo isso e provocar mais algumas cartas contra este "comunista disfarçado", no momento em que os meus companheiros de diretoria do Centro Dom

---

7. Movimento político de cunho socialista e, na sua origem, de forte inspiração cristã. Lançado em fevereiro de 1962, durante uma reunião no convento dos dominicanos em Belo Horizonte, por membros e ex-membros da Juventude Universitária Católica (JUC), a AP tomaria em 1965 a decisão de aderir à luta armada, em face da ditadura militar, instaurada no país em 31 de março de 1964.

8. Grupo de jucistas liderados por Luiz Alberto Gómez de Souza.

9. *Reforma agrária – Questão de consciência*. Ver carta de 26 de janeiro de 1959, nota 103, p. 104. Dom Geraldo de Proença Sigaud (1909-1999), arcebispo de Diamantina (MG) de 1960 a 1980, era bispo de Jacarezinho, no Paraná, à época do lançamento do livro.

10. Alfredo Vicente Scherer (1903-1996), arcebispo de Porto Alegre a partir de 1946, feito cardeal em 1969.

11. Dom José D'Angelo Neto, bispo diocesano de 1960 a 1990.

12. Sociedade Brasileira de Defesa da Tradição, Família, Propriedade, fundada em São Paulo por Plínio Corrêa de Oliveira, em 1960, como "sociedade cívica anticomunista, constituída de católicos apostólicos romanos convictos e praticantes".

Vital assinam manifestos em que pretendem defender a liberdade democrática e estão apenas fazendo o jogo do mais feroz reacionarismo ou pelo menos conservadorismo.

[...]

Minha primeira pergunta ao grupo, amanhã, vai ser a seguinte: "Esse documento conciliar é para os mestres, os teólogos, os exegetas, os eruditos, ou é para o povo de Deus?"[13] Se é para os primeiros, vá lá que se mantenham os termos dos três esquemas (o oficial, o do cardeal Suenens[14] e o do padre Vaz Candido), mas se não é (e é o que me parece) então todos três precisam ser completamente reformulados. Pecam por três excessos: primeiro (o oficial), por excesso de estética; segundo (o de Suenens), por excesso de espiritualidade; e terceiro (o de cá), por excesso de dinamismo.

O primeiro é um retrocesso. O segundo não toca bastante na realidade contingente. E o terceiro é uma opinião *pessoal*, em estilo *pessoal*, confuso e vago.

Rejeito os três. Mas acho ainda o oficial como devendo ser aceito como *base* e totalmente refundido, simplificado, atualizado, coordenado, reescrito do início ao fim. Quanto aos dois outros, também têm idéias excelentes que devem ser aproveitadas.

Sei que me dirão: "Então faça". E eu direi: *non sum dignus*[15], nem capaz, nem saberia fazê-lo. Estou na posição do sujeito que sabe se um prato está bom ou ruim mas não sabe como fazê-lo.

E além disso, só pretendo comparecer amanhã à tal reunião. Cada vez mais não me ajeito em trabalhar em conjunto, apesar de recomendá-lo para os outros... É a minha eterna contradição.

[...]

P.

Rio de Janeiro,
14 de janeiro de 1964

[...]

Politicamente, a posição de sempre. Cada vez mais me concentro na dupla Pin-Pin (Magalhães Pinto e Carvalho Pinto...) *caso* haja eleições. Pois o boato continua cada vez mais solto e poderoso, e o próprio Carvalho Pinto, que é a calma em pessoa,

13. Provável alusão ao "esquema" preparatório da constituição dogmática *Lumen gentium*, sobre a Igreja, então amplamente discutido. Conhecido primeiramente como "esquema 13", passou por diferentes reformulações e sua denominação numérica também mudou; na carta de 15 de janeiro de 1964, pp. 311-2, Alceu fala do "esquema 17". A *Lumen gentium* foi finalmente aprovada e promulgada em 21 de novembro de 1964 pelo Concílio Vaticano II.

14. Leo-Jozef Suenens (1904-1996), arcebispo de Malines-Bruxelas a partir de 1961, feito cardeal em 1962. Primaz da Bélgica, foi membro do colegiado que presidiu o Concílio Vaticano II no período 1963-1965.

15. "Não sou digno".

declara hoje que, se a luta pela Presidência começar já com a violência que se anuncia, "é muito duvidoso que haja eleições".

[...]

P.

Rio de Janeiro, 15 de janeiro de 1964 (71)

O número desta página (71) corresponderia ao trabalho à margem do "esquema 17"[16], que afinal consegui terminar ontem! Fiquei na página 70... Mas não é tão longo assim como pode parecer, há várias páginas em branco, pois dividi por capítulos, e cada novo capítulo recomeçava com nova página. Assim mesmo deu um respeitável catatau, que entregarei sem nome a dom Hélder e ficará para *seu* arquivo, pois acho difícil poder publicá-lo. Como? Para quê? E ao menos em um ponto (o problema cruciante da limitação da natalidade) apresento uma solução que está em contradição com a doutrina invariavelmente seguida pela Igreja e ainda há pouco retomada pela *Mater et magistra.* Mas tenho a impressão de que, ainda neste ponto, há uma ligeira modificação. Já Pio XII falara e autorizara a utilização dos chamados "períodos de fecundação", segundo o método Ogino-Knaus[17], e no projeto oficial do "esquema 17" há um parágrafo em que se abre uma fresta na rigidez da posição tradicional dos moralistas. A solução que apresento é que o problema da *quantidade* de filhos deve ser entregue "*à reta consciência*" dos próprios cônjuges, afirmando-se que a transmissão da vida é um fim essencial do casamento, mas não a transmissão *indiscriminada,* já que os homens não são animais e devem usar dos seus poderes físicos ou espirituais de modo sempre racional.

Em face do problema moderno da chamada "explosão demográfica" e da multiplicação dos abortos criminosos, o problema deve ser revisto pelos moralistas.

[...]

E agora é "o mês de março", que será o *mês do golpe.* Provavelmente não será, mas... pode vir a ser, tal o estado de inferno... em que andam, com "todo mundo falando mal de todo mundo" e jogando as culpas "para os outros". À custa de viver nesta atmosfera vai a gente se habituando à... irresponsabilidade, à aventura, ao *à la guerre comme à la guerre*[18], a comprar presunto, sardinha em lata e figos, como fiz hoje

16. Ver carta de 9 de janeiro de 1964, nota 13, p. 310.

17. Descrito em 1932 pelos médicos que lhe deram o nome – o japonês Kusako Ogino (1882-1975) e o austríaco Hermann Knaus (1892-1970) –, permite calcular os ciclos naturais de ovulação da mulher e estabelecer os períodos de fertilidade. A contracepção baseada no cálculo dos períodos inférteis é uma prática admitida pela Igreja Católica.

18. "Na guerra se age como na guerra".

de manhã, para enfrentar sem fogão o problema do almoço. Vocês já pensaram no que poderá ser aí na abadia, se isso acontecer? É bom providenciar um fogão a gás butano, como tenho em Petrópolis, ou a lenha, ou a carvão, ou... deixar tudo nas mãos de Deus, como sempre tudo está, em última análise. Mas como Deus só ajuda quem o ajuda, o resultado é este da Guanabara e do Brasil em geral: as *cigarras* estão gozando. E o Brasil é, antes de tudo, uma *civilização de cigarras.*

[...]

Fiz ontem à tarde uma entrevista com a tal moça da *Tribuna da Imprensa*, que é uma das 12 da FNF. Veio entrevistar-me sobre a AP (Ação Popular), de que ela fez parte na faculdade, mas saiu por achar que havia exagerada influência marxista e pouca *consciência cristã.*

Vamos ver o que ela fará do que eu lhe disse, em favor da AP, embora sem conhecer bem como funciona e criticando aquela consciência de espírito cristão que ela alega. Mas dizendo também que "longe de ver nela infiltração comunista, vejo neutralização do comunismo", se houver por parte dos católicos uma "consciência bem formada".

"É o que falta", diz ela.

[...]

P.

Rio de Janeiro,
16 de janeiro de 1964

[...]

Estou vendo – apesar de todo o meu otimismo – as coisas caminharem para uma solução qualquer extralegal, tal o acúmulo de nuvens no horizonte. E será, se vier, uma solução (?) que não resolve nada, pois o nosso problema não é político nem econômico nem mesmo financeiro. E por isso é que me baseio nisso para a escolha do futuro presidente... se é que o teremos. Pois, pelo modo como se está encaminhando a radicalização, o que vejo é um ditador pela frente.

O *JB* de hoje – único jornal que estou lendo e já basta para alarmar – fala de 100% de aumento para todos os funcionários públicos! Isso representará o desmoronamento de todos os planos, possíveis e impossíveis, pois o montante necessário será tal que nem eu saberia calcular e só poderá sair de emissões de papel-moeda, E portanto da *inflação* que está deglutindo silenciosamente, não só todos os patrimônios mas todas as paciências. E ninguém se dispõe a entender-se em torno de um programa mínimo e comum que o San Thiago Dantas, por encargo do governo federal, está tentando. Seria o único caminho viável e *à brasileira*, mas não vejo como. Os pólos estão de tal maneira distantes que não é possível pensar em acordo, no momento, *salvo* aquela *esperança* que nunca nos deve abandonar e aquele "jeitinho" brasileiro, que também nunca devemos pôr de lado.

Mas o que leio hoje é que o Adhemar, aí em São Paulo, volta a falar em "armar o povo", sob pretexto de que os "comunistas" estão fazendo o mesmo. E até um homem ponderado e calmo, jurista, como o Bilac Pinto[19], volta de São Paulo dizendo que é este o meio. Isto é, transferir tudo para a área da *guerrilha privada*. É uma verdadeira alucinação progressiva de que o CL é um dos constantes fatores perigosos, por sua inteligência, e a UDN – como partido – é hoje o maior veículo. A UDN, que foi fundada como partido liberal avançado de centro-esquerda, está cada dia mais caminhando para um direitismo integral, muito maior que o do PSD, mais jeitoso e maleável. Não é à toa que na UDN, pouco a pouco, se refugiaram todos os ricos e reacionários.

[...]

No momento, entretanto, o perigo é realmente a transferência da crise para a *área militar*, o que não seria surpresa alguma e... não resolveria nada. Só não se faz, creio eu, porque os militares têm a consciência de que realmente *o golpe não resolve*.

Ao que respondem os fanáticos de um lado: "Só a revolução resolve" e os do outro: "Só o Lacerda resolve" e os cépticos: "Nada resolve". E eu digo: "Deus, a tradição brasileira da *composição* à última hora, a resistência a qualquer golpe de esquerda, centro ou direita e as eleições com a aliança Magalhães Pinto, Carvalho Pinto, Arraes e Jânio é que resolvem". Se essas quatro forças se unirem, não sei bem como, e surgir uma fórmula Pinto-Pinto ou Pinto-Arraes, acho que seria talvez possível evitar um regime de exceção. Aliás, no momento, eu concordo que as possibilidades de um regime ditatorial do Exército com apoio das esquerdas é o mais possível, pois não vejo bem com que forças militares o Lacerda pode contar, a não ser o tal almirante Heck[20], que é pelo menos o que mais se manifesta como levantador de forças militares direitistas, e deve haver outros no Exército e na Marinha. A imprensa (a grande imprensa) estaria toda ao lado de um golpe direitista, a começar pelo *Estadão*, como estariam todos os ricos (associações da indústria, comércio, latifundiários) e o clero reacionário (bispo de Campos e companhia), mas não creio que isso baste para um *golpe*. Ao passo que, do outro lado, o *brizolismo* está demonstrando que tem força popular e essas greves e esses pedidos de aumento salarial constantes são uma prova de força real.

No mínimo se equilibram os fanáticos. E enquanto se equilibram, vamos salvando as liberdades de falar e escrever e reunir, a despeito da desmoralização do Congresso com a tal "vigília cívica" em que ninguém *vigilou* no Brasil...

O descozido dessas des-considerações bem mostra o estado fluido (para não dizer caótico) em que tudo se acha nesta cidade paradisíaca, que no dizer do Lacerda é "o estado-modelo" da União... Modelo de quê?

[...]

19. Olavo Bilac Pinto (1908-1985), líder da bancada udenista na Câmara dos Deputados.
20. Almirante Sílvio de Azevedo Heck (1905-1988), ministro da Marinha em 1961 e golpista em 1964.

Por toda a parte só se ouvem más notícias. É o fato dominante dos dias que estamos vivendo. Não se encontra uma só pessoa que se diga satisfeita. É por isso que procuro pessoalmente fazer o contrário, e não proclamar as próprias inquietações que tenho para não aumentar o coro dos queixeiros e dos apocalípticos, já que considero que a origem imediata ou não de tudo que estamos vivendo é, em grande parte, a ação dos apocalípticos antecipados que provocaram a derrocada da última coisa mais ou menos estável que tivemos, que foi o semestre-Jânio, depois do vendaval JK. E agora este caos, ou quando menos esta encruzilhada onde a moderação ou o oportunismo do Jango ainda é o único fator que impede a abertura das comportas do açude, para a inundação do vale...

Do... *vale-tudo.*

[...]

P.

Petrópolis, 17 de janeiro de 1964

[...]

No Rio, não se sabe ao certo se terminou ou não a greve do gás, com intervenção federal na companhia ou com intervenção federal... no estado, como anunciou o Lacerda ontem em uma comunicação espetacular, como sempre, ao Adhemar. Cada dia tenho mais antipatia por esse doido, mas cada dia ele cresce mais em um largo setor da opinião pública – o direitista, conservador ou reacionário. Cada vez que este fanático abre a boca é para dizer uma barbaridade, insultar, provocar e fazer o jogo dos que querem o pior. Pois ele próprio é o chefe dos pioristas, dos "quanto pior melhor".

Está doido para que decretem o estado de sítio e a intervenção na Guanabara, e nessa mensagem ao Adhemar, nas entrelinhas convida o Adhemar a uma nova "guerra constitucionalista", como há 30 anos. Apenas agora a coisa é mais grave e degeneraria numa guerra civil generalizada e numa entrada na *ditadura mista,* pois no Brasil não há clima para qualquer ditadura simples, isto é, da esquerda ou da direita... Seria uma ditadura mista. É isto que este fanático está querendo e cada vez que ele abre a boca é para isso. Diz uma coisa e quer outra. Diz que o "governo federal e os comunistas" querem, por meio desta greve. E ele próprio o que quer é que o golpe seja dado para poder dar o contragolpe, ou então que os militares adhemaristas e lacerdistas dêem o golpe diretamente, preventivo, como insinuou o próprio *presidente* da UDN, o deputado Bilac Pinto, na tal declaração de ontem.

O *Jornal do Brasil,* que é o meu jornal-termômetro, tem hoje um artigo calmante, como quem morde e sopra... Hoje está soprando, porque está vendo que os *doidos da direita* estão ainda mais doidos que os doidos da esquerda. E tudo fazem para que o Jango saia da *gangorra.* Pois bem. Mil vezes a *gangorra* do que o *trampolim.* E o trampolim é o que querem os fanáticos da UDN ou do PSD, como é o que querem também os fanáticos do brizolismo e do Movimento das Esquerdas Populares, ou nome parecido. Enquanto isso o Juscelino se bateu para Roma (sic). Com certeza foi fugindo a ter de tomar partido. E o nosso (ao menos meu, pois parece que não tem ninguém por si...) Magalhães Pinto, mineiro, muito mais "velho" do que o JK, declara que *não comparecerá* à convenção da UDN que pretendem fazer já em Belo Horizonte, para lançar *pelo partido* a candidatura do doido da Guanabara. O que significa que ameaça cindir o partido.

[...]

Eu estava ali, naquela missa de outrora, com umas velhotas, umas freirinhas do Amparo, e a mulher do Mesquita Pimentel[21] (que comungou e foi embora, dando a impressão de que ele estava doente, ainda mais doente). E no entanto fiquei pensando: há cinco anos aquela senhora me censurava na Mosela e me dizia: "Daqui a cinco anos Maritain será condenado pelo Santo Ofício", com um ar de ódio e de vitória. E eu lhe respondia: "Até lá, e mesmo depois, o acompanharei e, com ele, aceitarei calado a sua (dele) condenação, pois da minha não se fala, já que não sou bastante importante para isso!"

Passaram-se dez anos. Passa João XXIII. Entra Paulo VI. Maritain recebe de João XXIII um retrato autografado, pelos seus 80 anos, e Paulo VI é o mesmo monsenhor Montini que traduziu os *Trois réformateurs*[22] para o italiano! E hoje, sou eu que acho Maritain... exageradamente preso ao tomismo, embora sempre maravilhoso, quando se abre ao amor ou à pobreza, como nessa página extremamente bela sobre o amor e a amizade. "E aquela senhora ali", continuei pensando, "já compreendeu provavelmente que as posições de Maritain nada tinham de condenável". E continuo: "Os papas já foram adiante dele e de suas posições, quando não ousaram – apesar de todos os esforços do seu amigo Ottaviani, do Santo Ofício – condenar Teilhard de Chardin, que é mil vezes mais audacioso que Maritain..." E pensar que aquela senhora conseguiu de Nosso Senhor que *o marido e eu* nos reconciliássemos e que hoje eu pense no seu marido como uma grande alma unicamente voltada para Deus!

Tudo isso passou pela minha cabeça, de relance, enquanto o franciscano seguia a sua missa provinciana e antiquada do Coração de Jesus de outrora e as velhotas e os velhotes presentes estavam ali como há 20, 30, 50, cem anos, e no meio deles um sujeito acusado de "comunistizante" ou de "herético" ou de "laranja", mas que vive combatendo o anacronismo, o direitismo, o reacionarismo, o mundanismo etc. e tal, que provavelmente *todos os demais presentes* aceitavam como "católicos" evidentes.

E eu, no meio deles, longe de me sentir irritado, me sentia à vontade, gostando daquele passadismo, daquele Coração de Jesus de outrora, daquelas três ave-marias do fim, daquele público calado, de uma missa *tão diferente do que eu acho que deve ser*

21. Maria Theresa Magalhães Castro Mesquita Pimentel (1898-1970), escritora.

22. "Três reformadores"; a edição original francesa é de 1925.

a missa, e no entanto estava tão gostoso que era como se voltasse à minha infância – antes dos 20 anos de malandragem fora da Igreja – ou então na fase logo posterior a 1928, quando *aceitei tudo* desde que viesse *da Igreja*, sem fazer distinções entre missa calada ou missa falada, entre católicos da direita e da esquerda, entre "Mesquitinhas" e "Mesquita", entre Corção de ontem e de hoje, Lacerda de ontem e de hoje, Sobral de ontem e de hoje, *Tristão* de ontem e de hoje...

Não sei se você acompanhou bem tudo isso, pois fui escrevendo ao correr da douradinha[23], e não sei bem se tudo terá saído bem claro...

[...]

P.

Petrópolis,
18 de janeiro de 1964

[...]

Você ouviu falar a respeito da designação de uma comissão mista de católicos e protestantes para uma edição conjunta da Bíblia? Será possível? Ou não será ainda para nossos dias? Ah, o ecumenismo!

[...]

Por mais que eu queira manter o meu otimismo, sinto que a situação do Jango, que *até agora* se tem recusado a optar pela direita ou pela esquerda, é insustentável. Está atacado de lado a lado pelos extremistas, e o lacerdismo e o brizolismo estão levando tranqüilamente o Brasil para uma ditadura, que tanto poderá ser do próprio Jango como do "esquema militar", se *perder a cabeça*. O que eu atribuo ao propósito sincero de fazer as reformas *sem golpe*, os lacerdinhas, sobralinhos, corçõezinhos, hamiltinhos e companhia acham que é puro maquiavelismo. E partindo daí, empurram o Jango para o braço do esquerdismo ou de um golpe, como o de 37, contra os extremos, apoiado nos militares.

De qualquer maneira, os lacerdistas e companhia estão fazendo com o Jango o mesmo que fizeram com o Jânio. Ainda agora falharam mais uma vez suas provocações e seus prognósticos.

Parece que o Adhemar pensava até em mandar a polícia estadual para as fronteiras de São Paulo! E o Bilac Pinto continua a pregar "que os democratas se armem" (sic). É a completa loucura. É a *guerra civil preventiva*, tão louca como a guerra internacional preventiva. E foi o *golpe preventivo* que em 1955 o Sobral (sempre ele...) aconselhou o Lott a dar. E ele deu. E daí? Melhorou alguma coisa o Brasil?

---

23. A nova caneta de Alceu, que substituiu a "cinzentinha".

Agora, esses mesmos golpistas-preventivos acusam o Jango de golpismo. E aconselham o povo a que se arme, como se tivéssemos chegado à situação de Zanzibar[24]!

Para mim, a maior culpa é dos *homens da direita*. Não que os da esquerda não tenham também as mesmas culpas. Mas a responsabilidade dos direitistas é maior. E deviam compreender que uma atitude de intolerância fanática, como a do Lacerda, é a desgraça do Brasil.

Embora eu continue na mesma: *se o Lacerda for eleito* (isto é, *se* houver eleições e ele for eleito), nem se discute que deve ser empossado. Assim foi com o Getúlio e com o próprio Jango. Mas o lacerdismo, *naquele tempo*, tentou por todos os meios – salvo as armas, talvez porque não encontraram aqui bastante apoio no Exército – tentou impedir a posse tanto do Getúlio como do Jango. E agora se apresenta como defensor da democracia e teme que o Jango não lhe dê posse, o que é possível que ocorra. Mas a culpa inicial cabe a quem colocou o problema no terreno do *tudo ou nada*, do *quanto pior melhor*.

De qualquer modo, a atmosfera de 1964 está envenenada como nunca esteve. E só vejo no Magalhães Pinto, no Arraes, no Carvalho Pinto e no Jânio – nesses quatro homens – a quadrilha capaz de arrancar o nosso carro do atoleiro. Mas até lá...

[...]

P.

Rio de Janeiro,
20 de janeiro de 1964

[...]

Na data de hoje, no ano de 61, foi a posse do Kennedy e foi também o dia da chegada do Jânio, que iria tomar posse no dia 31! Que coincidência! E eu escrevi no meu diário nesse dia apenas a palavra "esperança", duas vezes, assim: "Posse Kennedy! Esperança!!"

"Chega Jânio! Esperança!"

Tenho até um arrepio quando, apenas *três anos depois*, penso em tudo o que houve. Kennedy *assassinado*, Jânio *deposto por si mesmo* (na frase que tanto irritou o meu eminente ex-amigo[25], hoje no Index...): "Por terra as duas grandes esperanças desse dia 20 de janeiro de 1961!"

Que tremenda lição! Lição de *revolta* ou de *conformidade*? Evidentemente nem uma nem outra. Lição de *aceitação plena da vontade de Deus* e consciência de que

24. Referência às lutas sangrentas que vinham ocorrendo em Zanzibar, que iria se unir a Tanganica para formar, em 26 de abril de 1964, a atual Tanzânia.

25. Trata-se de Gustavo Corção.

todas as "esperanças" *terrenas* são frágeis e vãs como nuvens sem chuva... Tudo vão, vão, vão. Inútil. Por terra. O vento passou, a morte e a loucura levaram as duas esperanças políticas do dia 20 de janeiro de 1961 e aqui estamos a 20 de janeiro de 1964, com os dois *sucessores constitucionais* dessas duas grandes esperanças políticas, ambos medíocres, ambos *legais*, ambos vulgares, ambos de boa vontade, males menores – se quisermos – mas sem nada, nada, nada daquilo que, nos horizontes universais, despertou o Kennedy com toda a sua juventude aberta e solar.

E, no plano nacional, esse moralizador imoral, que no auge da luta é apeado pelo clamor dos seus partidários da véspera, que esperavam nele um aliado a serviço dos seus ideais retrógrados e o desceram do pedestal, onde ele não teve coragem de ficar, mostrando que realmente *não tinha a fibra* que o jovem assassinado de ontem tinha para dar.

Tudo isso é o véu da decepção que mais uma vez desceu sobre este meu fim de vida e só não altera a minha *equanimidade* porque já há muito (desde 1928) *que não espero nada nem dos homens nem das instituições humanas* e por isso mesmo vivo em perpétua disponibilidade e numa *paz interior* que me consola do afastamento *total* de *todos* os meus amigos de outrora, sem contrair novos (essa última frase talvez seja exagerada e pessimista e portanto deve ser riscada). O que quis dizer é que, abandonando os meus amigos da direita (ou sendo por eles abandonado), colocando-me (como quero colocar-me) *acima da direita e da esquerda*, não me incorporei a nenhum grupo de esquerda. E prefiro ser acusado – como o foi Romain Rolland[26], quando em 1914 se declarou *au dessus de la mêlée* – de diletantismo ou de pilatismo (lavar as mãos), do que de me deixar infiltrar pelo fanatismo.

Bom, tudo isso para dizer que as decepções de todas as espécies – governador, presidente assassinado, presidentes enfraquecidos, amigos fanatizados, partidos... partidos (UDN) etc. etc. Centro Dom Vital esvaziado de todo sentido (para mim), universidade aposentada, conselhos e academias sem o mínimo interesse – só uma coisa fica de tudo aquilo que foi a minha esperança – vocês... E acima de tudo Aquele que encontrei em 1928 e a quem peço cada dia que me dê forças para não O abandonar jamais, pois sei que Ele jamais me abandonará e nós é que deixamos, tantas vezes, diminuir – ou mesmo, desgraça suprema – apagar-se a chama. Nesse ponto, a Graça me tem de tal modo ajudado que até fico envergonhado. E todas essas decepções, na realidade, só o são *da boca pra fora* pois realmente *nunca esperei nada do mundo* e das coisas do mundo, ao menos desde 1928. E todas essas "decepções", desde o Centro Dom Vital até o Kennedy, tudo só faz confirmar, e de vez em quando atiçar, o fogo autêntico da fé, que me ensina a só *esperar de Deus.* E Ele nos alimenta a fé, precisamente, com a lenha das decepções humanas.

[...]

P.

---

26. Adepto da não-violência, o escritor publicou, em 1915, uma coletânea de seus artigos pacifistas sob o título *Au-dessus de la mêlée* (Acima da confusão), o que lhe valeu muitas reações hostis; em 1916 Rolland receberia o Prêmio Nobel de Literatura.

Petrópolis,
25 de janeiro de 1964

[...]

Leio que o Amaral Peixoto[27], presidente do PSD (partido conservador, hoje menos conservador do que a UDN...), apóia o reconhecimento da legalidade do Partido Comunista "para evitar que os comunistas se infiltrem nos partidos democratas".

Sempre foi minha tese. Mas depois das declarações do cardeal[28], que serão renovadas ainda com mais violência se o problema voltar à tona, não sei se será possível que eu a mantenha publicamente. Estou realmente esticando a corda de tal maneira que de um momento para outro... arrebenta. Ainda se o cardeal me mandasse chamar e me proibisse, por *obediência*, de tocar em certos assuntos, *eu não hesitaria* um minuto em atender. Mas até agora nunca me disse uma palavra, de modo que eu me tenho manifestado livremente, até mesmo contra opiniões expressas do cardeal, como foi o caso do reatamento das relações diplomáticas com a Rússia.

Mas você veja como tudo que o cardeal faz nesse sentido, apoiado, reconheço, pela maioria absoluta dos "catolicões" e mesmo pelos católicos integristas, tudo isso vem sendo ultrapassado pelos acontecimentos. Fizeram um barulhão contra o Jânio e o San Thiago pelo restabelecimento de relações com a Rússia. Pois agora o problema se desloca para a China. A França vai reatar e vai ser uma *chain reaction*[29]. Já se fala hoje, no *JB*, no reatamento por Portugal (sic) e que a própria Espanha vai reatar relações com a Rússia! E a Itália se encaminha para imitar a França no caso da China.

No caso de Portugal, é o problema de Macau, um enclave português no flanco da China, como foi por causa de Hong Kong, enclave inglês, que a Inglaterra, muito sabiamente, *nunca rompeu com a China comunista.* Acabam todos fazendo o mesmo, e dia chegará, talvez não seja para meus dias, em que haverá uma Nunciatura da Santa Sé em Moscou e outra em Pequim. Certo como dois e dois são quatro, e os cardeais então acharão muito certo... Enquanto isso, os pobres dos Tristões terão comido fogo...

Se é essa a minha sina (minha China...)[30], Deus me dê paciência.

Gostaria é de descobrir quando e onde eu advoguei a solução das duas Chinas, agora apresentada como a fórmula mais recente. Já foi há muitos anos. Tenho certeza de que escrevi isso, mas não sei onde nem quando. Puramente vaidade de "eu não dizia..." Por isso mesmo é melhor não pensar em descobrir esse texto antigo e passar como "indo na onda" dos comunistas agora...

[...]

P.

---

27. Ernâni do Amaral Peixoto (1905-1989), deputado federal.
28. Dom Jaime de Barros Câmara.
29. "Reação em cadeia".
30. China, em latim, se diz Sina.

Petrópolis, 1º de fevereiro de 1964

[...]

Esse foi o primeiro desvio da manhã... Veio outro logo depois. Já um telefonema do Rio, duas vezes. Acredito que seja gente do Congresso Democrata Cristão, que está reunido em sua convenção nacional, no Rio. Os jovens da delegação do Paraná já estiveram comigo duas vezes e provavelmente era a respeito de qualquer tese que me telefonaram. Talvez o próprio Montoro – que está tentando conciliar as duas correntes opostas dentro do partido, onde figuram desde o Paulo de Tarso e o Arruda Sampaio[31], da esquerda, – que no fundo só acreditam na revolução com o Brizola e companhia –, ou então os da outra linha do Centro Dom Vital. Como é possível dentro de um só partido conciliar posições assim radicalmente opostas – um socialista avançado como o Paulo de Tarso e capitalistas fósseis como outros?... O Juarez[32] creio que procura conciliar as duas alas, como o Montoro. E os paranaenses também, como o Ney Braga[33], que é atualmente o presidente do partido.

[...]

E esse é um partido com um programa social muito avançado (que os direitistas do partido já querem modificar!), e que corresponde, mais que outro qualquer, à minha própria posição política. Aliás, li hoje no *Correio da Manhã* o resumo de um discurso do Magalhães Pinto, em que mais uma vez vejo que nossos temperamentos e nossas posições são de longe as que mais se aproximam no plano da política militante. Tenho a impressão de que ele... lê o que eu escrevo e vai na mesma toada. Talvez por isso é que é tão amigo do Edgar Mata-Machado[34]. Os Mata-Machado são 100% da nossa linha Roncalli-Montini...

E por falar nisso (terceiro desvio) viu que beleza a abertura ao Oriente do *Osservatore Romano*? Não é oficial da Igreja, mas é "oficioso" e representa geralmente a ala conservadora.[...]

Foi pena que o meu artigo de ontem não tivesse saído há oito dias, pois já estava escrito há um mês e dizia exatamente o que a Igreja, ou pelo menos o seu jornal oficioso, recomenda. Só os cegos e os fanáticos não vêem que é essa a linha da Igreja desde o nosso grande João, e que o Paulo está seguindo.

[...]

Quanto ao reconhecimento da China comunista, por mais que deteste a política belicosa de Mao Tsé-tung[35], e por mais que antipatize pessoalmente cada vez mais,

---

31. Plínio de Arruda Sampaio (1930), então deputado federal pelo Partido Democrata Cristão.

32. Juarez Távora (1898-1975), à época deputado federal pelo PDC.

33. Ney Aminthas de Barros Braga (1917-2000) foi deputado federal, prefeito de Curitiba, governador do Paraná, senador e ministro nas gestões Castello Branco (Agricultura) e Ernesto Geisel (Educação e Cultura).

34. Edgar de Godói da Mata-Machado (1913-1995), jurista e jornalista, líder intelectual católico em Minas Gerais.

35. Dirigente do Partido Comunista Chinês (1893-1976) e do governo da China, país que, em 1964, explodiu a sua primeira bomba atômica.

com o bonapartista De Gaulle (Napoleão IV), neste caso ele está 100% com a razão, como estava quando combateu a OAS (Organization de l'Armée Secrète[36]), isto é, o terrorismo patrocinado pelos partidários da Argélia Francesa, chefiados pelo Bidault[37], hoje nosso hóspede, refugiado *quelque part*[38] no interior.

[...]

P.

Petrópolis,
4 de fevereiro de 1964

A chuva ontem, bem-vinda, encheu o dia todo e pela primeira vez também encheu o nosso velho Piabanha e engrossou a voz do nosso regato moseliano. Notícias daí também dizem o mesmo, bem como do vale do Paraíba, o que permitiu logo a suspensão dos cortes e racionamentos "até Quarta-feira de Cinzas". Carnaval... seriam capazes de permitir a suspensão para esse fim, até mesmo com as chuvas – tal a importância que o carnaval ainda tem no Brasil. Quem passa estes dias fora daqui, na Europa ou nos Estados Unidos, é que vê a diferença, né mesmo? Considero isto aliás, um sinal... *cristão*, pois afinal o carnaval, sendo uma festa pagã, tornou-se, por isso mesmo, um sinal de contraste de uma civilização cristã. Hoje, neste nosso pós-cristianismo, é que o carnaval perdeu o seu prestígio. O protestantismo, aliás, foi o princípio da decadência do carnaval, pelo puritanismo. Quem pensa em Veneza, onde havia carnaval *seis meses ao ano*, e de onde saíram santos como São Jerônimo Emiliano, ou o nosso João XXIII!

[...]

Eu sou pela Igreja *pró*. Não pró-liberal etc., mas pró-paz, pró-amor, pró-fraternidade, pró-convivência, pró-compreensão, pró-entendimento, pró-relações, pró-diálogo etc.

Por isso estou no oposto ao espírito e ao processo do próprio dom Vital[39] e do Jackson, sem por esse motivo deixar de colocar um e outro numa posição eminentís-

---

36. "Organização do Exército Secreto".

37. Georges Bidault (1899-1983), professor e político francês, sucessor de Jean Moulin como presidente do Conselho Nacional da Resistência Francesa durante a Segunda Guerra e várias vezes ministro das Relações Exteriores, acabou se tornando um dos mais ferrenhos adversários da independência da Argélia – o que o levou a deixar seu país e a exilar-se no Brasil entre 1962 e 1968.

38. "Em algum lugar".

39. Convém lembrar que o Centro Dom Vital – fundado em 1922 por Jackson de Figueiredo – recebeu tal nome em homenagem ao frei Vital Maria Gonçalves de Oliveira (1844-1878), arcebispo de Olinda e Recife, preso por ordem imperial porque se opunha à participação de clérigos e leigos católicos na maçonaria (o embate, ocorrido em 1875, ficaria conhecido como Questão Religiosa).

sima na história da igreja e do catolicismo no Brasil. Nem renegar nada do que representaram, especialmente, e naturalmente, o Jackson (pois dom Vital foi apenas uma conseqüência do Jackson) na minha própria conversão.

Mas a minha passagem por Maritain, por Thomas Merton, por dom Leme, e principalmente por João XXIII, e minha inclinação natural, anterior a todos, mesmo contra o Jackson, ao espírito de conciliação dos contrários, de acomodação, de antipolêmica, etc., tudo isso se torna dia a dia mais claro. O contato com o catolicismo *francês* também influiu, e muito, para essa minha decidida *apertura a sinistra,* dirão os direitistas, desde aquele artigo do padre Congar[40]: *Dieu est-il à droite?*[41], que me abriu tanto o horizonte. Desde então comecei a libertar-me de um artifício a que me levou a *entrada forçada* para o Centro Dom Vital, logo depois da conversão. Por muito tempo me senti *obrigado* a pensar de modo diverso do meu temperamento para estar *na linha do vitalismo* que o Jackson tinha imaginado, com o seu autoritarismo reacionário.

Pouco a pouco, porém, fui sentindo que precisava *ser eu mesmo,* quaisquer que fossem os obstáculos. E eram três principalmente: a memória do Jackson, a admiração *intelectual* pelo Corção, e o cardeal Câmara[42], meu pastor.

Hoje... sei lá... Hoje procuro libertar-me dessas três amarras, sem nenhum propósito de me voltar *contra eles* de modo algum. Sou cada vez mais grato ao Jackson, *sem o qual eu sozinho não teria encontrado Deus nem a igreja. Admiro,* da mesma maneira, o Corção. E respeito a autoridade do meu bispo, *nihil sine episcopo*[43].

Mas acho que, aos 70, e quando o *nosso* S. João nos acena lá perto da *nossa* D. Mariana, é tempo de me tornar... um homem livre. Não quero morrer sem me sentir *um homem livre.*

[...]

P.

---

40. Yves Marie-Joseph Congar (1904-1995), frade dominicano e teólogo francês, na época um dos grandes peritos do Vaticano II, principalmente pela influência determinante que exerceu na abertura eclesiológica e ecumênica que aquele concílio adotaria para toda a Igreja Católica. Durante mais de um decênio, entre os anos 40 e 50, foi submetido às sanções da Cúria Romana, em particular do Santo Ofício do cardeal Ottaviani, justamente por força de suas posições acerca da eclesiologia e do ecumenismo. No fim da vida, imobilizado num leito hospitalar devido a um problema neurológico, recebeu o chapéu cardinalício. Como ex-oficial do exército francês que resistira – na frente de batalha e nas prisões alemãs – ao terror nazista, e por ser, na posição de cardeal, considerado "príncipe da igreja", foram-lhe prestadas em Paris, quando de sua morte, honras militares e eclesiásticas. Ver carta de 24 de fevereiro de 1964, pp. 336-8.

41. "Deus é de direita?" Trata-se, na verdade, de um texto sem assinatura, publicado em duas partes na revista *La vie intellectuelle* (t. XLI, n. 1, fevereiro de 1936, pp. 49-72, e n. 2, de março do mesmo ano, pp. 219-45), órgão dirigido pelos dominicanos franceses. O artigo mostrava com clareza os pontos em que a ideologia direitista afastava-se e separava-se da doutrina cristã. Yves Congar era, na época, assíduo colaborador da revista. Vale lembrar que na "Bibliografie" de Congar elaborada por Beltrame Quattrocchi, que se encontra em *Le père Congar. La théologie au service du peuple de Dieu* (Paris: Ed. Du Cerf, 1967, pp. 242-6), de J.P. Jossua, não é feita qualquer menção àquele texto.

42. Dom Jaime de Barros Câmara.

43. "Nada [fazer] sem o bispo"; a frase, originalmente de Santo Inácio de Antióquia (que morreu por volta de 110) em sua Epístola aos Filadelfos, tornou-se uma espécie de dístico dos movimentos da Ação Católica; seu verdadeiro sentido aponta para a comunhão propriamente espiritual no seio da Igreja. Ver carta de 19 de fevereiro de 1964, pp. 331-33.

Petrópolis,
7 de fevereiro de 1964

[...]

Leio agora que, na conversa de ontem com o CL, o nosso pastor mais uma vez lhe comunicou suas "notícias secretas" de que o Brasil vai enfrentar uma revolução comunista, etc. Conclusão: não tarda uma *Voz do Pastor*[44] condenando a legalização do Partido Comunista, que vejo defendida, com grande surpresa minha, por um editorial do *JB* de hoje, com os mesmos argumentos que empreguei há ? anos: foi no começo ou meados do governo Dutra[45], aí por 46 ou 47, isto é, há uns 15 anos passados. Preciso desencavar esse artigo para republicá-lo, se até lá o cardeal não me impedir de escrever o que penso.

[...]

Ataques sofro muitos, mas do cardeal será mais sério. Vivo agora por um fio, quanto à liberdade de dizer o que penso. Por isso mesmo é que gostaria muito de me libertar das últimas amarras com tudo o que, direta ou indiretamente, está subordinado ao cardeal.

Não se trata de me insubordinar, de modo algum. Uma palavra dele, intimando-me ou mesmo pedindo que eu não toque nesses assuntos, será o suficiente. Apenas, enquanto essa palavra não vier, entendo que ele me deixa livre e louvo-o muito, naturalmente, por essa atitude, que foi a que teve no incidente do ano passado com o centro. Mas como vejo que as paixões estão cada vez mais desencadeadas, que ele não se cansa de se aproximar ostensivamente de meios inimigos do atual governo, apoiando os que afirmam que o propósito do Jango é "comunistizar" o Brasil, e como isso é partilhado por toda a ala velha do catolicismo e pelo grupo agressivo dos *fanáticos*, inclusive o que se julga "entre o Alceu e o Corção", temo muito que essa liberdade, de que sempre desfrutei e que agora mais do que nunca conquistei, rompendo ideologicamente com a *ala velha* de velhos amigos, receio que essa liberdade esteja por pouco. E que nem me seja mais possível, sequer, reeditar um artigo de 15 anos passados.

[...]

P.

44. Programa radiofônico do arcebispado do Rio de Janeiro.
45. Eurico Gaspar Dutra (1883-1974), presidente da República de 1945 a 1951.

Petrópolis, 11 de fevereiro de 1964

A combinação não será muito ortodoxa, mas é muito real. É o mundo em que vivemos. Para mim, hoje, *c'est tout la même chose*, como dizia o Adão[46] na Paris de 1900... Basta uma palavra, aos 70, para alvoroçar os pássaros que dormem. Aliás, vejo que com você acontece a mesma coisa. E não é para admirar. É conseqüência da saída do mundo – e afinal uma vocação monástica é a mais autêntica saída do mundo. É como a velhice: ou não sabemos suportá-la e vivemos como velhos e velhas gaiteiras, inconformados e apalhaçados, ou sabemos, e então envelhecer representa aproximar-se cada vez mais do encontro supremo, o encontro com Deus. E o que é a entrada na religião senão uma aproximação maior desse encontro, já por aqui, cada dia? E por isso mesmo é que representa o passo mais difícil da vida, pois é um encontro mas ainda não é *o* encontro, no qual o amor substituirá definitivamente a fé. Pois a fé é um amor no escuro!

Tudo isso... sei lá, já me perdi em passeios pelos bosques... Tudo isso por causa do encontro paradoxal de Nossa Senhora, em Lourdes – e portanto em toda a terra – com o Rei Momo, em Petrópolis, na figura tão pitoresca do "mascarado sujo", que ainda não encontrou um Portinari[47] para o fixar...

[...]

Cada dia considero Thomas Merton como sendo o escritor católico de nossos dias, senão o escritor *tout court*[48], que mais diz o que eu quisera dizer. É raro que meu pensamento não corresponda exatamente ao dele. Creio que nem a leitura de Maritain nem a de Teilhard, pólos quase opostos, pois em Toulouse[49] Maritain me falou de modo tão categórico contra tudo o que se fazia em França em matéria de filosofia, *rien que du phénoménologisme*[50], que senti o Teilhard também no meio, como já em Princeton uma vez me tinha parecido.

Nunca cheguei a esclarecer bem, embora eu considere que Teilhard está dentro da tradição tomista – *primauté de l'Être*[51] – mas naturalmente num contexto e com idéias próprias que vão muito além do tomismo puro (que não existe, segundo

---

46. Motorista brasileiro da família Arinos em Paris; sua frase em francês, que não se encerra na estrita correção gramatical, quer dizer: "É tudo a mesma coisa".

47. O pintor Cândido Torquato Portinari (1903-1962).

48. "Pura e simplesmente".

49. A partir de 1960, já viúvo, Maritain passou a viver em retiro na cidade francesa de Toulouse, integrando, até morrer, a comunidade religiosa dos Irmãozinhos de Jesus, que, como já foi dito, inspira-se na espiritualidade de Charles de Foucauld.

50. "Nada mais do que fenomenologismo"; Alceu subentende que essa crítica visava também, além de seu aspecto propriamente técnico, as posições teilhardianas acerca do "fenômeno humano", título de um de seus livros mais conhecidos.

51. "A primazia do Ser".

Gilson[52], o qual por sua vez, de vez em quando, me dizia: *cela, c'est du Maritain, ce n'est pas du Saint Thomas...*[53])

Esse rigorismo de compartimentos estanques é que me tem afastado um pouco, ultimamente, de Maritain como filósofo, não como homem e como cristão. E me aproximado de Thomas Merton, que, embora tomista, é realmente, sinto, mais aberto, como Maritain *era.* Eis aí. Lembro-me bem de que, falando no México, numa reunião da Unesco, antes de 1936 (foi quando ele passou pelo Rio), Maritain fez um sensacional discurso promovendo o *entendimento* entre os filósofos de diferentes correntes. E depois escreveu *Approches de Dieu*[54], em que apontava uma sexta via, além das cinco tradicionais de Santo Tomás, para incorporar o pensamento hindu. Ainda me lembro que alguns condenaram.

[...]

Mas voltando ao (a quem? já me esqueci...) Ah... a Thomas Merton: cada vez que leio uma coisa dele me sinto *expresso* e de modo infinitamente mais completo do que posso dizer.

Ainda ontem vi isso com a interpretação da viagem de Paulo VI à Palestina. Era exatamente o que eu dissera na croniqueta "Rumo à nova cristandade". De modo que aproveitei essa outra deixa para me desobrigar de uma semana e mais duas croniquetas, sendo que uma, O "paradoxo da atenção", foi uma experiência engraçada, embora não inédita e bem contrária a dois processos habituais de escrever: um, o bom, quando vem aquela vontade que é (perdoe a comparação) parecida com... um enjôo de mar ou de labirinto. Outro, o mau, é quando preciso escrever e sai alguma coisa de forçado, só para "encher lingüiça". Pois ontem foi diferente. Precisando completar um casal (pois as croniquetas vão aos pares), pus a mão na cabeça, como em Veneza 1914, e sabe que esse gesto desencadeou, por *chain reaction*, uma croniqueta rápida, uma evocação de Veneza 1914, coisa que conscientemente não me passara pela cabeça (sic) no meio dela. Ficou bem razoavelzinha, e em cinco minutos, se tanto. Terceiro processo de composição puramente subconsciente.

[...]

P.

52. Etienne Gilson (1884-1978), filósofo francês, especialista na obra de Tomás de Aquino, foi o pioneiro da renovação dos estudos da filosofia medieval. Como bom conhecedor do texto e do sentido da obra do Aquinata, Gilson era tido também por crítico lúcido, e por vezes cáustico, das correntes "escolásticas" tardias que se reclamavam da filosofia tomasiana.

53. "Isso é do Maritain, e não de Santo Tomás"; a obra filosófica de Maritain era considerada em certos meios como influenciada por João de Santo-Tomás (1589-1644), dominicano português e comentador da obra de Tomás de Aquino.

54. Publicado em 1953, o livro sairia no Brasil dez anos depois sob o título *Caminhos para Deus.*

Petrópolis, 14 de fevereiro de 1964

[...]

Pois apesar de tudo isso e de compreender e sentir que já não tenho forças para *liderar* nada, há momentos em que me sinto voltar aos tempos áureos de 1929 e 30, quando senti realmente que tinha em mãos alguma coisa a fazer, um posto a preencher, que era o que a morte do Jackson deixara vago, e que aceitei, dizendo logo que o fazia arrancando totalmente o Centro Dom Vital dos caminhos políticos e dando-lhe um sentido puramente católico e cultural. Hoje, passados 30 anos, continuo fora dos caminhos políticos, mas incontestavelmente lançado nos caminhos sociais, especialmente depois do nosso João XXIII, que tão bem conciliou o seu *suprapoliticismo* evangélico com uma decidida inflexão social *a sinistra* e não *a dextra*[55], tal qual *eu o senti* sempre dentro de mim, mesmo quando fazia um esforço sobre-humano para seguir os passos do Jackson e do vitalismo (o Jackson foi decidida e confessadamente reacionário, embora eu nunca aceitasse nem suas idéias políticas "demaistreanas" nem suas idéias estéticas antimodernistas) – ou para não me afastar do Corção. Tudo isso passou. Hoje me sinto, como te disse, um homem livre.

Se tivesse menos 30 anos, pensaria na fundação de um Centro Júlio Maria[56], pois considero que foi este, realmente, que abriu para a igreja brasileira (não a do bispo de Maura[57]...) novos rumos, ao passo que dom Vital foi também um reacionário[58], um ultramontano como se dizia, e nele só sinto afinidade com a sua *luta contra o império* em favor da *independência da Igreja*. Júlio Maria, este sim é que viu, nas águas de Leão XIII, o futuro, especialmente o *futuro social da Igreja*.

[...]

Aqui nesta tebaida moseliana, entro em mim mesmo e me sinto... rejuvenescido, voltando aos 40 anos, sentindo um fervor novo, um caminho a trilhar, uma tarefa, ao mesmo tempo igual e diferente, como se realmente estivesse passando por uma *nova conversão*, uma conversão *em profundidade*, cada vez mais *dentro da Igreja*, dentro do

---

55. Do latim, "à esquerda" e "à direita" respectivamente.

56. Júlio César de Moraes Carneiro, mais conhecido como padre Júlio Maria (1850-1916). Doutor em Direito, ao se converter à fé cristã, após enviuvar, tornou-se religioso redentorista, sendo ordenado padre em 1891. Passou a desempenhar em todo o país uma reconhecida atividade apostólica, principalmente como pregador e escritor. Num dos textos que redigiu sobre a Igreja Católica no Brasil, formulou um de seus grandes anseios: "Proclamar bem alto a eminente dignidade do operário na cidade de Deus, que Jesus Cristo fundou na terra, não com as castas, as aristocracias, as burguesias ou as dinastias, mas com o povo e para o povo; convidar francamente, sem hipocrisia política, nem covardia religiosa, a democracia ao banquete social do Evangelho".

57. Dom Carlos Duarte Costa (1888-1961). Nomeado bispo por Pio XI e ordenado por d. Sebastião Leme em 1924, assumiu a diocese de Botucatu, em São Paulo. Na esteira de desavenças com a instituição eclesiástica, foi afastado de sua diocese em 1937 e simbolicamente designado bispo-titular de Maura, na antiga África cristã. Tendo incorrido em excomunhão no ano de 1945, fundou a Igreja Católica Brasileira Livre.

58. Ver carta de 4 de fevereiro de 1964, nota 39, p. 321.

Coração de Jesus, dentro da mais pura ortodoxia, dentro do pensamento de João e de Paulo, mas também dos Joões e dos Pios, *sem exceção*, mesmo São Pio X, cuja santidade supera tudo e que viu na *vida sacramental das crianças* o caminho único de nossa *infância espiritual*, base de tudo, – essa conversão em profundidade se assemelha à de 1928. É um passo avante na dela. E hoje, como então, *me sinto totalmente só*. Hoje, não tão só pois tenho você – que acompanha tudo isso com uma compreensão total, embora sem deixar de exercer o papel de "advogado do diabo"... (perdoe!) *indispensável* para deter as minhas *amorosolimadas* – e Mamãe, colocada por Deus ao meu lado, e sem a qual então é que nada mesmo eu teria feito... E lá na avenida Ipiranga essa outra "companheira", que faz a minha ligação com esse outro monge, na sua trapa, com quem *hoje* me encontro em tanta afinidade como em 1928 com Maritain. E lá no Rio, dom Hélder, que é hoje ou poderá vir a ser o mesmo que dom Leme em 1928. E os amigos que hoje abandono, são também uma *réplica* dos amigos que abandonei (sem naturalmente me afastar de nenhum deles), de tantos que tive de abandonar em 1928!

Não é uma *analogia impressionante*? Será que o Tristão de 1964, 65, 70 realmente está precisando continuar, nesta nova linha, quaisquer que sejam as pedradas que vai recebendo, *porque Nosso Senhor quer*? Ou será pura vaidade? Ou será uma simples ilusão? Uma *visita da saúde*, antes da... despedida final. Deus é que sabe.

[...]

P.

Petrópolis,
15 de fevereiro de 1964

Passei duas horas com o casal americano dos *papal volunteers*[59], que veio a Petrópolis visitar a irmã Emanuel, e está hospedado no Centro Cultural Inter-americano, do father Vogel (o tal que estava em Anápolis e agora se transferiu para uma casa excelente, com grande chácara, na avenida Benjamin Constant, pouco depois e do outro lado do Sion) – onde em minha infância havia um Hotel Brasil, depois de ser casa de moradia de uma gente José Silva (companheiros de tio Alfredo[60] na fábrica de tecidos Aliança, nas Laranjeiras, onde em menino sofri aquela pancada na testa que quase me fura um olho).

---

59. Voluntários do Papa (Papal Volunteers for Latin America), movimento criado pelos bispos americanos, reunindo clérigos, religiosas e leigos para ajudar as Igrejas Católicas latino-americanas.

60. Trata-se de Alfredo Chaves, tio de Alceu (casado com Julieta, irmã da mãe de AAL).

O tal casal, ele médico, está na Bahia, é a simpatia em pessoa e faz parte desse grupo de americanos de *good will*[61] que querem resolver os males do mundo do modo mais cristão e mais inteligente, como é o de *dar de si* alguma coisa. O casal se conheceu na universidade quando jovem, há 14 anos, tem dois filhinhos, está na Bahia há um ano e fica até maio. Deu a entender que nos Estados Unidos vive numa grande casa e tem dois automóveis, e o filho lhe perguntou quando aqui chegaram: "Por que é que lá éramos ricos e aqui somos pobres?"... Agora as crianças se adaptaram tanto que já falam em ficar, mas eles, os pais, não digo que querem voltar depressa, mas naturalmente já estão achando que a "experiência" foi *wonderful*[62] mas um pouco dura demais. Pelas cartas que o casal escreve à irmã Emanuel, diz esta que a princípio o casal ficou horrorizado. Agora já está se ajeitando. Pela conversa o casal é uma simpatia e, como todo bom americano, quer muito mais ouvir do que falar e faz perguntas, sobretudo ele, ansioso por saber: "Que é o de que mais precisa o povo brasileiro?" Fiquei com vontade de responder "*De calorias*", mas ele iria pensar que já estou americanizado demais e então respondi uma banalidade qualquer. Mas foram duas horas esplêndidas, que passaram depressa e em que desenferrujei um pouco o meu inglês. Aliás, há um nível de linguagem que o estrangeiro atinge e que facilmente volta. Mas passado este nível é que são elas... Também me disse ele que achava que o que o mundo precisa é que cada um se *sacrifique* um pouco pelos outros e que cada família tome a si aliviar as *needs*[63] de duas ou três famílias necessitadas e que o papa deve determinar isto. Era a idéia de Ozanam[64] com as conferências vicentinas que até hoje estão vivas e continuarão a sobreviver. Não evitarão as *revoluções das estruturas sociais*, mas em *qualquer estrutura* haverá sempre a solução da caridade que jamais será superada por qualquer sistema social. Mas também não substituirá a evolução e a sucessão desses sistemas. Há três processos – a evolução histórica, visível, as revoluções brancas ou invisíveis, e as revoluções violentas. Todas três são simultâneas e as duas primeiras inevitáveis e constantes. A terceira, evitável mas periódica e dificilmente ou mesmo nunca totalmente suprimível. Os cristãos podem atuar nas três. Este casal está atuando na fronteira da primeira e da segunda. Pois o que fazem é uma passagem da atuação de uma civilização superior (material e politicamente) sobre uma civilização inferior (como a nossa), mas não impositivamente e sim por amor, por caridade, e é essa a grande nota nova. É uma forma de apostolado cristão, e portanto de ação católica, no plano internacional e superior a obras como a Charitas[65] (alemã) que visa ape-

61. "Boa vontade".

62. "Maravilhosa".

63. "Carências".

64. Frédéric Ozanam (1813-1853), professor e historiador francês. Leigo, foi ligado aos grupos católicos de seu país adeptos do ideário republicano e da reconciliação da Igreja com o sistema democrático. Fundou, em 1833, as Conferências Vicentinas. Em 1997 foi beatificado por João Paulo II.

65. Ou Caritas: organização internacional católica, com representações nacionais, criada nos anos 60 – e financiada principalmente pela igreja alemã – para prestar ajuda a projetos sociais das igrejas de países subdesenvolvidos.

nas (!) a dar dinheiro. Esses vêm dar de si, e é isso que é formidável. Não se vê nem se pesa o seu resultado, mas se toca, se ouve e... atua no subconsciente social (pois há nas sociedades um subconsciente que ainda não foi devidamente levado em conta nem estudado e que está esperando um Freud sociólogo para se constituir numa ciência nova, a ciência do subconsciente social). Se eu tivesse tempo me lançaria nela, mas aos 70 não há mais lugar para tais aventuras de garoto ou de devaneio de carta a uma filha querida.

Mas o que eu dizia é que no subconsciente social vão acontecendo coisas que escapam à nossa percepção, mas que são tanto ou mais importantes quanto os acontecimentos visíveis, sabidos, conscientes. Essa sub-história é um fato tão importante na história – os acontecimentos históricos são apenas os cumes das cordilheiras, como as ilhas no oceano. Tive nítida visão disso em Fernando Noronha (lembra-se da comparação de dom Carlos[66] com o degas, como ponta avançada do continente brasileiro etc.). Minha comparação é mais exata: as ilhas são os píncaros de continentes submersos, como os acontecimentos históricos são os sinais visíveis do tempo. Mas há os sinais invisíveis, que são as verdadeiras bases dos visíveis, como o que está submerso dos continentes é que sustenta as ilhas acima da superfície das águas. A história é apenas a manifestação visível da sub-história, como a nossa consciência é a manifestação visível... do nosso subconsciente. A sub-história está *sempre em ação*. Não pára. Não cessa. Ao passo que a história realmente só aparece quando há acontecimentos e quando há registros. Veja, que é a história de uma tribo selvagem? É aquilo que dela *se sabe*. Mas o que dela *não se sabe* é mil vezes mais do que o que dela se sabe, porque ficou na memória oral ou, quando nascem as civilizações, nos anais, nos monumentos, etc. A sub-história, pois, é que prepara e sustenta a história, e vai trabalhando na noite da história, incessantemente. Quando acontecem as coisas, pensamos que elas nasceram então. Que nada. Já estavam no útero da história há muito, há séculos, há milênios. Estavam vivendo uma vida intra-história, como os fetos vivem por meses uma vida intra-uterina. E é aí que se prepara a vida à luz do dia. É de noite, na sombra. Sem barulho. Na ignorância. Há dias calcularam a idade das rochas de Santa Catarina e chegaram a 240 milhões de anos! Isto é nada para Deus. E para a nossa... história?

Pois é assim, o processo de evolução histórica secreta desempenha um papel que ainda não compreendemos bastante e nunca compreenderemos pois somos Tomés[67] demais para acreditar mesmo, no duro, que as raízes nascem no escuro e enquanto dormimos, ou mesmo enquanto pensamos agir, estamos sendo *agidos* (perdoe...) pela sub-história.

É assim que esse gesto de gente boa, de boa vontade, ingênua dirão, mas autêntica, não evitará a revolução que a vida cara (subiu 3.000% em um ano, para certos arti-

66. Dom Carlos Carmelo de Vasconcellos Motta, cardeal-arcebispo de São Paulo. Ver carta de 11 de setembro de 1961, nota 37, p. 217.

67. Alusão ao apóstolo são Tomé, que quis ver e tocar Jesus para crer que ressuscitara (Evangelho de João 20, 24-9).

gos...) está preparando mesmo neste povo arquipacífico como é o nosso. Mas *nada se perde*. Nem o bem. Nem o mal, *hélas!*...

Foi o que me ficou dessas duas horas de conversa com esse casal encantador, do que há de melhor nos Estados Unidos e na espécie humana. Gente como essa, sim, reconcilia a gente com o gênero humano.

[...]

P.

Petrópolis, 18 de fevereiro de 1964

[...]

Contou-me então o Nabuco[68] – e foi o ponto melhor da conversa – que o episódio do papa com o jesuíta é *ipsis factibus*[69]... o que se passou entre João XXIII, o geral dos Jesuítas e Teilhard de Chardin. Exatamente a reprodução dos fatos. Quando João XXIII teve de curvar-se ante a condenação, ou, antes, a severa advertência do Santo Ofício (é evidente que, se não fosse a simpatia de João XXIII por Teilhard, a condenação teria sido completa e a lembrança de Galileu e do mal que sua condenação faz à igreja até hoje também influenciou um pouco os Torquemadas[70] do Santo Ofício para atenuarem a decisão e *aguarem* a advertência que ficou apenas como uma coisa interna e antes para *sauver la face*, lavar a testada, como diria Carlos de Laet[71]..., dos *duros* do Santo Ofício).

Então, quando João XXIII viu que não conseguia obter o completo silêncio ou, como quisera, o *imprimatur*[72] do Santo Ofício, chamou o geral dos Jesuítas (isto é *autêntico*) e o *aconselhou a que organizassem um comitê de teólogos* (com os Lubacs e Daniélous[73]) e que cientistas *publicassem as obras de Teilhard*. Foi assim que as obras

---

68. Maurício Nabuco foi embaixador do Brasil junto à Santa Sé; ver carta de 26 de março de 1960, nota 46, p.146.

69. "Exatamente como ocorreu".

70. Tomás de Torquemada (1420-1498), frade dominicano, inquisidor-geral da Espanha. Na verdade, foi Torquemada quem reorganizou a Inquisição espanhola, colocando-a sob controle do Santo Ofício romano, do qual era também membro. A perseguição obstinada e cruel que exerceu sobretudo contra os judeus e suspeitos de "cripto-judaísmo" fez dele, pelos séculos afora, uma figura emblemática entre os inquisidores.

71. Carlos Maximiano Pimenta de Laet (1847-1927), filólogo, político e jornalista. Membro fundador da Academia Brasileira de Letras e leigo católico militante.

72. Pode imprimir-se: autorização eclesiástica para publicação de obras referentes à fé e à moral .

73. Os jesuítas franceses Henri Sonier de Lubac (1896-1991) e Jean Daniélou (1905-1974). O primeiro, amigo e corajoso defensor de seu confrade Teilhard de Chardin, foi vítima de suspeição do Santo Ofício e afastado arbitrariamente por um largo período de sua cátedra de Teologia Fundamental em Lyon; reabilitado por João XXIII em 1960, foi nomeado para a comissão preparatória do Concílio Vaticano II e criado cardeal em 1983. O segundo jesuíta citado era professor do Instituto Católico de Paris; reputado historiador das origens do cristianismo, também foi perito no concílio. Recebeu o chapéu cardinalício em 1969.

passaram da clandestinidade (onde haviam ficado por anos seguidos, lembre-se do que te contei sobre os originais do *Milieu divin* que a Ester Lago trouxe da China e a que o padre Franca deu sumiço e nunca mais se encontrou *até hoje* no Santo Inácio?[74]) à publicidade, sem passar pelo Santo Ofício. É da maior importância esse depoimento que o Joaquim[75] recolheu em Roma e deve ser rigorosamente exato e o Morris West[76] passou para o seu grande livro.

[...]

P.

Petrópolis,
19 de fevereiro de 1964

[...]

E, por falar em armamentos (continua tudo concatenado), é impressionante como só se fala agora em "proprietários resistem ou vão resistir à bala" e em "lavradores que se armem" e em políticos ou semijuristas que recomendam "milícias armadas". Tudo na base da violência, de parte a parte. Todos loucos. E a oposição, no caso, ainda mais culpada, pois sempre pregou *a legalidade* e acusa o governo de *querer* sair dela. Mas está se dando o mesmo que fez com que o Sobral provocasse ou pelo menos facilitasse a ação do Lott, em 1955, embora o processo do golpe já estivesse desencadeado, *sob pretexto de que o governo ia dar o golpe.* Exatamente como agora. Queira Deus não se repitam também as conseqüências.

Creio também que aí em São Paulo um tal de José Lemos, "jornalista", organizou uma Liga Católica Contra o Comunismo (LCCC), tendo como "presidentes de honra: o papa Paulo VI (sic), o cardeal dom Carlos e... o Plínio Salgado".

Como você vê, o vendaval da insanidade lavra e corre pelo Brasil afora e o exemplo dos que *perdem a cabeça* vai frutificando.

[...]

---

74. O fato a que AAL se refere deu-se antes de 1948 – este foi o ano de morte do padre Leonel Franca; o livro mencionado só viria a ser publicado, e mesmo assim sob severa advertência do Santo Ofício, em 1957. Teilhard de Chardin passou vários períodos de sua vida na China, participando de pesquisas paleontológicas, e tinha por lá grupos de amigos, geralmente cientistas, que sabiam de suas desventuras com certas autoridades eclesiásticas. Em *Memórias improvisadas – Diálogos com Medeiros de Lima* (Petrópolis: Vozes, 1973, pp. 275-6), diz Alceu que Ester Lago, mulher de Renato Lago, embaixador do Brasil na China – que conhecia o padre Teilhard de Chardin e o tinha como seu confessor –, trouxe daquele país "cópia datilografada" do livro *Le milieu divin.*

75. Monsenhor Joaquim Nabuco, irmão do embaixador Maurício Nabuco.

76. Escritor australiano (1916-1999). AAL refere-se ao livro *The shoes of the fisherman* (*As sandálias do pescador*). Publicada em 1963, a obra conta a história de um cardeal-arcebispo ucraniano, ex-prisioneiro do Gulag soviético, que é eleito papa. Um dos personagens do romance, um padre cientista às voltas com o Santo Ofício, teria sido inspirado em Teilhard de Chardin.

Estou profundamente irritado com o *proprietismo* dos fazendeiros mineiros, ou dos brasileiros em geral, que são capazes de tocar fogo no Brasil inteiro, só para defender seus bens... Esquecidos de que essas reformas são o único meio razoável de evitar que algum Fidel Castro indígena *tome conta de tudo.* Mas a *concupiscência* humana é infinita e os bispos sabem invocar as encíclicas e os papas para lutarem contra o comunismo, mas não para lutarem contra o dinheiro e a avareza, isto é, contra o pecado. Eis o que representa o Brasil cristão, o Brasil católico, a defesa da civilização cristã! Francamente, fico pensando que realmente Deus continua a escrever direito por linhas tortas e será passando pela revolução sangrenta que os "católicos" aprenderão a ser "cristãos".

O fenômeno é muito mais grave do que parece. Durante 40 anos preguei essas idéias e todos esses "fazendeiros" e "proprietários" me consideraram um "líder católico". Agora que essas idéias se convertem em fatos, passam a considerar-me como um... líder vermelho, ou cor-de-rosa, "o que é ainda mais grave, pois é mais perigoso para a Igreja um lobo vestido de ovelha do que um lobo lobo", argumento com que me atacam, mas que me serve para justificar a legalização do Partido Comunista...

Quanto ao seu amigo, diga-lhe que sou apenas *teoricamente* a favor de toda colaboração, mesmo com os comunistas, e portanto, se a Ação Popular é mista, nada tenho contra ela *teoricamente* e acho até que ela representa um elemento bom dentro do espírito da *Mater et magistra.* Mas que cada caso tem de ser resolvido separadamente e acima de tudo com *a aprovação do bispo.* Continuo fiel à divisa de Santo Inácio de Antióquia: *nihil sine episcopo.* E se vivo em discordância com o meu bispo é porque este, *até agora,* me tem dado liberdade, o que muito o honra (pretensão...), a meu ver, porque está agindo rigorosamente dentro da máxima agostiniana: *in dubiis libertas*[77].

Não vou dar um *exequatur*[78] geral à entrada de católicos nos grupos da Ação Popular, que aliás não conheço de perto, nem quero conhecer. Uma condição essencial é que haja um *programa aceitável.* E considero inaceitável *todo antilegalismo.* Por isso é que considero que a UDN e seus chefes são hoje tão culpados quanto os brizolistas, que vivem pregando e talvez já iniciando o *antilegalismo.* Mas, por paradoxal que seja, no momento, os *comunistas* são *legalistas.*

Seja porque acham que é o caminho melhor, não sei. Nem quero saber. Mas esses fanáticos do anticomunismo indiscriminado esquecem que há hoje *vários comunismos* e que a ruptura entre a Rússia e a China é precisamente porque os russos seguem a linha da *não-violência* e da colaboração e da legalidade, e os chineses seguem a da violência, da guerra inevitável, etc. Quando *também seguimos a linha da violência,* no

77. "Na dúvida, agir com liberdade". O princípio foi retomado por João XXIII na encíclica *Ad petri cathedram* (29 de junho de 1959) como "norma comum" a ser mantida na Igreja: "*in necessariis unitas, in dubiis libertas, in omnibus caritas*", isto é "nas coisas necessárias, unidade; nas duvidosas, liberdade; em todas, caridade" (segundo a tradução oficial).

78. "Pode-se fazer".

combate ao comunismo, estamos seguindo *a linha chinesa* e com isso, a meu ver, *precipitando a revolução*, em vez de contorná-la. E como devemos é *tornar a revolução inútil*, devemos seguir um método que *não a torne inevitável*. E o anticomunismo violento, ou isolacionista, acaba tornando o comunismo inevitável.

[...]

P.

Petrópolis,
22 de fevereiro de 1964

[...]

Só você me compreende quando vê que estou é olhando para o futuro e pressentindo que realmente *o mundo está mudando*, mas mudando não apenas em palavras. E nós – como me dizia o vigário de Petrópolis – principalmente os padres, ou antes, principalmente os arcebispos e cardeais (ao menos dois ou três) e principalicissimamente os *salões católicos*... não acompanhamos essas mudanças ou nos fechamos a elas.

Acredito que possam fazer essa mudança *sem sangue*, mas não *sem suor e lágrimas*. E é para isso que continuo a falar e a escrever, embora repudiado pelos amigos e parentes e precisando mesmo me controlar para não ir longe demais e não perder o equilíbrio no sentido do outro lado da montaria...

Para isso é que estas cartas são indispensáveis e seus conselhos e orações ainda mais. Pois você vê as coisas com os olhos da autêntica e espontânea *infância espiritual*, ao passo que eu já não sei distinguir muito bem o que é ressentimento e vaidade, novidadeirismo, amorosolimismo, leviandade e improvisação, do que é realmente convicção de que é este o caminho de Deus e o sentido dos novos rumos de João XXIII e Paulo VI, que tão profundamente correspondem ao que *sinto e penso*. E meu temor é que eu puxe a brasa para minha sardinha, forçando interpretações para satisfazer posições pessoais minhas. E por isso é que, se vier uma condenação, receberei como sendo vinda de Deus. Outros, infinitamente maiores que eu, não passaram por dramas muito mais tremendos e *tendo por si o próprio papa*? É o caso de Teilhard de Chardin, tão dramática e realisticamente descrito por Morris West em *The shoes of the fisherman*. A tempestade passou ao largo de Maritain, embora durante 20 anos ameaçasse sempre desabar sobre sua cabeça, mas caiu sobre a de Teilhard, embora não de todo, mas o suficiente para que ele morresse amargurado e solitário, apesar do apoio do papa e da companhia[79]!

79. Companhia de Jesus, designação oficial da ordem dos jesuítas.

[...]

Você está vendo como vivo pensando nisso a cada momento: devo dizer o que *minha consciência* me manda dizer, mas sinto que isto está chocando, cada vez mais, o que pensam os *big shots* da Igreja (alguns, não todos) e da política local (Lacerda) ou da *intelligentsia* fanática (ou ortodoxa, sei lá...)? De modo que me vejo mais uma vez em 1964, como em 1918 e em 1928, quando passei de fase... É um imperativo de consciência, mas que traz consigo... ia escrever uma palavra exagerada e por isso prefiro contentar-me em... não dizer nada. Você que qualifique como quiser, o que sinto por dentro e me alivio, consideravelmente, confiando apenas a você (pois poderia fazê-lo a uma pessoa que deveria ser meu confessor, e cheguei mesmo a pedir-lhe que o fosse quando morresse o padre Franca, naturalmente dom Timóteo[80]) mas por vários motivos não consigo nunca confessar-me com ele, de modo que me confesso com você, já que não se trata propriamente do *sacramento*, mas de confiar o tumulto do que vai cá por dentro e com isso... tranqüilizar as águas e acabar as cartas de novo em plena bonança, paz, serenidade, como quero: aleluia, aleluia, aleluia, mesmo em plena Quaresma. *Deo gratias!*

P.

Petrópolis,
23 de fevereiro de 1964

[...]

Ainda ontem eu lia mais uma resposta à pergunta da página literária do *Correio da Manhã* sobre "quais os três livros que mais influência exerceram sobre seu espírito?" Felizmente, até hoje não me mandaram perguntar e fiquei pensando o que responderia. Se fosse ser, como devia, realmente sincero, diria: "*Nenhum*". A não ser os Evangelhos, e não se trata de livros propriamente ditos. *Nenhum* livro exerceu sobre meu espírito uma influência *decisiva*. Nem me lembro mesmo de *nenhum* que tenha *relido* do princípio ao fim, por ter mudado a fundo meu espírito. Que diria eu então? Responderia como devia: "*Nenhum*"? Ou então explicaria melhor que "*Nenhum, de modo decisivo*". Nem um nem três, nem dez. Mas *muitos*, de modo *incisivo*, ou pelo menos mais ou menos decisivo. Exemplos?

Começo a coçar a cabeça... Lá longe, na adolescência, li William Shakespeare quase todo em francês; mas dizer que Shakespeare me influenciou seria mentira. Anatole France[81], sim, o *Le lys rouge* e os outros, esse sim. Mas foi *um autor* e não *um*

80. O monge beneditino dom Timóteo Amoroso Anastácio (1914-1994).

81. Escritor francês (1844-1924). Seu romance *Le lys rouge* (O lírio vermelho) é de 1894.

livro. Então poderia citar, na fase da perda da fé, pois eu dividiria talvez a resposta em *fases*, e a primeira seria a entrada nos vinte anos de *diletantismo intelectual*, durante os quais France (que o Gilberto Amado ainda chama, provincianamente, de "Anatole", o que arrepiava o autor. Este um dia perguntou ao Souza Bandeira, em Paris, depois da viagem dele (Anatole France) ao Brasil, em 1909: "*Comment va ce brave amiral qui m'appelait toujours 'Monsieur Anatole'?...*" Era o almirante Jaceguai[82]).

Continuando: os *autores* mais lidos nessa fase foram, sem dúvida: Anatole France, Eça de Queirós, Machado de Assis, Baudelaire, Musset[83], Mallarmé, Alphonse Daudet[84] (um pouco), Fromentin (*Dominique* foi talvez o livro que mais me impressionou e estaria curioso de o reler agora para ver se sentiria de novo o que então senti).

Na fase de *volta à fé*, Maritain. E como livro individual – esse sem dúvida – *God and intelligence*[85], de Fulton Sheen. Este, sim, muito me marcou. E Pascal, Bernanos e Chesterton (este também profundamente) e Belloc[86] (muito menos). Isto para *mudar de rumo*.

Mais tarde, ultimamente, Thomas Merton, que é hoje o escritor *católico* (e não sei se também entre os não-católicos) que mais me enche as medidas e que leio em *consonância absoluta*. Proust foi, literariamente, uma marca indelével, na última fase da pura disponibilidade (1925, 26, 27...). Gide[87] nunca passou de leitura sem marca. Stendhal também, antes.

Vejo que nenhum dos *faróis* supremos me marcou: nem Homero[88], nem Virgílio, nem Dante[89], nem Racine[90], nem Camões[91], nem Cervantes. Foram lidos (nenhum *a fundo*) e admirados, mas passaram muito acima de minha cabeça.

Se tomarmos os que mais influenciaram antes de 1928 (sabe que tenho cada vez mais dificuldade em falar de *conversão*, pois considero que foi mesmo uma *volta* e que o termo conversão é importante demais, forte demais, solene demais para significar afinal um episódio de mudança de rumo *capital*, apenas para a minha vida interior, mas sem a profundidade que tem uma autêntica conversão como a de um

82. "Como vai aquele simpático almirante que sempre me chamava de 'Senhor Anatole'?...". Era o almirante Artur Silveira da Mota, barão de Jaceguai (1843-1914), da Academia Brasileira de Letras.

83. Alfred de Musset (1810-1857), poeta e dramaturgo nascido na França.

84. Alphonse Daudet (1840-1897), romancista francês.

85. Deus e inteligência (no sentido de atividade intelectual).

86. Hilaire Belloc (1870-1953), escritor e historiador inglês, um dos representantes do movimento católico na Inglaterra.

87. André Gide (1869-1951), escritor francês, ganhou o Prêmio Nobel de Literatura em 1947.

88. O autor de *Odisséia* e de *Ilíada*, que teria vivido por volta do século IX a. C.

89. Dante Alighieri (1265-1321), poeta italiano.

90. Jean Racine (1639-1699), dramaturgo francês.

91. Luís de Camões (*c.* 1524-1580), poeta português.

Newman[92] ou Santo Agostinho[93] ou Maritain ou Chesterton. Seria atribuir importância demais à minha mediocridade).

(Bom, estão chamando para a bóia.)

P.

Petrópolis, 24 de fevereiro de 1964

[...]

Ontem, sem que eu esperasse, e na perspectiva de uma tarde chuvosa que convida à meditação, saiu o rodapé anual sobre a Páscoa, que no fundo foi provocado por um tópico de um artigo do meu querido Augusto Meyer, que vive obcecado pelo problema religioso, mas nunca sairá de onde está, mormente agora que perdeu a companheira, que era um bastião da fé. A propósito, ele me referiu outro dia, de passagem (dizendo-me aliás que queria escrever-me, quando voltasse à Espanha, sobre a mulher, que ele amava realmente até o mais profundo da alma, embora não seja homem de qualquer demonstração sentimentalista), que ela ultimamente lhe dissera um dia esta palavra misteriosa: "Agora posso suicidar-me". O que naturalmente não fez, mas significaria o quê? Acredito que seja isto: "Tenho sofrido tanto que já hoje o suicídio não será mais para mim um desespero da bondade divina, já paguei a minha quota de sofrimento"... Pois ela sofreu realmente, durante anos seguidos, e, como me disse um dia, "tinha o cérebro como uma renda", provocado pelo processo canceroso, que combateu por anos com aplicações de cobalto.

Mas, num artigo do Augusto, ele fala de Maranata[94] e cita uma frase de um exegeta racionalista dos Evangelhos, que diz que a Igreja, isto é, o sentido de uma *organização* do corpo dos fiéis, foi um fruto da decepção que os cristãos primitivos tiveram com a frustração de sua esperança do "Reino de Deus está próximo", que eles julgaram ser para breve e por isso é que sustentaram o martírio. Que tivesse havido realmente essa decepção é um fato, pois os cristãos primitivos da era patrística realmente tomavam ao pé da letra a vinda próxima do Reino de Deus. Mas que foi por isso que

92. O inglês John Henry Newman (1801-1890), teólogo e pastor anglicano, converteu-se ao catolicismo em 1845, o que iria suscitar desavenças. Ordenado padre em 1847, foi criado cardeal em 1879 por Leão XIII. Em *Apologia pro vita sua*, publicado em 1864, ele retraçou o seu itinerário cristão, tanto no anglicanismo como no catolicismo.

93. Aurélio Agostinho converteu-se ao cristianismo aos 32 anos, em 386, após uma longa crise existencial. Entre 397 e 398, escreveu *Confissões*, livro em que narra o seu itinerário rumo a Deus. Ver carta de 6 de janeiro de 1959, nota 36, p. 82.

94. Palavra de origem aramaica (*mâran-atâ*), em geral traduzida como "O Senhor [Jesus] vem"; compare a Primeira epístola aos Coríntios 16, 22, e Apocalipse 22, 20.

nasceu a Igreja, está errado. E a propósito então é que me nasceu a vontade de aproveitar o tema para o artigo anual de Páscoa, que costumo preparar durante a Quaresma.

[...]

Foi assim que ganhei meu segundo domingo da Quaresma. E continuei a ganhá-lo lendo dois capítulos de um livro recente do padre Congar. Um deles – que aliás ainda não terminei – é sobre "conversão", que fora tema incidente da minha carta de ontem[95]. O primeiro capítulo de Congar – que cada vez considero mais como o meu teólogo, pois foi ele que há 20 ou 30 anos, que sei eu?, com aquele seu famoso artigo *Dieu est-il à droite?* da *Vie intellectuelle*, lido ainda quando estávamos na fase heróica e de tanta, tanta, tanta saudade, e que realmente "os anos não trazem mais"... da praça XV – esse artigo foi realmente um novo horizonte que se abriu em minha vida religiosa, intelectual, a partir de 1928.

[...]

Todo esse pequeno desvio, de 1964 a 1934..., a propósito de um domingo de chuva e de leitura do padre Congar – que visitei com o Murilo Mendes, no "Angélico" de Roma[96], e que nos recomendou "leiam a Bíblia"... – pois, nesse artigo erudito e profundo sobre o problema da conversão, onde cita duas vezes o padre Penido[97] e adota mesmo sua classificação tripartida dos tipos de "convertidos" – nesse artigo compreendi que realmente o que houve comigo, apesar da mediocridade e da superficialidade dos sentimentos, foi realmente *conversão*.

O meu erro ou a minha dúvida, ou antes o meu escrúpulo estava (v. carta anterior) em comparar a minha modesta passagem de um estado a outro com as grandes conversões da história: um São Paulo, um Santo Agostinho, um Newman.

Mas o fato de os gênios beberem água não implica que os simples mortais também não a bebam... O fato de um santo ou de um sábio ser um convertido não implica que um pobre-diabo de escriba de segunda classe também não o seja.

Apenas uns se convertem no terreno das *raízes*, pois vivem tudo em profundidade. São Paulo passou de perseguidor a Apóstolo dos Gentios; Santo Agostinho, de

---

95. Alceu refere-se a *Sacerdoce et laïcat devant leurs tâches d'évangélisation et de civilisation* (Paris: Ed. du Cerf, 1962); o segundo capítulo do livro é sobre "La conversion. Étude théologique et psychologique" (pp. 23-49). Ver também carta de 4 de fevereiro de 1964, pp. 321-2.

96. Provavelmente no segundo semestre de 1962, durante a fase inicial do Concílio Vaticano II. Na ocasião, o padre Yves Congar, perito conciliar, residia no convento anexo à universidade dominicana de Roma, conhecida como *Angelicum*, em homenagem a Tomás de Aquino, "doutor angélico". À época, o poeta Murilo Mendes ensinava literatura brasileira na capital italiana.

97. Maurílio Teixeira Leite Penido (1895-1970), teólogo e padre católico, nasceu em Petrópolis, mas viveu grande parte de sua vida na França e na Suíça, onde foi professor. Voltou ao Brasil em 1938 e, atendendo ao convite de Alceu, passou a lecionar na Universidade Federal do Rio e no Instituto Católico de Estudos Superiores. É autor, entre muitas obras, de um livro renomado, publicado em francês no ano de 1931, cuja tradução brasileira saiu em 1946: *O papel da analogia em teologia sistemática.* O teólogo escreveu ainda diversos artigos sobre conversão e psicologia religiosa. Y. Congar (ver nota 95) cita um texto e uma obra do padre Penido: "Conversion, subconscience et surnaturel" (*in Divus Thomas*, 1930, pp. 305-16) e *La conscience religieuse* (A consciência religiosa, 1935).

maniqueu a neoplatônico e de neoplatônico a... Santo Agostinho; Newman, de pastor anglicano a cardeal etc. O pobre do Tristão passou de diletante a comungante. Nada mais. Tudo na superfície, sem que até hoje passasse dela...

E se hoje me encontro em uma nova curva da estrada, em 1928 eu me encontrei *em uma nova estrada*! E o tal artigo do padre Congar em 1934 ou 5 foi uma seta nova, indicando realmente novos rumos, mas na mesma estrada real de 1928... E a nova curva de hoje não tem nem de longe a mesma importância que a de 1928. Embora trazendo conseqüências afetivas e sociais importantes, como poderá ser o afastamento do grupo a que me liguei desde 1928 e do qual me sinto tão distante como em 1928, dos grupos – se houve – literários a que, embora de longe, eu me ligara. Como em 1918, do grupo de amigos de solteiro...

Disse não sei quem que toda revolução é sempre um deslocamento de propriedade de umas a outras mãos. Também toda *conversão* ou *reconversão* (Congar emprega esse termo para exprimir uma nova mudança de rumo dentro da fé, reservando o termo conversão religiosa para uma passagem da negação à fé, embora conteste uma frase de Paul Bourget[98] que diz que "só há conversão da negação à afirmação da fé"[99], ao passo que Congar garante que mesmo dentro da fé há conversões, como a de São Francisco de Assis[100]. Mas prefiro...).

Fui verificar e reler os textos de Congar e sabe que *não encontrei o termo reconversão*? Será que li mal agora ou li mal ontem e atribuí a Congar uma expressão minha? Ele se refere apenas a "conversões segundas", que certos "autores espirituais" referem. Talvez daí é que eu formulei o termo reconversão e pensei que fosse de Congar. Quem lê depressa para ler muito acaba lendo mal e atribuindo ao autor o que é do leitor... Pouco importa. O que importa é esta expressão do próprio Congar: "A vida do cristão é uma conversão contínua".

[...]

P.

Petrópolis,
29 de fevereiro de 1964

[...]

Talvez tenham razão esses meus ex-companheiros. São *todos* contra mim (digo todos os da velha guarda do centro). E por isso talvez seja eu que não tenha razão. Mas,

98. Escritor francês (1852-1935), hostil ao naturalismo de Émile Zola (1840-1902), propugnava em sua obra uma volta ao espiritualismo e ao catolicismo.

99. Y. Congar, *op. cit.*, p. 25.

100. *Idem*, p. 34: "En réalité, toute la vie chrétienne est conversion" ("Na realidade, toda vida cristã é conversão").

por ora, continuo convicto de que a nossa posição de *esquerda* (como dizem) e *católica* é que está certa. Só ela poderá imprimir à revolução social inevitável um caráter pacífico, benigno, humano, sensato, como *estou certo* que se fará, *mesmo que haja um golpe do Jango*. Pois confesso que, no momento, não creio em êxito de qualquer golpe da direita e especialmente do Lacerda. *No momento* o perigo golpista vem do Jango, não há dúvida. *Por isso mesmo* é que é mais necessário do que nunca que a oposição não faça o seu jogo, *empurrando-o para o golpe*, pela sua intolerância e pelo lacerdismo, cuja bandeira é hoje tão intolerante e tão *dos salões, dos ricaços*, reacionários, como é de alguns democratas sinceros como Plínio Salgado e depois como o Brigadeiro e até como o Jânio.

Bom, basta, basta, basta!

[...]

P.

Petrópolis, 1º de março de 1964

[...]

Quanto ao caso do Extremo Oriente, só também de viva voz. Há hoje uma grande luta entre Rússia e China. O comunismo desta (falo da China de Mao Tsé-tung) é violento, militar, e quer (dizem eles que não, mas querem) levar o comunismo ao resto do mundo, pelas armas. Quanto a Kruschev, está já na terceira fase da revolução e como todas as revoluções se humanizam (*chassez le naturel, il revient au galop...*[101]), o comunismo russo já está na fase pacífica e acredita que pela paz conseguirá levar o mundo todo ao comunismo, e acha a guerra um absurdo, etc.

É a grande luta entre os dois: nos métodos de levar o comunismo a todo o mundo. Ambos querem o fim, mas divergem quanto aos meios. Daí a aproximação de K. (o russo) com o Ocidente, e a intolerância é a do "Mau" [...], revigorada pela intolerância dos Estados Unidos, que até hoje apóiam o Chiang Kai-chek[102] e têm a pretensão de representar todas as Chinas na ONU, com exclusão da China continental. Parece hoje evidente que se trata apenas de um beco sem saída, ou antes, cuja única saída é a que De Gaulle tomou: reconhecer o fato de que o regime de Mao Tsé-tung existe. São 600 milhões de chineses (Formosa, a de Chiang Kai-chek, com 15 milhões no máximo) sem nenhum sinal de que mudará o regime que representa a China, e quando muito haverá duas Chinas. Formosa também não admite isso, ao menos por enquanto, tanto

101. "Expulsem o natural e ele retornará galopando", ditado francês.

102. Chiang Kai-chek (1887-1975), chefe do governo da China nacionalista, sediado desde 1950 em Formosa, que se opunha à República Popular da China, liderado por Mao Tsé-tung. Ao reatar relações com a China de Mao, a França rompera com Formosa em fevereiro de 1964.

assim que já rompeu com De Gaulle. Mas o fato é que a igreja, sempre muito lúcida e realista em assuntos políticos, especialmente internacionais, já verificou que o comunismo chinês está mesmo para ficar – como se pensa – no que com o tempo também se amansará, e por isso... "a abertura para o Oriente". É isso que os católicos da extrema direita não querem ver: estão convencidos ainda de que se pode traçar uma linha de demarcação com o mundo comunista e vencê-lo ou pela guerra (em que já não falam muito, pois se convenceram, parece, que a guerra nuclear não é mais guerra, é suicídio, e como a Igreja condena o suicídio, então parece que já não pensam em guerra santa, ao menos os mais inteligentes, mas se prendem ao outro processo: o isolamento, etc.

Basta de conversa. Está chegando a hora da bóia e quero ainda ler um pouco do Guéranger[103] ou de Newman, leituras quaresmais!

O jantar ficou para logo mais... Já podia estar livre a estas horas...

Horário de verão *fini*[104]. *Ciao.*

P.

Petrópolis,
3 de março de 1964

Depois da estufa e da estafa de ontem no Rio, esta delícia da Moselinha, segundo a velha e imperecível fórmula de que só mesmo o contraste é que nos faz sentir realmente as coisas. E é por isso que no céu tudo será diferente: não haverá contrastes – porque a uniformidade será a regra – mas por isso mesmo é que não sentiremos mas veremos. É a visão e não a sensação que será o ponto de partida de nossa vivência na eternidade. E assim como sentimos por partes, vemos em globo. Daí a exigência de contrastes, no tempo (porque sentimos por partes) e a não-exigência de contrastes na eternidade (porque vemos em globo).

Se a explicação não te satisfaz *tant pis pour vous et pour moi...*[105]

Você, porque não entendeu e eu, porque não soube explicar ou... não é bem assim. E basta de brincar de filósofo...

[...]

Fico até preocupado pois espero em Deus ir primeiro que Mamãe e ela vai ficar toda cheia de dedos quando tiver que lidar com coisas materiais e financeiras que eu trato de

---

103. Dom Prosper Guéranger (1805-1875), beneditino francês. Reorganizou a Ordem de São Bento na França após a grande crise religiosa ocorrida sob a Revolução Francesa, fazendo de Solesmes a principal abadia da congregação no país. Exerceu também papel de destaque na restauração da liturgia romana, através de suas obras *L'année liturgique* (O ano litúrgico) e *Institutions liturgiques* (Instituições litúrgicas), que estavam entre as leituras quaresmais de Alceu.

104. "Acabado".

105. "Tanto pior para você e para mim".

largo, como você sabe. E como ignoro (desde 1947, em Buenos Aires, quando fixei a fórmula na tal conferência sobre "Existencialismo"[106]) o que seja "caro" e "barato" e substituo os termos por "necessidade" e "disponibilidade", não ajudo em nada Mamãe a vencer o seu complexo antifinanceiro (e por isso mesmo é que ela é tão "financista") no sentido de economizar o que eu considero migalhas. Diz ela, com razão, que se não fosse assim nós já estaríamos arruinados há muito tempo, com o meu sistema de resolver pelo lado mais fácil e pagando o que me pedem... e, às vezes, o que já paguei...

[...]

P.

Petrópolis,
4 de março de 1964

[...]

Esse é o ponto dramático. João XXIII foi o grande libertador. Com ele me senti realmente à vontade *dentro das portas*, sem precisar me constranger e aceitar posições que contradiziam minhas íntimas tendências, em matéria política, por exemplo. Mas com a morte do nosso grande papa outras sombras parecem aparecer. E agora, na segunda sessão do concílio, se acentuaram. Paulo VI recebeu uma influência profunda de Pio XII. Dentro dele me parece estar se travando uma grande batalha. Ele é todo João XXIII, mas a marca de Pio XII, o diplomata, ficou também muito profunda nele, de modo que se preocupa em não descontentar nenhum dos lados e anda daqui pra ali. Daí a decepção que causou a segunda sessão do concílio. O temor que eu tenho é que a terceira ainda seja pior, com a discussão do famoso Esquema 17 (13), cuja proposta (a da comissão) é péssima (com certo exagero...).

[...]

Será que o Vaticano II vai terminar em água morna? E que, depois do pontificado profético de João XXIII, tão, tão, tão, tão dentro do que este último dos seus seguidores fiéis sente e pensa, venha um pontificado basculante, com uma no casco e outra na ferradura, como diz o provérbio popular, e como, no plano político, está sendo o presidente Johnson[107] depois do presidente Kennedy. Os dois Joões foram abridores de veredas. Seus sucessores serão consolidadores do terreno e por isso mesmo são forçados a oscilar entre a direita e a esquerda, para não descontentar ninguém. Está certo. Mas... que saudades do nosso "bom papa João", como – no plano inferior – que saudades daquela cara alegre e do cabelo despenteado do meninão da

106. Publicada originalmente em espanhol: *El existencialismo* (Buenos Aires: Emecé, 1949).

107. Lyndon Johnson (1908-1973), tornou-se presidente dos EUA após o assassinato de John Kennedy, de quem era vice.

Casa Branca! Estas duas figuras, uma lá em cima, outra cá embaixo, terão sido as minhas duas últimas venerações e meus entusiasmos neste mundo de vida religiosa e de vida política. O pano desceu. E agora, José?!

Mas nada de desânimos e de saudosismos. Eta, seu Tristão, então é assim que se toma do arado e se toca pra frente? Quando o *seu* João tinha, no Vaticano, os meses que agora tem o seu amigo Montini, você tinha por ele um milésimo do entusiasmo que veio a ter depois. E a ida à Terra Santa?

Ah, isso sim, com esse gesto, esqueço tudo o mais e verifico que a minha decepção (?) é com *o concílio*, não é com *o papa*. E daí, quem sabe se nesta terceira sessão o próprio concílio não se reabilitará de suas intermináveis discussões e dos seus pastos de montanhas. Aliás, o esquema litúrgico não representa *tudo aquilo pelo que nós lutávamos há 30 anos*? E então?

Seu Tristão, seu Tristão, toda vez que você dá para *ficar triste*, não dá certo, não é você. Alegre-se, Tristão, você até parece que não se lembra mais de que tudo sempre foi assim, com altos e baixos, com guinadas à direita e à esquerda, e não pense que haverá um minuto na vida humana e na sua em particular, com seu temperamento *de montanha*, (isto é, *com duas vertentes*...), em que *os dois sinos* não toquem, às vezes, até simultaneamente...

[...]

Politicamente hoje a notícia é a aparente guinada *anti-Arraes* do Jango, no Recife (sic!). Parece que o Arraes está adquirindo prestígio demais em Pernambuco e então o Jango, "à la Getúlio", quer degolá-lo, indo até, quem sabe, à intervenção em Pernambuco. É jogar o Arraes na extrema esquerda e desmontar politicamente uma das melhores esperanças de uma solução pacífica para a confusão atual. Se for exato, é uma página negra contra o Jango, e uma prova de que realmente ele medita o seu golpe continuísta, a que se referia o San Thiago, na conversa de outro dia. Quero crer que haja exagero em tudo isso e que o Arraes vença a parada. Se vencer, se consolidará ainda mais para uma possível composição com *um dos dois Pintos*[108] ou com os dois...

Mas basta de política, que *enche*, a você sobretudo.

[...]

P.

108. Os líderes políticos Magalhães Pinto e Carvalho Pinto; ver carta de 6 de março de 1964, pp. 344-5.

Petrópolis, 5 de março de 1964

[...]

O nosso grande papa, aquele que anos depois iria *ser o maior* e dizer tudo aquilo que eu, não apenas eu, mas metade da humanidade queria ouvir (menos os integristas, naturalmente...), o nosso João "re-batista", que passou meses calado, anos... E o que falava... não tinha interesse. Era banal. Não oferecia margem para um obscuro cronista comentar. De repente – a explosão! E o mundo inteiro ficou coberto com os estilhaços das duas bombas! E até hoje ninguém compreende bem como foi que a bomba explodiu! O fato é que explodiram as duas e desde então tudo mudou. E estou ansioso por retomar *A voz do papa* pois Paulo VI, este, dá margem, cada vez que fala, e desde já, a toda sorte de comentários (assim me parece). E o plano é justamente dedicar na rádio o segundo semestre à *Voz do papa*, comentando a cada momento os seus pronunciamentos, que vou seguindo pela *Documentation Catholique*[109], e talvez nas próprias aulas do CDV, enquanto durarem.

[...]

As finanças do centro vão mal. E quantos sócios estão fulos, pois não lhes damos nada. E o presidente está isolado e não quer entrar nem em lacerdismos nem em anticomunas histéricos. E se os comparsas entrarem e fizerem uma campanha com as *histéricas* da... desGraça, com a bandeira da "campanha anticomunista", levantarão, com os burgueses assustados, o dinheiro que quiserem!

[...]

Bastava que a... desGraça tomasse a frente de uma campanha anticomunista, com o tal grupo das "mulheres pela democracia" ou coisa que o valha, que os cofres do centro ficariam de novo abarrotados (ab... arrotados...) de dinheiro!

Por falar nisso, mais uma vez os boatos terroristas se desfizeram. Em Pernambuco tudo de novo calmo. Tanto a greve geral como o *lockout* (greve dos empregadores e patrões) cessaram como por encanto. Mais uma vez a mão de Deus ou – se não quisermos, como eu não gosto de fazer, misturar Deus com as nossas sujeiras pequeninas – a mão do velho concordismo brasileiro atuou. A boataria cessou, ou antes transferiu-se para o próximo dia 13, sexta-feira. E o comício da Central, promovido para praça pública pelas esquerdas, embora alguns grupos com relutância, para dar relevo à assinatura do decreto de desapropriação parcial das terras ao longo das estradas e açudes, como início da reforma agrária.

Você não imagina a onda de pânico que está se espalhando, inclusive acenando para atentados gênero Kennedy. Já ontem a mulher do Jango estava a seu lado numa cerimônia na Vila Militar e o *JB* traz um retrato dela assustada com a salva dos canhões. É uma *guerra de nervos*. Não é uma *guerra revolucionária* como apregoam os udenistas, Lacerda à frente. Mais uma vez estou crente de que não haverá nada na

109. *Documentação Católica*: revista mensal francesa divulgadora dos acontecimentos da vida da Igreja.

sexta-feira 13. Mas o ambiente vive sombrio e propício a tudo, sobretudo aos golpes e contragolpes e à crescente desmoralização em todo o mundo. Digo da *radicalização* de todos, com os automóveis a ostentarem: "Só resta uma esperança: Lacerda" e os brizolistas a se esquentarem por seu lado do modo mais violento, embora sem candidato, sem bandeira, sem nenhuma frente coesa, como já apresentam os lacerdistas.

Mas digo isto para te mostrar que há certa razão de otimismo, no fundo. Esse caso de Pernambuco é típico. E o do dia 13 também será, se a mão de Deus ou (por que dizer *ou* e não *e*?) a linha profunda do nosso temperamento e da nossa história mais uma vez desmentir os alarmistas de lado a lado!

Ontem recebi um pedido instante de colaborar em um hebdomadário *Brasil em Marcha*. Respondi que me fizessem uma proposta por escrito. Como este ano *não* pretendo aceitar cursos nem na PUC nem na FNF, terei mais tempo para rabiscar coisas. E como preciso compensar a diferença que vou ter passando a catedrático *aposentado*, preciso pensar no equilíbrio das finanças, para poder ainda me dar ao luxo das... *flores* aos sábados, mania de velho (descobri no dicionário que há um nome em nossa língua para os *maníacos de flores*, categoria em que temo estar entrando com os 70: "antomania"... *Antós* em grego parece que quer dizer *flor*, daí florilégio, sinônimo de antologia). Para sua e minha... *culture de poche*[110]... Mania de velho e de quem tem uma mulher que também aprecia flores. *Ciao*.

Ontem demos uma nova volta pelo Vale Florido. Só para ver as quaresmeiras e as acácias; uma sinfonia roxo-dourada...

P.

Petrópolis,
6 de março de 1964

Às 2:30 devo falar aos seminaristas de São Vicente de Paulo e ainda não pensei sequer no que lhes vou dizer... Quer isto dizer que, sendo já 10:30, preciso não ficar malandreando demais nesta conversinha gostosa, que terá de ser interrompida por muitos dias: toda a semana que vem e mais os da outra... E é tão bom conversar assim por carta, neste diálogo à distância. No caso, eu não me importaria de dar à definição de *diálogo* o complemento de *presença*, pois os melhores diálogos meus são mesmo nos parlatórios de Santa Maria, com aquelas grades... (Sustei a tempo um *jeu de mots*[111] com a lembrança de Voltaire[112]) Mas a propósito de *jeux* de espírito e não ape-

110. "Cultura de bolso" ou de "almanaque", como se diz no Brasil; em grego, *antós*, de fato, é flor.

111. "Jogo de palavras", trocadilho.

112. François-Marie Arouet, Voltaire (1694-1778), filósofo e escritor francês.

nas de palavras: li hoje numa seção sempre muito bem feita do *JB*, *Rondó*, uma frase do Otto Lara Resende[113] muito boa: "A revolução está nas ruas, mas os revolucionários estão em casa". Ou então: "O Brasil é suficientemente desorganizado para desorganizar qualquer plano revolucionário". Essas frases fazem parte, a meu ver, do que há de mais brasileiro em nosso modo brasileiro de viver e de acomodar as coisas, que desespera os extremistas ou os hiperdogmáticos e "científicos" e reacionários, mas que eu acho uma delícia, pois faz parte do que há de mais típico no humanismo brasileiro. Outra, essa em proveito do Lacerda, que é nascido na cidade de Vassouras: "O que o homem da vassoura não conseguiu fazer, o de Vassouras fará"...

Frases como estas restituem ao CL os votos que os seus discursos fanáticos retiram. Lembra-se do que foi, contra o Brigadeiro, a diabólica invenção da frase sobre os "marmiteiros"[114]? Com tudo isso, tenho firme esperança de que o Corvo não venha, com vassouras e tudo. Mas também vejo o Magalhães Pinto cada vez mais... esvaziado, por mais que seja ele o meu candidato. Ou o Carvalho Pinto, já se sabe.

Bem, mas tudo isso ainda está longe e no plano político o que continua a encher os céus de fumo negro é o comício de sexta 13, em torno do qual os urubus continuam a voar com suas asas negras. Você verá que não haverá nada, e que mais uma vez os boateiros serão desmentidos pelos fatos. Mas, embora Deus permita que assim seja, nem por isso desanimarão, com as ondas de gafanhotos que vão voltando e com as senhoras piedosas se preparando para irem "morrer pela democracia cristã" no pátio da Central... Se ridículo matasse, essas damas da democracia dos salões elegantes e dos cadilaques já estariam todas de pés juntos. Mas parece, ao contrário, não sei se só entre nós, que o ridículo, longe de matar, fortalece...

[...]

P.

Petrópolis,
8 de março de 1964

[...]

Quanto à política não-eclesiástica, vai entrar numa semana candente e, teimo em dizer, decisiva. Parece (boato...) que o Jango quer aproveitar-se do comício da Central para se lançar à permanência no poder. Como só o poderá fazer por *golpe*, essa é uma das expectativas. Se for, estarei *contra ele*. Sou por uma política social a mais avançada possível, até mesmo com reforma constitucional *nesse ponto*, mas nem me falem

113. Escritor e jornalista (1922-1992).

114. Na campanha eleitoral de 1954, correu o boato de que o candidato Eduardo Gomes chamara de "marmiteiros" os operários partidários de Getúlio Vargas.

em *continuísmo*, golpes, reforma da Constituição que permita a reeleição, e muito menos em ditadura de quem quer que seja. Infelizmente, o Magalhães Pinto está se esvaziando cada vez mais e já se fala que vai apoiar o... Juscelino... Boato.

Só restará então a esperança no Carvalho Pinto, para uma solução racional. Se ele falhar, teremos de recorrer ao... *mal* menor, entre Lacerda e Juscelino, ou Arraes, pois *dizem* (outro boato) que este está crescendo cada vez mais e já se admite que possa ser lançado para *as urnas*. Entre os três é o que prefiro, mas... ficarei ainda mais isolado. Mesmo a Mamãe, por exemplo, como comunicar a preferência por um homem que será candidato *das esquerdas*, e até dos comunistas, e tem contra si a conjuração dos conservadores, dos liberais e dos reacionários? Mas entre os três – se forem apenas os três – posso não fazer campanha por nenhum, como outrora fiz pelo Brigadeiro ou mesmo pelo Juarez, mas acho, de longe, o Arraes o melhor. Bem, como você vê, a política, tanto dentro como fora da Igreja, domina o ambiente.

Ah, tempos de João XXIII ou de dom Leme, quando um vento novo e puro dominava a Igreja e as vozes dissidentes eram abafadas. Hoje, os urros se entrecruzam, de lado a lado, e o *fanatismo* campeia: *Catolicismo* de Campos[115] versus *Brasil Urgente* de São Paulo[116], e os que querem falar uma voz *joanina* não têm sequer um órgão. E três artigos luminosos como esses de Hermano Alves[117] se perdem num jornal que ninguém lê senão em São Paulo, e olhe lá!

[...]

P.

Petrópolis,
20 de março de 1964

Mandei ao Sobral a seguinte carta:

"Sobral

Por amor de Deus não continuemos a trocar cartas nesse tom! Não procuremos julgar reciprocamente as nossas idéias e posições. Sempre respeitei e continuo a respeitar religiosamente as suas, sem nunca interferir nelas; só lhe peço, em compensação, que faça o mesmo comigo. Acredito em sua sinceridade, como penso que você acredita na minha. Não procuro convencer você de aceitar os meus atos ou os meus pensamentos. Permita, por seu lado, que eu continue a pensar e a agir como entendo que devo fazer.

---

115. Publicação da diocese de Campos (RJ), à época dirigida por d. Antônio de Castro Mayer e posicionada politicamente à direita.

116. Publicação semanal situada à esquerda, cujo inspirador foi o dominicano frei Carlos Josaphat Pinto de Oliveira (1922) através de seus cursos sobre a *Mater et magistra* dados no convento da ordem, em Perdizes, bairro da capital paulista, e no salão da Cúria Metropolitana.

117. Jornalista (1927).

É o único meio de preservarmos uma amizade fraternal que considero como uma das dádivas mais preciosas que a providência me fez na vida. Você sabe que eu não gosto de discutir, nem em público nem em particular, ou por cartas. Nunca procurei influir em ninguém e muito menos em futuros sacerdotes. Nunca falei em qualquer seminário senão a convite e com aprovação dos superiores.

Outrossim, falta pouco para a terminação do meu mandato no Centro Dom Vital e se, até lá, o senhor cardeal não me substituir, não pretendo ficar na presidência um dia a mais.

O essencial, porém, é que continuemos amigos e para isso sejamos inteiramente livres, naquilo em que a Igreja permite que o sejamos. E respeitemos mutuamente nossa liberdade de atitudes e opiniões.

Deus, e só Ele, é quem nos deve julgar e um dia nos julgará para sempre.

Seu velho e fraternal amigo,

Alceu"

Esta foi a carta que enviei em resposta às três do Sobral que *não li* mas Mamãe me resumiu.

P.

Petrópolis, 20 de março de 1964

[...]

Por falar nisso, leio um discurso que Paulo VI fez aos operários italianos no dia de São José. Ou o resumo telegráfico está mal feito ou então – o que me recuso a acreditar – há mesmo um retrocesso, no sucessor de João XXIII e voltamos às falas convencionais. Fico tão triste quando pressinto que possa ser assim mesmo e que João XXIII tenha sido realmente o pioneiro que avançou o sinal (*conscientemente*, sem dúvida) e agora o papa volta a dizer coisas já muito batidas, no mesmo estilo de sempre... Mas não. Recuso-me ao pessimismo. Paulo VI fez o gesto de Jerusalém, não apenas *par son coté italien*[118], mas para marcar realmente uma nova abertura, como as do seu inesquecível predecessor. E não irá agora desfazer o que foi feito e voltar ao convencional. (Ia escrevendo: voltar a Pio XII, mas não quero diminuir em nada a admiração que ambos tivemos por ele, apenas porque depois dele... passou um anjo, ou antes, desceu a pomba do espírito da paz sobre o Vaticano e sobre o mundo.) Francamente, se for para assistir a um retrocesso da Igreja, ou mesmo a uma parada

118. Por seu lado italiano, numa provável alusão ao feitio diplomático e "romano" do papa.

para... descanso, preferia mil vezes ter morrido no mesmo dia da morte de João XXIII, para levar desta vida a alegria de ver a Igreja à testa do mundo novo, e não a reboque dele ou amarrada à Idade Velha...

Queira Deus não passe tudo isso do mau humor da *volta* de São Paulo, das nove horas de viagem noturna, das três cartas do Sobral que não li, dos erros da croniqueta e do estardalhaço que o *JB* fez do comício de São Paulo, ao qual atribui 500.000 (sic) participantes, o que não posso contestar, como o Carlo[119] (fraca autoridade, não há dúvida...) me falou em 3 ou 4.000 pessoas na praça da Sé e para nós, é verdade que apenas no bairro e não no centro, a vida de São Paulo *não mudou nada*, e a única alteração nesse dia foi um bom número de automóveis em frente à casa do Chateaubriand, onde o Lacerda fora jantar ontem, com os próceres paulistas de sua candidatura, para equilibrar a visita do Magalhães Pinto ao Carvalho Pinto e o manifesto deste. Não passei o telegrama ao *JB* na Rodoviária porque chegamos um pouco *sur l'heure*[120] e pretendo fazê-lo logo mais. Aliás o *JB* também informa que o Magalhães Pinto vai lançar outro manifesto redigido pelo Afonsinho. Vamos ver no que dá tudo isso. E estamos apenas no início da campanha presidencial. [...]

P.

Petrópolis, 22 de março de 1964

A leitura dos jornais, hoje, é o pior veneno que se possa ingerir. Dir-se-á que eles refletem apenas a situação real e que a *situação* é que está agitada, com a radicalização cada dia mais avançada. Agora mesmo leio que, no dia 1º de Maio se projeta um comício-monstro, mais um em São Paulo, que será "o comício do macacão", para se opor ao "comício das meias de seda" do outro dia... É a política transportada para a praça pública, o que considero um *bem*, desde que não se converta a praça pública num campo de batalha, com o perigo de nova transferência: a da praça pública para... os quartéis e as prisões... Os democratas *ancien régime*[121] protestam contra a "praça pública" e os "comícios" da democracia nova. É um protesto acadêmico e que apenas concorrerá para agravar a situação. O que é preciso é compreender e aprovar esses comícios, como um elemento de desafogo geral, mas cuidando que a *segunda* transformação – da praça para os quartéis – não aconteça. É por isso que continuo na minha posição de considerar as *reformas* inevitáveis e por isso mesmo devendo ser

119. Carlo Ferrario, secretário de AAL, nascido em Bolonha, Itália, ainda jovem veio com a família para o Brasil, fugindo do regime fascista. Começou a trabalhar no Centro Dom Vital em 1935, colaborando diretamente com Alceu, que iria lhe dedicar, quando de sua morte em 1971, a crônica "A sentinela vigilante", incluída no livro *Companheiros de viagem*.

120. "Em cima da hora".

121. "Antigo regime".

feitas *antes* que a "praça pública" se transforme em... "praça de guerra", como está arriscado a acontecer. O JK está na pista, com um programa avançado, mas cuidadoso, redigido pelo Josué Montello. A UDN, no dia 12 de abril, fará o mesmo, lançando o Lacerda, que vai pegar fogo e mobilizar as "meias de seda".

Vamos ver o que farão os dois que restam: os equilibrados, com os Pintos e o PDC, e os extremados da esquerda. Enquanto isso, os especuladores jogam na bolsa e no dólar, que sofre cada dia enormes oscilações, denunciando visivelmente as negociatas de títulos e dólares pelos pescadores e *bicheiros* grã-finos de águas turvas.

Enquanto isso, venho (antes da agitação jornalística...) de uma bela missa solene de Ramos, na catedral, com a presença do bispo, do coro dos franciscanos, celebrada pelo jovem vigário meu amigo, com as capas vermelhas da Irmandade de Padeiros, etc., mas que em geral comunga e quero crer que não sacrilegamente... E por falar nisso, vejo com alegria que a Ação Católica de São Paulo publicou uma nota visivelmente ditada pelo cardeal dom Carlos, condenando a exploração da religião pela política.

[...]

Pois a maluquinha do sótão – a imaginação – não permitiu que eu sequer abrisse o livro e me levou, no seu tapete mágico, para o *passado* e para o *futuro*.

Na viagem ao passado – além de tudo que cada *coisa* me evocava, da Casa Grande, até mesmo do império que não cheguei a conhecer (retrato do seu bisavô fardado de ministro...) etc., me fixei numa idéia – duas coisas que ficaram gravadas para sempre da minha educação em casa: de meu pai, o gosto de *olhar*! De minha mãe, o *horror à mentira*. Talvez sejam as duas colunas mestras, invisíveis, da minha "educação de príncipe"...

Olhar, apreciar, divertir-me com qualquer coisa, ser *badaud*, achar graça em tudo, e particularmente nas coisas *gratuitas*, que não servem para fins imediatos ou úteis – as *flores*, por exemplo, a poesia, a nostalgia, o devaneio, e com isso o otimismo, a vida como espetáculo (não à maneira do Graça Aranha, pra lá do bem e do mal mas à maneira... dos *lírios dos campos*). É isso tudo que eu chamo a *educação para o olhar*, que recebi de meu pai.

E de minha mãe, o horror à mentira, não como *preceito moral*, mas como uma espécie de repugnância, de nojo, de alergia, como aquela que você tem por lagartas.

Esse nojo pela mentira é o maior, senão o único, princípio sólido que sinto na base da minha educação para a vida. Mas dele deriva tanta coisa: a naturalidade, a simplicidade, a humildade, a fraternidade, a tolerância, a compreensão, a honestidade, o desprendimento (este mais do *olhar* que da antimentira), as formas lisas, o estilo direto, a objetividade, o *fair play*[122] etc. e tal. Foi isso que recolhi da minha viagem às fontes que a "maluquinha do sótão" me proporcionou entre sete e oito horas de 21 de janeiro de 1914.

E a aventura pelo futuro?

Foi assim. Futuro próximo, digo.

122. "Jogo limpo".

[...]

E hoje tudo aquilo que era o centro unido de 1928, cheio de fervor, rezando em comum, atraindo os moços, braço direito do cardeal, participando da vida política do Brasil (Revolução de 1930) mas com caráter rigorosamente *social* – tudo isso hoje não existe. Morreu. E o veneno da discórdia entrou e dividiu tudo. E *não há jeito de reformar nada.* É um cigarro apagado, que não se deve tentar reacender.

Impõe-se a partida, ou para ficar em casa escrevendo, ou então para, junto a isso, recomeçar da estaca zero! Como?

Escolhendo um grupo daqueles que os últimos acontecimentos e as últimas definições de lado a lado mostraram ser... da vertente da *Caridade* e não da *Ordem* (a decadência da revista é outro sintoma do aburguesamento do centro, que está madurinho para fazer a campanha pró-Lacerda, na base de um programa de anticomunismo integral e, com isso, concentrando suas... *finanças*).

(Almoço...)

Para terminar... Como seria indispensável recomeçar da estaca zero, me lembrei – ou antes, a maluquinha me lembrou, o seguinte: o grupo se reuniria uma vez por semana, às sextas-feiras, como no centro de 1928, e já agora... numa favela. Como foi o espírito de riqueza que matou o centro, recomeçaríamos pelo espírito de pobreza. E assim por diante...

[...]

Como você vê, passei uma hora navegando em duas direções opostas: o passado e o futuro, sem maiores conseqüências. Tudo isso provavelmente não passará da *rêverie d'un lecteur solitaire*[123], tendo apenas como provável a iminente renúncia de um presidente e a sua retirada à vida privada, depois de 25 anos de "vitalismo", que termina assim num grande... fracasso.

E se não fosse apenas um sonho, uma imaginação? E se o grupo do Morro Azul ou da Glória viesse a ser mesmo uma nova partida, um novo começo, antes do fim?...

Esse incorrigível Tristão... Da casa azul ao morro azul... Tudo azul!

P.

Petrópolis,
24 de março de 1964

Acabo de redigir, ao voltar da missa e com algumas idéias, como sempre nascidas dentro dela (e de mim, nela...), um "apelo à concórdia", que ontem a *Manchete* me

123. "Devaneio de um leitor solitário", talvez numa alusão às *Rêveries d'un promeneur* [passeante] *solitaire*, de Jean-Jacques Rousseau (1712-1778), filósofo e escritor francês.

pediu! As duas coisas não entram muito bem uma na outra – missa e *Manchete*... mas afinal temos de nos servir, por vezes, de instrumentos impuros – ou que pelo menos servem para os fins em si contraditórios, mais puros e mais impuros, como *a palavra serve* para dizer o que *pensamos* que o próprio espírito nos inspira...

É o caso desse apelo, partindo de uma revista onde há de tudo, o melhor e o pior. Ontem, um de seus redatores, que já por vezes me tem entrevistado, telefonou para o Centro, em nome do Alberto Dines[124], pedindo-me um artigo – "um artigo e não uma entrevista", disse o rapaz, significando que virão alguns caraminguás, tão necessários no momento em que a conta de luz, neste mês, que no ano passado era de 600 a 1.000 cruzeiros, hoje foi de sete – 7.000 e tanto... Passemos adiante, pois Mamãe é que cuida das despesas e eu... das receitas...

O artigo devia ser no sentido de uma mensagem de paz entre os brasileiros, que estão caminhando, tranqüila ou antes intranqüilamente, para a guerra civil (leio, de relance, que a Sandra Cavalcanti[125] foi ontem agredida e apedrejada numa favela... É o *lacerdismo* e o *antilacerdismo* soltos pelas ruas e pelos morros!).

O artigo tinha de ser para hoje e para sair na *Manchete* desta semana. O único meio foi combinar que eu o redigisse agora de manhã e o transmitisse por telefone, o que pretendo fazer ao meio-dia, se... as linhas telefônicas o permitirem. Agora mesmo as linhas permitiram que a Cecília Monteiro[126] me telefonasse do São Joaquim (serão as últimas ligações com a ex-casa de dom Leme, onde outrora entrei como em minha própria casa e onde hoje entro – como ontem – como que a suspeitar de que atrás de cada porta vai descer uma manopla para me segurar pelo casco já que pelos cabelos, como ao profeta Habacuc, não será possível...), era para dizer que dom Hélder me convidava para almoçarmos juntos, provavelmente na sua tasca da Glória, com o Candido Mendes, na próxima terça-feira.

Ontem fui procurá-lo mas ele ia passar toda a tarde com o cardeal de São Paulo[127], que viera ao Rio expressamente para vê-lo. Aliás, quem me recebeu lá no São Joaquim foi uma senhora paulista, há anos aqui, e que faz parte do *staff* de dom Hélder, hoje em plena "diáspora" e descontrole, eu imagino, pelo que sinto em mim, que não sou senão do *staff* ao longe... Ela me disse que me acompanha e *entende* totalmente, mas que *muitas amigas minhas* que até me tratam por "o Alceu" estão desnorteadas comigo e não entendem minha posição... Nunca pensei que, no fim da vida, iria mesmo muito remotamente que fosse imitar a Nosso Senhor, como sinal a que se contradiz. Pois hoje em dia só ouço, de lado a lado, "estou com você" ou "contra você".

124. Jornalista (1932), editor-chefe do *Jornal do Brasil* entre 1962 e 1973.

125. Sandra Martins Cavalcanti (1927), professora e política, foi ligada ao Centro Dom Vital; era secretária de Serviços Sociais do governo Carlos Lacerda.

126. Colaboradora de d. Hélder Câmara, bispo auxiliar do Rio de Janeiro, com escritório no Palácio São Joaquim. Dom Hélder deixaria o Rio no mesmo ano, para assumir a Arquidiocese de Olinda e Recife.

127. Dom Carlos Carmelo de Vasconcellos Motta.

Encontro o João Condé, hoje em dia íntimo do Lacerda (como já foi do Álvaro Lins, hoje comunista...), e me diz, em tom de brincadeira: "seu revolucionário"... Encontro o Hamilton Nogueira, sempre cordialíssimo, e dedicadíssimo ao centro, e simpaticíssimo comigo, dizendo que o José Carlos Mello e Souza[128] ficara escandalizado com o meu artigo *Fascismo e comunismo*, que aliás o Hamilton não lera, mas concordou plenamente comigo quando o resumi. Disse-me que também o Armando Fontes[129] ficara escandalizado e imagino quantos outros! Daí a explosão do "tigre"[130] e os seus dentes de fora. Aliás parece que o Sobral, numa das cartas que só Mamãe leu, fazia referência a esse "escândalo" do Mellinho[131], de quem gosto muito, mas que nunca deixou de conservar um ranço integralista, que aliás, creio eu, nunca foi. Mais tarde, ontem mesmo, o outro José Carlos[132] pede ao Ferrario (o terceiro Carlos...) para falar urgentemente comigo. Imaginei o que fosse. Mas a conversa de uma hora foi um diálogo muito cordial, que começou assim: "Dr. Alceu, que pensa o senhor de tudo isso?" Como o Ordoñez[133] em Buenos Aires: *"Que piensa usted del mundo?"*[134]... Verifiquei que não é lacerdista, nem mesmo corçoniano, e no fundo está bem próximo de minhas posições. Inclina-se pelo JK e acha que o Lacerda realmente nos levaria ou levará (mas não creio) à guerra civil.

Em suma, sempre o mesmo "com você" ou "contra você".

Agora mesmo frei Romeu Dale[135] me telefona pedindo uma conferência em São Paulo, sobre "laicato", para 15 de junho. "Marque a data!"... E aproveitou para dizer que já "há dois anos deixou de ler o Corção" mas soube dos ataques e vinha dizer-me que está *totalmente* comigo. Também uma carta esplêndida de dom Newton[136] (o de Brasília). Ou então o Carlos me dizendo que o *Painel* morreu e me deu o último só para levar para você e me disse que está horrorizado com o espírito de *ódio* e de *politicagem* das reuniões da Ordem Terceira e dos Congregados Marianos, chegando a pensar em não mais comparecer às mesmas...

Passei agora *uma hora* e pouco (sic) telefonando para o *JB*, antes para a *Manchete*, para ditar a churumela que te mando. "Não tive tempo de escrever menos", na frase hiperrepetida de madame de Sevigné[137]. Banquei o Sobral, com sua torrencialidade. Seria tão mais cômodo escrever pouco... Mas a danada da douradinha e a loquacidade de certos papagaios interiores vão *parlando, parlando* e quando menos se pensa esta-

---

128. Professor da PUC-Rio, freqüentador do Centro Dom Vital.
129. Freqüentador do Centro Dom Vital.
130. Gustavo Corção
131. José Carlos Mello e Souza.
132. José Carlos Moreira.
133. Manuel Ordoñez, que em 1947, no Uruguai, participou da criação da Organización Demócrata Cristiana de America, a qual agruparia partidos e políticos de inspiração cristã na AL. O argentino Ordoñez, Alceu, o chileno Eduardo Frei Montalva – futuro presidente de seu país (1964-1970) – e o uruguaio Dardo Regules formaram o primeiro grupo de coordenação do organismo.
134. "Que pensa o sr. do mundo?"
135. Dominicano (1912), da "turma de monges e doutores", na ocasião assessor nacional da JUC.
136. Dom José Newton de Almeida Baptista. Ver carta de 21 de junho de 1961, nota 22, p. 208.
137. Marie de Rabutin-Chantal, madame de Sévigné (1626-1696), escritora francesa, famosa por sua correspondência.

mos... afogados (ao contrário da anedota) num oceano de palavras. Autorizei-os a cortarem o que quisessem, pois a revista tem suas exigências de paginação e de variação de assuntos, que cada colaborador desconhece e tende a extravasar sobre o território vizinho.

Com isso foi-se a manhã, vamos ver se com algum proveito pro bolso pois do outro, isto é, do autêntico "apelo à concórdia", sei bem que não se pode esperar nada. Descreio totalmente da ação intelectual e imediata. À distância, sim. As palavras dos outros *primeiro são esquecidas*, e só muito depois vão ser ouvidas, depois que se diluíram e se transformaram em coisa nossa. Esse apelo talvez vá agir depois que o tempo ou as revoluções ou as decepções ou sobretudo os sofrimentos tiverem feito dos *acontecimentos* e das *palavras* também um saldo misto, que no futuro vai ressurgir sob formas inéditas. Não sou, portanto, nem ingênuo bastante nem...

Tive de ir atender a mais um telefonema, uma ex-aluna, que pedia licença para publicar o meu *O diálogo da igreja com o mundo moderno*, em apostila, pelo Movimento de Educação de Base. Será que o movimento também vai morrer com a saída de dom Távora[138] e agora de dom Hélder? Tudo precário. Tudo triste...

[...]

P.

Petrópolis, 25 de março de 1964

No momento, mais do que nunca, estou sentindo isso em carne viva, dentro de mim e fora de mim, individualmente, mas dentro da Igreja e portanto de todos nós como membros do Corpo Místico, por... duas fotografias (sic)! A de ontem, do cardeal do Rio ladeado de marechais e fazendo causa comum com eles contra o presidente da República (o cardeal disse que "costuma estar sempre ao lado das autoridades, mas neste momento está ao lado *do regime*" (sic), o que quer dizer que acha que as autoridades – no caso o Jango – estão contra *o regime*...).

Hoje, uma fotografia do Jango, ladeado por um cardeal, de São Paulo, e por um arcebispo, dom Hélder. Logo, prestigiando a autoridade política e mostrando que não acreditam que ela, a autoridade, esteja tramando *contra* o regime. Tudo isso me leva... a um verso de Baudelaire: "*Ses ailes de géant l'empèchent de marcher*"[139], referindo-se ao albatroz.

Quando vejo a Igreja às voltas com o estado, vejo-a sempre... diminuída. Preferia que nenhum dos cardeais ou arcebispos se encontrassem nem com os marechais nem

138. Dom José Vicente Távora (1910-1970), arcebispo de Aracaju (1957-1970) e presidente do MEB.

139. "Suas asas de gigante o impedem de caminhar" – último verso do poema "O albatroz", de *As flores do mal* (1857, 1861, 1868).

com os presidentes, e que sempre os visse no meio dos pobres, ou quando menos dos *homens*, pobres e ricos.

Será que essa calamidade *pobres e ricos* haverá até a consumação dos séculos? Pior do que isso, será que ela vai desaparecer pelas mãos dos sem-Deus? Seria uma calamidade ainda pior, pois então a negação de uma calamidade, como a diferença entre pobres e ricos, seria obtida às custas da calamidade maior – a divisão do mundo entre os homens de Deus e os homens sem Deus – e estes com o terrível argumento em seu favor, de que conseguiram o que os cristãos não conseguiram: eliminar do mundo a iníqua divisão entre *pobres e ricos*. Seria uma calamidade ainda maior, pois jogaria os homens – de Deus ou contra Deus – uns contra os outros, de modo ainda mais violento, pois os ódios religiosos são ainda mais terríveis que os ódios econômicos e a desmoralização do cristianismo por não ter conseguido eliminar a lamentável divisão dos homens em pobres e ricos seria a desmoralização da caridade, do amor, que é o método cristão de alcançar a igualdade entre os homens e portanto a eliminação do abismo entre pobres e ricos, fonte de todo o ateísmo e do totalitarismo comunista, e até... da renovação da impostura e da exploração da religião para fins políticos.

Cada vez mais vejo o dilema governo-oposição como sendo o que hoje tudo domina. E mesmo o *Jornal do Brasil*, que se mantinha relativamente neutro e até, por um momento, simpático ao governo e à ala progressista, mudou de posição.

Estou, evidentemente, com estes dois, dom Carlos e dom Hélder, e não com o nosso atual dono do São Joaquim[140], pois considero que estão fazendo, os dois, um último (?) esforço justamente para impedir que o João Goulart se jogue nas mãos dos comunistas, ou faça realmente o jogo deles. Pois o que horripila nessa atitude do cardeal Câmara e dos bispos reacionários, aprovando e insuflando os comícios direitistas e proprietistas, é separar as elites das massas, colocando a religião com aquelas e o ateísmo com estas.

Pois os cardeais, bispos, padres reacionários, etc. estão usando do ecumenismo, e não apenas do catolicismo ou do cristianismo, para fins políticos. São católicos, protestantes, espíritas e umbandistas (sic), que fazem "frente comum" contra as *reformas* e contra o atual governo. E com isso estão provocando o agrupamento das esquerdas (ao contrário do que diz o Adauto Cardoso[141]), pois foi o agrupamento das direitas contra o atual governo – que era mais ou menos centrista, e até aliado eleitoral do maior partido da direita, o PSD, que levou o Jango a agrupar as esquerdas e com isso estabelecer o choque radical, a polarização, frente à qual não há mais lugar para o homem do centro e do equilíbrio, nesta voragem que leva à divisão, ao ódio, às barricadas, ao fanatismo, de lado a lado.

No meio dessa "*dilematização*", o *Apelo à concórdia* que ontem redigi – e que não sei se a *Manchete* desta semana publicará, ao menos em parte, mas mesmo que publique será uma voz inútil e perdida na pororoca do encontro do oceano com o Amazonas, cujo estrondo abafa tudo – de nada servirá. Será o meu destino: lançar

140. Dom Jaime de Barros Câmara.

141. O deputado udenista Adauto Lúcio Cardoso participou ativamente da preparação do golpe que derrubaria João Goulart.

apelos inúteis à concórdia. Você se lembra que a última vez que falei numa congregação da minha e sua ex-Faculdade de Filosofia foi para fazer também um apelo ao desarmamento dos espíritos, à paz, à concórdia? O resultado foram os acontecimentos de 31 de dezembro, com o Sobral empunhando a bandeira dos "bons" contra os estudantes e ocupantes do edifício da faculdade, que empunhavam a bandeira do mal.

O apelo de ontem ou de sexta-feira da Paixão (dia em que sairá a revista) será também o de uma *vox clamantis in deserto...*[142] Apenas sou um João Ninguém e não um João Batista, nem mesmo um João XXIII... E a voz do João Ninguém não tem autoridade alguma para aplacar a ira dos salões nem a ira do povo e será até ridicularizada ou anatematizada por ter tentado... equiparar o mal e o bem...

A leitura do *JB* hoje em dia, mesmo pulando muita coisa, é para mim um pequeno suplício, pois é como uma lixa, enquanto eu quisera que fosse um veludo ou um algodão entre cristais. Mas não adianta: quem quer se meter a *separar briga* acaba sempre *surrado pelos dois lados...*

Será o meu destino, neste Brasil tão desbrasileirado dos nossos tempos. Basta ver o silêncio em torno dos *dois Pintos*, que poderiam ser candidatos de conciliação entre os extremos, e que acabarão envolvidos pela voragem ou pela vertigem política e a bandeira da conciliação ou do equilíbrio ficará nas mãos desse *malabarista* (JK) que acabará sendo o menos mau, caso fiquem apenas em campo os três – Lacerda, JK e Arraes, e este, em vez de se unir aos dois Pintos e ao Jânio, se unir apenas às esquerdas... [...]

P.

Petrópolis, 26 de março de 1964

[...]

Fiquei tão engasgado com o tom irritante do *JB* que acho que vou sair dos meus cuidados e desabafar de novo com o Celso Souza e Silva em carta *confidencial* e *pessoal*. Quero, ao menos, ressalvar a minha responsabilidade, mesmo à custa de ter de abandonar uma tribuna. Não a deixarei espontaneamente, pois por 20 anos colaborei no *O Jornal* com o Chateaubriand sem nunca participar das patifarias ou maluquices dele. O mesmo posso fazer no *JB*. Mas que faz pena, faz. O mais bem feito dos nossos jornais, a serviço do fanatismo e do clero-politicismo mais repugnante. Ontem, durante o dia, não pude deixar de rabiscar, nesse sentido, duas croniquetas: *Os 3 SSS* e *Deus ao alto*. Este último vai me valer ao menos uma epístola do "são-paulinho" da rua Pereira da Silva[143], senão uma denúncia ao cardeal para que me faça calar, pois nas entrelinhas verão carapuças ao próprio

142. "Uma voz clamando no deserto" – Evangelho de Marcos 1, 3, e João 1, 23.

143. Onde residia Sobral Pinto.

cardeal, uma vez que condeno a mistura de política e religião, que essas marchas de "Deus, Família e Liberdade" estão provocando, com o senador padre Calazans à testa e o deputado padre Godinho[144] de acólito. Tudo isso me dá tanto nojo e repugnância como a você.

Como eram puros, altos, transfigurados os dias da Semana Santa em Dona Mariana quando, ou sozinho ou com você, vínhamos de um dia inteiro no São Bento, de cá na terra, para comer *cream crackers* ou uma média com pão e manteiga naquele botequim da esquina. Lembro-me entretanto de uma quinta-feira santa em que caiu uma chuvarada e não sei por que fui parar no Jockey Club da cidade (sic) e lá passei de um extremo a outro, com as lamentações de Jeremias ainda nos ouvidos e vendo uma sala cheia de figurões, enfumaçados e em mangas de camisa que *jogavam cartas* como os guardas e centuriões do Calvário. Esses figurões estão hoje *de rosário na mão marchando com "Deus pela liberdade"*.

P.

Petrópolis,
27 de março de 1964
Sexta-feira Santa

A situação ontem piorou de modo muito grave, com a passagem da crise do plano civil para o plano militar, com uma verdadeira sublevação de marinheiros, até este momento ainda não claramente delineada, nem resolvida. Mais uma vez acredito que os pescadores de águas turvas não colherão, ainda desta vez, o resultado de suas esperanças, mas é um fato que esses fenômenos representam um inegável agravamento da crise, com a possibilidade de um estado de sítio. A coisa foi tão repentina que o Jango estava em São Borja, o general Assis Brasil, homem forte (militar) do governo estava em Porto Alegre, o Congresso vazio e todo mundo voltado para a Semana Santa ou para... os feriados.

De repente, bumba! Marinheiros (uns 3.000, dizem) reunidos em um sindicato de metalúrgicos, demissão do ministro da Marinha e do comandante dos fuzileiros navais (que dizem ser os homens do Brizola)[145].

---

144. Respectivamente, padre Benedito Mário Calazans e padre Antônio de Oliveira Godinho, ambos do clero paulista, na ocasião em situação "extradiocesana" por causa dos cargos políticos que exerciam.

145. Alceu refere-se à Revolta dos Marinheiros. No dia 25 de março, sob a liderança do cabo José Anselmo dos Santos, um grupo de marinheiros e fuzileiros navais compareceu a uma reunião convocada pela associação da categoria – que buscava reconhecimento –, realizada no Sindicato dos Metalúrgicos do Rio de Janeiro, contrariando ordens do Ministério da Marinha. Diante disso, o titular da Pasta, Sílvio Mota, sustentando a tese de quebra da hierarquia, decretou a prisão dos organizadores do encontro. No entanto, os fuzileiros navais destacados para prender os revoltosos acabaram se colocando ao lado deles – contando, para isso, com o apoio do vice-almirante Cândido Aragão. O posicionamento de Aragão e a ordem de João Goulart proibindo as tropas de invadirem o local da reunião levaram o ministro Mota a deixar o cargo (foi substituído por Pedro Paulo de Araújo Suzano). Posteriormente, João Goulart anistiaria os rebeldes. Este ato foi entendido pelos militares como "oficialização" da quebra da hierarquia, o que contribuiu para o golpe do dia 31.

O Jango chegou ao Galeão pela manhã e não sei que rumo tomaram os acontecimentos. Acredito que não haja nada de mais... Nem mesmo estado de sítio, que seria um convite a medidas violentas, como prisão do Lacerda e outros, que desencadeariam contramedidas do mesmo tipo e a volta do país a uma situação semelhante à do quatriênio Bernardes[146], onde o nosso inefável Sobral esteve (em suas sete quintas...) como procurador criminal. Caso haja realmente algum golpe, no caso lacerdista, ele (Sobral) voltaria a essas funções. Caso contrário também estaria em suas 17 (mais que sete...) quintas *escrevendo cartas* como a que *ontem* encontrei na garagem, e que... *não li* e já ia me dispondo a jogá-la no rio Mosela, para não ter nem a tentação de abri-la, quando Mamãe reivindicou o direito de lê-la e lá a deixei na sua gaveta. Em compensação, encontrei uma definição para o Sobral: um poço de virtudes, mas de fundo... chato. Pois a qualidade máxima do Sobral é a chateação, estou convencido. Além da coragem, do desprendimento, da lealdade, de todo um poço de virtudes que até extravasam.

Enquanto isso, o nosso cardeal carioca nem mesmo na sexta-feira da Paixão deixa descansar o seu ódio anticomunista, e, numa bênção que hoje o *JB* publica, acha jeito de juntar a Paixão de Cristo ao ódio anticomunista. Que doença! Que obsessão! Que... ia dizendo "blasfêmia", mas não tenho o direito de *julgar* ninguém, quanto mais um "príncipe da Igreja", em matéria tão grave. Mas, sem querer fazer juízos objetivos, não posso silenciar meu *horror* diante dessa ausência total de espírito cristão. Na hora em que Nosso Senhor, caminhando para a cruz, pede ao Pai que perdoe os seus algozes, porque "não sabem o que fazem", esse cardeal da Santa Igreja, no dia em que se comemora a instituição do Sacramento do Amor (pois a tal bênção foi dada ontem), não hesita em falar como os sacerdotes da sinagoga, como um Anás ou um Caifaz e não como um sacerdote da vítima, e com a responsabilidade de ser, não um príncipe da sinagoga, mas um príncipe da Igreja! Confesso a você que fico completamente *abafado* com essa absoluta negação do espírito cristão, o mais comezinho, na boca de um arcebispo. E tenho ímpetos... Deus me perdoe e não me faça fazer o mesmo que condeno nesse... pastor. Ai de nós! Ai da Igreja carioca! Ai do catolicismo brasileiro! Nunca pensei ter de assistir a um espetáculo tão triste, a uma negação tão completa do espírito cristão, da boca de um sucessor de dom Leme, o pastor da misericórdia, do perdão, da doçura! Quando, quando? Por quê? Por quê?

Que grande mistério! E justamente no dia do sacramento do amor!

Prefiro nem comentar o fato, tão monstruoso o considero e passar... à ordem do dia, como diz o artigo de fundo do *Correio da Manhã*, jornal que estou passando agora a ler, para compensar a irritação que me causa o *JB* (incomparavelmente mais bem feito que o outro, mas também incomparavelmente mais sectário, fanático etc., etc.) – ao comentar os acontecimentos de ontem, que me fazem recordar os de 1910, isto é, a tal revolta da Marinha, do João Cândido[147], hoje ainda vivo e com 84 anos, e que já deitou falação a um jornal.

---

146. Artur Bernardes (1875-1955), presidente da República de 1922 a 1926.

147. João Cândido (1880-1969), marinheiro que liderou em 1910 a Revolta da Chibata, contra os castigos corporais na Marinha brasileira.

Acho que já te contei o episódio: nós na Pensão Central. O marido de dona Alzira Costa Pinto, deputado, chegando em casa apavorado, como hoje as donas que organizam, para terça-feira, uma das tais *passeatas do rosário na política*, que chamam de "**MARCHA DA FAMÍLIA**, com Deus, pela liberdade" nessa gradação: a **MARCHA DA FAMÍLIA** em negrito e maiúsculas. Deus, com uma maiúscula inicial e a pobre da liberdade em minúscula... Isto é, primeiro a defesa da Família (subentendendo-se: *das propriedades, imóveis e móveis* da família, dos seus bens materiais, que a reforma agrária ou a receita dos aluguéis atingem...) e depois Deus e a liberdade como meros instrumentos de ação! Que miséria! Que inversão de valores! Que blasfêmias! E tudo com a benção e com o *comparecimento* do cardeal e a aprovação dos marechais e de dezenas de instituições, entre as quais vejo o Instituto Social... E o CL dizendo que "*não comparece para que não explorem o caso politicamente*", como se tudo não passasse de uma exploração política.

São esses doidos, fanáticos do "direitismo" e do "proprietismo" que estão na fonte de movimentos subversivos como esse dos marinheiros, que pode degenerar até num golpe comunista, se os comunistas não estivessem contra (sic), vendo bem que em tudo isso eles é que acabam perdendo, voltando para as cadeias e não obtendo a legalização do partido, que incontestavelmente desejam, mas sabem que o Brasil *não está maduro para uma revolução comunista*, ao contrário do que pensam e dizem as malucas e os malucos que estão arrastando o Brasil para o golpe militar, embora não-comunista.

O cardeal é o maior culpado, e com ele a grande imprensa, que o *Estadão* e o *Jornal do Brasil* ou os *Diários Associados*, ou o *Diário de Notícias*, ou *O Globo* (todos os jornais capitalistas à testa) e as mundanas de Copacabana, Botafogo e Flamengo, da zona sul, contra as mulheres brizolistas da zona norte, que ontem foram levar comida e escovas de dentes aos marinheiros! Esse detalhe, para mim, é que *vai resolver tudo*. Esses marinheiros revoltados queriam é escovas de dentes e travesseiros, que as suas "esposas e filhos" lhes fossem levar. É um detalhe tocante e profundamente brasileiro. É por isso que as revoluções aqui não acabam em sangue. Acabam em... escovas de dentes! E isto é profundamente sadio. Enquanto estiverem em jogo as escovas de dentes, estão silenciados os tanques e as metralhadoras! Aliás o tal do João Cândido, nas suas confidências a um repórter sobre a tal revolta de 1910, conta que o movimento ia explodir no dia 15 de novembro, durante a parada, mas como "choveu muito" (sic) e os brasileiros ficaram molhados (sic), resolveram adiar o movimento para o dia 22... "

Tudo isso é deliciosamente brasileiro, revoluções que acabam em escovas de dentes ou que são adiadas por causa da chuva (já o Martim Francisco[148], em suas memórias, falava em fato idêntico ocorrido em Santos, em um motim); enquanto a chuva e as escovas de dentes estiverem envolvidas nos motins e nas revoluções, o Brasil continuará brasileiro.

[...]

P.

148. Martim Francisco Ribeiro de Andrada (1853-1927), político e escritor.

Petrópolis,
28 de março de 1964

[...]

Infelizmente a Semana Santa deste ano foi marcada por um episódio muito triste e perigoso: o da rebeldia dos marinheiros, na quinta-feira, que ontem mesmo terminou à brasileira, felizmente, mas com o segundo aspecto, que é o de uma decisiva guinada à esquerda do governo. Quanto mais marchas direitistas e proclamações anticomunistas de políticos e cardeais, mais o governo caminha em sentido contrário, empurrado pela oposição desbragada, digo eu, ou levada por sua própria inclinação "comunista", dizem os lacerdas e companhia. Não quero opinar, mas conservo minha convicção de que essa perigosa marcha à esquerda foi estimulada e consagrada pelos adversários do Jango, que tentou conservar-se no *centro*, mas que em face da sistemática recusa das direitas se jogou nos braços da esquerda. De modo que foi enredado no processo de radicalização de tal modo que hoje o candidato do *centro* infelizmente é o JK, com todo o seu passado de leviandade, desperdício, otimismo eufórico, à custa dos balões de oxigênio inflacionários, que inundaram o Brasil de papel-moeda. Isto jogou a vida em uma espiral inflacionária que faz com que hoje, cada vez que se vai comprar alguma coisa, os preços tenham subido, enchendo o bolso dos negociantes que, embora sejam, por suas associações, os mais inflamados oposicionistas, estão se enchendo e serão de fato os grande beneficiários da inflação!

O motim dos marinheiros terminou ontem e serviu-se do Jango para testar o que ele chama de "seu dispositivo militar", que redundou muito seguro para seu lado, o que vai despertar as vozes da oposição e a decepção dos "lacerdistas", que julgavam poder contar com um golpe militar. Mas o que parece é que, com o movimento de ontem, de indisfarçável indisciplina, o que o Jango conseguiu foi tomar conta da Marinha, que era a grande esperança dos antijangos e da direita, já que nela está o almirante Heck, considerado como o grande esteio do Lacerda para a eventualidade de um golpe direitista. Com o movimento de anteontem, a Marinha entrou para o "dispositivo militar" do Jango, já que a marinhagem se mostrou nitidamente governista e a nova oficialidade e o comandante de esquadra são da esquerda, ou antes, do governo. Pois agora passa o eterno otimista a dar também o seu palpite.

Assim como ontem eu falava em primeiro lugar no episódio das "escovas de dentes" como sintomático do jeito brasileiro dos nossos motins militares, houve ontem outro episódio ainda mais sintomático: os marinheiros rebelados, depois de soltos, dirigiram-se para... a igreja da Candelária, que encontraram fechada, naturalmente, para "demonstrarem que não eram comunistas" (sic). Então "rezaram um padre-nosso e uma ave-maria" nos degraus da igreja (sic). Vou ver se te mando os recortes.

[...]

Mas esse novo episódio do modo como se fazem as "revoluções" no Brasil é extremamente simbólico. Podem caçoar como quiserem, mas o fato é que as coisas aqui se passam de modo diferente, apesar do que dizem os meus mais violentos opositores ou essas senhoras das marchas, cujo retrato com o padre Calazans à testa (bonitão como o Lacerda – e daí parte da explicação do furor que despertam ambos nas mulheres)... – e com as fisionomias iluminadas como as mulheres paulistas de 32 (aliás na foto se vêem muitas carregando a bandeira paulista).

[...]

P.

Petrópolis, 29 de março de 1964

[...]

Sim, precisamos muito que Deus nos ajude, hoje e nestes dias sombrios e luminosos ao mesmo tempo, mais do que nunca, nas vésperas de acontecimentos imprevisíveis, pois o que se passou anteontem na Marinha está longe de estar resolvido e, de um momento para outro, pode estourar uma nova Revolta da Armada, como em 1893, sob cujo signo vim ao mundo, eu o mais anti-revoltoso dos sujeitos, mas que não esconde a sua enorme simpatia por todos os revoltados, embora não pelas contra-revoltas, como essa que a *oficialidade* da Marinha está preparando, num gesto de *insubordinação* igual ao dos marinheiros e ainda mais grave que este, pois parte dos responsáveis pela disciplina. Está parecendo – pois consta que a assembléia se mantém em sessão permanente – uma assembléia do Clube Naval, núcleo do mais puro lacerdismo e reacionarismo, em que a *oficialidade* reage virulentamente contra o novo ministro da Marinha e contra o resultado dos acontecimentos da Quinta-feira Santa.

Só o fato de ter havido esses acontecimentos – à margem dos partidos, sobretudo do Partido Comunista, que no momento não quer se meter em barulhos, por tática, esperando naturalmente tirar a sardinha com a mão do gato – o fato dessa baderna ter surgido *durante a Semana Santa* é prova de que realmente há qualquer coisa de mudado no povo brasileiro, e que o espírito de *anarquia* é mais forte do que o espírito cristão, embora este também atue, haja vista o episódio da Candelária. A nova Revolta da Armada pode ser ainda mais grave que a de 1893, que era da Marinha (já então conservadora e monarquista) contra o Exército, representado pelo Floriano[149].

Não esqueço que papai era florianista, a ponto de ter querido que eu me chamasse Floriano (sic), a que mamãe se opôs com razão, indo procurar na Grécia e na mitologia o nome que iria acompanhar e afinal marcar psicologicamente por toda a vida, um sujeito tão mitológico (Alceu)[150] e antiditatorial (Floriano...), como este seu

149. Floriano Peixoto (1839-1895), o "marechal de ferro", presidente da República de 1891 a 1894.

150. Há dois personagens gregos com esse nome: o primeiro, filho de Perseu, teria sido o rei mitológico de Tirinto; o segundo, um poeta do século VII a. C. que, segundo consta, foi obrigado a exilar-se por causa de sua luta contra os tiranos.

velho setentão, que pede a Deus – como o Corção também pede – que nos proteja contra toda nova revolução sangrenta, como foi a Revolta da Armada, que por seis meses (sic) tornou o Rio inabitável. Mas isto não a ponto de impedir que, durante ela, nascessem crianças nos bairros, em cujas chácaras mais distantes (como no Cosme Velho, 2) caíam balas enquanto madame Forain ajudava um futuro cristão Tristão a nascer. E tudo ocorria tão naturalmente que vovó Camilita[151], no seu diário doméstico, *não tem uma palavra sequer sobre a revolta*, que no entanto, *cada dia*, matava um ou dois, mais dos "mirones" (que iam todas as tardes para os morros *assistir* à troca de tiros entre Marinha e fortalezas (do Exército), enquanto os políticos antigovernistas (como Rui Barbosa) ou os intelectuais reacionários (como Laet ou mesmo Bilac[152]), iam... para Minas (sic) ou para o estrangeiro (Rui, na Inglaterra).

Tudo isso era um jogo de crianças ao lado do que poderá ser uma segunda Revolta da Armada, num Brasil trabalhado por extremismos irredutíveis e por uma situação financeira catastrófica. Não me admiraria se os bancos fechassem durante a próxima semana ou os dólares alcançarem a casa dos 2.000! Estamos em plena gangorra, ou antes em plena tempestade, e num navio mais ou menos desgovernado. E no entanto, não consigo perder a cabeça e muito menos achar que os governantes, e só eles, é que têm a culpa dessa situação.

A culpa é coletiva. Eis a súmula do que penso. Por isso a reforma devia ser também coletiva. Mas, como esperar isso de pessoas que estão hoje totalmente – ou quase – alucinadas e dispostas às medidas mais extremas, como se está vendo dessa assembléia do Clube Naval. Não me espantaria nada se amanhã o Executivo, sem o Congresso, decretasse o "estado de sítio" (isto é, a suspensão das garantias constitucionais), o que seria um *golpe*, sem dúvida, e nos colocaria no caminho das soluções militares, que ninguém sabe como acabam, embora bem se saiba como começam.

Estão aproximando o caso dos marinheiros, não apenas com o da revolta do João Cândido, em 1910, mas muito mais dramaticamente com a do "encouraçado *Potemkin*[153]" em 1905, em Odessa, considerado como o início da revolução soviética de 1917. Mas eu tiro a seguinte lição: o governo tzarista, naquela época, reprimiu o movimento revolucionário de 1905, tanto na Marinha como no Exército, e seus operários e intelectuais, em conseqüência da derrota militar na guerra russo-japonesa (como a Revolução Comunista de 1917 foi uma conseqüência das derrotas militares face à Alemanha do Kaiser[154]) – o tzarismo, digo, reprimiu esses movimentos *do modo mais violento*: fuzilando, prendendo, deportando, fechando sindicatos, em suma, por métodos drásticos.

Pois bem, são esses mesmos métodos tzaristas que os anticomunistas brasileiros recomendam que se empreguem aqui. Eis o ponto nevrálgico. *Queremos fazer o mesmo que fez o tzarismo na Rússia.*

---

151. Carmelita Amoroso Lima.
152. O poeta Olavo Brás Martins dos Guimarães Bilac (1865-1918).
153. Amotinados, os marinheiros do encouraçado russo *Potemkin* uniram-se aos operários grevistas na cidade de Odessa.
154. Guilherme II (1859-1951), o último imperador da Alemanha, que governou entre 1888 e 1918.

Ora, pergunto eu, deram bom resultado os métodos tzaristas? Não foram eles, justamente, que provocaram a Revolução Comunista? *Abyssus abyssum invocat*[155].

Por isso é que sou contra esses métodos e acho que o nosso Jango, jangando, jangando, faz melhor para diluir a ameaça comunista do que farão amanhã os Hecks e os Castello Brancos[156] na área militar, os Lacerdas na área política, os Sobrais na área intelectual e os Calazans na área religiosa, *imitando os métodos tzaristas* e com isto nos arriscando a ver *aqui* as mesmas conseqüências que houve lá... [...]

Aliás, quando penso nas próximas semanas, fico pensando: será que o Congresso não vai ser fechado, repetindo o Jango o golpe do seu ídolo Vargas?

Será que não estoura uma nova Revolta da Armada, com eu ia dizendo ainda muito mais grave, porque agora *opondo oficialidade e marinheiros*? Este último ponto é que é crucial e pode representar mesmo a gota d'água para um choque, de que resultará ou uma república sindicalista ou uma nova ditadura direitista. Tudo pode acontecer nos próximos dias, senão nas próximas horas, embora este incorrigível laranja continue a crer que nada acontecerá.

P.

Petrópolis,
30 de março de 1964

[...]

A atmosfera política está extremamente tensa e ainda não sei se a Marinha (a oficialidade) vai cometer a loucura de não obedecer ao novo ministro, o que representa a *entrega dos navios aos marinheiros*. E aí, sim, um ato que pode degenerar num golpe comunista, começando por uma ditadura com a supressão total dos meios de comunicação, fechamento do Congresso e algum triunvirato em que as Forças Armadas, sob o comando dos oficiais (estes sim realmente comunas, o que não falta), realizem de repente o que lógica e historicamente não poderia nem deveria produzir-se se não fosse a concupiscência dos latifundiários que impediria as reformas a tempo.

O egoísmo dos ricaços (mandando seu dinheiro para o estrangeiro, em dólares, – uma das *causas secretas* da inflação) e o reacionarismo dos católicos, insuflando nas mulheres a psicose coletiva dessas marchas e desses comícios *políticos* com capa de religião, com os padres Calazans fazendo demagogia e os Adhemares e Lacerdas ou insuflando na sombra ou "triunfalisticamente" fazendo da púrpura cardinalícia uma bandeirola também vermelha, mas reacionária, tudo isso concorre para que todo o movimento revolucionário, – que poderia ser feito de mansinho, à brasileira, e por uma adaptação progressiva dos ricos e dos pobres – se faça de repente, sanguinolentamente e dos pobres contra os ricos.

É tudo isso que pode suceder, de um momento para outro, devido à insanidade

155. "O abismo chama o abismo", na versão latina do Salmo 42, 8 (na antiga numeração, 41, 8).
156. Referência a Humberto de Alencar Castello Branco, na ocasião chefe do Estado-Maior do Exército.

dos direitistas, que estão jogando os centristas, atualmente ainda no governo, nas mãos dos esquerdistas ou semicomunistas como o Brizola ou totalmente comunistas como o Prestes. [...]

Isso mostra o mal que faz essa gente *bem-pensante*: os homens só pensam numa coisa – os bolsos, e as senhoras, as santas mães de família, ficam apavoradas com letreiros como o que ontem li na padaria Guarani, "Mães, não entreguem seus filhos aos comunistas. Compareçam ao comício (ou marcha) do dia 2, no Rio!" [...]

Tudo isso seria ótimo se se tratasse de um movimento realmente em favor das reformas que servissem ao povo e fossem realmente com o povo! Como diz um desses cartazes do comício de São Paulo: "Reformas pelo povo e não pelo Kremlin". Está certo. Mas o que acontece é que 95% dessa gente que vai encher as ruas do Rio no dia 2 ou que encheram a praça da Sé e a rua 15 em São Paulo, não querem nem ouvir falar em reformas. O que querem é que tudo... *volte ao que era*, antes do imposto de renda ou da existência dos sindicatos. Pois para essa gente não bastará o *status* de hoje. Querem no fundo a volta da *belle époque*.

De modo que vejo tudo isso, realmente, entrando ou entrado já numa espécie de beco sem saída, a não ser pelo... milagre brasileiro da última hora, que o povo traduz pelo velho "Deus é brasileiro". Isto é um fatalismo que não podemos aceitar, mas concorda com o que observamos em nossa história e o que no momento mais ajuda as nossas crises: há um bom senso inato na nossa gente e na nossa história, o que impedira os choques violentos ou pelo menos seu prolongamento.

Já vivi bastante para ter visto vários motins (como o de 1904, quando apenas se tinha iniciado o meu *dark age* no ginásio; ou o motim de 1910, o tal do *Minas Gerais* de João Cândido; o de 1922, 23 e 24; o de 1930; o de 1932 (São Paulo); o de 1937; o de 1945; e desde então uma certa calma, agora ameaçada de terminar por culpa de ambos os lados, sem dúvida – dos extremos – mas, a meu ver, a maior é das direitas (que voltaram atrás no propósito de colaboração com o Jango, especialmente a UDN. Sem esquecer do dia negro em que, no Araxá, o Lacerda deu o tombo no Magalhães Pinto, dentro da UDN, e fez desta um partido reacionário, violento, pregador de golpe (este era o ideal do Lacerda, que hoje sustenta a legalidade...)[157]; e sem também esque-

157. Alusão aos seguintes episódios: 1)Revolta da Vacina e insurreição militar que pretendia depor o presidente Rodrigues Alves, ambas ocorridas em 1904, ano seguinte ao seu ingresso no Ginásio Nacional e do início daquele que chamou de *dark age*, um "período sombrio"; 2)Revolta da Chibata (1910); 3)Levante do Forte de Copacabana (1922), ponto de partida do tenentismo; 4)Revoluções no Rio Grande do Sul (1923) e em São Paulo (1924); 5)Revolução de 1930; 6) Revolução Constitucionalista (1932); 7)Estado Novo (1937-1945). Já o "dia negro" em que "o Lacerda deu o tombo no Magalhães Pinto" não foi possível precisar. Dos muitos encontros políticos realizados naqueles anos no Grande Hotel de Araxá (MG), seria pertinente citar o que ocorreu no dia 8 de junho de 1962. Em tal data, teve lugar uma reunião de governadores que pretendia avaliar a situação política do país. O resultado do encontro foi a redação de um documento defendendo a antecipação do plebiscito em que a população deveria decidir entre a manutenção do parlamentarismo, então vigente, ou a volta do presidencialismo. O retorno ao antigo sistema interessava não apenas a João Goulart como também a CL e MP, que pretendiam se candidatar ao Planalto. O plebiscito, que em princípio só ocorreria em 1965, acabou acontecendo em janeiro de 1963, com a vitória do presidencialismo. Depois dele, a figura de Lacerda ganharia ainda maior notoriedade, devido à sua franca oposição a Jango, postura que MP ainda não assumia. Mais tarde, entretanto, Magalhães Pinto acabaria se tornando um importante braço civil do movimento que instaurou a ditadura militar.

cer a radicalização catastrófica que se seguiu à renúncia do Jânio, causa imediata de todos os males políticos que hoje ameaçam reabrir a era dos motins, anterior a 1945, ou mesmo dar à Revolta da Armada de 1893, ou à Revolução de 30 e de 37 (Estado Novo) um novo momento de revolução no duro, com ditadura, etc. e tal.

A maior culpa, se essa desgraça vier a acontecer, cabe às direitas, que pouco a pouco se separaram do povo e rejeitaram tudo o que representasse diminuição das suas riquezas e dos seus privilégios. Dirão que isso é linguagem comunista ou socialista. Eu acho que é linguagem *realista* e científica, *observação* dos fenômenos.

Com tudo isso, o meu *Apelo à concórdia*, que saiu nos *Fatos e Fotos* e não na *Manchete*, assume assim um ar meio ridículo, a não ser que eu queira apelar para grandes exemplos e dizer que está na linha da *vox clamantis in deserto*, que se perde no clamor da oratória demagógica dos Calazans ou dos Brizolas, dos Lacerdas ou dos demais, ou no silêncio maquiavélico dos comunistas *de fato* ou dos chefes militares *fortes*, mas na sombra, como *dizem* que é o general Assis Brasil, chefe da Casa Militar do Jango, que passa por ser o *homem forte* do janguismo e o possível ditador de amanhã, se a maluquice e a insensatez da imprensa reacionária levarem o Brasil a um novo Estado Novo, mesmo que não seja comunista.

A atmosfera está tão eletrizada pela política que eu fui levado a perturbar a serenidade deste silêncio acompanhado pelo barulho manso da chuva criadeira lá de fora, nesta aparente indiferença pelo que está se passando no Rio ou em Brasília (os debates parlamentares de hoje em Brasília devem chegar ao tumulto, mas Brasília é um deserto, ao passo que no Rio é que o ferro está em brasa, com a Marinha em pé de guerra e o Exército, sabemos lá em que pé está...).

De qualquer modo, e passando à linha do meu próprio entendimento desses problemas políticos, de que sempre participei à distância, *desde 1893*[158]..., fico no meu apelo de paz da Sexta-feira Santa, por mais ridículo e inútil que seja, nesta hora em que as mães de família mais pacatas, envenenadas pelas mulheres de Copacabana e Ipanema, que são as mais exaltadas direitistas, lacerdistas, anti-reformistas. "Deus, Família e Liberdade" (e "Propriedade", sobretudo propriedade, mas os malandros acharam melhor mudar "Propriedade" para "Liberdade", que é um termo mais popular, embora o povo goze tão pouco de liberdade como de propriedade..., mas *sabe* que não tem propriedade, ao passo que *não sabe* que não tem liberdade...). Nesta hora, apelos de paz são ridículos, mas prefiro o ridículo ao fanatismo, à insanidade e à impostura. Ou então ao "inocente útil" das direitas (já que sou um "inocente útil" das esquerdas)...

[...]

P.

158. Ano de seu nascimento.

Petrópolis,
31 de março de 1964

Uma folha apenas, pois daqui a minutos devemos descer levando tia Zaíra de vez. As notícias políticas são as mais sombrias possíveis. Estou sentindo o cheiro de... pólvora e a semelhança com 1937, quando o Getúlio, mestre do Jango, deu o golpe do Estado Novo. Tenho a impressão de que o Jango pensa, ou mesmo prepara o mesmo, embora suas atitudes recentes de ir e vir, de hesitações, indiquem que não está tão certo assim de obter o apoio militar de que necessitaria no Exército, para se opor ao movimento hostil da Marinha.

Mas o mais grave é que, no momento, introduziu uma cunha entre oficialidade e tropa (soldados ou marinheiros) e isso pode realmente redundar numa revolução de tipo comunista. É uma suposição apenas que não desejo nem mesmo levar muito a sério, mas que não é impossível. O momento é de perfeita perplexidade e de *vigília de golpe*. Mas de onde virá o golpe é que são elas. Não se pode afirmar. Acredito, no momento, que... não virá. Mas, se me enganar, é mais possível que venha... do Jango, apoiado nas esquerdas. E seria um novo Estado Novo. Sou radicalmente contra e mais uma vez o Magalhães Pinto deitou manifesto legalista muito exato e fazendo uma aliança com o PSD, o que o coloca em situação de dependência das forças *direitistas* mas não lacerdistas, de extrema direita, e se aproxima do Juscelino.

Tudo isso é muito confuso e reflete o momento que vivemos, com os espíritos superarmados uns contra os outros. Os "apelos à concórdia" se perdendo, como risos de criança no meio do barulho de uma festa...

Bom, vamos ao Rio, e almoçar, se Deus quiser, com dom Hélder, que deve dar-me notícias que não serão tranqüilizadoras.

Não quero demorar mais, e amanhã e depois também terei de descer, caso a revolução não estoure. Pois a verdade é que estamos em *vésperas* de alguma coisa. 1930? 1937? Ou... o "imprevisto de 1965"?

Triste e pobre Brasil.

Brasileiros sem amor, sem juízo, sem consciência, de parte a parte!

P.

Petrópolis,
1º de abril de 1964

Desgraçadamente rompeu-se de novo a continuidade civil do nosso governo e a solução foi transferida para a área militar. E por quem? Pelo nosso amigo Magalhães Pinto, que inicia assim a nova era dos golpes e contragolpes, passando a perna no Carlos Lacerda e desapontando todos aqueles que nele viam um dos esteios da legalidade *por meios legais*. Pois ele, como acontece com todos os golpistas, proclama que a legalidade gera a subversão, quando a legalidade (Jango) *ameaça* subverter a legalidade.

Jogo de palavras bem bolado que já inspirou o golpe do Lott em 1955 (?) quando fez o tal "retorno à legalidade constitucional" (não me lembro bem os termos) através da ilegalidade inconstitucional do golpe de 11 de novembro.

O MP está agora na mesma linha. Daí o golpe militar em defesa da "legalidade", isto é, procurando justificar os meios pelos fins. E a esta hora o inefável cardeal do Rio estará aplaudindo o golpe, como acaba de justificar o uso do "rosário em cerimônias cívicas"... O cúmulo. Entendam-se – cerimônias cívicas que estejam de acordo com suas próprias preferências políticas. No caso: o mais obscurantista reacionarismo. Vemos que esse chefe do Sumaré[159] toma esta ou aquela atitude mas isso não me espanta.

Mas que seja o MP a virar *golpista* e a tomar a iniciativa de entregar às armas a solução de uma crise política é que me espanta e entristece. E já o seu gesto foi apoiado pelo Adhemar, em São Paulo, ao que se diz (embora as notícias sejam confusas e contraditórias). E já se fala em outras guinadas típicas ou pelo menos em generais alegres de outras regiões militares que teriam aderido, inclusive em Pernambuco.

Como estamos apenas no início de um movimento subversivo que se compara aos de 31 ou 32, ainda é difícil fazer qualquer prognóstico. De momento, o que há é que se definem as posições. O Jango, isto é, o Executivo, ainda não deu mesmo o passo inicial nesses casos, na esfera jurídica, que é, decerto, o "estado de sítio". Verdade é que o "sítio" deverá ser declarado *pelo Congresso* e este dificilmente o concederá, pois a maioria está contra o governo federal, já que o PSD, ao que se diz, se juntará à UDN em Minas e possivelmente no Congresso Federal também. Já o JK deitou também manifesto, deixando entrever que está com o golpe de MP e dizendo que a "legalidade está onde estão a ordem e a disciplina", conceito extremamente elástico de legalidade, pois, de lado a lado, se alega que há ordem e disciplina.

Legalidade é o governo legalmente constituído e em exercício. Fora daí, são sofismas sobralícios que servem para todas as revoluções. Aliás o Sobral apoiou a Revolução de 31 como provocou a do Lott (55?), com o seu conceito de que a ameaça à legalidade é um motivo justo para o ataque militar ao governo legítimo, isto é – o golpe preventivo. Sou totalmente contrário a essa teoria e penso que *toda ruptura com a ordem jurídica dominante* é uma ilegalidade e portanto não pode ser aceita pelos que se dizem legalistas. Concordo que não devemos ter a superstição do *legalismo* e que nem toda revolução é ilegítima, segundo a mais clássica teoria tomista (veja meu livro *Política*[160] quando se ocupa do problema da revolução). Mas acontece que, por motivos não-filosóficos ou morais (ou seja: até que ponto é lícita uma revolução e o golpe é uma contra-revolução ou o início de uma revolução completa) – mas, por motivos histórico-sociais e políticos, considero que todo golpe é inconveniente e até

159. Bairro do Rio de Janeiro e local da residência do cardeal-arcebispo.

160. Publicado em 1932 pela editora Catholica, do Rio de Janeiro.

contraproducente. Pode ser moralmente lícito e ter motivos políticos certos (o Jango realmente tem feito um péssimo governo e se mostrou tão dúbio e hesitante, ultimamente, que realmente cometeu um suicídio político e terá jogado o Brasil na guerra civil com o apoio da oposição).

A esta cabe culpa ainda maior no que está ocorrendo, pois podia perfeitamente ter atraído o Jango ou pelo menos entrado em composição com ele, para que se fizessem as reformas legalmente, pelo Congresso, mesmo que não tão radicais, como ele quer, nem tão sumárias como querem as bases econômicas (latifundiários e ricos em geral), esses dois grandes partidos do centro burguês e liberal, a UDN e o PSD, que ora se juntam (tudo o indica), contra as esquerdas, radicalizadas ou não.

E no momento, o radicalismo direita–esquerda vai transformar-se em governo e revolução, esta na mão das direitas. Quer dizer que estamos com um golpe direitista e uma revolução direitista em início, semelhante à que se deu na Espanha, em que as esquerdas representavam a legalidade e as Direitas é que levantaram a bandeira da rebelião, que acabou vencendo e lançando a Espanha, há 25 anos, na mais cruel ditadura direitista, embora pouco a pouco amenizada pelo próprio tempo, mas nem por isso menos totalitária.

Aqui se está dando o mesmo. São as direitas que dão o golpe, com o Magalhães Pinto à testa. E o Adhemar e o Lacerda de reboque. Ironia... Não estou longe mesmo de crer que, no fundo, o MP tomou a iniciativa do golpe para fazer a revolução *antes* que o Lacerda a fizesse... Não acredito que, conscientemente, o tenha feito. Mas que tenha influído, estou certo. Ele viu que na convenção da UDN, a realizar-se (?) no dia 10, ele, MP, seria batido pelo Lacerda e este indicado como candidato do partido às eleições. Só havia duas saídas para o MP: ou submeter-se e desaparecer do cenário político, ao menos como estrela de primeira grandeza, ou romper com a UDN e lançar um movimento próprio. *Nisso pensou ele*, e deixou-me claramente a entender quando jantei em outubro, no Palácio da Liberdade, em Belo Horizonte, ao tentar uma aproximação com o Arraes. Falei-lhe nisso e ele se mostrou irritado com o Arraes, "porque o Jango parecia apoiar o Arraes e com isso quebrar um compromisso que tem comigo", disse-me ele, MP, então influenciado pelo José Aparecido[161] e contando com o apoio do Jânio, amigo íntimo do José Aparecido, que no momento era secretário da Justiça e estava presente à nossa conversa depois do jantar e possivelmente também com o apoio do Carvalho Pinto.

Pouco a pouco, esses apoios, no sentido de "esquerda moderada" ou "positiva", como a chama o San Thiago, foram falhando e o Arraes foi fugindo com o corpo, se aproximando da extrema esquerda e declarando mesmo que "só se apresentaria como candidato à Presidência da República e não à Vice-presidência". E o entendimento com o MP (se houve e creio que houve) seria no sentido de: MP, presidente, e ele, Arraes, vice.

Como isso falhou, o MP então deu uma guinada à direita, como o prova a exoneração do José Aparecido, que é da "bossa nova" da UDN, e íntimo do Jânio. [...]

Interrompi a carta para atender a um telefonema do San Thiago Dantas. Eu

161. José Aparecido de Oliveira (1929), político.

falara, por telefone, com a Edméia[162], dizendo que provavelmente não poderia descer amanhã e precisava que ele mandasse buscar meu voto, pois é amanhã a eleição na academia e cada voto tem valor, pois as forças estão divididas entre ele, San Thiago, e o seu obscuro mas poderoso (por antiguidade...) competidor: Nilo Bruzzi[163]. Ele então me diz que mandará uma pessoa aqui de Petrópolis buscar comigo o voto e levá-lo ao Rio. Na realidade os ônibus estão circulando mas no Rio há notícia de que na cidade estão parando, como parou a Central e parou a Leopoldina, numa greve decretada pelos sindicatos, em apoio ao governo.

O San Thiago, que está muito bem informado, e esteve no Palácio das Laranjeiras com o Jango até de madrugada, me diz que as forças que estão com o governo legal parece que são fortes: o II Exército. São Paulo está dividido, e as forças aquarteladas no vale do Paraíba são fiéis (?) ao Jango. (É triste a gente ter de ficar ao lado desse triste personagem cujos malabarismos, somados ao reacionarismo da oposição, deram nisso: a guerra civil, como em 1931, reintroduzida neste Brasil que começava a ter fama no estrangeiro de saber resolver pacificamente suas crises.) Só tenho uma esperança: é que o povo – soldados, oficiais – o povo brasileiro não é de briga. De modo que os próprios arreganhos militares não duram muito. Portanto é possível que, dentro de poucos dias, esteja tudo clareado. Mas o próprio San Thiago confessa que há muitas probabilidades de triunfo do golpe. E será então um triunfo direitista "que atrasará por 20 anos o progresso do Brasil", diz-me o San Thiago. E digo eu: "Nos recolocará no clima de tensão constante entre elite e povo".

Acho, também, que o movimento sairá vitorioso e com isso o Lacerda poderá tirar a sardinha com a mão do gato, pois numa eleição, ele tem chance mas... não contra o JK. E este já se colocou também do lado do golpe, que prevê vitorioso, de modo que será também um sério competidor. E o MP que, no caso da vitória possível do golpe direitista (como venceu o de 1931 e como venceu o de 1955), terá sido o *chefe civil da revolução*, se contentará em ser o chefe do governo provisório que substituirá o Jango? Este, a meu ver, está fraco e o seu "dispositivo militar" vai fracassar. Teremos então o exílio do Jango, como o de Washington Luís. Minas à testa da revolução de 64, como esteve à testa da de 31, com o Olegário Maciel[164]. E o pobre do Magalhães Pinto quem sabe fazendo o mesmo papel do Olegário Maciel, tirando sardinhas para os outros e desapontando os seus amigos. Triste fim de qualquer modo. E mais triste ainda é que, realmente, tanto da parte do governo como da oposição, tudo falhou desta vez, no sentido de manter o prestígio e a fama de *saber resolver crises sem sangue*, como é a nossa lei histórica.

Ainda tenho esperança de que, mesmo recorrendo às armas – como fez o MP para sair da obscuridade em que ia entrar, com a indicação do Lacerda, pelo seu partido (a UDN) para candidato às eleições de 65, com o único consolo de governar o

---

162. Mulher de San Thiago Dantas.

163. Nilo de Freitas Bruzzi (1897-1978), advogado, jornalista e escritor.

164. Olegário Dias Maciel (1855-1933), que governava Minas Gerais quando da Revolução de 30. Ele foi o único chefe de Executivo estadual a permanecer no posto após o movimento que derrubou Washington Luís da Presidência da República.

Brasil, neste fim de governo, com a saída do Jango, e presidir as eleições de 1965, de onde emergirão para o novo qüinqüênio, ou o JK ou o CL – ele é que lançou de novo o Brasil nesta aventura militar.

Mais uma vez se confirma o meu prognóstico (desculpe este "eu não dizia?"... mas isto é cá entre nós) de que nada temos a temer do comunismo, ao menos por ora, mas sim do militarismo e do golpismo. Tenho me fartado de dizer isto e a primeira vez que me lembro de o ter dito foi em Córdoba (sic) na Argentina, quando o bispo de nome francês (creio que monsenhor Lafitous) me perguntou, em 1937 (foi em Córdoba ou foi em Buenos Aires?), se havia mesmo o risco de uma vitória comunista no Brasil. E eu respondi, para surpresa dele, que não acreditava absolutamente em golpe comunista, no Brasil. Muito menos vitorioso (tinha havido um em 1935 e por isso é que os argentinos estavam pondo as barbas de molho antes que o Perón as raspasse...).

Desde então – há portanto 27 anos – repito o meu *slogan*: Não temo o comunismo no Brasil mas temo o militarismo e o golpismo direitista, ou esquerdista não-comunista.

E estamos em um típico golpe direitista. Com grandes probabilidades de vencer, pois o anticomunismo substancial do povo brasileiro vem sendo muito habilmente explicado pelos políticos e pelos... cardeais golpistas e reacionários... e pelas boas senhoras ultimamente alucinadas e psicopatizadas pelos *slogans* "Deus, Família, Liberdade", e apavoradas com as ameaças nos seus prédios e nas suas fazendas.

Não há o menor perigo comunista, mesmo que este golpe mineiro não triunfe. Mas como creio que ele triunfará – embora contra meu apoio, pois considero, repito, desastrosa toda solução militar para problemas civis – o que teremos pela frente é a vitória de um anticomunismo feroz, de um reacionarismo estúpido e... paradoxalmente, *uma grande vantagem para a doutrina social da Igreja*, que continuamos a pregar, como se nada fosse. Dirá você, como assim? Então o reacionarismo lacerdista ou o oportunismo juscelinista ou o adesismo pintista, triunfantes, como provavelmente o serão, se confundem com a doutrina social da Igreja?

Não.

Mas acontece que, se triunfar o golpe direitista, como creio, imediatamente, desaparecerá o pavor do comunismo das senhoras amedrontadas. Para essas boas senhoras os comunistas são antropófagos. Bem, com a vitória do direitismo lacerdista, juscelinista ou pintista – imediatamente desaparece o pânico do comunismo pois a polícia durante algum tempo se encarregará de meter no xadrez e no cabo de borracha os comunistas sem colarinho, e os Lacerdas se encarregarão de fechar todos os sindicatos operários e de expulsar e exilar os líderes de colarinho. As boas senhoras voltarão aos seus bailes, às suas *boîtes*, aos seus vestidos de 200 contos ou então aos meios piedosos dos seus terços na igreja ou diante da imagem do Sagrado Coração em casa ou aos seus tricôs e aos seus aluguéis e cupons de debêntures... E com isso os mais espertos, adiantados ou... de bons sentimentos, voltarão a achar que há uma doutrina social da Igreja, que poderá talvez... etc., etc. e tal, e então voltaremos a ter quem nos ouça, prevenindo que só essa doutrina... etc., etc. e tal.

Será um retrocesso, uma perda de tempo, será uma marginalização do Brasil, mas...

Mas... o Brasil vencerá a nova crise, mesmo que no momento o direitismo venha a triunfar, como creio que o fará, contra a minha vontade sem dúvida, fora das minhas magras tentativas de combater todo direitismo, assim como todo esquerdismo, contra o meu ridículo *Apelo à paz*, na última hora, *de que não me arrependo nem me envergonho*, pois estava nitidamente na minha linha de pensamento e continuarei a sustentá-la, seja qual for o resultado dessa luta inglória que o *conservadorismo mineiro* lançou, transferindo a luta política da área civil para a área militar.

[...]

À saída da Americana[165], dois casais em mesas diferentes vieram falar com dom Hélder, comentar que os "brotos" já tinham pedido seu parecer sobre a "marcha" de amanhã, que agora não sei se se realizará e provavelmente será adiada para o dia da *vitória da revolução.*

Deixei-o no São Joaquim[166] para o encontro de hoje – almoço na Nunciatura – que ficou naturalmente adiado de mais um dia ou *sine die.* De tarde, a atmosfera na cidade era de pólvora e de véspera de revolução, como em 31 ou 37. Há por perto de nosso apartamento o "dispositivo militar" do Lacerda em plena "campanha". Soldados da Polícia Militar com metralhadoras, sacos de areia, barricadas, telefone de campanha, um acampamento de guerra!

Subimos para Petrópolis sem incidentes e à noite as notícias se agravaram pelo rádio, mas ainda hoje de manhã eu saí para descer ao Rio. Já desisti, porém, com medo de não poder subir logo mais, e deixar Mamãe sozinha. Aos 70, já não posso dar-me ao luxo de ir para a chefatura de polícia, como em 1931, ver cair um governo!

Eis aí. Voltamos ao clima de 22 a 45 ou mesmo 55, por culpa... de mim mesmo antes de tudo, pois se tivesse minha voz o mínimo de ressonância, nem a oposição nem o governo teriam chegado ao ponto a que chegaram.

Mas, depois de mim, os grandes culpados foram antes de tudo *os grandes jornais*, a começar pelo *Jornal do Brasil.* Recebi ontem uma carta do Celso, com certeza me explicando a atitude violentamente antigovernista do jornal. Ainda não abri. Nem abrirei tão cedo. Depois ainda, a oposição, e acima dela – os ricos, os latifundiários, os privilegiados, que se levantaram contra as reformas pacíficas e realistas (como *seriam* elas, pois nada se faz contra a realidade) e empunharam hipocritamente a bandeira do anticomunismo para proteger seus interesses pecuniários. Ponha tudo isso numa panela e uma pitada de despeito do MP em face do Lacerda e de sua vontade de "entrar na história" etc., e temos os proclamas deste *desastre.*

Mas... *tudo acabará bem.* Aleluia! Se colocarmos tudo nas mãos de Deus.

P.

165. Confeitaria na esquina da Senador Vergueiro com a Paissandu, no Rio.
166. O Palácio São Joaquim fica no bairro da Glória.

Petrópolis, 2 de abril de 1964

A situação está longe de ser tão clara como parecia ontem. Clara na escuridão geral... E não está porque *não houve renúncia*, conforme se propalou. O Jango foi para o Rio Grande e lá pretende resistir. Não creio que tenha forças para isso. As guarnições do Exército de Minas, São Paulo, Rio e Pernambuco aderiram ao golpe legalista (como são todos os golpes contra a legalidade, alegando que o governo é que destruiu a legalidade e então a revolta se faz para restaurar a legalidade). É uma velha lengalenga, mas o fato é que o golpe é direitista. Não tenho a menor dúvida. Embora possamos de novo, como sempre acontece, dividir os direitistas e militares que praticamente já estão donos da situação em direitistas moderados e exaltados. O MP, que desencadeou o movimento, é dos moderados e tem a seu lado o Afonsinho (sic) e o Milton Campos. O Afonsinho tem manobrado em todos os setores e... está sempre de cima. O San Thiago, seu íntimo amigo, é muito mais coerente e, embora discordando do Jango, nos seus últimos atos de aproximação com a extrema esquerda, que o San Thiago chamou de "esquerda negativa", tentou fazer uma "Junta Popular" ou que nome tenha, para dar apoio constitucional e parlamentar ao Jango e impedir o *golpe esquerdista.*

"O golpe veio da direita." E é o que estamos vendo. O famoso "dispositivo militar" de que o Jango tanto se gabava desmantelou-se ao primeiro sopro de uma luta pra valer. Só lhe resta agora o Rio Grande, onde realmente se briga pra valer, mas não creio que, ali mesmo, ele ainda encontre apoio forte, embora possa realmente haver luta de sangue, pois os rio-grandenses são meio hispânicos e sua história tem certa semelhança com a dos países hispano-americanos, e não com a do resto do Brasil, mais tipicamente portuguesa e, portanto, menos brigadora e sangrenta. De qualquer modo, o Jango é gaúcho, e só cairá lutando, disto estou certo, embora possa refugiar-se no Uruguai, como tantas vezes sucedeu com os caudilhos; e ele tem muito do caudilho; embora um caudilho de tipo manso, ao passo que o cunhado Brizola é um caudilho de tipo brabo.

De modo que a coisa não vai acabar assim como pensam os nordestinos triunfantes, pois a vitória não foi da *democracia*, como proclama "chorando" (sic) o Lacerda. Foi do udenismo, isto é, da democracia das classes abastadas, dos ricos e quando muito das classes médias. Quanto ao povo, no duro mesmo, está com o Jango, como esteve sempre com o Getúlio, embora o Jango, na sua mediocridade pessoal, fosse apenas uma sombra do Getúlio. Como me dizia um operário da Filpan[167] (onde pra variar estava a vovó no dia do barulho...) e foi quem me comunicou a falsa "renúncia" do Jango: "Senhor professor, é o fim do Brasil", ao que eu repliquei: "Não. É apenas um episódio na história do Brasil, que é maior do que todos esses episódios" (não falei tanto...). Pouco depois ele voltou: "Não sei se o senhor é lacerdista, mas o Lacerda a estas horas está se esbaldando". "Também não quero nada com o Lacerda", expliquei.

167. Concessionária de automóveis localizada em Petrópolis.

Esse diálogo é sintomático e me faz lembrar a cara feia de Isabel, babá de Luiz, em Dona Mariana, quando eu lhe comuniquei, exultante, a renúncia do Getúlio em 1945, quando o Góis Monteiro[168], seu predecessor e modelo de todos esses generais "legalistas", mas de fato politiqueiros e "salvadores" da República burguesa, prendeu o Getúlio e acabou com o Estado Novo. O Getúlio, meses depois, era eleito senador e dois anos depois, presidente, com uma votação de 6 milhões de eleitores, a maior obtida até então. Se o Jango puder ser candidato daqui a cinco ou seis anos, você verá que ele também será eleito, mesmo que não tenha a sombra da popularidade do Getúlio. Se não for ainda pior, o Brizola. Isto para dizer-lhe que o golpe de hoje é *militar* e *direitista*, sob a capa de *democrático*, e o povo está completamente *ausente dele*. E como o povo, inevitavelmente, numa democracia (e reconheço que o golpe direitista não chega a ser fascista, embora seja nitidamente anticomunista), o povo é que decidirá as futuras eleições, não se iludam os Lacerdas e Sobrais (anda mudo, trabalhando na sombra e nos cafés...) e companhia. O golpe direitista e udenista *não é popular*.

Não impede que tenha sido dado à brasileira – sem sangue nem foguetes, mas bofetões, mas depredações (na UNE, na *Última Hora*, no Clube Militar etc.) e com brigas sérias. Não creio mesmo que os sindicatos ainda queiram prolongar as greves da Central e da Leopoldina, que ainda duravam esta manhã.

Embora tudo fosse feito à brasileira, foi realmente uma tristeza e um retrocesso. E cavou-se ainda mais o abismo entre as elites (que deram o golpe vitorioso) e as massas que voltaram à sua sufocação, ao seu descontentamento crônicos. Pois dou um doce para que essa gente, hoje vitoriosa, consiga baixar o custo da vida, que é o único motivo que as massas tinham de descontentamento com o Jango. Já o "gatuno Adhemar", como há três anos o chamava o Lacerda, declarou ontem, sangrando-se em saúde, que o tempo difícil começa agora, "depois da vitória".

De positivo também o que há é que hoje de madrugada, em Brasília, o Congresso declarou vaga a Presidência, pela retirada do Jango, e empossou o presidente da Câmara – Ranieri Mazzilli. Embora o Jango tenha mandado um ofício ao Congresso dizendo que não renunciaria e que se retirava, como presidente legítimo, para o Rio Grande, para resistir. Mas tudo isso terá apenas como resultado colocá-lo na posição em que ficou o Frondizi[169], na Argentina, ante um golpe militar semelhante ao nosso de agora (não podemos atirar pedras no telhado do vizinho...), recusando-se a renunciar e ficando quase por dois anos, até recentemente, como possivelmente ocorrerá ao Jango, caso não se refugie no Uruguai, como os caudilhos rio-grandenses.

[...]

A tal "Marcha da Família" é hoje e vai ser um carnaval lacerdista. O almoço ontem do núncio foi adiado. O Rui[170] está apreensivo com a recepção de dom Hélder no Recife, depois do discurso do Jango, de há três dias, citando-o a cada passo e a

168. Pedro Aurélio Góis Monteiro (1889-1956).
169. Arturo Frondizi (1908-1995), presidente da República argentina de 1958 a 1962, deposto por um golpe militar.
170. Rui Coutinho, médico e amigo de Alceu.

fotografia que tirou ao lado do Jango com o cardeal. *Les vaincus ont toujours tort...*[171]. Não creio. Embora o Arraes esteja preso e a reação triunfe em Recife. Outro dia, quando fui ao São Joaquim procurar dom Hélder (segunda-feira) saía de lá um grupo e me disseram que era o vice-governador (que agora assumiu o governo com a prisão, ilegalíssima, do Arraes). Também prenderam, *ilegalissimamente*, o Borges da Silveira, do estado do Rio, e é uma Junta Militar que está governando no momento o estado. Tudo isso confirma o caráter golpista, ilegalista e militar desse infeliz movimento, que os grandes jornais estão recebendo com urros de *vitória da democracia*. É apenas vitória do *golpismo direitista* para tranqüilidade dos proprietários, latifundiários, udenistas e mulheres histéricas.

Consolemo-nos, repito, apenas com duas coisas: o golpe foi *à brasileira* e na crista do mesmo, ao menos por justiça (pois na realidade os milicos e os energúmenos é que vestirão as penas do pavão), estão os moderados e antiextremistas, como o MP, o Milton Campos e esse nosso bom amigo Afonsinho, sempre na crista da onda e possivelmente novo ministro do Exterior (maldade minha...).

[...]

Aqui em Petrópolis, o único sinal dos acontecimentos foram uns foguetes, quando se espalhou a notícia da "renúncia", e o desaparecimento dos jornais e o acúmulo de compradores nos armazéns. Verdade seja que o público nas ruas parecia contente. Se o *povo* recebeu a notícia como o operário da Filpan, a que me referi acima, os negociantes (os grandes beneficiados da inflação...) receberam-na com a maior satisfação. O dono da casa de flores em que, cada sábado, refaço a minha alegria floral da Moselinha, veio dar-me os parabéns e concordou muito quando eu louvei o modo brasileiro e incruento com que o golpe foi dado. O dono da casa de frutas, onde reforço cada semana as nossas fruteiras, disse-me agora: "Está satisfeito?" E como eu disse que nunca estava satisfeito com golpes de força, respondeu-me ele: "Mas também não podia continuar como estava". E o Caruso, o chefe da distribuição dos jornais, na estação da Leopoldina, enriquecido no balcão, e que no ano passado ia retirar-se do negócio e foi à Itália visitar os parentes e tem filho advogado, a quem eu disse também que não agüentava qualquer espécie de golpe, calou-se, dando a entender que apoiava o dito.

Por aí você vê o quadro. O povo mesmo, representado pelo operário, condenou o golpe e até chegou ao desespero de acreditar no "fim do Brasil", com a vitória do Lacerda. Mas os comerciantes que representam a classe média, satisfeitos. E os galões então, embandeirados. Mas o Rui Coutinho, Silvia e eu – tristes. Mamãe, desapontada porque o Jango tinha "fugido" e agora de manhã, mais satisfeita, porque estava resistindo. Isto é, encarando o fenômeno do ponto de vista moral e envergonhada porque o homem fugira para o Uruguai, como as rádios da "legalidade nova"... anunciaram de início. Foi engraçado o *abuso* que se fez do termo legalidade. Anteontem e

171. "Os vencidos nunca têm razão"...

até ontem de manhã as estações de rádio silenciaram e só se ouvia a "cadeia da legalidade", incluindo Rádio Nacional, Rádio Ministério da Educação, Mayrink Veiga e Mauá, os rádios oficiais (até anteontem...), e depois, ontem, estas foram silenciadas e entraram as outras, em nome da "verdadeira legalidade"...

Bom, espero que Quiquinha se tenha lembrado de levar a você algumas notícias menos "triunfalistas", como as que o *Estadão* e a *Folha* terão proclamado. Estou ouvindo um alto-falante, na rua, convidando para a "concentração democrática", que sai daqui para se incorporar, no Rio, à "Marcha da Família". Vai ser um carnaval no Rio. Vejo tudo isso com uma grande tristeza. Mas sempre procurando o que possa haver de alegre e promissor dentro dela. Sempre aleluia!

P.

P. S. – Terminou tudo, ainda mais depressa do que esperava e, mais uma vez sem derramamento de sangue, confirmando a lei da evolução histórica do Brasil.

A renúncia do Jango, depois da renúncia do Jânio, não resolve, é verdade, senão o problema imediato. O problema profundo continua, apenas como uma guinada à direita, violenta e portanto má. Mas o quadro da sucessão não se modifica, a não ser com o fortalecimento do MP, que vai aparecer como o homem que deu início ao golpe que levou o Jango à renúncia e levará esse inefável Mazzilli, presidente da Câmara, a sucedê-lo, pois, tendo tudo terminado depressa, não se confirmou nenhuma interrupção na continuidade política e o sucessor *legítimo* do Jango é o presidente da Câmara, por mais pessoalmente medíocre que ele seja. Assim pelo menos julgo eu.

De qualquer modo, condeno o golpe do MP, que só resolve o problema no momento e dando vantagem à direita e ao direitismo de voltar ao seu domínio. Em suma, confirmo tudo o que disse acima, apenas me rejubilando por termos, mais uma vez, atravessado uma crise de modo incruento, confirmando a vocação pacífica do povo brasileiro. Agora a luta vai ser entre os direitistas/Lacerda/JK e MP com a cotação deste em ascensão. O Arraes cai e o Partido Trabalhista, como brizolismo, vai passar um mau bocado.

Mas devemos acima de tudo dar graças a Deus porque, mais uma vez, "a batalha de Itararé não houve"! Aleluia!

P.

Petrópolis,
3 de abril de 1964

Agora está tudo concluído, pois o Jango partiu mesmo para o estrangeiro e a região militar do Rio Grande – IV Exército – também não resistiu. De modo que o movimento desencadeado pelo MP – mas que vinha se preparando no seio do Exército há seis meses – segundo revela hoje um dos mais bem informados cronistas do *Jornal do Brasil*, Carlos Castello Branco[172] – por um grupo de coronéis e depois por generais, sobretudo o general Castello Branco, chefe do estado-maior, este movimento foi vitorioso. De modo que o general Mourão Filho[173], em Minas, não agiu isoladamente, mas estimulado por todo um grupo de generais, especialmente o general Kruel[174], comandante do II Exército, em São Paulo, e o general Justino Bastos[175], em Pernambuco, inimigo pessoal do Arraes. Os civis, especialmente MP e o Adhemar, só foram prevenidos quando a conspiração militar já estava adiantada. Parece que o Lacerda estava *de fora*. E o MP, na Sexta-feira Santa (irrisório...), "pediu para tomar a iniciativa", sendo que o general achou que devia esperar um pouco e só no dia 31, segunda-feira, é que achou que a "conspiração militar" estava bastante "madura", para permitir uma ação rápida e conjugada com São Paulo.

E foi assim que o MP soltou o manifesto no dia 31, e no dia 2 estava tudo consumado. 55 horas depois! E confirmava-se, uma vez mais, a lei histórica da revolução incruenta ("bom coração e péssimo caráter", disse ontem o Aliomar Baleeiro[176]..., mas eu acho que é "bom coração e mansidão de caráter", típicos do humanismo brasileiro e de todas as nossas crises políticas).

[...]

Tudo isso é apenas um testemunho a mais da solidão em que me encontro. Um a um se afastam de mim os amigos e me obrigam a pensar, cada vez mais madura e seriamente, nas minhas atitudes e nos meus escritos, para não me deixar vencer pela vaidade do famoso *"et s'il n'en reste qu'un, je serai celui-là"*[177], de Victor Hugo, nem tampouco pela minha tendência natural a achar mais razões nos outros que em mim mesmo...

Bem sei, por exemplo, que o novo clima político, direitista e reacionário, criado no Brasil pela vitória da "revolução democrática" e antijanguista, vai tornar ainda mais difícil e penosa minha posição de isolamento. A menos que não seja o contrário... por ter... "passado o perigo comunista". Não. O direitismo triunfante agora, apesar da declaração em contrário do novo manifesto do MP, vai ser mais intolerante do que o esquerdismo da era Jango. Vão pulular as perseguições e as vinganças, como a que já se fez em Pernambuco contra o Arraes e o Pelópidas Silveira[178], para gáudio dos usineiros e aumento do ódio entre classes.

E quase se operava ontem no Estado do Rio, onde tentaram depor o governador B. da Silveira[179], cujo *impeachment* só não foi votado pela Assembléia Legislativa, por

---

172. Jornalista (1920-1993).

173 Olímpio Mourão Filho (1900-1972).

174. Amaury Kruel (1901-1996).

175. Justino Alves Bastos (1900-1990).

176. Aliomar de Andrade Baleeiro (1905-1978), advogado e professor, na época deputado federal.

177. "E se restar apenas um, serei eu" – verso final do poema "Ultima verba", do escritor francês Victor Hugo (1802-1885), incluído na coletânea *Les Châtiments* (Os castigos), de 1853.

178. Prefeito do Recife (1915) em três ocasiões: durante 1946, 1955-59, 1963-64.

179. Badger Teixeira da Silveira (1916-1999).

interferência do Amaral Peixoto, do PSD, que está visando sua próxima eleição à sucessão do B. da Silveira, em 1966... E quer garantir a simpatia do Partido Trabalhista a que pertence o B. de Silveira. Mas no Exército e na Marinha e nas repartições, já começou a "derrubada", fenômeno que foi assim denominado em nossa história, desde 1842, se não me engano, quando caiu um ministério e os sucessores "derrubaram" todos os altos funcionários nomeados pelo gabinete anterior! Agora já começou. Ainda ontem, estava eu na rádio, voltando de assinar meu ponto, depois das férias de março, quando um alto funcionário, o René Cavé, me diz em voz baixa: "Estamos aqui numa situação difícil pois está aí no gabinete o professor Eremildo Viana, com a polícia (sic) para 'tomar conta da rádio' (sic), mas como não trouxe nenhuma ordem escrita, nós não queremos entregar". "Não será que o senhor o conheça?... Ah, então faça o favor de entrar." Eu temia que o Eremildo não me recebesse muito bem, pois, nos episódios de dezembro, não me manifestei a seu lado e me mantive alheio. Mas, ao contrário, foi muito gentil comigo e eu com ele. Trocamo-nos as maiores cortesias e eu disse que "a palavra do professor Eremildo é como o fio de barba dos velhos mineiros e, se quiserem também, acrescentem um fio da minha própria barba", e ele fez questão de declarar que "era meu afilhado" e eu murmurei ao seu ouvido quando ele disse que vinha ocupar a rádio apenas até que fosse nomeado um novo diretor: "Você está bom é para ministro da Educação" – e ele se desfez em sorrisos. "Muito obrigado, muito obrigado."

Tive pena de ver o Eremildo reduzido assim, por sua própria vontade aliás, à condição de esbirro, e praticando uma dessas arbitrariedades lacerdistas, que o *Correio da Manhã* de hoje denuncia, corajosamente, com a autoridade que lhe dá o fato de ter publicado o editorial *Fora*, contra o Jango, com ele ainda no poder e no Rio, enquanto o Lacerda emudecia por três dias, atrás de sacos de areia e carroças de lixo, para emergir ditando o verbo e se apresentando como o salvador da pátria! Tudo isso é profundamente triste e bem quisera não ter vivido o bastante para assistir a essa instauração do reacionarismo entre nós. Acontece, apenas, que não acredito nessa instauração! E já começam a surgir os protestos como esse do *Correio da Manhã* e daqui a pouco a situação estará recomposta, com a direita, o centro e a esquerda novamente dispostos em ordem de combate.

No meio disto, apareceu já o meu clássico resfriado de início de inverno, embora o regime de Quaresma não fosse tão rigoroso!

Bem, outro sintoma da mudança do clima político e social é um telefonema do Alfredo Viana, da Casa do Estudante, combinando um encontro para segunda-feira, e dizendo: "Preciso conversar com o senhor sobre a situação"... De modo que, segunda-feira, se Deus quiser, quando nos encontrarmos, vou *começar logo* dizendo-lhe: "Antes que me diga ao que vem, vou adiantar: não é oportuno publicar agora o meu livro de crônicas"... Sei que é isso o que ele quer dizer-me, mas está engasgado, pensando que vai ferir-me.

Ora, sei perfeitamente o que são estas coisas. Ele é industrial, precisa de crédito nos bancos. Se vai, como presidente da Casa do Estudante, publicar o livro de um sujeito tachado de comunista, arrisca-se a ter as portas fechadas na cara. E, apesar de me haver dito que, em matéria social, era muito mais avançado do que o filho do José Olympio[180] ou do que a Associação de Dirigentes de Empresa, presidida pelo padre Ávila[181], agora com o leme virado à *direita* da opinião pública e sobretudo das autoridades, militares... e civis, ele não quer complicações e se muda. Mas fica envergonhado de se mostrar covarde perante a mim. Ora, isso não é propriamente covardia. É... natureza humana. É prudência da carne. Talvez seja mesmo prudência, *tout court.* Ou então imperativo de sobrevivência, num regime, ao menos por ora, de arbítrio e irresponsabilidade, embora os "novos democratas" tenham vindo "salvar o Brasil da ditadura e do comunismo", como pensa o Candido – candida ou espertamente – e como o Lacerda está convicto.

Por isso, ainda é com homens como MP ou Carvalho Pinto que me entendo. O primeiro se arriscou, embora soubesse que estava escorado pelos tanques dos generais. Mas ao menos desde logo se declaram "reformistas" e "anti-reacionários" e portanto nitidamente antilacerdistas.

Quanto à "Marcha da Família" – assisti de um canto da avenida – e no início foi realmente *grandiosa* e *popular,* esse povo católico das procissões de Corpus Christi, em que realmente se misturam as damas da elite e os operários da Liga Jesus-Maria-José. E encheu a avenida quase de ponta a ponta. Foi um espetáculo realmente empolgante e pacífico. Letreiros como "A paz desça sobre o Brasil" ou "Somos democratas até debaixo d'água" (sic) ou "Presentes as Senhoras de Petrópolis"... compensavam o Deus-Pátria-Família dos integralistas ou os "Lacerda-65", em minoria grande, creio eu.

Vou ver se consigo articular algumas idéias para uma croniqueta sobre a situação, embora cada vez mais sinta a hostilidade do ambiente. É a hora do "integrismo católico" e não do "humanismo cristão". É a hora do *Syllabus* e não da *Pacem in terris* e *in cordibus*[182].

P.

Petrópolis,
4 de abril de 1964

Estamos vivendo uma hora muito sombria, em que urge a restauração ou a instauração de um governo civil, para pôr cabo à onda de terrorismo e fanatismo que invadiu o país e se traduziu particularmente em Belo Horizonte com o varejamento do Convento dos Dominicanos (sic). Leio nos jornais o relato e o protesto de frei Martinho Burnier[183] e vou escrever-lhe solidarizando-me com ele embora possa bem

180. Referência a Geraldo Jordão Pereira (1938), filho do editor José Olympio (1902-1990).

181. O jesuíta Fernando Bastos de Ávila (1918), professor da PUC do Rio de Janeiro.

182. Alceu associa *Syllabus* – um anexo à encíclica *Quanta cura*, de Pio IX (ver carta de 21 de janeiro de 1959, nota 83, p. 97) – a *Paz na terra*, título de outra encíclica, esta do papa João XXIII, e à expressão "e nos corações".

183. Frei Martinho Penido Burnier (1918-1971), exegeta e jornalista.

chegar a hora de ter ele de se solidarizar comigo, tal o desmandamento da polícia aqui na Guanabara e em São Paulo e outras cidades. E dizer-se que tudo isso é feito em nome da "liberdade", da "democracia", sob pretexto de "combate ao comunismo". As mulheres "democráticas", particularmente, estão assanhadas e pedindo, junto com o presidente da UDN (o banqueiro milionário Herbert Levy[184], felizmente desautorizado por um colega, especialmente pelo Adauto, sempre decente), que se cassassem já todos os mandatos dos deputados "esquerdistas". Já não é apenas de comunistas. É de esquerdistas que se fala.

Tudo isso é sintoma do clima fascistizante em que estamos mergulhados, sob pretexto de restaurar a democracia. Felizmente os dois grandes jornais que tenho lido – o *Correio da Manhã* e o *Jornal do Brasil* – estão extremamente serenos, embora entusiasmados com a "revolução" pois a palavra "golpe" ficou mal vista. A última notícia é que o Jango e o Brizola já estão no Uruguai, onde dona Maria Thereza já havia chegado com os filhos. Como tudo muda em dois dias! Só mesmo o Brasil.

Outra notícia é que o Mazzilli, o pateta (mas antes ele que um sargentão), já nomeou alguns ministros civis, inclusive o da Educação, que é o reitor da Universidade de São Paulo[185], que eu conheço pessoalmente embora só de rápido encontro, pois era diretor da Faculdade de Direito, e presidiu a sessão quando ali falei no ano passado, já não me lembro bem sobre o quê, creio que sobre a *Pacem in terris* e com a presença do cardeal Motta e do saudoso Queiroz Filho[186]. É pessoa de categoria, embora essas nomeações possam ser só efêmeras porque o Mazzilli está no poder no máximo por 30 dias, até que o Congresso escolha o novo presidente até o fim do mandato, em 1965. Falou-se em um militar e provavelmente no Dutra (sic), velho faraó embalsamado, que serve para essas circunstâncias. E devemos preferir a qualquer lacerdista fanático ou militar sargentão. De modo que esses novos nomes para o ministério arriscam-se a ser apenas um tapa-buraco. Mais uma vez se faz uma "revolução" ou se dá um golpe com uma finalidade negativa: o antijanguismo e o anticomunismo. São duas finalidades e se conjugam. Ora, nada se constrói sobre o *não*. E dada a precipitação dos acontecimentos só se vê uma coisa: destruir tudo o que o Jango vinha fazendo, mal ou bem, e no momento só vêem o mal, incluído o nosso Carlos Drummond que, com surpresa minha, num artigo de hoje se lança violentamente contra o Jango. Confesso que achei, no mínimo, deselegante. Se o Carlos tivesse dito tudo isso como o Lacerda ou como o Hélio Fernandes ou como o *Jornal do Brasil* ou como o *Diário de Notícias*, em suma como o fazia a oposição militante, dentro ou fora do Congresso, então teria autoridade para *continuar agora*. Mas, tendo se manti-

184. Herbert Vítor Levy (1911-2002).

185. Luís Antônio da Gama e Silva (1913), professor, foi ministro da Justiça e Negócios Interiores e da Educação e Cultura de 4 até 15 de abril de 1964, quando então reassumiu o posto de reitor da USP.

186. O paulista Antônio de Queiroz Filho, que Alceu conhecia desde 1931 e saudou, como exemplo de humanista cristão democrata, numa crônica escrita por ocasião de sua morte (1963), incluída no livro *Companheiros de viagem*.

do à margem ou reticente (assim o creio, embora só pudesse afirmá-lo categoricamente se tivesse lido tudo o que ele escreveu anteriormente), não fica bem vir agora, com quatro pedras na mão, ou mesmo com a metralhadora portátil de um ótimo estilo, dizer essas violências pelas costas do outro e quando a força está toda na mão da polícia do "Carlos"... E o Carlos, que foi nitidamente comunista, com a *Rosa do povo* e a "Carta de Stalingrado"[187] e, portanto, iria incorrer nas iras das "mulheres democratas" ou dos esbirros do Dops (Departamento de Ordem Política e Social), tão odioso quanto o Pide[188] de Portugal ou a Gestapo nazista ou a polícia secreta...

Política tem ética, assim como a polícia totalitária. Ora, diga-se o que se disser do Jango, acusem-no de estar "preparando" a entrada do "comunismo", o fato é que nunca tolheu a liberdade de ninguém e os oposicionistas o insultaram do modo mais violento, inclusive a sua mulher, pelo rádio, pela tribuna, pelos jornais, sem que houvesse nunca um clima de perseguição e de retaliação. Honra lhe seja feita. E chegam os democratas "salvadores" (não o MP, que já proclamou a necessidade de não haver perseguições, etc., e outros que mantiveram a cabeça no lugar) e a primeira coisa que fazem, ou que se faz em seu nome, é negar a liberdade, invadir os lares, mandar governadores para Fernando de Noronha, como Arraes, tomar conta das próprias federações da polícia estadual, como vi na rádio outro dia, e com isso é que se inaugura o regime "democrático"! É uma farsa, uma impostura, que só será perdoável se cessar logo, apenas seja restabelecida a ordem legal, pela eleição do sucessor do Jango e constituição definitiva de um ministério democrata. Por ora, estamos em pleno arbítrio, com os jornais depredados (*Última Hora*), os jornalistas refugiados nas embaixadas, os rádios governamentais de ontem lacrados e a polícia invadindo os lares! Tudo sob pretexto de "combater o comunismo" e com isso justificando a tese comunista de que só a *força* é que faz o *poder*, de modo que só por meio dela é que se constituem os regimes. A prova está aí: "democratas" a praticarem as maiores arbitrariedades militares, sob pretexto de que estão empregando os mesmos meios que os outros empregaram!

[...]

P.

Petrópolis,
6 de abril de 1964

Graças a Deus estou melhor das vias respiratórias e me preparando para ir à missa das 8 (são 7:30) e descer às 10:30. Bem que gostaria de ficar todo o dia neste

---

187. Respectivamente, livro publicado por Drummond em 1945 e título de um poema nele incluído.
188. Polícia Interna de Defesa do Estado, órgão repressivo da ditadura salazarista.

"bem-bão", mas *noblesse oblige* ou *conseil oblige*[189]... Isto se também eu não estiver na lista negra do novo governo, como "simpatizante com o comunismo", pois parece que o único ideal do golpe é esse negativo e contraproducente de ver comunistas por toda parte. [...]

O certo é que estamos na hora em que os "homens de boa vontade" ou de boa-fé são chamados de "ingênuos" e os malandros e "gatunos" (expressão do sr. Carlos Lacerda) como o Adhemar são valentes "defensores do povo" e pedras angulares da nova democracia brasileira. *"Je me hâte de rire de tout, de peur d'être obligé d'en pleurer."*[190]

[...]

Ontem não apareceu o "Suplemento Literário" do *Diário de Notícias*. Desejo muito saber se apareceu o meu artigo na *Folha*. É de domingo 5, verifique aí. Não me lembro sobre o que era mas "quem anda aos porcos, tudo lhe ronca", como dizia o velho provérbio português que papai gostava de citar. Será que o Suplemento não saiu porque estava – ou esteve – sob a direção do Álvaro Lins? Ou será que não saiu mesmo por necessidade de economia de papel? Ultimamente, aliás, quem o estava dirigindo de fato era o Ary da Mata, de modo que a explicação primeira (Álvaro Lins comunista – este sim, este sim de fato e confissão) não prevalece. É capaz de ter sido acidental, ou porque resolveram modificar ou mesmo suprimir. O "Suplemento" estava minguando cada vez mais e o pagamento também. Se suprimiram, vai ser mais uma fonte, embora bem precisada e não vejo que outro jornal queira ficar com os meus "dominicais" aqui no Rio. O *JB* certamente não, inclusive porque minhas relações com eles também não andam tão francas e concordes, como andavam, depois de minha última carta, que aliás o Celso não respondeu. Perguntar ao *Correio da Manhã* não fica bem. Só se me oferecessem, caso o "Suplemento" do *Diário* venha mesmo a cessar. Vamos ver. O 31 de março foi um golpe fundo, que mudou muita coisa. Só não me mudou em nada. Talvez mudem algumas fontes de renda... Mas são os anéis, não os dedos.

P.

Petrópolis,
7 de abril de 1964

Passei todo o dia de ontem metido em casa, salvo uma rápida saída a pé até a farmácia do seu Gumercindo na esquina para tomar uma injeção de Pulmol. Hoje já me

189. "Nobreza obriga, e conselho obriga", em alusão às reuniões do Conselho Federal de Educação.

190. "Apresso-me em rir de tudo isso, tanto temo ser obrigado a chorar" – Pierre Caron de Beaumarchais (1732-1799), teatrólogo francês, em *O barbeiro de Sevilha*, de 1733 (Ato 1, cena 2; a frase é dita por Figaro, o barbeiro do título da comédia). No original, o verbo utilizado no início da frase é *presser* e não *hâter*, como escreve Alceu – ambos têm "apressar" entre os seus significados.

sinto melhor, embora ainda bastante atacado e a muito custo vou à missa das 10, contra a vontade de Mamãe e sem tomar banho frio... o que começa logo por me estragar o dia. A moleza ainda continua e, durante o dia, apenas consegui preparar duas gravações da *Pacem in terris* para levar amanhã. Pois verifico que não terei tempo de gravar eu mesmo, já que marquei a gravação para as 2:30 e, no entanto, o Celso Kelly[191] me comunica que resolveram convocar o conselho amanhã para as duas da tarde no Inep[192], que é à rua Voluntários da Pátria, pois o Ministério da Educação parece que ainda continua fechado e talvez reabra amanhã se se confirmar a nomeação do novo ministro de que ontem te falei e se ele vier de Brasília, para onde seguira anteontem, provavelmente para tomar posse.

Tudo isso é flutuante e, no caso, estou de acordo com a opinião dominante, inclusive do Lacerda e dos demais governadores, e ainda com o "chefe da revolução", o MP, bem como com os "juristas" como Sobral e companhia para interpretarem a lei no sentido de entender que, estando "vaga a Presidência", o Congresso deve eleger o sucessor para "o resto do mandato", dentro de 30 dias. A lei fala em 30 dias mas o espírito realmente deve ser: dentro de 30 dias, pois não haveria razão para se obrigar a uma situação dúbia por 30 dias, como se está vendo agora. O Mazzilli precisando designar ao menos alguns ministros para os postos mais importantes (Fazenda, Exterior), além dos militares e fazendo-o a título precário, por 30 dias apenas. De modo que o consenso geral é que terça ou quarta, no máximo, o conselho se reúna para eleger o presidente que terminará o mandato do Jango-Jânio (que dois jotas azarados...).

E acho que realmente é melhor que seja um tipo amargo, mas militar e não político, como o Dutra, que já mostrou ser um sujeito medíocre, mas sereno, que entregou ao Getúlio o sucessor, respeitando o voto popular. Com certeza, e agora o Congresso vai cassar os direitos políticos do Jango, para que não ocorra o mesmo.

É evidente, aliás, que o Jango não tem, nem de longe, o *appeal* popular que tinha o GV, seu mestre, e não vejo outro chefe popular que o tenha. O Arraes não chegou a criar raízes bastantes e possivelmente também terá seus direitos políticos cassados, com o direitismo reacionário dominante, intolerante e fanático, tipo Lacerda. Ainda ontem esse sujeito dava uma entrevista coletiva à imprensa e um dos jornalistas perguntou-lhe o que pensava do assunto contra a *Última Hora*. E esse impostor, que sempre arvorou a bandeira da liberdade de imprensa, na SIP (Sociedade Interamericana de Imprensa, com sede nos Estados Unidos), onde ele conquistou certa influência pela lábia que tem, não teve uma palavra de ponderação, e até como que justificou o atentado de junho já que a *Última Hora* vivia pregando a desordem. Ora, a *Última Hora*, que defendia então o governo constitucional, só tinha interesse em "pregar a ordem existencial" e não a desordem. E era o que fazia. Mas, mesmo que a pregasse, o fato é que o faria de acordo com o dogma de liberdade de imprensa tão

191. Escritor, professor e crítico de arte (1906-1979).

192. Instituto Nacional de Estudos Pedagógicos, vinculado ao Ministério da Educação.

caro aos Lacerdas, *quando estão em oposição*. Mas quando se pilham no governo são os primeiros a suprimir essa liberdade. Como ele, Lacerda, fez nos dias de renúncia de Jânio há dois anos. São uns farsantes. Era também de dar nojo ouvir esse tipo saudar "esse valente lutador Adhemar de Barros" quando Adhemar, junto a dois outros governadores, entrava na sala do Guanabara onde ia ter uma conferência e... enquanto dois dias antes ouvíamos pelo mesmo rádio o Elói Dutra[193], vice-governador, hoje refugiado na Embaixada do Uruguai, ler os textos da *Tribuna da Imprensa* de há três ou quatro anos onde o Lacerda chamava o Adhemar de gatuno e crápula com todas as letras, e hoje estão de braços dados, "salvando o Brasil do comunismo" e "lançando as bases da verdadeira democracia". Tudo isso é uma grande força para gáudio dos nossos "salões" cujos porta-vozes estão soltando, a esta hora, suspiros de alívio porque estão livres do pesadelo comunista.

Ora, o que a revolução de 31 de março provou mais uma vez é que o comunismo no Brasil, ao menos por ora, ainda é um mito. É certo que está se consolidando de dia para dia com acontecimentos como esses de 31 de março, *caso* prevaleça o facciosismo reacionário que, durante estes primeiros dias, está solto pelas ruas. Minha esperança é que, também ele, como extremismo que é, seja passageiro e superficial, e o bom senso de homens como o MP ou o malabarismo dos Juscelinos predominem sobre o fascismo dos Lacerdas e Adhemares. Essa a situação a que fomos reduzidos pela intolerância da oposição antijanguista, que o empurrou cada vez mais nos braços dos Brizolas e Brigadeiros (esquerdismo violento) e à própria mediocridade do Jango que "era o homem menos preparado para o ofício de presidente da República", segundo uma frase que o Austregésilo de Athayde me disse ter ouvido do San Thiago Dantas.

No meio de toda essa barafunda, nem sei se comentei o empate na academia entre o San Thiago e o tal de Nilo Bruzzi, mas este chegando a ter 18 votos e portanto por 1 quase vencedor. Incrível! E como a tradição, ou pelo menos o hábito da academia, é eleger mais tarde o camarada que só perdeu por um voto, é provável que teremos lá, na casa, mais essa nulidade, por obra e graça dos senhores Múcio Leão[194] e Afrânio Coutinho (sic).

[...]

Mas, como eu ia dizendo, o comunismo mostrou que não vale nada. Durante os acontecimentos desses dias, não se viu nem o esboço de uma reação "comunista", nem mesmo comunistizante, como para alguns. "Foram tomados de surpresa", dirão os lacerdistas. Sim, mas que prova isso senão que não estavam preparados para nada daquilo que vocês, fascistas disfarçados ou confessados, diziam que eles todos estavam já preparados com arsenais de armas e mais não sei o quê. Não se viu nada disso. Tudo mito e tudo palavreado. Tudo exploração da indústria anticomunista, agora amplamente vitoriosa, para gáudio dos "salões" e dos latifundiários e do capitalismo americano, que já ontem, pela voz do Dean Rusk[195], secretário de Estado, e do próprio Johnson, já se declarou pronto a "ajudar o Brasil em tudo".

---

193. Elói Ângelo Dutra (1916-1990).
194. Múcio Carneiro Leão (1898-1969), escritor e jornalista, membro da Academia Brasileira de Letras a partir de 1935.
195. David Dean Rusk (1909-1994), secretário de Estado norte-americano entre 1961 e 1969.

Não creio que tenha havido dedo americano no movimento, embora, no tempo do antigetulismo, o então embaixador dos Estados Unidos me tenha declarado que ele "dera uma mão" em auxílio do Brigadeiro ou do Dutra, já não me lembro bem. Mas não creio que agora tenha havido essa mão. Mas que agora os Estados Unidos vão soltar os frangos que não quiseram soltar quando o San Thiago Dantas ou o Roberto Campos[196] solicitaram, é certo. E sob este ponto de vista, os vencedores de agora vão ter a sua tarefa muito facilitada. Os dólares vão afluir, as dívidas vão ser espaçadas e teremos um desafogo financeiro. Vai ser um grande argumento para os nossos representantes típicos do nosso mais alto capitalismo cristão.

[...]

O fato é que o comunismo mostrou que não é nada no Brasil e não agüenta o menor arreganho dos generais. Mas por isso mesmo a bandeira do mais feliz anticomunismo é que foi de qualidade, pois custou pouco combater forças inexistentes.

Tristíssimo espetáculo, essa nossa realidade atual. Antes de 31 de março tínhamos um governo inepto, sem dúvida, mas que ao menos dava toda liberdade aos seus opositores. Ao passo que hoje... não quero fazer previsões... No momento, o que temos é um governo inexistente, os militares mandando e desmandando, os fanáticos soltos, com a polícia na mão, e a oposição inexistente e assustada. É provável que não dure este estado de terror, que o velho bom senso brasileiro volte a dominar especialmente se os MPs conseguirem dominar os Lacerdas. Este ontem declarou que vai propor o adiamento da convenção da UDN que vai indicar o candidato à Presidência pelo partido. Era o que queria o MP. E ele não. Agora inverteram-se as posições e ele está com medo de não ser indicado, dado o papel que o MP representa à frente do golpe e ele por detrás. E então passou a adotar a tese do outro, que aliás também queria o adiamento porque temia então não ser o indicado.

[...]

Acho que a estrela do Carvalho Pinto baixou muito. É inegável que o golpe de 1964 vai influir muito nas eleições de 65, pois o nosso povo é muito por quem está *de cima* e é também visceralmente anticomunista. A força maior do Lacerda vem daí e é por isso mesmo que nunca acreditei e nem acredito no "perigo comunista" apesar de tudo o que as Sandras e Cassandras[197] digam e proclamem: a prova é que não houve a menor reação comuna e se o Jango acreditava nela também se enganou.

Mando-te aliás um relato interessante dos últimos momentos do Jango com uma frase sua muito simpática. Como tenho pena infinita dos vencidos, quando covardemente todo mundo malha neles. Gosto de guardar documentos como esse, caso a frase seja verídica.

P.

---

196. Roberto de Oliveira Campos (1917-2001), economista e diplomata, foi ministro do Planejamento do governo Castello Branco.

197. Alusão a Sandra Cavalcanti e à personagem da mitologia grega.

Petrópolis,
9 de abril de 1964

[...]

No dia da vitória da revolução o núncio[198] sabe onde foi? À Embaixada de Cuba (sic), para oferecer asilo na Nunciatura ao embaixador (que parece já tinha viajado para as terras natais do seu cupincha barbudo) e a todos os da embaixada e suas famílias, se precisassem. Mais. Como a Santa Sé não tem relações diplomáticas com a Polônia, a Hungria, a Tchecoslováquia, a Iugoslávia etc., pediu-lhe que fizesse o mesmo oferecimento: asilo na Nunciatura, para os que quisessem! Depois, telefonaram logo do Vaticano, cifradamente, e uma hora mais tarde recebia telegrama do cardeal Cicognani[199], em nome do papa, "aprovo" ou coisa parecida "seu gesto"! Isso é que lava a alma da gente, nesta hora de tanta mesquinharia. É a igreja, de braços abertos, e não de metralhadora em punho, não fazendo "expurgos", "limpezas", mas abrindo as portas para abrigar os fugitivos, os perseguidos, os infelizes! Que beleza! Aleluia!

P.

Petrópolis,
10 de abril de 1964

[...]

Ontem, o prato do dia, do meu dia ao menos, pois o do dia brasileiro foi a discussão em torno do *Ato Institucional* que suprime todas as liberdades públicas, e ficará, no futuro, como uma pequena réplica (esperemos que rápida, pois parece que durará apenas 30 dias, será?) da *Carta* de 1937, que criou no Brasil o Estado Novo getuliano e tudo (?) indica que prepara por muitos anos um novo Estado Novo... Bom, deixemos a política para quando voltar a liberdade.

O prato de ontem, para mim, foi o almoço do núncio a dom Hélder, que só de viva voz poderei contar.

[...]

P.

---

198. Dom Armando Lombardi.

199. Amleto Cicognani (1883-1973), criado cardeal em 1958; à época da carta, era chefe da Secretaria de Estado do Vaticano.

Petrópolis,
11 de abril de 1964

É possível que logo mais ainda possa completar este bilhete. Agora, 7 menos 20, é apenas um bom dia, pois já não posso mais de saudades e falta de cartas! Tenho de descer, embora sábado, e com a tarefa de que o núncio me encarregou anteontem, não só porque quero levar o meu... "até a volta"... ao nosso dom Hélder[200], que as ricaças hoje abandonaram, mas ainda porque temos sessão do conselho... se houver número.

Passei ontem pela rádio para gravar o programa das encíclicas. Tive notícia de que "o seu Machado de Assis foi para o ar, mas quanto às encíclicas, o dr. Eremildo disse que está organizando um novo programa"... Seria o último escárnio: o primeiro ato do "interventor" de uma revolução anticomunista é suprimir um programa sobre as encíclicas e a doutrina social da Igreja. Para essa gente o papa (mesmo Paulo VI e sobretudo João XXIII) é "comunista" e como o programa me foi pedido pela Yedda[201] – sua antecessora "comunista" – o fascista Eremildo o suprime.

Mas o escárnio máximo de ontem foi o tal *Ato Institucional*, que nos faz retrogradar ao Estado Novo. Voltamos ao Getúlio, voltamos ao Chico Campos, autor da Carta de 1937, e autor agora do tal Ato Institucional; só nos falta agora voltar ao Gregório[202]...

[...]

P.

P. S. – À tarde, de volta do Rio e do embarque de dom Hélder. Foi uma apoteose, do povo, acima de tudo, da classe média, dos intelectuais, mas com raríssimas (se alguma houve) grã-finas! Não posso afirmar, pois não fiquei até o fim, nem procurei realmente investigar. *Mas não vi nenhuma.* Vi os pequenos e os médios. Não vi os grandes... Ia de abraço em abraço, de modo impressionante. E muita gente chorando. E dizendo "até a volta". E crianças cantando. E fotógrafos tirando *flashes*. E ele, com aquele sorriso de sempre, e aquela absoluta serenidade de santo! Deus o leve e o traga de volta, preparado... Bom, agora, à grande tarefa destes dois dias *para a igreja*! Reze!

P.

---

200. Que se preparava para deixar o Rio de Janeiro e assumir a Arquidiocese de Olinda e Recife.

201. Maria Yedda Linhares (1928), historiadora e catedrática de História Moderna e Contemporânea na Faculdade Nacional de Filosofia e diretora da Rádio MEC no Rio de Janeiro, posto do qual foi afastada por Eremildo Vianna.

202. Gregório Fortunato (1900-1962), chefe da guarda pessoal de Getúlio Vargas, envolvido num atentado contra Carlos Lacerda, principal opositor do presidente, ocorrido no dia 5 de agosto de 1954, diante do prédio onde o jornalista residia, na rua Toneleros, em Copacabana. Lacerda ficou apenas levemente ferido, porém os tiros disparados pelo pistoleiro Alcino do Nascimento acabaram matando Rubens Vaz, major da Aeronáutica, que o acompanhava. O episódio agravou o cenário político do país, numa crise que culminaria com o suicídio do presidente, em 24 de agosto.

Petrópolis, 12 de abril de 1964

Domingo do Bom Pastor

Este domingo me lembra tanto o nosso João XXIII, encarnação viva do Bom Pastor, que sinto o coração transido, tanto de saudade dele próprio, como de sua era, especialmente neste momento em que o reacionarismo, tanto militar como clerical, triunfa descaradamente em nossa terra, depois do golpe de 31 de março!

O Bom Pastor, que o bom papa João adotou como símbolo de seu pontificado, foi hoje substituído, aqui no Brasil, pelo *Mau Feitor*, ou antes pelo *Feitor Mau*, símbolo do autoritarismo, clerical ou civil, que os nossos "bons pastores"... adotaram ao menos por algum tempo, e em nome do anticomunismo, que eles confundem com cristianismo. O ambiente em que estamos vivendo estes dias tormentosos é de tal ordem que preciso fazer força sobre mim mesmo para não adotar uma atitude prepotente e conservar a minha equanimidade, para ser fiel não só ao exemplo do grande papa João, mas ainda ao meu próprio temperamento e, acima de tudo, Àquele de quem devemos ser os imitadores, mas que tantos imitam apenas na cena do açoitamento! Com que volúpia esses falsos pastores, mas autênticos feitores, pensam em Nosso Senhor empunhando um chicote!

[...]

Comecei ontem à tarde a escrever a tal carta de coração aberto, a pedido do núncio, e quero e preciso acabar hoje sem falta, para que Mamãe comece a passar à máquina logo mais, pois prometi ao núncio que seria ela a passar, de modo a não passar nem mesmo pelas mãos do Carlos, por mais discreto que ele seja – e por isso, vou também abreviar esta carta, embora ainda acrescentando alguma coisa na volta da missa, especialmente a despedida de dom Hélder, ontem, no aeroporto.

10:45 – de volta da missa e apenas para terminar a página, pois a carta do núncio é um imperativo urgente, que gostaria de terminar agora pela manhã. Aliás, o embarque de dom Hélder eu já te contei ontem.

P.

Petrópolis,
13 de abril de 1964

[...]

Bom, por maior que seja a vontade de comentar com você esse mundo de coisas da revolução fascista, ou fascistizante, que se abateu sobre nós, preciso ir ao... dever. E o dever é a carta do núncio! *Ciao.*

P.

Petrópolis,
14 de abril de 1964

Vamos ver se temos uma horinha tranqüila de conversa. O que não sucede há muito tempo, especialmente nessas duas semanas, desde a segunda-feira de Páscoa, em que a terra brasileira começou a tremer. Há 15 dias, pois, que não podemos ter um bate-papo calmo e demorado e espero que hoje possa ser, por mais que uma tarefa relativamente urgente esteja aqui, debaixo deste papel em branco, na pasta: a adaptação de artigos escritos antes de 31 de março às circunstâncias atuais. Um começava assim: "O comunismo continua fagueiro". O Carlos observou: "nem tanto"... Preciso, pois, rever os escritos e até escrever novos, mas isso não sei se o farei ainda hoje. Antes quero me repousar um pouco nesta conversa matutina, para mim tão importante, até mesmo para pôr ordem nas idéias, pois, se é dando aula que se aprende a dar aulas, é pensando que se aprende a pensar, é escrevendo que se aprende a escrever. E como neste diário – há tantos dias maltratado – procuro *pensar* o que se vai passando, também com isso aprendo a pensar certo ou, pelo menos, menos errado...

Ontem, a carta foi também afoitada, pois estava ansioso por terminar de manhã a carta ultra-secreta do núncio. Afinal, só acabei mesmo à tarde. E como à noite Mamãe não pôde passar a limpo, agora é que começou a fazê-lo e são 26 páginas com esta minha letra. Coitada! Espero levar o original para você.

E você fique muda. Não que haja perigo algum em saber-se que o núncio me pediu esse relatório, e que eu o escrevi como se falasse a você, mas é que o núncio mesmo me pediu que o conservasse absolutamente em segredo, "para o enviar a Roma". Confesso que isso me dá uma grande alegria interior. Podem os filósofos ou os cardeais, os chefes de empresa ou as grã-finas, me olharem com piedade. Desde que a igreja esteja comigo, não para me apoiar, mas ao menos para me ouvir, basta. E no caso é um pouco mais do que ouvir apenas...

Procurei dizer, pão pão, queijo queijo, o que penso da situação política e da situação religiosa e como você, se Deus quiser, vai ler o *paper*, não vale a pena reproduzir nem mesmo suas idéias gerais. O documento, embora "ultra-secreto", ficará incorporado a este arquivo para que em 2064, *se por acaso* alguém o divulgar, dizer de duas uma: ou como se enganara esse sujeito, ou como previa bem esse camarada. Até lá, que a poeira dos arquivos recubra esse depoimento, aliás muito menos vibrante e violento do que eu gostaria de ter feito. Mas nem assim consigo fugir ao meu velho hábito, quase obsessão, de procurar ver os dois lados da questão e ouvir a voz dos dois sinos. Embora tendo cá o meu próprio sino... não consigo fazer julgamentos unívocos e simples. Hei de sempre introduzir o pró e o contra, não por preocupação tomista, mas por temperamento.

[...]

O golpe de 31 de março mostrou que o comunismo era quase inexistente no Brasil, mas agora começa a ser uma realidade cada vez mais brava. Foi para eles uma experiência utilíssima. Verificaram suas fraquezas e quais as táticas dos adversários e mesmo quais os adversários perigosos: o dinheiro e a força, isto é, a alta finança, a alta sociedade e as Forças Armadas. E como, segundo a teoria marxista, a história é essencialmente dialética, isto é, caminha entre prós e contras, entre direita e esquerda, entre cima e baixo, e *sempre pela luta*, o episódio para eles é altamente instruidor e... benéfico. Saem dele perseguidos e mutilados em suas posições adquiridas, sem dúvida, mas terrivelmente fortalecidos como *força social atuante* e com a simpatia muito aumentada no *povo* e na *mocidade*, duas forças tremendas do futuro e da ação dinâmica.

[...]

A conversa foi de uns 15 minutos mas senti bem o quanto esses "gorilas" de hoje pensam acabar com o comunismo como se acaba com a febre amarela, por meio de mata-mosquitos, digo mata-comunas. Com isso só fazem tornar o perigo ainda mais grave. Considero pois esse golpe *gorílico* (chamam de "gorilas" na Argentina – ou eles mesmos se chamam – os generais e almirantes e brigadeiros que se levantaram contra Perón e dominaram a Argentina até há pouco). Pensei que os militares brasileiros, *para não imitarem os argentinos*, que consideram ou consideravam (os argentinos) como seus maiores inimigos potenciais, não quisessem imitá-los. Mas enganei-me. Imitaram. Quiseram fazer o mesmo. E isto porque na Escola Superior de Guerra lhes ensinaram que o perigo número 1 não é *a guerra*, mas *a guerra revolucionária*. Não é de todo falsa a afirmativa. Há menos perigo hoje, no mundo, de guerras de tipo nacional, do que de guerras de tipo social. Há muitos anos, o padre Ducatillon[203] – de tão movimentada memória, quando foi da expulsão dos alemães da França, em 1944 – escreveu um livro *La guerre, cette revolution*[204], mostrando que hoje em dia os dois fenômenos se conjugaram, e que as guerras modernas são todas revolucionárias pois trazem consigo mudanças substanciais na sociedade. E o comunismo já se instalou na Rússia, nos Bálcãs, na China, porque esses países entraram em *guerra*. Daí a nossa conclusão: para preservar o mundo do comunismo é preciso *construir a paz*, e não

203. O dominicano francês Vincent-Joseph Ducatillon (1898-?).

204. "A guerra, essa revolução".

declarar a guerra. Pois a guerra *contra o comunismo* é o maior serviço que se possa prestar ao comunismo, já que a guerra (isto é, a luta de classes ou de nações) *é o seu elemento*. Quando Kruschev prega a paz, não é apenas por tática, como dizem alguns. É porque o comunismo já está em fase de mutação interna, já é um pós-comunismo que é uma volta à razão e à realidade, depois da fase fanática e demolidora da Revolução. Mas como meter essas coisas na cabeça do general Kruel ou do general Costa e Silva[205] ou mesmo do general Castello Branco, presidente da República hoje? (este, um homem de grandes virtudes pessoais, bem brasileiro, com idéias certas, embora intelectualmente medíocre, limitado e incapaz senão de *manter* o *status quo*; conservador da velha guarda, homem de costumes simples, que vai em pessoa comprar o seu pão para o jantar, como faz uma pessoa que você bem conhece, e que se dá muito bem com os dois padeiros onde costuma comprar). Ainda ontem um me dizia: "Há 18 anos que o senhor compra pão aqui". É da padaria da "carrocinha" e provavelmente só há 18 anos é que ele está ali. Pois eu conheço a "carrocinha" não há 18 mas há 68 anos...

[...]

P.

Rio de Janeiro,
16 de abril de 1964

A euforia reina nas altas esferas das finanças e da grã-finagem nacional enquanto a apatia e o desespero reinam no subsolo, como se vê na entrevista do próspero embaixador A. F. Schmidt. O mínimo que ele diz é que o Brasil está "salvo" (sic) e portanto que o glorioso Exército nacional é o nosso salvador... E, no outro extremo, a carta da Heloneida Studart, que ontem não pude deixar de ler ao grupo reunido na casa da senhora Costa Ribeiro[206], em torno do Murilo Mendes. Entre os dois extremos, como sempre, o velho Tristão, com seu artigo de hoje e a visita que ontem fiz ao *Correio da Manhã*, para marcar bem que não aprovei o golpe – pois sou coerentemente contrário a todo e qualquer golpe de força na política (e em tudo mais) e não admiti a fórmula, hoje tão cara aos reacionários e às grã-finas de terço na mão, de que os fins justificam os meios.

Você deve ter lido hoje esse artigo, caso a *Folha* o tenha publicado e tenha sido entregue essa minha primeira manifestação sobre o golpe, o que possivelmente me valerá mais alguns telefonemas injuriosos ou coisa pior.

Mas vamos ao dia de ontem: posse do novo presidente da República, baseada no Ato Institucional (modelo 1937) mas que realmente – é forçoso dizer – não creio que tenha o efeito daquele que iniciou o Estado Novo. Desta vez foi realmente uma passagem do governo da esquerda (moderada) para uma direita (moderada). Evi-

205. O general Arthur da Costa e Silva (1902-1969).

206. Não foi possível obter informações a respeito desta pessoa.

dentemente os novos deuses e os conspiradores hoje se orgulham de terem preparado o golpe já há dois anos, logo depois da posse do Jango – o que mostra o *maquiavelismo* com que agiram e é portanto a demonstração de que também sustentam a tese de que os fins justificam os meios, tese esta nitidamente "comunista", e que foi a razão pela qual Albert Camus deixou o Partido Comunista. Mas esses "democratas" fazem "comunismo" sem o saber, como Monsieur Jourdain[207], de Molière, fazia prosa... E pensam que nos empulham...

Não, meus senhores, todo esse palavreado de virtude, honestidade, etc. e tal, está tudo na linha maquiavélica. A política continua a ser o domínio dos malandros, da direita (ora no poder), da esquerda (ora perseguida), ou do centro, que são ainda os melhores. E devemos dar graças a Deus por... sermos "brasileiros" de modo que não são as instituições, nem os regimes, nem as teorias, que valem, e sim o que vale é *sermos homens*.

No momento, o que há é de novo o *udenismo* no poder, como foi com o Café Filho, embora agora em condições mais extremadas. Por isso não creio que o direitismo dominante se transforme em fascismo, ou mesmo em integralismo. É liberalismo dos tempos de Washington Luís [...]. Os relógios políticos estão atrasados trinta ou quarenta anos e, como o Brasil, no fundo, é muito... preguiçoso (e portanto conservador) e não-reacionário (como é liberal e não-revolucionário), tudo vai voltar à mediocridade daqui a pouco, como voltaria se o Jango tivesse dado o golpe "continuísta", que foi o pretexto para que os galões e os salões desencadeassem, de mãos dadas, o golpe do outono...

Queira Deus não represente tudo isso o outono do humanismo brasileiro, isto é, das soluções à brasileira, que ainda agora prevalecem, pois estou convicto de que daqui a pouco haverá uma anistia geral, *salvo para os comunistas*, que por isso mesmo continuarão a agir na sombra. E na linha do que eu – desculpe – sempre disse: o comunismo só entrará no Brasil por *repercussão*. Só se a Europa ocidental ou os Estados Unidos se tornassem comunistas é que nós, imediatamente (mas então seria logo, logo), nos faríamos também comunas, e isso mesmo... à brasileira. Essa é a realidade brasileira, que todos comentam mas poucos praticam.

De modo que, a meu ver, o direitismo de hoje será um *sarampo* político, possivelmente um *sarampão*, dada a radicalização de tudo, mas passará em pouco tempo. O que eles querem, Schmidt e companhia, é enriquecer tranqüilamente como o Adhemar, o Alkmin[208], etc., e os militares que mantenham os seus galões intatos.

Bom, não entremos pelo terreno da amargura nem do pessimismo, *que não é o meu terreno*. Acredito no humanismo dos brasileiros e que ele é mais forte do que todas essas guinadas à la Brizola ou à la Lacerda.

[...]

207. Personagem de *O burguês fidalgo*, de Molière, pseudônimo do dramaturgo francês Jean-Baptiste Poquelin (1622-1673).

208. José Maria Alkmin (1901-1974), vice-presidente da República no governo Castello Branco.

Fiz questão de repetir, de público, o que venho dizendo – que o *Correio* é o único jornal – grande ou pequeno – que neste momento assumiu uma atitude independente. Ainda hoje, o artigo do Marcito[209] – "Inquisição da inteligência" – creio, é ótimo. Realmente é o jornalista que o golpe de março revelou. Falei lá com o Paulo Filho, diretor e velho amigo do Jackson. Conversei pouco, apenas para lhe manifestar o meu apoio, "que nos prestigia e por isso divulgo hoje a visita". Pouco importa. Contou-me que o artigo de autoria do Callado[210] sobre o Arraes – "A volta ao barril" – publicado há dias, foi recusado pelo *Jornal do Brasil*, embora o Callado esteja agora trabalhando no próprio *JB*! e ter publicado lá, há dois meses, os seus excelentes artigos a favor da obra do Arraes. Mas estão (o *JB* e seus redatores) com medo de perder a clientela do *big business*, os anunciantes endinheirados. Por isso, por meu gosto, me transferia para as colunas do *Correio*. Só que amanhã... pode o *Correio* mudar de rumo... Sei lá. Sempre me habituei, no *O Jornal*, do Chatô, a ter minha seção independente da opinião do jornal, de modo que preferia continuar assim, tanto no *JB*, como no *Diário de Notícias*, enquanto mantiver minha atividade jornalística.

[...]

P.

Rio de Janeiro, 17 de abril de 1964

A atmosfera continua pesada, a despeito da aparente volta à normalidade política. Não há dúvida de que, de acordo com a velha lei a que eu tanto aludo, a passagem do foco oficial das tendências da esquerda à direita, com a ascensão da oposição ao governo e a passagem do governo à oposição, se tivesse feito sem sangue, mas não há dúvida também de que o choque profundo não pode passar sem uma forte dose, até mesmo pessoal, de atritos e perplexidades. Ainda vivemos no clima do "que será o dia de amanhã" e o otimismo dominante é puramente superficial. Como me dizia o núncio, quando lhe fui entregar, terça-feira, a carta: "Eu disse ao governador Magalhães Pinto: 'Senhor governador, *todos os problemas importantes estão por resolver*".

As pessoas do novo governo são muito boas. E como, no Brasil, não acredito nem em idéias nem em instituições, mas só nos homens, não posso deixar de ser otimista, *a curto prazo*. Mas a longo prazo vejo, com inquietação, uma volta atrás, uma marginalização, uma tentativa ou propósito de colocar o Brasil numa redoma e pensar

---

209. Referência ao jornalista Marcio Moreira Alves (1936).
210. Antônio Carlos Callado (1917-1997), jornalista e escritor.

que tudo o que se tem feito, desde 30 ou desde 45 ou desde 61, é apenas um *desvio*. Quando tudo isso faz parte de um caminho central e até normal, embora feito em *ziguezagues*, como foi a Revolução de 30, como foi o Estado Novo de 37, como foi a deposição do Getúlio em 45 e sua volta triunfante anos depois, com 6 milhões de votos, até como foi a renúncia do Jânio e a deposição do Jango. Tudo em ziguezague, em vez de linha reta. Será que a história só se faz em ziguezagues, como ensinam os marxistas? Recuso-me a isso, ou pelo menos a dar aos ziguezagues a interpretação marxista, isto é, que são a *condição do progresso*, quando eu os considero apenas como um obstáculo ao progresso e uma conseqüência da estupidez (perdoe...) humana, no plano natural, e do pecado original, no plano sobrenatural. Enquanto isso vamos nos ocupando um pouco com o lado marginal do problema, enquanto sobem ao palco os novos atores para o próximo ato da peça, mais do que para uma nova peça...

[...]

P.

Rio de Janeiro,
4 de maio de 1964

[...]

Telefonou-me o Hélio Pellegrino[211] a propósito da prisão, já relaxada, do Carlos Ribeiro, livreiro, para ver o que poderíamos fazer para que cesse este estado de inquietação em que andam todos os que escrevem neste momento.

Eis aí a crônica da manhã de hoje ao retomar contato com este Rio tão pouco acolhedor, mormente na situação atual, e que perdeu para mim todo o encanto das Laranjeiras da minha infância, ou mesmo do Botafogo dos 30 anos, durante os quais vocês nasceram, cresceram e partiram para os seus vôos próprios, em Dona Mariana, que ficou sendo realmente e para todos os efeitos e sempre *a nossa casa*.

[...]

P.

211. Psicanalista e escritor (1924-1988).

Rio de Janeiro, 5 de maio de 1964

Tristíssima a notícia inesperada desta manhã: a morte do núncio apostólico, dom Armando Lombardi. Quando você ler estas linhas, se Deus quiser já terá sabido há muito da terrível notícia.

[...]

Mais este golpe! Vai-se o nosso último esteio! Depois de dom Hélder, o núncio! Ainda não consegui *realizar* bem o golpe. Estou ainda naquele estado de choque, que nos deixa inibidos de *pensar*. Apenas sentimos uma espécie de paralisia geral, tanto física como psíquica, que nos deixa em estado de imobilidade, pensando e agindo de certo modo por hábito, sem sentir na raiz o que estamos fazendo ou pensando. Como disse e escrevi por várias vezes, foi (que tristeza ter de escrever o verbo no passado!) o maior núncio que o Brasil já teve!

Ele devia *hoje* presidir a reabertura dos cursos do CDV, em que falaria frei Boaventura[212]. Exatamente como no ano passado. E agora mesmo, durante a missa, como sempre, fiquei matutando, como que subconscientemente, no que iria dizer logo mais, e creio que iria começar assim: "Mais uma vez reabrimos os nossos cursos depois de acontecimentos que abalaram a fundo o nosso país e mais uma vez atravessamos os acontecimentos, – como em 1930, 32, 35, 37, 38, 45, 55, 60 – como a Igreja atravessa as grandes crises do mundo: imperturbáveis em nossa rota com Cristo e por Cristo e sua Igreja, sem partidarismos, sem soluções de continuidade, neste ano, como no ano passado, sob a presidência do mesmo núncio – o melhor – e do mesmo orador, que nos vai falar sobre o mesmo concílio, no mesmo espírito, etc. e tal pontinhos".

Agora tenho de acrescentar alguma coisa a respeito do núncio: ... na mesma paz interior, pois tudo o que nos ocorre de bom vem de Deus e de mau é permitido por Deus, de modo que temos de aceitar o golpe de sua morte com a mesma serenidade e a mesma alegria com que o saudaríamos em pessoa, há oito dias (pois imagino poder recomeçar os cursos na próxima terça-feira).

Como tudo que é cristão gira mesmo em torno da cruz! Enquanto os nossos irmãos na fé exultam de satisfação por tantos motivos, pois tudo lhes corre à feição, eu vivo, durante estes dias de abril e maio, mergulhado em sombras, só pedindo a Deus que me conserve sempre igual na vida interior, sem que a luz um só momento cesse de brilhar na sombra, pois é luz que não vem da sombra, mas vem precisamente iluminar essas sombras.

Estes têm de ser o pensamento e o sentimento centrais desta hora: manter a perfeita equanimidade no coração e na cabeça e mais do que nunca deixar tudo nas mãos de Deus. Em um mês ou dois, quantas surpresas: como quase tudo mudou! Custa um pouco a gente se adaptar às novas circunstâncias, especialmente quando chegam assim de cambulhada. O núncio, este núncio, era o meu último amparo junto às

212. O franciscano frei Boaventura Kloppenburg (1919), teólogo, que estava participando do Concílio Vaticano II.

autoridades eclesiásticas. Por que será que Deus o levou justamente nesta hora? Pergunta inútil e sem sentido, que me recuso a levar em consideração e que vem apenas *da superfície* do meu ser, pois sempre me recuso a levar em consideração esse tipo de indagação. Quando muito podemos aceitar que a pergunta se faça dentro de nós, por motivos humanos, por um sentimento natural de surpresa e de queixa, que é bem de filho para com o Pai. Por que, Senhor? Por que, justo nesta hora e sendo ele o último arrimo que me restava *junto a Roma*, junto ao Pai comum, cá embaixo? Por quê?

Aquela solidão a que tantas vezes me tenho referido nestas cartas a você vai se apertando em torno de mim. E por isso mesmo, mais do que nunca, preciso não pensar muito nelas e, pelo contrário, pensar *na companhia* que Nosso Senhor nos faz cada manhã, na missa, e a cada momento, na oração. Tenho de pensar é nessa companhia, que impede que sejamos realmente uma *ilha* e sim uma *península*, com uma ligação com o Pai. Só nos ilhamos quando realmente cortamos essa ligação. "Homem algum é uma ilha."[213]

[...]

Quando muitos anos depois, aí por volta de 1950 e tantos, encontrei-o no Colégio Santo Amaro, ao paraninfar uma turma, ouvi-o dizer, encerrando a sessão: "Ainda guardo comigo as notas que tomei em Santiago, em 1937[214], das conferências que ali fez o dr. Alceu"! Quando é que qualquer outro núncio dirá coisas semelhantes: nunca mais, nunca mais! Depois o vi em Caracas, em 1954, núncio lá, de onde veio para aqui, justamente antes do Congresso Eucarístico. E desde então, por dez anos ou pouco mais, foi o que vimos. Josefina Molina[215] me dizia, confirmando o que ele próprio me deixara entender, que em Roma se falava nele para futuro secretário de Estado. Foi o que há um ano, quando inauguramos os cursos do centro, me deixou compreender, ao contar-me que, indo a Roma, quando o Jango foi para a coroação de Paulo VI, este se espantou de o ver na audiência concedida ao Jango. Quando terminou, o papa pediu-lhe que ficasse mais um pouco e lhe confidenciou (assim me contou confidencialmente): "Prepare-se para deixar o Brasil. Preciso de seus serviços aqui em Roma". Dom Hélder me confirmou então que isso significava uma expectativa de que ele viesse vir a ser ao menos *subsecretário* de Estado. Pensávamos todos que não voltasse ao Brasil. Ele próprio o pensava. Antes nunca tivesse voltado! Para dom Hélder, também, que perda!! Tudo conspira contra nós!

[...]

Quanto à política, cada vez mais sombria. Cada vez mais se sente que os militares é que estão mandando. E os civis, ou os militares à paisana (como o próprio Castello Branco) estão ficando à margem. São apenas uma capa para *americano ver*. E com isso... "soltar as frangas", como dizia o nosso Wagner Antunes Dutra. Dizem que até o

---

213. Referência ao título da tradução brasileira de um livro de Thomas Merton.

214. Dom Armando Lombardi era então secretário da Nunciatura em Santiago.

215. Amiga de Alceu. Católica, vivia em Buenos Aires e foi ligada a Paulo VI e outros membros da hierarquia da Igreja.

Lacerda está malvisto pelos militares, que querem *varrer tudo*, para começar da estaca... *galão*. Se isso se confirmar, estamos realmente em maus lençóis, não só nós civis, mas porque eles começarão a brigar entre si, como brigam na Argentina.

Deus tenha piedade de todos nós!

P.

Rio de Janeiro, 6 de maio de 1964

[...]

Estive até agora ou fora de casa numa reunião do Instituto Social, ou então completando um memorial que o Hélio Pellegrino lembrou que dirigíssemos ao Milton Campos[216], contra o clima inquisitorial que desde 1º de abril se instalou em nossa terra, com o advento da "revolução redentora", como os *milicos* chamam a quartelada de 31 de março, que colocou os militares no poder, por tempo possivelmente indefinido, graças... à Escola Superior de Guerra! Dirá você "Que tem a ver uma coisa com a outra? Não é você mesmo que diz, e tem sempre repetido, que essa escola é das poucas coisas boas e novas que se criaram entre nós em matéria de educação?"

Não há dúvida de que é, mas o resultado foi o seguinte: cursando-a, como há muitos anos o têm feito, os agaloados se compenetraram de que podiam perfeitamente *prescindir* dos civis, já que haviam somado a cultura civil à sua própria formação militar. E com isso ficaram possuídos de um complexo de superioridade que já agora ninguém lhes tira. Até hoje, então, faziam suas quarteladas, inclusive o 15 de novembro, e depois se recolhiam aos quartéis. Ainda sobram alguns deste tipo. Ontem mesmo, o tal general Mourão, comandante da Região Militar de Minas, que desencadeou o movimento, declarava *textualmente* que em matéria política se considerava "uma vaca fardada" (sic).

É deste estilo o desencadeador da revolução em Minas, onde até hoje lavra a mais tremenda atmosfera de terrorismo, a ponto do Milton Campos (duvido que dure muito no ministério da Justiça) ser obrigado a mandar soltar todos os presos políticos em Minas, tais os abusos praticados. Os mineiros me têm desapontado tanto que seria preciso, não digo queimar o meu livro[217], mas acrescentar ao menos um capítulo chamado "O outro lado de Minas"... É um lado mesquinho, asqueroso, sórdido, fechado, negativo, tal e qual o descreve o tal livro de que te falei, do século XVIII, mas que subsiste intato até hoje, sem prejuízo do outro lado, o lado bom.

---

216. Milton Soares Campos (1900-1972), ministro da Justiça do governo de Castello Branco, de 15 de abril de 1964 até 11 de outubro de 1965.

217. *Voz de Minas*.

[...]

Estive em Santa Teresa[218]. Lá estava o nosso amigo, embalsamado, cercado de flores, algumas lindas, numa dignidade extraordinária, como é a morte do cristão, mesmo quando *solene*. Tudo tão belo, sereno e simples! Na mesma sala em que, no dia da eleição de Paulo VI, ele nos recebeu, a Alceuzinho e a mim, num *negligé*[219] mesmo íntimo, sem colarinho, e com um abraço que só mesmo a amigos do peito se dá. Que contraste com o que ontem lá estava, embora com toda a majestade simples da morte. Que silêncio! Que abandono! Que partida! Era realmente, para mim, uma *despedida*. Assim como me despedi do Palácio São Joaquim e da casa de Itaipava, com a morte de dom Leme, e agora, definitivamente, com a partida de dom Hélder, assim ontem me despedi da Nunciatura para sempre. É possível que ainda vá lá uma vez ou outra, como visitante cerimonioso, mas tudo mais se acabou. Inclusive, o que é mais grave, todo o canal de ligação com Roma, com o papa. *Finito*[220].

Falei com monsenhor Bruno[221]. Contou-me que o núncio tinha uma lesão leve no coração e já tinha tido, cada ano, um pequeno ameaço de enfarte. Mas nada de alarmante, segundo os médicos. No domingo à noite sentira-se mal, mas nem chamara ninguém. De manhã pediu que chamassem o médico. Veio. Fez um eletro, mas este nada revelou de importante. Recomendou repouso. Quando monsenhor Bruno lhe falou sobre a sessão do centro, ainda deu a esperança de comparecer, se melhorasse. Depois do jantar os auxiliares foram todos para o seu quarto, onde conversaram animadamente com ele até as 9:30. Perfeitamente bem. "Amanhã é dia da mala diplomática. Vamos ver que novos trabalhos nos traz", dissera. Como sempre. Nisso chegam os médicos para fazer novo eletro. Estava tão bem que nem a ligeira alteração anterior o exame registrou! Monsenhor Bruno foi dormir. Os médicos ficaram de conversa até as 10 horas. No momento em que saíam do quarto, ele começou a respirar com dificuldade. Um dos médicos auscultou-o e verificou que se estava produzindo um edema grave, isto é, uma espécie de inundação dos pulmões pelo sangue, que escapava de alguma ruptura de artéria. Saíram à toda para buscar alguma injeção. Nisso, chamam monsenhor Bruno: "Traga os santos óleos". Este ficou estupefato. "Como?" Vestiu às pressas a batina. Quando saiu do quarto, novo chamado. "Venha que dom Lombardi está morrendo!" Já se ouvia então o ronco da respiração difícil. Levou os santos óleos. Já o núncio estava com a fisionomia cadavérica, mas ainda balbuciando: "Meu Jesus! Perdão!" Recebeu a extrema-unção e partiu.

E com ele partiu-se alguma coisa em minha vida.

[...]

P.

---

218. Bairro carioca onde estava sediada a Nunciatura Apostólica, local em que foi velado o corpo de d. Armando Lombardi.

219. "Trajes caseiros".

220. "Acabou".

221. Bruno Maldaner (1924), da Arquidiocese de Porto Alegre, adido à Nunciatura.

Rio de Janeiro, 7 de maio de 1964

Ascensão

Que seria de nós se não houvesse a Ascensão? Se Cristo não fosse filho de Deus? Se não tivesse *aceito* até a morte na Cruz sua missão redentora? (único Redentor?). Quando leio em nossos dias a expressão "revolução redentora", aplicada a essa quartelada, sinto arrepios... E compreendo que tudo nos pode acontecer em conseqüência da simples justiça divina, entre os homens. Mas também, se não tivesse ressuscitado e subido aos céus, como hoje o comemoramos, levando consigo o nosso cativeiro, este terrível cativeiro na terra, cercado sempre de angústias, abismos, ameaças, inquietações, e tanta solidão e... medo, medo de si mesmo antes de tudo. Medo da minha tremenda fragilidade, de homem que pensa constantemente nos seus 70 anos e na esperança de não ter ainda muito que viver. E, no entanto, que ingratidão e até que blasfêmia, contra Aquele que hoje, *liturgicamente hoje* (Domingo da Ascensão), está entrando nos céus de corpo e alma em sua plenitude e não nos deixando órfãos, se tivermos a coragem de viver integralmente o que sempre nos ensinou – "não vos deixarei órfãos" – embora a nossa incredulidade tantas vezes nos faça sentir essa orfandade, especialmente nas horas turvas e atribuladas que vivemos.

E entretanto, Deus não permite que nos sintamos, com justiça, tão solitários como nos parece. Veja você, por exemplo, esse meu artigo "Terrorismo cultural", que afinal aparece justamente hoje, na data maior da Ascensão do Senhor. Pode ser que me reserve ainda muitas amarguras, mas ao menos já me trouxe, pelo telefone, em vez das injúrias habituais, na minha atual posição de vencido pelos gorilas..., duas vozes de apoio cheias de fervor. A primeira, a de um romancista que você não conhece – um pouco suspeito, pois já falei bem de um romance seu, tenho outro em mãos sobre o qual ele espera que eu fale e... é amigo do Juscelino, que está sendo caçado pelos novos deuses agaloados...

A outra foi de uma "admiradora", e esperei logo a descompostura, mas não se confirmou. "Há muito sou sua admiradora e *esperava* pelo seu artigo de hoje. Sou viúva do marechal Fontenele" e portanto viúva de militar. É nada diante do que pode redundar do fato de dizer a verdade numa hora em que os novos deuses do Olimpo bebem com delícia o sangue dos vencidos. Mas sempre deixa no coração um consolo e uma energia.

[...]

Bem, o fato é que só me sinto bem louvando. E sempre me insatisfaz o hábito de empregar o verbo *criticar* como sendo sinônimo de indicar erros e defeitos. Criticar é antes de tudo descrever para louvar. Mas o hábito semântico levou o verbo para a negativa.

De qualquer modo, já levo comigo a certeza de que ao menos dois leitores – um deles inteiramente isento, e outro... mulher e viúva de militar, o que redobra a importância do testemunho – me trazem o bálsamo profundo da declaração e até da expectativa! Quer dizer, se eu não tivesse escrito isso, a tal senhora teria uma decepção. Que responsabilidade!

[...]

P.

Rio de Janeiro,
8 de maio de 1964

[...]

Ontem, depois de te escrever, ainda houve alguns telefonemas sobre o "Terrorismo cultural", que tanto assustou Mamãe (hoje publicaram um artigo suplementar que mandei sobre o núncio, e que pedi que saísse amanhã, para não perturbar a regularidade das croniquetas. Mas anteciparam para hoje, e assim vai ficar tudo em desordem (com São Paulo, pois certamente não vão publicar amanhã o que deveria sair hoje). Já fizeram muito ontem (dado o reacionarismo do *JB*) publicando o meu artigo de ontem. Vamos ver como vai ficar).

Disse-me o Newton Carlos[222] que não vira ontem meu artigo na *Folha*. Se assim for, ficará ou não poderá ficar acertado, pela falha daí. A não ser que não tenham querido publicar, pois ouço dizer que, nos estados (como se o nosso também agora não o fosse), a perseguição está sendo violenta, e ontem mesmo vejo que um coronel (do Exército), a serviço dos "coronéis", latifundiários, prenderam um padre dentro da Cúria de Ribeirão Preto, por organizar sindicatos de lavradores. Tipo da ingerência totalitária...

[...]

E depois não querem que os não-católicos e os comunistas chamem a Igreja de "aliada do capitalismo". Na prática, é a triste verdade! Ainda estamos muito, muito longe dos ideais das encíclicas. Nas dioceses e nos países atrasados, como o Brasil, ou reacionários como a Espanha ou Portugal, o fato é esse: a Igreja aliada aos ricos e aos poderosos, e cada vez mais distanciada do povo. E depois não querem que a marcha comunista se espraie pelo mundo todo e faça da Igreja uma instituição do passado, ou apenas ligada *aos de cima*, contra tudo que é a essência da mensagem de Cristo e do que *dizem* os documentos sociais mais atuais da própria Igreja, utilizados apenas para efeitos retóricos e oratóricos.

Estou completamente desiludido de qualquer ação prática por parte da Igreja em sentido social, *a menos que*, digo e repito, *a menos que* seja o próprio poder civil e militar que tome a iniciativa e obrigue os latifundiários e ricos a entrar nas reformas so-

222. Jornalista (1927).

ciais. A Igreja, por seus tristes mandantes, aqui no Brasil e na América Latina, ou mesmo em *toda* a América, *nunca* terá coragem de *empreender nada*. Estará sempre subserviente ao interesse dos ricos e ao poder dos governos fortes. É triste mas é a verdade a que chego aos 70 anos, convicto de que não há *nada a fazer senão pregar no deserto*, o que espero em Deus continuar a fazer enquanto tiver vida e fôlego e... liberdade! *Não espero mais nada* nem de bispos, nem da Ação Católica. Se com o núncio que tínhamos (dom Armando Lombardi), os papas que tínhamos, os documentos oficiais que temos, nada foi possível, que dirá se amanhã vier um núncio da "Junta do Coice", como tantos da América Latina, e o papa, mesmo que queira, fique amarrado pela Cúria, pela prudência, ou sei lá por que forças do *mundo* ou do outro mundo...

Dirá você que estou perdendo o meu otimismo natural. É possível. Mas as provas são tantas e a evidência tamanha, que o melhor é mesmo... pôr tudo nas mãos de Deus e perder toda esperança... nos meios naturais, mesmo que esses meios sejam religiosos. Desde que dom Leme morreu, tudo no Brasil, em matéria de Ação Católica, veio pouco a pouco se reintegrando ao velho sistema da Igreja puramente clerical, conservadora, devocional, de *classe* (rica), combatendo todo o processo social e firme em aliança com os proprietários, com os ricos, com os militares, com os donos da vida, e combatendo ferozmente tudo que cheira a reforma social, mudança de instituições, ação com o povo, o povo humilde e pobre, que será tratado de novo paternalisticamente, com uma caridade de esmola, com creches e procissões, com histórias e bons conselhos, contanto que seja bem-comportadozinho e obedeça de olhos baixos ao senhor vigário e ao patrão. Tudo mais é comunismo e... "caso de polícia". Em suma, volta à escravidão.

Estarei talvez exagerando e você dirá que estou fazendo para me desembaraçar de ressentimentos e decepções sucessivas. Queira Deus que o seja. De qualquer modo não mudarei uma linha na minha atitude, embora cada vez mais afastado de tudo o que seja ação e apostolado. Apostolado... só o da pena, nada mais. Nesta hora, nem mesmo de falar em público me dá vontade. Se aceitei as duas coisas de Campinas e São Paulo, é que foram compromissos tomados antes. E estou arrependido de ter aceitado falar aos assistentes sociais na próxima quarta-feira. Tenho medo de, em público, expressar essas minhas desilusões e decepções *totais*.

Bom, para amenizar esse quadro, antes lúgubre, volto aos telefonemas de ontem, que mostram assim mesmo que há quem pense como eu.

[...]

Ontem foi o correspondente do *Figaro* de Paris no Brasil, Daniel Garric, me pedindo uma entrevista para hoje. "*Votre article m'a beaucoup plu*"[223] (duas vezes). E os franceses não são exuberantes em elogios. Vou encontrá-lo logo mais no centro. Foi tudo. Mas, de qualquer forma, mostrou que pessoas que nunca me telefonaram, estão na mesma linha que eu. Fiquei "invocado" foi com a informação do Newton Carlos.

223. "O seu artigo me agradou muito", referindo-se a "Terrorismo cultural", editado na véspera no *Jornal do Brasil*. Com ele Alceu acabara de cunhar, pela verdade vigorosa do título e do conteúdo do texto, a expressão real (e duradoura) do golpe de 1964. O artigo seria incluído no livro *Revolução, reação ou reforma* (Rio de Janeiro: Tempo Brasileiro, 1964).

Será que o artigo *não* saiu mesmo aí em São Paulo? Você é que poderá dizer-me, mas provavelmente só mesmo aí, se Deus quiser, no próximo sábado.

[...]

Confesso que meu gosto atualmente... bom, basta seu Alceu, você está *broyant du noir*[224] e isso é totalmente... não-Alceu... Reaja, homem. E pense que tudo isso é uma *batalha* perdida e não uma guerra perdida, como disse o De Gaulle dos grandes momentos das euforias mas também das agonias de outrora[225]. Sabe como se ganha uma guerra? Perdendo todas as batalhas menos a última.

Ciao.

P.

P. S. – Há alguns momentos, quase caí para trás, quando, atendendo o telefone, ouço uma voz que me diz: "Fala aqui o general Castello Branco...". Fiquei mudo, imaginando uma brincadeira. Ele repetiu. Eu perguntei: "Mas... o presidente da República?" "Sim, senhor. Pode comprovar." Então reconheci a voz. E ele foi me dizendo, mais ou menos o seguinte:

"Há muito tempo que acompanho o que o senhor escreve e tenho aprendido muito com o senhor. É a propósito do seu artigo de ontem 'Terrorismo cultural'. O senhor talvez não esteja bem informado da profundidade da infiltração comunista... Quanto ao professor Anísio Teixeira, foi exonerado do cargo do Inep, porque está comprometido com um inquérito administrativo e só patrocinava os que pensavam como ele... O diálogo, que o senhor tanto preconiza, e que eu quero manter, não era permitido a essa gente. Eles só queriam era conversa e não diálogo. E conversa entre si, em torno de uma mesa, e com um copo de uísque na mão. Só admitiam subservientes ou ???. Eu nunca fui disso. Lancei-me como chefe do Estado-Maior do governo do presidente João Goulart. O final do seu artigo é uma advertência".

Eu então entrei também com as minhas explicações. "Pois é, presidente, o que eu temo é que, se nós perdermos a nossa linha de temperamento, de espírito de justiça, o comunismo se torne entre nós realmente uma conspiração perigosa. Mas eu me congratulo por este seu telefonema. É a primeira vez, creio eu, que um presidente da República desce de seus cuidados para falar com um simples jornalista. Eu escrevi isso e outras coisas para me queixar do clima de perseguição e de abusos. Ainda há dias escrevi ao ministro Milton Campos, nesse sentido. Ainda hoje leio que um coronel prendeu um padre na Cúria episcopal de Ribeirão Preto por organizar sindicatos cristãos, quando suas organizações se fazem certamente para impedir que os la-

224. "Moendo e remoendo idéias sombrias".

225. Contrário à rendição da França ante as tropas alemãs – formalizada no armistício assinado em 17 de junho de 1940 –, Charles de Gaulle foi para a Inglaterra e de lá lançou aos franceses o "Apelo de 18 de junho", conclamando-os à luta sem tréguas contra o ocupante.

vradores entrem para os sindicatos comunistas. Aquele aviso a que me refiro no meu artigo é da Guanabara e representa uma intromissão indébita do estado nos domínios da Igreja. Mas, marechal, o senhor me dá, com este telefonema, uma grande honra e uma grande alegria e um grande conforto."

E ele: "Há muito que o admiro e leio tudo o que o senhor escreve. O seu livro *Idade, sexo e tempo*[226] tem sido um breviário de toda a minha família. Li todos os seus ensaios, especialmente o ensaio sobre o Nordeste[227], que recomendei aos meus colegas, e o ensaio sobre o *dever* da riqueza paulista em relação ao Brasil[228]. Aprecio os homens livres e não gosto de me cercar de aduladores. O senhor é um livre-atirador, sem compromisso. Desejo ter a oportunidade de conversar pessoalmente com o senhor. Na primeira oportunidade, pedirei que venha conversar comigo. Muito obrigado. Até breve".

Eis aí. De um lado, realmente, o conforto de ver um presidente da República sair dos seus cuidados para falar a um simples... "livre-atirador". De outro, a preocupação de vir a ter de *colaborar* com um regime a que não sou simpático de modo algum, embora reconheça que há nele duas correntes. A dos *duros* (integralistas, reacionários, direitistas, sargentões, milionários, politicões, udenistas ou não) e de outro lado a dos *justos*, embora agaloados, que querem – como este Castello Branco – as coisas feitas com justiça e eqüidade, e estarão prontos a *tentar* corrigir todos os abusos.

Mas como preferiria que me deixassem no meu canto, como livre-atirador e nada mais. Hei de defender, com unhas e dentes, esta situação que é a única que corresponde ao meu atual estado de espírito! Como preferiria que o presidente da República *ignorasse* minha existência e nunca tivesse lido nenhum dos meus livros, ensaios, ou artigos!! Em suma, uma *chateação* muito honrosa, se quiserem, mas... uma bela chateação!

Procurei registrar logo o *diálogo* tal como aí está, para não esquecer, e para que você saiba que realmente o presidente é um homem de bem. Mas fico acorrentado, não há dúvida, embora alegremente, pois tenho a certeza de que a revolução não entrará pelo caminho do reacionarismo brutal e sargentônico. Só peço a Deus é que não peçam minha colaboração para nada. Não faltará quem diga: *já aderiu*. Quando, na verdade, só quero uma coisa: viver aderido a Deus, ao Cristo e à Igreja. Nada mais. E tudo isso com a "liberdade gloriosa dos filhos de Deus"[229]!

P.

226. *Idade, sexo e tempo: três aspectos da psicologia humana* (Rio de Janeiro: José Olympio, 1938).
227. Provavelmente *Visão do nordeste* (Rio de Janeiro: Agir, 1960).
228. Provavelmente *A segunda revolução industrial* (São Paulo: Fórum Roberto Simonsen em 1958).
229. Referência à Epístola de São Paulo aos Romanos 8, 21.

Rio de Janeiro, 9 de maio de 1964

[...]

Ontem estive muito rapidamente com o tal jornalista francês, que chegou com atraso de quase uma hora, e estava acompanhado de um repórter do *Paris Match*[230]. Ficou de voltar na próxima terça-feira. Mas mesmo assim conversamos bastante, pois me acompanhou até o banco, onde eu tinha de estar às 4 e meia. Naturalmente assombrado com o direitismo reacionário da revolução, embora achando também que o regime JG estava *pourri*[231] e que o Brasil "precisa de uma ditadura" (sic) mas não *de ces gens là*[232]. Mas que *outra gente* existe para uma ditadura no Brasil?

É precisamente, ou antes, é por dois motivos que sou contra toda e qualquer ditadura, aqui ou *ailleurs*[233]. A primeira é que o regime é mau em si. A segunda é que a nossa gente é muito boa *no fundo*, ou talvez, ao contrário, *na superfície*, ou pelo menos em virtudes individuais. Mas é absolutamente inapta para qualquer *organização* e uma ditadura é sobretudo a "organização férrea do poder". E quando se quer *fazer ditadura* sem as qualidades necessárias (haverá qualidades de ditadura?), o resultado é o arbítrio mais miserável e a anarquia mais perigosa, como essa que está aí vigorando, com a capa hipócrita de um poder bem constituído, com garantias legais e sem *paredón*[234]. Só que com as prisões superlotadas e as mesquinhas vinganças pessoais mais abomináveis.

Mas, em geral, da conversa ambulante que tivemos me ficou boa impressão e uma concordância geral sobre o caráter retrógrado desta quartelada que entregou o poder a um *integralismo requentado*, completamente divorciado tanto do povo como das elites intelectuais (existirão?) e dos sujeitos e pessoas do meu tipo, isto é, reformistas de fato, embora sem espírito prático, sem nenhum compromisso com pessoas ou regimes e vendo tudo isso como um episódio numa *marcha* muito mais profunda e guiada por forças que ultrapassam, de muito, tanto a inabilidade dos *dispostos* em lidar com uma ideologia esquerdista ou pelo menos esquerdizante ou com esta ideologia requentada, direitista, que tem um certo cheiro de mofo, como se fosse um vestido de *belle époque*, início do século, anterior a 1930, que voltasse a ser usado em 1964.

Vejo a revolução como uma moça de calções de banho de 1900 ao lado dos biquínis de 1964... Nem tanto ao mar nem tanto à terra... Não será pela volta aos calções de banho da *belle époque* que se corrigirão os nudismos dos biquínis de 1960... Mas

230. Revista semanal francesa.
231. "Apodrecido".
232. Não "com aquela gente", com aquele tipo de gente.
233. "Alhures".
234. "Paredão", aludindo aos muros contra os quais as pessoas eram fuziladas.

os homens e as mulheres, inclusive estas, somos tão pouco inteligentes, que, em vez de seguir um caminho reto, vivemos sempre ziguezagueando da direita para a esquerda. Aí dirão os extremistas convictos: "É assim que se sobem as montanhas"... Ao passo que os esquerdistas dirão: "Sobe-se só pela esquerda". E os outros "Só pela direita". E nós? Aceitamos os ziguezagues como inevitáveis, pois a história nos ensina que tem sido sempre essa a marcha das civilizações mas, ao contrário dos "extremistas pelo extremismo" (os que fazem a apologia do ziguezague), procuramos corrigir as guinadas tanto à direita como à esquerda, com bom senso, medida e *proporção*... embora sabendo que é impossível evitá-los, que toda guinada exagerada à direita provocará outro tanto à esquerda. E por isso mesmo o que devemos é evitar os exageros e procurar sempre ter o centro e o alto como medida de bússola e equilíbrio.

[...]

P.

Rio de Janeiro,
10 de maio de 1964

[...]

Bom, como sei que você não gosta de ironias, voltemos a falar de coisas sérias, *de peur d'être obliger d'en pleurer*, pois o espetáculo de uma revolução mais aleijada do que aquela nos oferece esta revolução dos bem-pensantes, continua a mostrar que o medo nunca é bom conselheiro e que uma quartelada que nasceu do pânico das mulheres e da arrogância dos homens não pode senão acabar nisto que estamos vendo, isto é, numa maré trágica de delações, vinganças, perseguições, arbítrios, misérias, selvagerias de todo gênero, de ridículos internacionais e descrédito.

O *Time*[235] desta semana já fala nas *barbaridades* cometidas na perseguição. E ainda ontem um ex-deputado comunista, porque resistiu à prisão, se não foi morto, foi pelo menos de tal modo brutalizado e espancado que ficará marcado por toda a vida e *confirmado*, em suas convicções marxistas, de que só a luta sangrenta é que conduz a humanidade, e que os burgueses e "cristãos", quando de cima, cometem atrocidades que tornam os torturadores nazistas ou medievais e renascentistas da Inquisição, senão *enfants de coeur*[236], pelo menos companheiros que nada têm a invejar uns aos outros. É um espetáculo deprimente. E tudo isso sob a máscara hipócrita da lei, da Constituição, da revolução democrática e das "mãos limpas" dos grã-finos, que já pensam de novo em construírem seus palácios. [...]

Tudo isso é uma grande tristeza. Mas a tristeza maior ainda não é a euforia dos

235. A revista semanal norte-americana *Time*.
236. "Coroinhas".

salões e da grã-finagem. É que nesta hora nos falta o núncio, o *único* que em Roma, junto ao papa, poderia continuar a dizer a verdade. Ontem, lá no São Bento, de onde saiu seu féretro e onde fui despedir-me dele, ao menos do seu corpo, ouvi daquela moça Flores da Cunha, muito da nossa linha e da turma de dom Hélder, que nos dias que precederam a inefável marcha dos terços, ela, como dirigente da ASA[237], procurou (e conseguiu) impedir que a ASA entrasse na patacoada ... trágica. Como viu que o Sumaré apoiava a quatro mãos e quatro pés a marcha integralístico-clerical, foi ao núncio. E este lhe disse uma coisa que guardo como sua última e magnífica palavra mas que não podemos divulgar, ao menos por escrito, sob pena de dizerem as "heroínas" de 1º de abril: "Foi por essas e outras que Deus o chamou para prestar contas"... Elas, as megeras, não teriam cabeça para dizer isso, mas o xuxuzinho delas o teria... Pois veja o que disse à tal moça o nosso último grande núncio: "*Enquanto puder, impeça que invoquem em vão, pelas ruas, o nome de Deus*".

Que grande palavra, como fecho da sua incomparável ação no Brasil! Que última lição! E que contraste vai haver com seu sucessor, se o que vier corresponder ao estado de espírito reacionário que domina o nosso ambiente!

Ando tão abafado... Bem, nada de lamentações.

Houve então as exéquias na Candelária[238], com missa de manhã. Cheguei quando monsenhor Benedito Marin[239] lia, pessimamente, um péssimo necrológio. Este velho padre não é propriamente reacionário e inquisitorial – e portanto bem *moderno*, no sentido do fanatismo dominante – mas é uma peça de museu!

Estava ouvindo aquele "resíduo" falar da tribuna da Candelária, e agradecendo a Deus a lição de humildade que ali recebi. Ele falava, em 1964, como falaria em 1864, ou como encontrei os monsenhores falando em 1928! Nem dom Leme, nem o padre Franca, nem as objurgatórias do Jackson ou as minhas próprias pestanas em quase 40 anos conseguiram nada, nada e nada contra a tremenda maldição da... mediocridade, do lugar-comum, do mofo, do ranço de sacristia, do clericalismo imobilista. *Tudo exatamente na mesma*, como era antes de dom Leme, antes do Centro Dom Vital, antes da Liga Eleitoral Católica, antes de toda a nossa pretensão de termos restaurado ao menos um pouco os laços da inteligência com a Igreja no Brasil, depois de Maritain, de Gilson, de Mauriac, de Papini[240], de Chesterton e dos Pios e Joões e Paulos e dos dominicanos e das revistas e dos romancistas, dos fatos e dos novos estilos e do sopro do século XX, da "ordem nova", do Renascimento, etc., etc., da Igreja no século XX. Tudo isso passou, como passaram as minhas ridículas pretensões e falar em *Idade Nova*, em... *Limiar da Idade Nova*, etc. Tudo foi em vão.

---

237. Ação Social Arquidiocesana, do Rio de Janeiro, obra coordenada por Celina Paula Machado.

238. Catedral do Rio de Janeiro.

239. Provavelmente Benedito Marinho de Oliveira (1884-?)

240. Giovanni Papini (1881-1956), jornalista, crítico literário e escritor italiano. Militante ateu, efetivou sua conversão ao catolicismo por volta dos anos 20, passando a ser um ardente defensor da causa religiosa, o que não impediu a Cúria romana de censurar seu livro *Il Diàvolo* (O diabo), escrito em 1953.

[...]

Eu ouvia aquele respeitável monsenhor, que encontrei em 1928, fazendo os sermões quaresmais na catedral, e hoje o encontro exatamente na mesma, 30 e tantos anos depois, falando a mesma linguagem, no mesmo tom de fonógrafo rouquenho de outrora – aqueles de tubo em trombeta – resmungando os mesmos lugares-comuns, que o Jackson fazia o possível *para que eu não fosse ouvir* em 1927 ou 28, com medo que eu *desistisse* à porta da igreja...

Que lição de que realmente nada, nada, nada somos e que tudo aquilo que julgamos ter ao menos tentado fazer em 40 anos, é realmente mais vago e inútil como a nuvem que passa e o rastro do vôo dos pássaros no ar! Que lição recebi, olhando para o caixão em que jazia o último homem de Igreja que me deu a ilusão de poder fazer por ela alguma coisa e com isso teria despertado em meu coração muita vaidade adormecida! E lá em cima, no púlpito, aquela mediocridade a resmungar umas raias rançosas que em 1913 faziam a minha geração fugir da Igreja e das igrejas, como sendo o túmulo da inteligência!

Deus está realmente querendo pôr à prova a nossa vaidade e a nossa fé, pois, enquanto destroça todas as nossas esperanças, leva dom Leme, padre Franca, Jackson, Pio XI, Pio XII, João XXIII, afasta dom Hélder, chama a si dom Lombardi, permite a morte do Kennedy (e, entre nós, de um Jorge de Lima), leva o Murilo Mendes para longe, esfacela o CDV, envia o *nosso* cardeal para o exílio, junto a Nossa Senhora[241], depois de insultado miseravelmente... Que avalanche de destruição e de morte de todas as nossas esperanças, de tudo o que, *humanamente*, me podia subir à cabeça depois de 1928 mas hoje me deixa... *alegre*, é fato, e perfeitamente em paz!

Essa a lição que ontem reaprendi, ao ouvir aquela voz de além-túmulo, que há trinta anos passados me dava a impressão do bolorento, das teias de aranha, que nos íamos espanar... Ai de nós!!

[...]

E fiquei pensando... no mal, no terrível mal da entrada da política na religião. É a pior peste que hoje nos aflige. E nunca foi tão grande nem tão mortífera.

[...]

P.

241. Em 18 de abril de 1964, o cardeal-arcebispo de São Paulo, d. Carlos Carmelo de Vasconcellos Motta, foi transferido para a Arquidiocese de Aparecida, no interior daquele estado, junto à Basílica de Nossa Senhora.

Rio de Janeiro, 13 de maio de 1964

Ontem mal tive tempo de arranhar uma pagininha e hoje já vão chegando as 11 e só agora pego desta cara folha branca – onde me debruço há 40 anos, queira Deus que não apenas como Narciso se debruçava sobre a água plácida da fonte para nela ver refletida sua própria imagem... Este é sempre o grande perigo das folhas brancas, dos viciados no 11º dedo (ontem não o levei para Petrópolis e senti tanta falta como quando saio à rua sem o terceiro... braço, a minha clássica pasta de conteúdos imprevistos, pois ora carrega abacates e laranjas, de volta da missa, ora carrega listas perigosas, como a de ontem, que, se fosse apreendida, me levaria pelo menos ao distrito policial, pois o DOPS (nossa polícia política) anda solto pelas ruas como cão hidrófobo, a farejar em cada esquina algum resto de comunismo, depois dos incêndios da revolução salvadora.

Na pasta estava uma lista bibliográfica de livros sobre o comunismo, para a projetada conferência do curso de Campinas, que aliás não sei se terá lugar, pois não me falaram mais no assunto e eu não sei nem ao menos os nomes dos que me convidaram, já há meses (são amigos de J.) e tinham um programa, aliás muito bem organizado e de que é possível que me tenham dado cópia, mas perdi. Pedi a J. que indagasse, mas ele partiu para as férias sem me dizer nada, e não tenho nenhuma indicação nem sinal de quem ou a quem me dirigir. De modo que, se até o dia 22 não me disserem nada, simplesmente deixarei de ir a Campinas, a não ser que seja para visitar as crianças, que ficaram com a avó. Pois não posso chegar a Campinas e sair gritando pelas ruas "quem foi que me convidou aqui, para fazer uma conferência sobre comunismo?" Logo se apresentariam alguns cavalheiros *fardados* para me dizer... fomos nós.

A caça às feiticeiras continua e já agora com feições trágicas, se é que essa feição já não começou com a morte do núncio, por exemplo, ou com a do João Mangabeira[242], cujo filho teve os direitos cassados. (A troca dos dois *ss* por *c* cedilha é coisa fácil...)

Uma tragédia, ontem ou anteontem, foi a do caso da professora Yedda Linhares, que felizmente acabou bem, quanto possível. Parece que o Henrique Pongetti[243], informado por alguém lá de dentro da Faculdade de Filosofia, desencavou umas acusações veladas e *não comprovadas contra ela*, que lhe haviam sido feitas num famoso processo em torno de uns escândalos que houve na faculdade. Creio que, ao tempo, devo ter contado a você alguma coisa a respeito. Parece que o artigo do Pongetti era uma infâmia. Como não leio *O Globo* (que ontem transcreveu, disseram-me, o artigo, em

242. Político baiano (1880-1964), um dos fundadores do Partido Socialista Brasileiro e ex-ministro da Justiça no governo João Goulart.

243. Jornalista (1898-1979).

que a jaguatirica das Laranjeiras respondera ao "Terrorismo cultural", como bom Torquemadinha[244]...), não o li. Mas a vítima, dona Yedda, ficou tão desesperada que pôs um revólver na bolsa e ia partir, como uma madame Caillaux, para fazer justiça por suas próprias mãos, quando alguém, provavelmente o próprio marido, o evitou. Ela então, em desespero, durante a noite, tentou suicidar-se com veneno e quase morre. Agora telefonei à sua irmã, que me disse estar já fora de perigo! Mas veja você como as coisas andam.

Um grupo dos professores da faculdade redigiu então uma carta a *O Globo* que eu também assinei e imagino que será publicada hoje. O *Correio da Manhã*, que continua a ser o único órgão como válvula de escape (pois o *Jornal do Brasil*, embora fazendo certas restrições e exigências, continua embandeirado em arco e fazendo sua a revolução), não publicaria.

Vamos ver se o *JB* continuará a publicar os meus artigos. O Carlos prevê que daqui a uns meses estarei escrevendo no *C. da M.* Seria cômico, depois de ter passado um tempo em que meu nome foi boicotado até para *citação*... E boicotado por um motivo muito engraçado: foi quando escrevi uma *defesa*... do Carlos Lacerda (sic), quando este saiu do *Correio*... Como os tempos mudam e nós com eles...

Mas os demônios andam soltos. Agora mesmo o Rui Coutinho me diz que o JK anda também em estado de quase desespero, especialmente contra o Lacerda. E já teria dito a alguém: "Não agüento mais". E mesmo manifestado o mesmo ímpeto inicial da Yedda. Para você ver como o fanatismo, que há meses denunciei, está solto e cada vez mais solto. Imaginei logo o... Sobral, já agora de novo em posição oposta à do Corção, que dizem ter escrito artigos tremendos contra o Juscelino... O Corção tem realmente alma de inquisidor, como todo moralista e justiceiro. Homens como ele não são fariseus, não são hipócritas, são realmente *algozes* natos, como todo executor cheio de uma convicção fanática. Os comunistas e os nazistas autênticos são feitos desse estofo. Para eles, mesmo quando católicos, como eram os inquisidores, os fins justificam os meios, embora não sujem de sangue suas próprias mãos. Entregam aos carrascos a suja tarefa do enforcamento, do fuzilamento ou do fogo e se colocam na atitude apenas de justiceiros, alegando que Deus também manda os homens para o fogo eterno...

Esse o clima que respiramos. Estive ontem com o tal francês, ou antes com os dois: o do *Figaro* e o das *Informations*[245]. Este todo cheio de lambanças *au sujet du fameux... T. de A.*[246] etc. e tal, mas que não consegui bem saber quem era, como posição, pois... falei demais e o tempo era pouco. Esteve lá com dois dominicanos e a Rosa Maria[247].

O Garric é que é muito humano, muito franco, e me confessou estar num dilema *moral* muito grande, pois está inteiramente contra *esta* revolução (embora achando

---

244. Gustavo Corção. Trata-se do artigo "Terrorismo cultural?", publicado em 10 de maio no *Diário de Notícias* e transcrito em *O Globo* dois dias depois.

245. A revista mensal francesa *Informations Catholiques Internationales*.

246. "A respeito do famoso... Tristão de Athayde".

247. Possivelmente a escritora Rose Marie Muraro (1932).

que o Brasil, para consertar, precisa de uma ditadura!), mas que tem hesitado em mandar para o *Figaro* tudo que quisera escrever, temendo ser despachado para fora do Brasil e portanto sem poder dizer mais nada. Discutimos o ponto: eu mesmo, procurando acomodar uma solução *média*, como bom brasileiro, e ele, como bom francês, inclinado a posições extremas. Mas foi um encontro e uma conversa excelentes.

Hoje tenho encontro emprazado com o representante do *Time*. Os estrangeiros estão vendo esta revolução (embora meio perplexos e até mesmo com otimismo pelo francês das *Informations*) melhor do que nós. Ou pelo menos do que os grandes órgãos da imprensa. Aliás o *JB* de hoje já confessa que a revolução é *impopular*, mas... *tem de ser*! É a mentalidade típica do *totalitário*, dos executores da vontade divina encarnada *neles*! Nos carismáticos! Assim pensa o Lacerda. Como pensa o Brizola! Como pensou Robespierre[248]. Como pensaram Mussolini, Hitler, Lênin, Stálin! *A democracia também levou muita gente à guilhotina*! Quando os democratas se tornam carismáticos, são piores ou tão ruins quanto os mais ferozes autocratas!

Uma coisa me alegrou ontem: ver e saber do próprio frei Boaventura que ele é *contra esta revolução*! Eu pensei o contrário, depois de Mamãe ter ouvido um sermão dele, sobre o rosário. Mas ontem, depois da aula inaugural, disse-nos francamente que se recusara a falar no domingo na tal marcha de Petrópolis, organizada pela tal senhora Nina Ribeiro (que à noite encontramos no restaurante em Petrópolis), e é mãe de um rapaz cheio de si, até estourar, líder do lacerdismo na Assembléia Legislativa da Guanabara. Frei Boaventura nos disse que recusou falar por ser "contra" etc. Contei-lhe então as palavras do núncio à senhora Flores da Cunha.

A aula inaugural foi ótima. Ele nos disse mesmo que estava inquieto antes de dizer aquelas coisas sobre o concílio, na presença do núncio, e pediu a Deus que lhe desse uma solução. "Deus a deu exagerada", disse-lhe eu...

Mas foi ótima e estou com vontade de fazer um microcatatau a respeito, reproduzindo alguns trechos do que ele disse, definindo as duas tendências do concílio. Parece que o próprio núncio ou o cardeal tinham observado, da leitura do primeiro volume da sua *Crônica do concílio*, que ele exagerara. Ontem me deu o terceiro volume, de que constam as palavras que ontem repetiu, e disse que as mantinha, por ser *pública a notícia* da separação das duas vertentes, com 80% em favor de uma e menos de 20% de outra, a do seu amigo Ottaviani e Cia....

[...]

P.

248. Maximilien de Robespierre (1758-1794), que liderou a fase da Revolução Francesa conhecida como "O terror".

Rio de Janeiro, 31 de maio de 1964

Nem mesmo num domingo pela manhã "um pobre aposentado" encontra tranqüilidade para conversar com a sua menina. A preguiça nos faz ir à missa das 8 e não das 6, e os acontecimentos nos levam a ler mais longamente os jornais, especialmente quando trazem artigos tão interessantes como esse apólogo do padre Antônio Vieira! Já quis falar ao Callado, mas ele se mudou e o português que me respondeu não soube dizer-me para onde. Além disso houve a visita do Paulo Costa Ribeiro, que durou uma hora, por minha culpa, pois o afilhado é simpático e veio contar coisas da PUC. Não adiantou nada, mas resolvi, antes de publicar aquele artigo, ir falar pessoalmente com o reitor, para ver se evito o "mal maior" da *expulsão* dos "suspeitos".

E por falar nisso, o RC[249] me telefonou, chamando minha atenção para um tópico da notícia da visita que os bispos (que estiveram aqui reunidos durante estes dias[250]) fizeram ao Castello Branco (ou Castello *verde*[251]?...) em que este teria dito a dom Hélder, depois de se referir a *padres* afetados de "comunismo", e quando lhe pedira um encontro "secreto" só do presidente com os bispos, disse o presidente (que já agora ficou também atravessado na minha garganta): "Para o senhor, espero menos a justiça que o perdão"(!). Assim está no *D. de N.*[252] e é espantoso! Mas não encontro essa notícia nem no *JB*, nem no *C. da M.* Será falsa? Mas está entre aspas. De qualquer maneira será explorada pelos inimigos de dom Hélder, com quem bem gostaria de conversar antes de que partisse para Roma, mas duvido que ele vá amanhã ao conselho e eu vou ficar preso (salvo seja...) durante todo o dia. Vamos ver se à tarde posso passar pelo São Joaquim e talvez o encontre.

Como você vê, até os melhores milicos são da mesma massa, e quando abrem a boca é para dizer calamidades. Ontem ouvimos e vimos na TV um repórter famoso (Heron Domingues[253]), ex-"repórter Esso", dizer que há dias houve uma reunião em que foi lançada a candidatura do general Costa e Silva (ministro da Guerra) para presidente da República e que o auditório prorrompeu em aplausos! A rabugice, o puxa-saquismo, o medo, as ameaças, as cassações de mandatos e de direitos políticos

---

249. Rui Coutinho.

250. Entre os dias 27 e 29 de maio, a comissão central da Conferência Nacional dos Bispos do Brasil (CNBB), reunida no Rio, elaborou uma declaração – divulgada em 2 de junho – cujo intuito era o de "levar palavras de esclarecimento, de conforto e de estímulo [aos fiéis católicos], em face dos recentes acontecimentos". O documento episcopal, que a certa altura recusava "a acusação injuriosa" de que "Bispos, Sacerdotes e fiéis ou organizações católicas" fossem "comunistas ou comunizantes", abria afirmando que "atendendo à geral e angustiosa expectativa do Povo Brasileiro, que via a marcha acelerada do comunismo para a conquista do Poder, as Forças Armadas acudiram em tempo, e evitaram se consumasse a implantação do regime bolchevista em nossa terra..." [As maiúsculas são do texto oficial].

251. Alusão à cor preferencial dos membros da Associação Integralista Brasileira, liderada por Plínio Salgado, e de seu uniforme – os integralistas eram conhecidos como "camisas-verde".

252. O jornal *Diário de Notícias*.

253. O jornalista Heron Lima Domingues (1924-1974).

continuam a dominar o ambiente. Dizem que no dia 15 de junho termina, *oficialmente*, o prazo que o tal Ato Institucional deu para esses "expurgos". Até lá viveremos com a espada de Dâmocles sobre as nossas cabeças, especialmente os que ainda estão ameaçados pelos "expurgadores", como Juscelino, o San Thiago, o Afonso Arinos e alguns governadores e senadores e professores, etc.

Às vezes nesses "inquéritos" soam coisas engraçadas, como os de *nossa* [...] Faculdade de Filosofia, que acaba "incriminando" também o próprio Eremildo (sic) por ter sido condescendente demais com os estudantes, antes de se virar contra eles! Virou o feitiço contra o feiticeiro e o Eremildo agora terá de defender-se, embora por certo lado (pelo bom) até se saia melhor, pois mostrou que fez o possível para atender aos estudantes. Isso mesmo disse eu aos três que me vieram procurar aqui em casa quando começaram a impugnar a reeleição do Eremildo. "Vocês fazem mal", disse-lhes eu, "o Eremildo é amigo de vocês e o seu sucessor vocês não sabem o que será". Dito e feito. Tanto esticaram a corda que ela arrebentou na mão deles. Devo ter contado a você essas coisas nas cartas da época e acho que escrevi um artigo: "À brasileira, sim; não à guerrilheira".

[...]

P.

Rio de Janeiro,
5 de junho de 1964

Segunda-feira de manhã – sobretudo de manhã – já é um dia chato por natureza, embora o domingo à noite ainda seja pior (tudo isso é resquício dos tempos de criança em nós, pois creio que não sou só eu a sentir isso). Mas em mim, como os anos 1903/1905 foram terríveis, essa sensação de agonia (relativa, já se vê) se prolonga e de modo estranho, ultimamente, se tem renovado e agravado. Que me lembre, só durante o ano do Itamaraty desapareceu, talvez porque o aparecimento de Mamãe, da menina de laço preto em minha vida, atrapalhou tudo... Em 1918 também, pouco a pouco ressurgiu e ultimamente – salvo em viagem ou em férias (Santa Maria...), volta a chatear-me e sobretudo quando começa uma semana do conselho.

Já te disse, mais de uma vez, por mais engraçado que seja, o conselho sempre foi para mim – e ultimamente ainda mais, quando se tornou mais eficiente... – uma espécie de renovação do ginásio. Bem sei por quê, e por isso mesmo não estranho demais. É que não me interesso por ele, e me sinto nele com o mesmo complexo de inferioridade com que ia para as aulas de matemática, por exemplo, ou para o convívio dos "lobos" dos subúrbios. Benditos lobos que me fizeram sair do conformismo de classes, que hoje está cada vez mais em evidência, na virulência e na arrogância, e talvez seja o que mais me afasta desta revolução dos bem-pensantes, que cada dia aliás se manifesta mais confusa e mesmo contraditória, descontentando a todos e sobretudo aos seus maiores entusiastas, embora não o confessem, como se vê na atitude visível (ou por vezes invisivelmente constrangida) de jornais como o *JB*, que ficaram bêbados com o champanhe da vitória e agora andam tateando o terreno com cuidado, embora sempre garganteando e trombeteando...

[...]

A conferência nos adventistas foi bem. É uma casa, tudo menos igreja, pois eles têm aversão às imagens, como os iconoclastas, e tudo se parece com um centro de conferências. Como o cristianismo, em seita, perdeu todo o caráter religioso, para assumir um aspecto puramente didático! Mas também simpático e de boa vontade. O público é exatamente o mesmo de uma paróquia e muito mais *popular* (povo) do que as igrejas nossas, as autênticas. Mas de qualquer modo pode-se dizer que nada se parece mais com um auditório paroquial católico como um protestante.

Mas a sala de conferências é ótima, as músicas (pois tudo com os protestas se faz em torno da música) de um sentimentalismo, de um romantismo... tocante. O pastor é também tenor...

Mas tudo tão simpático... e um pouco ridículo, mas deixando na gente um sentimento de bem-estar burguês e muito pouco religioso, no sentido sobrenatural do termo. É o tipo do cristianismo descorado e reduzido aos seus aspectos puramente temporais. De qualquer modo, o sentimento de bondade, de fraternidade, de boa vontade, é que predomina. Estamos no pólo oposto ao grã-finismo e muito mais longe ainda do fanatismo e da impostura. Basta isso para resgatar, ao menos neste momento, os aspectos ridículos ou diminuídos da mensagem.

Ciao.

P.

Rio de Janeiro, 8 de junho de 1964

Estou no compasso de espera, como dizem os milicos, sob cujo jugo, na fase ainda suave, estamos... São 8 e às 8:30 é que tenho de sair para o *jour le plus long*[254] do ano: o dia em que cada ano caio na asneira de aceitar fazer uma conferência na Escola Superior de Guerra... Sou tão visceralmente antiguerra, que até aquele ambiente – onde 75% são fardados – me irrita.

Estava me lembrando ontem que, ao menos uma vez, o atual presidente da República esteve presente a uma dessas minhas aulas e conseqüentes "sabatinas" (é por isso que me irrita a tal conferência anual: é a lembrança invencível do "ginásio"...)

254. "O dia mais longo".

na Escola Superior de *Guerra*, e já propus mesmo, certa vez, que se mude o nome para Escola Superior de... Paz. Mas o que eles querem é mesmo guerra...

A propósito. No sábado, ou ontem mesmo, esteve aqui uma senhora, mãe de um rapaz da PUC que fora *preso* na véspera (sic) *durante a noite* em sua casa, por pertencer àquele movimento de "cultura popular"[255]. Vinha prevenir-me que, indo ao Ministério da Marinha, onde ficou preso o filho, lá falou com dois oficiais, um dos quais de nome Hasselmann[256], creio que chefe do gabinete do ministro da Marinha, que lhe dissera, irritado, que os "grandes culpados" da indisciplina que reinava entre os estudantes (e provavelmente de tudo mais...) éramos: eu, o padre Ávila e o reitor da universidade, e o padre Laércio[257]... Ela vinha então prevenir-me para eu "tomar cuidado". Você vê como... "*não* existe terrorismo cultural... já que a Academia de Letras continua aberta"... (corrigi o *b* que mais parecia um *l* ...), o que não creio que seja o caso da dormitante academia...

Esse aviso da tal senhora, aliás, me servirá para dizer logo mais, quando nos reunirmos com o tal grupo que quer lançar um manifesto, desaconselhando-os a que o façam, pois pode ainda agravar a situação, e fechar as frestas por onde ainda podemos respirar um pouco.

O Castello, aliás, como você verá dos recortes que aqui junto, assegurou que aprecia as críticas. "Meus parabéns pelos elogios do presidente", disse-me agora de manhã, na padaria, aquela senhora que freqüenta a missa das 6:30. Mas como ele, Castello, é o que *parece* mandar menos, prevalece aquela minha frase do "gabarito"... [...]

E "trabalhe-se", num clima destes. Que aposentadoria que nada! Pura tapeação. Nunca estive num clima tão pouco propício ao trabalho, como quando, *teoricamente*, deixei de trabalhar.

Deixo estas linhas em branco para escrever... na volta. [...]

12:30 – Tudo bem e daqui a um ou dois anos... resultado prático: 6.000 cruzeiros. Gasto no posto de gasolina para abastecimento: 7.200 cruzeiros... E não foi canja, lá na escola, das 9 às 11:30.

Felizmente só houve perguntas a que o conferencista pôde responder, "fazendo conferências paralelas", como me foi dito. Corrida esta lebre, embora com pequeno trabalho. Um general de cabeça raspada, com ar de Yul Brinner[258] ou de cossaco, vai procurar-me amanhã para eu lhe dar uma resposta (não intimação...) sobre: "quais as implicações do comunismo?" [...]

P.

---

255. Alusão ao Centro Popular de Cultura, fundado em 1961 no Rio por Oduvaldo Vianna Filho, Ferreira Gullar, Carlos Lyra, Carlos Estevam e Leon Hirszman. Animado por militantes e artistas de esquerda, o CPC objetivava criar uma cultura "nacional", "popular", a qual seria amplamente democratizada.

256. Arnoldo Hasselmann Fairbairn (1909-1992); o ministro da Marinha na ocasião era Ernesto de Mello Baptista (1907-1973).

257. Respectivamente, os padres jesuítas Fernando Bastos de Ávila e Laércio Dias de Moura (1918), da PUC do Rio de Janeiro.

258. Ator russo naturalizado norte-americano (1915-1985).

Rio de Janeiro, 9 de junho de 1964

[...]

Já me sinto tão estranho à PUC como se a tivesse deixado há muito. Os jardins cada vez mais atopetados de carros. Universidade de luxo... Por isso mesmo perdeu – se algum dia teve – o meu carinho. Mas a outra[259], dos pobres, também não me conquistou. Por que será? Serei um animal antiuniversitário, ou apenas anti-societário?... Opto pela segunda hipótese. Cada vez mais me sinto inclinado à solidão.

[...]

Ontem foram afinal cassados o mandato de senador do Juscelino e seus direitos políticos por dez anos! Mais uma iniqüidade para impopularizar a revolução e popularizar o JK. E o Adhemar continua no posto, com um passado muito mais corrupto do que o JK. O Sobral ainda mandou um telegrama ao Castello mas os "dedos-duros" ou os "Catões"[260] agiram na sombra. O Sobral diz que "rasgará seu título de eleitor".

Não o farei porque considero a iniqüidade contra o JK apenas um elo a mais na série de barbaridades que toda revolução traz consigo. A cassação do Jânio foi o prelúdio. A do CL virá também? Ou será o único civil beneficiado?

Quanta monstruosidade!

Era hora do almoço e interrompi bruscamente. Termino à tardinha para não deixar papel em branco. Ida à cidade. Conversa com o Hélcio Martins[261]. Ele vinha consultar-me se devia ou não continuar na Universidade de Brasília. Aconselhei-o a que ficasse. "Neste momento de obscurantismo cultural, de uma revolução de militares e de plutocratas, quem tem um posto no terreno da cultura deve prender-se a ele, desde que o possa fazer sem desdouro". Ele, aliás, já estava nessa disposição mas hesitava, pois o primeiro ímpeto depois da intervenção violenta na universidade (obra do Darcy Ribeiro[262], o Anísio[263] como reitor), foi deixar tudo.

Disse-me que as coisas começam a melhorar. Eu não lhe disse, porém, que em uma próxima croniqueta critico o interventor, hoje reitor, a propósito de uma declaração sua contra o ensino religioso. Aliás, relendo essa croniqueta – *Sociologia das revoluções* – achei-a já meio ultrapassada. As coisas em épocas como esta envelhecem tão depressa... E nós com elas. Um período como o que estamos vivendo desde 30 de março amadurece os "verdes" (os brotinhos...) e apodrece os "maduros"... Mas também representa depurações necessárias... Quantas vezes eu te disse que gostaria de

---

259. Referência à Faculdade Nacional de Filosofia.

260. Alusão ao político romano Catão, o Velho (Marcos Pórcio Catão, 234-149 a. C), também conhecido como "O Censor".

261. Hélcio Andrade Martins (1929-1966), escritor e filólogo, professor da Faculdade Nacional de Filosofia, que, havia pouco, se transferira para a Universidade de Brasília.

262. Antropólogo, educador, escritor e político (1922-1997), um dos criadores da Universidade de Brasília.

263. Anísio Teixeira.

ficar à margem de tudo. E no entanto, durante esses dois meses – abril e maio – nunca estive tanto em plena torrente e no meio dos acontecimentos. Veja, por exemplo, esse cartão. Convite de um general que é diretor da Biblioteca do Exército. Não me parece muito de acordo com o "terrorismo cultural"... O Hélcio me perguntou como se explica que o *JB* tenha recusado os artigos do Antônio Callado (que se transferiu para o *C. da M.*) e publicados os meus. Respondi-lhe: "Efeito dos meus 70 anos! Já me consideram à margem"...

Mas o outro general, o de ontem, foi ao centro buscar as tais notas sobre *as implicações do comunismo*. Recebi-o no saguão de baixo, pois eu já ia saindo porque ele chegara muito atrasado. Pareceu-me bastante primário. E me comunicou que foi nomeado ontem para presidir a comissão de investigação no Ministério da Fazenda... Senti-o perplexo e no ar. "Não vou investigar os pequenos casos...", disse-me. "E saberá algumas coisas dos *grandes*?", tive vontade de perguntar. Um primário que se deixará levar por qualquer informação de um técnico que o San Thiago Dantas, por exemplo, como ministro da Fazenda, terá demitido e que vai inventar coisas para que o general "intervenha" e tenha matéria para os seus relatórios.

Tudo isso é ridículo, se não fosse trágico. A famosa revolução está procurando consolidar-se, como diz alguém da *Tribuna* (o panfleto do Hélio Fernandes), com medidas violentas e impopulares como esta da cassação do JK, e agora também a do governador do Pará[264]. Se chegar a hora do Adhemar, serão os adhemaristas e o PSP que vão estrilar, como hoje o PSD. E se eles não cassam o Adhemar, então é que o JK fica mesmo mártir e será recebido, daqui a dez anos, de modo estrondoso, se até lá não tiver vindo, como é provável, uma anistia. A revolução está girando no ar e a única coisa que os seus partidários encontram para justificá-la (como me disse há pouco na academia o A. de A.) é que "não podia continuar como estava", mas "não podia continuar como estava" para eles mesmos, os conspiradores e oposicionistas da direita que empurraram o Jango para a extrema esquerda. E depois vêm gritar "aqui d'El Rei!". Uns hipócritas. E agora não sabem o que fazer da revolução, senão retomar as *reformas* que o governo do Jango não soube fazer.

Uma frase excelente do Vasco Leitão da Cunha[265] ao Fidel Castro, quando aquele era nosso embaixador em Cuba, e o Fidel começou a levar ao *paredón* os partidários do Batista: "Quem caminha para a frente olhando para trás, arrisca-se a cair!"

É o que estão fazendo com a nossa gloriosa revolução dos bem-pensantes.

P.

264. Aurélio Corrêa do Carmo (1922).
265. Diplomata (1903-1984).

Rio de Janeiro, 10 de junho de 1964

Continuei à noite a boa leitura habitual para adormecer... quando geralmente o que leio são revistas – pois continuei a leitura do livro de Mounier[266], que estava na estante há muito fechado e embrulhado, tal como viera de Paris, há mais de um ano, pois da coleção que comprei este faltava. Fui lendo as notas a decifrar, de 1930, 31, quando fundou e apareceu *Esprit*, sua grande aventura que até hoje persiste nas mãos do Domenach[267], que entrevi em 1950 no almoço em casa de Mounier (em Fontenay-les-Roses[268]) com Béguin. Mounier morria 15 dias depois (sic), e recebi em Roma a triste e imprevista notícia, pois não teria mais de uns 50 anos, se tanto. Ainda em Roma, iria morrer, há uns cinco ou seis anos atrás, o Albert Béguin, seu sucessor!

O nosso caminho, aos 70, vai sendo bordado de túmulos e mesmo esses mais distantes, de estrangeiros, mas que marcaram a nossa vida, deixam no nosso mundo interior uma melancolia que é como que uma neblina que vai, pouco a pouco, papando toda a paisagem do passado e se estendendo até nossos dias! Como senti, no Mounier de 30, tanta coisa que também a mim tocou por essa mesma época! E, de modo candente, um fenômeno que até hoje me persegue, e que representa o grande fracasso de minha vida, e um pouco também da vida de Mounier, como da de Maritain, que naquele momento (30/31) animava tanto o Mounier para o seu projeto de *Esprit*.

Esse fenômeno era, e continua a ser, a terrível confusão entre o *cristianismo* e a *burguesia*. Lembro-me de um velho artigo meu, creio que na *Ordem*, por essa mesma época (entre 30 e 40) chamado "Cristianismo burguês", escrito na Casa Grande em Petrópolis e aliás provocado por qualquer reflexão de Mamãe, que já não me lembro mais qual fora como não me lembro bem do artigo no tempo em que eu também tive minhas ilusões de fazer da *Ordem* alguma coisa de parecido (muito longe, inclusive porque *Esprit* não era confessional e a *Ordem* o era, com uma herança política do Jackson que eu procurava retirar, desligando-a para o plano cultural). Mesmo aí, *tudo foi por água abaixo*, muito mais do que *Esprit* que, nas mãos do Béguin e hoje do Domenach, continua na mesma linha. Com a *Ordem* nada, nada, nada subsistiu da ilusão original de desfazer uma revista de *politique d'abord*[269] – embora não de todo – para fazer uma revista baseada na *primauté du spirituel*[270]. Nada disso prevaleceu.

[...]

---

266. Emmanuel Mounier (1905-1950), filósofo francês e líder intelectual católico, propugnador do "personalismo cristão". Fundador da revista *Esprit*.

267. Jean-Marie Domenach (1922-1997), discípulo de Mounier e diretor de *Esprit* após a morte de Béguin.

268. Cidade francesa nas cercanias de Paris.

269. "A política em primeiro lugar", lema do movimento direitista Action Française, liderado por Charles Maurras; ver, a respeito, carta de 19 de outubro de 1958, nota 63, p. 55.

270. "A primazia do espiritual", alusão ao título do livro de Jacques Maritain publicado em 1927.

O que eu queria dizer é que fiquei lendo o Mounier de 30-31 e tanta coisa me veio à mente, em função do completo fracasso do meu sonho na *Ordem*, hoje irrecuperável, não só porque eu não era um Mounier mas ainda porque não soube formar uma equipe – aquela que poderia ter sido um elemento aqui no Brasil. *Le consul du Brésil au Havre*[271]... também se foi, como Mounier ou Béguin, e os que vieram depois ou se bandearam para a *politique d'abord* como o C. ou traíram no extremo oposto, enquanto o Hamilton ficava no udenismo direitista e o Sobral nas suas andanças quixotescas muito belas mas sem nenhuma marca da linha Péguy.

Mounier era, ao contrário de um catolicismo tradicionalista, um estilo Antônio Vieira... e mais ninguém. Não houve uma equipe "vital" que de longe pudesse comparar-se à equipe *Esprit*. Homens como o Fábio K. Comparato[272] é que poderiam formar essa equipe. Mas vieram com a novíssima geração e possivelmente irão fazer daqui a dez anos (passado o refluxo obscurantista da agora) o que eu queria ter feito há 30, isto é desemburguesar o cristianismo!

Outro que poderia ter sido e não foi, e ficou (com o Lacerda ou outros possíveis) sugado pelo direitismo foi o Schmidt. Falou-me ontem à noitinha pelo telefone. E começou logo assim: "Alceu, quem diria que nos encontraríamos de novo!!!" Referia-se à sua indignação contra a revolução, por ter cassado o mandato do Juscelino. Ele, Schmidt, há dois meses, no dia 3 ou 4 de abril, ao desembarcar da Europa, exclamou: "Está salvo o Brasil!" Aludia, deslumbrado, à revolução vitoriosa! Depois disso, continuou tão deslumbrado (inclusive procurando várias vezes o Castello Branco), que vai sair por estes próximos dias um livro seu sobre os prelúdios da revolução ou coisa que o valha. Ontem, estava desgarrado e sintonizado comigo embora também me dizendo: "Vou levar a você os documentos de que o maior ladrão que houve no Brasil foi o Jango" (sic). Ao mesmo tempo me afirmava que eram totalmente falsas as acusações de ladrão contra o JK.

Eu não aceito, nem nego, nenhuma dessas acusações. Apenas, como não sou Catão, acho que governo deve olhar para frente e não para trás, e procurar organizar o Brasil e não exercer punições de juiz ou mesmo de Deus... Desde que me entendo ouço acusar os governos de corruptos ou doidos, ou disso e daquilo. De modo que estou céptico a respeito de tudo isso. Daí meu visceral "anticorcionanismo" pois o C. é o tipo acabado do moralista e do inquisitor.

Bem. O Schmidt queria me convidar para jantar na casa dele com o Rousset, aquele francês de que te falei a propósito do termo *univers concentrationnaire*[273], ao estudar os campos de concentração como símbolos do fanatismo moderno. Acho que o Rousset anda por aqui para ver de perto coisa parecida cá pelas Américas. O Daniel Garric quer que eu o veja, mas acho que não o farei. Recusei o jantar e provavelmente o Rousset parte enquanto estivermos em São Paulo. [...]

271. O cônsul do Brasil no Havre.

272. Fábio Konder Comparato (1936), professor e jurista.

273. David Rousset (1912-1997), ex-prisioneiro dos campos de concentração nazistas e autor de um livro sobre o universo concentracionário intitulado exatamente *L'univers concentrationnaire* (Paris: Éditions du Pavois, 1946).

Junto vai o recorte da notícia de ontem do Hélio Fernandes. Como é que ele foi descobrir? Imaginei o seguinte: Layde, Dinah, Arnaldo[274] que é 100% Lacerda, *Tribuna da Imprensa* etc.

O resultado é que o Austregésilo de Athayde já sabia ("está nos jornais") e só compreendi a frase dele ontem à tarde, ao chegar em casa e Luiz (sic) me mostrar o recorte, pois não costumo ler a *Tribuna da Imprensa*. E hoje de manhã já um repórter do *Globo* pediu confirmação e teve a ingenuidade de me perguntar: "E o senhor mudou de atitude?" Tive vontade de o mandar às favas, ou pior... mas apenas disse: "Evidentemente, *não*", com bastante ênfase. Essa gente vive de cócoras diante da autoridade. Especialmente... "revolucionária".

Exemplo dessa ingenuidade do que é para o povo o prestígio da autoridade, especialmente de um marechal e de uma revolução. A Julieta, do Moraes[275], me mostrou a carta de uma filha de um ex-administrador da fazenda, hoje casada com um empregado (ou dono, não sei bem) de uma bomba de gasolina em Friburgo, dizendo que escrevera uma carta ao Castello Branco pedindo o arrendamento de um hotel em Aragarças (sic) e dava a mim como referência! Para eles, o presidente (ou ditador) é o dispensador de favores, inclusive do arrendamento de uma pensão em Aragarças...

Bem, vamos trabalhar um pouco nesta manhã livre mas já quase toda consumida... Estes jornais...

P.

Rio de Janeiro,
11 de junho de 1964

[...]

A nota desta manhã é a transcrição do artigo do Schmidt "desiludido com a revolução", como me havia dito por telefone. Vou cortá-lo, pois é uma bonita página, como as que sabe escrever quando não está dominado pela paixão política. Para quem chegou dizendo "o Brasil está salvo", dizer agora que ninguém pode salvar coisa alguma é uma boa penitência. O meu de hoje, "À brasileira", me surpreendeu pela moderação: irão dizer as más línguas que já foi efeito do telefonema... Na realidade, foi escrito aí em São Paulo mesmo, logo após o "Terrorismo cultural" e, segundo a minha inclinação de ouvir os *dois sinos...*, outros voltarão a ser mais "brabos". Eu até estava temendo que fosse um desses, talvez o de amanhã. Os acontecimentos caminham tão depressa que o que foi escrito há um mês ou menos já parece de outros tempos. Bem. Está na hora.

P.

274. Layde Amoroso Ganns, irmã de Alceu, casada com Claudio Ganns; Dinah Mattos Pimenta, casada com Cipriano Amoroso Costa, primo do escritor; Arnaldo Mattos Pimenta, sobrinho de Dinah.

275. Julieta Brito Pereira, casada com Henrique de Moraes, dono da fazenda São Lourenço.

Rio de Janeiro,
12 de junho de 1964

Estou verificando que esta qualidade de papel, o mais fino (mas não o melhor... pelo contrário) dos almaços, é tão transparente que atrapalha a leitura! E no entanto já recebi uma nova resma que está na Moselinha e teremos de agüentá-lo por muito tempo a não ser que eu aumente as páginas das cartas e o ritmo da produção... o que não é provável.

A propósito desta, e das duas croniquetas de ontem e de hoje, noto que já têm qualquer coisa de... ultrapassado, tal o ritmo da marcha cotidiana das acontecimentos. Já foram escritas há mais de um mês, na quinzena ou, pelo menos, na dezena de boa vida aí, na sala dos padres ou "minha sala". E, cada dia que passa traz novos rumos, como, por exemplo, a cassação ou a caça do JK, que normalmente deveria ser o tema dos artigos desta semana, que parecem moderados demais e poderão parecer "mudança de rumo", como me perguntou o repórter do *Globo*... em conseqüência do telefonema do CB de que tanta gente me tem falado. O mais importante foi sem dúvida o Luiz Viana, chefe do Gabinete Civil, com quem me encontrei rapidamente ontem ao sair da academia. Eu lhe disse brincando: "Se me prenderem, recorro a você". E ele: "Não precisa, o presidente diz que já leu todos (?) os seus livros e é seu admirador e só não aderiu às entrevistas...". *Et pour cause*... Mas é engraçado como essas notícias correm e como o Hélio Fernandes é lido... Tive de contar a vários os detalhes.

[...]

Esta vai se encaminhando para o restabelecimento do passado como se a tal revolução salvífica... não tivesse ocorrido. Os salvadores ainda vão expurgar, intervir, quem sabe se até mesmo decretar o "estado de sítio" *legal* (já que estamos em estado de sítio *real*) depois do dia 15 (término do Ato Institucional).

Nada mudará o curso dos acontecimentos nem desmentirá a inutilidade da revolução que até agora foi apenas uma mudança de *nomes*, uma ocupação de postos pelos *milicos* com o seu farisaísmo puritano, as injustiças, prisões, deportações, carregações, tudo negativo, e a tentativa de fazer as *reformas*, que o governo anterior pregava, e os atuais vencedores impediam que se realizassem legalmente. Agora, o Congresso está agachado e fazendo tudo o que o "seu mestre mandar"... embora o PSD (o partido do JK) tenha declarado sua "independência" [...] em face do governo e um ou outro, *pour sauver la face*[276], tenha iniciado uma discreta oposição. Na realidade, continuamos na encruzilhada e todos os caminhos, certos ou errados, continuam possíveis.

[...]

276. "Para salvar a face".

De manhã, fui ontem à PUC e falei com o padre Laércio. Por acaso nos encontramos os três: ele, o padre Ávila e eu, e contei-lhes o que tal lobo marinho dissera à mãe do aluno preso: "Padre Ávila, muito me honra a companhia". Expliquei ao Laércio meu ponto de vista e apelei para que não "expulsassem" nenhum aluno, tendo em vista que, no momento, seria sacrificar por anos e talvez em definitivo o futuro desses jovens. E apelei para que acabassem com essa atmosfera de inquisição antiextremista (diga-se anticomunista) que já não diz nada a ninguém. Se antes de abril já se sabia que era tudo pretexto para a demagogia da oposição reacionária, especialmente do culpado-mor, o carismático CL – agora nem mesmo alguns dos entusiastas do primeiro momento (como o Schmidt) subscreveriam o que de início escreveram ou pensaram. A realidade voltou depois da euforia. Hoje só mesmo os galões é que continuam no mesmo estado de espírito, ou os que não querem ou podem dar o braço a torcer e ainda esperam tirar vantagens da situação, como o *Jornal do Brasil* ou *O Estadão* ou os lacerdinhas, sobretudo *as*...

Quanto ao povo, continua indiferente, desiludido ou revoltado. Hoje, eu ouvia uma dona, bem do tipo mulher de operário ou dona-de-casa modesta, deblaterar na rua na minha frente, com um pão na mão que lhe custara uns cruzeiritos a mais, e a dizer: "Tenho vergonha de ser brasileira. Lá fora não há disto. Querem até o nosso ouro para essa gente. O meu não levam..."[277] etc., etc.

Agora mesmo, no telefone, um antigo repórter do *Globo*, Miguel (?) Cury, que por muito tempo não me ligava. Começou logo com a frase agora proverbial: "Então é verdade que o senhor recebeu um telefonema do presidente?" etc. "O senhor agora é um homem famoso (sic). É o chefe da contra-revolução" (sic) etc. E eu: "Não sou chefe de nada. Nem de revolução nem de contra-revolução. Sou pela evolução, pelas reformas, dentro do processo democrático, e tá, tá, tá e tá, tá, tá".

Tenho a impressão de que o próprio *The Globe* (como chamam *O Globo* por aí[278]) já está também com os desiludidos. Aliás, quem tomou agora, por algum tempo, o cargo de redator-chefe foi o Antônio Olinto, da seção de crítica "Porta de livraria" e que foi nomeado pelo Jango embaixador no Gana, na África, onde passou dois anos. Naquele momento, pediu meu apoio junto ao San Thiago Dantas, que era então chanceler. Hoje está redator-chefe de *O Globo*, jornal arqui (ou pelo menos foi) arquiantijanguista e pró-revolução. Que gente!

O Cury que agora voltou a me fazer perguntas porque "sou famoso"... é um tipo simpático, mas que prudentemente se afastou de mim, coitado, quando me julgava "comprometedor", provavelmente. Perguntou minha opinião sobre um projeto de lei da Assembléia do estado contra os namoros em público, etc. Respondi que não era necessária a criação de nenhuma delegacia nova como acha o tal deputado protestante – e por isso puritano e moralista – como os honrados catolicões que hoje do-

277. Alusão à campanha "Ouro para o bem do Brasil", lançada pelos Diários Associados, de Assis Chateaubriand.
278. Em alusão ao alinhamento do jornal com as posições dos EUA.

minam a nossa abagunçada e santa terrinha. "Basta que se cumpra a lei. Precisamos de mais liberdade e não de mais autoridade", acrescentei.

A propósito, na rádio encontrei-me com o Arnaldo Estrela[279], esse famoso pianista. Ex-comunista. Hoje "em crise de consciência", disse-me, e desiludido do comunismo, "que quer também oprimir as consciências", etc. Li para ele a carta da Heloneida. Falei-lhe de dom Timóteo. Ficou de me procurar. As revoluções têm dessas vantagens: sacodem as almas.

Há muitos anos, no Estado Novo (1937), assinei um manifesto pedindo ao Capanema (então ministro da Educação), patrocinado pelo Manuel Bandeira, para que não demitissem o Arnaldo Estrela de professor de piano do conservatório. Há quase 30 anos isso! E continuo a protestar contra todas as opressões, cassações, demissões, etc. e tal.

Por hoje, basta. Amanhã, se Deus quiser, tem mais.

P.

Rio de Janeiro, 21 de junho de 1964

[...]

Deixemos de bobagens e desvios e vamos aos fatos... São poucos e o mais importante de ontem é de novo a mesma história – tarde perdida. Passei-a, quase toda, com Mamãe, procurando... Procurei, por duas horas, mas acabei encontrando. Umas notas, "para mim mesmo", que eu escrevera nos dez dias seguintes à famosa conferência do Graça[280], sobre a qual me pediram para falar na próxima quinta-feira, e eu sabia que estavam nos guardados. Mas onde? E passamos duas horas ou mais empretecendo os dedos e respirando poeira à busca da dracma perdida. Enfim a encontrei, como sabia que estava, dividida aliás em duas partes: uma escrita em 1924, na semana seguinte à conferência e dirigida "a mim mesmo em 1934". E outra escrita em 1944, *Vingt ans après*[281], como este romance de Alexandre Dumas[282] e escrita "ouvindo a voz dos filhos e dos netos" (Manezinho e Ana Maria) "brincando lá fora no jardim, na tarde que anoitece", melancolicamente...

Queria hoje, 20 anos depois, e passados 40 desde a tarde de 24 de junho de 1924, escrever também alguma coisa, "para mim mesmo", em 1974... Que audácia, desafiar assim mais um decênio e ter a petulância de estar ainda cá por baixo, aos 80!... Aliás,

279. Músico (1908-1980).
280. O escritor Graça Aranha.
281. "Vinte anos depois".
282. Alexandre Dumas, pai (1802-1870), escritor francês e autor, entre muitas outras obras, de *Vinte anos depois.*

se em 1924, com 30 anos, eu pensasse em reler aquelas páginas amarelecidas e com uma cópia à máquina, não sei de que data, mas que pelo tipo de letra me parece ter sido feita por Nena e não há muito tempo, não teria coragem de imaginar sequer o que faria. E hoje então!!! Mas como isso está, no duro, nas mãos de Deus, pouco se me dá que possa ou não reler o que hoje me viria à mente escrever, sobre aquela mesma tarde junina do tempo em que Nena tinha 5 anos, Quiquinha, 2, e você e os meninos ainda no futuro, e nós dois com seis anos completos de casamento, portanto em plena lua de mel

E o Tristão ainda em plena literatura, sem ligar para nada mais, passando os dias na Cometa, pensando apenas na bibliografia de *O Jornal* e passando algumas tardes na Biblioteca Nacional, pensando numa biografia de Hipólito da Costa nunca sequer iniciada... E passado as noites em Dona Mariana, dando uma voltinha com Mamãe, indo à casa de vovó Camilita ou ao Flamengo, à casa de vovó Mocinha [...]. Tempos idos, tempos idos, mas nunca esquecidos! E... demos graças a Deus por tudo, tudo, por mais inquietante que seja a névoa que recobre na distância, esses tempos idos e vividos, através dessas páginas amarelecidas pelo tempo.

Pois é, a procura levou tanto tempo que não deu tempo para mais nada. Quanta papelada inútil! Quanto documento de concursos feitos, de originais salvos dos picadinhos de você e Jorge, de documentação da LEC[283] ou do Plano Nacional de Educação, do início do conselho. E passei por tudo isso como gato por lebre e sem meter o nariz em pastas com as datas: 1912, 1915, 1916 e 1917! Passei os olhos rapidamente por uma tradução que o Graça Aranha (sic) me pediu para fazer em 1912, ou 13, em Petrópolis, de um artigo chamado "A moral dos espaços" e foi o meu primeiro contato com o Graça, provavelmente através do Temístocles, que era um do grupo dos "piratas", ao qual alude uma carta – ou antes, um papel – também escrito para ninguém, ou para mim mesmo, em 30 de dezembro de 1917, na véspera do dia (31) em que pedi Mamãe em casamento, no caramanchão das "meninas de Tio Bentinho[284]", da praça Dom Afonso, em Petrópolis. Ainda não o reli de todo pois deixei para o fazer com Mamãe e nem mostrei o "achado" e disse a ela que nunca o tinha lido. Nem eu mesmo sei o que contém. Espero levar hoje para nossa terrinha, onde a carta foi escrita e, se Mamãe não o confiscar para o "museu", levá-lo para você ler e devolver para figurar no "museu".

Como você vê, a tarde de ontem foi toda dedicada à saudade! E com isso não tive tempo algum de pensar sequer no que irei dizer na quinta-feira, na academia, em conferência muito anunciada e portanto bem concorrida e aguardada com interesse pois foi anunciada pelo "meu fã" Josué Montello, na quinta-feira passada, na academia, dando início a um curso sobre os centenários de Gonçalves Dias e Coelho Neto – um de morte e outro de nascimento – pois o Maranhão, no mesmo ano, perdeu o seu

283. Liga Eleitoral Católica, da qual Alceu foi um dos promotores.

284. Filhas de Bento Coelho de Almeida, irmão da sogra de AAL; ver carta de 13 de fevereiro de 1961, nota 10, p. 200.

filho mais famoso da primeira metade do século XIX e deu nascimento ao outro filho mais famoso, da segunda metade do outro século.

E por falar em recortes, vai outro da Teresa Alvim, filha da Maria do Carmo, que não sei bem identificar se é uma separada do filho do Humberto de Campos[285] ou outra também separada de um grego e que foi minha aluna na PUC.

Carta de evocações sobre evocações.

[...]

P.

Petrópolis, 22 de junho de 1964

Que bom seria se eu pudesse ficar cá por cima, neste escritorão, que corresponde melhor ao de Dona Mariana que o de Paissandu. Sobretudo com um dia lindo como hoje e ouvindo pela janela a voz de Mamãe conversando sobre [...] coisas deliciosamente domésticas, que são o melhor encanto da vida e me transportam sempre para Dona Mariana, de que a nossa Moselinha – que você acalentou ainda ao nascer, embora apenas um só verão – é a réplica petropolitana. E por falar em coisas antigas, que vão pouco a pouco desaparecendo, soube que o Eddy Macedo (que eu também ligava a Petrópolis, à *Época*, a Paris, e até mesmo à minha volta à verdade, por antecipação em 1913-14!) está recolhido ao Asilo São Luiz, dos velhos, embora em um quarto particular e parece que meio abobalhado.

[...]

O último cartão que recebi dele foi datado dos primeiros dias da guerra quando haviam assassinado Jaurès, o grande líder socialista e ele, que era um reacionário hipercorçoniano naquela época e todo Action Française e direitista, dizia nesse cartão: "*L'assassinat de Jaurès est notre première victoire sur l'ennemi*" (sic). Ele igualava germanismo e socialismo e era um precursor dos nossos sugadores de sangue de hoje, sejam eles à direita – como o Corção e o Lacerda – sejam outros à esquerda como o frei Josaphat[286], cuja frase ao frei João Batista[287] me ficou atravessada na garganta. Tenho horror ao sangue que nós derramamos em nome de Deus sobretudo. E é por

---

285. Muito provavelmente o escritor Humberto de Campos Veras (1886-1934), que foi da Academia Brasileira de Letras e teve um filho ao qual deu o seu nome. Não foi possível obter maiores informações sobre as demais pessoas citadas nesse parágrafo.

286. O dominicano frei Carlos Josaphat Pinto de Oliveira; ver carta de 8 de março de 1964, nota 116, p. 346.

287. O dominicano frei João Batista Pereira dos Santos (1913-1985), que criou, em São Paulo, o movimento Cristo Operário.

isso que não engulo muita coisa do Velho Testamento, como, por exemplo, o assassinato daquele pobre amalecita por Davi.

[...]

P.

Rio de Janeiro, 25 de junho de 1964

[...]

Perguntaram-me, com toda curiosidade, como que querendo antecipar-se a um rumo para o tal rapaz: "Mas que pode real e efetivamente fazer um jovem, com essas idéias, neste momento?", etc. Reconheço que o problema é dificílimo e que para os moços esperar é quase impossível (embora seja nessa idade que se pode realmente ter tempo de esperar...) e paradoxalmente somos nós, os velhos, ou então quem tenha uma fé realmente profunda, mesmo em moço, os únicos capazes de esperar.

Os moços querem já. E por isso se jogam nos extremos. E para quem tem, como esse rapaz deve ter, as impaciências e revoltas sociais, sobretudo vivendo como o está fazendo, nos meios estudantis franceses, compreendo que não tenha nada a oferecer, que possa corresponder ao seu anseio de totalidade na ação. É o que explica a sofreguidão que se apoderou da JUC e que recebeu esse terrível golpe de agora, de que saíram para o comunismo ou para o cinismo, mas dificilmente para uma ação realmente cristã, especialmente em nosso meio, com esse catolicismo de marchas, de terços ou de Plínios, de protestos, com nome de Tradição, Família e Propriedade (nome da tal associação monárquico-reacionária, sustentada pelos latifundiários paulistas) contra as reformas propostas pelo Castello Branco. Este está realmente fazendo o que prometeu, isto é, não fazer *direitismo* e com isso já está desgostando profundamente tanto os passadistas ortodoxos, como certos mineiros defensores da propriedade e certos udenistas, que começam a protestar e a dizer que o Castello está fazendo o programa do Jango. O que é verdade e é realmente a única coisa boa que ele pode fazer, se não quiser que a revolução caia em mãos dos reacionários, que pretendem empalmá-la e só estão esperando a volta do "Corvo" para desencadear uma ofensiva contra... o Castello Branco! O Lacerda dizem já ter dito lá por fora por onde ainda anda, dando tempo ao tempo: "Já derrubei três presidentes. Posso derrubar um quarto". *Si non è vero...*, corresponde perfeitamente ao que ele é.

[...]

P.

Rio de Janeiro,
26 de junho de 1964

Da primeira notícia de hoje, que nos trazem os jornais, você já estará informada a estas horas – a morte da senhora do Fábio de Sena! Para ela uma grande felicidade! Coitada, não resistiu ao choque moral da morte do marido[288], embora tenha resistido ao choque físico. Morre-se também de amor. Há dores no mundo que só mesmo a morte resolve.

Quanto à sessão de ontem, correu bem e naturalmente sem tormentos, pois no fim de 40 anos todas as divergências acidentais tendem a reconciliar-se. E ontem isso foi possível, numa sessão ainda mais cheia do que a de 1924 (como pude verificar revendo uma fotografia publicada na revista *Idéia Ilustrada* daquela época e editada, sabe por quem? Pelo Luiz Falcão[289]).

Ele nos mostrou ontem as duas fotos da sessão, que eu já vira, mas de que não me lembrava, e lá está o velho Graça, com toda a sua petulância, a ler a conferência, e o público elegante, com as mulheres na frente, de vastos chapéus e longas saias. Nosso grupo, dos rapazes que cercavam o Graça, não figura nas fotos.

A sessão de ontem trouxe para mim uma revelação – o Guimarães Rosa como professor. Foi uma aula excelente sobre Coelho Neto. Julgava-o um sujeito caladão e chato. Foi uma aula – não um discurso – excelente mesmo, e confirmando a sentença de que, para falar, o que vale não é ser orador (ele não o é), mas sim conhecer bem o assunto. E está-se vendo que ele se movimenta, em território coelho-netiano, com a facilidade de um peixe na água, não só porque tem lido todo o CN para o discurso que vai ter de pronunciar quando for recebido na academia (sucede a João Neves[290], que por sua vez sucedeu a CN), mas ainda porque, como romancista, tem profunda afinidade com CN, especialmente no amor da palavra, de que é um apaixonado, embora seu estilo seja totalmente diverso do outro. Foi realmente uma reabilitação do opositor do Graça em 24, à luz de uma frase, entre outras: "Que pena que CN não tenha sido modernista". Foi uma frase de passagem, mas que disse bem a espécie de "reconciliação" a 40 anos de distância, que de certo modo também esteve latente no meu discurso.

Dos de 1924, além do casal Alceu, lá estava outro casal, lembrado pelo Austregésilo de Athayde, seus cunhados Ana Amélia e Marcos de Mendonça, como também lá estava o Schmidt, magro de tal maneira que não o reconheci. Dos acadêmicos de hoje, creio que só o Manuel Bandeira, que me lembrou, durante a minha falação – quando eu lia os nomes dos "jovens bárbaros", citados pelo Graça

288. Não foi possível obter maiores informações sobre esse casal.

289. Marido de Emerita, prima da mulher de Alceu.

290. João Neves da Fontoura (1887-1962), político, advogado e jornalista. Guimarães Rosa, que fora eleito para a Academia Brasileira de Letras a 6 de agosto de 1963, só tomaria posse em 16 de novembro de 1967 – morrendo três dias depois.

e registrados na edição do discurso –, que o nome dele, Manuel, não foi pronunciado pelo Graça, mas acrescentado depois... Eu ignorava esse detalhe, mas fico magicando se um lapso como esse não explica um pouco a má vontade de então, em 1924, manifestada pelo MB contra o Graça na correspondência do Manuel com o Mário de Andrade. Foi coisa semelhante que levou Oswald de Andrade a se insurgir, logo no dia seguinte, contra o Graça, no famoso artigo "Modernismo estragado".

Mas foi uma sessão simpática, variada, que agradou muito a Mamãe (juiz sempre severo) e que o A. de A. (que não gostava nada do Graça) achou que foi "muito superior à de 1924". Aliás, os acadêmicos presentes, é engraçado, ainda conservam um inequívoco ressentimento contra o Graça. Até hoje! Mesmo não tendo estado presentes em 24! Senti bem isso pela efusão com que felicitaram o Guimarães Rosa. Não era apenas pela excelência da bela aula, e sim por sentirem o Coelho Neto, e portanto o espírito acadêmico que o CN afinal representava. É engraçado. No fundo, só eu mesmo é que fiquei sempre antiacadêmico de coração...

Mando-lhe alguns recortes que mostram como a comemoração não passou despercebida. Mas nem por sombra, diga o A. de A. o que quiser, representou a milésima parte, ou a milionésima, da importância da tarde de 1924. Essa, sim, foi um marco divisório. E isso mesmo o sentimos hoje, como anotei então, e, se Deus quiser, você lerá.

[...]

P.

Rio de Janeiro,
27 de junho de 1964

[...]

Contou-me A. que o Z.[291] – cada vez mais nosso também, e que fez, a meu respeito, num momento de ternura estimulado por algum chope, as maiores declarações de "o maior", etc. e tal. O Z. esteve com um *duro* da Bahia, provavelmente agaloado, não sei, que lhe disse: "O Castello Branco traiu a revolução. Nós é que vamos fazê-la agora, no duro. E os seus amigos, como o Tristão e o dom Hélder, que se precavenham, etc."... Como você vê, os gorilas se sentem traídos e querem vingar-se, ou antes, fazer a revolução fascista, ao passo que o grupo Castello fez a revolução liberal, antitotalitária.

291. Zitelmann José Santos de Oliva (1924-1991), cronista e ensaísta baiano.

Por outro lado, os comunas verdadeiros estão soltos por aí e também apregoando a mesma coisa: agora é que começou o comunismo, etc., que é aliás o que eu penso. De modo que voltamos mais uma vez à situação anterior, quando o Jango procurava equilibrar os dois extremos, dando liberdade a ambos, mas se inclinando gradativamente para a esquerda. Agora, o grupo castellista quer manter-se no centro, combatendo as esquerdas mas não se deixando arrastar pela direita. É de novo uma tentativa de superar os extremismos com gente melhor, mas também tendo contra si os dois extremos, o que torna sua situação ainda mais difícil, depois de se haver desencadeado uma revolução, isto é, um processo violento. Até abril as feras estavam engaioladas. Agora foram soltas e estão sedentas de sangue.

Será que o espírito brasileiro conseguirá vencê-las, depois de soltas e tendo começado a provar o gosto de sangue?

That's the question!

[...]

Os jornais comentam a festa de ontem. Telefonou-me uma filha do Coelho Neto para agradecer. Não fora porque morrera um irmão. Mas soubera, pela mulher do Josué Montello, que eu "conduzira tudo com a máxima elegância, etc. Também me telefonou o Rui, que ouvira do Bandeira: "O Alceu sempre admirável" etc. Perdoe, mas os prós e os contras se contrabalançam, de modo que o remédio é o mesmo de sempre: ouvir as sereias que cantam e os moleques que assobiam e seguir, sereno, o meu caminho. Né mesmo?

Bom, *ciao.*

P.

Rio de Janeiro,
29 de junho de 1964

[...]

Estou pensando mesmo, para um "catatau", publicar as tais *Impressões de 1924*, suprimindo um parágrafo – que seria aliás o mais pitoresco – onde eu conto um encontro com o Ronald de Carvalho e o Renato Lopes, no qual o Ronald nos contou sinceramente que, longe de querer romper com a academia, como o Graça, a quem ele seguiu sem reserva em seguida, o que ele queria era entrar para a academia, no momento em que, dizia ele: "Eu até ria quando o Renato me propunha de me apresentar 'mesmo para perder', contra a candidatura, depois vitoriosa, do ministro da Justiça de então, o João Luiz Alves", que não tinha nenhum valor literário e era um candidato exclusivamente de prestígio político, contra o qual o Ronald nem por sombra se apresentaria, pois o que ele pretendia, no momento, era apenas ser nomeado segundo secretário em Roma, nada mais.

O gesto de ruptura e de lançamento do modernismo era do Graça, não do Ronald, que não queria perder a luta. Este era realmente, com todo o seu talento, um emérito "carreirista" e o oposto do Mário de Andrade que, este sim, fazia "modernismo" sincero e consciente. O Ronald apenas acompanhava a procissão, para não ficar esquecido ou classificado entre os "passadistas", como um Martins Fontes[292], por exemplo, que tinha mais talento poético do que ele, mas que, em 1921, tomou o bonde parnasiano, no momento chamado de "passadista", e até hoje ficou à margem da literatura.

Ontem terminava a carta com uma pergunta que vinha lá dos fundos das cavernas: "E a literatura, Tristão?"... E talvez por isso é que me ocorreu dedicar duas croniquetas às sessões de 1924 e 1964, e uns dois *rodapés* a editar, ao menos em parte, o "para mim mesmo em 1974".

[...]

P.

Rio de Janeiro,
4 de julho de 1964

Até que afinal uma manhãzinha de sábado mais tranqüila para poder escrever com calma à minha menina! Que semana chata, com "ch" e com "x"! Mas já encontrei um sentido *espiritual* para essa recorrência de uma semana que me estraga a vida...

A explicação material você bem sabe qual é... Não poderia agora, quando a avalanche dos impostos federais e estaduais, combinada com a interrogação – ainda em suspenso – da diferença de vencimentos entre catedrático efetivo e aposentado, e o custo crescente da vida, que a revolução dos terços ainda não conseguiu dominar – não poderia agora, com tudo isso, e mais os tais impostos monstruosos (em quantidade, não digo em justiça, pois acho sempre justo que se arranquem o couro e o cabelo dos ricos e desgraçadamente é nessa categoria que, para gáudio do meu burguesismo congênito, ainda me incluo), não poderia renunciar ao conselho, como seria do meu desejo e talvez do meu dever.

É a verdade. Seria para mim o maior prazer, no momento, não precisar mais sacrificar uma semana por mês a uma atividade, ou, antes, a uma passividade que só me traz duas coisas, além dos *jetons* "cinicamente" percebidos..., remorso e humilhação. Remorso, por receber sem trabalhar... Ao menos como deveria e como outros o fazem, esses outros que realmente nasceram para aquilo ou se prepararam para essa tarefa. Humilhação, você bem sabe por quê, e não vale a pena voltar ao assunto. Mas

292. José Martins Fontes (1884-1937), médico e poeta.

descobri, ou antes, confirmei a explicação *espiritual*... É o meio que tenho de me corrigir de qualquer complacência à vaidade, que poderia provir do que de vez em quando ouço, como ontem mesmo ouvi, e depois te conto.

[...]

Pensando bem, quando de vez em quando me dizem ou escrevem coisas que poderiam levar-me à vaidade, o que realmente hoje sinto é muito menos vaidade do que... medo. É o que vejo realmente ao fazer um exame de consciência, em face de outros louvores. Bem sei que as críticas corrosivas os acompanham e bastariam para equilibrá-los e me impedir de tomá-los a sério. Mas não importa. Essa penitência semanal de oito dias é um reforço que Deus manda para me chamar à realidade. "Seu Alceu, pense nisso e veja se lhe pode restar alguma migalha de vaidade. Receba essa humilhação como uma penitência salvadora. E quanto ao remorso, esse não vale nada. A humilhação é que vale. E trate de aproveitá-la para seu aperfeiçoamento espiritual".

Ouço e calo, mas há o tal demônio do "escrúpulo", a erva daninha que devemos sempre capinar, mas volta sempre a repontar e que murmura: "Você está se utilizando desse pretexto da humilhação-penitência para animar a sua... preguiça. Veja bem. Você se encosta nessa bonita explicação penitencial e vai se eximindo de trabalhar, de fazer força, de dar o que pode. Se fizer um esforço sobre si mesmo, se não largar a sessão em meio para não ter de tomar partido, ou mesmo que não seja por isso, pois até que você hoje gostaria de tomar partido, pois está marcado como 'independente' e gostaria de dar provas disso", etc., etc. Mas basta desta automartirização de escrúpulos, que é a passagem ao estado de... *ruminante*. E você tem mais que fazer do que gastar uma manhã tranqüila de sábado, sem conselho, para perder seu tempo em ouvir essas vozes que você tem obrigação de... não ouvir, já que não consegue silenciá-las para sempre... E basta de tanta chorumela.

Vamos então ao tal caso a que aludi e do qual poderia o "degas" tirar partido para se julgar realmente... vidente. Ia eu saindo do conselho para o almoço, com a alegria de voltar do colégio para casa, quando um desconhecido, bem apessoado, passando por mim, me diz: "Dr. Tristão, tenha pena de nós" (sic). Parei, meio interditado, não sabendo se era... *pró ou contra*. E o homem continuou: "Leio seus artigos como um breviário (ou coisa parecida). O senhor é o único [...] que está vendo claro em tudo isso. Somos um grupo em Brasília que o acompanha em tudo e segue religiosamente sua orientação. Continue!"

Eu balbuciei algumas coisas e perguntei quem ele era: "Sou deputado federal!" Depois me explicou que era o deputado Armando Lafaiete: nome por mim ignorado, e, mais tarde, soube que era trabalhista (vi logo), e de uma zona (Monteiro) onde almoçamos, em 1956, a caminho de Paulo Afonso, na Paraíba. Depois de outras amabilidades entusiásticas no gênero, acrescentou: "O senhor precisa dar um aperto (sic) no Castello Branco (sic). Já é tempo dele criar um clima mais livre", etc. Lembra a idéia de que sou *amigo do Castello*? Aquele telefonema e as referências nos discursos e entrevistas, sobretudo no Norte, o confirmam.

Já me deixei eu arrastar de novo por esses benditos desvios, que uma manhã sem compromissos facilita tanto.

À tarde conversei com dois padres, dois vigários dos subúrbios da Central, um brasileiro e outro basco, ambos da linha Tristão e anticardinalícia... Conversa para me ouvirem sobre um caso de mudança compulsória de uma favela, segundo os planos da Sandra, que ambos detestam. Prometi-lhes um artigo. Quando ouvi o português-espanhol do vigário de Oswaldo Cruz (o outro é de Braz de Pina) e ouvi suas posições, perguntei-lhe: "O senhor é basco?" Eles dois riram e compreenderam a alusão e que estávamos então em terreno comum. Ambos leitores assíduos dos meus artigos.

Hoje essa carta do Vasco Leitão da Cunha, a que vou responder dizendo-lhe que bem sei que o Vasco, ao menos no caso de Cuba, não agiu por si, mas por uma política da revolução direitista, a cujo serviço se encontra, e é bom que continue, pois ali como chanceler pode evitar muitas coisas.

Mas no momento, e para os efeitos dessa carta, o que interessa é ver como as croniquetas são acompanhadas, lidas, dissecadas, e isto me dá muito mais *medo* que vaidade, para ser sincero. Não tenho, nem nunca tive, vocação para líder de nada. O máximo que tenho feito na vida é dizer o que penso e... os outros que se arrumem [...]. O fato é esse mesmo: tenho horror a ser líder do que quer que seja, e muito menos em coisas políticas. Sei perfeitamente que o meu mal é nunca chegar a ver toda a razão de um lado só, e as culpas do outro. Em tudo. De modo que não consigo nunca contentar a ninguém... Nem a mim mesmo. E como escrevo sempre ao correr da pena, sem a menor preocupação de verificar se estou sendo ou não coerente com o que fui, o resultado é que hoje estou muito longe da maioria dos que outrora me apoiavam de olhos fechados, especialmente as senhoras católicas, os sujeitos de 70 anos (como os próprios companheiros de mocidade, como o Henriquinho, o Moraes, e outros) – e fico com um medo danado de amanhã, ou a cada caso novo, decepcionar os que hoje me pedem que "tenha pena de nós"... E amanhã acharão que estou me bandeando, ou coisa que o valha, porque nunca consigo ser totalmente pró nem totalmente contra nada. Daí, por exemplo, minha antipatia por toda *Apologética.* A própria igreja não é infalível (o papa, em determinadas condições, sim). Os cardeais..., os católicos... e eu?

[...]

Esta agora é a minha preocupação máxima: o discurso do Gilberto Amado. Continuo freudianamente a não conseguir dar um passo adiante. E antes ainda terei de preparar uma conferência para a série da academia (Gonçalves Dias), a 24 deste, e alguns Machados[293] e croniquetas. E sobretudo o pretexto para adiar, adiar, adiar! Como hoje com a revisão dessas provas, depois que decidimos levar avante o livro *Revolução, reação ou reforma?*[294], três novos "erres" com que irei, mais uma vez, desafiar os meus ex-fãs. De vez em quando torno a sentir agora o que senti em 1928, e que motivou aquela sentença do padre Franca: "Você perde hoje uns amigos e adquire

293. Catataus ou textos grandes.

294. Ver carta de 8 de maio de 1964, nota 223, p. 399.

outros". É o que de há tempos para cá, especialmente depois do afastamento com o pessoal do centro, venho sentindo.

[...]

Recebi uma longa e dramática carta da Violeta Arraes[295] de Paris, contando como foi a cena da deposição do Arraes. Vou publicá-la. Está em Paris de novo, exausta, mas sempre de ânimo firme. Cristã autêntica. A carta é dramática na sua simplicidade. Tenho notícias de que o Arraes está em Fernando de Noronha, sofrendo dos olhos. E como os duros e fanáticos têm sede de seu sangue (penso num que não é fardado, mas é pior que os fardados), imagino que estão fazendo o possível e o impossível para o condenarem de qualquer maneira, pois só sabem odiar sob pretexto de sanear. Tenho horror a esse estilo de gente. Não sei se preferiria os fascistas desmascarados, pois teria (ou terei...) de sofrer mais, mas ao menos por agora ainda me podem dizer, como têm dito: "A prova de que há liberdade é que você está livre". Mas que tenho horror a esses inquisidores, vestidos ou não de púrpuras ou galões, lá isto tenho. Cada vez mais. E se não fosse medroso, ou escrupuloso, ou maníaco das proporções e dos "dois sinos", gostaria de escrever como Heitor Cony[296], que cada manhã denuncia, com estilo, esses fariseus.

Basta por hoje.

P.

Rio de Janeiro,
5 de julho de 1964

Hoje, sétimo domingo, estou invertendo um pouco a ordem dos fatores, sem alterar o produto... – começando e talvez terminando esta carta matutina antes da missa, pois são 7:30 e tenho 15 minutos de folga para, inclusive, antes da fila (que é sempre maior logo depois das missas), fazer as comprinhas encomendadas por Mamãe.

O sábado foi todo deliciosamente tranqüilo, de modo que pude rever as provas dos três "erres" *(Revolução, reação ou reforma?)*. Aliás vi que só aproveitaram uma parte das croniquetas já enviadas, além das agora acrescidas ao volume *post-revolutionem...*[297] Verifiquei, relendo essa seleção, que abrange artigos desde 1958, pouco antes de irmos para os States, que realmente há neles uma grande unidade e não precisei mudar uma vírgula. O que houve em abril está previsto e temido, como a mais possível e mesmo iminente das hipóteses: a do "neofascismo" militarista, a exemplo de golpes idênticos no Equador, no Peru e na Argentina.

295. Irmã de Miguel Arraes, então prisioneiro político em Fernando de Noronha.
296. O escritor e jornalista Carlos Heitor Cony (1926).
297. "Pós-revolução".

Foi o que atingiu o Brasil em abril! É certo que eu esperava que entre nós não acontecesse o mesmo, por um argumento que não prevaleceu – o de que os militares brasileiros não quisessem imitar o que haviam feito seus colegas da América espanhola. Mas o que prevaleceu foi a solidariedade da farda. Aliás, o coronel que me havia emprestado o volume da *Sixth column*[298] já me havia dito que a mentalidade dos adidos militares hispano-americanos, no Comitê Militar Interamericano, que funciona permanentemente em Washington, era a mais reacionária que é possível imaginar. E os nossos fardões são do mesmo estofo. E desgraçadamente estamos por muito tempo condenados a eles. E será grande sorte nossa se o milico tipo Castello conseguir predominar sobre os milicos tipo almirante Heck (ex-ministro do Jânio), que dizem todos estar em plena (ou disfarçada) conspiração contra o "castellismo" e a estas horas em franca confabulação conspiraria com o "Corvo" (o Lacerda), que voltou da sua viagem de recreio e está ainda hibernando no seu sítio, preparando-se para desencadear uma violenta oposição, caso o Castello não se dobre à sua vontade de ser o candidato oficial para a sucessão em 1965, ou 66. Estamos condenados assim ou a suportar um qüinqüênio CL, com todo o seu reacionarismo... ou novembrismo...

[...]

Excelente discurso, improviso, do Castello, que cada dia se impõe mais como o homem que devemos, a todo transe, preservar. O discurso foi para estudantes militares. Ele próprio se inculca de ex-militar. Insiste nas reformas e fala com raro bom-senso. É o presidente da República *eleito* de que precisamos. Enquanto isso, o Carlos recomeça suas declarações intempestivas em entrevistas, fazendo ameaças veladas à liberdade de imprensa, que ele sempre defendeu ardentemente, enquanto estava em oposição, e atacou e limitou quando estava no poder e era atacado. É um maquiavélico que temos de agüentar possivelmente. Confesso que nesse dia meu maior desejo seria arranjar um ensino numa universidade estrangeira... A menos que já esteja tranqüilamente para lá dessas pequenas preocupações terrenas. Ou então continue a me ajeitar com os ditadores direitistas, como me ajeitei com os esquerdistas, sem me aproximar deles e me limitando a criticá-los de longe. Mas será que com o ferrabrás-farisaico católico conseguirei ter a mesma liberdade que sempre tive com os Getúlios e Jangos? *Carpe diem*[299].

P.

298. Sexta coluna, do norte-americano Robert Anson Heinlein (1907-1988), escritor de ficção científica.
299. "Aproveite o dia", provérbio latino tirado das *Odes* (I, xi, 8), de Horácio (65-8 a.C).

Petrópolis, 7 de julho de 1964

[...]

Voltando aos poemas do Gilberto Amado. São geralmente de primeira ordem. Ao menos alguns. E já encontrei uma fórmula para designá-lo, que não sei se será daquelas que possivelmente se chocarão com o seu invencível e insuperável orgulho: "É o maior dos nossos poetas bissextos". Pois realmente tem feito poesia só por exceção, ao que me parece, mas tem realmente um extraordinário talento verbal e um bom gosto de estilo de primeira água. Desconfio que a poesia é o seu *violon d'Ingres*[300] e que gosta mais de ser chamado de poeta do que de ensaísta ou o que for. O que é é um grande preguiçoso e um vaidoso ainda maior. Gostaria de poder dizer isso assim *tout court*, mas não se assuste de que o faça em plena academia... Como vê, ando magicando a matéria e doido para me ver livre do abacaxi..., mesmo que não leia nem a décima parte do farto material inédito ou esparso com que encheu vários envelopes enormes que aqui estão ao meu lado, naquela cadeirona de espreguiçar que está servindo de depósito de papéis que... nem abri. Hoje é o dia para fazê-lo...

Os sinos (é meio-dia) estão repicando na catedral. Por que será? Algum aniversário petropolitano ou imperial? Não atino. Ontem à noitinha (anoitece tão cedo agora) passei pelas freirinhas da Companhia da Virgem para entregar o livro *Life and holiness*[301] para o qual escrevi o prefácio agora, sob a forma de duas croniquetas, e devolver umas revistas que me haviam emprestado com artigos do mesmo Merton. Quanto mais o leio, mais me convenço de que é o *maior* escritor católico vivo. Escritor, isto é, uma pena não-especializada (como um Maritain, filósofo; um Mauriac, romancista; um Rahner ou um Journet[302], teólogos e bons), e levando a todos de vários planos do espírito, o que li de mais essencial na mensagem da igreja, em termos que o homem culto hoje entende e gosta. Sinceramente não vejo outro.

Na carta dele à irmã Emanuel, ele teme ("*I am afraid*") que eu tenha exagerado sua importância como escritor católico. Não exagero nada. Procuro e não encontro outro que diga as coisas que devem ser ditas, do modo como devem sê-lo e interpretando, admiravelmente, a verdadeira posição da Igreja. Nunca, até agora, me encontrei em desacordo com ele. E só lamento não ler *tudo* o que escreve. É um homem que nada escreve senão depois de ir ao *heart of the matter.*

[...]

P.

---

300. "Violino de Ingres", para designar a prática, por um artista, de uma arte que não é habitualmente a sua.

301. "Vida e santidade", livro de Thomas Merton.

302. O jesuíta alemão Karl Rahner (1904-1984). Sobre Charles Journet, ver carta de 7 de dezembro de 1958, nota 117, p. 69.

Rio de Janeiro,
9 de julho de 1964

Depois de dois dias lindos lá na serra, hoje um dia feio, enjoado, com a friagem carioca, negação do frio autêntico. Será que vamos ter uma semana deste tipo lá nas paragens laurencianas[303]? Não seria a primeira vez, mas gostaria bem que assim não fosse, para ver se consigo uma trégua "nasal" para pôr em ordem o famigerado discurso que precisa sair de qualquer jeito...

[...]

Sou contrário a reduzir a linguagem a regras fixas. Sou infenso a todas elas e não apenas em matéria de linguagem. E preciso sempre fazer um esforço de cabeça e de vontade para justificar a autoridade, a disciplina, o dogma, a ordem (embora reconheça que são também indispensáveis e mesmo naturais e até sobrenaturais), ao passo que o contrário, a liberdade, a fantasia, a fluidez, a variedade, a pluralidade, o contraste, tudo isso encontra em mim uma cumplicidade natural que exige um cuidado constante para não degenerar em anarquia, contradição, desordem, bagunça, relaxamento etc. e tal.

Por isso é que Mamãe se queixa da minha tolerância com os meninos, por exemplo, e muitos me acusam de ingênuo e me escrevem cartas de demissão do Centro, como essa que vai aí para você ver que as injúrias compensam os louvores, nesse jogo de prós e contras que toda atitude política provoca. E é tão contra o meu temperamento, que *naturalmente* o que compreendo é que *cada um* tenha e manifeste sua posição a respeito da opinião dos outros mesmo quando radicalmente contrário. É essa, a meu ver, a nota típica de uma sociedade não só civilizada mas cristã.

Dirão: "Não, senhor, o que isso representa é apenas *liberalismo* ou *ecletismo* e equiparação entre o bem e o mal, entre a verdade e o erro". Seria, se eu não acreditasse que o bem e a verdade, justamente por serem substancialmente superiores ao mal e ao erro, têm uma força intrínseca que justifica a famosa parábola do Evangelho (ou pelo menos imagem) de deixar crescer tanto o trigo como o joio, para que o dono da messe (Deus) se encarregue de separá-los no final. O açodamento com que vivemos julgando a fundo etc., é apenas uma pretensão nossa de querer tomar o lugar de Deus.

[...]

Ontem soube também pelo Rui Coutinho que o Gilberto Freyre escreveu um artigo violento e desabusado contra mim na imprensa minúscula do Recife. Ele virou casaca totalmente depois que o Salazar o converteu ao direitismo e, não tendo coragem de escrever contra dom Hélder – que seria o alvo que procura atingir – então se dirige a mim.

Mas considero esses ataques *providenciais* e espero outros ainda mais violentos. Só peço a Deus que não me permita sair da minha rota. *Os cães latem e a caravana passa*, provérbio árabe que cada vez mais considero como representando a pura sabedoria e no qual me sinto perfeitamente à vontade, por corresponder exatamente

303. Referência à fazenda São Lourenço (do latim *Laurentius*).

à minha invencível atitude. Só tenho receio é de ler esses ataques e ter vontade, como logo me vem, de responder. Preciso fazer força para *não os ler* (como faço sistematicamente com o C.) para não permitir que a caravana perca a sua serenidade e atire pedra nos cães... Mas esses ataques são providenciais pois a cada momento recebo cartas ou palavras no sentido oposto, que me arriscariam a deixar levantar a crista.

[...]

Ontem tive uma conversa engraçada. Ou mesmo duas ou três, todas inesperadas, além das esperadas, como foi a conversa com o tal padre canadense que já me forçou a falar (*videotape*) para a TV canadense no dia 18.

As inesperadas foram: uma delas, com um estudante de Macaé, insistindo (em vão) pela minha ida lá. É aluno do ex-jesuíta Rohden[304] e me veio fazer perguntas religiosas, com sincera perplexidade, e me disse que há tempos me dirigira de São Paulo uma carta sobre a eucaristia, e eu respondi... na minha letra, que nem ele nem o Rohden entenderam. *Et pour cause.* Disseram ambos que seria mais fácil entender o mistério eucarístico...

Finalmente, uma conversa com aquela velhota francesa, que misteriosamente freqüenta há anos, em silêncio, minhas conferências, e tem 84 anos, e foi artista *bien petite*[305] outrora, e hoje está só no mundo, arruinada por um procurador infiel. É a história triste dos velhos artistas que Alphonse Daudet descreveu num romance esquecido chamado *Les ratés*[306].

Que saudade dos tempos da mocidade em que eu devorava romances e tinha tempo para isso... Ainda vivo hoje dos resíduos deixados na memória, tão frágil, dessas orgias literárias da juventude... Hoje vivo de pão e água, sem conseguir sequer (apesar de "aposentado"...) ler toda a obra do meu esperançoso "recipiendário" na academia[307]... Não vá ser ele, depois do meu discurso, um novo candidato ao... limbo, por desapontamento e reação, tanto mais quanto é íntimo do Gilberto Freyre.

Amanhã de manhã não haverá tempo para carta, de modo que agora você vai ficar com um longo hiato (e nós também), pois, mesmo que consiga mandar alguma, da fazenda, levará mais de uma semana para vir de Bom Jardim ou de Friburgo. Vamos ver se logo mais consigo acrescentar alguma coisa a esta.

Vamos ver também se consigo realmente pôr ao menos o essencial do discurso em forma, durante esses curtos dias que incluem, inclusive, um domingo de festa e dois dias de viagem (ida e volta), completamente perdidos. E estou com receio, hoje, de que não esteja apenas com a habitual asma nasal, mas com um autêntico resfriado. O que irá prejudicar ainda mais a produção... O Espírito Santo, entretanto, é que sabe. [...]

P.

---

304. Humberto Rohden (1894-1981), escritor, ordenado sacerdote em 1920.

305. "Muito pequena".

306. "Os fracassados".

307. Coube a Alceu receber Gilberto Amado, em 29 de agosto de 1964, para ocupar a cadeira 26 da Academia Brasileira de Letras.

P. S. – Entre os vários telefonemas que recebi figura o de um jovem estudante, amigo de frei Rosário[308], que queria conversar comigo sobre o clima de *terror* em BH, que prossegue. Não pude atender, mas conversei uns dez minutos por telefone e ele me confirmou a prisão do padre Lage[309], há setenta dias, contra expressa determinação "*legal*", se é que há lei agora, que não seja o arbítrio da milicada, "em nome da moral e da revolução saneadora, pela regeneração do Brasil" e outras patacoadas de moda, com o terço na mão direita e o relho na esquerda. Contou-me ainda que um jovem comunista, preso com os estudantes católicos, disse que estava com sua fé materialista abalada "por ver aqueles estudantes católicos sofrendo prisão por um ideal de justiça. Não foi essa a Igreja de que eu ouvira falar".

Essas perseguições só conseguem aprofundar a fé dos que a têm e por vezes, como neste caso, abrir os olhos dos que não a têm. Infelizmente, como sofrimento é uma arma de dois gumes, também afervora os ateus. De qualquer modo é um desmentido aos primários que acreditam na mão de ferro, sejam eles marechais ou cardeais...

[...]

P.

São Lourenço (!), 11 de julho de 1964

Enfim de novo nesta velha terra que há 30 anos, com poucas interrupções, inclusive a do ano passado, recolhe os meus cansaços cariocas e asfaltinos, para restituir à praia um Alceu reforçado de Anteu (o tal da mitologia, que retomava forças sempre que, lutando no ar – era ou devia ser... alado – tocava de novo a terra e ficava revigorado). Assim eu, numa velha gleba brasileira, através de todas essas vicissitudes político-social-religiosas que, sobretudo nos últimos anos, e com as croniquetas que me obrigam ou, pelo menos, me levam a comentar, semana a semana, os acontecimentos, e com isso ser forçado a optar e ser visto, então, como tomando partido por este ou aquele governo.

[...]

P.

308. O dominicano frei Rosário Joffily (1913-2000) era reitor do Santuário da Serra da Piedade, perto de Belo Horizonte, e ligado ao laicato católico local.

309. Padre Francisco Lage Pessoa (1917-1989), do clero da capital mineira e opositor do regime de 1964.

São Lourenço,
12 de julho de 1964

Estamos voltando da festa, digo da parte mais importante dela, a missa e a bênção da imagem que ficou linda e admiravelmente bem enquadrada na paisagem. Aliás, cada vez mais me convenço de que realmente havia para aquele sítio, ao mesmo tempo rústico e familiar, uma predestinação a Nossa Senhora. Tudo ali concorre para a beleza e portanto o sentido sobrenatural do quadro. É um recanto ligeiro, aberto para um vale largo e uma extensa montanha acima, bem chamada Boa Vista, com pastos verdes, em frente e por cima daquela mata, com uma grande árvore bem em cima das pedras. Estas são três, uma grande ao centro, onde foi cavado o nicho e colocada a imagem, e duas menores dos lados. Debaixo da pedra, uma fonte! Em frente, um terraço de terra e uma mureta de pedras perto da imagem, o que permite até beijar os pés da Nossa Senhora. Por isso mesmo vai ser preciso protegê-la melhor. Em frente, um riacho maior, o Gaveazinho daqui..., cantando nas pedras, como um riacho de conto de fadas. Entre as duas pedras fizeram uma cruz rústica, amarrada com cipó, que completa esplendidamente o quadro.

É realmente uma gruta *natural* de Lourdes, e bem um símbolo da irradiação da presença de Nossa Senhora e sua aparição a Bernadette, em 1858. Passado um século, estamos nós aqui, neste fundão de roça, a prolongar o mistério e até mesmo a paisagem! Que coisa grande! Que bela coisa! Houve tantas comunhões que os últimos receberam apenas pequenas partículas, mas Nosso Senhor é o mesmo. Fomos em procissão para a missa, com os meninos e meninas da escola, que são mais de cem!

E no entanto, a fazenda me dá a impressão de estar vazia. E não é só impressão. É que, dadas as condições miseráveis em que vive este pobre povo, todos os rapazes e moças se dispersam e agora já vão até para os Estados Unidos, como a Maria Elvira do Alípio, que partiu a semana passada, para trocar com a Eli, que volta de lá. Os dólares desta permitiram ao Alípio melhorar um pouco sua casa, que continua singela e acolhedora como sempre, ele grisalho e a Jovita agora muito bem, sem um sinal visível do que há três ou quatro anos sofreu[310].

Houve foguetes do Malvino[311], sempre o mesmo, fala simples de monsenhor Franca e os cantos das crianças naquela deliciosa desafinação costumeira. Foi uma inauguração e tanto, a que o sol e o céu azul compareceram pela primeira vez desde a nossa chegada, como que a participarem também da beleza simples mas profunda da festa.

Quanto aos trabalhos, dei ontem um bom impulso também, avançando até quase metade do discurso. Está bastante atabalhoado, já que o material não teve tempo, nem de longe, de estar bem argamassado, mas ao menos já está em plena viagem. Se tudo correr bem, talvez acabe amanhã, pois hoje é dia quase perdido, mas

310. Maria Elvira e Eli eram filhas de Jovita e Alípio – que cuidava dos cavalos na fazenda São Lourenço.
311. Empregado da fazenda São Lourenço.

ainda assim vou pôr de novo mãos à obra. Estou à procura de um texto, entretanto, que contava certo encontrar, pois devo tê-lo *marcado* quando li (sobre *palavras*, que achei ótimo, quando li há anos), mas não houve jeito de achar. Não vou parar por isso pois é preciso não perder o *élan* de ontem e aproveitar para bater o ferro enquanto está quente. O difícil é escolher o principal, não me perder em detalhes (de uma obra tão rica e difusa) nem dizer uma coisa por outra, possível de acontecer quando a gente não se assenhoreou bastante da complexidade do assunto. O Gilberto Amado é realmente uma personalidade sedutora, mas da qual não posso dizer exatamente tudo, pois num discurso como esse e num ambiente como o nosso, as *impertinências* tão habituais na Academia Francesa são aqui deslocadas e não quero encrencas com o clã Amado. E não há dúvida de que bastaria o estilo do Gilberto para desculpar muitos aspectos pouco ou menos simpáticos de sua vida e de sua obra, sobretudo a vida amorosa, bastante cínica e sobre a qual terei de passar como gato sobre chapa quente, e que no entanto mereceria umas boas lambadas. Como certos aspectos do seu oportunismo político. Seria o lado *sombra*, que terei de deixar na sombra, embora ele próprio nessas *Memórias* seja do tipo pão, pão, queijo, queijo, e é um dos sabores melhores de sua obra e de sua personalidade.

Bom, mãos à obra para não perder a manhã de trabalho, já que está ganha, até em superabundância, na devoção! Que Nossa Senhora se lembre de nós (ai, lá vem o piano... e hoje, por mal de meus pecados, os meninos não vão sair... Marcelinho encantado... e encantador...).

P.

São Lourenço,
13 de julho de 1964

[...]

Amanhã haverá missa no Miranda, lembra-se? Não sei ainda se irei, pois representa uma manhã quase perdida e só irei se hoje conseguir liquidar o GA[312]. Não está muito longe disso, pois ontem, apesar da festa, dei um avanço no discurso e incluí o tal texto da *Nova et vetera*[313] sobre o perdão, de que não sei se te falei, e me foi indicado aí pelo frei João Batista[314] e a ele pelo padre Loew, tirado de uma conferência de um ex-embaixador francês na Rússia e que vem a calhar para os acontecimentos atuais e a luta entre os dedos-duros e os gorilas mansos... Principalmente se o Castello

312. Entenda-se a feitura do discurso de recepção de Gilberto Amado.

313. Título da revista teológica fundada em 1926 por Charles Journet; a expressão vem do Evangelho de Mateus 13, 52 ("um pai de família que do seu tesouro tira *coisas novas e velhas*") e encontra-se também no Cântico dos Cânticos 7, 14.

314. Provavelmente João Batista Penido, que morreria assassinado neste ano, no interior de Goiás.

Branco, gorila manso, comparecer à recepção, como *pediu* ("se não for convidado, compro uma entrada...") e gostaria que ouça, de vivo ouvido, a história.

O discurso vai indo, com altos e baixos e meio (?) descosido, mas seguindo até agora o roteiro de que te falei. Ainda estamos no Rio, antes da ida do recipiendário para a Europa, onde passou a viver, praticamente desde então, apesar de continuar sendo, toda a vida, um molecote de Itaporanga, que até hoje... não sabe comer! Gostaria de poder dizer isto, pois me impressionou no almoço que me ofereceu em seu apartamento, e provavelmente se repetirá antes da recepção na academia. Fiquei até meio enojado pelo modo peludo com que se abarca à mesa e joga o carão dentro do prato, empunhando o talher como um bodoque e mastigando de boca meio aberta, como um gorila civil ou antes in-civil...

Ele mesmo então me confessou que a tal italiana nobre com quem vive há 30 anos, depois que se separou da mulher legítima, continua a viver em Roma, embora em Nova York, Genebra ou Rio. Ele a chama, nas *Memórias*, de "ser egrégio" (sic)... Diz ele que foi ela que lhe "ensinou a comer"... o que não faz muita honra às suas qualidades de educadora...

Mas tenho esperança de liquidar hoje o discurso, embora com a possibilidade ainda de polir o ferro-gusa, tal como está saindo do forno... baixo desta douradinha! E não abri sequer os tais envelopões... Cada vez me lembro mais do Fernando Magalhães[315] quando me recebeu e que também não abriu o embrulho dos meus recortes... Fez um discurso inteiramente *quelqu'un*[316], em que eu entrava como pretexto para a tal cátedra de Moisés... Não me lembro de nada mais do que ele disse então. Como o GA não se lembrará do meu, dirá ele um dia, embora não sobreviva tanto quanto eu sobrevivi àquela noite de 1935 em que você ficou em casa com Jorge, babá Emília e Angé, ouvindo pelo rádio o "conselheiro" de fardão discursar no mesmo salão onde desde então já recebi três (Afonso Pena[317], Vianna Moog[318], Augusto Meyer[319]) e agora, se Deus permitir, introduzirei mais um.

E vamos terminar quanto antes a tarefa, para ver se nos últimos dias desta estadia (só faltam quatro), poderei ainda polir um pouco a prosa bárbara, sobretudo tendo em vista que o GA é realmente um *estilista* da melhor classe, e seu discurso vem sendo limado literariamente há um ano e gira, como você viu pela carta dele que te mandei de Friburgo, com a minha, em torno de poesia, seu *violon d'Ingres*. Aliás um violão que toca muito bem, mas apenas com muita preguiça...

Quanto à tarde, e à noite da festa, tudo correu sem qualquer novidade e com a procissão, especialmente no final, uma beleza mesmo. Pois foi à noitinha, com uma

315. Fernando Augusto Ribeiro Magalhães (1878-1944), médico e ensaísta, que o recepcionou na Academia Brasileira de Letras no dia 14 de dezembro de 1935; Alceu ocupou a cadeira número 40 (a de Magalhães era a 33).

316. Um discurso qualquer.

317. Afonso Augusto Moreira Pena Júnior (1879-1968) – professor, escritor e político, filho de Affonso Penna (1847-1909), que presidiu o Brasil entre 1906 e 1909 – foi recebido por Alceu para tomar posse na cadeira 7 da ABL em 14 de agosto de 1948.

318. Clodomir Vianna Moog (1906-1988), jornalista, ensaísta e romancista, ocupou a cadeira 4 da Academia, tendo sido recepcionado na instituição por Alceu no dia 17 de novembro de 1945.

319. Recebido por Alceu em 19 de abril de 1961; ver carta de 15 de novembro de 1963, nota 88, p. 298.

lua nova espreitando entre as folhas da mata, que dominam a gruta, e a luz indireta sobre a imagem e a rocha, muito bonita mesmo e uma ordem esplêndida das crianças que se dispuseram em frente, em semicírculo, cantando e os cavaleiros, como sempre, iguaizinhos aos do seu tempo, com o Alípio à testa carregando a cruz e os meninos atrás, *dont*[320] Marcelinho pela primeira vez. Todos compenetrados e os três andores com o Moraes, seu Ézio, e Paulo e eu, segurando o de São Lourenço. Mamãe com seu capote vermelho e o bastão que o Alípio me emprestou, na mão. E os foguetes. E a pequena homilia de monsenhor Franca, e a imagem muito branca, muito simples, sem reboque nem pintura alguma, no seu nicho de pedra, e as águas cantando em torno, realmente uma beleza e uma enorme presença espiritual de Nossa Senhora. Foi lindo!

E à noite, o caxambu de sempre, com a presença da África, sempre igual. E o bailareco no paiol, e os fogos e balões pelo curral afora. Tudo bem "fazenda", bem do nosso tempo. Amanhã voltaremos... Por hoje, seu Tristão, ao trabalho...

P.

São Lourenço, 14 de julho de 1964

"*Allons, enfants!*"[321] Missão cumprida! Ontem terminei o tal discurso e não há dúvida de que sinto os ombros um pouco mais leves. Pelo menos na hora de acabar... Pois logo em seguida, removido um obstáculo, fico logo pensando no próximo, que é agora a conferência de quinta-feira 28, na academia, que terei de preparar no domingo e na segunda, pois na terça provavelmente teremos Petrópolis.

Mas pensemos um pouco no obstáculo vencido: o discurso. Não ficou mau, embora, como te disse, meio descosido e atabalhoado, já que atualmente (se acaso algum dia não foi assim...) não tenho tempo (ou paciência?) de deixar as coisas decantarem dentro de mim. Se o Gilberto Amado soubesse que não cheguei sequer a abrir os cinco envelopes com que me encheu de inéditos! Quem sabe se neles estariam os elementos de um discurso mais original, pois seria baseado em documentação desconhecida para o grande público. Mas agora é tarde e Deus me livre de sequer tocar nesses papéis, pois talvez me viesse a vontade de mudar tudo, ou parte, e de acrescentar coisas. E já está, talvez, um pouco grande demais, por causa das três ou quatro citações, ou mesmo mais, que faço da prosa e do verso do interessado e que aumentam muito a leitura, pois tem de ser feita mais devagar. Mas também serve para des-

320. "Entre os quais".

321. "Vamos, filhos!" – início do verso de abertura de *La Marseillaise* (A Marselhesa), a partir de 14 de julho de 1795. Foi composto por Claude-Joseph Rouget de Lisle (1760-1836), no ano de 1792, como *O canto da guerra para o Exército do Reno.*

pertar os que dormem, pois varia de estilo e é certo que o que o GA escreve é estilo sempre de primeiríssima.

Encaixei, como queria, o tal trecho da *Nova et Vetera*, que coloquei só na esperança de que o Castello Branco esteja presente, como pretendia. Sua presença, entretanto, cria um pequeno problema. É hábito, nas academias, embora muitos dos nossos acadêmicos não o pratiquem, que o que recebe um novo membro *só se dirija a ele*, como eu fiz com o Augusto Meyer e não me lembro se com os outros dois. Fico pensando, entretanto, se não vão pensar – se estiver presente o presidente da República – que não me dirijo a ele de propósito... Mas pretendo ser fiel ao costume da casa, a não ser que o presidente da dita me convença de que seria uma descortesia com o marechal, até hoje tão delicado comigo, apesar da tal frase: "Ele (eu) se enganou com o regime anterior e tem receio, agora, de se enganar com o novo". Ao que eu lhe responderia: "Pode ser que me tivesse enganado, mas ao menos nunca enganei ou traí ninguém"... Já que ele, como chefe do Estado-Maior das Forças Armadas, é que preparou e tornou possível a derrubada do Jango, que nele confiou cegamente, como eu o faria.

E ainda acusam o Jango de ter preparado o golpe! Se o tivesse feito, não o teriam dado contra ele. E se deram, e com o êxito que vimos, é que ele, Jango, pode ter sido tolo, mas não maquiavélico, como o foram os seus adversários salvadores da democracia e da pureza dos costumes políticos.

Toda essa gente me dá engulho e aqui nessas redondezas, mesmo a dois passos dos grandes centros, é que se vê quanto tudo isso que enfaticamente chamamos de revolução e contra-revolução é absolutamente superficial e marginal. A realidade é outra. É chuva e sol, gado e lavoura, casa e roupa, criação de pena e estado das pontes e dos caminhos, vida e morte, doença e religião. Bem sei que a política local também ferve e se me encostar na venda do João Poubel as conversas não serão as mesmas da venda do seu Ézio, onde continua a mesma miséria de sempre, com reforma agrária ou sem ela.

Como estamos longe, muito longe, da sonhada e apregoada integração nacional! O que continua a valer é o contraste entre a riqueza e a pobreza, e esta não é apenas a das pocilgas desses paupérrimos colonos, que vivem na mesma ausência de tudo, como os escravos de há um século. E até mesmo nas fazendinhas dos pequenos proprietários como esses da fazenda da Alegria, de onde estamos voltando neste momento, e onde monsenhor Franca foi celebrar a missa anual na capelinha de São Sebastião! Há 12 anos ela foi inaugurada e nessa dúzia de anos nada mudou. A casa, é certo, melhorou um pouco, mas ainda continua de telha-vã e só com os móveis estritamente necessários: mesa de jantar, cadeiras, cama. Nada mais. A mulher na cozinha, tão preocupada com o *café com bolo*, que nem foi à missa! Uma vez por ano e na capela dela! [...]. Queijos, outrora abundantes, só um na mesa e outro que na véspera vendera para aqui, pois em São Lourenço também nem um queijo seco! Dois anos sem chuva e apenas esperança – chovendo agora como tem chovido – para que o ano que vem haja leite nas vacas e queijo nas prateleiras.

É assim o nosso campo, ao menos essa amostra desse pobre miserável estado do Rio, outrora um dos mais ricos do Império e da Primeira República. Quem é o culpado? Somos todos nós. Mas generalizar assim não será fugir à realidade e jamais vencer os males? Eu bem sei a razão: é a mania da indústria (desde os tempos da República), com desprezo total ou quase pela agricultura.

Bom, agora vou cuidar de reler e polir o aço rústico, tal como saiu do forno, de um só jato, como você sabe que eu sempre faço. E tentar nestes três dias que faltam (só três!) ver se consigo arrancar ao menos duas croniquetas, que o Carlos vai me reclamar logo. De modo que não tenho sossego de espírito para ler um pouco com despreocupação, ao menos o livro que o Moraes me emprestou e há muito quero ler – *Ascensão e queda do Terceiro Reich* – a história de Hitler tão parecida com a do nosso Lacerda, agora em ascensão para tomar conta do poder. Sinto que o Lacerda está jogando a mesma cartada dos ditadores, escorado nas Forças Armadas, e aproveitando-se do cepticismo eleitoral do povo, e da miséria dos maus governos.

Tudo está preparadinho para que triunfe um aventureiro de talento com coragem e sem escrúpulos, como foram todos os candidatos a ditador. E o Lacerda tem tudo para restaurar o getulismo, sem o Getúlio, isto é, sem aquela displicência e tolerância do GG e com a experiência do outro lado, isto é, de saber como se derrubam os ditadores.

Sinto isso no ar, como se pressente a tempestade. Queira Deus que me engane, pois se ele vencer, com o apoio dos dedos-duros, o mínimo que sofrerei é o silêncio forçado, que até seria um favor, pois já ando chateado dessa obrigação de escrever três artigos por semana. E gostaria bem de ser obrigado a me retirar da imprensa e poder então escrever apenas para o futuro, *livros* e não mais artigos esparsos. Mas o que pode acontecer é que, não podendo escrever artigos semanais, não escreva mais nada. O que seria ainda melhor.

Pois afinal os maiores dos nossos – aos quais não sonho em poder comparar-me – como um Machado de Assis (69 anos) ou um Alencar (48) ou um Gonçalves Dias (41), sem falar nos que morreram aos 20, ou um Jackson aos 37, um Ronald aos 41, um A. de A. Machado[322] aos 34, um padre Franca aos 50, um Mário de Andrade aos 51 e assim por diante, *quase todos*. Raros os que chegaram aos 70, como eu, de modo que, se tive alguma coisa que dizer, já foi dito. E agora, só posso é... estragar a pintura, como acontece com a minha posição nos meios católicos, 100% no tempo de dom Leme, e dez por cento hoje. Não me arrependo de nada, desde que nunca procurei... percentagem de apoio... mas estou convicto de que já não tenho nada mais a dizer aos 70 que não tenha dito, e bem que gostaria de poder agora... ler à vontade!

Bem, vamos polir...

[...]

P.

322. Antônio de Alcântara Machado (1901-1935).

São Lourenço,
15 de julho de 1964

São 7:30, antes da missa: todo o dia de ontem, depois da volta da Alegria, foi ocupado em rever o discurso, que achei muito mais chinfrim do que quando acabei de escrever. A letra está miserável. Daquele jeito... Escrevi, realmente, a galope, com medo de não ter tempo de acabar, de modo que não está bem digerido e tive de cortar várias coisas e substituir trechos, um deles meio ininteligível. Resultado do galope com que foi feito e do medo de não acabar a tempo. Nesse ritmo, só pude rever metade, assim mesmo. Assim sendo, hoje é que pretendo terminar a tarefa, se acaso a segunda parte estiver menos hieroglífica que a primeira. Como compreendo os protestos de Mamãe e admiro a rapidez com que o radar-de-morcego do seu Carlos atravessa aquela floresta espessa num instante e, como você... lê com o coração. Realmente minha letra se tornou um caso mórbido. Como pouparia tempo e paciência se tivesse me habituado a escrever diretamente à máquina, já que tive uma desde os idos da rua Senador Vergueiro e portanto há quase 60 anos! Seria hoje, se eu a tivesse conservado, uma peça de museu, e realmente tinha uma forma que se parecia com um Ford de bigodes...

Mas voltando ao discurso: fiquei meio desapontado e só espero que a impressão da segunda leitura (ou antes, da leitura depois da escrita) não seja a verdadeira. Tirei, inclusive, uma referência de passagem que eu fazia ao Miguel Arraes (falando do Recife, cidade de contradições) e que seria apenas uma pequena provocação ao escândalo, caso o marechal estiver presente. Até lá é possível que já se tenha desiludido comigo, ou antes, com a ilusão de me "converter". Mal sabe ele que sou absolutamente infenso a tomar partido a favor ou contra pessoas e até regimes, não sei se por conformismo – o meu mal congênito, que é também o do GA, e por isso é que o Fernando Carneiro e outros o acusam, com razão, de oportunista, e o Corção o detesta e irá ter um bom pretexto para desfechar de novo uma flechada contra mim, sua obsessão, modéstia à parte. Devo irritá-lo mais com o meu silêncio do que se me dispusesse a responder às suas farpas – ou por realmente só me interessar pelas idéias.

É uma prova de minha congênita aversão à política, pois o político é o homem que lida com *homens* e não com idéias, e eu sou um tipo que só sei lidar com idéias e não com os homens, que me são perfeitamente indiferentes. E é por isso que o próprio Castello Branco achou que eu estava ligado ao governo passado, não tanto quanto ele, chefe do estado-maior, nomeado pelo Jango, mas que nada fez senão conspirar, o que bem mostra o que há e houve de maquiavélico em sua atitude, ou pelo menos ligando as reformas ao homem e ao governo que canhestramente as tentava, contra a oposição de todos os políticos direitistas e centristas e de todos os grã-finos, latifundiários e grandes empresários. Sem falar nas grã-finas e rezadeiras do terço... político. Pois as que rezam o terço... religioso e também fazem procissões, essas me merecem todo o respeito.

Monsenhor está tocando o sino para a missa, embora ainda falte um bom quarto de hora. Vou já? Não, vou esperar mais um pouco pois quero terminar esta carta para pôr mãos à obra logo depois da missa.

[...]

P.

São Lourenço, 16 de julho de 1964

Penúltimo dia desta temporada de silêncio, sem telefone nem jornais. Estou certo de que essas duas ausências é que concorrem decisivamente para este repouso e para esta recuperação de equilíbrio, que só mesmo de perto é que pode ser bem compreendida. Já estou arrependido de ter limitado só a oito dias bem mixurucas estes dias cheios de não fazer nada e onde se faz mais do que na maioria dos dias trepidantes do Rio, com o telefone tilintando de meia em meia hora, se não for menos. Estes hiatos fazendíficos são como que retiros espirituais.

[...]

Sinto que realmente, se eu fosse um sujeito sensato e não precisasse ainda da "gaitolina" que vem do trabalho atual da douradinha, ou dos empregos não solicitados como o conselho, o que deveria fazer era realmente tomar a sério a *aposentadoria* e aproveitar para fazer como papai aos 65: ir ao cinema todos os dias para passar o tempo.

[...]

Mas cuidado para não cair num pecado muito medíocre, como o da inveja, que é dos mais cinzentos. A avareza é o mais negro de todos, você bem sabe, mas a inveja é cinzenta, é incolor, de certo modo, é mais desprezível que a avareza, que é o *suprasumo do mal*, ao passo que a inveja é um pecado burguês, medíocre, covarde, sem caráter, ambíguo, morno, não é mesmo? Ao menos a avareza é... glacial.

Poderíamos classificar os pecados pela temperatura. O orgulho seria o mais quente, ferve! No extremo oposto, a avareza – gela. E no meio as nuances todas. A gula é apenas um pouco menos quente que o orgulho, e até há mesmo quem diga que foi incluída por engano. A ira também se aproxima mais do quente que do frio, e às vezes também ferve, e até ultrapassa em *dignidade* o orgulho. Santa ira ou santo orgulho ou santa inveja, mas esta a menor das três "santas"... A santa preguiça é a que mais se aproxima, e mesmo assim de longe, da avareza, que se recusa, até mesmo de brincadeira, a ser qualificada de santa. Eu tenho horror físico e moral e tudo mais à avareza. Se senti tanto desprezo por aquelas "marchas da família", apesar de toda a boa-fé com que milhares de almas autenticamente santas a elas acorreram, é que nelas senti cheiro de avareza. Foi quando tocaram nos bolsos que os terços se ergueram, enquanto os terçados (são ferramentas para trabalhos agrícolas, especialmente para levantar capim em molhos, e parecidos com grandes garfos, garfos de gigante...) dos maridos se *armaram* para resistir à reforma agrária, aconselhados pelos politicões mais sabidos ou mesmo mais cultos...

Tudo isso, e esses desvios, só mesmo nesta vida em ritmo lento ainda posso me dar ao luxo de ter e cultivar... a propósito da avareza.

[...]

Já agradeci a Deus por todas estas manhãs de São Lourenço. É indubitável que esta fazenda – a São Lourenço – conserva um charme, um verde, uma sinfonia de pássaros e galos, um "insalêncio", que até tenho medo de desfrutar demais e voltar aos tempos em que saía daqui devastado de saudades e com vontade de me fixar para sempre na roça.

Essa nostalgia do campo existiu em mim como um atavismo dos meus antepassados que trabalhavam as terras do Minho, arando atrás dos bois, e por isso é que – lembra-se? – quando eu via, nas planícies da Espanha, na manhã fria, os bois negros no horizonte, puxando o arado e o homem atrás, eu dizia que ali estava a imagem do homem eterno, desde que começou a cultivar a terra. E eu via ali os egípcios, os caldeus, os gregos, os romanos, os chineses, os hindus, e... o homem de hoje e... os meus próprios antepassados, cujos descendentes – "os Amorosos de Serzedelo" – tanto quis ir ver perto de Ponte do Lima.

Ah!, tudo isso, todos esses desvios, só mesmo uma manhã como essa, ao som dos passarinhos nos sapotizeiros, é que permite! Mas aqui mesmo preciso pensar na tarefa do dia, boa tarefa esta, já agora sem prazo certo, pois ao menos o peso do discurso não pesa mais...

Ciao.

P.

São Lourenço,
17 de julho de 1964

Santo Aleixo

Em outros tempos, dos 30 dias seguidos aqui, tempos do Moraes solteiro e de vocês pequenos, o dia de Santo Aleixo era mais ou menos a metade da temporada, e eu já começava a sentir os primeiros sinais de... murchar. Era o começo da descida da encosta das "férias", nome que até hoje desperta em mim cantos de cigarra (dezembro) e lombo de cavalo (julho)... Hoje, as *estações* vão se confundindo e as férias de julho foram encurtando tanto que no ano passado nem houve, e este ano ficaram reduzidas a uma semana, embora com a esperança de mais uma semana em agosto.

P.

São Lourenço,
19 de julho de 1964

[...]

[...] estava pensando numa proposta de um intelectual-empresário (isto é, diretor de uma grande empresa) que anda há um mês querendo encontrar-se comigo (chama-se Hélio Jaguaribe[323] e pertence ao grupo Candido Mendes e é amigo íntimo do San Thiago). Creio mesmo que escreveu vários artigos sobre história da filosofia no Brasil, há alguns anos, em que não tratava bem o "movimento tomista", no qual me incluía, mas não tenho idéia clara a respeito, e creio que, como de costume, não tomei conhecimento do que escreveu, de que tenho apenas vaga idéia. Depois, foi ser diretor de uma grande empresa, ligada a ferro e aço, em Minas, que não sei bem como se chama, mas está ligada a um forte consórcio alemão (Mannesmann) que o JK trouxe para o Brasil quando governador de Minas. A idéia que tenho dele (HJ) é de um rapaz (hoje já um pouco menos rapaz) trêfego e vivo de inteligência, com aquele toque de audácia e arrivismo que caracterizava o grupo San Thiago Dantas. Este voltou agora da Europa e parece ao menos "estabilizado", pois já está de novo em atividade política. Ele (San Thiago) já me havia falado, ainda durante o *ancien régime*, mas quando deixou o ministério, de uma *Revista de Idéias* que pretendia fundar, etc.

Li agora os papéis que o HJ me deu quando fui para São Lourenço, a fim de adiantar o encontro que iria ter comigo para conversar sobre seu plano, que verifico ser a fundação de um instituto de estudos, com a sigla Ibed (Instituto Brasileiro de Estudos sobre Desenvolvimento), com todo um plano bem arquitetado, até de manutenção financeira (10 milhões por mês!) (sic) com "20 empresas contribuindo com 500.000 cruzeiros mensais" e todo um plano de cursos, aulas, etc. e tal, uma verdadeira universidade em miniatura. E quer, nem mais nem menos, que eu "fique à testa"...

Você já viu tudo. Preferiria uma boa morte a me amarrar a um novo Iseb[324] (o HJ estava também ligado ao grupo Iseb antes que este passasse às mãos do Álvaro Vieira Pinto – de quase extrema esquerda comunista), quando o Candinho foi diretor. De modo que ficará logo marcado como sendo apenas uma nova fase do Iseb. E o nome (Ibed) se parece com Ibad[325], que foi um grupo financeiro-político, no qual o Corção e o Gladstone[326] entraram, passando a publicar a revista *Ação Democrática*, que fez toda a campanha reacionária contra o Jango e acabou desmoralizada, pois ficou provado que exerceu uma *pressão financeira* enorme para as últimas eleições e distribuiu dinheiro a rodo dos ricaços.

---

323. Hélio Jaguaribe Gomes de Matos (1923), sociólogo.

324. Instituto Superior de Estudos Brasileiros.

325. Instituto Brasileiro de Ação Democrática, organização anticomunista fundada em 1959 e extinta em 1963.

326. Gladstone Chaves de Mello (1917), filólogo, membro do Centro Dom Vital, foi deputado na legislatura 1958-1961 (de membro da Câmara Federal, passou à Assembléia Legislativa do estado da Guanabara em 21 de abril de 1960, devido à mudança da capital – do Rio de Janeiro para Brasília)

De modo que o nome Ibad ficou sendo sinônimo de corrupção por dinheiro, tanto assim que o Fernando Carneiro ficou estremecido com o C. porque lhe escreveu pedindo que ele retirasse o seu apoio a eles, etc.

Mas principalmente o que me fez *chair de poule*[327] só de pensar na hipótese, seria deixar-me prender mais uma vez nas teias de uma instituição onde me querem como "figura de proa" (por mais que concorde com muita coisa e ache que sempre se ganha com estudos desse tipo, da realidade brasileira, que foi aliás uma das recomendações que fiz na minha conferência nos dominicanos). De modo que vou logo dizendo "nem pense em contar comigo". Nunca, como agora, estou disposto a não fazer nada senão sob minha própria, direta e individual responsabilidade. E o máximo que poderei fazer é concorrer, quando houver oportunidade, com algum artigo para a revista e figurar na lista de colaboradores. Mas nada mais.

[...]

P.

Rio de Janeiro,
20 de julho de 1964

[...]

Ontem dediquei o meu domingo à releitura de Gonçalves Dias, para ajeitar do melhor modo – ou do menos mau – minhas citações da conferência. Ainda bem que o telefone não perturbou... demais. Apenas dois telefonemas: um do Rui, cada vez mais fã e entusiasmado, mas por isso mesmo me deixando *mal à l'aise*[328] comigo mesmo. Não sou absolutamente o que eles pensam e mesmo com você não saberia reproduzir tudo o que ele diz, do que pensa de mim ou do que lhe dizem certos amigos da *esquerda*, com os quais está ligado. Por exemplo, que a minha atuação como "crítico do modernismo" não é nada em face da minha atuação... atual.

E é nisso que me sinto muito pouco à vontade, pois não tenho a menor intenção de *agir* e preferia mil vezes não ter de me ocupar senão com problemas literários ou filosóficos. Pior do que isso: quando me ocupo dos problemas correntes e políticos, é apenas de longe, como diletante e sem nunca estar absolutamente certo de ter razão. Não será por este último motivo que *sempre* me recusei a polemizar com quem quer que fosse? De qualquer modo, o que há é que não sou, de modo algum, de medir forças com qualquer dos campeões da política revolucionária, contra-revolucionária ou mesmo extra-revolucionária. E pretendo apenas ficar como *espectador* dos acon-

327. "Pele de galinha", para dizer "arrepiado de medo".
328. "Pouco à vontade".

tecimentos torcendo pró ou contra e procurando que prestem a mínima atenção possível ao que eu digo. Detesto estar *envolvido nos acontecimentos*. Me dá sempre a impressão de estar na água sem saber nadar... [...]

P.

Rio de Janeiro, 22 de julho de 1964

[...]

Hoje pela primeira vez encontrei-me com os tais milicos fardados que estão no Ministério da Educação, em suas funções inquisitoriais. Ontem já convocaram o Cony, que vem desenvolvendo uma campanha violenta contra a revolução e os novos deuses, que estão com sede, como os de Anatole France (*Les dieux ont soif* é o título do seu romance sobre a Revolução Francesa e o "Terror") e já ameaçaram confiscar o livro em que o Cony publica suas crônicas e vem tendo um êxito enorme[329]. Preciso pôr minhas barbas de molho. Um dos assessores do ministro da Educação[330] declarou ao Cony – conta o *Correio da Manhã* – que "era preciso investigar a cultura" (sic). Isto quer dizer que o *thought control*[331] está oficialmente introduzido e que o regime de *terror cultural*, longe de estar terminado, talvez não tenha senão começado!

Aconteceu um caso da maior gravidade com o próprio Luiz Viana Filho, *chefe da Casa Civil da Presidência da República* (sic): Um major do Exército o procurou em nome de uma dessas "comissões de inquérito" para saber se era exato que ele tinha dado parecer favorável a um prêmio de teatro, na academia, a uma peça de um autor comunista. Creio que é o autor de *Pagador de promessas* (editada pela Agir...)[332]. Veja você onde querem chegar. Pôr na "suspeita" o próprio chefe da Casa Civil da Presidência e afastá-lo do cargo, para nele colocar algum fanático. E com isso ir até mais longe: visar ao próprio Castello Branco, que começa a ser até acusado pelo Lacerda de estar desmoralizando a revolução.

Ontem o tal almirante Heck, chefe dos dedos-duros da Marinha, fez um discurso em São Paulo, declarando que a revolução está sendo traída, etc. É exatamente o que eu previa. Uma vez feita a revolução, os revolucionários começam a se engolir reciprocamente e os mais ferozes acabam vencendo, ao menos por algum tempo. E o Lacerda está querendo colher frutos dessa briga, do lado dos "ferozes", que é a gente dele, mas cinicamente apregoando falar em nome da democracia e dos "eleitores de

329. *O ato e o fato*.

330. À época, Flávio Suplicy de Lacerda (1903-1983) era o titular da Educação e Cultura, cargo que ocuparia até 1966. Foi o autor da chamada Lei Suplicy (a 4.464, de 6 de novembro de 1964), que proibia a participação política dos estudantes.

331. "Controle das mentes".

332. O teatrólogo e escritor Alfredo de Freitas Dias Gomes (1922-1999); sua peça *O pagador de promessas* é de 1959 e o filme nela baseado recebeu a Palma de Ouro do Festival de Cannes em 1962.

Jânio, Kubitschek e Jango"... É realmente um impostor, e não duvido nada que agora chegue ao poder através de um novo golpe, completando a *quadra*, pois já derrubou três presidentes. Teria agora a volúpia de derrubar um quarto.

É este o clima horroroso que estamos respirando, em que ninguém sabe o que será o dia de amanhã e até quando não virá a censura franca, proibindo qualquer colaboração jornalística ou publicação livresca contra o estado. Estamos entrando no neofascismo, que há muito venho declarando ser o nosso maior perigo. Ainda agora encontrei o Rui Coutinho que ouviu de um comunista o mesmo: desta vez será mesmo com sangue. O capitalismo só cede *a pau* etc.

Como você vê, os ares guanabarinos continuam irrespiráveis por todos os motivos.

Ciao.

P.

Rio de Janeiro,
25 de julho de 1964

[...]

Quanto à política, durante a semana decidiu-se uma coisa realmente fundamental, ao menos no momento: a prorrogação por um ano, do Castello, e portanto do estado de exceção jurídica. Estou de acordo, como te disse, embora, em tese, devesse estar contra, pois acho mau todo regime de exceção. Mas, uma vez *quebrada a regra* democrática, o regime de exceção *se torna regra* quando a volta à regra é feita com *espírito de exceção*... Sibilino? No caso concreto: o Lacerda defende a não-prorrogação por um ano porque quer aproveitar-se do choque revolucionário para ser candidato previamente vitorioso, aproveitando a retirada do JK e a improbabilidade de uma candidatura Castello Branco, que seria "continuísta" ou pode ser acusada de tal. Ou então de outro militar, e já fala no general Cordeiro de Farias, hoje ministro do Interior, e que era governador de Pernambuco quando da nossa estadia lá em 1956.

[...]

P.

Rio de Janeiro,
27 de julho de 1964

[...]

Por ora os remédios da homeopatia são como as medidas antiinflacionárias e recuperativas da revolução: não produziram efeito algum. Mas ao menos não pioraram – ao passo que, até agora, a economia revolucionária hipercapitalista ainda não impediu os preços de continuarem sua ascensão everestiana, enquanto o desemprego cresce assustadoramente, os empresários capitalistas *big business*, como os queiram chamar, queixam-se de que "os negócios estão parados", quando tudo esperavam de sua querida revolução.

É engraçado o prazer com que os capitalistas e os bem-aquinhoados, os políticos aproveitadores e os jornalistas reacionários, os moços e os senhores do *café society* e os *playboys* de Copacabana enchem o peito e enfunam a voz quando falam em revolução. Sente-se que estão encantados com a idéia de terem também feito a *sua revoluçãozinha*, ou zona... Ao passo que os esquerdistas se sentem roubados no seu *show* e então negam categoricamente o caráter *revolucionário* ao que está se passando. Pois ligam o nome de revolução à esquerda, ao socialismo, ou ao comunismo, enquanto os direitistas ficam todos orgulhosos porque passam a ser revolucionários, e a deixarem de sofrer a "vergonha" de serem confundidos com os medrosos ou acomodados que não querem é que se mude coisa alguma, pois o que querem é roer seu osso (de ouro...) tranqüilamente no seu cantinho. Como de costume, *on peut les renvoyer dos a dos*[333]...

Houve de fato uma revolução, pois o pêndulo passou da esquerda para a direita, e portanto houve uma mudança radical nas pessoas e posições, mas... essa mudança foi *à brasileira*, isto é, os vitoriosos agarraram a bandeira dos vencidos (*as reformas*) e fizeram delas o seu programa, ora aguando as ditas reformas e aproveitando apenas os nomes (*Reforma agrária*, por exemplo, contanto que não se *toque nas propriedades*), ora desgastando os que pensavam que *não era para valer* e que tudo voltasse ao bem-bom da *belle époque*.

Mas como há forças incontroláveis no fundo de tudo isso – a população crescendo e os preços subindo, enquanto os empregos diminuem e as esperanças também – o resultado é que a euforia revolucionária das gracinhas dos salões vai se esvaziando à medida que as filas vão aumentando, os negócios caindo, os preços subindo, o povo gritando, os milicos brigando entre si.

Estes, até agora, têm respeitado certo entendimento tácito, mas há um, o tal almirante Heck, lacerdista 100%, que – com sua linguagem destemperada – já está gritando e ameaçando de prisão, proclamando a necessidade de uma "segunda revolução", pra valer mesmo, com o fechamento do Congresso, que o Lacerda já chamou de "curral", insulto este que o próprio Brizola nunca ousou fazer.

---

333. "Podemos não favorecer nenhuma das partes", ou seja, é possível colocá-las no mesmo plano, ombreá-las.

Mas o "nosso Carlos", com o apoio de todos os antibrizolistas (verdes...) começa a fazê-lo, embora já se tenha calado, depois dos primeiros insultos, pois certamente o Castello Branco (com quem almoçou há dias) lhe terá feito alguma pequena, mas incisiva, advertência, de que ficasse bonzinho e caladinho, sob pena de voltar mesmo a passear – involuntariamente – pela Europa ou talvez pelos States, em vez de se preparar para ser o nosso De Gaulle ou o nosso Salazar, como está doido para ser, com os aplausos do Gilberto Freyre e das gracinhas que nadam em sua esteira, como Moema na esteira de Caramuru[334]...

[...]

P.

Rio de Janeiro, 28 de julho de 1964

[...]

Ontem, tarde de entrevistas e conversas das 2 às 7, quase! Vários tipos bem diversos de encontros. Primeiro, quem foi mesmo o primeiro? Ah, um professor de Porto Alegre que me conheceu lá há dois anos. Mais ou menos, ou antes, totalmente em nossa linha, extremamente simpático, ensinando religião – por apostolado – com vários filhos e filhas nos ramos da AC, todos na mesma linha, embora sem ser exageradamente preocupados com o *social*. É a nota de toda essa mocidade da AC ou dos movimentos marginais de Igreja – boa no fundo, embora necessitando de uma correção pela *primauté du spirituel*[335] – que procurei acentuar no meu discurso-aula dos dominicanos, que passei a manhã de ontem corrigindo. Que tarefa chata, santo Deus! E não acabei. Vamos ver se lá no "pombal" termino.

[...]

Não tenho jeito para qualquer moralismo de *regras impostas e disciplinares*. Por meu gosto, deixaria todos os casos duvidosos entregues totalmente à consciência dos interessados. Pois que sabemos nós, realmente, das soluções que Deus dá a esses casos! Como compreendo que privar duas almas que se gostam e que estão separadas por um casamento infeliz e já desfeito por parte de um dos lados – privá-las de se unirem legitimamente é qualquer coisa que me repugna e que, no fundo, não consigo crer que seja realmente a vontade de Deus.

É como no caso da limitação da prole. Há tantos casos em que isso é uma imposição do bom senso, que, por meu gosto, deviam ser entregues também à *consciência* de cada um e ao que Deus – voz da consciência – lhes dita. Imagine só você o

334. Alusão ao poema *Caramuru*, de frei José de Santa Rita Durão (1720-1784).

335. "Primazia do espiritual".

que dirão os "Corções" da vida destas minhas convicções. Como compreendo a palavra misteriosa de Péguy: *"Il n'y a rien de moins chrétien que le moralisme"*[336]...

[...]

P.

Rio de Janeiro, 30 de julho de 1964

[...]

Os jornais de hoje anunciam que oficiais, não sei se do Exército ou da polícia, foram dar uma batida na casa do Álvaro Lins, para verificar se havia livros ou documentos "comprometedores"! Daqui a pouco virão também examinar os meus... É o domínio do totalitarismo cultural e do terrorismo disfarçado ou incipiente. "Uma vergonha", como teria dito a mulher do Álvaro Lins aos esbirros. Vou telegrafar-lhe e, na primeira oportunidade, protestar publicamente. Aliás, a croniqueta de hoje já é sobre essa atmosfera, a propósito da leitura do *Terceiro Reich* na fazenda. E a que ontem escrevi lá em Petrópolis é também a propósito de coisas semelhantes que continuam a ocorrer na Rússia e começam nesta nossa pobre terra.

Politicamente o *JB* traz hoje uma entrevista do Schmidt *contra* os rumos da revolução, pois também se desiludiu, justamente com o que a revolução tem de melhor, isto é, a tentativa de fazer as reformas, que o governo passado quis fazer e não soube. O Schmidt o que quer é sinal verde para grandes negócios. O engraçado é que o *JB* que publica numa página a entrevista do Schmidt, na outra defende a política do Castello!

Parece que na segunda-feira o Lacerda vai romper as baterias contra o Castello, porque está contra ele, paradoxalmente, ao que parece, por outros motivos: desentendimento pessoal e político, pelo adiamento das eleições para 66 e o medo (razoável) de que os milicos nem em 66 queiram saber de eleições. Mais uma vez, como sempre acontece com as revoluções, as posições se baralham todas.

Em Petrópolis tive ocasião, por três vezes, de tomar o pulso do *povo* e verificar que agora já não é apenas o *silêncio da expectativa*. É o murmúrio da desilusão. Primeiro, conversando com aquele copeiro do restaurante Imperador, onde costumamos jantar. A segunda vez foi na oficina. Aí o chefe – aquele a quem eu emprestei a Plymouth para a passeata no Rio e ficou naturalmente meu chapa – foi dizendo a mim e às pessoas que nos cercavam: "Este é o dr. Alceu, que está malhando a revolução. Eles não podem com o senhor" etc. E todos comentando a vida cara etc., como sinal de que tudo vai pior que antes. E em terceiro, hoje, na bomba de gasolina, a mesma coisa, mais ou

336. "Nada é menos cristão do que o moralismo".

menos. Se acrescentarmos as queixas de Arminda, de Virgínia[337], etc., teremos uma amostra da desilusão geral. Um desses "reclamantes" comentava ainda ontem, na oficina (aliás tudo à brasileira): "O primeiro ato deles foi o aumento dos militares".

A impopularidade da revolução é total: no povo, porque a vida está cada vez mais difícil; nos ricos, porque os impostos subiram astronomicamente; nos políticos, porque tiveram de engolir a prorrogação; nos militares, porque queriam ou querem mais dureza, mais prisões, mais cassações; nos meios clericais, por motivos idênticos; em todos os meios dos que aprovaram a "abrilada", reina a discórdia; os Schmidts e Lacerdas e Corções, porque o atual governo quer ser reformista, como o anterior; os simpáticos ao passado janguista, porque não o é bastante... E com isso o que vai se refazendo é o espírito *conspiratório*, que já deu cabo do Jango.

Continuo a pensar, como disse no primeiro momento, e pensava durante o janguismo: mau com ele, pior sem ele. Não que o Jango fosse bom. Mas era o *legal* e mais valia esperar, legalmente, o seu fim, do que precipitar sua queda, como fizeram os burguesões (*O Estado de S. Paulo* e todos os grandes jornais, os ricaços, os políticos da oposição e os "moralistas" tipo C.). [...]

P.

Rio de Janeiro,
2 de agosto de 1964

Faz hoje 50 anos que começou o século XX... É verdade, foi a 2 de agosto de 1914 que começou a guerra de 14. Frei Pedro Secondi[338] me lembrava outro dia, na entrada da Maison de France, que nesse dia, em 14, era ele mobilizado. E eu, por minha parte, me via em Paris! Disse ele que o dia 2 foi um domingo. Só me lembro que a mobilização foi anunciada num sábado, que poderia ter sido 1º de agosto, para começar no domingo 2. E tenho bem na memória aquele sábado, que várias vezes tenho comentado com você, e em artigos, especialmente a hora em que li, no *comissariat de police*[339], perto do hotel Majestic, o aviso amargo da *mobilisation*[340] e à noite, com a nossa passeata ao longo dos *boulevards* e na praça da Concórdia, até o edifício do jornal *Libération*, que afixava boletins sobre os acontecimentos. Lembro-me dos aplausos da multidão, quando apareceu, não me lembro se luminosa, a notí-

337. Arminda foi babá na casa de Alceu. Começou a trabalhar lá em 1918, após se casar com o cozinheiro Manoel Lusquinho, que fora empregado da avó materna do escritor. Não houve meios de identificar Virgínia.

338. O dominicano francês Pedro (Pierre Louis Jacques André) Secondi (1901-1992) exerceu o seu ministério no Brasil; foi professor de Filosofia na PUC do Rio de Janeiro e colaborador do Centro Dom Vital.

339. "Delegacia de polícia".

340. Mobilização geral para a defesa do país.

cia: "*L'Italie proclame la neutralité!*"[341] A Inglaterra estava ainda meio reticente. Os exércitos franceses tinham recebido ordem para recuar dez quilômetros da fronteira, para não dar pretexto aos alemães de qualquer provocação por parte dos franceses. O ministro da Guerra era um socialista. E a Action Française, que eu via então com simpatia, por influência do Eddy, atacara violentamente a medida, pois era toda belicista e representava o que hoje é o nosso direitismo, em sua feição lacerdista, heckista e corçoniana...

Passamos ainda 15 dias no hotel sem ter muita consciência do que estava ocorrendo. Eu, inteiramente ou quase, dominado pelo clima "argentinas", namorando uma delas, e passando as tardes e as noites em parte, nas conversas hiperfúteis daquelas *jeunes filles en fleur* e dos *playboys*, de que eu não deixava de fazer parte, embora mantendo o meu outro eu mais ou menos intato, no contato com a *rive gauche*[342], as aulas da Sorbonne e do Collège de France. As conversas políticas eram com o Eddy, e os companheiros do lado *jeunes filles en fleur* eram o Temístocles e um rapaz, Barroso Fernandes.

[...]

Mas aos 70... cada vez mais relembro aquele Paris de 14, cujo primeiro semestre – incluindo a famosa viagem à Itália, sozinho – foi um período absolutamente marcante na minha vida, já então, ou pelo menos ainda então... duplo: o eu do Majestic e o eu do... Danieli. Morou?

E, no meio, o *dragão*, a guerra. O dragão que até hoje continua a ser o ponto nevrálgico de todo o século e que tentei evocar numa croniqueta a sair esta semana. Vou ver se ainda aproveito para mais uma ou duas, pois neste mês do cinqüentenário de 14 tudo aquilo que vivi no agosto de então está redivivo em mim, neste agosto de 64, o quanto me permite a minha péssima memória, com o mundo a sofrer as conseqüências diretas daquela hora terrível em que acabava a *belle époque*. E com ela a minha mocidade tranqüila. Tranqüila, vista hoje, mas não no momento, ao menos em confronto com a mocidade futilíssima com que desperdicei em parte aqueles últimos meses do mundo antigo que se afundava no passado, quando aquele papelucho amarelo foi afixado, como se fosse o mais banal dos avisos, na vidraça da pequenina delegacia de polícia da rua não sei quê, ao lado do Majestic!

Mas basta, ao menos por hoje, de evocações de um passado tão diferente e tão remoto, que só por vislumbres de momento consigo tornar a sentir. Eu estava então totalmente enrolado na moça argentina, que nem ao menos era bonita, mas era realmente sedutora de simpatia, inteligente e a menos fútil de todas.

[...]

Era então meu grande amigalhaço, um mexicano tarreco como Henriquinho

---

341. "A Itália proclama neutralidade".

342. "Margem esquerda" (do rio Sena), particularmente conhecida por sua intensa atividade artística e intelectual.

e que se chamava León Casasus, filho de um ex-embaixador do México nos Estados Unidos, exilado em Paris, depois da queda do regime Porfirio Díaz, no México, em 1910, que foi quando começou a grande Revolução Mexicana, de tipo já nitidamente esquerdista, e antiestadunidense, que nós então considerávamos o fim e o mal... tal qual hoje os organizadores das Marchas da Família. Por isso tenho por elas certa simpatia retrospectiva, pois me coloco na posição em que eu, há 50 anos, via as coisas. Era uma posição nitidamente reacionária e direitista, mas que eu julgava então ser, sem discussão possível, a única posição autêntica e verdadeira.

Os Lacerdas e Corções caminharam nessa direção. Eu vim de lá... Eis a grande diferença entre nós. Por um momento cruzamos nossos destinos, pois as posições 14 e 64, embora aparentemente idênticas, na base direita (1914) e esquerda (1964) (para mim e o oposto para eles) na realidade são bem diversas. Mas, *grosso modo*, o esquema corresponde à realidade e pode explicar a "compreensão" que no fundo tenho para com o que eles pensam hoje, embora sinta que eles retrocederam e que eu avancei (sem nenhuma posição farisaica, isto é, sem significar que eu tenha melhorado e eles tenham piorado).

Na evolução contraditória dos nossos destinos não há nenhum julgamento de valor intrínseco. Apenas, no meu caso ao menos, só melhorei, a meu ver, num ponto: é que hoje considero tudo isso como totalmente relativo, ao passo que eles consideram tudo isso como absoluto e estão convictos de sua superioridade sobre mim. Ao passo que eu me convenci de que só Deus sabe onde está o melhor ou o pior nessas posições político-sociais. Nós outros apenas... opinamos.

E por isso é que eu tolerava, sem a menor dificuldade, que os reacionários e sectários permanecessem no Centro Dom Vital, até mesmo o Lacerda, ao passo que, pela cabeça deles, isso nem pode ser admitido. E nesse ponto é que considero que melhorei, que me humanizei, que me cristianizei (naquele tempo, 1914, o cristianismo não tinha sentido, nem para eles (que eram então comunistizantes)[343], nem para mim (que era então totalmente "esteticante"!) Basta de 1914...

[...]

Muito menos distante o embaixador inglês, típica cara de britânico e de ex-oficial do Exército, corado, tranqüilo, de fala pausada, *responsive*[344] – ao contrário do americano (ao menos de aparência) – e que viveu 30 anos na Índia e foi o último conselheiro britânico do Nehru[345]. Perguntei-lhe se achava afinidade entre o Brasil e a Índia, como eu acho, sem conhecer a Índia. Como bom inglês me respondeu que só está no Brasil há um ano e não conhece bastante este "pequeno mundo" que é o Brasil, para responder, em consciência.

Mas acha que *não*, por dois motivos: a Índia é toda baseada, até hoje, nas divisões

343. Gustavo Corção e Carlos Lacerda foram ligados ao Partido Comunista Brasileiro.

344. "Atento e compreensivo".

345. Jawaharlal Nehru (1889-1964), premiê da Índia entre 1947 e o ano de sua morte; foi o primeiro a ocupar o posto após a independência de seu país.

de castas e classes. O Brasil, não. Na Índia há 200 dialetos. No Brasil, não. Argumentos realmente fortes, britanicamente apresentados, sem nenhuma pretensão de estar dizendo a última palavra. Aproveitei a observação para pensar melhor no assunto, mas, à brasileira, já estou com vontade de aproveitar a réplica tão historicamente certa (embora sem destruir minha convicção contrária, por outros motivos), mas já estou ardendo de vontade de aproveitar o domingo para... deixar mais duas croniquetas com o Carlos, antes de seguirmos na quarta-feira para a fazenda.

[...]

P.

Rio de Janeiro,
11 de agosto de 1964

[...]

Mas o importante hoje é a nova encíclica[346], totalmente na linha do nosso João e das suas duas "bombas", embora em estilo Paulo VI. Ainda que o resumo seja naturalmente imperfeito e a tradução, como sempre, por vezes ininteligível, a terceira parte – parece que toda ela dedicada ao diálogo com o mundo moderno – encheu-me as medidas.

O papa frisou claramente os três círculos dos que estão fora e com quem a Igreja quer dialogar – os cristãos separados, os monoteístas e os agnósticos e ateus, que na realidade representam três quartas partes, ou pouco menos, da humanidade. Estabelece o método pacífico e racional do diálogo, expressamente contra o método violento, arrogante e contrário a todo aparato de condenação, chegando a dizer que a Igreja se apresenta, perante o mundo moderno, ou pelo menos perante os seus hostilizantes, e mesmo pelos seus seguidores, "como vítima e não como juiz".

É uma sentença capital. É a Igreja-Cristo e não a Igreja-Torquemada. Isto é fundamental e vem confirmar, ponto por ponto, o nosso grande construtor de pontes e aqueles que o seguiram. Mesmo quando se refere ao comunismo, o Papa o faz, intencionalmente, como "comunismo-ateu", evidentemente para mostrar que é *por ser ateu* e fazer do ateísmo *sua* filosofia de vida, que o comunismo deve ser condenado. Acho que não é essa a opinião do *Estado de S. Paulo*...

Também apreciei, de modo especial, o destaque que a nova encíclica deu, a propósito do "diálogo", àquela famosa sentença da *Pacem in terris* sobre a qual tanto tenho martelado. A meu ver, tudo o que encontro na encíclica é uma clara e plena

346. Referência à *Ecclesiam suam*, a primeira encíclica de Paulo VI, publicada em 6 de agosto – a qual convidava a Igreja a tomar consciência de si mesma e a assumir o diálogo com o mundo moderno –, e ao impacto das cartas circulares *Mater et magistra* e *Pacem in terris*, de João XXIII.

confirmação da linha que venho seguindo, de modo que o perigo com que tenho de ter cuidado é aquele mal do "eu não dizia"?, e se parece tanto com o farisaísmo, se não tivermos o cuidado de mostrar que, pouco importa o que dizíamos ou não, o que importa é a *linha verdadeira*. Se estivermos errados, tratemos de nos corrigir. Se estivermos certos, procuremos não tirar disso nenhum envaidecimento. Como, na hipótese primeira, não nos devemos ressentir nem desanimar. Que somos nós por nós mesmos, certos ou errados? Nada, nada, nada. Se acertamos, é que a Graça nos iluminou. Se erramos, é que nos opusemos ou nos fechamos à luz da Graça. De modo que temos sempre de nos corrigir quando errados e nunca nos orgulhar de nada, quando certos.

Apreciei ainda, no nosso caso pessoal, o que a encíclica fala da necessidade do diálogo entre os próprios católicos. Pergunto: quem abandonou o Centro Dom Vital? Quem tentou manter, dentro do centro, aqueles que discordavam da orientação *privada* (pois nunca imprimi ao centro minha orientação particular) do seu presidente? Se alguma conseqüência podemos tirar, para nossas pequeninas querelas domésticas, das palavras da nova encíclica, creio que nada tenho a mudar no caminho que venho seguindo, a não ser na falta de energia, de vontade, de gosto, de presença, de fervor em manter a velha linha. Teoricamente não vejo nada a mudar. É seguir, de mansinho, como sempre fiz, sem aceitar polêmicas, especialmente com católicos, dizendo o que me parece ser a verdade, sem concessões de princípios, mas aberto a todos os diálogos, embora... *à distância*.

Será este o meu pecado, o meu perigo. Sou pelo diálogo, mas não mais (ou nunca fui) pela presença. Se diálogo supõe participação pessoal, presença, debate, então teria muito que mudar. Agora é tarde, é muito tarde. Sou pelo diálogo à distância, que me parece o mais condizente, inclusive com o método pacífico, racional, tranqüilo, sereno. Sou contra a discussão e acho que o verdadeiro diálogo é o que se trava fora e acima das discussões. Especialmente por escrito. Seria o que eu, pessoalmente, isto é, no meu caso pessoal, acrescentaria às regras práticas do diálogo que a nova encíclica firma. Vou aproveitar a gravação de amanhã na rádio, para falar dela, mesmo na base do resumo imperfeito dos jornais, mas para acentuar logo a sua importância.

[...]

P.

Rio de Janeiro, 12 de agosto de 1964

[...]

Hoje vou levar mais cinco ou seis croniquetas e também gravar mais duas encíclicas, aproveitando para falar da *Ecclesiam suam*, que vejo como uma seqüência da *Pacem*, com destaque especial à terceira parte, ao "diálogo". Aquela menção expressa ao "comunismo ateu" foi uma concessão às "Juntas do Coice", mas, por outro lado, a ausência total de menção a "socialismo" mostra afinal a dissociação entre comunismo e socialismo, que Pio XI na *Quadragesimo anno*[347] não fizera, mas estava implícita no silêncio de João XXIII. Além disso, a acentuação da nota "ateu" é muito importante, como ontem te dizia. É claro que a nova encíclica não tem a envergadura de qualquer uma das duas anteriores, e por isso mesmo terá uma repercussão muito menor. O nosso João ficará *insurpassé*[348]! E já me alegro muito que Paulo VI não o desminta.

Quem me decepcionou foi o novo núncio[349], cozinhando ontem na Bahia o mesmo caldo anticomunista que o nosso Lombardi nunca cozinhara. Será por isso que até hoje não fui vê-lo? Preciso ir e no entanto venho protelando. O subconsciente me dizia qualquer coisa. No mínimo o que ele quis fazer, na Bahia, foi uma barretada ao clima pós-revolucionário dominante. Tudo indica que a fase João-Lombardi acabou mesmo. E que voltamos a um clima muito mais convencional, em que aquele entusiasmo anterior tem mesmo de esmorecer. É a fase das despedidas, das nostalgias e das recordações dos "bons tempos"...

Será o que Deus quiser e tudo isso está na regra. "*C'était trop beau pour... durer longtemps*"[350]. Tudo passou depressa. Terão sido dois ou três anos de "visita da saúde" antes da noite. Um biênio ou um triênio de despedida das esperanças. Inclusive o golpe à direita, o domínio dos gorilas, mansos ou brabos, estes talvez amanhã.

Motivo concreto, positivo, presente, para levantar as mãos para os céus e agradecer a Deus suas sucessivas decepções. Passei a vida a lembrar o *nisi granum*... Chegou a hora de agradecer a Deus por sentir que tudo está "apodrecendo" na terra como Deus quer. E com isso deve redobrar a nossa autêntica alegria. É a hora da "parábola da perfeita alegria".

Tive ontem uma longa e boa conversa com um jovem sociólogo inglês (ele aliás é holandês, mas ensina na Universidade de Londres) e que veio fazer um *survey*[351] e tomar os primeiros contatos para um estudo em profundidade sobre o papel da Igreja Católica no Brasil. Tem três anos para preparar o trabalho. Veio agora para os *approaches*[352] com as pessoas e o ambiente, volta a Londres para um ano de leitura e

347. Encíclica de Pio XI, publicada a 15 de maio de 1931.
348. "Inultrapassável".
349. Dom Sebastião Baggio (1913).
350. "Estava bom demais... para continuar durando".
351. "Pesquisa".
352. "Contatos".

estudo sobre o Brasil em geral, e virá no terceiro ano para escrever ou preparar o essencial da tese. Isso é que é trabalho de *scholar*[353]. Fala muito bem português porque passou dois anos em Portugal durante a guerra e pareceu-me estar nitidamente na nossa linha, embora pretendendo fazer um trabalho "científico" e portanto ouvindo *les deux sons de cloche*[354]. Em São Paulo esteve longamente com frei Benevenuto[355].

[...]

P.

Rio de Janeiro,
24 de agosto de 1964

O calor que está fazendo às 7 da manhã, com um dia entretanto lindo, faz prenunciar já para amanhã os tradicionais ventos de São Bartolomeu. Por hoje é apenas este dia lindo por fora... mas cá dentro predomina a névoa do contraste entre o céu azul do clima santa-mariano de São Paulo e o céu de chumbo destas outrora viçosas... praias cariocas.

Os contrastes... Antes de tudo, a missa... em português[356]. Já aí, nos capuchinhos, creio que houve uma mas não creio que tenha sido dialogada. A missa das 6 e meia, agora de manhã, na Santíssima Trindade foi, e senti muito o contraste – tanto mais quanto senti, sobretudo, a necessidade de me desligar, ao menos parcialmente, do seu e do meu missal cotidiano em latim, para voltar ao missal em português, que aliás já tive e não sei mais por onde anda. Este foi o choque maior, tanto mais quanto havia repercussões contraditórias dentro de mim, pois via na missa dialogada a flor do nosso movimento de liturgia, de 1932 em diante, vitorioso depois de tantas vicissitudes (embora não figurasse então o vernáculo na missa, como um sinal da autenticidade que procurávamos, e mesmo da participação). Pensávamos muito mais nos fiéis participando da missa em latim, do que da missa participando dos fiéis... em português. Mas acho que realmente uma coisa deriva da outra, até certo ponto, mas custa. E dou graças a Deus que em Santa Maria continue tudo em latim, como sempre... Estou habituado a essas composições e a esses contrastes.

353. "Estudioso".

354. "As duas batidas de sino", para evocar opiniões dissonantes.

355. José Petronilho Santa Cruz (1918-1997), em religião frei Benevenuto, dominicano, criador da editora Duas Cidades, de São Paulo.

356. O Concílio Vaticano II, através da Constituição *Sacrosanctum concilium*, sobre a liturgia católica, aprovada e publicada em 4 de dezembro de 1963, decidira e definira, entre muitas outras medidas, "que os fiéis estejam presentes a este mistério [eucarístico], não como estranhos ou simples espectadores, mas como participantes conscientes", e que "as línguas vernáculas podem ser usadas nas missas celebradas com o povo...". Tal Constituição foi a primeira e grande manifestação oficial do concílio.

Fui no fim da missa à sacristia, e o vigário (ou coadjutor), meu cupincha, francês como os outros, me disse que o povo está se habituando bem, mas que para eles a mudança ainda é mais difícil. "Trilingüismo", disse-lhe eu. De modo que a transição de climas se operou, desta vez, no terreno da maior imutabilidade: o da própria liturgia.

Depois havia os dez dias passados em clima de disponibilidade, e embora a aposentadoria – ao menos neste ano sem aulas – tivesse permitido uma liberdade maior na rotina, assim mesmo as preocupações menos transcendentais recomeçaram. E recomeçaram logo no ônibus, quando Mamãe leu no *Correio da Manhã* que ontem é que houve a festa anual do papa, que costuma ser a 29 de junho, e cujo orador foi o simbólico GC[357]. Lembrei-me então que, em 1929, para marcar a minha entrada, dom Leme me convidou para ser o orador da festa, que se realizou então no salão do Instituto de Música, na Lapa. Esse contraste é bem o novo clima que domina a Igreja carioca e do qual participo, ou mesmo ao qual se antecipou o meu ex-cupincha... Sinal dos tempos, como diria o nosso inesquecível João XXIII, cuja morte foi para mim o fim de um sonho...

Ao chegar em casa, outro senão da guinada direitista. Um telegrama do velho Moreira da Fonseca me convidando para uma reunião na sede da Confederação Católica, para *reviver* (o termo é outro) o... Círculo Católico (sic), de que ele foi vice-presidente! Imagine só: reviver um cadáver e voltar à fase pré-Ação Católica, pré-1934, pré-tudo! Já uma vez, uns bons 15 anos atrás, alguém tentou ou disse que ia tentar reviver esse velho Círculo Católico, fundado, creio eu, pelo Carlos de Laet e que era o que havia como associação do grupo dos católicos antes do Jackson, e do qual já o Jackson caçoava pela sua "velharia"! Pois é essa carcaça mumificada que querem reviver, evidentemente contra o CDV. "*Il faut se hâter de rire de peur*"[358]...

Novo sinal típico dos tempos. O Círculo Católico é uma espécie de fantasma da *belle époque* católica, que em 1928 considerávamos já ultrapassado, e que dom Leme tentou realmente liquidar quando nele criou as velhas "comissões" da Confederação Católica de então, substituindo-as pelos vários setores da Ação Católica, a partir de 1934. Estou revendo aquelas reuniões de um domingo por mês, quando eu já figurava na mesa (creio que já era então depois de 1934) e quando dom Leme chamava por vezes a "União Católica da Mocidade" e se levantava o Fonseca, já velho então, sobretudo de espírito, e dom Leme, amigavelmente (pois era amigo e cliente dele), ria quando via a sua velha careca, representando a "Mocidade"...

A Praça XV é que iria então, com o fim do círculo, inclusive com sua demolição, representar essa mocidade. Foi lá, aliás, na sala do CDV, que se realizou em 1935 uma sessão em homenagem cá ao degas, quando este foi eleito para a academia, sessão presidida por dom Leme, naturalmente. Tudo isso morreu por 30 anos, e agora... tentam soprar na boca desse náufrago... E quem sopra é precisamente esse velho Netuno... Que farsa! Por que é que não me substituem logo na presidência do CDV

357. Gustavo Corção.

358. "O melhor é apressar-se em rir de medo".

e fazem deste um novo centro bem reacionário? Aliás, o Jackson se orgulhava de ser reacionário e talvez lá de cima até gostasse de ver o centro voltar a ser um instrumento da política autoritária e da religião ultramontana e militarizada, depois do interregno liberal do Tristão... Mas com o Fonseca, lá isso não! Isso não! É impossível que seja isso o que o Espírito Santo espera do laicato em 1965.

Finalmente, ontem ainda à noite, outro sinal dos tempos, mas em sentido bem diverso: telefona-me o Heitor Cony, que tem sido o mais militante dos contra-revolucionários, no *Correio da Manhã*, em artigos muito corajosos e bem escritos, embora completamente fora dos meus próprios processos, pois é um polemista nato, um ex-seminarista que perdeu a fé, mas tudo indica que seja um homem realmente convicto, e, disso estou certo, sem nenhuma intenção subversiva. Pediu-me, sem que nos conhecêssemos, que eu fosse indicado como uma das suas testemunhas de defesa no processo que o ministro da Guerra[359] lhe está movendo por injúrias. Ele realmente tem sido muito exagerado nos seus ataques. Aceitei. As outras testemunhas são o Austregésilo de Athayde, o Carlos Drummond de Andrade e um terceiro cujo nome esqueço[360], mas no momento vi que era de gabarito semelhante. Estou pois em boa companhia. Fui logo lhe dizendo que *discordava radicalmente* de muitas de suas posições, sobretudo religiosas, etc. Ele bem o sabia, e disse logo que se tratava apenas de testemunhar que ele *não era subversivo*. Disso estou certo.

Como você vê, logo no mesmo dia, três novos aspectos da vida cotidiana que mostram o contraste entre esses dez dias de "distensão" (*relax*!) e o ambiente carioca. [...]

P.

Rio de Janeiro,
26 de agosto de 1964

Ah, a leitura dos jornais e os telefonemas... Já são 9:40 e só agora me liberto deles para vir à única coisa realmente repousante dos meus dias, fora das conversas com Mamãe e os meninos. Ainda outro dia fiz um teste significativo. Estávamos na Feira dos Tecidos, em São Paulo, e a certa altura perdi Mamãe de vista. Fiquei completamente desorientado e meio perdido naquela trapalhada toda, em que não se sabia ao certo se as vitrines eram os visitantes ou os visitantes as vitrines... Quando dei por Mamãe no meio daquela confusão toda, readquiri imediatamente o meu centro de gravidade e voltei a gravitar em torno dela, como o bom satélite que venho sendo desde o dia 27 de agosto de 1918, há 46 anos menos um dia. Sejam dadas graças a Deus, digo em português, para ser fiel à nova sonorização da missa. [...]

359. Arthur da Costa e Silva.

360. Trata-se de Fernando de Azevedo (1894-1974), sociólogo, professor e crítico, dispensado de seu depoimento pelo advogado de Cony, Nelson Hungria, que considerou suficientes os testemunhos de Alceu, Drummond e Athayde.

Bom, mas vamos ao dia de ontem. Antes de tudo, recebi um exemplar de *La Croix*[361] com a encíclica na íntegra, via *Jornal do Brasil*, pelo Luiz Edgar de Andrade, o correspondente em Paris. Fui verificar os textos. Alguns certos, como vieram no *Correio da Manhã*, e eu citara. Outro, que viera confuso, enfraqueceu um pouco minha posição, pois declara que o diálogo com os comunistas, embora por culpa deles (e é o meu mais forte argumento, que fica inteiramente de pé), se torna difícil, "para não dizer, impossível". É incontestável que essa expressão reforça a posição dos que negam a possibilidade de qualquer contato com os comunistas. Mas não autoriza a negação do diálogo, apenas sua extrema dificuldade. Preciso deixar isso bem claro, pois o que me interessa, como tantas vezes tenho dito, não é que o papa esteja de acordo comigo, mas que eu esteja de acordo com o papa. De modo que vou rever agora, à luz do texto autêntico da encíclica, a croniqueta que escrevi aí.

Mas a má-fé dos que a citam querendo reforçar a tese contrária à minha é patente. Ainda ontem, recebi de BH uma carta que aqui junto, de um rapaz que me manda este artigo de Alberto Deodato[362], citando a tal sentença de *juiz* e *vítima*, exatamente às avessas. Fui correndo a este trecho para ver se realmente o papa mostrava a Igreja como juiz e não como vítima, o que contraditaria totalmente o que eu dissera ou queria dizer, acentuando essa frase do papa que me pareceu tão profundamente cristã: a Igreja como Cristo (vítima) e não como Torquemada (juiz).

Felizmente, nesse ponto, o texto dos jornais – ao menos o do *Correio da Manhã* no qual me apoiei – estava rigorosamente certo. Continuo a crer firmemente que Paulo VI prossegue na linha de João, embora sem dúvida alguma sem o ímpeto e a abertura do outro, e procurando muito mais conciliar as duas vertentes dentro da Igreja. O nosso João não considerava muito, ou mesmo nada, esse aspecto. Ia tranqüilamente abrindo portas e janelas, sem se preocupar com os *courants d'air*[363]... Paulo é muito mais precavido e hamletiano – como o nosso Pai João o disse e viu com aquela admirável argúcia do camponês que passou dez anos nos salões de Paris... – e vai procurando impedir as correntezas, dentro de casa, para não constipar ninguém. Não é à toa que um Malaquias profetizou para o nosso João ser *Pastor et nauta*. Eu em tempo não compreendi a segunda parte da profecia, mas não há dúvida de que ambas foram válidas, a despeito de sua aparente contradição. Ele foi um homem da terra (pastor) mas também um navegante, um abridor de novos caminhos das Índias, sem varrer os Adamastores... O nosso Paulo, apesar do nome, é muito mais tímido e prudente e quer contentar a todos. Queira Deus não venha a descontentar todo mundo...

[...]

Uma conversa pitoresca de ontem foi com o Gilberto Amado. Telefonei-lhe e, como previa, senti nitidamente que não gostou muito do meu discurso. Queria mais... Eu estava certo disso. Ele é um grande vaidoso. O Didi (Rodrigo Octavio Filho)

361. Jornal francês de orientação católica.

362. Alberto Deodato Maia Barreto (1896-1978), escritor e político.

363. "Correntes de ar".

me disse ontem que, muitos anos atrás, ele, Didi, estava sentado num salão e ouviu o Gilberto, que estava um tanto *alto*, como hoje dizem, dizer: "Se eu tivesse idade, no tempo de Machado de Assis, seria muito maior que este!!!!" Diante disso... Disse-me a certa altura: "Você diz lá que sou um homem contestado..." e não terminou a frase. Então lhe perguntei: "Você quer que retire alguma coisa?" E ele prontamente: "Não, não". Quer ser o homem incontestável e incontestado...

Que diferença com o nosso Augusto Meyer, primor de modéstia, introvertido, embora seja o maior dos nossos humanistas. Que abismo entre os dois, e por isso mesmo, como ambos são criaturas singulares e de exceção! O GA exerce um *appeal* muito maior, com os seus livros (na realidade apenas com as suas *Memórias*[364]), que são muito mais lidos que os do Meyer. Esta é leitura apenas para os *happy few*, como Stendhal tanto gostava de dizer[365]. Mas também o Gilberto, sendo mais popular e infinitamente mais brilhante como escritor, do ponto de vista moral não chega à sola do sapato do Meyer. E a sua vaidade incomensurável e infantil é troçada por todos, embora ninguém lho diga isto, por temor de sua língua.

Outra conversa, muito diversa, de ontem, foi com a sua ex-colega Madalena Fiúza, a mulher do Arraes. Veio ao Rio conversar com o Sobral sobre o habeas-corpus do marido e ficou mais um dia para conversar comigo e dar-me a carta de agradecimento que ele me mandara pelo meu artigo.

Sem saber do que dissera o Sobral, eu também achei que não era o momento de insistir no habeas-corpus, pois uma coisa é a justiça teórica – que continua respeitada nominalmente, e ainda há dias deu habeas-corpus ao Seixas Dória, ex-governador do Sergipe, que estava preso também em Fernando de Noronha com o Arraes – e a justiça prática, dos policiais e chefotes militares, que parece que já prenderam de novo o Seixas Dória.

Ainda ontem me contaram uma coisa sintomática da atmosfera de *impostura* que estamos vivendo. O Pelópidas da Silveira, ex-prefeito do Recife, que em 1956 me mostrou os mucambos de lá, teve licença para visitar o pai enfermo. Por prudência, porém, *não foi a Recife*. No dia seguinte, um jornal oficial do Recife dá notícia de sua ida à casa do pai e acrescentou que "lá esteve em contato com vários comunistas notórios", etc. Está-se vendo que do presídio não tiveram tempo de prevenir o jornal do cancelamento da saída do Pelópidas, e como a notícia dos seus "contatos com comunistas" estava previamente preparada, saiu assim mesmo... No dia seguinte a mulher do Pelópidas escreveu ao jornal desmentindo, mas... *"calomniez, calomniez il en restera toujours quelque chose"*[366]. [...]

P.

364. Publicadas em cinco volumes, sob diferentes títulos, entre 1954 e 1960.

365. A expressão em inglês quer dizer algo como "bons e poucos" – referência aos "leitores ideais" a quem o escritor francês buscava atingir e que, ele acreditava, levariam ao futuro reconhecimento de seu talento.

366. "Caluniai, caluniai, que alguma coisa sempre ficará" – Francis Bacon (1561-1626), filósofo inglês, em "Sobre o ateísmo", texto incluído nos seus *Ensaios* (1597-1623). Na verdade, Bacon retomou um ditado medieval latino: "Caluniai, audaciosamente, que alguma coisa sempre ficará".

Rio de Janeiro,
30 de agosto de 1964

[...]

Ontem às 9 horas fui com A. visitar as obras do túnel Laranjeiras-Lagoa, que é realmente uma obra formidável, pela qual o Lacerda merece a absolvição de muitos dos seus pecados. É certo, do meu ponto de vista romântico e individual, que, com ele, as minhas Laranjeiras da infância – *how green was my valley*[367] – acaba perdendo um pouco do seu encanto de ser um vale sem saída, de modo que mantinha o seu caráter todo especial, sem aquela aparência de *passagem*, que dá aos bairros o aspecto de centro de cidade e lhes tira a marca típica. Laranjeiras, nesse ponto, era incomparável, ou apenas comparável à Tijuca ou a outros bairros de outrora, como Copacabana, Andaraí, etc.

Mas, independentemente desse saudosismo particular, o túnel vai realmente resolver, ao menos em parte, um problema de trânsito que se tornou quase insolúvel com o crescimento de Laranjeiras. E vai concorrer decisivamente para a ligação norte-sul da cidade, que, como toda grande cidade, "não pode parar", como São Paulo. E em si, é uma obra realmente gigantesca, como técnica, o maior túnel urbano da América, ao que dizem. Serão 2.070 metros de Laranjeiras à Lagoa e 600 e tantos de Laranjeiras ao Rio Comprido. Percorremos, no automóvel de A., os 600 metros das duas abóbadas já escavadas e o espetáculo daqueles homens perfurando a pedra com perfuradores elíticos, na semi-escuridão, com água brotando por todos os lados e os caminhões entrando e saindo de faróis acesos e na lama, numa atmosfera esbranquiçada de vapor de água – tudo me lembrou o inferno de Dante, ao chegar ao trono de Lúcifer, que era de gelo! A ligação, por viaduto, em cima da rua, passa exatamente pelo lugar onde morou tio Casemiro[368]; disse-me o jovem e simpático engenheiro, ex-colega de J., que também já trabalhou no Santa Bárbara, Laranjeiras-Catumbi, que vi nascer há 15 anos, e por onde passo agora todas as vezes que vou à rádio ou a Petrópolis!

Sou como papai – curioso desses progressos cariocas, embora mais do que ele nostálgico da infância, de modo que, ao voltarmos, paramos em frente à ex-casa do meu padrinho, onde se passou grande parte da minha adolescência, e entramos no terreno do número 2 da rua, onde nasci e se passou minha infância. Até agora, nada construíram, de modo que as árvores desoladas são as mesmas... e as pedras da demolição lá continuam intatas, desde a visita que lhes fizemos e do qual nasceu o *Intermezzo da Casa Azul*. De lá trouxe ontem mais uma pedra para peso de papel. Tenho agora quatro: a pedra-ferro da Serra da Piedade, a de Santa Maria, o cristal do Edmundo Lins e agora a pedra da Casa Azul, para enfrentar as ventanias... [...]

P.

---

367. "Como era verde o meu vale", em alusão ao título de um romance publicado em 1939 por Richard Llewellyn (1906-1983), evocando a vida dos mineiros do País de Gales.

368. Casemiro Eugênio Amoroso Lima, irmão de Manoel José Amoroso Lima, pai de Alceu.

Rio de Janeiro, 5 de setembro de 1964

[...]

A despedida no Conselho de Educação do Anísio Teixeira foi rápida e melancólica. Tive ímpeto de falar, mas, esperando que outros falassem, perdi a oportunidade. De modo que só o Deolindo Couto (o presidente) falou, depois das curtas palavras de despedida do Anísio, que estava muito comovido. Foi melhor mesmo que eu não falasse, pois diria talvez mais do que devia.

Tudo ficou assim como se fosse apenas uma despedida informal, por um simples convite a ensinar em universidades estrangeiras. Quando todo mundo sentia que era o fim da "era anisiana" no ministério [...]. Embora pessoalmente o Anísio já há muito se impusera. Mas como orientador do ministério só mesmo nos três anos do janguismo e da organização do novo conselho e mesmo no início do conselho. Desde a Revolução ele quase não falou mais, quando anteriormente era o mais brilhante orador e fez trabalhos capitais, como o Plano Nacional de Despesas com a Educação, dos primeiros trabalhos do novo Conselho. A partir de abril, calou quase que totalmente. Já antes, sofrera o choque terrível da morte do filho, que o levou a passar uma temporada só na Columbia University, por influência do Wagley[369], de quem ele Anísio é muito amigo, e que está certamente na origem dos atuais convites. Mas foi uma despedida tocante, embora quase silenciosa. Ou por isso mesmo. Como uma estrela que baixasse no horizonte. E estrela com quem, outrora, há 30 anos, andei às turras e agora cada vez mais apreciava e com quem estava muito em contato no conselho (sentávamos muito próximos, só tendo o Abgar Renault[370] entre nós dois) e com quem sentia uma crescente afinidade. Ele aliás me disse que vem se aproximando de novo da Igreja, depois de uma fase de total afastamento.

[...]

P.

Petrópolis, 7 de setembro de 1964

A interrupção de ontem foi devida à morte do San Thiago Dantas. Embora esperada há muito, foi um choque para todos nós, mais uma nessa sucessão de

369. Charles Wagley (1913-1991), sociólogo americano, professor visitante do Museu Nacional e autor de vários estudos sobre o Brasil.

370. Abgar de Castro Araújo Renault (1901-1995), poeta, ensaísta e educador.

amputações que há dois anos nos vem diminuindo e que esperamos tenha o sentido sobrenatural e natural que devemos atribuir-lhes: não uma punição, nem um acaso, mas um revigoramento, como a poda das árvores na primavera. Por mais que o coração e os decênios somados a sete vezes nos insinuem que se trata de um outono, a cabeça fria nos diz que é um sinal de primavera do mundo. São as tempestades do começo da primavera. Agora, que tipo de primavera vão conhecer o Brasil (ou o mundo) depois dessas amputações sucessivas, isso só Deus sabe. E o que me cabe é trabalhar para que seja o limiar de uma idade nova de amor verdadeiro, passando pela Igreja, pelo Cristo, e acima de tudo por Deus, e não uma primavera à fascista (*"giovanezza, primavera del mondo"*[371], nos termos da juventude fascista) ou do que esperam os fascistas do outro extremo...

A primavera de Deus é que temos de esperar e de preparar, enquanto as sementes caem no solo e apodrecem, como essa do San Thiago, aos 52 ou 53 anos[372], em pleno esplendor da inteligência e em plena luta política, a mais dura e a mais problemática. Se, por exemplo, *se* os "conspiradores" brasileiros do "quanto pior melhor" (dos tempos em que o San Thiago foi chanceler e sobretudo quando ministro da Fazenda) e os "conservadores" americanos (apavorados com a "infiltração comunista") – *se* as duas facções diabólicas reunidas não têm posto abaixo os planos financeiros do San Thiago para restaurar a moeda brasileira, sem prejuízo do desenvolvimento (exatamente o que quer hoje a revolução...) (o Roberto Campos, ministro do Planejamento, falou ontem no cemitério), o San Thiago seria o mais votado candidato à Presidência da República em 1965.

Mas... os Schmidts, os Lacerdas, os PSD e os UDN (e no fundo o próprio Jango, quem sabe...) e também os Brizolas ("a esquerda negativa", na frase do próprio San Thiago), todos se juntaram para dar o tombo na estrela que subia. E conforme aquele fato da minha croniqueta de sexta-feira – *Conspiração ou oposição?* – sobre o aumento de 70% em vez de 49% que liquidou com os planos do San Thiago e do Celso Furtado[373] – foram cortadas as asas do único homem capaz, no momento, de unir (?) no Brasil, ou pelo menos de conciliar por um tempo as elites e as massas em torno de uma tarefa comum.

Foi esse mais ou menos o tema das palavras que ontem pronunciei no cemitério, já noite fechada, depois de um admirável discurso do Afonsinho, fazendo a síntese da vida do San Thiago. Pobre Edméia, estava arrasada. Mas acompanhou tudo.

A morte veio precipitada, com uma crise na quinta-feira, embora dentro do prazo que o Piquet[374] há um ano me dera, quando ele voltou dos Estados Unidos, condenado a dois meses de vida. Sua saúde nunca fora boa, e aquela adiposidade fatalmente já havia enfraquecido muito o coração. E mesmo a vista. Lembro-me de que nos Estados Unidos, em 1952 ou 3, ele fez um discurso sensacional numa conferência de ministros do Exterior (o nosso era o João Neves). E logo depois, voltando ao Brasil,

---

371. "Juventude, primavera do mundo": estrofe do hino fascista.
372. Francisco Clementino de San Thiago Dantas morreu aos 53 anos de idade.
373. Celso Monteiro Furtado (1920), economista, ministro do Planejamento do governo João Goulart.
374. Não foi possível obter informações sobre tal pessoa.

alguém me escreveu dizendo que ele estava tão mal da vista, ameaçado de ficar cego e proibido de ler. Tinha um leitor. Isso há mais de dez anos. O que não impediu a sua extrema e dinâmica atividade política desses últimos dez anos. A maior de todos os intelectuais brasileiros. E que acabou liquidando com ele, apesar de sua aparente displicência e tranqüilidade, em face dos ataques mais ferozes que sofreu do Lacerda e do Brizola.

[...]

Ficamos ali de conversa, a casa superlotada. E no cemitério muita gente do *povo*. Na realidade – e não apenas por palavras – estava ali a imagem viva do que foi (ou quisera ser) o San Thiago: um traço de união entre a elite e a massa. Muita coisa me contaram ali, inclusive o vigário de São João Batista, que o ouviu em confissão (pediu o padre, mas não comungou pois já não podia mais engolir nada) às 5 da tarde. Às 6 dormia, com uma forte injeção e não voltou mais a si até as 6 da manhã, quando faleceu. Mas o velho vigário disse ao Vieira Coelho[375]: "Deu-me uma lição de teologia. Conhecia tudo, da doutrina, perfeitamente". Morreu ensinando.

[...]

Bem, vamos acabar com isso. O dia foi de luto e melancolia. Foi-se mais uma esperança. Ainda tenho em mente as últimas palavras que ouvi, por telefone, do San Thiago. Era o próprio dia 31 de março. Eu lhe telefonara, daqui de Petrópolis, dizendo-lhe que não pudera entregar o voto na academia e não poderia ir à sessão de sua eleição, na quinta-feira seguinte, já não me lembro por quê. O fato é que lhe telefonei já sabendo do movimento que irrompera em Minas, na noite de 30, e não sabendo o rumo dos acontecimentos. Perguntei-lhe como iam as coisas, se o Jango teria elementos para agüentar. E ele me disse mais ou menos o seguinte, acrescentando que naquele momento se preparava para ir ao Palácio das Laranjeiras, ficar ao lado do Jango (prova de muita decência, pois o Jango o havia afastado do ministério da Fazenda, por pressão da "esquerda negativa" e o próprio San Thiago, há muito dissera do Jango que "era o homem menos indicado para a tarefa de presidente da República").

Então me disse: "Não creio que ele (o Jango) possa resistir, embora conte com as forças militares do Vale do Paraíba. O senhor já pensou na eventualidade de termos, diante de nós, 20 anos de reacionarismo?"

Foram suas últimas palavras comigo. Pois, mesmo depois do êxito da revolução e do fracasso de sua eleição para a academia (que foi devido, em parte, aos acontecimentos políticos), não falei mais com ele. Nem mesmo quando voltou da viagem à França. Sou duro de fazer visitas. E várias vezes pensei na necessidade de ir vê-lo para comentar e trocar idéias sobre os acontecimentos. Agora... só mesmo do lado de lá...

[...]

P.

375. Não foi possível obter informações sobre essa pessoa.

Rio de Janeiro,
8 de setembro de 1964

Dia dos anos de Nossa Senhora. Portanto dia de grande festa para nossos corações, ainda feridos e sangrando com a morte do San Thiago, que é hoje evocada por tanta gente, quando seus últimos anos foram marcados por uma total incompreensão daqueles que podiam e deviam enxergar nele o único homem capaz de ser uma encruzilhada. Por isso mesmo vejo, como já te disse, na sua morte, um vácuo insubstituível. É incontestável que a pessoa que mais se aproxima de poder tomar o seu lugar é o Afonsinho (aliás, Afonso Arinos, pois o filho, já também político, é que hoje é chamado de Afonsinho. Nós, da velha ou velhíssima... geração é que chamávamos de Afonsinho o Afonso (pai) de hoje, para distingui-lo do tio, o verdadeiro, naquele tempo ao menos (Afonso Arinos). Pois é, o "Afonso pai" de hoje é que vejo com mais possibilidades de tomar o lugar do San Thiago, e talvez de dar um passo à frente, fundindo ao menos uma ala (a ala positiva) do PTB com o PDC (Partido Democrata Cristão). Como me disse o Montoro, aí em Santa Maria foi esse o tema de conversa dele Montoro, com o Afonso pai.

Ontem à noite estivemos na TV Excelsior, quatro "cágados" para falar sobre o San Thiago: Schmidt, Afonso, Amaral Peixoto (presidente do PSD e ex-embaixador nos Estados Unidos, no final de nossa estadia em 1958) e eu. O Schmidt é que falou melhor, mais íntimo, mais natural, mais sobre o homem San Thiago, e com o remorso evidente de tê-lo atacado demais, implacavelmente, a certo momento, quando ministro do Exterior. Lembro-me de ter então perguntado ao San Thiago como explicava aqueles ataques tão violentos de um ex-amigo tão íntimo. E ele me respondeu apenas: "Não sei", e fechou a cara, como quem não gostava do assunto. Como sempre ocorre, lamento hoje não ter me aproximado mais do San Thiago, como o Lacombe, o Thiers, o Vieira Coelho, o Flexa Ribeiro[376]. Terá sido sempre assim com todos os homens da minha geração ou do meu tempo. Nunca me terei aproximado muito de nenhum, a não ser do Jackson, e isso mesmo só por carta!

E o San Thiago era uma personalidade "mina", dessas que quanto mais se cava mais se encontram tesouros imprevistos, e que teve para mim um encanto especial, análogo ao do Jackson: ter conseguido harmonizar coisas aparentemente contraditórias. No caso do Jackson, a cultura com a religião. No caso do San Thiago, a cultura com a política. Como sempre serei o tipo acabado do inapto para a ação, esses dois exemplos têm uma sedução especial para mim, exatamente por representarem aquilo que eu gostaria de ser e não serei jamais – nem apóstolo autêntico, nem político (muito menos político...).

Mas nunca me esqueço o que me disse o cardeal Montini naqueles cinco minutos de conversa, a sós, numa saleta trancada da Nunciatura, em Santa Teresa. Ele me

376. Carlos Otávio Flexa Ribeiro (1914-1991), então secretário de Educação e Cultura do estado da Guanabara (à época, o governador era Carlos Lacerda).

perguntou como ia a política e como se comportavam os católicos na política. E insistiu: "É preciso que os católicos penetrem na política".

Como nunca consegui, nem conseguirei jamais, *entrar na política* (e não será aos 70 que vou me caricaturar de político...), vi no San Thiago o homem da máxima elite intelectual, que tinha corajosamente entrado na política, e com uma visão muito ampla, exatamente igual à minha. Ou muito parecida: inteligência e cultura de um lado (elite) e contato com as massas e sua ascensão irresistível, de outro (povo). O San Thiago começou pela extrema direita – o integralismo – e acabou na *Esquerda não-extrema* e combatido pela extrema esquerda, que ele chamou de "esquerda negativa". Foi a aliança da extrema e da meia direita com essa extrema esquerda, que impediu o San Thiago de desempenhar o papel que ele – *e só ele* – poderia ter desempenhado: de tornar *brasileira* a revolução de esquerda.

Comparo o seu papel (frustrado) ao do Eduardo Frei no Chile. Creio mesmo que, se ele tivesse ingressado no PDC, em vez de ir para o PTB, teria talvez conseguido fazer do PDC brasileiro um partido tão forte como o chileno. Será que o Afonso Arinos será capaz disso? Não creio. Muito menos o Montoro, que não tem as qualidades intelectuais do San Thiago nem do Afonso, embora qualidades morais *superiores a ambos* e quem sabe se também qualidades políticas iguais.

[...]

P.

Rio de Janeiro, 9 de outubro de 1964

[...]

Ontem fui ao apartamento do Capanema (ótimo), a pedido dele, que queria consultar-me sobre De Gaulle pois talvez tenha de falar em nome da Câmara, como o Afonsinho (um belíssimo discurso que o filho me emprestou para ler) vai falar em nome do Senado[377].

O Capanema é realmente meu amigo, e à saída me agradeceu, na porta da rua, já na calçada, me dizendo: "Você me trouxe hoje um ramo de rosas"! Lembrei-me dos tempos antigos, do Estado Novo, com ele como ministro da Educação, e eu freqüentando o gabinete, para conversar. E não me esqueço de que foi ele que fez a minha nomeação para a Faculdade de Filosofia, como o primeiro da lista. E fez tudo para que eu fosse o primeiro diretor. De modo que, se hoje estou aposentado como catedrático, devo-o exclusivamente a ele, embora tenha feito depois concurso em 1947. Mas se não fosse catedrático interino nunca me aventuraria sequer a fazer o concurso. Sou-

377. Charles de Gaulle, presidente da França, estava a caminho do Brasil para uma visita oficial.

lhe portanto grato e além disso gosto realmente dele. É um dos raros políticos que realmente tem o sentido da cultura, sem a arrogância e o fanatismo do Lacerda, que também o tem.

[...]

P.

Rio de Janeiro,
11 de outubro de 1964

[...]

Enquanto o De Gaulle sulca no seu cruzador *Colbert* as águas do Atlântico Sul, em demanda da Guanabara, vamos por aqui nos ocupando com esse herói autêntico, este sim, por mais antipático que seja, e por mais que o Lacerda o vire... pelo avesso, dizendo impertinências demagógicas, como "enquanto De Gaulle não se interessar pela Guanabara (isto é, "por mim", por ele, Lacerda), a Guanabara (isto é, eu) não se interessará por ele...". Cada vez temo mais que o Lacerda repita no Brasil a aventura de Goldwater[378] nos Estados Unidos, que era ontem considerado um *outsider*, sem nenhuma chance no páreo presidencial de novembro (creio que é a data) e hoje é um terrível e mesmo provável ganhador...

Mas voltemos ao De Gaulle, deixando o nosso Degaullinho a degolar adversários, entre suas rosas de Pedro do Rio, ou onde quer que se situe o seu sítio da estrada de Itaipava. Creio mesmo que essas bravatas do Lacerda é que concorrem muito, ou pelo menos um pouco, para reavivar em mim um sentimento quase extinto, o da simpatia pelo herói do Sena.

Foi para mim, em 1940, como para todos que sofreram na carne a derrota da França, o Churchill francês, o herói da *France eternelle*[379], etc. e tal. Depois, quando posou de herói carismático (tipo fascista, neomussoliniano, antiianque e anti-Roosevelt), detestei-o. Em 1950, quando fui, com Mamãe, ouvi-lo numa reunião do Rassemblement Populaire[380], junto ao Malraux, achei-o soberanamente antipático, e aplaudi a sua retirada do poder. Em 1958, conversando com Maritain e Raïssa, ambos gaullistas tradicionais, sobre os tempos da *débâcle* de 1940, falei-lhes contra o *Général*[381] e eles se mostraram surpresos e mantendo a sua velha simpatia, o que, a mim, me surpreendeu. Eu colocava então De Gaulle à direita e Maritain à esquerda.

378. Barry Goldwater (1909-1998), candidato do Partido Republicano à Presidência dos EUA. Ultraconservador, ele seria derrotado pelo democrata Lyndon Johnson.

379. "França eterna".

380. "Ajuntamento popular"; na verdade, o nome do partido político criado por De Gaulle era Rassemblement du Peuple Français.

381. Alceu dá a De Gaulle o mesmo tratamento que era comum entre os franceses: "General".

Todas essas colocações estão hoje senão de todo mudadas, pelo menos bem misturadas. Pois Maritain oscilou à direita (sem vir a ser direitista...) e De Gaulle à esquerda (sem vir a ser esquerdista...). E eu continuei na minha eterna corda bamba, com horror a me integrar... numa linha só. Sou por natureza pluricêntrico e multilíneo...

Talvez por isso mesmo é que escrevi as duas croniquetas desta semana vendo em De Gaulle o símbolo do pluricentrismo que está marcando este fim de século e talvez seja o único meio de escaparmos da catástrofe de uma terceira guerra mundial. O mesmo se dá com o multilinearismo. Sempre me recusei a me enquadrar em molduras rígidas, e a única vez que o fiz, em 15 de agosto de 1928, você bem viu que comecei logo a me recusar ao enquadramento, quando poucos dias depois neguei-me a entrar para a Congregação Mariana da Lagoa. E hoje só anseio em me retirar do CDV, como já me retirei... do bom conceito dos salões e das sacristias, salvo raras exceções, sendo considerado, à socapa ou mesmo publicamente, como a ovelha negra do Sumaré.

[...]

Tudo isso para dizer (a hora da missa das 8 está chegando) que refiz o meu itinerário antigaullista, com a distinção entre De Gaulle e o gaullismo. E com isso me libertando (com as minhas distinções) para voltar a amar [...] o De Gaulle de 1940, em 1964...

[...]

P.

Petrópolis,
13 de outubro de 1964

[...]

Mas hoje o que me está preocupando não é o vôo espacial soviético dos 3 astronautas, nem as grosserias do Lacerda ou o artigo do C. contra o De Gaulle ou mesmo o recuo do Castello na reforma agrária, diante da coligação dos latifundiários... É a carta dos 15 cardeais ao papa, pedindo sua intervenção pessoal contra a sabotagem do concílio por parte dos dedos-duros de lá, a nossa conhecida Junta do Coice, dos tempos do nosso papa João, que agora precisam abafar a banca e... – é triste dizê-lo – parece que estão conseguindo! A reação e os reacionários estão vencendo ou tentando vencer por toda a parte. Vamos ver se conseguem, nos Estados Unidos, eleger o Goldwater... E na Inglaterra derrotar o Partido Trabalhista.

Mas o grave é que consigam dominar a Igreja e sabotar a obra de João XXIII! Este é o grande drama do século. Será que terei algum dia de me voltar contra a cúria ou contra o próprio papa? Prefiro calar. Mas terei o direito de o fazer, se realmente Paulo VI se deixar dominar pelo curialismo e trair as esperanças dos que nele viram – e por ora continuam a ver – um continuador da obra do grande papa João? Fartei-me de tocar de perto em Roma – e tantas vezes escrevi a você – a tremenda reação dos meios vaticanos contra o papa do ecumenismo. A facção dos Ottavianis [...] continua a agir do modo mais violento. Basta dizer que, de todos os cardeais latino-americanos, só um – o do Chile[382] – subscreveu o apelo dos 15! E dois americanos. E mesmo dos franceses só vejo o Liénart[383]. Embora haja ao menos um italiano: o Lercaro. Mas são 15 sobre 80... E os bispos e arcebispos estão amedrontados diante da violência dos reacionários. E é bem possível que o concílio acabe desapontando todo o mundo e deixando de novo a Igreja no desvio ou ligada de novo à reação direitista.

São sombrias as previsões. O centenário do *Syllabus* acabará sendo uma repetição do *Syllabus*? Todas as nossas esperanças de *aggiornamento*[384] acabarão por terra e a "primavera" de João XXIII, um triste outono chuvoso, anunciador de um novo e prolongado inverno, com a Igreja atrelada às classes ricas e nobres, aos Torquemadas, campistas, aos integristas e catolicões e cada vez mais alheia ao futuro, ao povo, à liberdade de espírito, a tudo o que de jovem, de claro, de fraterno, de evangélico, brotou nestes cinco anos do grande papa João!

Terei de rever o meu juízo sobre Montini?

[...]

P.

Petrópolis,
14 de outubro de 1964

[...]

Antes que enterrem definitivamente o nosso João com o concílio por cima, sabotado em todos os sentidos pela clique curialística às ordens de seu amigo Ottaviani, cada vez mais torquemadicamente poderoso em Roma, preciso falar.

Como compreendo o ódio de Lutero[385] e os preconceitos dos protestantes e dos ortodoxos! Mal um homem como João XXIII ocupa a cátedra de Pedro, imediatamente contra ele se desencadeiam as forças da reação e fazem em pedaços sua obra. Se Paulo VI não tiver força moral e intelectual bastante para resistir à torrente, o ecumenismo estará morto dentro de cinco anos. E a Igreja voltará, como a Inglaterra do século XIX, ao seu "esplêndido isolamento" e como a Inglaterra tam-

382. Dom Raúl Silva Henríquez (1907-1999), arcebispo de Santiago a partir de 1961 e criado cardeal em 1962, ocupou o posto até 1983.

383. Dom Achille Liénart (1884-1973), cardeal-arcebispo de Lille, no norte da França, entre 1928 e 1968, foi membro do colegiado que presidia o Concílio Vaticano II.

384. "Pôr em dia"; a palavra italiana passou a designar, em tal âmbito, o trabalho de renovação.

385. A firme oposição de Martinho Lutero (1483-1546), frade agostiniano e teólogo alemão, aos procedimentos e a desmandos da Cúria romana foi um dos motivos que o levou a liderar a Reforma (1517).

bém, ao seu esplêndido marginalismo, em face do mundo em marcha. Será que o centenário do *Syllabus* vai repetir a mesma cegueira de Pio IX, que por meio século, ao menos até Leão XIII no fim de seu pontificado, colocou a Igreja à margem da história?

De Leão XIII a João XXIII a Igreja voltou a colocar-se no centro da corrente histórica. Será que Paulo VI, com seu "hamletianismo", com os seus *buts*[386], com o seu escrúpulo intelectualista de atender a todas as objeções, com a sua angústia intelectual e o seu excesso de inteligência, irá ajudar a triste obra dos que querem voltar ao século XIX e colocar de novo a Igreja nos antípodas do mundo moderno?

Vejo com crescente inquietação esse *coup de barre en arrière*[387] que vem desfazer toda a obra de Leão XIII a João XXIII. E este, em lugar de ser o pioneiro de um mundo novo e de uma nova idade da Igreja, ficará sendo como aquele velho criado do cerejal de Tchekov[388] – o porteiro que fecha as portas depois que todos saíram, deita-se no sofá e... morre. A Igreja não morre sem dúvida. Mas pode morrer uma era da Igreja. E essa era poderá bem ser a que vai de 1891, data da *Rerum novarum*, a 1963, data da *Pacem in terris*, e da morte do último pioneiro. Paulo VI será então apenas o coveiro de uma era, em vez de ser o pregoeiro de uma idade nova.

Não quero crer em nada disso. Não quero, contra tudo o que tenho pensado em minha vida, ceder ao pessimismo. Mas quantas vezes também, nessa minha já longa vida, tenho até louvado um desfecho como esse, do aniquilamento de todas as nossas esperanças, para mostrar que a essência do cristianismo é precisamente o paradoxo da vitória através da derrota, da vida através da morte, da glória através da cruz.

E esse fim da era leo-joanina não será precisamente a paixão e morte de uma primavera (aquela com que João XXIII definiu o concílio, como sendo "a flor de uma primavera inesperada", numa daquelas pequenas frases sublimes com que nos parecia estar realmente "rejuvenescendo a face de Cristo"). E como o disse também em outra daquelas sentenças, que hoje relembro, com o coração transido de saudade, e pedindo a Deus que me leve antes de ver desfolhada, pelo outono e pelo inverno, a roseira das nossas esperanças de 1962! E o mais triste, se isto suceder, triste para o meu coração, mas sempre alegre nas intenções da providência, será a decepção que nos terá causado o nosso Montini...

Não posso crer. Estou naturalmente passando por uma crise de desânimo, em face do memorial dos 15 cardeais, mas quem sabe se tudo não passa de uma daquelas crises necessárias como foi, para a história moderna, a que vivemos em Roma, com a ameaça, por um fio, da terceira guerra mundial.

Aliás, conversando ontem com o frei Ludovico[389] a propósito do livro da "bomba", eu lhe dizia: "O que eu temo é que a nova geração que está chegando ao poder, como

386. "Mas".
387. "Golpe de marcha à ré"; retrocesso.
388. Referência à peça *O jardim das cerejeiras*, do dramaturgo russo Anton Pavlovitch Tchekov (1860-1904).
389. Provavelmente o franciscano frei Ludovico Gomes de Castro (1910-1992), da Editora Vozes, de Petrópolis.

toda geração sem experiência dos horrores de uma guerra, desencadeie, por leviandade, a terceira, com o mesmo espírito *joyeux*[390] e irresponsável que vivi na Paris de 1914. E agora, não é mais à baioneta. É à bomba atômica e "hidrogênica". João XXIII terá advertido e Paulo VI também, honra lhe seja feita. Mas e os que virão depois, e os moços que estão chegando hoje, com a leviandade dos novos?!...

[...]

P.

Rio de Janeiro,
16 de outubro de 1964

[...]

Não vamos entrar hoje em comentários sobre a notícia do dia: a demissão (voluntária ou forçada, ninguém sabe) do Kruschev[391]. De qualquer forma é o fim também da nossa era: a de João XXIII, de Kennedy, e desse urso gordo, que tinha ousado levantar-se contra o espectro de Stálin e contra o comunismo terrorista dos chineses. Mesmo que tenha realmente saído por sua livre e espontânea vontade (já que os tais "motivos de saúde" são sempre um pretexto que ninguém engole, e eu sei por mim que os 70 (o K. tinha a minha idade) não diminuem em nada a atividade da gente antes que apareça uma moléstia real), de qualquer jeito é a nossa era de esperança e de paz que desaparece. E a guerra fria volta a assumir o primeiro posto. Se eu fosse pessimista diria logo: a terceira guerra mundial está no horizonte.

Sinais, grandes e pequenos: morte dos três grandes da "coexistência pacifica" (J. XXIII, K. e K.); provável ou possível eleição de Goldwater, belicista 100%; esfriamento do concílio, senão triunfo dos curialistas; reunificação do comunismo russo e chinês e conseqüente *coup de barre à droite* da política ocidental; e até mesmo a nossa revolução mirim, com a subida dos gorilas...

Mas o Alceu do equilíbrio logo responde: ao mesmo tempo veja a vitória dos trabalhistas na Inglaterra; a ação de De Gaulle entre os extremos; e a probabilidade de não ser o Goldwater, mas o Johnson, a vencer as eleições americanas. Ambos os lados da balança têm seu peso. De qualquer modo, a saída do K. é pelo menos uma ameaça de que a Rússia se torne de novo agressiva, o que representa, evidentemente, uma reunificação do bloco comunista, com a imediata reunificação do bloco anticomunista ocidental, e portanto dos reacionários de todo quilate, que terão um novo argumento, dizendo: "Vejam o próprio K. Porque tinha tendências de se aproximar do Ocidente, caiu. É a hora de novo dos duros, de parte a parte".

---

390. "Alegre".

391. Ver carta de 10 de novembro de 1958, nota 106, p. 66.

É portanto mais uma bola preta que vem somar-se à morte dos nossos dois grandes Joões. E um passo atrás em nossas esperanças de um mundo melhor. As próprias eleições inglesas, com os trabalhistas de novo no poder, podem não representar nada, senão o resultado tardio (como tudo que é inglês) de uma era agora ultrapassada. E daqui a pouco voltarão ao poder os conservadores, depois de um pequeno descanso...

Enquanto isso a ameaça de uma catástrofe atômico-nuclear cresce sobre nossas cabeças. Outrora se dizia que o mundo "dançava sobre um barril de pólvora". Hoje se dirá que dançamos sob um céu de urânio...

Ontem foi a despedida do De Gaulle entre nós. Aliás, agora é que estará voando de volta para enfrentar a nova crise mundial. E no banquete de despedida, no *Colbert*, pronunciou frases sombrias sobre a queda do K. Agora é que vão todos reconhecer que o Nikita era realmente um amigo da paz, mesmo que fosse apenas como método de alcançar por meios travessos a vitória mundial do comunismo, o que aliás nunca escondeu, com sua franqueza de camponês. E lembro que o nosso João também era um camponês!

[...]

P.

Rio de Janeiro, 18 de outubro de 1964

[...]

[...] weekendizar... minageirar... petropolizar...

Se um gramático algum dia pegar estas páginas, mandará enquadrar-me no artigo 7º, mesmo que ele já esteja revogado (na realidade continua de pé). Agora mesmo, no Ceará, o batalhão de lá prendeu quatro deputados e recusou-se a soltá-los, mesmo com ordem do Castello, o que representa uma indisciplina dupla e uma prova de que o dedo-durismo está conspirando ativamente e nós, que temos usado, mesmo discretamente, da relativa liberdade que os milicos nos concedem, estamos arriscados ao silêncio, na melhor das hipóteses... Não é só lá pelas estepes que a lei do cão anda solta. Por cá também, na escala proporcional ao nosso marginalismo. Confirma-se que foi a China, ou pelo menos a atitude do K. face à China, que provocou sua *disgrâce* e quem sabe se a desgraça do mundo, a despeito de todas as declarações dos seus sucessores, de que manterão a sua política exterior. Mas você sabe o que valem declarações de políticos que seguem a máxima maquiavélica de que os fins justificam os meios. De modo que, mais do que nunca, reentramos no oceano das ondas mais agitadas, que podem ou não anunciar tempestades.

Como sou invencivelmente banana, continuo a crer que a tempestade (a terceira guerra mundial) não virá. Continuo firme nessa convicção, mas como só creio no imprevisto como sendo a lei da história, nada me surpreenderá, nem tampouco me demoverá do meu propósito de pregar a paz e os meios pacíficos até meu último alento. Mesmo que fracassem. Pois *o êxito não é critério de verdade.*

Bem, passemos a planos menos universais. Estão chamando para o almoço.

[...]

P.

Rio de Janeiro,
21 de outubro de 1964

[...]

Tudo isso é um conformismo bem mediocrizante. No fundo aplaudo o gesto do Sartre[392], que ontem renunciou de antemão ao prêmio Nobel que iria provável ou mesmo certamente receber. Já a mulher, a Simone de Beauvoir[393], renunciara a um *Prix Goncourt*[394]. Mas no caso dele, é mais incrível, pois representa 50.000 dólares, que ele aliás poderia doar a alguma obra francesa de cultura. Mas o gesto – por mais imitado que seja do Boris Pasternak, é até mais espontâneo – é bonito. A menos que seja puramente espetacular. É tudo ao mesmo tempo e no fundo pura vaidade. Mas no fundo de mim mesmo tenho uma simpatia especial por tudo que é inconformismo, exatamente por ser, também no fundo, um conformista. Logo, sou um palco em que lutam o eu-conformista e o eu-inconformista. E daí? Que há nisso de pessoal? Não acontece o mesmo com a maioria do gênero humano? Para que me ocupar com esses assuntos? Vivemos sempre entre dois fogos, ou de fora ou de dentro. [...]

P.

Rio de Janeiro,
8 de novembro de 1964

[...]

Às vezes me ponho a comparar as leis de hoje com as do tempo em que eu as estudava, na escola, ou comecei a aplicá-las nos rudimentos de advocacia e vejo um abismo de complicação e obscuridade entre elas.

392. Jean-Paul Sartre (1905-1980), escritor e filósofo francês. De fato, o Nobel – o mais prestigioso prêmio do mundo, concedido anualmente, a partir de 1901, pela fundação homônima – lhe foi atribuído em função do conjunto de sua obra, mas Sartre manteve a recusa. Aceitá-lo, declarou na ocasião, seria "admitir juízes".

393. Simone de Beauvoir, escritora francesa (1908-1986).

394. Trata-se do maior prêmio literário da França. É concedido todos os anos, desde 1903, pela Academia Goncourt.

O mesmo se dá também com... a crítica literária. Quando comparo o que entendíamos por crítica em 1920 – quando me lancei na arena – e o que se entende hoje por crítica de textos, entre os mais reputados críticos de 1960, compreendo o motivo por que me afastei. O que há hoje é muito mais filologia do que crítica. É anatomia gramatical dos textos. E como sempre tive tanto horror à gramática (que o Köpke já me transmitira desde criança), como à matemática e às sibilinas sutilezas jurídicas, compreendo por que também me afastei... das leis.

E cada vez mais compreendo por que os velhos chegam sempre à conclusão de que "os meus tempos" eram tão mais fáceis! Estou realmente convencido de que nunca houve, como agora, em duas ou três gerações (dos meus 20 aos meus 70) tanto aumento de complexidade e dificuldade em tudo. Veja, por exemplo, a química. Compare aquelas fórmulas com que nós brincávamos no tempo de colégio, H_2O e companhia. Hoje, para compreender a fórmula de um produto qualquer da natureza, armam verdadeiros *trapézios de átomos*, que se tornam inexprimíveis por simples letras. E os nomes dos remédios! Percorra qualquer bula de drogas farmacêuticas hoje... Até na homeopatia, que é afinal uma medicina mais humana e doméstica, compare-se o jeitão dos Murtinhos (e as suas doses...) com as dos Mollicas e seus oito vidros concomitantes[395].

Lembre-se da poesia da era pré-moderna (até mesmo simbolista, salvo exceções como Mallarmé) em comparação com a de hoje. Até mesmo o Drummond – que é realmente o *maior*, estou convicto, e não *procura ser difícil* – é realmente duro de entender. Estou pensando no poema puramente circunstancial que acabo de ler[396], inspirado na sopa de tartaruga que estão servindo na feira do Parque Laje e que pretendemos ir ver (mas não provar...) logo mais, se a chuva não vier. Se não extraviarem o correio logo mais recorto para você ler o Carlos (não o outro), o foguete nuclear que hoje aí em São Paulo vai começar a tocar fogo no Brasil com a cumplicidade do Castello Branco, que já começa a me desiludir, com sua evidente conivência com a linha dura e sua tendência, aliás confessada, ao udenismo, que é hoje a expressão mais perfeita do reacionarismo e do direitismo. Veja se não concorda.

A única vantagem do lançamento da bomba lacerdista será porventura a aliança reforçada entre PSD e PTB, num movimento de esquerda não-comunista, mas que possa aglutinar os pequenos partidos, como o PDC ou o partido socialista, deixando a UDN com os integralistas, os latifundiários, os Mesquitas e Corções.

Em suma, como o terreno político, apesar de todas as aparências, me é sempre muito pouco simpático, e dele pretendo morrer como vivi – completamente afastado e de palanque... doutrinário e nunca pessoal – a conseqüência é que cada vez mais me sinto totalmente afastado do ambiente de hoje por dois motivos: um, porque não estou mais em idade de me lançar na batalha, outro porque cada vez mais me afasto das forças vencedoras: os militares de hoje e os direitistas-lacerdistas de amanhã. Bem sei que muita água ainda há de rolar debaixo do moinho e muito imprevisto ocorrer,

395. Dr. Murtinho Nobre e dr. Mollica – médicos homeopatas.
396. "A tartaruga", publicado no *Correio da Manhã* e incluído no livro *Versiprosa* (1967).

mas seja como for cada vez mais sinto, sinceramente, o apelo que tantas vezes tenho escrito a você: *a hora da retirada do palco já soou.*

De agora em diante só me resta... decepcionar os jovens, como há tempos decepcionei os velhos (e sobretudo as velhas...). É verdade. Os estudantes estão hoje voltados, um tanto, para mim. É fato. Mas eles o fazem não porque estejam com minhas idéias e meu temperamento, mas porque, em certos aspectos, eu estou com eles. Mas como são extremados, quando se compenetrarem de que sou mesmo um tipo do meio-termo (como virtude), do acordo, do equilíbrio, da proporção, etc. e tal, se despedirão de mim como hoje se despedem dos outros professores. E terei então, como disse, decepcionado os jovens, como decepcionei... os salões.

Dirá você: "E que tem isso?" Direi eu: "É verdade". E é por esse lado que me vem a paz. Assim como não me importei de decepcionar as beatas (que há anos me consideravam seu porta-voz), hoje não devo impressionar-me de decepcionar os moços, que neste momento, pelo menos alguns deles, *me julgam* seu porta-voz. Ora bolas, não quero ser porta-voz de ninguém, a não ser de minha própria consciência. Dirá você: "E isso não será egoísmo, covardia, comodismo, velhice, mediocridade?"

Será não, é. Deus sabe. O essencial é que eu seja fiel à minha própria máxima: "Digo o que penso e não penso no que digam do que eu digo". Até mesmo ser fiel a ela não é fácil. E lá vêm os escrúpulos: será mesmo que não ligo ao que dizem?...

Seria uma vaidade pensar que não ligo. Uma ilusão. Quem, senão os santos autênticos, pode realmente ser livre de tudo, salvo de Deus?

Agora, perguntará você, com toda essa conversa fiada, que fez o senhor meu pai no dia de ontem, que foi um sábado, sem obrigações profissionais?

E respondo: nada. Ou muito pouco. [...]

P.

Rio de Janeiro,
16 de novembro de 1964

[...]

Que saudades das longas sessões, ou pelo menos dos longos períodos, de leitura pela leitura. Ultimamente então tem sido um desastre. Mal leio revistas, como, por exemplo, ontem a *Time*, com os resultados das eleições nos Estados Unidos, que foram uma arrasadora derrota para o Goldwater, único acontecimento político que, ultimamente, me encheu as medidas. Tudo indica que este aventureiro do extremo direitismo vai afundar nos States, como afundou McCarthy[397]. E não será isso uma lição para os nossos próprios goldwateristas?

397. Joseph Raymond McCarthy (1908-1957), senador americano anticomunista, perseguiu implacavelmente pessoas e movimentos que considerava subversivos.

Diz a *Time*, e prova, que nunca houve eleição presidencial alguma nos Estados Unidos em que o voto desse tão grande maioria a um dos candidatos (61%), quando Roosevelt alcançou uma maioria de 60%. E era Roosevelt incomparavelmente superior ao Johnson, como inteligência e projeção internacional. Este (Johnson) porém está renovando o caso do Truman. Ninguém dava nada pelo dito cujo e o fulano acabou ficando dois quatriênios! O essencial é que o direitismo americano tenha sido derrotado *à plates coutures*[398], desmentindo, graças a Deus, o meu próprio pessimismo. Sempre que deixo de ser otimista dou-me mal... Aviso da Providência.

[...]

P.

Petrópolis,
17 de novembro de 1964

[...]

Mas voltando, ao menos de relance, ao concílio. Fiquei satisfeito por ver que o papa brecou o desesperado esforço da Cúria para impedir a "democratização" da Igreja. Tudo indica que será esse o principal fruto e sinal do Vaticano II. Assim como o Vaticano I se baseara na infalibilidade de Pedro, o Vaticano II se baseia na co-autoridade e no co-primado dos apóstolos na vida da Igreja. É uma afirmação da liberdade em face da autoridade. Não para negar esta. Mas para dar-lhe o verdadeiro sentido de serviço. É uma afirmação da flexibilidade em face da rigidez, da variedade em face da uniformidade, da pluralidade em face do monolitismo, da descentralização em face da centralização, do federalismo em face do unionismo, em suma, e será a nota mais importante do *espírito aberto* em face do *espírito fechado*. Em termos políticos: do espírito democrático em face do espírito autocrático.

[...]

P.

398. "Completamente".

Rio de Janeiro,
21 de novembro de 1964

O nosso Paulo VI me desapontou ontem profundamente! E me desapontou, inclusive, por um motivo meio paradoxal: é que agiu... como eu agiria! É isso mesmo: como eu agiria. Mas eu sou eu, isto é, um sujeito fraco, conciliador, hesitante, acomodado, amador... de soluções intermédias, que desistiu de ser advogado porque se sentia sempre atraído a concordar com as razões do advogado da parte contrária, em suma, bem brasileiro na sua obsessão de... dar um jeitinho que contentasse um pouco a cada qual... Pois o nosso Paulo, em vez de agir como o nosso inesquecível João, que teria deferido a petição dos 1.400 (sic) bispos e feito votar ontem mesmo a liberdade religiosa – o nosso Hamlet pontifício resolveu... deixar para a próxima sessão, com isso contentando a Junta do Coice. Mas, ao mesmo tempo, para não descontentar os 1.400, resolveu também que o tema fosse... o primeiro a ser votado na próxima sessão!

Era exatamente o que eu faria, para me mostrar desapaixonado e superior numa disputa tão áspera. Mas... não era o que eu queria que ele fizesse, nem era o que o nosso João faria. Este teria tranqüilamente deferido a petição, que estava na linha de tudo o mais (pois esse adiamento foi o único consolo que os dedos-duros tiveram, como você vê dessa notícia que lhe mando). [...]

Essa semivitória dos dedos-duros terá sido uma ficha de consolação que o papa lhes deu para não o acusarem também de... progressista. Como você vê, era exatamente o que o Tristão faria... Mas não o que o João faria... E o Tristão gosta muito mais do João do que do Tristão. De modo que foi Montini ontem que decidiu, não foi Paulo. *Hélas!*... [...]

Por outro lado, foi votada ontem, por uma esmagadora maioria, a morte do antisemitismo, e com isso me rejubilo, como me rejubilo com todo o esquema das relações da Igreja com as outras religiões[399]. Há um século isto seria impossível. [...]

Estou ansioso para que passe o mês de dezembro sem que haja qualquer referência ao centenário do *Syllabus*. É o máximo que posso desejar, como confirmação de que a Igreja de 1964 está aberta ao mundo, ao passo que a de 1864 estava fechada ao mundo. Se a Igreja de 64 não fizer comemoração alguma e solene do *Syllabus* – como tem feito sucessivamente da *Rerum novarum*, por exemplo, – isso será um ótimo argumento para nós, que aspiramos a uma nova cristandade aberta e pluralista, em formal oposição ao tipo de cristandade reacionária, feudal, trancada, intolerante, fanática, anatematizadora.

[...]

---

399. Alceu refere-se, provavelmente, à aprovação final e à promulgação da Constituição dogmática *Lumen e Ecclesiae*, que consagra o seu parágrafo 16 às relações com os não-cristãos. Em primeiro lugar, os judeus são apresentados como "o povo" a que foram dados os testamentos e as promessas, a cuja raça pertenceu Cristo, por nascimento. Povo escolhido com amor, definitivamente, pois os dons e vocação divinos nunca voltam atrás". Em seguida, a *Lumen gentium* abrese também aos "muçulmanos que se filiam à fé de Abraão e conosco adoram o Deus único e misericordioso", bem como "a todos os que buscam a Deus sinceramente". No ano seguinte, a declaração conciliar *Nostra aetate* trataria mais amplamente, e de novo numa perspectiva de abertura, das relações da Igreja Católica com as religiões não-cristãs.

Por mais que no fundo do meu ser eu não possa vencer a simpatia infinitamente maior que hoje sinto pelos protestantes-*abertos*, judeus-*abertos*, muçulmanos-*abertos* ou ateus-*abertos*, sobretudo por esses últimos (é engraçado! ou perigoso?), do que pelos *católicos-fechados*, espécie esta de minha sincera e invencível repugnância, posto que considero o farisaísmo e a intolerância como os piores defeitos da espécie humana, que terminam sempre em imposturas.

[...]

P.

Rio de Janeiro, 24 de novembro de 1964

[...]

Mas a grande notícia boa (logo prejudicada por uma oposta) foi a inesperada concessão do habeas-corpus ao Mauro Borges[400]. Foi uma grande vitória para a autêntica legalidade, mas logo o próprio Castello fez uma infeliz publicação em que ameaça céus e terras e prepara certamente a intervenção federal em Goiás, dizendo entretanto que acata a ordem do habeas-corpus. Desmascara assim o seu dedo-durismo, apenas recoberto com umas tinturas de democratismo. E já as Juntas do Coice, capitaneadas pelo "Goldwater brasileiro", se movimentam contra o Supremo, e com isso contra a linha da legalidade.

O acerto do Supremo não veio solucionar nada. Veio talvez apenas arrancar a máscara do Castello e mostrar que a segunda revolução não será depois desta. Será *dentro desta*. E com isto o perigo ainda é mais próximo e imediato. Outro tema a meditar, se houver tempo.

[...]

P.

400. Mauro Ludovico Borges Teixeira (1920), governador de Goiás, tinha sido preso por ordem do regime militar. E, de fato, dois dias depois desta carta, ele seria destituído do governo goiano por decisão de Castello Branco.

Rio de Janeiro, 1º de dezembro de 1964

Por falar em breviário, há umas perguntas aí na seção do José Condé[401] no *Correio da Manhã* sobre os 20 livros que o sujeito levaria para não sei onde ou escolheria entre os melhores. O Breno Acioly[402] me telefonou ontem umas cinco ou seis vezes, Mamãe sempre dizendo que eu não estava, até que ele me pegou desprevenido para me dizer que me tinha incluído entre os 20.

Então fiquei pensando no que responderia se me perguntassem o mesmo. Responderia: "O sol, a lua, as estrelas, o dia, a noite, o mar, as árvores, os rios, as montanhas, os sabiás, as borboletas, as flores e as frutas e as ervas rasteiras dos campos, e para interpretar todos esses livros da natureza, uma Bíblia e um breviário"...

[...]

P.

Rio de Janeiro, 3 de dezembro de 1964

[...]

O papa chegou a Bombaim ontem e se iniciou o grande Congresso Eucarístico Internacional[403]. A recepção foi a maior que já houve na Índia e superou a de todos os soberanos e primeiros-ministros que lá foram. E para 200.000 católicos hindus havia 2 milhões de não-católicos, abafando totalmente a minimíssima oposição dos "fanáticos budistas" e mostrando o poder da alegria e da paz que foram as duas invocações que o papa fez no seu discurso inicial. Destaco o termo *alegria*, pois o mundo de hoje é essencialmente triste e trágico e pessimista. E ele veio com a palavra que é tipicamente cristã e também especialmente João XXIII!

Se a palavra típica de Paulo VI será *fidelidade*, João XXIII foi acima de tudo *alegria*. De modo que o uso da palavra é sintomática do que há de continuidade entre os dois, apesar dos pequenos desapontamentos que o nosso Montini me tem trazido, com a sua exagerada preocupação de ser... o fiel da balança. O nosso João o era, sem preocupar-se de o ser, colocando o seu solidéu tranqüilamente no prato da... esquer-

---

401. José Ferreira Condé (1918-1971), ficcionista, fundou, em 1949, juntamente com seus irmãos, João e Elísio, o *Jornal de Letras*.

402. Breno Rocha Acioly (1921-1966), escritor e médico.

403. Paulo VI esteve na Índia entre os dias 2 e 5 de dezembro de 1964 para participar do XXXVIII Congresso Eucarístico Internacional (o primeiro evento dessa natureza teve lugar em Lille, na França, em 1881, sob o papado de Leão XIII).

da, sem nenhum medo dos protestos que pudessem vir do prato da direita. Bem, alegremo-nos com o nosso Paulo na Índia. *Um católico quando fala a não-católicos é muito mais autenticamente católico do que quando fala só a católicos...*

Pense nisso. [...]

P.

Rio de Janeiro,
5 de dezembro de 1964

[...]

Fui ontem, pela primeira vez, ao chamado Palácio das Laranjeiras, onde pousa o Castello como pousara o JK e o J. É um *show* de *belle époque!* Nunca pensei que fosse tão simbólico e representativo do Rio de 1910. Impressionante. Tudo francês: luzes, império e *art nouveau.* No grande salão, um enorme quadro com o retrato de... Luís XIV. Sim, senhora, Luís XIV! É de amargar. O Brasil dos ricaços, do princípio do século, em cópia da França. Tudo francês. Mas ali, de um luxo de mau gosto impressionante, embora com algumas coisas de museu, em matéria de tapeçarias (Gobelins, etc.), de Sèvres, de tetos pintados por pintores franceses, balcões de ferro forjado primorosos e assoalhos de madeira incrustadas, em arabescos dos mais caprichosos, e pianos dourados, uma folia completa. *Belle époque* até "chico vir de baixo", como dizia o Arinos. E me disse o Luiz Viana que, lá no segundo andar, a loucura megalomaníaca era a mesma.

Como tudo mudou, decorativa e arquitetonicamente, tanto como política e economicamente nesses 50 anos! Mas agora, parece que querem voltar a tudo aquilo, como se a *belle époque* estivesse de novo *around the corner*[404], como hoje se diz, já que passamos do modelo francês para o modelo americano. Vi muito rapidamente, mas me lembrei logo daquela última visita à casa de dona Laurinda Santos Lobo, com o velho Chico Guimarães, seu padrasto, já octogenário, tomando chá no terraço, de pijama, trôpego e servido por um velho *butler*[405] (isso era da *belle époque* também, pois era inglês e não americano). Fui lá, ao tal Palácio das 1.001 noites cariocas "bellepoquistas", para entregar ao Luiz Viana a carta do Maurício Nabuco para o Castello Branco, pedindo pelo Arraes.

De noite, na academia, fui cumprimentar o Castello no fim da festa, e ele me disse: "A carta que o senhor me entregou esta tarde se baseia em informação falsa, pois tudo está sendo analisado" (o Maurício se baseia na falta de um processo qualquer, aparente, ao fim de nove meses de revolução...). E eu repliquei: "Precisamos evitar que esse caso se torne internacional".

Foi tudo. Aliás, internacional, ele já se tornou ele, como já se internacionalizou o caso

404. "À espreita".
405. "Mordomo".

dos chineses[406], que vão entrar agora em julgamento e para isso vêm com "observadores" (nove ou dez advogados de várias nações!). A fama do Brasil no exterior é a pior possível.

Os filhos do Arraes e a Madalena[407] acham que chegou a hora do habeas-corpus, mas que essa tentativa de obter uma saída do Arraes para a África seria preliminar. Por isso é que fui falar ao Luiz Viana, pedindo-lhe que sondasse o presidente. Pelas palavras deste à noite, vejo que é inútil qualquer tentativa conciliadora. O caso Arraes é uma espécie de pedra de toque desta revolução. Soltar o Arraes para eles é confessar que suas acusações de infiltração comunista, etc., eram totalmente infundadas. De modo que hão de fazer o impossível para que ele seja condenado e jogado como carne às feras. Já que não puderam pegar o Jango ou o Brizola, ou mesmo os seus ministros, que hoje estão no estrangeiro, apegam-se aos que conseguiram pegar, embora com simples alegações de estes estarem "preparando a revolução comunista" etc. Cada vez tenho mais horror a toda essa gente e a toda essa impostura. Mas, por outro lado, não consigo sair da minha tendência invencível de horror, ainda maior, à violência e aos julgamentos sumários e totais. O máximo que posso fazer é o que vou arranhando por aí! [...]

P.

Rio de Janeiro,
Natal de 1964

Aleluia! Aleluia! Cristo sempre na frente, e sobretudo... no fundo, na sombra, na contradição, na prisão, na humilhação, na perseguição, – que é ainda o clima deste Natal de 64, cá entre nós, no ano da revolução que dividiu em dois o Brasil. Já estávamos divididos no Brasil dos exageradamente ricos e dos exageradamente pobres. E agora temos estes novos dois brasis, o da direita e o... da não-direita, onde há de tudo, desde os comunas até os ricos também do nosso lado...

Por isso é que a nossa prece de Natal, como ontem procurei formular pela TV Excelsior às 11 da noite, foi a da anistia e da reconciliação: o ano de 65 deverá ser o ano da reconciliação de todos os brasileiros. Foi a minha palavra final na gravação da TV Excelsior, que me escolheu – bobagem à parte – para "O homem do ano"... Ah, ah, ah... Como foi pobre em homens este ano que se está acabando! [...]

P.

406. Com a chegada dos militares ao poder, os nove membros da missão comercial da República Popular da China que visitavam o país a convite de João Goulart foram presos no Rio, num quartel da Polícia do Exército, sob a acusação de espionagem. O caso, como frisa Alceu, ganhou notoriedade internacional. No dia 22 de dezembro, os chineses seriam julgados por um Tribunal Militar e condenados a 10 anos de prisão. Encarregado da defesa, Sobral Pinto, que tinha 48 horas para recorrer da decisão, conseguiu que o grupo fosse expulso do Brasil.

407. Madalena Fiúza Arraes de Alencar (1928), segunda mulher de Miguel Arraes; antes ele fora casado com Célia de Sousa Leão, que morreu em 1961. Do primeiro casamento, Arraes teve oito filhos; com Madalena, mais dois.

Rio de Janeiro, 29 de dezembro de 1964

[...] Quanto ao paraninfado de ontem... foi resolvido à brasileira: em vez de uma cerimônia, haverá quatro... Apenas em vez de ser no Teatro Municipal, será no recinto da faculdade... A subversão partida em quatro pedaços passa a ser inócua, na opinião dos torquemadinhas...

Brasil pitoresco... Ainda não sei se soltarei ou não o meu discurso logo mais. O mais provável é que queiram que eu o faça. O diretor, o Faria Góes, não me disse sim ou não: "A voz do grande mestre será sempre ouvida com fervor"!!! etc. e tal.

Ontem, a voz foi ouvida com água na fervura... De qualquer forma é sinal de que não tolhem aos "licenciandos" o direito de colar grau, e com isso, a regularização dos seus diplomas. Embora ainda reste aos Torquemadas um recurso: impedir o registro do diploma no ministério, formalidade necessária para o exercício da profissão. Quando se quer perseguir, encontra-se sempre um meio escuso de fazê-lo. [...]

Estes inquisidores são uns cretinóides. Esta formatura, que normalmente seria uma formalidade entre muitas outras, ficou sendo assim mais um motivo para que se fale em "terrorismo cultural", etc. e tal, como o fazem certos demagogos... [...]

P.

Rio de Janeiro, 31 de dezembro de 1964

Chegamos afinal ao fim do ano com o mínimo de louça partida... para um ano de revolução. Insisto bem: para um ano de revolução. Pois, no balanço de 64, há muita louça partida e muito coração partido, principalmente, e o Brasil ainda partido em dois. Ou mesmo em muitos pedaços, especialmente em três: os eufóricos, os pessimistas e os... impenitentes na esperança de que tenho a pretensão de fazer parte, embora no momento me classifiquem naturalmente entre os pessimistas, já que as terceiras posições – que sempre foram as mesmas – nunca são levadas em conta pela polarização dominante: ou isto ou aquilo.

Chegamos assim ao fim do ano, com pouca louça partida com a área dominante em plena euforia (pudera!) e os outros em plena decepção ou opressão ou tímidas esperanças. Pois afinal o que a velhice nos ensina é que realmente não há nada totalmente ruim nem nada totalmente bom, especialmente em matéria de política. De modo que seria um contra-senso dizer que o ano de 64 foi só ruim ou só bom. Foi uma e outra coisa. E chegamos ao fim dele dando graças a Deus, por exemplo, por ter podido falar francamente sem que, até agora ao menos, tenha sido sequer convidado a... "prestar declarações", ou ter recebido a visita de alguns "fardos", a não ser o meu próprio...[408]

P.

408. Alusão às fardas militares e a seu fardão de acadêmico.

1965

Rio de Janeiro,
10 de janeiro de 1965

[...]

Bem, deixemos essas melancolias e vamos ao presente. O dia de ontem, chuvoso, foi todo doméstico, com uma queda de 10 graus na temperatura (coração haja...) e um razoável aproveitamento da douradinha (a cinzentinha continua aqui, diante dos meus olhos, mas continuo a poupá-la, pois tem uma pena muito melhor que esta e Mamãe a prefere, detestando a dourada, que já estraguei com os meus garranchos eletrônicos...).

Uma revolução heróica é realmente sedutora para a mocidade, e por isso mesmo é que a nossa AP, o chamado grupão, entrou a fundo na aventura dos marinheiros e dos sargentos, que acabou deflagrando a reação gorilesca que se desencadeou e na qual estamos embarcados por muito tempo, embora, como sempre, à brasileira. Acredito mesmo que tenhamos eleições e no ano que vem, anistia.

Mas, de qualquer modo, a Ação Popular representou realmente a posição Mounier, e aliás, quando fui visitar o Paulo de Tarso na Embaixada do Chile[1], ele lia Mounier, e este era o evangelho desta turma que o Luiz Alberto mais ou menos liderava, embora, como me disse certa vez, "procurando conter os excessos".

Acreditaram no Brizola e embarcaram na aventura, logo desfeita ao primeiro golpe. Todo esse ativismo revolucionário da JUC estava impregnado de Mounier (telefonema do representante da turma de Engenharia Industrial para um encontro sobre a formatura do dia 30. São tantas neste fim de ano!)

Fico matutando em tudo isso e por vezes me sinto tão pequeno ao lado desses moços que tudo arriscam e vejo a posição de Mounier, mesmo depois da decepção que teve com a colaboração direta com os comunistas, "depois da resistência, quando pensaram possível um comunismo francês" (são palavras dele de 50) a exemplo do que houve na Iugoslávia. Não houve nada disso em França. Como não houve nem haverá revolução no Brasil. É a minha profunda convicção. De modo que o heroísmo incontestável dessa mocidade ficou desperdiçado. À pergunta do Garric: "E se não houver a revolução?", Mounier respondeu, a meu ver irrespondivelmente: "Terá ficado o testemunho". É a expressão da verdade. Foi o que ele deixou ao morrer. Mas, sem dúvida alguma, o vento do heroísmo passou tanto lá como cá. E toda essa juventude

1. O ex-ministro da Educação Paulo de Tarso Santos, asilado na embaixada chilena.

do "heroísmo cristão", como a do "heroísmo soviético", tem de viver ou no reacionarismo ou no reformismo. Se não cair na pura mediocridade, no cepticismo, no profissionalismo, no caseirismo, onde as virtudes cristãs são invisíveis e portanto de um heroísmo oculto e, por assim dizer, monástico.

Tudo isso me dá uma certa melancolia, pois vejo o meu próprio egoísmo-real, considerado por alguns, não digo como heroísmo mas ao menos como atitude, etc. No fundo o que há é a velha "mediocridade" do velho Acioly[2], meu professor do tempo do ginásio. Intelectual do ano, quando muito. Isto é, uma figura de proa numa canoa furada.

Não me fez bem ao espírito a leitura ontem à noite de Mounier. Ou antes, me fez até muito bem, pois me vi nitidamente no espelho, que ele, lá de cima, colocou diante dos meus olhos. E vi uma face bem diferente...

Vi, de perto, a mediocridade da vida e os sonhos de heroísmo desfeitos. Fica quando muito o testemunho. Mas no caso do Mounier foi um testemunho de quem tudo fez para ser heróico no duro, e não pôde ser porque... não houve a revolução.

No Brasil, quantos jovens estarão nessas condições! Quem sabe se ainda conspirando. Uma vez, por ocasião da renúncia do Jânio, estive aqui em casa com um jovem mineiro, que vinha pedir-me qualquer coisa em favor de um cubano (?) preso em BH, e me contou então que ele, o rapaz que veio aqui, e um grupo de estudantes, inclusive de moças, tinha partido de BH para o interior, a fim de organizar "guerrilhas" (sic). Tinha até *uma* [...] metralhadora. Achei tudo aquilo tão infantil, tão imitação, tão brincar-com-fogo! E de fato não tinha consistência alguma. Como não tinham os projetos revolucionários da AP confiando no Brizola, inclusive o Paulo de Tarso. Tudo isso se evaporou e alguns sofrem exílio ou prisão (penso que o tal casal de noivos[3] que encontrei no São Joaquim, amigos de dom Hélder e ajudaram a fuga do tal cabo Anselmo[4] – chefe da revolução dos marinheiros –, ainda está preso).

Tudo isso é autêntico heroísmo. Desperdiçado, talvez, pois nunca julguei viável tal revolução, mas, de qualquer forma, heroísmo e sofrimento. E portanto testemunho, logo martírio, em sentido lato. Ou mesmo estrito, pois muitos entraram nisso convictos de que defendiam a Fé.

E nós?

Eis a pergunta que me fica roendo a consciência.

Não consigo responder de todo à interrogação, senão fazendo um ato de contrição e pedindo a todos que evitem fazer qualquer elogio a quem sabe que não merece e não faz senão brincar de herói... se tanto. Dirá você: escrúpulos?

Sei lá.

Seja como for, o essencial no momento é que a leitura de Mounier à noite me fez um grande bem: intranqüilizou-me a consciência. E como vivo dizendo que nossa

2. Roberto Acioly; foi professor de Alceu no Ginásio Nacional (Colégio Pedro II).

3. Isa Guerra e Cosme Alves Neto, amigos de d. Hélder Câmara. Ver carta de 22 de maio de 1965, p. 502.

4. José Anselmo dos Santos (1941).Ver carta de 27 de março de 1964, nota 145, p. 356.

missão não deve ser tranqüilizar mas inquietar, pois "vim trazer ao mundo a espada e não a paz"[5] – terrível palavra...

(Toca o telefone, me chamando.)

Dirá você: basta de meditações soturnas de segunda-feira. Volte ao natural. E se contente com o que é, com o que você é, e não queira ser outro, sendo o que os outros querem que você seja. Coloque-se nas mãos de Deus e não banque o Bernanos, o trágico. Você não dá para isso.

Bem, vamos virar a página. E nos preparar para a mediocridade do cotidiano. Não é aos 71 que se muda de casca... mesmo lendo Mounier, ou pensando no casal de noivos preso, há 90 ou cem dias, porque pensou ter chegado a hora da "revolução cristã"!

E vamos rezar o breviário, para esfriar os miolos e deixar tudo como deve ser, nas mãos de Deus! Um velho em dúvidas é tão ridículo como um moço sem dúvidas.

P.

Petrópolis, 15 de janeiro de 1965

[...]

Em Minas o Magalhães Pinto, contradizendo tudo o que foi (ou quisera ter sido...), está nas mãos dos *fanáticos*. Ontem impediu a "tarde de autógrafos" do Seixas Dória, sob pretexto de que era ou poderia transformar-se num "*meeting* revolucionário". É a confissão de sua fraqueza. Está totalmente na mão dos militares, que se escondem por detrás das tais "Mulheres pela Democracia", ou coisa parecida. Belo Horizonte se transformou no reduto do mais abominável reacionarismo. Enquanto na Guanabara o Seixas Dória realiza, tranqüilamente, a sua tarde de autógrafos, em BH o acontecimento se transforma numa tremenda ameaça à revolução e à estabilidade do regime.

Quando eu penso que o Magalhães Pinto estava feito (como se diz) com o Miguel Arraes! Ou pior do que isso, pensava estar feito no lançamento da dupla Magalhães-Arraes, e quando lá estive, no Palácio da Liberdade, em outubro de 63, estava queixoso do Arraes, porque não se definia! Se o Arraes tivesse aceito ser vice na chapa do Magalhães, este a teria lançado desde fins de 63. E hoje estaria preso, como o Arraes, ou exilado como o Jango... Que política sórdida! Será o Rui que tem razão? Ou o "Chevalier"[6]? "A democracia não tem futuro...

Eta, mundo!

P.

---

5. Evangelho de Mateus 10, 34.
6. Não foi possível identificar a quem Alceu se referia desse modo.

Petrópolis,
16 de janeiro de 1965

[...]

E, passando ao mundo, agoniza Churchill! É o penúltimo dos grandes que se vai. O último será o De Gaulle. E é sem dúvida o maior de todos. Realmente, de sua decisão pessoal dependeu, sem dúvida, em certo momento – 1940 – a história do mundo. Se em vez dele estivesse um Chamberlain[7] à frente do governo inglês, quem sabe se não teria entrado em combinação com Hitler e a Europa estaria dominada pelo nazismo. Para os nossos atuais governantes teria tudo dado na mesma... Eles não são mais do que integralistas mascarados de udenistas, isto é, fascistas vestidos de liberais. E como o que importa é o corpo e não o vestido, se o nazismo triunfasse na Europa, em 1940, teríamos tido aqui o Plínio Salgado como *gauleiter*[8] e... Mas quem pode saber o que seria se fosse? Haveria tantos dados diferentes! Como, por exemplo: não haveria comunismo, pois Hitler teria esmagado a Rússia e por toda parte haveria a ditadura das direitas, inclusive o McCarthy nos Estados Unidos e os Goldwaters que por lá superabundam.

Teria sido realmente a universalização do nazifascismo e a morte da democracia antecipada às previsões do nosso Chevalier. Teria sido assim tão simples? Não haveria reação nenhuma. A raça eleita[9] teria exterminado os judeus? Em que mãos estaria a Igreja? São tantas as hipóteses que todas as conjecturas são possíveis. Como a História nunca é tão simples – e, assim como foi um pesadelo dissipado a revolução universal de Trótski[10], logo em seguida à vitória dos bolchevistas em 1917 – assim também não podia ter êxito universal a revolução universal de Hitler. O mundo é muito mais complicado do que o querem esses novos Alexandres do século XX...

P.

Petrópolis,
23 de janeiro de 1965

Agora mesmo estou lendo esse tópico do *JB* em que mais uma vez vem à baila essa história de que o Castello Branco lê os meus artigos. Não sei se é verdade. Alguma coisa de verdade deve haver. Se há, confesso que fico constrangido, pois afinal me tenho mantido numa atitude de crítica sistemática que seria motivo para que, de uma

7. Arthur Neville Chamberlain (1869-1940), político conservador britânico; como primeiro-ministro (1937-1940) fracassou no papel de mediador da Guerra Civil Espanhola (1936-1939) e na política de apaziguamento frente às aspirações nazistas, o que o levou a declarar guerra à Alemanha, após a invasão da Polônia (1939).

8. Neologismo alemão, dos anos 1940, para designar "chefe de distrito" no período nazista.

9. Alusão à ideologia nazista da superioridade da "raça ariana".

10. O líder revolucionário russo Lev Davidovitch Bronstein, (1879-1940), organizador do Exército Vermelho e fundador do jornal *Pravda*. Preconizava a "revolução permanente" e além das fronteiras soviéticas.

vez por todas, o presidente não desse mais atenção a esse tipo de crítica, por mais que outrora eu o admirasse ou tivesse a ilusão de o atrair... Mas não fui atraído, e me mantenho, pelo menos, arredio e defendendo teses antigovernistas (embora em um jornal governista) sem, por exemplo, criticar diretamente o próprio Castello por não ter dado nenhum passo no sentido da anistia, etc., e estar diretamente ligado ao grupo do antigovernismo sistemático, que é o do *Correio da Manhã* (Antônio Callado, Marcio Moreira Alves, Hermano Alves etc.).

Como explicar essa insistência do Castello? Tentativa paciente de me conquistar para a sua seara? Ou restos da "admiração" de outrora? Ou então, sinceramente, trata-se de um homem leal, que aceita as críticas com elevação de espírito?

Estou inclinado à última hipótese. Gostaria de o dizer publicamente, mas sem perder nada da minha linha de "livre-atirador", como ele próprio classificou, naquela famosa conversa telefônica, logo depois da publicação do "Terrorismo cultural". Ainda agora, foram excelentes as suas declarações num banquete, dizendo que não aceitaria qualquer prorrogação. Mas ainda ontem o Hermano Alves alinha uma porção de fatos, antes das declarações do Castello, desmentidos pelos próprios fatos subseqüentes. E o tipo que o saudou (um tal coronel reformado que foi diretor da Central no tempo do Getúlio) declarou ontem aos jornalistas que a opinião de toda (?) a alta oficialidade do Exército era de que não devia haver senão eleições municipais até 1970 (sic) e no Congresso os "chaleiras" já estão com um requerimento prorrogacionista, ou fazendo o presidente ser eleito pelo Congresso, com muitas assinaturas.

Por outro lado – e é isso que mostra os dois lados da política (e de tudo...), se houver eleições – como eu e comigo os que não toparam a abrilada propõem – só vejo um candidato com probabilidades de êxito: o Lacerda! A não ser que o Castello seja considerado elegível, por não ter sido *eleito pelo povo* em maio, mas *pelo Parlamento*; talvez um sofisma, mas que a meu ver não é de todo sofístico, pois o que a Constituição proíbe é a reeleição do presidente em exercício, e reeleição supõe uma eleição feita legalmente. E a eleição do Castello foi não propriamente ilegal, mas baseada numa lei especial e não na forma eleitoral constitucional... Em suma, eu quisera eleições, mas com o Castello concorrendo com o Lacerda. E nesse caso eu votaria no Castello. E comigo muita gente, boa ou má.

[...]

P.

Rio de Janeiro,
1º de fevereiro de 1965

[...]

Chegando, encontrei naturalmente vasta correspondência não aberta. E cartas como essa, que vai junto, e a que já respondi, por ser uma carta extremamente simpática e que representará a posição de muita gente a meu respeito. Qualquer coisa de parecida com o que houve em 1928, quando houve o que você sabe, no dia 15 de agosto. Mas... terá havido realmente uma mudança assim tão grande? É certo, por exemplo, que, há dez ou 15 anos, eu era todo udenista, mas sem ser da UDN (pois fui eu que fiz o primeiro programa do PDC, desde 1949 ou 50). Logo, nunca fui udenista. Mas fui brigadeirista. E considerava a UDN um partido de meia esquerda, simpático à minha própria posição. Hoje considero a UDN totalmente à direita, ou quando menos meia direita. E acho que assim o é. Não sou eu apenas que assim a considera. Logo, a UDN (a que pertence esse simpático deputado Oscar Correia[11]) é que mudou. Não fui eu. Ou mudamos ambos... Respondi com a mesma simpatia com que ele me escreveu, mas sem explicar motivos e encher-me de razões. Não estou disposto a discutir, mesmo com um estranho simpático, o que não tenho querido nunca discutir com amigos simpáticos, como o Adauto Cardoso, que deve ser um daqueles a quem o Correia se refere. É sempre o caso da minha velha máxima: digo o que penso, etc. e tal...

Soube pelo Roberto Acioly – que me telefonou agora para me convidar para ser diretor ou professor de uma escola de jornalismo de uma Faculdade de Filosofia que vão fundar em Teresópolis – dizendo-me que a *Última Hora* de hoje publica trechos da minha oração de paraninfo de sábado.

Bom, são quase 9 horas. Daqui a pouco recomeça a inana! Eta contrastes da vida! Na segunda-feira passada, perspectiva de seis dias de Santa Maria. Hoje, perspectiva de uma semana de sobe e desce, com o conselho no *per annum*...[12]

Così è la vita...[13]

Ciao!

P.

Petrópolis,
7 de fevereiro de 1965

[...]

Pois a verdade é que a todo elogio corresponde um ataque, como a todo direito corresponde um dever. Por isso é que o ideal é sempre não ser nem louvado nem censurado, ao menos publicamente. E é o que eu quisera. Mas o 1º de abril me levou sem

11. Oscar Dias Correia (1921), deputado federal ligado ao grupo dito "banda de música da UDN" e secretário da Educação do governo Magalhães Pinto. Advogado e professor, foi membro da Academia Brasileira de Letras.

12. "Durante o ano".

13. "Assim é a vida".

querer para os Jucas Patos[14] e outras tolices jornalísticas, de fundo político. Sem querer, me fui envolver nessas querelas, apenas por amor à liberdade e protesto contra os abusos da revolução, e sua máscara de respeitabilidade burguesa, udenista, latifundiária e marechalícia.

Estamos chegando ao fim do primeiro ano da "regeneração nacional" e tudo continua na mesma. Apenas as brigas são agora entre os próprios "revolucionários". As últimas são as descomposturas entre o Corvo e o Luiz Viana, ou entre os generais a favor ou contra as eleições. Enquanto isso, o povo continua a apertar o cinto e o Castello a fazer exortações aos negociantes para que "não subam os preços".

E o Magalhães Pinto se desmoralizando cada vez mais, com um caso de deposição do prefeito de Belo Horizonte[15], e bancando o "revolucionário", falando em nome da revolução e favorável a que não haja eleições. Isso porque teme que as eleições favoreçam o Lacerda, seu inimigo figadal (os piores inimigos são sempre os ex-amigos. *Et pour cause...*). De modo que, como te disse, apóio as eleições, que podem favorecer o Lacerda, e considero que a eleição do dito seria um desastre para o Brasil. Mas tudo na velha coerência: antes uma má democracia que uma boa ditadura. De modo que continuo a apoiar vivamente as eleições, mesmo com risco de um Lacerda no Alvorada, mas sabendo que cada vez mais os udenistas – e portanto a gente do partido do Lacerda – são os primeiros a propor a não-realização das mesmas, como se vê agora em São Paulo, depois que sentiam que iam perder, pois não têm nenhum apoio popular. De modo que estão fazendo uma força danada junto ao Castello para que não haja eleições. E é um tipo como o Adhemar (sic) que as quer.

Isso para você ver como anda esta nossa pobre terra. A gente é obrigada, por questão de princípio, a apoiar as mesmas teses da gente mais desclassificada ou mais perigosa. Que vaidade tudo isso! Eu acho tudo cada vez mais na mesma, com mais uma revolução inútil, como foi a quartelada de abril. Um ano perdido em lutas estéreis, em projetos mirabolantes, em promessas fantásticas. Só uma coisa tenho de reconhecer: a gente que até agora dirige a tal revolução não fechou os jornais nem as tribunas. De modo que ainda se pode falar. Até quando não sei. É a única coisa positiva do 1º de abril. Mas como isso já existia antes, o resultado é que realmente não valia a pena.

[...]

P.

14. Prêmio criado em 1962 pela União Brasileira de Escritores e pelo jornal *Folha de S. Paulo*, o Juca Pato é concedido ao "Intelectual do Ano". Alceu foi o laureado em 1965.

15. Jorge Carone Filho (1929) foi prefeito da capital mineira entre 1963 e 1965; foi sucedido no cargo por Oswaldo Pieruccetti (1965-1971).

Petrópolis,
11 de fevereiro de 1965

[...]

A semana foi entristecida, como você bem imagina, pela morte brusca do Schmidt[16]. Nosso relativo afastamento, durante o período J. J. J., não esfriou nossa amizade. E quando a revolução pisou nos seus calos, cassando o Juscelino, ele logo me telefonou: "Estamos de novo no mesmo barco"... Pois mesmo antes, por duas ou três vezes, ele me dissera: "Repare que nunca toco em seu nome, nos meus artigos de ataque" diante de uma situação que ele defendia ou que, pelo menos, eu não atacava. O que não impediu que o repórter do *Correio da Manhã*, dando uma notícia sobre ele, no dia seguinte da sua morte, tivesse dito que ele me acusava de contraditório por não ter atacado o Jango e agora atacar esta revolução. Ele – que foi o príncipe da contradição! – o que nada enegrece a sua figura, a quem eu amava realmente, de um carinho que nada tinha a ver com nossas opiniões políticas. [...]

P.

Petrópolis,
14 de fevereiro de 1965

[...]

Não tive tempo de escrever sobre o Schmidt. Talvez um pouco por um complexo qualquer, que não sei bem explicar. Será ressentimento? Ou sentimento? As duas hipóteses são possíveis. Pois há movimentos secretos que não conseguimos definir. Talvez devido àquele minúsculo fato (que nem cheguei a ler, mas soube por Mamãe, que lê todos os jornais) de ter ele me chamado de contraditório, embora sabendo que há muito discordávamos totalmente em matéria política, e ele era visitado, altas horas da noite, tanto pelo Juscelino como pelo Castello Branco, enquanto eu nunca quis, nem dei razões, para que esses altos figurões me procurassem... Mas a razão principal era mesmo a nossa atual colocação: ele à direita e eu à esquerda. Colocações aliás a serem tomadas *cum grano salis*[17], tanto a dele como a minha.

De qualquer modo houve entre nós, há muito, um afastamento político que impediu um contato mais íntimo, como houvera por alguns anos logo depois da morte do Jackson, e mesmo alguns anos depois de 30. Não saberia precisar quando cessou. Nem por que cessou. Diferença de temperamento: ele, homem de muitos amigos, e eu, sem vocação para amigos, e sem cultivar amizades e conversas, que ele, ao

16. Augusto Frederico Schmidt morreu a 8 de fevereiro de 1965.
17. "Com um grão de sal", isto é, com parcimônia.

contrário, adorava e estimulava, notívago que era, extrovertido, falador, gargalhador, fumador de charutos e *crampon*[18]. E tremendamente exigente. Por isso mesmo, há muitos anos suspendêramos os nossos almoços, que por algum tempo foram quase diários, na rua do Rosário, depois passaram a semanais, mensais e afinal reduziram-se ao de 31 de dezembro, dos quais o último há pouco mais de um mês, que foi mesmo o nosso derradeiro encontro, quando me chamou à parte para segredar-me que estava com seu telefone censurado, suas conversas gravadas pela polícia, e que o Lacerda era um "nazista" (sic). Insistiu muito: "Nazista, mais do que fascista!". Falou-me mesmo de uma conversa comprometedora para ele, pela sua franqueza, que provavelmente foi o que provocou sua suspeita de conivente com o atentado ao Lacerda. E sua ida ao ministro da Guerra. Mais uma vítima do Lacerda! Pois certamente essa suspeita de estar envolvido no tal atentado deve ter concorrido para afetar fatalmente seu coração, já tão combalido!

[...]

P.

Petrópolis, 16 de fevereiro de 1965

[...]

Esse ciúme entre os jornais é velho e lamentável. É um poder – ou mesmo um superpoder, como disse alguém em Sorocaba – mas um poder que vive se entredevorando, no meio de salamaleques de cortesia, e só se unindo quando ameaçado de mordaça. E isso mesmo cada vez menos, pois cada um acha que tem direito exclusivo à liberdade. Você vai ver que o *Estadão*[19] vai comentar, se o fizer, o final do meu discurso cobrindo a cabeça de cinzas e citando Leão XIII: "Não há liberdade para o erro..." São os fariseus do século XX, e não sei se te contei um episódio com o Jackson. Sim, com o Jackson, e portanto há uns bons 40 anos.

Ele, não sei como, se aproximou do Plínio Barreto[20], então redator-chefe de *O Estado de S. Paulo,* por causa do suicídio de um filho deste. Voltando ao Rio, o Plínio pediu-lhe que colaborasse n'*O Estado.* O Jackson disse ao Plínio que certamente não publicariam seus artigos. Imagino eu que estes eram até mesmo forçadamente reacionários e ultramontanos, tipo Veuillot[21], pois isto aconteceu logo depois da conver-

---

18. "Grampo"; no sentido familiar, pessoa importuna.

19. O jornal *O Estado de S. Paulo.*

20. Jurista (1882 -1958), foi governador provisório de São Paulo entre os dias 6 e 25 de novembro de 1930 e deputado federal (1946-1951).

21. Louis Veuillot (1813-1883), jornalista católica francês, redator-chefe do jornal *Univers,* o qual transformou em órgão de apoio ao ultramontanismo, doutrina que defende a autoridade e o poder absoluto do papa, definidas em 1870 pelo Concílio Vaticano I – embora não exatamente nos termos extremados que Veuillot pregava.

são do Jackson, e este estava ainda mais radical do que quando o conheci, e sobretudo depois da condenação da Action Française, em 1926, que o conteve um pouco. O Plínio insistiu. Ele, do Rio, mandou um artigo. A resposta veio, cheia de mesuras, mas... negando. Naquele tempo *contra o clericalismo* (como provavelmente alegavam, contra o Jackson), hoje contra o *esquerdismo católico* (como alegam contra mim...). Fariseus em ambos os sentidos.

[...]

Encontrei uma explicação que me parece inédita para *Iracema* (como para o próprio *Guarani):* o protesto contra a *industrialização* do Brasil, que começava então. E de que era símbolo a primeira estrada de ferro lançada por Mauá[22]. Por isso pedi a sua tia Lúcia o livro do seu avô Alberto (que eu tenho mas não sei onde) para averiguar a data da inauguração dessa primeira estrada de ferro. Leio que foi 1854, ou por aí. E nos tais *Filhos de Tupan,* na parte manuscrita, que creio inédita, Alencar simboliza a industrialização na *máquina* das estradas de ferro. Creio que por isso é que escreveu o poema *Iracema,* como que em defesa da natureza virgem. Há estrofes muito significativas e que, creio, permitem portanto ligar o poema não apenas a um reflexo de Chateaubriand[23], contra o que ele sempre protestou, ou a um simples devaneio individual ou ao prosseguimento do indianismo de Gonçalves Dias, mas sempre ligado a um movimento social e econômico capital: a passagem do Brasil de país essencialmente agrícola (de que o romantismo era a expressão literária) a um país gradativamente industrializado, de que o naturalismo, no século XIX e o modernismo no século seguinte representam a face literária.

Essa colocação de *Iracema* creio que é nova, e basta para justificar as horas que passei fuçando os velhos originais do seu autor, e me tranqüiliza um pouco, quanto ao convite do Castello Branco[24] e ao pedido do Augusto Meyer: "Escreva qualquer coisa à altura do Tristão", o que me assustou, pois temo sempre que me peçam qualquer coisa, ou esperem de mim qualquer coisa. E até ontem não sabia o que dizer do *Iracema* que não fosse o já mil vezes dito e redito. A leitura desses originais do poema quase inédito de Alencar já me permite ao menos apresentar uma explicação que talvez não tenha sido até hoje feita. Talvez... Pois na verdade nunca procurei enfronhar-me em alencarismo, e só o convite do Castello e as palavras do Meyer é que me forçaram a ir vasculhar o arquivo alencarino, o que fiz aliás com o maior prazer.

[...]

P.

22. Irineu Evangelista de Sousa, visconde de Mauá (1813-1889), empresário e político brasileiro, considerado um dos pioneiros da indústria nacional.

23. François-René de Chateaubriand (1768-1848), escritor francês e expoente do Romantismo literário. De uma obra de juventude escrita antes de 1800, na qual evocava uma comunidade indígena americana (os natchez), Chateaubriand extraiu e desenvolveu duas outras narrativas, "René" e "Atala". Dividida entre seu amor pelo índio Chactas e a vida religiosa cristã – aspiração de sua mãe –, a índia Atala prefere morrer.

24. O jornalista Carlos Castello Branco.

Petrópolis,
23 de fevereiro de 1965

[...]

A frase ficou tão comprida que o melhor mesmo é deixá-la sem conclusão lógica alguma... A conclusão é que, ultimamente, e sobretudo depois do Jânio, nunca mais me preocupei senão de *dizer o que penso*... [...]

P.

Petrópolis,
24 de fevereiro de 1965

[...]

Ah, como se perde tempo quando se dispõe dele! Acontece, aliás, o mesmo com o dinheiro: quanto mais se tem, mais tolamente, ou inutilmente, se gasta! No tempo em que eu precisava descer para o Rio no trem das 6:10, achava tempo de ir pelo menos à comunhão das 5:25, de preparar concursos e escrever livros.

Hoje em dia, como estou de folga, vou à missa das 8 e só agora, às 11:30, é que me solto das garras dos jornais para o nosso bate-papinho. Quando penso nisso, só me consolo com um número: o 71... Sempre serve para alguma coisa. Realmente penso muito nele. Outrora nunca pensava no número do *ano*. Agora penso muito, mas nunca com desconsolo. Muito menos com angústia. Nunca com desespero. Ao contrário, com um sentimento meio egoístico de conforto e de... desculpa. É isso. De desculpa. Se não faço isto ou aquilo como deveria fazer... lá vem o 71. Se faço isto ou aquilo que não deveria fazer... lá vem o 71. Se... etc., etc. O 71 sempre presente. Se só às 11:30 é que escrevo à minha menina... o 71. Se não fiz nada de bom nesse dia... o 71. Basta. [...]

P.

Petrópolis,
6 de março de 1965

[...]

Mas o discurso do almirante Martini[25] – é o nome dele, que não se esquece facilmente por causa do *cocktail* – foi todo belicoso, a favor dos Estados Unidos, e com a

25. Luís Teixeira Martini (1903- ?) esteve à frente da Escola Superior de Guerra (1961-1965) e depois das Forças Armadas (1965 -1966).

perspectiva de uma guerra no Vietnã, ex-Indochina. Para essa gente a *guerra* continua a ser hoje o mesmo de sempre: uma coisa normal, um processo sadio de fazer vencer o bem, ou pelo menos de fazer vencer o nosso país nas lutas internacionais.

Eu também pensava assim, em... 1914. Cinqüenta anos depois considero a guerra uma monstruosidade, nada mais. E acho que a bomba atômica tornou a guerra uma aberração. Mas para essa gente agaloada a guerra continua a ser... a salvação da humanidade e a defesa da "civilização cristã". Para essa gente, tudo o que os últimos papas têm dito contra a guerra é apenas uma capitulação diante do comunismo e uma traição à cavalaria das Cruzadas... Péguy pensava assim, *hélas!* Léon Bloy também. Bernanos também. Maritain, não. Merton, não. Dorothy Day[26], não. Esta então está mais próxima de Gandhi[27] que todos os demais. Dorothy Day é a redatora principal e quase única do *Catholic Worker*. Um dia Maritain me disse que Dorothy Day ia longe demais no seu pacifismo... Como eu... Hoje em dia tenho até repugnância pelo nome *guerra*. Mas o próprio concílio não chegou a condenar totalmente a guerra atômica. Nem mesmo toda guerra. Será que realmente a não-resistência, a não-violência não estão perfeitamente dentro da mensagem de Cristo? Eis um ponto que trabalha sempre a minha consciência. O direito à legítima defesa é realmente um direito natural. Não consigo chegar ao ponto de o negar. Mas o direito, ou antes, o dever sobrenatural não é o de... entregar a outra face, quando nos batem em uma? Será que não devemos estender às nações e seus povos o que é um conselho de perfeição para os inimigos? Não que eu o pratique. O meu instinto me leva a reagir. E se não o faço sempre, não é por virtude, mas por fraqueza. E é este, outro ponto delicado. Na não-resistência onde pára a covardia, onde começa a virtude heróica?

Hei de morrer sem resolver estas antinomias... [...]

P.

Petrópolis,
16 de março de 1965

[...]

Houve outra manifestação sintomática do divórcio entre o governo e a mocidade. Quando ontem o Luiz Viana foi dar a aula inaugural na Faculdade Nacional de Filosofia sobre Rui Barbosa, todos os alunos, dois terços da sala, se retiraram

26. Dorothy Day (1897-1980) fundou, em 1933, junto a Peter Maurin, o movimento *Catholic Worker* (*Operário Católico*), que veiculava uma revista de título homônimo e pregava a pobreza voluntária, a não-violência, o culto à razão e à ajuda ao próximo. Houve protestos importantes do grupo contra a guerra do Vietnã, a bomba atômica, as injustiças sociais e o racismo.

27. Mohandas – ou Mahatma – Gandhi (1869-1948), líder da independência da Índia e adepto da não-violência.

silenciosos mas sintomaticamente. E parece que à noite o mesmo se reproduziu na Faculdade de Direito. Defendem todos os estudantes – ou confessam, ao menos tacitamente – que o que *aí está* é uma mascarada democrática, que se passa nas cúpulas, mas sem que o povo e os moços dela participem. E uma revolução sem povo e sem mocidade pode ser um espetáculo teatral, mas é tudo menos uma revolução democrática!

[...]

P.

Petrópolis,
30 de março de 1965

[...]

Leio também que esta madrugada transferiram o Miguel Arraes de prisão. É uma tática conhecida para evitar as conseqüências do habeas-corpus, que muito provavelmente o Supremo Tribunal irá conceder-lhe. Só se dá habeas-corpus quando o tribunal sabe qual é a "autoridade coatora"; e se o prisioneiro passa de uma autoridade a outra, poderá ser motivo para o adiamento do julgamento. E digam que estamos em regime de liberdade!!!

Esse estúpido "golpinho" que uns brizolistas fanáticos deram na fronteira do Rio Grande[28], se não foi tramado pelo próprio governo para justificar as medidas de exceção, é realmente uma provocação criminosa do brizolismo, e bem justificaria a expulsão do Brizola do Uruguai, pelo governo uruguaio, pois o tal ex-coronel que deu o golpinho alega que agiu por instigação do Brizola, o que não duvido, pois esse Brizola realmente parece que merecia estar atrás das grades, essas mesmas grades que, injustamente, continuam a manter preso um homem totalmente inocente e digno, como o Arraes, que aliás não conheço.

[...]

P.

28. O coronel reformado do Exército, Jefferson Cardim Osório, vinha de criar as Forças Armadas de Libertação Nacional.

Petrópolis,
31 de março de 1965

Um ano de revolução! Não escrevo nenhum comentário. Por quê? Talvez porque sinta em mim, cada vez mais, uma absoluta incapacidade de me meter em política e a necessidade de refrear um pouco a própria participação jornalística do comentário semanal dos acontecimentos. Minha vocação irresistível e profunda é para as coisas vistas de cima, em conjunto e de largos horizontes. Fora disso me sinto como um peixe fora d'água. É a aplicação daquela frase não sei de quem, aplicada a não sei quem: "especialista em idéias gerais".

É possível que comente ainda o primeiro aniversário de um movimento que condenei e que tenho comentado, durante esses 12 meses, com uma atitude crítica que me identificou como contra-revolucionário? Ora, não me sinto como tal. Sou, ou creio ser, supra-revolucionário, pois considero toda revolução – isto sim é uma convicção segura – como uma atitude primária e contraproducente, embora por vezes inevitável.

Há momentos, como você sabe, em que considero que Marx tem razão e que o processo de marcha da História só se faz mesmo através de golpes e contragolpes. Mas enquanto Marx vê nisso um bem, eu vejo (que pretensão...) um mal, e nisso estou plenamente de acordo com a invariável doutrina da Igreja que prega até, desde São Pedro, a obediência aos maus governos *etiam discolis*[29]. Aliás, confesso que só me sinto à vontade quando leio... o papa. Cada vez mais identificado com ele e com sua posição Evidentemente ainda me sinto mais com João XXIII, mas mesmo assim o fato é que, como temperamento, sou mais Paulo VI que João XXIII. Explico: em João, era a criança piedosa que dominava tudo. Em Paulo, é o intelectual piedoso. E queira ou não, fui picado pela mosca da *intelligentsia* e até morrer sofrerei do mal. De modo que os *buts* do nosso Paulo VI na realidade estão mais próximos do meu próprio "penso, logo hesito", do que daquela luminosa simplicidade do nosso pai João, que via tudo tão claro e dizia tudo tão simplesmente, por uma intuição verdadeiramente angélica. É por isso que o amo, ao passo que admiro o seu sucessor, com quem me sinto tão identificado no que diz, embora também, como ele próprio, com os meus *buts*, quando ele procura acender duas velas e contentar um pouco *tout le monde et son père...*[30] Mas deste mal também sofro eu e talvez por ter ultimamente tomado uma atitude mais partidária em política é que não me sinta com disposição de comentar este primeiro aniversário. Teria de dizer: sim, mas... E seria logo acoimado de udenista ou de arrependido, e por outros de... hesitante. [...]

O fato é que esta manhã, nesta imperial cidade de Pedro II, lá estarão as garbosas tropas do 1º Batalhão desfilando na rua XV, com as lojas fechadas e imagino que pouco público... Enquanto isso, o governo solta foguetes a favor de si mesmo, como

29. "Mesmo aos perversos". Alusão à Primeira epístola de Pedro, 2,18. São Pedro (*c.*10 a.c.- 67) – discípulo de Jesus Cristo nascido em Betsaida, Galiléia, conhecido como o Príncipe dos Apóstolos e tido como fundador da Igreja Cristã em Roma – é considerado pela Igreja Católica como o primeiro papa.

30. "A todo mundo e a seu pai".

todos os governos naturalmente, e o Lacerda ataca a política econômica do dito, ressalvando o Castello, para ensaiar a sua entrada para o gabinete, como sucessor do Roberto Campos. Tudo isso é tão mesquinho, tão confuso, tão terra-a-terra, que não consigo me interessar por essa mixórdia onde as coisas boas e más se misturam e eu fiquei, por mal ou por bem, identificado com a oposição, quando na realidade continuo a ser o que sempre fui – com perdão da palavra – um marginal, um espectador, um tipo que não tem fórmula alguma salvadora, e por isso sempre teme criticar, a não ser os escândalos nítidos contra a liberdade, como ao menos no início deste ano de "revolução direitista", foi o "Terrorismo cultural."

Mas os moços continuam a olhar para mim, e isso me... chateia.

[...]

P.

Rio de Janeiro,
5 de maio de 1965

[...]

Voltando aos estudantes. A atmosfera entre eles é cada vez mais de ação direta e imediata e de protesto contra tudo o que anda por aí. Quando falei contra o absurdo do Brasil apoiar (só o Brasil, a Bolívia e o Paraguai!!!!!) a atitude dos Estados Unidos[31] em Santo Domingo agora (mandando tropas – 15.000 homens – para esmagar um movimento da maioria absoluta da população contra o governo ditatorial), os aplausos foram frenéticos, como quando falei contra a lei que restringe as atividades estudantis nas universidades. Mas quando se passa à ação, e eu sou mais discreto e desaconselho métodos de violência, aí começam as discordâncias, sempre cordialíssimas, mas só de um grupo pequeno. Em conjunto tudo correu no maior entendimento. E os aplausos, tanto no início como no meio (inclusive quando expliquei as razões pelas quais eu não fazia política militante) e no fim, foram tão calorosos que fui logo dizendo: "Esta sala me traz penosas recordações, hoje varridas por estes aplausos, que considero como uma manifestação da posteridade. Nesta mesma sala, há 32 anos passados, quando nenhum de vocês era nascido (!), eu fazia meu segundo dos quatro concursos que fiz para ingressar na universidade" etc.

[...]

P.

---

31. Em abril de 1965, os EUA ocuparam a República Dominicana – permanecendo no país até setembro de 1966.

São Lourenço,
13 de maio de 1965

[...]

É em torno disso que gira a minha inclinação por Teilhard, que se choca um tanto com o meu velho maritainismo tomista e faz com que eu sempre me recuse a ser chamado de *tomista.* Pois o tomismo é muito mais estático – relação tempo-eternidade – que dinâmico, como é o teilhardismo – passado-presente-e-futuro. Como gosto de fazer combinações, não me resigno a opor um ao outro, como o fazem o cardeal Journet, inimigo número 1 de Teilhard, e o próprio Maritain.

O Sucupira tambem é anti-Teilhard... Engraçado como sinto uma ligação qualquer entre o reacionarismo e o antiteilhardismo. Por isso é que me choca mais a atitude de Maritain. Naquela nossa conversa em Toulouse, ele me disse que toda a filosofia francesa moderna estava impregnada de fenomenologia e de teilhardismo também, pois o que mais me levou a Maritain filósofo, pelos idos de 1925, foi a sua abertura ao futuro, embora baseado filosoficamente numa filosofia do passado, ou antes, da estabilidade do ser. Mas esta projeção no sentido do tempo, tão clara no *Humanismo integral*[32], especialmente em matéria político-social, é que mais me levou a Maritain. E o que em 1962 me chocou um tanto (embora eu o explique pela morte de Raïssa) foi o total desinteresse de Maritain pelas coisas do presente, inclusive pela ação de João XXIII e de suas encíclicas (só a *Mater* é que tinha aparecido). Maritain era precisamente a Igreja aberta e Teilhard é precisamente a expressão dessa abertura. E os antiteilhardistas são, por isso mesmo, os da Igreja fechada, cuja expressão máxima é o Plínio e são os Corções, os Sucupiras, os Gilberto Freyres, os Lacerdas, em suma, tantos que há 20 anos pertenciam, se não à Igreja aberta (o Freire nesse tempo era esquerdista...), pelo menos aos que olhavam para o futuro e não para o passado. Tudo isso, toda essa diversão teilhardiana não sei como surgiu. Só se foi por ter ontem folheado, aqui na estante, a primeira edição dos *Mitos de nosso tempo*[33], escritos aqui na fazenda em 1942, e ter verificado que começo o prefácio com uma longa citação de Teilhard, no tempo em que nenhum de seus livros tinha sido publicado, e eu o citava apenas na base de um artigo dos *Études*[34], nitidamente anunciando a sua preocupação com o futuro e a afirmação de que o nosso mundo moderno estava em plena mutação. Daí a minha insistência na Igreja como "voltada para a Idade Nova" e não para a "Idade Média", e as minhas discussões com o Bernanos, todo medievalista. Ao passo que Maritain combatia essa volta ao passado. Tudo isso era lógico e eu encartei os meus valores dentro desse quadro. Hoje vários deles se deslocaram, creio eu, mas às vezes fico pensando se não fui eu que me desloquei, como eles dizem.[...]

P.

---

32. Alusão à obra de Maritain, *Humanisme intégral: problèmes temporels et espirituels d'une nouvelle chrétienté* (Paris: Fernand Aubier, 1936), traduzida por Afrânio Coutinho sob o título *Humanismo integral: uma nova ordem cristã* (1941).

33. Livro de Alceu publicado pela José Olympio em 1943.

34. Revista mensal dos jesuítas, editada em Paris.

Rio de Janeiro, 21 de maio de 1965

[...]

O Arraes sumiu ontem. E deixou um manifesto, explicando por que o fazia. E como o dito foi distribuído no escritório do Sobral, quis a polícia também implicar o Sobral no caso. E a Rádio Globo de ontem à noite (um repórter do *Diário de Notícias* me havia prevenido) deu o Sobral como sob ameaça de prisão. Ele agora mesmo me explicou, porém, que houve realmente vontade disso. Mas o Adauto Cardoso procurou o próprio Castello Branco, que lhe declarou que "na área militar" nada havia contra o Sobral. "E na área policial?", perguntei-lhe. Ele riu, dizendo que "o Carlos" nunca permitiria isso e agora mesmo acaba de inaugurar uma "Escola Sobral Pinto" com um decreto em que tece a ele, Sobral, os mais rasgados elogios... "Mas tem-se visto tanta coisa hoje em dia", repliquei, esperando em Deus que nada houvesse pois o fato é que a falta do Sobral, por prisão, por exemplo (ontem à noite o senti no coração, ao saber da notícia, felizmente falsa, e hoje mesmo ofereci a comunhão nessa intenção) – nos deixa o sentimento de que ficamos desprotegidos, numa situação como a atual.

O Sobral é realmente o único – digo bem, o único – que enfrenta de cabeça erguida e sem papas na língua. Agora mesmo me explicou os atritos que vem tendo com os tais capitães encarregados dos IPM[35] na Polícia do Exército, que juraram vingar-se dele. Pelo contrário, diz que nesse ano em que por lá andou na defesa dos "chineses"[36] nunca teve o mínimo incidente. Contou-me inclusive o seguinte pretexto que invocaram: há dois anos, ele teve notícia de que o Álvaro Vieira Pinto perdera a fé e se tornara comunista. Escreveu-lhe então uma carta, fazendo-lhe um apelo a que voltasse à fé etc. Pois bem, a propósito desta carta é que o tal encarregado do IPM queria ouvi-lo. E ele se recusou, escrevendo uma carta em termos violentos que vai me mandar. Por quanto tempo essa gente vai permitir que um homem sozinho enfrente essa turma de revolucionários sedentos de sangue?

Contou-me ainda (aliás, está na tal "declaração" do Arraes) que o próprio presidente da República dissera a "uma alta personalidade" (deve ser o Milton Campos) que a prisão do Arraes era um ponto de honra na revolução, que se consideraria fracassada (sic) se não o fizesse. "Isso é absolutamente exato", disse-me o Sobral. E isso basta para mostrar o clima real em que andamos.

[...]

P.

---

35. Inquéritos Policiais Militares, decididos e conduzidos por membros das Forças Armadas.
36. Ver carta de 5 de dezembro de 1964, nota 406, p. 483.

Rio de Janeiro, 22 de maio de 1965

Quase que ia deixando a carta para depois. Depois de escrever um prefácio prometido para um livro "terrível" – o do Marcio Moreira Alves – sobre as torturas de presos políticos no Brasil desde abril do ano passado[37]. Passei os olhos agora mesmo pelo livro, de que conhecia parte, pois foram reportagens publicadas no *Correio da Manhã*, mas desconhecia outras muitas. São páginas terríveis, e têm uma nota de veracidade – embora impossível de comprovação total – que deixam a gente arrepiada.

A que mais me impressionou foi o relato da Isa Guerra, aquela moça da JUC e da AP, que conheci rapidamente, um minuto, no Palácio São Joaquim, antes da revolução, quando dom Hélder me apresentou a ela e ao noivo, que estavam justamente tratando de papéis, creio eu, para uma bolsa de estudos na Europa. Parece que facilitaram a fuga de um marinheiro, o cabo Anselmo, que foi quem promoveu o tal levante da Marinha no fim do governo Jango. O relato dos seis meses que essa moça passou presa – e hoje ainda está, mas recolhida a um convento, à espera de julgamento – é de arrepiar, pela sua sobriedade. O Marcio me pediu que escreva um prefácio contra o "terrorismo", e com urgência. Vamos ver se posso fazê-lo amanhã em Petrópolis.

Que aspecto terrível temos do nosso Brasil, a despeito de toda a sua doçura..., quando tocamos assim de perto a realidade terrível de uma revolução em ação, com toda essa miséria, acobertada pela famosa desculpa, "fariam o mesmo conosco se vencessem". Será que o mundo está condenado eternamente à crueldade? Será que o preço do pecado original é irrecuperável? O máximo que podemos conseguir é quando muito atenuar esse horror contínuo ou apenas transferi-lo para a vida eterna em que o céu, o purgatório ou o inferno fixarão para sempre os nossos destinos, para lá de todos os horrores da vida no tempo, que se repetirão sempre enquanto o tempo durar?

[...]

P.

---

37. *Torturas e torturas*, que seria editado em 1966.

Rio de Janeiro,
27 de maio de 1965

[...]

Outro caso de ontem. O meu xará me contou que, ao procurar o dr. Oliveira Salazar, em Lisboa, este lhe perguntou "pela família do dr. Afrânio Peixoto". E depois, maciamente, acrescentou: "E como me explica a posição do dr. Alceu Amoroso Lima?"... O Austregésilo de Athayde lhe disse então que era "a posição de Maritain e dos dominicanos". O ditador não respondeu. O xará ainda me disse que lhe dissera: "Dr. Salazar, se eu estivesse aqui, estaria com os opositores de Vossa Exa.".

O Salazar lhe teria dito: "Não, o senhor compreenderia. Foi assim que pusemos ordem nas finanças e no país". E acrescentou: "Que me diz da imprensa brasileira, onde até se acusa o dr. Juscelino de ladrão?", etc.

Os ditadores têm horror à liberdade de imprensa. É por isso que o tal governador Passarinho[38], homem 100% da abrilada, disse ao voltar de Lisboa: "Se querem ver o que é uma ditadura, vão a Portugal". Falou claro!

Estamos caminhando para lá. Chegaremos lá? Não sei. Ontem também estive com o tal amigo do ex-governador Mauro Borges[39], que me foi pedir um prefácio para o livro em que o Mauro Borges explica a sua posição. Eu recusei, mas prometi escrever sobre o livro, logo que apareça.

[...]

P.

Rio de Janeiro,
28 de maio de 1965

[...]

Como sempre, procedo sem procurar saber se estou ou não sendo coerente com o passado e apenas seguindo o que me diz o presente. Daí a possibilidade contínua dessas mudanças e contradições. É certo que, se declarei, na resposta ao Carlos Lacerda, o que eu escrevera há 30 anos, subscreveria isso hoje quase que integralmente. Mas não há dúvida de que me desloquei da direita para a esquerda, embora sempre no centro, e especialmente na linha da Igreja, 100% com João XXIII e 99% com Paulo VI. [...]

---

38. Coronel Jarbas Passarinho (1920), colaborador do regime militar, era, na época, governador do Pará (ele chefiou o Executivo daquele estado entre 1964 e 1966). Foi ministro da Educação (1969-1974) e do Trabalho (1967-1969), além de senador (1974-1983).

39. Provável referência à obra *O golpe em Goiás*, editado ainda em 1965.

Mas, voltando ao Brasil, leio nos jornais a conferência que dom Jorge Marcos[40] fez no Sedes Sapientiae, onde também terei de falar na próxima quarta-feira. E estou 100% com ele, que está bem na linha de João XXIII, embora tocando em pontos políticos, que na realidade são apenas pontos sociais. Gostaria eu de fazer o mesmo na minha falação, que prevejo vai ter também sala cheia, gente em pé, boataria, expectativa, tudo coisa que cada vez mais abomino. Agora não tenho mais tempo de escrever, e será o que Deus quiser, de inspiração na hora, como foi naquela conferência dos dominicanos, logo depois da abrilada.

[...]

Veja você que clima estamos vivendo, e como esse grupinho de fanáticos, acobertados pelo Castello Branco, vai perpetuando entre nós esse estado de inquietação, de medo, de boatos, que ultrapassam de longe o passado – pois naquele tempo não havia IPMs nem coronéis prendendo e interrogando impunemente, num processo de perseguição do pensamento, que é tipicamente totalitário, com a capa de democrático, e portanto uma pura e simples impostura.

Não sei se é porque naqueles tempos eu fazia apenas literatura e indústria (pobre Cometa...), mas tenho a impressão de que nem no tempo do Bernardes, nem no do Getúlio, – que foram os de supressão de liberdades mais patentes, – nunca houve a insegurança de agora. Ninguém está livre hoje de ser envolvido num IPM, e ser preso, a não ser que se coloque ao lado da milicança que está dominando. Tristes tempos em que somos obrigados a viver. Chegar aos 70 anos para assistir (?) a isso. É certo que no ano em que nasci – 1893 – era esse o clima, não há dúvida, e os "intelectuais" andaram foragidos em Minas (Laet, Bilac, Coelho Neto (?), dezenas de outros), ou então no estrangeiro mesmo, como Rui Barbosa. Será que o florianismo (que papai tanto apoiava...) era ainda mais linha-dura que o castello-branquismo ou do que será amanhã o lacerdismo? Pois a última deste comediante de ontem foi uma longa entrevista de reaproximação com o Castello: *morde e sopra.* E como o Castello tem medo dele, ele acaba se impondo, pelo medo, ao rebanho dos políticos.

Como gostaria de estar longe de tudo isso, na União Pan-Americana, por exemplo!

[...]

P.

40. Dom Jorge Marcos de Oliveira (1915-1989), bispo de Santo André, no estado de São Paulo (1954-1989).

Rio de Janeiro, 12 de junho de 1965

[...]

[...] E compreendendo agora, que entre os casais mais espiritualmente unidos, Deus está sempre como o amor maior, de preferência ao amor do outro. Maritain estudou e publicou tudo isso em artigos da revista *Table Ronde*, se não me engano, e que creio ter reunido no seu último volume sobre o qual não escrevi e creio que coloquei na estante em Petrópolis, desconfiado, como te disse, que isso tenha representado, *subconscientemente, por erro meu*, certo esfriamento em relação ao mestre, causado por suas reservas (só reservas?) contra... o novo (não digo mestre, mas... sei lá o quê) Teilhard, com cujo otimismo e projeção para o futuro me encontro hoje mais identificado do que com o tomismo puro de Maritain. Será uma irreverência ou uma temeridade o que estou dizendo?

É um problema que vem me perseguindo há muito, há pelo menos dois anos, desde que li melhor Teilhard. O que me apaixonou neste não foi sua ciência, nem por estar na moda, nem mesmo... por ter contra si o "tigre das Laranjeiras"... Foi por ser otimista e acreditar no futuro. Creio ser este o ponto crucial do meu teilhardismo.

[...]

P.

Rio de Janeiro, 29 de junho de 1965

[...]

Ai, que saudade! E sem saber que, naquele momento, havia por todo o Brasil jovens que liam avidamente os meus rodapés domingueiros, especialmente nas províncias, como o Mário de Andrade ou o Capanema ou o Aurélio Buarque de Holanda ou o Josué Montello me contaram. Mal sabia eu que responsabilidade literária, naquele momento, eu assumia, entre os modernistas revolucionários, que eram ainda recebidos com tantas reservas, mas que eu, pelo menos, sustentava, embora sem ser um deles. E os conservadores consideravam aquilo uma tolice, como o Afrânio, por exemplo, que fazia como o Laet, versinhos de troça. Eu estava como sempre entre as barricadas.

Tempos idos, tempos remotos, tempos que de vez em quando, como ontem à tarde, irrompem dolorosamente da memória, como que um abscesso que se abre e cuja rememoração faz sofrer, mas alivia. E o refrão do "*nunca mais*" passa a cantar cá por dentro como um sino. Passei assim minutos, com o livro fechado, o uísque ao lado, as mãos na cabeça, revivendo os tempos de Dona Mariana, e com uma saudade cruciante da crítica, dos tempos de crítico de *O Jornal*, alheio (intelectualmente) a tudo que não fosse a sua tarefa dominical, enquanto vocês cresciam como a erva dos campos! Saudade, saudade, saudade. Que lugar vai tomando cada dia maior em minha vida!

[...]

P.

Rio de Janeiro, 25 de setembro de 1965

Tomara ver já passada esta fase pré-eleitoral, que está degenerando numa luta feroz de estraçalhamento recíproco, tão oposta ao que aspiro e que seja um regime de liberdade. Não desejo ou antes não espero que os homens mudem de natureza. Nesse ponto não acompanho Teilhard de Chardin. Não vejo que o evolucionismo prossiga *além do homem*. Mas não vamos nos aventurar por esses caminhos, muito mais ousados do que os dos espaços siderais...

[...]

P.

Rio de Janeiro, 28 de setembro de 1965

À medida que se aproxima o domingo eleitoral a luta se vai tornando mais áspera, com o Lacerda responsabilizando diretamente o Castello Branco, se "triunfar no Rio a aliança dos comunistas com os negocistas" (sic). Esta a linguagem do Lacerda, que está tentando mais uma vez articular um golpe de que seja ele o beneficiário, já que nos três outros casos: contra o Getúlio, contra o Jânio e contra o Jango, ele ficou de lado. Agora quer estar *na frente e sozinho*.

Como sempre acreditei que o perigo para o Brasil não era o comunismo mas o fascismo ou antes o direitismo, tipo salazaresco, o Lacerda representa direitinho o herói carismático deste tipo, empolgando os dedos-duros das Forças Armadas, especialmente da Aeronáutica, onde o Brigadeiro é hoje apenas uma figura de proa, um espectro redivivo, doido por voltar à sua bicicleta e ao seu mito furado, e os novos são loucos como o seu *führer*[41] Lacerda, que está fazendo tudo para empalmar a revolução

41. "O condutor", no sentido de chefe ou dirigente; título conferido a Hitler por seus adeptos.

de março de 64, e não sair mais do Alvorada, como salvador do Brasil. Daí a jogada do "vale-tudo" que está fazendo aqui na Guanabara.

[...]

P.

Rio de Janeiro,
3 de outubro de 1965

Até que Santa Teresinha ficou hoje em segundo plano por ser domingo e missa "verde" e por ser domingo eleitoral, depois de uma campanha, aqui na cidade, que criou uma atmosfera de alta tensão, que amanhã vai de novo explodir, quando começar a semana da apuração.

Prognóstico?

Quero errar, pois vou votar no Negrão de Lima[42].

[...]

Bom, qual o prognóstico? Flexa Ribeiro[43]. Será por superstição que o digo para não ter decepções? É possível.

[...]

Pois os "Negrões" têm uma convicção absoluta e até baseada em argumentos sólidos, que possivelmente representem os fatos, de que a vitória do Negrão é *barbada*. Um desses argumentos é que "a UDN sozinha nunca chegou a ganhar eleição alguma na Guanabara".

Respondo: o Flexa não é candidato da UDN. Nem mesmo do Lacerda. É candidato das *obras do governo Lacerda*. E essas obras ninguém pode negar.

E o eleitor carioca vota mais por motivos administrativos que por motivos políticos. E como é, por natureza, volúvel e superficial, vota mais pelo que vê do que pelo que sente ou pensa. O carioca não pensa muito e sente apaixonadamente, isto é, por impulsos e superficialmente. Ora, o que se vê no Rio hoje são as obras do governo Lacerda. Não só na zona sul, como na zona norte. Foi até o maior erro do Lacerda, e talvez isto lhe custe a vitória: não ter confiado apenas à campanha eleitoral do seu pupilinho as obras do seu governo. Teria ganho na certa. Mas não se conteve: vendeu a cabeça e como viu que o Flexa na realidade não passava de um bodoque e não tinha nenhuma aptidão para ser um David, que fez? Arregaçou as mangas e foi pras ruas, vociferando. Terá com isso ganho alguns milhares de adeptos: os mais violentos, os do "brizolismo"... mas também terá perdido muitos.

42. Francisco Negrão de Lima (1901-1981) candidato da coligação PSD/PTB, vitoriosa, ao governo da Guanabara.
43. Carlos Otávio Flexa Ribeiro, candidato lacerdista que disputou a eleição contra Negrão de Lima.

Mas, por essas e outras, o pleito será duro e nenhum dos candidatos terá maioria absoluta. Terão de ir para a Assembléia Estadual, que provavelmente confirmará a maioria relativa de quem a tiver alcançado, mas também poderá mandar proceder a uma nova eleição pública, no que não creio.

A última palavra será mesmo da Assembléia..., entre mortos e feridos, pois os deputados estaduais, em sua absoluta maioria, são uns drogas, capazes de todas as violências.

Em suma, acredito que o Flexa vença por pouco. Mas torço com todos os dedos possíveis pela vitória do Negrão, mesmo sabendo que o Lacerda, nesse caso, será ainda mais *tumultuante*, pois voltará ao jornalismo, que é o seu elemento, depois de um repouso nos Estados Unidos ou na Europa, e de volta para novas tentativas. Se o seu pupilinho ganhar, este se lançará então ainda mais furiosamente contra o Castello Branco. Mas isso já nos levará longe. Basta-nos o presente, que já é bastante confuso.

[...]

P.

Rio de Janeiro, 4 de outubro de 1965

[...]

Mas o importante hoje não são as nossas eleições, embora nos toquem de perto e afinal a todo o Brasil, representado por 11 Estados, inclusive Minas[44] (o Juscelino anunciou que *chega hoje...*[45]).

O importante é a viagem do papa à ONU! Isso sim é que nos toca a fundo. Pela terceira vez nos dá o nosso Paulo VI um grande motivo para crer que, apesar de tudo, é para o futuro que ele olha, como o nosso grande e inesquecível João, e não para o passado e não para o equilíbrio, a fim de não desgostar ninguém nem à direita nem à esquerda. E como o João contentou demais as esquerdas, o Paulo procura só contentar as direitas. Não. Esta terceira viagem está para lá dos lados. Está bem *para a frente e para o alto.*

E é nessa direção, nessa dupla direção, que estamos com ele, o Paulo VI, sucessor de João, o Montini, pelo qual tanto torcemos e é nessa dupla direção também que está o feito sensacional do papa em Nova York.

Já antevejo – e ainda será mais importante – a quarta viagem: à Polônia, o ano que vem, se conseguir vencer a resistência dos "Corções" romanos.

44. Além de Minas Gerais, os únicos estados que tiveram eleições diretas foram Alagoas, Goiás, Guanabara, Maranhão, Mato Grosso, Pará, Paraná, Rio Grande do Norte e Santa Catarina.

45. Em 4 de outubro, após um ano e quatro meses de estada na Europa – parte na França e parte em Portugal – Juscelino voltou ao Brasil, contrariando a direção de seu partido, PSD.

É o décimo centenário, ou coisa parecida, da Virgem de Szertochowa[46], na Polônia, e dizem que Paulo VI vai. Tomara que vá. Será o primeiro contato pessoal com um país de governo comunista! Será a quebra do pior tabu dos "Corções": o comunismo igual ao anti-Cristo. Mas que assim fosse, ou antes, sobretudo se assim for, é que o papa deve ir à Polônia, como um dia irá a Kiev, e a Moscou, e a Pequim. Mas isso já não será para meus dias... O importante é que hoje, pela quinta vez, um papa pisa o solo americano. E vai falar a 115 (ou 120?) nações, algumas pagãs, outras atéias, pregando a paz, – único terreno em que é possível pregar *a una voce*[47] – e o amor também. E o papa vai falar *contra a miséria*, ao que parece, e será o terreno comum do amor, da caridade, da justiça.

(A letra ainda está pior que de costume, pois estou escrevendo com o tal lápis-tinta que Henriquinho (Dodsworth) me deu, e piora ainda mais – se possível – minha bela caligrafia...)

P.

Petrópolis,
10 de outubro de 1965

[...]

Pelos jornais, parece que o Castello mantém a palavra. O Lacerda ontem tirou a máscara e mostrou que chegou ao auge do desespero e por isso mesmo está atirando os últimos cartuchos, na esperança de provocar a *sua revolução*, feita pelos coronéis ou brigadeiros ou almirantes subversivos, que ele está açulando para desencadear a "segunda revolução", a fascista. E o brigadeiro "é o primeiro"! O perigo ainda não está afastado e até 5 de dezembro, dia em que o *louco lúcido* (pois explora friamente a sua própria loucura) terá [...] de entregar a Guanabara ao Negrão[48]. Até lá, ainda podemos ter surpresas desagradáveis.

P.

---

46. Ou Czestokowa, centro de peregrinação religiosa em torno da chamada "Virgem negra".

47. "Voz uníssona".

48. A posse de Negrão – ameaçada por intensa campanha de Lacerda, inconformado com a derrota de seu candidato – ocorreu no dia 5 de dezembro; foi garantida pelo Poder Judiciário e pelo então presidente Humberto de Alencar Castello Branco.

Rio de Janeiro,
12 de outubro de 1965

[...]

Enquanto isso, o Lacerda continua a proferir impunemente os seus impropérios contra o Castello Branco, fazendo tudo para ser preso e com isso desencadear o golpe militar. Até agora nada conseguiu, mas, enquanto tiver a mínima possibilidade de o fazer, o fará. Não sei se o Sobral, a esta altura dos acontecimentos, já voltou à sua velha e exata qualificação de que o CL era "o homem mais pernicioso do Brasil". Ele (Sobral) está calado, talvez porque esteja acompanhando a via crucis diária do Juscelino, de IPM em IPM, mas não pode concordar com esses projetos de "revitalizar a revolução", como estão dizendo, e que na prática representam um novo Ato Institucional de 9 de abril de 64, contra o qual ele mesmo – que recebeu a revolução de 31 de março de braços abertos, como o fizera com a de 1930 – protestou de modo tão categórico que até chorou (sic) quando leu o tal ato. Vamos ver o que dirá agora do novo ato[49].

[...]

P.

Rio de Janeiro,
14 de outubro de 1965

[...]

O fato é que estamos numa véspera difícil de prever. Agora mesmo um jornal que explora o "quanto pior, melhor", como a *Tribuna da Imprensa,* que apesar de tudo ainda é órgão lacerdista, publica um manifesto de "capitães" contra o Castello, que é um ajuntamento de verdadeiros impropérios. Até que ponto a preocupação de não tomar medidas violentas (senão contra os decaídos e desarmados...) que possam provocar a queda do Castello e a entrega do poder às feras vai permitir essa crescente inversão total de disciplina, em que só os violentos e truculentos têm a ganhar? O governo mandou hoje uma mensagem às Câmaras que é a verdadeira institucionalização da ditadura, por meio de um segundo Ato Institucional. E o argumento é sempre ser necessário "dar pasto às feras, para que não me comam"... O resultado é sermos comidos por partes e não por inteiro.

[...]

P.

49. Em 27 de outubro seria promulgado o Ato Institucional nº 2, que extinguiu os 13 partidos políticos existentes.

Petrópolis,
19 de outubro de 1965

Os jornais desta manhã trazem uma má notícia política, que penso ter foros de verdade, embora não seja oficial: o Castello Branco teria proposto desistir da prorrogação do seu mandato (que ele próprio aceitara há um ano, até o fim de 66) propondo que em janeiro o Congresso elegesse um novo presidente, indicando para isso o nome de três generais (um dos quais o atual ministro da Guerra[50]) e um civil, o atual presidente da Câmara, Bilac Pinto, que é um udenista da facção Lacerda.

Quer isto dizer, se for verdade, que mais uma vez a arrogância do Lacerda consegue os seus fins, derrotando o seu quarto (ou quinto?) presidente da República. Vitória da linha dura, isto é, do que eu sempre digo – as revoluções têm um ritmo implacável e as primeiras são mansas (fase Castello) enquanto as segundas são as bárbaras (fase ?), fase esta que agora se inicia depois de as eleições de 3 de outubro terem revelado que o povo queria exatamente o oposto.

O que eu tanto temia está em vésperas de se realizar e por mãos do Lacerda. Mais uma vez fica demonstrado que, quando se rompe com a legalidade pela revolução, tudo tende aos extremos. Para fugir ao suposto extremo do Jango, vamos cair no real extremo de um qualquer sargentão de galões e bordados ou de um civil mais dócil aos sargentões do que seria o próprio Lacerda, ou o próprio Bilac Pinto. Ou então um que tem um pé em cada setor – o civil e o militar – que seria o próprio Juracy Magalhães. Não duvido que este seja o candidato *in petto*[51] do Castello e aliás já tomou posse ontem no cargo de ministro da Justiça, degrau para o Palácio do Planalto. Não creio que o Lacerda veja essa solução com bons olhos, pois embora fazendo o que ele quer, isto é, derrubar o Castello e radicalizar a revolução, fazem-no *sem ele.*

Vamos ver como tudo isso evolui. De qualquer modo, será contra tudo o que o povo quer – como o disse, secretamente, nas urnas de 3 de outubro, e como eu o proclamo abertamente desde 1º de abril de 1964. Até quando poderei continuar a dizê-lo, não sei. É possível que, na melhor das hipóteses, tenha de voltar a fazer... crítica literária...

P.

---

50. O general Arthur da Costa e Silva.

51. "Guardado no peito", isto é, preferido mas não anunciado; a expressão vem do costume papal de criar, eventualmente, algum cardeal sem tornar público o seu nome.

Rio de Janeiro, 19 de outubro de 1965

Os jornais continuam a ser contraditórios. Ora prenunciando a nova ditadura, ora considerando a possibilidade de um arranjo, com a submissão da Câmara, uma vez mais, aos caprichos do Executivo. Estou inclinado à primeira hipótese, pois tenho a impressão de que desta vez esticaram demais a corda e a Câmara dá indícios de ter vergonha. Se assim for, não vejo outra saída para o governo atual – que demonstra não ter forças para resistir à linha dura – a não ser humilhando o Congresso. E como este dá a impressão (pode ser que mude à última hora, acovardado pelo medo de perder o emprego...) de que desta vez resiste, estamos mais próximos do que nunca de 1937, quando o Getúlio e o Góis Monteiro fecharam o Congresso e por oito anos instalaram o famoso Estado Novo, com um Tribunal da Segurança, que se sobrepunha a todas as sentenças dos tribunais regulares.

Estamos madurinhos para a segunda revolução – a implacável – pois em 30 anos tudo se tornou muito mais violento e os ódios muito maiores. Queira Deus que assim não seja, mas quando os milicos estão de posse do poder e convictos de que são "os bons", conforme dizia ontem o Juracy, tudo se pode esperar. Este Juracy foi tirado da Embaixada em Washington para tentar aqui dominar a política, aproximando os grupos contrários, especialmente os lacerdistas e juscelinistas. Pois o fato é que, em face do tratamento que os IPM têm imposto ao JK desde sua volta, ele tem crescido muito na opinião pública – inclusive no meu apreço pessoal – pois tenho horror às humilhações impostas, por mais que as procuradas e aceitas sejam o melhor meio de santificação pessoal!

É curioso examinar a reação de cada um nesta fase da revolução. Digo, dos que a fizeram. Nenhum proclama a verdade de que quem faz uma revolução é engolido por ela. A revolução é sempre muito mais forte do que os revolucionários. E os esmaga, principalmente quando é... uma falsa revolução. E é isso que nenhum deles admite: que a revolução de 64 foi uma falsa revolução. Ou antes, os que a desencadearam, fazendo-a sem o povo, estão agora neste dilema: ou fazem o que o povo quer, incorporando-o à revolução, ou apertam o cerco e calam o povo, como estão querendo fazer os coronéis fascistas que dominam o Castello.

Este, pessoalmente, é um democrata e gostaria de resolver as coisas democraticamente – estou convencido. Mas agora ele já não consegue parar o carro na descida. Já uma vez, quando o Lacerda atacou o Roberto Campos (Planejamento) e o Bulhões[52] (Fazenda), o Castello disse que "no meio da ladeira não se troca a parelha de burros" (sic). E agora a ladeira está na sua parte mais íngreme e já não se trata de um carro de burros mas de um caminhão de doidos, desgovernado!

De modo que é engraçado ver, por exemplo, a reação do Magalhães Pinto, atribuída hoje a ele por um desses comentaristas de jornal. Diz o MP: "É o povo que faz as

52. Octavio Gouvêa de Bulhões (1906-1990), ministro da Fazenda de 1964 a 1967.

revoluções. Quando o povo as condena, é que os revolucionários traíram a revolução". Isto é: se as urnas de 3 de outubro condenam a revolução, não condenaram *a revolução* mas os revolucionários, logo o Castello. É no fundo a tese do Lacerda.

Esquecidos ambos de que partem de uma premissa falsa: é que não foi o povo que fez a revolução. Fizeram-na alguns militares e alguns civis em nome do povo mas sem nenhuma participação deste, a não ser de algumas classes médias. A massa mesma ficou silenciosa ou hostil. De modo que, na primeira oportunidade, mostrou que estava contra. E agora a revolução está com a batata quente na mão e o que teria de fazer seria mudar de rumo, como o povo quer. E não mudar de rumo como querem os duros, os integristas, os fascistas.

Bom, basta de política. Preciso trabalhar. [...]

P.

Rio de Janeiro,
24 de outubro de 1965

A estas horas, em Brasília, está se decidindo não digo a sorte do Brasil – porque esses pigmeus não têm estatura senão para decidir, e olhe lá, a sorte de si próprios – mas está se decidindo o crepúsculo das nossas liberdades, das que nos restavam ainda, depois que a milicança começou a "salvar a pátria" a partir de 1º de abril.

Vão decretar amanhã o estado de sítio, isto é: a suspensão de todas as garantias constitucionais. De todo o poder do Executivo, é o que significa esta palavra – estado de sítio – que já tantas vezes tive ocasião de ouvir ao longo de minha vida e foi usada pelo Bernardes durante todo o seu quatriênio. O governo chegou à conclusão de que não conseguia dobrar nem o Legislativo nem o Judiciário, obrigando-os a votar voluntariamente (o Legislativo) e a aplicar voluntariamente (o Judiciário) a nova legislação draconiana que os milicos impuseram ao Castello, que é um moleirão. O Castello então, "para salvar a democracia" (pois hoje em dia todos querem salvar a democracia e os que mais clamam por sua salvação são os que mais a afundam. É caso de pedir a Deus que acabem com a democracia, para vermos se assim ela se salva...). O Castello, repito, decretou o estado de sítio.

Então o Castello, colocando o "general"[53] Juracy Magalhães na pasta da Justiça, vai fazer o que o Milton Campos[54] se recusou a fazer: liquidar (por quanto tempo?) a ordem jurídica brasileira. Então o meio foi preventivo. Como o Congresso não ia votar a legislação draconiana pedida pelos milicos, estes (com o Castello à testa) fecham o Congresso e reduzem o Judiciário a uma posição subalterna, retirando-lhes os privilé-

53. General-de-divisão reformado, Juracy assumiu o Ministério da Justiça de outubro 1965, permanecendo no cargo até janeiro de 1966.

54. Milton Soares Campos deixou o Ministério da Justiça em outubro, retornando ao Senado.

gios legislativos e judicativos que possuem constitucionalmente. E impondo-lhes, provisoriamente, o estado de sítio, que é uma ditadura provisória do poder Executivo.

O Bernardes governou, por quatro anos, com essa ditadura provisória. E nós podemos ter, por 40 (já que com a inflação tudo aumenta), a mesma ditadura legal provisória... E tudo isso feito não apenas pelos milicos mas por aqueles que mais violentamente combateram o Bernardes (do estado de sítio) e o Getúlio (do Estado Novo). É este o golpe que está se preparando neste momento em Brasília, e que dizem que o serviçal Juracy vai anunciar logo mais à noite pelo rádio.

Voltamos atrás do modo mais vergonhoso. Não retrocedemos ao Getúlio, como diz a *Time*. Retrocedemos ao Bernardes, se não ao Floriano. Este, o bonito resultado dos revolucionários de 1º de abril.

E o engraçado é que o Lacerda, ainda desta vez, está do outro lado, *do nosso lado*! Sim, do nosso lado, pois está contra o Castello e portanto contra a legislação que ele (Castello) quer impor ao Congresso, contra o Juracy, contra o ministro da Guerra, contra toda a *clique* militar que vai desencadear a "segunda revolução", que o Lacerda vai passar a combater... em nome da " terceira revolução"...

Eis aí a engrenagem que previ e que Deus queira ainda possa não se realizar. Mas não vejo jeito. Pelo menos a segunda, a dos milicos, a dos coronéis e generais, esta está aí. Como a de 30 foi a dos tenentes e o Jango – ou pelo menos o Brizola – queria a dos sargentos... Todos loucos, todos visionários, à esquerda ou à direita.

Essa nova colocação do Lacerda vai ser das mais pitorescas. O Lacerda ao nosso lado... Essa só mesmo o demônio podia prever. E ao lado dos integristas, que também estão contra a legislação draconiana, de modo que estão também do nosso lado. Só vendo...

Acontece que nós somos lógicos. Sempre consideramos o golpe de 64 como o começo de novos golpes, pela ação da engrenagem revolucionária. Ao passo que os reaças (lacerdistas e integristas) julgaram empalmar a revolução para si. Como os militares ficaram com ela, pois foram eles de fato que a fizeram, deixaram todos os civis na mão. E eles agora – os civis reacionários que queriam a revolução das direitas, mas feita por eles e não pelos militares – estão no ora-veja. A não ser – e nada tem de impossível – que mais uma vez tentem tirar a sardinha com a mão do gato. E como os milicos são uns primários, deixam que eles façam, com o estado de sítio, a segunda revolução, ainda não *bem totalzinha*, até que eles então façam a terceira, mancomunando-se com os próprios milicos, que não vão saber o que fazer com a segunda, como não souberam o que fazer com a primeira.

Enquanto isso, o Brasil que se dane e a liberdade que eu terei, idem. Adeus, artigos e croniquetas, a menos que resolvam manter a liberdade de imprensa para americano ver, pois no fundo tudo é questão de dólares, e sem os dólares dos USA[55] nenhuma revolução se agüenta num país de 79 milhões de famintos para 1 milhão de indigestos... [...]

P.

55. Referência ao pedido de empréstimo junto ao FMI, no valor de US$ 125 milhões.

Rio de Janeiro,
26 de outubro de 1965

[...]

Já nem sei onde estava. Creio que me referia à possibilidade de uma nova 1932, isto é, a revolução paulista, e constitucionalista, que foi a segunda – aliás fracassada militarmente mas afinal vitoriosa politicamente – pois em 34 veio a Constituinte, cujo resultado aliás provocou a famosa frase do Getúlio ao Ronald de Carvalho (seu chefe de gabinete), que este me reproduziu no próprio dia 16 de julho, quando foi promulgada a nova Constituição: "Esta foi feita pelo Palácio Tiradentes (sede do Congresso) contra o Palácio Guanabara (sede do governo federal naquele tempo). A próxima será feita pelo Guanabara contra o Tiradentes" (sic). Estas palavras do Getúlio ao Ronald em 1934 eram confirmadas em 1937, com o Estado Novo!

Estamos de novo, 30 anos depois, em situações análogas!

[...]

P.

Petrópolis,
27 de outubro de 1965

É possível que a estas horas já estejamos com o novo Estado Novo, isto é, com a ditadura legalizada e portanto com a segunda revolução instalada no Brasil. Todos os direitos estão agora, de novo, nas mãos de um comando revolucionário e com um Ato Institucional nº 2, que renova os poderes ditatoriais do Ato nº 1, de 9 de abril de 1964, e coloca os destinos de todos nós nas mãos da Justiça Militar (sic). Para mim é esta a suprema execração. A Justiça Militar sempre foi a chamada justiça de exceção. Agora se transforma essa justiça de exceção em justiça comum, transformando-se o Brasil inteiro num campo de concentração.

Pergunto agora: até quando – ou antes, até que ponto – vão respeitar a liberdade de idéias? De momento, acredito que não a vão cortar drasticamente, introduzindo nos jornais a censura prévia, proibindo artigos, etc., como se fez durante o estado de sítio.

Mas isto apenas por dois motivos: primeiro, para americano ver, respeitando as aparências da democracia; e segundo, mais maquiavelicamente, para poderem detectar melhor os inimigos do regime e assim poderem processar-nos como subversivos... E no entanto tudo isso é uma subversão total da Constituição que o Castello Branco jurou defender, quando foi eleito, "inconstitucionalmente" aliás, pelo Congresso. E no entanto é ele o primeiro a encabeçar a insurreição anticonstitucional, sob pretexto de defender a democracia.

Estamos em pleno domínio da impostura, da impostura moral, política, econômica, psicológica, tudo. No dia 31 de março, quando o San Thiago Dantas me falou pela última vez ao telefone (a propósito de sua eleição para a academia, pois eu não ia à sessão e ele então me disse que mandaria buscar meu voto pelo jardineiro, como de fato o fez. Nunca mais ele iria poder falar!) – já a revolução estava deflagrada em Minas e o San Thiago se dirigia para o Palácio das Laranjeiras, onde ainda estava o Jango. Perguntei a ele o que ocorrera, admirando-me da atitude do Magalhães Pinto e querendo saber que probabilidades tinha o Jango de resistir. "Poucas", me diz o San Thiago. "Fala-se que alguns elementos aquartelados às margens do Paraíba lhe são fiéis. Mas creio que está tudo perdido. E você já pensou no que vão ser 20 anos de ditadura direitista?" (sic).

Sua profecia começa ou antes continua a realizar-se. Temos apenas ano e meio de ditadura direitista. Faltam apenas... 18 e meio. Quer dizer que até o fim da minha vida terei de viver sob esse regime, sempre em oposição (como aliás tenho vivido toda a vida), mas agora muito mais na fogueira, mesmo que seja apenas a das idéias. E por isso pergunto a mim mesmo: até quando e até que ponto temos o direito de pensar e de exprimir essas idéias? Enquanto durarem esses 18 anos e meio... E como não chegarei lá, em hipótese alguma, até o fim da minha própria vida.

Fico pensando no amargor de gente como o Sartre ou a Simone de Beauvoir que se traduz no que dizem em suas memórias pois esperavam um *coup de barre à gauche* e tiveram o *coup de barre à droite* do De Gaulle e do gaullismo. E o gaullismo é o nosso lacerdismo. E mesmo o "lacerdismo sem Lacerda" do Castello e de seu Ato Institucional nº 2, em que o próprio Lacerda é surrupiado de suas idéias por aqueles que fizeram a revolução com propósitos democráticos...

Até quando poderei livremente escrever o que penso? É no que penso neste momento. Egoísmo? Como não sou político, nem o serei jamais, mas não me posso frustrar a tomar posição nesta sombria batalha antidemocrática, só tenho como campo de batalha o das idéias e das palavras. Da liberdade de dizer e escrever. Se vão considerar a minha opinião, mesmo sem ação, como subversiva, já não terei meio algum de lutar e volto às letras ou ao silêncio. Às memórias!!! Se não ao exílio. Tudo isso é muito sombrio. Mas é a realidade. E temos de encará-la de frente.

O Rui Coutinho me telefonou comunicando o *consumatum est*[56]. Procurei ouvir pelo rádio mas o oficial acabara de dar as notícias do tenebroso Ato Institucional nº 2 e encerrara a transmissão. E todas as demais estações só tinham música ou silêncio, o que é a fórmula do nosso cesarismo 1965, como o neronismo era *pão e circo*.

[...]

P.

56. "Tudo está consumado"; o último grito de Jesus em sua agonia, segundo o Evangelho de João 19,30.

Rio de Janeiro,
28 de outubro de 1965

[...]

O tal segundo ato – Ato Institucional nº 2 – ainda é pior que o primeiro. Coloca-nos, como disse o Sobral ontem a um repórter, "em plena ditadura militar". Contra ela só há três caminhos: aceitação, revolução, oposição. Este último é o meu caminho.

Mas até que ponto será possível fazer oposição, mesmo que seja como é a minha, de idéias e de artigos de jornal ou conferências. Ainda não se sabem ao certo os limites dessa "tolerância" oficial pois estamos nesta triste situação: a autoridade é ilimitada e a liberdade é condicionada. E condicionada ao ponto de se poder dizer – suprimida.

Ah, quanto eu quisera ter me enganado quanto à *engrenagem* da revolução de 64!

[...]

Infelizmente não me enganei nas previsões e vejo hoje realizado aquilo que o Lacerda propunha na Câmara há dez ou 15 dias, quando com escândalo geral, sobretudo da UDN, pela palavra do Afonso Arinos, propunha a proclamação de um estado de emergência!

[...]

Sabe quem mostrou, mais uma vez, que pode ser maluco, *mas tem caráter e vergonha*? O Lacerda.

Ficou mudo, desde ontem. Pois sua situação é a mais estranha possível: tudo isso que aí está são idéias dele, mas postas em prática contra ele, ou pelo menos à sua revelia! Como disse alguém: "É o lacerdismo sem Lacerda". Perfeita diagnose.

Foi posto à margem, agora, como o foi em 64. Acredito que aí fique, pois creio que realmente é um sujeito mil vezes superior a toda essa miuçalha que anda por aí, a começar por Castello, Juracy e companhia, sem falar nos sargentões e aproveitadores. Acredito até que "renuncie" ao governo, antes de 5 de dezembro. Pois os novos deuses já concederam que "vão dar posse aos eleitos", pois se comprometeram a isto e, *estamos em democracia.*

[...]

P.

Petrópolis,
2 de novembro de 1965

Nunca, como nestes dias tumulares, o pensamento da morte foi tão atual. Devo logo confessar uma fraqueza: nunca pensei tanto na morte como *libertação da vida*, como hoje. E este não é um pensamento correto. Cristo veio pregar o amor da vida e o sentido da morte, como *plenitude* da vida. É um dos grandes paradoxos do cristianismo. De modo que tudo que seja olhar para a morte como negação da vida, ou como libertação da vida, *não é cristão.* É puramente instintivo e portanto pagão, no sentido natural do termo, isto é, está de acordo com os *fatos da natureza* e não com os fatos naturais.

Fatos da natureza são todos os que ocorrem na natureza. Fatos naturais são todos os fatos *bons* que ocorrem na natureza. Direito natural, por exemplo, não é apenas a faculdade que nos arrogamos de usar de nossos poderes, e sim a faculdade de fazer o que deve ser feito. Há dias, gravando uma entrevista sobre *liberdade* para a Rádio JB (que aliás me esqueci de ouvir), defini a liberdade como sendo "o direito que temos de fazer o nosso dever". Ora, considerar a morte como uma libertação (como diz o último grande romance, *Jack*, de Alphonse Daudet, sobre a morte de Jack, um rapaz sempre infeliz: "*mort non, delivré!*"[57]) é uma concepção da morte pouco ou mesmo não cristã.

Pois bem, diante do que se está passando no Brasil, o que sinto é a morte como libertadora. Invejo os mortos. San Thiago Dantas, por exemplo. A morte como solução para os problemas da vida não é solução cristã. E no entanto é o que estou sentindo e por isso preciso te dizer.

[...]

P.

Petrópolis, 3 de novembro de 1965

[...]

[...] o marechal-presidente, hoje prisioneiro de seus próprios companheiros da primeira hora – como acontece normalmente em todas as revoluções, que se nutrem dos seus próprios pais e criadores até que os filhos sejam por sua vez deglutidos pelos netos, e todos juntos deglutam também os que condenam toda essa nutrição e antinutrição macabra, com que o nosso Brasil de outrora, de ontem mesmo, está ficando tão desfigurado, que já não o reconhecemos – ficou deslumbrado com os métodos da guerra revolucionária e das guerrilhas, da guerra fria e do neofascismo, comunismo, salazarismo, franquismo, gaullismo, macarthismo, de todas as idéias loucas que cruzam os ares dos nossos tempos, e resolveu então, esse pobre Brasil envergonhado de si mesmo, adotar todo esse apetrecho bélico, para remodernizar. E temos então os marechais, generais (Juracy e companhia), coronéis e até mesmo alguns capitães, formando um *soviet*[58] de bonés e dragonas, mandando os civis às favas e tomando conta do campo a ferro e fogo, mas com atos, institucionais e complementares, semelhantes

57. "Morto não, libertado"; o romance *Jack* é de 1876.

58. Em russo,"conselho"; a partir da revolução de 1917, passou a designar os conselhos, ou comitês, de operários e soldados, assim como as instituições parlamentares da antiga União das Repúblicas Socialistas Soviéticas.

aos *ukases*[59] czaristas ou aos decretos do *terror* francês do século XVIII ou do terror stalinista ou hitlerista ou mussolinista, e introduzindo em nossa legislação (sic) coisas abomináveis tais como a *delação*.

Realmente, o Ato Complementar nº 3, de ontem, permite que "qualquer pessoa do povo" denuncie qualquer pessoa por "atos anti-revolucionários" (sic). Quer dizer, se as damas fanáticas da Camde[60] considerarem que os meus artigos são "atos anti-revolucionários" (e ninguém jamais poderá definir o que sejam atos anti-revolucionários, senão aqueles que *os revolucionários julgam ser atos anti-revolucionários*), estamos fritos. Estamos inteiramente no regime da pura

DELAÇÃO

que julgávamos privilégio do nazismo e do stalinismo. Hoje, está consagrado por uma lei [...] da revolução de 27 de outubro de 1965, data mais funesta para o Brasil do que o 11 de novembro de 1937, que os atuais autores dessa "legislação" draconiana e inumana consideravam como sendo a data mais vergonhosa da nossa História, e por isso formularam o *slogan*: "Lembrai-vos de 37". O brigadeiro Eduardo Gomes, à frente dos antropófagos que acabam de comer os seus próprios pais e a si mesmos, no caso dos fundadores da UDN, que nasceu para "democratizar" o Brasil e está hoje enterrando a democracia *en ayant l'air de la défendre*[61].

[...]

P.

Rio de Janeiro,
26 de novembro de 1965

[...]

Por isso é que cada vez mais concentro *na liberdade* a idéia fundamental de uma sociedade justa. O limite da liberdade deve ser apenas *impedir o seu abuso* para oprimir os fracos ou os pobres. Mas mesmo na repressão contra esse tipo de abusos é preciso *usar a liberdade*, e o que estamos vivendo faz com que isso se torne em mim uma verdadeira obsessão.

[...]

P.

---

59. Em russo, "publicar"; originalmente aplicada às decisões czaristas, tornando-se depois sinônimo de decretos arbitrários.

60. Campanha da Mulher pela Democracia, sob os auspícios do regime militar.

61. "Dando a impressão de defendê-la".

Rio de Janeiro,
4 de dezembro de 1965

Estamos em plena vigília da terceira revolução. A conspiração está a ponto de explodir, e ontem o nosso Hitlerzinho pronunciou o mais violento dos seus discursos de ataque ao Castello Branco. E um dos seus grandes eleitores, o almirante Heck, lançou manifesto à nação, enquanto dois coronéis a mais foram "presos" [...], porque se manifestaram expressamente solidários com outros "coronéis" subversivos.

Toda essa brigalhada entre os "galões" é típica do movimento golpista em ação e nele identifico a terceira revolução em marcha, que pode explodir de hoje para amanhã, durante a posse do Negrão, como pode – de um momento para outro, depois da posse – tornar esta tão precária que até mesmo há no Supremo Tribunal Militar um processo contra o Negrão, por ter aceito, ou mesmo provocado, o apoio dos comunistas à sua eleição, que muito possivelmente – senão muito provavelmente – termine mesmo por uma condenação do Negrão ao menos à "prisão preventiva" pedida por um coronel – um tal famigerado Ferdinando de Carvalho[62], encarregado do IPM do PC[63] – o que determinará a acefalia do governo e a intervenção na Guanabara.

Eis o clima em que estamos vivendo estas horas do último mês do ano, com as engrenagens revolucionárias funcionando implacavelmente como um mecanismo de relojoaria, e contra o qual só mesmo uma intervenção da Providência pode ter êxito, evitando a todos nós o horror de um governo fascista, embora com o título de "autenticamente" ou "radicalmente democrático" ou "democrata radical" – ou que nome tenha – com o nosso Hitlerzinho à testa e em torno de si os coronéis que o assessoram e cuja mentalidade primária ou fanática – ele, o novo *führer*, venha a fazer o que seu arquinimigo de 1937 queria fazer (e o Plínio Salgado fez), pois inteligência, maquiavelismo e demagogia não lhe faltam.

[...]

P.

62. Coronel Ferdinando Carvalho (1918-?) militar, anticomunista, quadro permanente da Escola Superior de Guerra.

63. Inquérito Policial Militar contra o Partido Comunista.

Rio de Janeiro,
6 de dezembro de 1965

Os golpes só vêm quando não anunciados. Tanto se falou no golpe de ontem[64] contra a posse, com uma conspiração já em início e cuidadosamente preparada por quem sabe como ganhar – isto nos próprios meios militares, poupando-nos contra outros golpes – tanto se proclamou tudo isso que a *divulgação* entregou o plano dos conjurados. De modo que é provável, já agora, que a conjuração tenha sido... conjurada, voltando-se o feitiço contra o feiticeiro, exclusivamente porque o *top man*[65] agiu a tempo! Se o Castello, ele próprio, tivesse querido, o Negrão não estaria hoje no Palácio Guanabara. Esta é a triste condição a que estamos reduzidos. Não foi porque houve eleições e o Negrão as ganhou que ele foi empossado, e que provavelmente também o último golpe baixo, o da *prisão preventiva* pedida pelo fanático coronel Ferdinando de Carvalho (nome a guardar como um dos anjos-negros da época, que amanhã, se os neofascistas triunfarem, será um dos bambas da situação...). Mas o triste, como eu ia te dizendo, é que, se tudo correu como devia correr, não foi porque *a Lei* prevaleceu, mas porque prevaleceu a *vontade* do chefe do governo. É o símbolo da ditadura.

P.

---

64. Alusão à tentativa Ferdinando Carvalho – com relatório baseado no IPM nº 709 – de impedir a posse de Negrão de Lima, acusando-o de comunista.

65. "O homem do topo", o mais poderoso.

1966

Rio de Janeiro,
2 de janeiro de 1966

[...]

Ainda ontem o Hermano Alves, a quem eu dissera: "um fato vale mais que mil argumentos", contou-me a situação do Cruz Costa[1], catedrático de filosofia da Faculdade de Filosofia da Universidade de São Paulo, que está obrigado a se apresentar uma vez por mês à delegacia, não pode sair de São Paulo e, quando foi interrogado, o tenente lhe perguntou: "O senhor é bom brasileiro?" e, para comprovar, acrescentou: "Então me recite a segunda estrofe do Hino Nacional" (sic).

E, como diz o presidente da República, "não há nem nunca houve terrorismo cultural no Brasil" sob seu governo e o bastão do inefável Suplicy[2].

No fundo, estou torcendo para que o Brigadeiro não me atenda, de modo que eu tenha mais um *fato*, e atual, que será igualmente um argumento. [...]

P.

Salvador,
5 de janeiro de 1966

O primeiro dia das férias baianas decorreu sereno e pacífico, com o mínimo de jornais, embora com a péssima notícia de que cresce e se avoluma a onda militarista para colocar o ministro da Guerra, príncipe dos primários[3], na futura Presidência da República, escolhido por um Parlamento de sabujos e carreiristas, e lançado por um tipo, o deputado Anísio Rocha[4], que anos atrás propôs (foi o seu único projeto na Câmara) o restabelecimento da pena de morte (sic) em nossa legislação, pena esta que fora abolida por Pedro II, desde 1880 mais ou menos, quando se verificou que uma vítima – Motta Coqueiro – tinha sido executada, ou enforcada, sendo *inocente*! Esse

1. João Cruz Costa (1904-1978).
2. Flávio Suplicy de Lacerda, ministro da Educação desde 1964, seria substituído no cargo por Pedro Aleixo, em 10 de janeiro.
3. O general Arthur da Costa e Silva.
4. Anísio de Alcântara Rocha (1923), advogado, deputado federal (1955-1956; 1957; 1959-1967).

tipo é que lançou a candidatura do rei dos primários, e naturalmente a turma dos adesistas aderiu logo, e das duas uma – ou o Parlamento acovardado o elege em outubro, ou o Parlamento será fechado.

Mas como os *dilemas* brasileiros, ao contrário do que ocorre no resto do mundo, têm três vértices, pode acontecer que... não haja nada e que o futuro sucessor do Castello, em vez de ser um sem-cabeça, como o indicado pelo homem da pena de morte, seja... quem Deus quiser.

Esta é a tristeza: chegamos a tal ponto que o CL seria uma solução, pois pelo menos seria um tiranete inteligente e que já mostrou ser bom administrador... com o dinheiro dos outros, tal qual o Juscelino, que o dito CL tanto acusa de ter escangalhado o Brasil, pela vaidade de fazer Brasília... Pois bem, a pobreza é tanta que prefiro muito o Lacerda-ditador ao ditador-Costa e Silva, embora ambos se declarem democratas de quatro costados e... graças a Deus, no fundo de todos eles corre um riacho invisível de águas brasileiras, que atenua todas as arestas desses duros donos em perspectiva, pois o Brasil voltou ao dia 12 de maio de 1888[5]. [...]

P.

Salvador,
13 de janeiro de 1966

Estamos aqui, mas com o pensamento no Rio, de onde chegam notícias realmente alarmantes, sobretudo por terem voltado ontem as chuvas, que já causaram centenas de mortos. Só penso nos favelados, e na queixa de uma pobre senhora, que perdeu o marido e os filhos e morreu ontem (felizmente para ela) mas não sem sofrer terrivelmente e lançar um apelo dramático, que precisa ser ouvido por todos nós: "Se os meus filhos estiverem vivos, o que eu não sei, não deixem, pelo amor de Deus, que eles cresçam e morram como eu estou morrendo, vítima de um barraco dependurado no morro de uma favela" (conferir *Jornal da Bahia*, 13 de janeiro de 1966, p. 3). Transcrevo, *ipsis litteris*[6], porque considero ser esta a voz de Deus (*vox populi*[7]) a nos concitar a prestar atenção para o nosso problema número 1, o dos 800.000 favelados, que representam a maior condenação viva, não a este ou àquele prefeito ou governador, *mas a nós todos*, que durante 66 anos (para só falar no século XX), consentimos – por ação ou omissão – que esse drama tremendo do contraste entre os barracos e os arranha-céus representasse o aspecto mais saliente da cidade desumana, num país tão humano como o Brasil. É o reflexo da civilização burguesa,

5. Alusão aos tempos da escravatura, abolida em 13 de maio daquele ano.
6. "Literalmente".
7. "Voz do povo".

em todo o esplendor do seu orgulho. Nem Império, nem República detiveram essa marcha inexorável da revolução, mas uma revolução verdadeira e implacável: e não essa pseudo-revolução militar e financeira, que desde 1º de abril de 1964 se apregoa como "salvadora" do Brasil. Poderá obter resultados favoráveis – como todos os regimes anteriores obtiveram, desde os tempos da colônia até os da era J.J.J.[8], mas nada impede que a marcha da revolução comunista se venha operando inexoravelmente, porque nem os nossos antepassados nem nós soubemos impedir a tempo a *course à l'abîme*[9].

E uma catástrofe como essa do Rio, agora, é apenas um sinal, semelhante a tantos outros – inclusive outras inundações iguais – que não indica apenas o *erro geográfico* (*apud* Deffontaines[10]) ao colocar o Rio em local impróprio, mas sobretudo o *erro político-social* de uma civilização inócua, em que duas camadas da população – a de cima (nas praias) e a de baixo (nos morros), paradoxalmente contrastando sua posição geográfica (embaixo, os da alta sociedade e em cima os párias...) – civilização esta da qual tanto nos orgulhamos, sem olhar para as *chagas desumanas* sobre as quais ela é construída. E tudo isso em nome de uma "civilização cristã", do "maior país católico do mundo"...

É em tudo isso que pensamos, enquanto a cidade de Salvador ostenta como que ironicamente sua natureza física e mesmo social... É a maior mestra de ironia, pela indiferença com que vai prosseguindo em sua marcha, enquanto os homens são triturados pela marcha inexorável da história dos nossos erros!

Aqui, dias lindos e passeios... aguados pelo remorso e pela preocupação da tragédia em nossa casa, sem que possamos prestar auxílio algum.

Ontem, manhã em Garcia d'Ávila (Brasil colonial) e tarde na Praia do Forte e Stella Maris (Brasil pré-colonial), mar e coqueiral, o Brasil de hoje e de amanhã! E à noite, o Brasil africano! Um autêntico candomblé, de morro, muito mais suntuoso do que o que vimos no Recife há dez anos (1956). Fomos quase todos (menos Sílvia e Afrânio), inclusive os garotos de Jorge. Confirmei a impressão de outrora: a tremenda seriedade *religiosa* daquelas danças, de que o "caxambu"[11] de São Lourenço, que você viu, é apenas um resíduo... popular.

Pois ontem, tudo indicava um aspecto de *corte*, inclusive com uma preta enorme (todas são gordíssimas), com uma coroa de papelão dourado na cabeça, dando a impressão de uma rainha. E os dois "pais-de-santo", negro um, mulato o outro, já grisalhos, com um ar de senhores absolutos, diante dos quais as dançarinas (uma delas em transe epiléptico) que gritavam "o santo desceu". Pois tudo é um misto de bruxaria com cristianismo, mas onde não consigo encontrar profanação nem exotismo, e sim a pro-

8. Alceu refere-se aos governos sucessivos de Juscelino Kubitschek, Jânio Quadros e João Goulart, que antecederam a ditadura.

9. "Corrida ao abismo".

10. O geógrafo francês Pierre Deffontaines (1894-1978), criador dos cursos de Geografia da USP (1934-1936) e da Faculdade Nacional de Filosofia do Rio de Janeiro (1936-1938).

11. Dança de remota origem africana e de fundo religioso, característica da região Sudeste do Brasil. É também conhecida como jongo e corimá.

funda crença religiosa da natureza humana em face do mistério. Esse misto de aristocracia e mistério, tudo na mais rigorosa gravidade, foi a impressão que tive. [...]

P.

Rio de Janeiro, 22 de janeiro de 1966

[...]

É como agora o pacto Lacerda-JK[12]. Disseram-se mutuamente as piores e agora se apertam as mãos, descaradamente, contra um inimigo comum, o Castello. No entanto, ambos aplaudiram, de mãos... separadas mas batendo palmas, cada um a seu jeito, a revolução de 64, e agora se coligam contra ela, só (?) porque foram por ela esquecidos, punidos ou ludibriados! Tudo por interesse particular. Ambos tinham seus *slogans* até na traseira de automóveis: "JK 65" ou "Lacerda 65". Como não conseguiram em 65, estão hoje de mãos dadas, apelando para o povo e pretendendo fundar o PP (Partido Popular)... É realmente de enjoar. Eu ainda compreendo, mas Mamãe, com aquela absoluta inteireza moral que não admite qualquer sombra de tolerância, Mamãe fica pra morrer e confirmada em seu horror à política. [...]

P.

Petrópolis, 9 de fevereiro de 1966

[...]

Há momentos em que temo realmente muito pelo destino do *casamento* e da família, e sinto vivamente a necessidade real de defendê-los contra os costumes modernos, mesmo à custa de parecer anacrônico, o que nunca deve ser critério do bem ou do mal. Mas o que me preocupa é que os *bem-pensantes* fazem isso, sem dúvida, mas se esquecem de que, na atual situação político-econômica da sociedade, 80% ou pelo menos 60% da população não têm meios materiais para manter o casamento e a família dentro das normas da moral cristã. Nisso não pensam e só pensam nos maus costumes. Quando os maus costumes, em geral, provêm mais das famílias e dos casa-

12. O acordo levaria à criação, em 28 de outubro de 1966, da Frente Ampla, aliança contra a ditadura, com a participação de Juscelino Kubitschek, João Goulart e Carlos Lacerda, entre outros. O manifesto do grupo centrava-se na redemocratização do país – com eleições diretas na reforma partidária, retomada do desenvolvimento econômico e adoção de nova política externa.

mentos feitos na base de todos os requisitos da lei da Igreja e do estado, e constituem as altas classes sociais. E é ainda mais verdade que são os países da Cortina de Ferro[13] que hoje empreendem uma campanha mais violenta – ou violenta demais, estou de acordo, – a favor do casamento e da família, e nos acusam – com razão – de um relaxamento de costumes que ameaça arrastar tudo para um *tanto-faz* desastroso.

Moral da história: é difícil ser livre e defender a liberdade. E no entanto temos o dever estrito de defendê-la a todo transe, e confesso que prefiro o excesso de liberdade, mesmo nos costumes, ao excesso de vigilância, mesmo nos costumes. Sempre, sempre, sempre o problema da... proporção, do equilíbrio, da sabedoria. [...]

P.

Petrópolis,
16 de fevereiro de 1966

[...]

E aconteceu então um negócio, com que você vai se regozijar e que deixou o meu cepticismo um tanto *groggy*[14]... Você sabe que não acredito muito que Deus perca seu tempo [...] com as nossas banalidades cotidianas, e acho que Ele deixa esse chato encargo entregue aos seus *boys* de recados, que são as... "causas segundas". Mas às vezes, quando mais não seja para caçoar com os cépticos da minha detestável espécie ("seja simples", me dizia esta manhã frei Ângelo, meu confessor petropolitano, conselho que chove no molhado, creio eu, ou antes, crê você, mas não é verdade, ou pelo menos não foi verdade, pois cada vez mais procuro me libertar de tanta complicação com que tenho atrapalhado minha vida, desde que comecei a querer desmontar o relógio cá de dentro e que nem sempre consigo acertar. Tem tanta rodinha complicada e às vezes sobram algumas, e até aparecem outras, que não se sabe onde são captadas pelos *prurientes aures*[15] – há um ablativo no meio que não sei onde colocar). Mas você já viu como não sigo o conselho que recebi do frei Ângelo no confessionário do Coração de Jesus, onde há 59 anos (1907) fiz a minha primeira confissão, já não sei a data...

O fato é que aconteceu que o carro parou, ou antes, o volante endureceu mesmo, julgando que eu era um ladrão de automóveis e defendendo, contra mim mesmo, o que era meu... E como, por sorte, a oficina nova da Willys se instalou bem em frente à igreja do Coração de Jesus, onde antes havia um cinema-poeira, fui até lá e o mecânico deu um jeito. Custou, e a certa altura, ele virou-se para mim e disse: "É. Agora só há

13. Termo usado pela primeira vez pelo premiê britânico Winston Churchill em um discurso no estado americano do Missouri, em 5 de março de 1946. Churchill se referia à barreira invisível que dividia a Europa ocidental, capitalista, e a Europa oriental, comunista.

14. "Grogue".

15. Alceu refere-se provavelmente à versão latina (Vulgata) da Segunda epístola a Timóteo: *prurientes auribus*, isto é, "comichão nos ouvidos".

um jeito: é a fé", sorrindo e olhando para a torre e para o galo do campanário da nossa velha e querida igreja. Pois não é que, logo em seguida, virando a chave até então resistente, o volante girou?! Havia mais um mecânico e um motorista de praça, juntos, a peruar, e todos quatro ficamos meio sem graça! E eu, para disfarçar minha emoção, contei, ou antes lembrei, a conhecida anedota de um padre que encontrei na estrada com o carro enguiçado. Pára e pergunta ao motorista o que é que há. "Falta de gasolina", foi a resposta. "Só isso? Pois então ponha água no tanque e... tenha fé!" O homenzinho obedeceu e, pisando o pé no acelerador, o carro seguiu adiante, estrada afora! E o padre ficou dizendo consigo mesmo: "Vá ter fé para o diabo que o carregue!"

A anedota não pode ser contada aos que têm viseira nos olhos, mas para os outros é de esbaldar, não? [...]

P.

Petrópolis,
21 de fevereiro de 1966

Desde ontem que o caso trágico do padre colombiano Camilo Torres[16] está me remoendo cá dentro e não posso deixar de atender a esses apelos do subconsciente. De modo que a carta será curta. O caso do jovem guerrilheiro é um autêntico caso de consciência em que me encontro em discussão comigo mesmo e como acho que *os dois lados* do meu eu mais íntimo *têm razão*, estou na obrigação de encontrar um... João XXIII, que lance a ponte entre os dois lados.

Hei de viver a vida inteira dialogando comigo mesmo, pois a minha luta não é propriamente entre o homem velho e o homem novo, mas entre os dois homens novos, ou antes: entre os dois homens, o eterno e o moderno, o absoluto e o relativo, o sagrado e o profano, o de Deus e o do mundo, unidos, fundidos, fraternos, sempre reconciliados, mas sempre em debate. Acho que por isso é que detesto discutir com os outros. É que os outros convivem comigo, dentro de mim, de modo que esgoto com eles a minha reserva de dialética, e quando vou discutir com os de fora já não tenho mais munição, que esgotei com os de dentro. Sou muito mais Paulo VI que João XXIII. E por isso mesmo é que gosto muito mais deste do que daquele, pois creio que sou daqueles que gostam mais dos outros do que de si mesmo, não por virtude, veja bem, não por altruísmo ou por caridade, mas simplesmente por excesso daquilo que os anglicanos chamam de *comprehensiveness*[17] e no fundo é apenas uma fraqueza com jeito de concessão às razões do próximo, uma postura de conformismo.

---

16. Camilo Torres Restrepo (1929-1966), após publicar sua "Mensagem aos cristãos", conclamando-os, em nome do Evangelho do amor ao próximo, a lutar contra a tirania, afastou-se provisoriamente do ministério sacerdotal para juntar-se às forças guerrilheiras de seu país. Alceu alude aqui à sua morte, num confronto com o Exército colombiano.

17. "Compreensão".

Tudo isso, como você vê, é puro estilo Paulo VI, o papa-Hamlet, e não João XXIII, o papa... que me disse certa vez que não compreende a palavra "problema". O Cristo não tinha problemas, nós é que os criamos. Logo, é a face não-Cristo de nós que alimenta essas fontes misteriosas e turvas que confundem as águas cristalinas do lado-Cristo que também conseguimos ter. E ontem eu lia uma frase de Graham Greene, o terrível pessimista, mas que tanto admiro apesar de que hoje em dia tudo que se pareça com o Corção passa logo em mim a pisar... do outro lado. Até Chesterton! Até, *mirabile dictu*, Maritain! Este – apesar de eu ter, no fundo da alma, algumas dúvidas – tenho-o gravado demais no coração, na vida, no mais profundo do meu eu, para que nenhum Corção deste mundo consiga desmerecer, por pouco que seja, as cores vivas com que seu nome está gravado no mais profundo de mim mesmo... Prova de que ainda não me libertei bastante deste *vírus* que se inoculou há dez ou 15 anos no meu sangue, como uma maleita, e de vez em quando me ataca como uma febre maligna...

Bem, basta de desvios. Deixemos tudo isso e voltemos ao padre guerrilheiro, cujo método detesto – a violência –, mas cuja grandeza, cuja pureza e cujo significado na construção do Reino de Deus cada vez mais reconheço como o mais autêntico. Quando penso naquele embaixador da Colômbia, dizendo no tal banquete dos *Knights of Columbus*[18], em Washington, que os dois valores que era preciso defender hoje em dia, antes de mais nada, eram "o capitalismo e o cristianismo", e vejo esse jovem sacerdote morrer em defesa do verdadeiro cristianismo e nas mãos dos soldados do capitalismo, não hesito em dizer *com quem está a verdade*. E é essa indignação que vai conduzir a *cinzentinha* (estou de novo com ela, desde ontem, e é uma delícia usá-la, como corre bem no papel!) na croniqueta que não posso deixar de escrever sob pena de... estourar de indignação.

Só preciso é me controlar para não me contradizer, pois não é menos certo que continuo a detestar os métodos violentos. À brasileira, sim. À guerrilheira, não. Preciso até relembrar este título, mas, ao mesmo tempo... você já sabe o que é e como é que eu sou mesmo dois, até o fim. Outra frase do Graham Greene que li ontem numa notícia sobre seu último romance *The comedians*[19], que se passa no Haiti: "A alma humana não é preta e branca como se diz. É preta e cinzenta, pois só houve no mundo *um homem bom*".

O cristianismo de Graham Greene é assim. Fora de Cristo tudo é *failure*. Tudo é fracativo, fracassado, fracassante. No oposto a Teilhard... E no entanto também gosto quase totalmente de Teilhard. E se, em 1928, eram Chesterton e Maritain as duas janelas que se abriam para que eu respirasse mais à vontade e encontrasse, por essa vibração deliciosa, o caminho da Casa – hoje são Merton e Teilhard que me abrem novas janelas para arejar a casa, a Casa onde João XXIII abriu tantas janelas, mas cuja morte quase que as fechou de novo, a pedido de Paulo VI, *para que eu não me resfriasse...*

18. Cavaleiros de Colombo; associação católica de feitio conservador.
19. Os comediantes, que acabava de ser publicado em inglês.

Estou sentindo que começo a ser injusto com o nosso Montini: sabe por quê? Porque *não o tenho lido bastante.* As *Doc Cath*[20] estão aí, intactas. Preciso lê-las. Pois estou certo de que ele, Montini, não mudou. Eu é que mudei... Para pior, depois da primavera do nosso João! Preciso voltar ao *ano todo*, com outonos, invernos, verões...

Ciao.

P.

Petrópolis, 16 de março de 1966

[...]

Mas não creio, de modo algum, que se repita 1932, quando São Paulo se insurgiu contra Vargas. O Adhemar[21] é um desmoralizado demais, para poder aglutinar São Paulo em torno de si. Está jogando uma cartada final para ver se se sai bem da aventura.

Como eu previa (desculpe!), leio hoje que o procurador-geral da República já tirou das gavetas o processo que foi instaurado contra ele e contra o seu representante no governo Juscelino, creio – que era um tal de Mário Pinotti[22], ministro da Saúde. Esse processo tinha ficado dormindo nas gavetas da Procuradoria, e hoje o tiram de lá, por ordem do Castello, manobrista de conspirações, para derrubar o Adhemar, pela desmoralização, em vez de o ser pela cassação, que o colocaria em situação simpática de perseguido. Ataca-o assim pela retaguarda... Processo de guerrilhas, e não de guerra, como é a moda... O Lacerda já está na Europa, e em Lisboa declara que abandonou *definitivamente* a política, só cuidando agora de "coisas agradáveis: livros e netos"... É outro impostor, embora de uma classe bem superior à do Adhemar. Deixará de se ocupar de "livros e netos" se acaso triunfar a terceira revolução. Mas não creio que esta venha. O que virá é... a mediocridade, o cambalacho e o arranjo nos bastidores, a volta aos processos mais desmoralizados da República Velha, volta a 1910 e companhia, com o hermismo de novo na rua ou antes, nos gabinetes, sob o nome de costa-e-silvismo.

E já agora parece que o militarismo, contra o qual aliás o Castello, honra lhe seja feita, tinha tomado uma boa medida quando incluiu ou conservou no seu Ato nº 3 a obrigação do "domicílio eleitoral" contra as pretensões de três generais que querem ser governadores de Estado (o Kruel, aí em São Paulo, o Justino Bastos no Rio Grande e o Muricy[23] em Pernambuco), pois parece que o Kruel conseguiu convencer o Cas-

---

20. A revista francesa *Documentation Catholique.*

21. Depois que o candidato lacerdista perdeu as eleições para o governo da Guanabara, em outubro de 1965, a posição de Adhemar de Barros ficou debilitada. Consciente de seu isolamento dentro do bloco no poder, Adhemar redobrou suas críticas ao regime militar em janeiro de 1966, passando a defender a volta ao pluripartidarismo. Em 4 de junho, Castello Branco, junto de outros generais, decidiu cassar o mandato de prefeito e suspender por dez anos seus direitos políticos.

22. Mário Pinotti (1894-1972) foi ministro da Saúde de 1958 a 1960.

23. O general Antônio Carlos da Silva Muricy (1906-2000).

tello de retirar, por um novo ato ou coisa semelhante, a tal exigência do domicílio de três anos. E com isso os três generais se encarapitarão no poder! Será um argumento incontestável *em favor* do Castello, que terá feito tudo para impedir essas três candidaturas militares, além da do presidente da República.

Com isso caminhamos para um *militarismo integral.* Se o Lacerda, em vez de se unir à *linha dura*, se tivesse unido aos que querem a vida política reintegrada a suas liberdades essenciais, com a anistia e a eleição direta (que ele aliás quer, contanto que seja ele o eleito, como na Guanabara teria de ser o Flexa...) – se o Lacerda se tivesse comportado como o democrata que deseja ser, e não como um totalitário, ou pelo menos como um salvador carismático, teria podido ser o novo Rui Barbosa, numa nova campanha civilista[24], talvez com mais êxito do que o Rui.

Querendo tudo para si e para os seus – isto é, voto popular contanto que seja para si e para os seus –, tudo perdeu, e é possível que realmente fique de fora, e o Brasil entre, realmente, não numa terceira revolução, mas numa *volta à mediocridade política*, que eu chamo de *volta ao hermismo*, que para minha mocidade foi o símbolo da mediocridade, da estupidez, do burguesismo incolor. Volta à república decrépita. Essa decrepitude é que hoje vejo à frente de nós, e não a terceira revolução. *Água de barrela e não sangue...*

Antes o Carlos Lacerda como ditador ou como presidente. Eleito pelo voto popular, se conseguisse, antes do que essa banalização de tudo, esse caldo morno, essa água de sarjeta, essa meia-tinta, esse cinzento, esse nivelamento por baixo em que está acabando uma revolução que perdeu até mesmo o respeito de si mesma...

Aliás, não podia perder o que não tinha, porque era uma impostura desde o início. E está acabando como começou, sem grandeza, sem sentido, sem marca. E, como dizia Júlio Maria, antes com a marca do diabo do que sem marca. Isto se aplica às revoluções, como se aplica aos homens. E uma revolução que começou sem marca, e lançada por um homem desmoralizado como o Adhemar e por um banqueiro oportunista como o Magalhães Pinto, e por um general que se chama de "vaca fardada", só podia acabar assim mesmo, desmoralizada como começou, traindo-se como traiu o governo deposto, que os conspiradores fingiram sustentar por dois anos, antes que o atacassem pelas costas, vítima das próprias injustiças que se fartou de cometer, e tendo contra si, atualmente, todo mundo!

É um final melancólico, sem dúvida, esse abraço dos *galões* sobre o descontentamento geral de um povo cada vez mais céptico, desiludido e incapaz de se revoltar. Incapaz de se revoltar?

É o que veremos. Pois não pode ser esta a conclusão final. É apenas *o fim de um episódio*: o episódio de 31 de março de 1964, que não foi senão uma peça que nos pregaram, ou então apenas uma cena de uma peça séria que se está desenrolando no país real, nos bastidores, no subsolo, enquanto os títeres e os palhaços se divertem na *arena*... antes que o circo pegue fogo, ou venha abaixo pela chuva do ridículo...

24. Rui Barbosa foi o derrotado da "Campanha civilista" lançada em 1910 contra a candidatura do marechal Hermes da Fonseca.

Bem, dirá você que perdi o meu otimismo. Não. Apenas desembuchei o meu mau humor. E já vejo no horizonte o novo sol, mesmo sem saber de onde virá. Mas como o Brasil é o país das surpresas, é do *fundo do pântano* a que chegamos que virá a nova *terra firme*. Quando menos esperarmos. [...]

P.

Petrópolis, 22 de março de 1966

[...]

Pra terminar... Leitura arrastada dos jornais, onde a novidade do dia é o discurso da Maria Olímpia[25], a promotora de minha paraninfação na FNF e que ontem, na aula inaugural na faculdade, dada pelo Afonsinho pai, tomou a palavra e fez um discurso protestando contra os espancamentos de estudantes em Minas, etc. No fim de dois anos de repressão legal e policial contra os estudantes, a agitação no meio deles continua exatamente a mesma. É a prova patente de que toda a política educativa da revolução fracassou. E que a Lei Suplicy, pretendendo calar ou pelo menos enquadrar os estudantes, não conseguiu coisa alguma.

Os ânimos continuam exaltados e a Maria Olímpia, pelo que diz o *Correio da Manhã*, foi aplaudida por todos os colegas, que enchiam a sala, o que mostra que há e continua a haver uma unidade nos meios estudantis, apesar dos *pelegos*, isto é, dos estudantes a serviço das autoridades. Será que o mal é irremediável e que a agitação nos meios de estudantes universitários é inevitável, seja no regime de liberdade de que gozavam nos tempos da "demagogia" do Paulo de Tarso, seja nos tempos de arrocho do Suplicy, que continuam, embora atenuados? O Faria Góis, que é um moderado, não consegue nada na faculdade nesse sentido, e o dissídio entre estudantes e autoridades continua na mesma. Por isso mesmo é que não estou disposto a aceitar o título de professor emérito que foi votado há dois anos, logo depois da minha aposentadoria, e nunca me decidi, apesar do convite do Pedro Calmon, no sentido de torná-lo efetivo, isto é, de tomar posse, muito menos de dar aulas. Ontem alguém me perguntou, no correio, se eu não tinha saudade das aulas. Às vezes tenho, mas em geral não. Prefiro trabalhar em casa, ou não trabalhar, como agora, em que estou esticando esta "devoção" de carta, só para não me atrelar à "obrigação" do artigo sobre o Esquema 13[26]. [...]

P.

25. Não foi possível identificar tal pessoa.
26. Discussão, ocorrida no Concílio do Vaticano II, sobre a igreja e o mundo moderno.

Petrópolis, 31 de março de 1966

[...]

Por falar nisso, estamos hoje no segundo aniversário da revolução e o espetáculo é o mesmo. O governo faz proclamações enfáticas para mostrar as suas obras e o Castello, segundo o programa que leio nos jornais, vai passar esses dias inaugurando obras, como todos os seus predecessores, desde o Getúlio. Não fazem outra coisa. Inauguram açudes, fábricas, adutoras (Guandu), poços de petróleo (o mais recente deles, na Bahia, pegou fogo há dois dias e todo o petróleo está se queimando em vão), obras, obras, obras, mas tudo ou quase tudo só para "americano ver", embora estes tivessem anunciado ontem, pela boca do seu ex-embaixador aqui, o tal Gordon[27](que tanto ajudou a quartelada de 31 de março) que vai diminuir a ajuda à América Latina...

Não me admiro. A guerra no Vietnã já consumiu 6 bilhões de dólares, soma esta que nem sei traduzir em cruzeiros. O essencial é que, com todas essas obras, o Brasil humano está cada vez mais abatido e desencantado, no fim desses dois anos, e até o tal padre Godinho. símbolo do pior clericalismo direitista, que na UDN, junto ao tal padre Calazans, vivia endeusando a revolução, ontem declarava em São Paulo, como seu patrão Lacerda, que hoje "é o governo que está contente com o governo". E o discurso do general (sic) senador Oscar Passos[28], que foi escolhido presidente do partido da oposição, artificialmente criado agora pelo AI- 3, foi ontem um discurso violento contra tudo que nestes dois anos se tem feito. O *JB* de hoje, porém, está todo blandícias, depois de ter há 15 dias escrito dois ou três editoriais quase inflamados.

[...]

Eis o resultado de dois anos de revolução: o *Brasil plástico*... isto é, *artificial*, *maleável* e *inflamável*. Inflamável não porque o povo tenha fogo, pois está mais apático do que nunca, mas porque o material plástico de que é feito o Brasil oficial de hoje, *pode pegar fogo até com um simples fósforo*. E qualquer Lacerdinha pode acender o fósforo!...

[...]

P.

27. Lincoln Gordon (1913), embaixador dos EUA no Brasil de 1961 a 1966.

28. Oscar Passos (1902-1994), presidente do Movimento Democrático Brasileiro; o sistema bipartidário instituído pelo Ato Complementar nº 4, de 24 de novembro de 1965, fez surgir a Arena (Aliança Renovadora Nacional), pela situação, e o citado MDB, pela oposição. O Ato Institucional nº 3, de 5 de fevereiro de 1966, instituiu as eleições indiretas para os governos estaduais.

Petrópolis,
9 de abril de 1966

[...]

Mas hoje talvez haja relax, quando muito um planozinho para o tal artigo sobre "Literatura brasileira no século XX". Dirá você: tema canja. Ilusão. Talvez as duas primeiras partes não sejam senão cacetes de escrever. Mas para a terceira, a recente, eu precisaria ter acompanhado ao menos os "Suplementos Literários" e confesso que os tenho passado em branca nuvem. Desde que não tenho mais obrigação de dar aula, relaxei em acompanhar as letras. E mesmo há muito que essa parte da literatura corrente ficará de lado. Só mesmo quando estive no batente, até digamos 1940, se tanto, é que acompanhava de fato. Agora mesmo, relendo os rodapés longos e minuciosos de 1919 a 1925, é que vi de perto a diferença. Nesse tempo, não havia folheto, por mais vagabundo que fosse, que eu não mencionasse. Hoje isso me seria impossível, pois o movimento editorial nesses 30 anos decuplicou.

Hoje está se realizando o que já então eu pensava, mais ou menos: acabou a hora dos críticos polivalentes. Começou a da especialização: dos críticos de romance, de poesia, de ensaios, etc., salvo, como na França, um ou outro "crítico geral", como de vez em quando se encontra – mas raríssimos – e esses mesmos para ficção, por exemplo, e não para tudo, como eu fui dos últimos, e por isso mesmo dos piores e mais superficiais, e foram tantos entre nós, quando o movimento editorial ainda era pinto, ao lado do de hoje.

[...]

P.

Petrópolis,
17 de abril de 1966

[...]

O dia de hoje está bonito, céu tranqüilo, e já sei que de tarde, se as nuvens não chegarem, vou propor a Mamãe uma voltinha pelo Vale Florido, onde as quaresmas e as acácias ainda devem estar pintando de roxo e amarelo o verde das encostas. E cada vez mais é *de flores* que gosto. Sinal típico de fim de vida. E de compreensão também. De sabedoria, de ver – viver é ver – e por isso é que a vida eterna, no céu, será a visão de Deus. O inferno é *não ver, nem saber ver, nem poder ver*!!

Ciao.

P.

Rio de Janeiro, 20 de abril de 1966

[...]

Ontem foi a *glorificação* do nosso Manuel Bandeira[29], aliás, com o almoço do Castello, pois o Bandeira é todo castellista e anticomunista fanático. É até engraçado. Em tempo pertenceu ao partido socialista. E acredito até que tenha votado no Prestes. Mas como é homem de caráter, acima de tudo, viu de perto – como o Drummond – que os comunistas empregam realmente todos os métodos, quaisquer que sejam, para conquistar o poder, com tanto fanatismo quanto um Torquemada ou um Maquiavel[30]. E isso, não por patifaria, mas por fanatismo. De modo que o Bandeira criou horror aos comunistas e virou um... direitista inconsciente. Ou antes, anticomunista feroz, desligando-se de todo partido. Mas, inconscientemente, se aproximou da extrema direita, do Lacerda, por exemplo. E deste, por gratidão, pois foi quem propôs na Câmara sua aposentadoria remunerada, embora não fosse professor catedrático por concurso. Em matéria política, prefiro muito a posição do Carlos Drummond, que, embora tenha sido comunista – foi até secretário do jornal deles, *Tribuna Popular*, creio eu – saiu quando conheceu os bastidores do partido e as sinuosidades dos processos políticos, mas agora não é um fanático da direita.

Apesar dessas divergências políticas com o Manuel, e de sua aproximação com o Castello (não áulica, de modo algum, mas sinceríssima, como tudo que ele faz), estou em plena comemoração dos seus 80 anos e preparado para propô-lo como Prêmio Moinho Santista[31] deste ano, na próxima reunião de maio aí. Foi o que combinei ontem com o Thiers, que também faz parte dessa comissão. Parece que os paulistas querem propor o Cassiano[32], mas o argumento que nós temos será extrapoético, já que, neste caso, o melhor é equiparar os valores poéticos, tanto mais quanto é o Drummond que, como poeta, é o maior deles, e também haja o Guilherme de Almeida, o atual "príncipe", embora inferior aos outros, inclusive ao detestável (moralmente) Vinicius, que lá estava ontem.

[...]

P.

---

29. No aniversário de 80 anos do poeta, a editora José Olympio realizou em sua sede, no Rio de Janeiro, uma festa, da qual participaram mais de mil pessoas. No evento foram lançados os volumes *Estrela da vida inteira* (poesias completas e traduções de poesia) e *Andorinha Andorinha* (seleção de textos em prosa, organizada por Carlos Drummond de Andrade).

30. O pensador italiano Niccolò Macchiavelli (1469-1527).

31. O prêmio Moinho Santista foi concedido, de fato, a Manuel Bandeira, na categoria "Literatura".

32. O poeta Cassiano Ricardo Leite (1895-1974).

Petrópolis, 1º de maio de 1966

[...]

Ainda ontem andei lidando com a fome, não a minha, com a graça de Deus, mas com o livro do Rui Coutinho[33], onde descobri que a doença da fome tem um nome estrambótico: *kwasbionkon* (sic). O Rui não indica a origem, mas deve ser o nome de algum cientista que a descreveu. No Brasil essa "doença da miséria e da fome", como o Rui a definiu, é endêmica em *x* partes do país e assalta, sem esse nome complicado, mas com os mesmos efeitos desastrosos, *x* partes da população. Ainda agora de manhã eu estava lendo no *Correio da Manhã* uma estatística impressionante sobre o Rio de Janeiro, onde 40% da população é classificada como "de classe pobre inferior", isto é, aquela que ganha menos do que gasta *só para* se alimentar e ter casa, ou antes, barraco.

Diante de estatísticas como esta, todas as demais explicações da crise e remédios sociais contra ela se simplificam. É isso. É essa a chaga. Nada mais. Ou antes, todas as demais derivam dessa. Nela é que está o foco de infecção: comunismo ou militarismo, imoralismo ou fanatismo, tudo, tudo tem suas raízes plantadas nesse pântano infestado de micróbios mortais. E como não parece que sejamos capazes, tão cedo, de sanear o pântano, tudo que fizermos é provisório e precário. Exemplo, a Ação Católica. [...]

P.

Rio de Janeiro, 25 de maio de 1966

A poesia melancólica dos papéis velhos, que a cor amarelada como um crepúsculo acentua, e que se encontra bem típica nesse recorte que L. encontrou no fundo de uma gaveta (e a velhice não é muita, apenas dez anos), é acrescida, no caso, pelo fato de que o autor, há tempos atrás, suicidou-se! E para mim não há coisa mais triste do que o suicídio. É, para mim, um dos grandes sinais de... nobreza do ser humano, embora seja a nobreza do desespero, pois quem se suicida mostra que não se conformou com a vida e o inconformismo continua a ser, para mim, um dos maiores sinais de dignidade humana. Talvez porque não sou dos tipos desse gênero. E o meu mal é precisamente a tendência oposta. E como pertenço àquela categoria dos que só gostam de ser louvado pelas qualidades que *não possuem*, não digo que seja um candidato ao suicídio, porque só as almas realmente capazes da esperança *total*, são capazes também do desespero total que leva ao suicídio.

33. Provavelmente *Noções de fisiologia da nutrição* (1966).

Mas o fato é que o autor dessa croniqueta, tão simpática e vivamente escrita, foi um rapaz que nos acompanhou no Recife há dez anos. E há tempos me informaram (não juraria, mas creio que sim) que foi ele que se matou mais ou menos misteriosamente.

[...]

P.

Petrópolis,
29 de maio de 1966
Pentecostes

Se o domingo é grande, a carta, em compensação, tem de ser pequena, pois preciso terminar, de qualquer jeito, a conferência *Jacques Maritain*, ontem iniciada e que chegou apenas à página 13, no garrancho escrito... E sem 20, ao menos, a conferência não passará de meia hora, o que seria um lucro para os ouvintes mas, e talvez, uma decepção para os convidantes, no caso aliás o convidante único, o Luiz Falcão, embora em nome da Maison de France.

Comecei, como sempre, sem saber bem o caminho, e entreguei, como sempre, ao "demônio" da improvisação, ou da inspiração, como à improvisação costumam os poetas chamar, para dignificá-la. Acabei tratando de um Maritain-pessoa e pessoa ligada aos acontecimentos e sobretudo às reações pró e contra. Aliás, o título que eu dera à fala encomendada era e continuará a ser *J. M. et les temps modernes.* Tempos modernos, obsessão de minha vida, pois no fundo é o tempo que me preocupa. Em 1928 vi a eternidade como oposta ao tempo. Hoje, vejo a eternidade como o fim do tempo. Ali, um *em cima*, aqui, uma *no final* da corrida... E Maritain é o homem da eternidade acima do tempo. Enquanto Teilhard é o homem da eternidade no fim dos tempos – modernos ou antigos – e portanto como encerramento do futuro, o homem da eternidade como chave de ouro do tempo. Daí a minha preocupação de complementar J. M. com T. de C.

[...]

P.

Rio de Janeiro,
31 de maio de 1966

[...]

Dos encontros de ontem, só merece menção um, no Centro Dom Vital, com cinco padres cearenses, do sertão – nova diocese de Itapu, creio eu. Disse-me o Valmir

Chagas[34] ser a região mais rica e futurosa do interior do Ceará. Todos à paisana. Você não gostaria. Nem mesmo o *clergyman*[35]. Só uma pequena cruz na lapela. Diz o Valmir que a mudança da batina para a paisana se fez sem qualquer transtorno em todo o Ceará. Mas sempre nos causa certo choque. Mesmo a mim que sou favorável à mudança e parto sempre do argumento de que a batina era o hábito de todos na Idade Média e no fim do Império Romano, quando se estabeleceu o sacerdócio cristão. Os padres se vestiam então como todo mundo. Só depois do Renascimento e do Concílio de Trento[36] (estou com a minha conferência na cabeça...), que fechou a Igreja para reagir contra a abertura exagerada da reforma protestante, é que os padres timbraram, mesmo pelo vestuário, a se distinguirem dos leigos. Arquitetonicamente também, foi quando o coro se separou da nave, isto é, os ministros de Deus lá no alto e os fiéis lá fora, apenas ouvindo e seguindo de longe. Tudo isso – hábitos de roupa, e roupa da arquitetura eclesiástica – foi indicativo da separação, do isolamento, do fechamento contra o sacerdócio universal pregado pelos protestantes. O Vaticano II veio começar uma nova fase, oposta à de Trento, oposta à Igreja fechada: a Igreja aberta! Etc. etc. e tal.

[...]

P.

Rio de Janeiro,
2 de junho de 1966

[...]

Agora de manhã se apresentou um dilema – sim ou não – quando li a notícia no *JB* de que a oposição, pretendendo desencadear um movimento nacional em favor das eleições diretas, ia pedir que falassem no primeiro comício: "Sobral Pinto, Alceu Amoroso Lima e os três marechais: Peri Beviláqua[37], Mourão Filho e Lott".

Hoje, no telefonema da redação do *JB*: "O senhor foi convidado?" Resposta: "Não". E logo: "Se for convidado, aceitará?" Resposta: "Não sei dizer. Em princípio sou contra qualquer participação em comícios e hoje em dia só me manifesto por escrito". Pergunta: "Então não aceitará?" Resposta: "Já disse que não sei. Em princípio, não".

Registro o diálogo, pois realmente não saberia dizer, no momento, sim ou não. Já participei, você bem se lembra, de um comício em favor do Brigadeiro. Agora não

34. Membro do Conselho Federal de Educação, professor da Universidade de Brasília, estudioso da lingüística aplicada ao ensino de línguas.

35. "Padre"; na Inglaterra, ministro da igreja anglicana.

36. O Concílio de Trento (1545-1563) foi convocado pelo Papa Paulo III, reunindo os teólogos mais famosos da época para elaboração de decretos em oposição à Reforma Protestante; o Concílio também proibiu a intervenção dos príncipes nos negócios, bem como a acumulação de benefícios.

37. Peri Constant Bevilácqua (1899-1990), comandante do II Exército (1962-1963) e ministro do Supremo Tribunal Militar (1965-1969).

participaria de modo algum, creio eu, de um comício em favor desta ou daquela candidatura pessoal. Mas em favor de uma idéia, *qui lo sa*?[38] Talvez. [...]

P.

Rio de Janeiro,
9 de junho de 1966

[...]

O mesmo acontece, com a escrita ou com a chamada "inspiração". No caso se trataria de pôr um papel em branco diante da pena e... esperar pela maré! Mas pode também acontecer que a maré não venha, ou que o peixe não morda o anzol, pois a atitude do pescador é a mesma. Senta-se na margem, põe a linha com a isca dentro d'água e... espera que o peixe morda. Mas pode ser que o peixe não morda... De modo que essa *obrigação de escrever*, que é tão comum aos que caem na asneira de se escravizar ao jornal, deixa a gente sempre neste ambiente interior de chateação e de espera.

A espera, aliás, é um dos elementos da *angústia* do homem moderno, segundo Samuel Beckett, no seu famoso *Esperando Godot*[39], em que tudo se passa entre dois *clochards* (mendigos) que não fazem nada e *tournent en rond*[40] à espera de... nada. O autor quer mostrar a insanidade da vida moderna, uma espécie de substituição da esperança pela... expectativa. Há duas grandes esperanças positivas no mundo moderno – a dos que esperam em Deus e na vida eterna e a dos que esperam no paraíso socialista, na cidade perfeita, que os marxistas prometem aos homens nesta terra, pela implantação do comunismo. Os crentes e os ateus marxistas, estes têm uma esperança, uma completa – na vida sobrenatural, os crentes – e a outra temporal e terrena no futuro, os ateus marxistas.

Mas os que não têm crença alguma, que é hoje a condição da maioria, vivem na expectativa do dia seguinte, e não na esperança de um mundo melhor, ou de uma vida perfeita, em face de Deus. De modo que a maioria dos homens de hoje *não esperam, expectam*... (com perdão do Abgar Renault, que tem horror aos neologismos inúteis!) [...]

P.

38. "Quem sabe"?

39. Escritor irlandês de expressão inglesa e francesa, Beckett (1906-1989) publicou sua peça *Esperando Godot* em 1952. Em 1969, ele receberia o Prêmio Nobel de Literatura.

40. "Andando em círculos".

Rio de Janeiro, 27 de junho de 1966

[...]

O fato é que me entretive ao ler com detalhe os artigos de futebol, a propósito do nosso empate com a Escócia[41]. Volto, de vez em quando, às minhas velhas simpatias esportivas! Lembro-me, por exemplo, de que o único jornal francês que assinei em Paris, em 1909, e recebi ao menos por um ano no Brasil, e lia de fio a pavio, foi o cotidiano esportivo *L'Auto*! Acompanhava rigorosamente os campeonatos europeus, até de ciclismo e não sei mais quê, e quando recebia, semanalmente, o bolo dos jornais, lia-os cuidadosa e seguidamente, saboreando o *suspense* da vitória deste ou daquele! Lembro-me disso, nitidamente, na pensão Central, da rua Barão de Itambi, durante o ano de 1910, cursando o segundo de Direito.

Depois, passou esse surto de esportividade, que começou no campo do Fluminense em 1906, prosseguiu nas quadras de tênis de Petrópolis, em 1911 e 1912, e foi sumindo aos poucos, quando os *jeux de l'amour* substituíram os jogos das pernas, na natação ou no futebol, e dos braços no tênis. E assim se perdendo com os livros, com a noiva e os filhos, as esperanças de um concorrente futuro às glórias da Ester Bueno[42], ou, quem sabe, de um Pelé... Mas a nostalgia do esporte ficou sempre na memória, e a foto que mais questão fiz que figurasse na edição Aguilar[43] foi a do tenista petropolitano de 1912. *Sic transit gloria Alcei...*[44]

Como você vê, continuo o esbanjador de sempre: dinheiro, quando tenho; tempo, quando tenho, desvios e companhia. [...]

P.

Rio de Janeiro, 28 de junho de 1966

[...]

Ao voltar da Gávea[45]. Gosto de ir lá uma vez por mês, embora prosaicamente para receber uns magros caraminguás, que entretanto são bem maiores – embora comprem menos coisas, o que é afinal a função da moeda – do que as recebidas outrora, enquanto trabalhava. Uma coisa compensa a outra... Mas o fato é que não piso de

41. O jogo, realizado em Glasgow, terminou em 1 a 1.

42. Maria Ester Bueno (1939) foi a primeira tenista do Brasil a vencer o torneio de Wimbledon, do qual foi campeã sete vezes (1958-1960 e 1963-1966).

43. A fotografia de Alceu jogando tênis em Petrópolis, incluída na edição de *Estudos literários* (Nova Aguilar), aparece com data de 1913.

44. "Assim passa a glória de Alceu".

45. Bairro onde fica a PUC do Rio de Janeiro.

novo naquele parque sem uma nostalgia no coração, facilmente explicável, mas de análise complexa. Pois não quisera volver a dar aulas e passo por aquelas árvores sem o peso (leve...) da aula a dar, mas com a saudade, também leve, dos tempos idos e de tudo o que me liga àquela universidade, desde os tempos em que dom Leme me falou dela em 1932, pela primeira vez, como simples projeto, quando lhe pedi a futura praça XV, que ele destinava à "futura universidade". Depois veio o padre Franca e vieram as faculdades católicas, veio a minha entrada como professor daquelas, as turmas cujos alunos já hoje estão casados e quiçá até avós, etc., etc. [...]

Essas *folhas mortas*, ou amortecidas, das velhas árvores do meu tempo de professor, com uma florada – ou antes folhada – nova cada ano e mais tarde o destino de cada folha, a maioria secando no chão, anonimamente, outras levadas pelo vento, algumas florescendo e frutificando, e as velhas árvores, também já de tronco duro e miolo... mole, sem dar seiva em novas folhas, e quando muito procuradas por alguns passarinhos que se iludem com o farfalhar dos seus galhos secos, de folhas mortas, aos ventos mortos que passam, relembrando coisas idas e vividas e explicando a nostalgia que sente esta "velha árvore" quando passeia, mesmo por poucos momentos, entre as árvores autênticas do velho parque, por onde outrora transitou, como árvore viva, cercada de folhas vivas, e até de flores, frutos e pássaros cantando. Tudo isso é que explica o meu prazer melancólico desta visita mensal à Gávea, onde hoje os alunos passam sem me conhecer... [...]

P.

Rio de Janeiro,
29 de junho de 1966

[...]

Quando me defronto com esses remanescentes do jacksonismo de 1930 ou de 1925, é que sinto como mudei. Mudei tanto de 1935 a 1966, como de 1925 a 1935... Por isso é que desconcerto tanta gente. Quando penso que estou ancorado a um porto, já estou de novo navegando em alto-mar. Contraste entre os tipos da baía e do cais para os tipos de oceano e de novos horizontes.

Por mais pacato que seja o meu temperamento e por mais que ame as águas serenas dos lagos, vivi sempre fazendo dos portos escalas de viagem e não ancoradouros de ferro-velho, com aqueles navios sombrios e imóveis, que descobri numa curva do Hudson, restos dos famosos *Liberty* da Primeira Guerra Mundial, inclusive o que levou o presidente Wilson[46] à Europa e à Conferência de Paz em 1919 – e que tanto me impressionou

46. Thomas Woodrow Wilson (1856-1924) presidiu os EUA entre 1913 e 1921. Na Conferência da Paz, em Paris, impulsionou a criação da Liga das Nações, que depois deu origem à Organização das Nações Unidas.

como um cemitério de águias. Escrevi a respeito uma croniqueta, que não está em nenhum dos meus livros, e você é a única que guarda em seu cemitério de folhas mortas. [...]

P.

Rio de Janeiro, 15 de julho de 1966

[...]

Neste momento, uma repórter de *O Globo – Feminino*, essas focas do jornalismo, pergunta minha opinião sobre um filme canadense em que se fixa a vida do homem em 50 segundos, isto é, menos de um minuto. Ela me perguntou como eu fixaria a imagem da *vida de um homem*, em 50 segundos. Eu então, todo embebido ainda nas cartas que recebo de você, respondi, sem hesitar, com grande espanto da moça: "Pela sua morte. É na hora da morte que se resume o que foi a vida de um homem. E isso pode ser feito em segundos". A coitada deve ter ficado meio *groggy*... mas foi o resultado da lição de sua carta.

Aliás, logo que eu entrei para a academia, portanto em 1935 ou começo de 36, não sei como ocorreu, numa das sessões, qualquer discussão em torno de tema parecido e eu disse então que a primeira e mais importante tarefa da vida era *aprender a morrer*. E me lembro que o Filinto de Almeida[47], que morreu pouco depois, me respondeu meio alarmado: "Não, senhor. É aprender a viver!" Aliás, as duas respostas são, de certo modo, complementares, pois quem aprende a morrer bem, vive bem, e quem aprende a viver bem, morre bem. Salvo... a terrível surpresa da agonia, que significa luta. [...]

P.

Rio de Janeiro, 18 de julho de 1966

[...]

Os humilhados de um século são os preparadores dos séculos futuros, mesmo quando surjam *novos humilhados*...

Se não for assim, que logro este mundo, a não ser para os santos ou para os bandidos... [...]

P.

47. Escritor e jornalista (1857-1945).

Rio de Janeiro, 19 de julho de 1966

[...]

O fato é que "só um milagre", como se diz por aí, fará o Brasil ganhar de 3 a 0 de Portugal[48], pois, segundo o regulamento, o que classifica é o número de gols e não apenas a vitória sobre os outros. De modo que só imagino o estado de nervos dos 11 jogadores, lá em Liverpool, sabendo que há pelo menos 50 milhões de sujeitos torcendo por eles, dos quais 49 não acreditam que consigam o "milagre", mas apesar disso... espero. E se não vier, estão prontos a dizer: "eu não dizia..." E como o pessimismo é que domina o nosso momento nacional, até os inveterados otimistas como eu não conseguem fugir ao ambiente!

É possível que eu vá assistir ao jogo pelo rádio da Moselinha mas assim que Portugal fizer o seu gol, já não perderei mais meu tempo, e inscreverei a derrota como mais uma de todas as que o Brasil vem tendo desde o 1º de abril de 1964. "Também, com um governo desses"... Aliás, o próprio Luiz Vianna acenou ontem com a "cassação do Feola[49]", embora de brincadeira, dizendo: "É de véspera que se matam os perus..." Infelizmente o Luiz Viana, biógrafo e admirador de Rui Barbosa, é o maior matador de perus deste banquete em que as cúpulas enchem o pandulho e o povo aperta o cinto, pois a política atual é a do *estado forte e rico*, com o *povo fraco e pobre.* Não o confessam, naturalmente, apelando apenas para "os sagrados interesses da revolução"...

O fato é que hoje até 5 da tarde tudo está parado em *suspense.* Aliás, ouça esta frase linda do Carlos Drummond, não sei se inventada ou ouvida. No dia da derrota do Brasil para a Hungria[50], um menino chorava na beira da calçada: "também eles vão ver quando eu crescer!"

[...]

P.

Petrópolis, 20 de julho de 1966

Infelizmente não me enganei na mais fácil das previsões: a de que a nossa desajustada e mal nomeada seleção não conseguiria obter o "milagre". Estava na cara e como todos os que olhavam para o caso de cabeça fria, o que se viu foi o mais

48. Em jogo realizado no mesmo dia em que AAL escreveu a carta, o time de futebol de Portugal venceria o Brasil por 3 a 1, desclassificando a seleção brasileira da Copa.

49. Vicente Ítalo Feola (1909-1975), então técnico do Brasil.

50. Em 13 de julho, a seleção brasileira perdeu a partida contra os húngaros por 3 a 1.

ridículo dos espetáculos: um *show* pela Europa como se já tivessem o *tri* no papo. O resultado foi que, se a cotação do Brasil no mundo já andava muito por baixo desde a quartelada de 64, agora afundou de vez. Nem para isso servimos. Voltamos ao nível da Guatemala ou de Honduras... Bem sei que sou o primeiro a ridicularizar a velha anedota: "também com este governo...", mas considerando as coisas, como considero os séculos no passeio estratosférico que comecei a fazer anteontem, há positivamente qualquer ligação entre uma coisa e outra. Não sei explicar qual é. O Mário Martins hoje diz que é a obsessão dos técnicos. É antes o clima de falsidade, de artifício, que domina a nossa vida. De ilusão, especulação, impostura, que é o clima de nossos dias. E talvez tenha razões puramente esportivas: atraso do nosso tipo de futebol, incertezas e hesitações, que fizeram com que, nos 33 jogos que a tal seleção jogou, sendo apenas três na Copa do Mundo, nunca repetiu o mesmo time, nunca! Basta isso para explicar tudo, como causa imediata.

Logo, culpa direta da tal comissão técnica, que veio somar-se a todas as decepções que o povo vem agüentando desde 64. E como causa remota, sociológica em sentido amplo, o estado geral de depressão e ao mesmo tempo de artifício em que vivemos atualmente, ninguém acreditando em ninguém. Até que dá vontade de meter também minha colher de pau nesse angu... como sócio número 63 do clube que fundou o futebol no Brasil[51]. Como nunca acreditei na vitória do Brasil desta vez, sinto-me com autoridade, ao menos perante mim mesmo, para estudar, social e psicologicamente, as causas possíveis do desastre esperado. Alguns fornecedores de balões de oxigênio lançaram poeira nos olhos de L. e A., como terão lançado no de muitos outros e até dessas criancinhas, de que te mando o retrato, só para você ver como o povo sofreu e principalmente as crianças sofreram, pois essas nunca duvidaram da vitória do Brasil.

As crianças não duvidam nem fazem cálculos complicados. São sempre do sim ou do não. Elas, sim, aplicam o *ou* que eu tanto detesto. É o único ponto em que me confesso totalmente antiinfantil!

[...]

P.

Petrópolis,
28 de julho de 1966

[...]

De qualquer modo, preciso pensar na hipótese (de ser preso ou indiciado em IPM, pela nossa benemérita revolução), já que o cerco ao pensamento livre está

51. Referência ao Fluminense Futebol Clube.

crescendo e se tornando cada vez mais duro, especialmente com este criminoso atentado do Recife[52], cuja conseqüência foi apenas a de aumentar ainda mais o arrocho ditatorial. Fico pensando na hipótese possível e até provável, desde que só caminhamos de mal a pior, em matéria de liberdade – de ter meus direitos políticos cassados por dez anos, ficando portanto incapacitado de falar em política, sob pena de ser condenado, no mínimo, a ir morar em Goiânia ou no Acre, ou no Amazonas, pois a pena de confinamento consta de um desses Atos Institucionais. Por ora e para respeitar as aparências ainda fazem diferença entre palavras e atos. Mas não tardarão – especialmente com o estúpido e criminoso atentado terrorista de Pernambuco – a adotar a teoria, que infelizmente era a do Jackson, de que idéias são atos, e portanto de que nós aprovamos um ato considerado ilegal, como o congresso de Belo Horizonte da UNE (não extinta mas suspensa por seis meses, e o prazo de seis meses já se esgotou, sendo hoje uma instituição não-oficial dos estudantes, mas que estes, legalmente, têm o direito de organizar). De modo que o argumento do governo de que o aparato policial de BH é legal é, como tudo ou quase tudo que sai destes ditadores, uma mentira, com ares de verdade... "*O tempora! O mores!*"[53]

Já não sei onde estava. Nem vou procurar saber. O que quero dizer é que *quero que você esteja preparada para isso*! Eu já estou, há muito, desde que não me conformei com o regime de impostura em que vivemos. Sempre preguei a não-violência e sempre considerarei a violência como contraproducente, como *boomerang*, isto é, arma que se volta contra quem a emprega. Mas sei que estou cada vez mais ameaçado, pois o espírito de violência é o que está dominando aqui, como em toda parte, e vai se converter em lei constitucional, quando o Castello *outorgar* a nova Constituição, que está sendo elaborada depois de um projeto de uma comissão de juristas, e que será adaptado ao autoritarismo ditatorial do Castello e da linha-dura, no caso de mãos dadas com o Carlos Medeiros[54], que em 1937 ajudou o Chico Campos a redigir a chamada "Polaca" (uma constituição de tipo fascista). Este foi também o redator do Ato Institucional nº 1, que *fascistizou* a revolução de 31 de março, e agora vai ser o redator definitivo da nova Carta Constitucional[55].

A diferença entre uma Constituição e uma Carta Constitucional é que aquela é redigida pelos representantes do povo, ao passo que esta é imposta ao povo por seus pseudo-representantes, isto é, pelos que detêm o poder, pela força, ou por uma falsa legalidade, como é o caso do Castello.

---

52. Em 25 de julho, uma bomba explodiu no aeroporto de Guararapes pouco antes da chegada da comitiva de Costa e Silva, candidato à sucessão de Castello Branco, deixando dois mortos e cerca de 14 feridos.

53. "Ó tempos! Ó costumes" – Cícero, *Catilinam* I,1,2.

54. Carlos Medeiros Silva (1907-1983), advogado, procurador-geral da República (1951-1954), ministro do Supremo Tribunal Federal e, na época, ministro da Justiça (1966-1967).

55. No dia 25 de outubro – com o Congresso fechado (ver carta de 31 de outubro de 1966, nota 94, p. 569) – a nova Constituição, redigida por Carlos Medeiros e Francisco Campos, teve aprovação do presidente. De acordo com o Ato Institucional nº 4, de 4 de dezembro, o Congresso deveria discutir, votar e promulgar a nova Carta entre 12 de dezembro de 1966 e 24 de janeiro de 1967. Nesta data, e sem levar em conta a maior parte das emendas propostas, a Constituição foi aprovada, entrando em vigor a 15 de março.

De qualquer modo, o que eu quero é que você se prepare, desde já (e acho que já está preparada há muito), para de um momento para outro receber a notícia de que eu também fui incluído entre os cassados, isto é, entre os que por dez anos (até lá!!!...) não podem se ocupar, pelo menos, com assuntos políticos...

P.

Rio de Janeiro, 29 de julho de 1966

[...]

O caso do dia de ontem, aliás, foi o congresso de estudantes de BH[56] que já está sendo apelidado de "operação trote", pois os estudantes mineiros, ou pelo menos os organizadores do congresso, com suas declarações arrogantes de que "realizariam o congresso custasse o que custasse" e na rua tal número tal, sede da UNE, com isso obrigaram uns 2.000 ou 3.000 soldados a cercarem o tal local e... lá não apareceram, naturalmente, e se reuniram, ao que parece, em lugar "incerto e não conhecido", passando uma rasteira no aparato bélico do governo mineiro, que ficou com os seus 3.000 soldados, seus tanques e suas metralhadoras preparados para aniquilarem o inimigo, e o inimigo se reuniu... em outro local, transformando a "mobilização" no trote mais sensacional que jamais veteranos deram em calouros! No caso, os veteranos eram a rapaziada universitária e os calouros, os generais, governadores, coronéis e os praças armados de metralhadoras e de mandados de prisão! E só aparecem fotógrafos para fotografar o vácuo e mirones para ver fantasmas. A estratégia dos galões e dos leões foi vencida e ridicularizada pela tática das cigarras e das formigas, que foram cantar e trabalhar, sossegadamente, em outra freguesia. Foi o maior trote de nossa história e da luta de Ariel contra Caliban[57].

Ainda não há notícias sobre a reunião *de fato* dos estudantes e até se de fato houve, onde, quando, como. É provável que amanhã se saiba. Mas desde já a rasteira nos "cartolas" é um fato e me senti, de repente, no meio deles, mais estudante hoje e mais capoeira do que quando era estudante, muito mais velho de alma do que hoje sou. Que me teria acontecido se aos 18 anos tivesse a alma viva de hoje e a revolta contra o hermismo de então não fosse atenuada ou mesmo eliminada por uma displicência e um desinteresse pela política que me levaram a ficar concentrado apenas nas letras! Foi melhor assim. No fundo não tinha a vocação política, como até hoje não tenho. Como não tinha vocação para a diplomacia, como não tinha vocação para

---

56. Mesmo na ilegalidade, a União Nacional dos Estudantes realizou, naquela data, no porão da Igreja de São Francisco de Assis, em Belo Horizonte, o seu XXVIII Congresso.

57. Alusão à *Tempestade*, de Shakespeare; Caliban é o anão astucioso sempre revoltado com a ordem estabelecida – por isso, se opõe a Ariel.

a advocacia, e muito menos para a indústria, e no entanto experimentei tudo isso e cheguei *tarde demais* ao que penso ter sido minha vocação: professor. E para a pena... era mesmo vocação? É possível. Senão, que sentido tem, às vésperas dos 73, ainda estar publicando livros e me esbaldando para dar três artigos por semana às caldeiras do jornal, sempre me esconjurando por não ter tempo de escrever com calma e estudo, sempre às pressas, e com o temor de não ter assunto... ao mesmo tempo tapeando a mim mesmo para não cumprir compromissos literários, e disposto, agora mesmo, a substituir a obrigação do artigo pela devoção de uma croniqueta comentando *a rata dos milicos* em face dos meninotes belorizontinos. [...]

P.

Rio de Janeiro,
30 de julho de 1966

[...]

Voltando ao trote de Belo Horizonte, a rapaziada passou duas rasteiras: o trote nos militares que cercaram com milhares de soldados e fuzis o local onde diziam que se reuniriam, quando os meninos foram reunir-se em outro lugar. E nos frades franciscanos, também, porque prometeram que apenas se hospedariam com eles, e no entanto lá fizeram a eleição da nova diretoria da UNE.

Driblaram o estado e a Igreja!

Bem tipicamente bossa-nova, ou antes troça jovem, pois está na linha de toda a ação da mocidade, e com isso de vida, de inteligência, de boemia, que devemos altamente louvar. Com os moços não se brinca, é a lição que o estado e a Igreja devem tirar do episódio. E no entanto, o que esta estúpida *revolução de velhos* tem feito é mais grave do que isso. Não tem *brincado com os moços*. Tem *perseguido a mocidade*. Tem marginalizado a mocidade. Tem, quando muito, jogado os moços da direita contra os da (ou antes) *das* esquerdas: os católicos e os comunas. O fato positivo, porém, é que todos eles também estão contra a revolução. Esta conseguiu unir todos contra si, mesmo que não se entendam entre si. [...]

P.

Rio de Janeiro,
5 de agosto de 1966

[...]

Semana braba. Conselho. De manhã tive oportunidade de explicar ao Celso

Cunha, na presença do Henriquinho, como nasceu a primeira Faculdade de Filosofia do Brasil, das cinzas da Universidade do Distrito Federal. Acho que já te contei a história, mas calha bem aqui, no dia em que se aprova o projeto do Valmir Chagas. A primeira faculdade, a sua, nasceu... de um romance do Jorge Amado. Você sabe. Eu era reitor da UDF. Encomendei livros para a biblioteca, inclusive os *Capitães de areia.* O Paulo Assis Ribeiro, secretário da Educação, não aceitou. Eu insisti. O João Macedo, secretário do Henriquinho, me procurou, em Dona Mariana, dizendo-me, com muitos circunlóquios, que o Henriquinho, por motivos políticos, não podia demitir o Paulo Assis Ribeiro, *que ameaçava fazê-lo caso o livro fosse comprado,* "pois não admitia livros comunistas na universidade"... Já então...

Agora, Henriquinho me assegura que *nunca o Paulo falou nisso a ele.* Pois se o dissesse ele nunca *optaria por ele contra mim.* Até que ponto isso será verdade, só no Juízo Final. Agora mesmo interrompi este relato para contar o mesmo ao Valmir Chagas, que agora remodela o sistema universitário, deslocando as Faculdades de Filosofia, em sentido novo, de modo que gostei de contar-lhe como se deu a origem de tudo isso nos remotos anos de 1938 a 41.

Bem, o bom-tom das conversas já mostra que *Sua Excelência* se aproxima... E por falar nisso: ontem na academia o Austregésilo de Athayde me disse que o marechal Costa e Silva lhe pedira o seguinte: "O senhor acha que o dr. Alceu consentiria em me receber?... Afinal, eu vou ser presidente da República e gostaria de ouvir todas as opiniões. Ele que diga onde, quando e como quer me receber" (sic).

O A. de A. propôs: sua casa. E eu lhe disse: "Desde que fique ressalvada minha completa independência, de me manter na oposição, não tenho o direito de negar o diálogo a ninguém" (sic).

Ciao.

P.

São Lourenço,
7 de agosto de 1966

[...]

Chega Sua Excelência[58]... Quando dei pela coisa, já estava instalado e os áulicos com certeza já tinham começado a corte... Tratavam (tudo a portas fechadas, sessão secreta) do tal problema que apavora os ilustres membros do ilustríssimo conselho, apavorados com a idéia de perderem os seus ilustrissíssimos lugares... Tudo cor-de-rosa. Não há perigo, senhores conselheiros. Enquanto vossas excelências não fizerem nada que contrarie os deuses do Planalto, terão seus jetonzinhos garantidos no fim do

58. O ministro da Educação Raymundo Augusto de Castro Moniz de Aragão (1912-2001), primeiro reitor da Universidade do Estado do Rio de Janeiro.

mês, inclusive você, seu opositor metido a sebo, que no fim do mês também embolsa seus contecos, quando o que devia fazer, se fosse fiel ao seu nome João, era ir comer gafanhotos no deserto, portanto não se ria dos seus companheiros, já que está comendo da mesma gamela, e apenas com a língua um pouco mais solta, e isso mesmo porque os deuses do Planalto lhe permitem essas liberdades... [...]

Voltemos à augusta sala de sessões, com os ilustríssimos conselheiros. Sua Excelência conta que está fazendo tudo para conseguir – e conseguirá – que Suas Excelências continuem instaladas em suas excelentíssimas poltronas (o Henriquinho me havia dito que achava "muito justo que fôssemos incorporados ao presidente da República" (sic), com meu veemente protesto. Eu só iria se antes renunciasse irrevogavelmente ao meu lugar, o que mostraria estar defendendo *uma instituição* e não a minha poltrona. O Henriquinho, naturalmente, não teve o que responder, mesmo porque se senta raramente na sua poltrona, pois nada faz e fica zanzando por ali, contando anedotas – no que é engraçadíssimo – e exibindo sua condição de... embaixador da *belle époque*).

Bem, voltemos à sessão secreta. Quando Sua Excelência acabou de expor o objetivo da sua presença – que era o tal projeto de reforma administrativa – pediu licença para falar extraprograma, e "já não mais na condição de ministro" (sic), para explicar a sua atitude no caso do congresso da UNE de BH. Aí, fiquei inquieto, e quase pulei da cadeira onde felizmente estava atarrachado. Mas Sua Excelência explicou por que *não fizera nada* (e eu mesmo já tinha achado que procedera bem, como devia), mas que as "conclusões" do tal congresso mostravam bem que se tratava de um congresso político, inspirado por pessoas de fora (comunistas), embora ele não pronunciasse a expressão *comunista*, etc. e tal pontinhos, no que eu também estou de acordo, como você verá na minha croniqueta "Ariel e Caliban", da próxima quinta-feira.

Até aí, vá lá. Calei. O Clóvis Salgado[59] disse que S. Exa. andara muito bem e ele mesmo, Clóvis, assim procedera quando ministro. Também bem. Mas nisto toma a palavra um tal Suplicy de Lacerda, autor da lei cabulosa e que é hoje o sujeito mais odiado por todos os estudantes do Brasil, a não ser talvez pelo grupo dos fascistas "tradicionalistas". Aliás devo te dizer que pessoalmente o tal Suplicy é simpático e comigo se desmancha em amabilidades, que é até incômodo. Tomou a palavra e nos *propôs um voto de solidariedade do conselho ao ministro.*

Foi a gota d'água. Aí eu explodi. Repare bem. Moro no meu cantinho, o último da direita do presidente, lá longe, perto do público, o mais apagado, porque quero que me esqueçam. E raramente tomo a palavra, a não ser quando ma dão... (me dão) para relatar os meus processos. Na sexta-feira, porém, quando ouvi aquela proposta, o Tristão soltou o vozeirão (falei realmente com uma voz que até me espantou, *como se não fosse minha...*) e pediu a palavra. Vi todo mundo se voltar para mim, assombrado. Como se fosse uma voz de túmulo, soltei os recalques, embora logo depois recobrasse a calma e dominasse a vontade de perder a cabeça.

---

59. Clóvis Salgado da Gama (1906-1978), governador de Minas Gerais (1955-1956), ministro da Educação (1956-1960), na época membro do Conselho Federal de Educação (1964-1968).

Mas não perdi, graças a Deus, E disse apenas, embora de modo categórico e veemente, que, se bem que concordasse com a atitude do ministro, no caso votaria contra, por se tratar de uma proposta política e eu me colocava publicamente contra tudo que se está fazendo, contra o governo, etc., etc. Você imagina. Cada conselheiro aprovasse o que quisesse, mas *o Conselho* não. Seria apenas a maioria. Contra o meu voto expresso.

O Suplicy replicou, muito calmo, dizendo que eu naturalmente era livre de votar contra, e ele não tivera intenção de dar um voto coletivo (mentira!, teve e teria conseguido se eu não protestasse). Lembrei-me daquela sessão de 1918, que já te contei, quando fiquei sozinho, contra todos os diretores da fábrica de tecidos, no Rio, que *não admitiam* que o sindicato dos patrões tratasse com o sindicato dos operários!

Senti-me de novo, na sexta-feira, 5 de agosto de 1966, defendendo a mesma coisa, ou pelo menos o mesmo *espírito*, ao me insurgir sozinho, diante de 24 cabeças baixas, contra a ditadura, representada ali por um homem que eu até admiro, mas representando tudo aquilo que eu reprovo e detesto, e está matando o Brasil, ou pelo menos abafando o Brasil de amanhã. Tive naquele momento a impressão nítida de que o Alceu de 1966 continua a pensar, de mãos dadas, como o Alceu recém-casado de 1918! Foi gostoso demais! Um só Alceu, a 48 anos de distância! Meio século!

O Alceu sozinho, contra todos, em 1918.

O Alceu sozinho, contra todos, em 1966.

(Vanitas vanitatis[60]*.)*

Aí o ministro falou que realmente a proposta do Suplicy *não tinha razão de ser*, mas que realmente ele não tivera intenção de dar solidariedade efetiva, que realmente ele (ministro) falara como não ministro, apenas, etc.

Alguns falaram. Outros calaram. O ministro tomou a palavra de novo e aproveitou para responder aos meus ataques à Lei 4.464, de que é o autor, e especialmente ao fato de eu atacá-lo como "paternalista".

Eu calei, para não agravar a situação. E ele terminou dizendo que assim se expressara "porque tinha a maior admiração por um homem que se comportava com tanta lealdade e tanta independência (sic), qualidades que ele tanto preza". E encerrou. Eu ainda lhe disse então, no meio da turma que se despedia: "Depois lhe explicarei o paternalismo", e ele e todos riram.

[...]

E assim se encerrou o primeiro entrevero sério que tive, quase ao apagar das luzes de uma sessão que se anunciara tão serena. Mas gostei, porque marquei bem nitidamente minha posição.

[...]

P.

60. "Vaidade das vaidades": Eclesiastes 1, 2.

São Lourenço, 8 de agosto de 1966

[...]

O tema que no momento é o que mais freqüentemente me pede licença para sair – o *gap*[61] entre gerações – é que vi mais uma vez, claramente, no tal incidente do conselho que ontem te contei e durante o qual me senti bruscamente transportado a 1918! Foi como uma revelação. Em 1918, aqueles regateiros da indústria não admitiam sequer a idéia de lidar com os seus operários de igual para igual e não reconheciam sequer a existência legal do seu sindicato. Mais tarde todos se rendiam à evidência e por muitos anos o fizeram, já como uma rotina.

Foi preciso que voltassem ao poder os milicos e os ricos para que, de novo, os sindicatos dos seus operários fossem relegados ao porão e à prisão... Mas por outros motivos: em 1918 nem sequer reconheciam o poder desses sindicatos, e os desprezavam. Em 1966 reconheceram o poder porventura exagerado dos mesmos e então *tremem* diante deles e os fecham, como subversivos, até o dia em que sejam esses mesmos sindicatos que trancafiem nas suas posições esses mesmos ricos-milicos que os prendem, nesse horrível vaivém demonstrativo da imbecilidade humana.

E o mesmo com as associações estudantis, que afinal são os "sindicatos" dos universitários. Os regateiros do Conselho Federal de Educação são da mesma massa dura, anacrônica, irremovível dos regateiros da indústria em 1918. E operam hoje com a mesma imbecilidade e com os mesmos preconceitos dos outros: recusam-se a receber a UNE, em 1966, como em 1918 se recusavam a reconhecer o sindicato dos tecelões. E então, como já estão um pouco menos anquilosados, querem "paternalizar" essas associações, fazendo-as enquadrar-se em moldes disciplinares e militares.

E o tal ministro exemplifica que a lei dos estudantes (que os pretende enquadrar) é semelhante ao estatuto que recentemente enquadrou os professores, esquecido de que a Lei Suplicy, a tal, o que procurou foi silenciar os estudantes, disciplinando-lhes os deveres, ao passo que o Estatuto do Magistério Superior o que fez foi disciplinar os direitos dos professores, aumentando-lhes as vantagens e privilégios, que os milicos de 1966 também queriam tirar, pois para eles tanto professores como estudantes são sobretudo subversivos em potencial.

O fato é que vivi de perto e de dentro, a 50 (48) anos de distância, o mesmo choque – *um contra todos* – embora entre esses *todos* houvesse três ou quatro (o Anísio, o Péricles, o Celso Cunha, o padre Vasconcelos e só[62]) que no fundo estavam comigo, mas... por isto ou por aquilo – e isso até foi bom – me deixassem nadar sozinho. Em 1918, nem isso. Sempre é um progresso. Daqui a alguns anos, entretanto, terão de se curvar e tratar com os estudantes de igual para igual e não de cima para

61. "Intervalo", no sentido de corte ou muro entre gerações.

62. Os membros do Conselho Federal de Educação: Anísio Teixeira Péricles Madureira de Pinho, Celso Cunha e José Vieira de Vasconcelos.

baixo, de protetores a protegidos, até que os novos ditadores de 2000 e tanto voltem de novo a fechar as associações dos estudantes e dos operários, pois a luta entre a liberdade e a escravidão será eterna... cá na terra. O que não impede que haja sempre uns que se coloquem *ao lado da liberdade* e outros, ao lado da escravidão. E os meus queridos colegas do conselho, salvo aquelas quatro ou cinco exceções, são todos escravocratas, sem querer e sem saber. Antes de 13 de maio estariam com os inimigos de Nabuco[63], de Patrocínio[64], de Castro Alves[65], de Luiz Gama[66], de todos os abolicionistas. Embora hoje sejam todos abolicionistas e nem admitiriam a hipótese de não o serem *antes de 1888*. Mas que são escravocratas, lá isso são.

E, modéstia à parte, abolicionista foi o degas aqui, outro dia. E só me arrependo é da vaidade que tive disso. E que procuro vencer confiando tudo a você, para me ver livre dela e não pensar mais nisso. Mas que me alegro hoje em ter tido aquela atitude, exatamente igual, por analogia, à que tive há meio século, isso, para que mentir, tive muito prazer. E acho mesmo, se você me permite a audácia, acho que foi mesmo, não apenas um impulso humano, irreprimível – tanto assim que falei com uma voz que espantou a todos, como se não fosse minha, e fez com que 24 cabeças se voltassem automaticamente e com inequívoco assombro, ou pelo menos surpresa, para o meu cantinho, em geral tão silencioso, como se fossem ouvir uma voz do outro mundo. E não teria sido realmente uma voz do outro mundo, uma voz que tanto se zangou com aqueles bonzos do aulicismo (com medo de perder o emprego), ou simplesmente do preconceito, do imobilismo, ou mesmo da convicção de que estão defendendo a ordem, a razão e a disciplina e até mesmo a cultura, contra a demagogia, a subversão, ou o... dedo de Moscou, Havana e Pequim? Em suma, foi o melhor momento que vivi no conselho, desde 1935, logo há 31 anos. Foi o meu desabafo contra 31 anos de reacionarismo, que hoje, em 1966, me veio sem querer à tona.

[...]

P.

63. Joaquim Nabuco (1849-1910), um dos líderes do abolicionismo.
64. José Carlos do Patrocínio (1853-1905), escritor, jornalista e líder abolicionista.
65. O poeta Antônio de Castro Alves (1847-1871), partidário do abolicionismo.
66. Poeta, jornalista (1830-1882), outra importante liderança abolicionista.

Rio de Janeiro, 26 de agosto de 1966

[...]

O almoço de ontem, no José Olympio, foi digno de uma menção, nesse nosso registro diário... Tentei adiá-lo, pois estava mesmo *down*[67], com a gripe, mas o Magalhães Pinto não foi localizado e tive de ir assim mesmo, superchateado. Lá, como sempre, me ajeitei com o fato consumado, em paga dos meus pecados originais e permanentes... O almoço foi partilhado com vários outros *big shots* inesperados, isto é, não-convidados, pois a intenção do JO, atendendo ao pedido do MP, era que fosse eu o único convidado, além dele. Mas parece que os engas de lá nunca faltam, e com razão, pois a cozinha é ótima e caseira. Havia ontem um mocotó tão bom que, quebrando todo o protocolo, fui pessoalmente à cozinha cumprimentar o mestre-cuca, que completava ontem mesmo 60 e tantos anos e o exemplo foi em seguida imitado pelos *big shots*: MP, Luiz Viana, marechal Nelson de Mello!, dois governadores de Estado e um ex-ministro da Guerra! O cozinheiro deve ter ficado inchado, mas merecia...

O velho JO, que é mestre, está se vendo, em promover esses encontros de extremos e imprevistos, no seu "município neutro" (estou me lembrando da tal pergunta de ontem sobre a "capital do Brasil"...), nos deixou a sós, o MP e eu. E ele foi logo entrando no assunto, depois de repetir (perdoe...) que "eu era o homem que podia orientar melhor o Brasil" – sei lá – e que já estava informado, veja você, do desejo manifestado pelo "seu Arthur"[68] de se entender comigo. Aliás, contou a coisa como se passou: o A. de A., falando ao "seu Arthur", disse-lhe que era bom que ele se aproximasse dos intelectuais, ao que o *futuro* respondeu: "Isto é bom para o Castello (sic), que gosta dessas coisas. A mim só interessa ter um encontro com um deles". Acontece que esse "um deles" era este degas.

[...]

Voltando ao José Olympio. Quando lá cheguei o JO me disse que julgara ser "uma gripe política" a minha, mas viu que era real, e me preparou uma batida forte, de limão e cachaça, que ele mesmo preparou, e me mandou beber, ao menos metade e "de um jato só"... Não me curou, como ele previa, mas me aliviou, e eu desatei a língua, como diz Mamãe: "Você detesta conversas e visitas. Mas... quando começa..."

Voltando à conversa com o ex-governador de Minas, que eu não via desde aquele encontro de 31 de outubro de 1963, fui logo lhe dizendo (ia me esquecendo das *gaffes* que não fiz): "O senhor conhece a minha posição. Fui contrário a esta revolução desde a sua declaração, mas antes dela, quando interrogado qual o meu candidato às eleições de outubro de 64, indiquei seu nome".

---

67. "Abatido".

68. Arthur da Costa e Silva.

"Eu bem sei", diz ele. Então me falou uma frase, que não sei reproduzir *ipsis litteris*, mas queria dizer, inequivocamente, que *estava arrependido*. O certo é que falou, com todas as letras, que tinha se decepcionado completamente. Isso ninguém ignora. Mas realmente disse mais do que isso, embora eu não possa reproduzir literalmente suas palavras, e não as quero registrar aqui. Confesso que cada vez mais me convenço de que estas nossas cartas têm certo valor, não digo histórico, mas pelo menos documental e marginalmente histórico – *la petite histoire*[69], ou história de bastidores! – que não sei reproduzir *ipsis litteris*.

O fato é que o MP atalhou com um "eu também", quando fiz questão de lhe declarar, logo de saída, que tinha me colocado em trincheiras opostas a ele, no dia 31 de março. "Eu também", disse ele, e falou qualquer coisa de "*arrependimento*" ou de "*voltei atrás*" ou "*mudei*", em suma, partiu para um ataque *a fundo* contra o Castello. Chegou a compará-lo a "Tibério" (sic). Disse que estava lendo o livro de Marañon sobre Tibério[70], e o Castello para ele era um "traidor, hipócrita, dissimulado", que sei eu, só faltou dizer que mandou crucificar Nosso Senhor... É evidentemente um despeitado, como o Mourão, o general que desencadeou com ele a revolução.

Mas, com tudo isso, me revelou coisas importantes. Por exemplo: ao chegar ao Rio, depois da vitória de 1º de abril, o Castello, chefe do estado-maior e conspirador-mor, queria que ele, MP, "chefe civil da revolução", assumisse o poder (sic), mas ele não quis (sic). E não quis, alegando que era melhor que um militar o fizesse. E aí é que chegaram ao Costa e Silva como o "general mais antigo" e mais o almirante e o brigadeiro, que formaram o tal Comando Militar da revolução.

Esta revelação é histórica, esta sim. Outra é que, ainda em BH, no dia 31 de março, o Castello lhe telefonara do Rio, pedindo-lhe que fizesse voltar as tropas aos quartéis (sic) porque considerava, pelas informações que tinha, que o movimento não pegara (sic). Ao que ele, MP, respondera: "Agora não, general. Saímos à rua e assumimos os riscos. Será o que Deus quiser" (mais ou menos isso). Ao que o Castello acedeu. Esta foi a segunda revelação histórica interessante da conversa de ontem.

Depois ainda me fez uma pergunta direta, que foi certamente o motivo de ter solicitado o encontro comigo: "Quero lhe perguntar uma coisa: o senhor acha que o Costa e Silva deve *afirmar* melhor sua personalidade e suas idéias?" Eu respondi: "Devo lhe dizer que não acredito no Costa e Silva, nem na sua possibilidade de ter idéias" (mais ou menos assim. Se não foi melhor, foi pior). "É que acho complemente errado o processo de sucessão. Mas, quanto à sua pergunta, não tenho a menor dúvida: o CS está se comportando como um apêndice do Castello, repetindo tudo que ele diz e quer, e com isso assumindo a mesma impopularidade do Castello".

Ele então me disse textualmente (terceira revelação): "O Castello tem horror ao Costa e Silva" (sic). E nisso, digo eu agora, o Castello tem toda razão. Então é que eu expressei ao MP a minha triste opinião sobre o "novo Hermes" (sic), mas também

69. "A pequena história".

70. *Tibério: historia de un resentimento*, de Gregório Marañon (1887-1960), publicado em Buenos Aires no ano de 1939.

sobre o Lacerda. E ele concordou comigo que o Lacerda está fazendo tudo para lançar uma nova revolução e que a linha-dura etc. e tal pontinhos... você já sabe. Depois, o MP me pediu que o ajudasse (ou coisa parecida) a "formular o que o Costa e Silva devia dizer" (sic). "Isso não, dr. MP. Não me meto nisso absolutamente". E ele: "Não é isso que lhe peço. Peço-lhe apenas que me permita consultar o senhor, pois eu mesmo vou formular o que acho que o Costa e Silva deve dizer". Eu: "Nesse caso, às suas ordens, quando quiser". Ele, ainda: "O senhor trabalha em casa?" Eu: "Pode encontrar-me no Centro Dom Vital à hora que marcarmos". Ele: "Vou telefonar-lhe".

E foi assim, mais ou menos assim, a nossa conversa. Deixei bem clara a minha posição de *não-compromisso*. O almoço foi muito cordial e sem política.

Está na hora do almoço.

P.

Petrópolis,
28 de agosto de 1966

[...]

Dada a nossa situação política, confesso que... tenho inveja. Procurei há pouco sintetizar para as duas freiras, sempre interessadas em tudo, as nossas perspectivas:

Estamos num trilema de possibilidades, a saber: a possibilidade (que não creio) do *continuísmo* da farsa democrática do Castello, com o seu culto de impopularidade e sua máscara de "homem da esquerda" (como o Gilberto Freyre se proclamou há dias, respondendo a dom Hélder, pois a sua maior raiva é ser chamado de "direitista"...).

Quanto ao Castello (foi o Magalhães Pinto que me contou isso, na tal conversa no almoço do JO): quando ele, MP, chegou ao Rio no dia 1º ou 2 de abril, o Castello lhe dissera: "Eu sou homem de esquerda", respondendo a alguma observação do MP de que a revolução não fora feita para apoiar a direita, embora feita contra a esquerda janguista. Foi aliás o que o Kruel disse em São Paulo, também, na mesma época. Bem, ao centro, portanto, temos o rabo de foguete castelar, com suas possibilidades de *golpe continuísta* (mas eu não creio).

À direita, temos a trama do Lacerda, que está conspirando a todo o vapor, apoiado no *Estadão* (representante da plutocracia) e na linha-dura das Forças Armadas, representando o militarismo e preparando a ditadura implacável de uma segunda revolução, de tipo franquista, com o CL chegando na crista e não na cauda.

Outra possibilidade: o "seu Arthur", expressão máxima da mediocridade, apresentando o *novo-hermismo*, ou quando muito – e ainda seria bom – o novo-dutrismo, jeitoso e acomodado, uma no cravo e outra na ferradura.

Três perspectivas pouco alentadoras, com a revolução social fermentando por baixo e as forças espirituais, graças a Deus, retomando alento. Pois esta quarta força (que não será uma quarta via, pois não tem caráter político, mas social) está readquirindo fôlego, depois de ter sido perseguida pelo castellismo, embora de modo inconfessado e em nome dos IPM e companhia.

Esta quarta força é da nossa linha, ou da nossa superpolítica, e vejo que está retomando fôlego, com o desencadeamento das forças da linha dura (logo, do lacerdismo), contra dom Hélder e o episcopado nordestino. É coisa, senão nova, pelo menos renovada. E se coloca em situação à parte, ao lado, ou acima, ou fora das três outras, pelo fato de não ser política mas sim social e espiritual. Mas com repercussões na política.

Das três forças políticas, acredito que vá vencer a da mediocridade, isto é, a solução Costa e Silva, que não é uma solução, é apenas um remendo, ou apenas o *rabo* do foguete-revolução. Ou do *porco*-revolução... E como dizem que o rabinho do porco é sempre o mais difícil de esfolar, este vai caber ao "seu Arthur", generalão sem *nada, nada, nada* que o recomende, a não ser... talvez (digo "talvez" porque ninguém sabe nada do que vai suceder) – talvez *ser o menos mau* dos três: 1) o golpe-Castello; 2) a ditadura-Lacerda ou 3) o equilibrismo do "seu Arthur", com a sua estampada mediocridade, que já o colocou na berlinda do ridículo, antes mesmo de empossado!

É triste ter de ver um *mal menor*, numa solução água-morna que dá enjôo em beber.

[...]

P.

Rio de Janeiro,
31 de agosto de 1966

[...]

O ministro mandou hoje ao conselho a cópia dos dispositivos da Constituição de 46 que tratam do ensino, convocando o dito conselho (nós) para colaborarmos na nova Constituição, dizendo o que achamos que ela deve conter neste capítulo. Recuso-me a fazê-lo, porque considero totalmente falso e ilegítimo o processo de elaboração de uma nova Constituição por um governo revolucionário. Só uma *Assembléia Constituinte*, com esses poderes, é que poderá elaborar uma nova Constituição. De outro modo, será uma Carta Constitucional Outorgada, como a de 1937, que durará o que durar este precário regime em que vivemos. E é melhor que o Costa e Silva (se tem de vir), ele mesmo convoque uma Constituinte, que então elaborará uma nova Constituição, do que este processo de fazer uma Constituição a toque de caixa, no apagar das luzes de um regime com 95% de impopularidade. É contaminar de saída a nova Constituição. Eis por que cá não virei na próxima semana. É o que a *razão* me dita.

Ciao.

P.

Rio de Janeiro,
5 de setembro de 1966

[...]

Ontem reuniu-se o conselho em sessão extraordinária para discutir emendas "educativas" à patacoada "constitucional". Não fui ontem nem vou hoje. Protesto mudo contra a farsa. Creio não ser farisaísmo. Não posso engolir o que se está fazendo. E o Lacerda continua endossando tudo aquilo que vimos proclamando há dois anos e meio, como se tivesse agora descoberto a pólvora do... Castello, e de seu sucessor "seu Arthur", que desgraçadamente tenho de enfrentar, de cara (enfrentar só pode ser de cara, diria o Abgar) no dia 14, no almoço da casa do A. de A.

[...]

P.

Petrópolis,
6 de setembro de 1966

Segunda-feira petropolitana, quando o comércio só abre à 1 da tarde, mas as fábricas já abriram, pois o duro da vida está mesmo com os operários, que serão fatalmente os donos do mundo de amanhã. Cada dia vejo mais claro na revolução, ou antes essa ascensão de classes, ligada ao problema do tipo de atividade:

Idade Média – predomínio da agricultura – nobreza

Século XIX – predomínio do comércio – burguesia

Séculos XX-XXI – predomínio da indústria – proletariado

O esquema talvez seja claro e lógico demais para a vida, que nunca é clara nem lógica, mas acontece que a clareza e a lógica, em coisas sociais, predominam a longo alcance, e a obscuridade e a confusão predominam a pequena distância, no dia-a-dia. De modo que essa relação entre atividade e classe dominante é inevitável a grande distância. Com uma diferença: é que no momento o conceito de classe está recuando e sendo substituído pelo de grupo, em virtude mesmo do progresso da indústria, que é a marca da nova sociedade, – como o comércio foi a marca da sociedade burguesa e a agricultura foi a marca da sociedade feudal.

De modo que estamos em plena passagem do primado do comércio para o primado da indústria, e a importância que tinham os caixeiros no século XIX, têm agora os operários. Apenas, do mesmo modo que os caixeiros do século XIX passaram a capitalistas, e com isso houve infinitas mudanças, inclusive em sua mentalidade – pois enquanto caixeiros eram incendiários, ao passo que como capitalistas, passaram a bombeiros –, assim também os operários de hoje, que são incendiários, passarão amanhã a ser bombeiros. Agora me pergunto...

[...]

P.

Rio de Janeiro, 7 de setembro de 1966

[...]

O Merton é, neste meu fim de vida, o escritor com o qual tenho mais afinidade, muito mais do que com Maritain ou Teilhard, este mais que aquele e ambos menos que Merton.

[...]

Tive um pequeno choque, talvez uma revelação, quando li uma frase de Merton, ao falar de um monge budista que foi aos Estados Unidos e o procurou em Gethsemani, pregando a paz no Vietnã, arriscando-se a ser fuzilado ao voltar a Saigon, pois o ditador de lá (um tal general Ky[71], protegido pelos Estados Unidos) declarou que fuzilaria, na praça principal de Saigon, todos aqueles que pregassem a paz. A frase de Merton é esta: "Eu sou, como ele (o tal monge budista), poeta e existencialista". Só.

Poeta não sou, mas existencialista? Será que é isso que sou?!

[...]

Será que é isso que eu sou?!

Então, como explicar agora o meu *O existencialismo e outros mitos de nosso tempo*[72]? Será que tudo o que escrevi contra o existencialismo era falso? Ou pelo menos se dirigia a um certo tipo de existencialismo que eu generalizei? E de fato o que sou mesmo é existencialista. Um existencialista cristão, como Gabriel Marcel[73] (que aliás também em tempo repudiou essa denominação que lhe deram), ou como Merton, que não só a aceita como se proclama existencialista, até mesmo sem qualquer outro qualificativo. [...]

Mas o fato é que a frase do Merton ficou desde ontem cantando como uma araponga dentro de mim: o que eu sou mesmo é um existencialista. Isto é, um tipo apaixonado pela existência, pela vida, pelos fenômenos, pelas idéias como pelos fatos, pelos seres humanos, pela evolução e pela metamorfose das coisas, pela liberdade acima de tudo, pela originalidade, pelo sentido lúdico das coisas, pelo senso esporti-

71. Nguyen Cao Ky (1930), premiê do Vietnã do Sul entre 1965 e 1967.
72. Lançado pela Agir, em 1956.
73. Filósofo e dramaturgo francês (1889-1973), convertido ao catolicismo em 1929.

vo dos acontecimentos, pelo *humour* (mas não pelo sarcasmo), pelo otimismo, pela tolerância com as idéias alheias, pela relatividade de todas as filosofias, de todas as ciências, de todos os regimes políticos, a menos que sejam abertos às outras filosofias, às outras ciências, aos outros regimes políticos.

Se é isso ser existencialista, então sou. E até muito mais que Merton, pois este, como monge, tem naturalmente uma visão muito mais ampla das coisas, pois as vê de cima. E eu, estando no *meio* delas, só vejo a um palmo do meu nariz. Mas também Merton está limitado por sua posição de recluso, de contemplativo, embora como poeta *tudo seja dele* e por isso corrija toda limitação de vida pelo maior alargamento de espírito, de sua *genialidade* (estou convicto de que Merton é muito mais inteligente, no sentido da originalidade criadora, do que o próprio Maritain, que é uma inteligência luminosa mas enquadrada dentro de uma disciplina de espírito que por isso mesmo encontrou seu repouso em Santo Tomás). Ao passo que os tipos de tipo agnóstico, como os existencialistas, só encontram repouso em Deus – e olhe lá... –, pois o repouso completo em Deus, só na glória, e não na graça, dada a nossa desgraça humana...

Mas basta por hoje. O choque da pequena frase de Merton foi grande e talvez decisivo para marcar esta minha fase final da *existência.* Mas como conciliar isso com a minha anterior ponderação do existencialismo? Terá sido mesmo uma condenação? Agora começo a ter minhas dúvidas. Será que tracei uma caricatura do existencialismo de fora para dentro, e agora, ou antes, mesmo enquanto a traçava, o que eu fazia não era senão... existencialismo?

Essa minha despreocupação pela continuidade, pela coerência, pelo já escrito, e, ao contrário, essa minha posição sempre no presente e para o futuro, desligada de qualquer releitura do que já escrevi ou do que já disse, acusado por uns críticos de ser ventoinha, oportunista, incoerente, superficial – que mais? – tudo isso não será senão realmente a minha atração maior pelo *vir a ser* do que pelo *ser*, ou antes a aderência ao *dinamismo do ser,* muito mais do que à sua *permanência*? Essa minha obsessão de abertura de espírito, de Igreja aberta, de espírito aberto, de disponibilidade – será que tenho de escrever agora, ao fim de 40 anos, antes mesmo de 1968, a minha

VOLTA À DISPONIBILIDADE?[74]

Sinto tão fortemente dentro de mim essa *volta à disponibilidade* – a uma disponibilidade de quem *encontrou a Deus* e portanto está disponível não apenas *às coisas mortais* mas *ao que não morre* – que não hesito em prever que um dia, hoje, amanhã, daqui a anos, mas antes de 40 anos (de 28 a 68), escreverei essa sentença no alto de um artigo, ou mesmo *na capa de um livro.*

[...]

P.

74. Alusão ao seu "Adeus à disponibilidade", como ficou conhecida a carta que enviou a Sérgio Buarque de Holanda em 1928.

Rio de Janeiro,
14 de setembro de 1966

[...]

O fato é que daqui a pouco vou ter de enfrentar uma das coisas que mais detesto: comer com altas personalidades e ter de conversar com um sujeito, lá no alto, que eu desprezo (desprezar não é bem o termo, mas que eu pelo menos considero um "errado", erradamente escolhido, e que fará um governo errado, logo é triplicemente errado). E conversar com errados importantes é o que há de pior. Mas podia ter dito *não quero, não vou,* deixando o errado em condições de dizer: "Estão vendo? Ele é que provoca os diálogos mas esse sujeito que vive falando em diálogo é que o rejeita".

Assim sendo, lá vou eu, pela mão do meu xará Athayde, a ter um diálogo com um tipo simpático – pelo que sei – e esperto, mas mesmo assim um supererrado, um revolucionário-chefe por puro acaso, pois em 31 de março estava, cautelosamente, na tocaia, para ver quem vencia, e só foi para o Ministério da Guerra, e agora, por autopromoção, para o Palácio da Alvorada, simplesmente por ser o mais antigo[75]. Se o Jango vencesse a parada, poderia até ter sido o ministro da Guerra da revolução que, pelo que dizem, teria feito com os seus pelegos... Por tudo isso é que marcho para as Águas Férreas (o A. de A. mora numa casa deliciosa, parecida com a Casa Azul!) como boi para o curral.

Lembro-me aliás que já uma vez almocei na casa do A. de A., nos tempos do Jango, para encontrar o ministro do Trabalho, que era o meu velho amigo Montoro (sic). Este queria me convidar para ser reitor de uma universidade do Trabalho, que idealizara. Como sempre, recusei... Recuso tudo e não por virtude, mas por preguiça ou medo ou velhice, ou decisão de ser, até o fim, um simples livre-atirador, como me classificou outro presidente, nos primeiros dias de seu governo, quando pretendeu que, "dentro de um ano o senhor estará a favor da revolução", prognóstico um tanto precipitado, como você vê... [...]

P.

Rio de Janeiro,
15 de setembro de 1966

Por onde começar? *That's the question*, quando há tanta matéria e tão pouco tempo: preciso lembrar que logo mais tenho de fazer uma conferência, "de improviso", e preciso rever as notas preparadas. Dei uma espiada agora, e vejo que... bem, logo mais veremos.

[...]

75. Alusão a Arthur da Costa e Silva.

O fato novo do dia de ontem foi, sem dúvida, a minha entrevista "secreta" [...] com o "seu Arthur", já "nomeado" para a Presidência da República. Repito que isso deve ficar estritamente entre nós, mas duvido muito que não saibam, tanto mais quanto havia cinco pessoas no encontro: o Athayde (promotor do mesmo), o marechal e seu ajudante-de-ordens (um capitão que se manteve mudo – mas provavelmente registrando tudo), o dono do apartamento onde se realizou o encontro, senhor Octacilio Braga (pessoa que há muito tempo encontro sempre no elevador do Ministério da Educação e fala comigo com a máxima cordialidade), e... a copeira-cozinheira.

O A. de A. veio buscar-me à 1 hora e à 1 e meia chegávamos lá. Um apartamento em Copacabana, onde esse Braga mora sozinho, e o Athayde me disse que lá se tem encontrado com pessoas que querem manter reserva, como nós ontem. O marechal é um tipo bonachão, simplório mas finório, está se vendo, que me falou com a máxima cordialidade, e cheio de rapapés. Fomos logo entrando *no* assunto da hora, e que mais o preocupa: o da mocidade e das agitações universitárias do momento. Posições opostas às nossas, naturalmente, e diálogo sem qualquer resultado. Ele repetindo os *slogans* dos ministros e do governo (infiltração comunista, *slogan* número 1, e os demais também sabidos, excesso de liberdade, etc.) e eu com os meus: a liberdade também como meio, etc.

Não chegamos a resultado algum, e ele não forçou nada nem eu escondi nada, pois aliás está muito bem informado de tudo o que eu escrevo ou se informou para a conversa. Não me disse nada que eu não soubesse e vê-se que temos de agüentar um novo Castello, que, à menor suspeita de liberdades exageradas, aplicará todas as "penas da lei" aos seus adversários. A princípio será mais "democrático" mas desde que possa manter os opositores bem no seu cantinho. [...]

O marechal, por um equívoco, já tinha almoçado, de modo que só assistiu ao almoço, sentado à minha frente. Seria um nunca-acabar se fosse reproduzir duas horas de conversa animada e cordial, em que ele defendeu a revolução, defendeu a ordem ("desordem estabelecida", segundo eu), mostrou-se preocupado com os estudantes, disse que a propaganda comunista era intensa no meio deles ("por culpa do governo que os impede de ser livres. Se fossem livres, haveria grupos de estudantes comunistas, católicos, liberais, etc., e tudo ficaria claro. Como está, formam uma frente única contra o governo, etc.", respondi). Ao que ele explicou-me que, aliás, não era um anticomunista obcecado e perguntou se eu não concordava que agora havia mais ordem e honestidade do que no tempo do Jango ("mas naquele tempo não se cassavam mandatos, nem se prendiam estudantes", pensou o Alceu), que havia agora toda liberdade e chegava-se até ao cúmulo de chamar o presidente de "canalha" (creio que se referia ao Lacerda). Disse ainda que ninguém mais temia o Lacerda, que este não tinha mais a menor importância, que não era exato que o povo estivesse separado do governo, pois isso só ocorria no Rio. Fora do Rio, ele ouvira agora no Nordeste "que todo o povo estava com o governo" (sic) e me garantiu que "eu estava longe da realidade". "Os senhores é que só olham as coisas lá de cima e não sabem o que o povo pensa", disse eu, ao que ele me retrucou: "O Exército tem um serviço de informações completo, sabe tudo, *desde o Império*".

E assim por diante. Tipo do sujeito governamental, que não aproveitou nada com a experiência desses dois anos e repete os mesmos *slogans* que temos de ouvir por mais quatro anos. Queria apenas me ouvir (e *ouviu*, pois lhe disse nas bochechas o que escrevo e ele lê, ao menos em parte). Insistiu aliás que eu fico demais nas minúcias, que quero as coisas perfeitas demais, porque as considero muito de cima (como se vê, dois juízos absolutamente contraditórios).

Outras muitas coisas: que vai prosseguir na política financeira do Castello, que quis sua candidatura sem o Castello: "Fui a ele e falei: Castello, como você disse que não tinha candidato, eu me apresentei. Não peço seu apoio. Peço apenas que não me hostilize, nem deixe esses seus rapazes lá de baixo (sic), o Golbery[76] e outros, me prejudicarem. O Castello é um homem de bem, apenas um pouco ensimesmado (ou ressentido?) e somos muito amigos", etc.

Confessou que se diverte muito com as anedotas a seu respeito, que os próprios netos lhe contam, que gostou muito do que alguém lhe disse: "Olhe, marechal, ninguém inventa essas anedotas sobre sua cozinheira". Se satisfez de ser igual à cozinheira... Em suma, temos um "grande" chefe por quatro ou 40 anos...

Eta Brasil, tão Brasil! Esse sujeito tem muitas qualidades bem brasileiras: é simples, cordialíssimo, simpático, *sabe ouvir*, concorda por vezes, discorda com delicadeza, fala muito, quer conhecer pra se mostrar... É um boboca, espertalhão e loquaz.

Tanto o Athayde como o Braga disseram que... "você (eu) fez o novo ministro da Educação (o Abgar)". Pelo seguinte: falou-se no Abgar e eu virei-me para o marechal e disse, puxando o lóbulo da orelha: "Daria um ministro da Educação da pontinha"... e ele, sem, hesitar, me encarou com um ar interessadíssimo e olhos brilhantes, indagando: "O senhor acha mesmo?", e olhou de modo significativo para o ajudante-de-ordens, como a lhe dizer "Eu não dizia?" E mais adiante, referindo-se aos diálogos que ele procurava ter *com todo mundo*, acrescentou: "O Abgar Renault já é meu conselheiro em coisas de educação e vou tomar nota do nome dele". Bastou isso para que os dois presentes me dissessem ter eu feito o Abgar ministro... Vamos ver[77]. Se for mesmo, é sinal que a conversa foi pra valer. Disse-me o Braga, que o acompanhou até o elevador, que ele, marechal, ficara "encantado com a minha conversa", veja você. Mas não adiantou nada, nem para ele, que ouviu apenas o que já sabia, nem para mim, que ouvi também apenas o que já sabia.

[...]

P.

76. O general Golbery de Couto e Silva (1911-1987), na época chefe do Serviço Nacional de Informações (SNI).
77. Abgar Renault não chegou a ser ministro da Educação.

Rio de Janeiro, 19 de setembro de 1966

[...]

Não ia a Juiz de Fora há cinco ou mais anos, e encontrei lá agora a marca da época: o muro entre gerações. Os moços se destacaram totalmente dos velhos. O fato é que estes, os velhos, ancoraram no que eram há dez ou 20 anos atrás. Exatamente – ou quase – os mesmos. Mas os novos, para o bem ou para o mal do mundo – creio mais que seja para o bem – caminharam um século nesses dez anos. Para eles valeu de fato a aceleração da História, ao passo que, para os outros, a História parou. De modo que a separação entre as duas gerações é radical. Estão unidos pelo local, alguns pela fé, pela cordialidade brasileira e pelo mineirismo, mas na realidade falam uma linguagem totalmente diversa, e é natural.

[...]

Mas a minha tese é a de que esses movimentos ou congressos universitários de Havana ou Praga têm duas razões de ser: propaganda comunista, sem dúvida, mas – acima de tudo – um movimento histórico que está acima da própria propaganda comunista, e de que esta se aproveita, que é uma força nova e que eu chamei, numa croniqueta ainda por sair, de *Maré da mocidade*. Representa um sinal dos tempos tão irreversível como os três que João XXIII apontou. É uma força nova que está fazendo concorrência do marxismo ou ao existencialismo, ou à tecnocracia ou ao comunismo, etc. É o que poderíamos chamar de "juvenilismo". Creio mesmo que é uma força que nunca operou no mundo como hoje, uma revolução etária, isto é, marcada pela idade dos seus proponentes. Nem Marx, nem Santo Agostinho, nem Spengler[78], nem Toynbee[79], nem Comte, nem Sorokin[80], nem Maritain, nem Nietzsche[81], nem Hegel[82], nem... nenhum dos grandes filósofos da História fizeram da idade uma força social revolucionária.

Pois eu acho que, neste momento, a maior força social da história contemporânea é a idade, aquilo que a semana social de França de 1962 chamou "*la montée des jeunes*"[83].

[...]

Mas me sinto tão mais próximo aos moços, tão mais afinado com eles, que as minhas divergências com estes são mínimas, comparadas com as minhas concordâncias com os velhos.

[...]

P.

78. Oswald Spengler (1880-1936), filósofo alemão.
79. Arnold Toynbee (1889-1975), historiador e ensaísta inglês.
80. Pitirim Sorokin (1889-1968), sociólogo norte-americano de origem russa.
81. O filósofo alemão Friedrich Nietzsche (1844-1900).
82. Georg Wilhelm Friedrich Hegel (1770-1831), filósofo alemão.
83. "A ascensão dos jovens".

Rio de Janeiro, 24 de setembro de 1966

[...]

Ontem a chacina[84] contra os estudantes que se haviam refugiado na Faculdade de Medicina ainda foi maior. A polícia, embriagada, invadiu de madrugada e expulsou-os a cacete e com palavrões. Incrível. Dezenas de estudantes machucados, e machucados sobretudo na alma, e reforçados nas suas inclinações esquerdistas. Se o governo quisesse açular o comunismo no Brasil, não teria procedido com mais argúcia.

Não pude resistir à voz interior, que pedia para se libertar, e para me ver livre dela, interrompi a carta para escrever uma croniqueta, como quem solta um passarinho da gaiola. O passarinho é um pobre tico-tico sem graça, mas estava batendo com as asas nas grades, lá no fundo do que eu costumo chamar... as cavernas. Agora que eu me vi livre do rumor das asas contra as grades, posso prosseguir tranqüilo.

[...]

P.

Rio de Janeiro, 28 de setembro de 1966

[...]

Uma frase ontem dita a mim pelo Anísio Teixeira: "Eu dizia ontem ao Dumerval Trigueiro[85]: o Amoroso Lima está terminando a vida numa aurora" (sic).

Bacana, não? [...]

P.

Rio de Janeiro, 30 de setembro de 1966

O ministro da Educação[86], agora também reitor da Universidade do Rio (ex-do Brasil), responde hoje, de modo violento, no *JB*, ao meu artigo "Policialismo

84. Em 18 de setembro, a UNE decretou uma greve geral que culminou com massacre de estudantes, no dia 23, na Praia Vermelha.

85. Dumerval Trigueiro Mendes, do Conselho Federal de Educação.

86. Moniz de Aragão; ver carta de 7 de agosto de 1966, nota 58, p. 548.

pedagógico". Segundo a minha invariável atitude, não topo polêmicas. Por isso, deixarei sem resposta a carta dele ao jornal, que te mandarei para o seu arquivo dos "contras", mas não sei se me contentarei com isso. E se realmente serei fiel a essa minha velha disposição. É possível que amanhã em Petrópolis, com calma, chegue a um meio-termo: responder sem entrar em polêmica. Isto é, não *na bucha*, mas em algum artigo, pondo os pontos nos is, ou me referindo à carta dele ao *JB*, assim de passagem.

[...]

P.

Petrópolis,
2 de outubro de 1966

[...]

Cada vez mais tenho horror a essas divisões, embora sem deixar de me manifestar de acordo com um dos grupos, o apelidado pelos outros de "esquerda católica". Mas o que horripila não é existência dos dois setores. É o fanatismo de parte a parte. E creio que a verdade nos obriga a reconhecer que os reacionários, conservadores, integristas, tradicionalistas – como quer que sejam chamados – são muito mais violentos, intolerantes e irredutíveis do que os outros, já que a virtude da tolerância, creio eu, parece ser uma das virtudes que o pessoal do outro lado – o lado que me parece certo, isto é, o dos renovadores, dos que acompanham João XXIII e o concílio – mais deve cultivar. O que me horroriza é o farisaísmo, a incapacidade de respeitar o próximo, de conviver com o lado oposto, seja em religião, seja em política, seja em arte, seja no que for.

Sempre a minha obsessão pela liberdade. Anda, vira e mexe, é em torno dela que se trava a grande batalha. Agora mesmo vejo a luta curiosa *entre as grandes potências comunistas* (sic).

Ainda hoje os jornais contam que numa enorme parada que houve em Pequim, os embaixadores da Rússia, da Romênia, da Iugoslávia, da Polônia, da Tchecoslováquia, da Mongólia e outros, se retiraram do palanque quando o orador oficial chinês acusou os soviéticos de "revisionismo" e de estarem mancomunados com os "capitalistas americanos"!!! É a luta interna, no comunismo, idêntica, ou antes, análoga à luta na *Igreja Católica Apostólica Romana*. Os *revisionistas* são para os *ortodoxos* chineses (e mais a Albânia, Cuba de certo modo, além de outros) o que os progressistas ou renovadores (como eu) são para os nossos integristas. O *integrismo* chinês comunista acusa os revisionistas russos dos mesmos erros que o integrismo católico atribui aos progressistas, ou ecumênicos, ou mesmo ao Concílio, e portanto a João XXIII e Paulo VI.

É curiosa essa analogia, o que mostra que são atitudes humanas pessoais que transcendem mesmo atitudes religiosas ou políticas opostas e inconciliáveis! O espírito de compreensão, de convívio, de cordialidade, de tolerância, em face do espírito de farisaísmo, de anátema, de inquisição, de irredentismo. De um lado, a liberdade, de outro, a autoridade – como núcleos de ação e germes de atitudes humanas. No fundo, ambas se justificam, mas na prática há uma *certa* afinidade, a do amor, do respeito, do convívio dos contrários, da indulgência, da tolerância, da humildade, em suma, do *publicano*. O que não impede que possa também haver um fanatismo do lado dos não-integristas, pedindo a condenação destes, sua expulsão, seu exílio, tal como os integristas pedem. Seria o "olho por olho, dente por dente", utilizado por todas as ditaduras e os extremismos!

[...]

P.

Petrópolis,
3 de outubro de 1966
Santa Teresinha

Até parece um escárnio ver que é no dia da "doutora da Igreja", que colocou a "infância espiritual" na base da vida[87] – não apenas da vida religiosa, mas de toda a vida – que tenhamos de assistir a esta farsa da escolha de um marechal para suceder a outro marechal, na confirmação do estado militar *caiado* de civilismo para "americano ver" que aí está. Mas não engana ninguém. Tudo se passa entre a camarilha de 1º de abril e tudo indica que assim prosseguirá com o Costa e Silva[88].

[...]

P.

87. Alceu refere-se à Santa Teresinha do Menino Jesus (Marie-Françoise Thérèse Martin, 1873-1897), religiosa carmelita francesa, canonizada em 1925, que só seria proclamada doutora da Igreja em 1997.

88. Escolhido presidente da República pelo Congresso Nacional, Costa e Silva tomaria posse a 15 de março de 1967.

Rio de Janeiro,
4 de outubro de 1966

[...]

Ser livre eis o meu ideal máximo neste fim de vida. Em 1928 descobri *a verdade.* Em 19... descobri *a liberdade.* Deixo as reticências em branco, porque antes de 28 eu já descobrira a liberdade, mas em 28 julguei que era preciso *subordinar a liberdade à verdade.* E hoje vejo que se confundiam: a verdade é a liberdade e a liberdade é a verdade. Sempre que a verdade oprime a liberdade, deixa de ser verdade. Daí minha crença, embora herética – pois a Igreja não a reconhece – de que *Deus suprimirá o inferno,* que é a *supressão total da liberdade,* no dia do Juízo Final.

Mas, enquanto isso, o marechal Costa e Silva entra hoje no seu primeiro dia de presidente convicto de que é o *humanista social* do Brasil.

Dizer disso? Quê? Quê? Quê? Sem comentários... *de peur d'être obligé d'en pleurer.*

[...]

P.

Rio de Janeiro,
5 de outubro de 1966

[...]

Estou cada vez mais desligado de qualquer autoridade eclesiástica. Não quero atribuir nada a elas, mas a mim mesmo. Não procuro nenhuma delas. Não vou à Nunciatura. Não mando meus livros ao cardeal[89]. Recuso convite do bispo reitor de Minas[90]. Nem mesmo procurei dom Hélder, quando passou por aqui há dias!

Não creio que haja nisso uma intenção sistemática. Mas o que deve haver é realmente uma tendência inata a me afastar de tudo que é oficial. Só dom Leme, com ajuda do *choque* de 15 de agosto (conversão) e de 4 de novembro de 1928 (morte do Jackson), é que por uns anos, até 1941, mudou minha vida nesse sentido.

Por que 1941? Porque nesse ano é que houve o tal episódio da eleição do Getúlio para a academia[91]. E o gesto de dom Leme, me obrigando, por obediência, a votar nele, teve conseqüências que perduram até hoje. A principal delas, creio eu, foi justamente o fato acima comentado: meu afastamento crescente das autoridades eclesiásticas que

89. Dom Jaime de Barros Câmara.

90. Dom Serafim Fernandes de Araújo (1924), bispo-auxiliar de Belo Horizonte e reitor da PUC de Minas.

91. O então presidente da República Getúlio Vargas, candidato à Academia Brasileira de Letras, eleito em agosto daquele ano.

afina com minha idiossincrasia pelas autoridades civis. Reflexo de envelhecimento e egocentrismo?

[...]

P.

Rio de Janeiro,
28 de outubro de 1966

[...]

Já começam os desvios... Dos jornais desta manhã destaco o manifesto da fracassada "frente ampla" que o Lacerda ia constituir com o JK e o JG, e acabou assinando sozinho por causa das ameaças dos milicos, que estavam dispostos a tudo, inclusive a confiscar os bens dos cassados e cassar todos os que, direta ou indiretamente, participaram da articulação da tal "frente"[92]. Como o Lacerda acabou assinando sozinho, o governo está respirando, porque assim evita talvez a cassação do próprio L., que era e continua a ser uma espinha atravessada na garganta desses milicos, pois o dito L. conta com apoios substanciais dentro do próprio governo, como o Juracy e o Brigadeiro, e penso que o tal do Aragão[93] também, que aliás leio hoje que está em Paris, e portanto vai ignorar minha resposta.

[...]

O fato é que o manifesto é *excelente.* Admiravelmente bem escrito. Ponderado e objetivo. Nada lacerdiano e capaz realmente, se houvesse dois dedos de bom senso nessa gentalha, de iniciar um movimento de oposição consciente. Mas nada demoverá esses liliputianos no poder de deixar o bolo em meio. Já falaram no "seu Arthur" por oito anos, para "consolidar a limpeza"... E não querem que os AP (os estudantes radicais) só acreditem na conspiração e no "quanto pior melhor" e me considerem "superado" porque prego a não-violência...

Pois a verdade é que, modéstia à parte, o tal manifesto parece redigido – salvo a beleza do estilo – por um tal de Tristão, que desde a primeira semana de abril de 64 vem dizendo exatamente aquilo que o Lacerda só descobriu agora, dois anos depois!

[...]

P.

---

92. Ver carta de 22 de janeiro de 1966, nota 12, p. 526.
93. O ministro da Educação, Moniz de Aragão.

Petrópolis, 31 de outubro de 1966

[...] os meus dois artiguetes sobre *Eleições*, em que junto vários nomes, mas não destaco isoladamente nenhum. Essas minhas duas croniquetas já foram escritas há três semanas e possivelmente, ou antes, certamente terei de revê-las devido às circunstâncias das últimas semanas, particularmente à *exclusão ou não* (conforme a decisão do Tribunal Eleitoral), ou às novas cassações, pois está se vendo que a ditadura não admite gente de qualidade intelectual dos ora impugnados na Câmara[94]. Mais uma tolice desses primários, pois os grandes opositores, como também os grandes defensores, aparecem inesperadamente. As circunstâncias é que revelam os valores. E um deputado que ninguém conhece pode revelar-se um bamba, ao passo que os que entram com toda a garra podem apagar-se. Aliás, é esta uma grande regra: os grandes valores intelectuais se anulam, ou pelo menos se esfumam, nas grandes assembléias. Há um talento especial para as assembléias, que é muito diverso do talento da pena, ou mesmo da palavra não-parlamentar. De modo que todo o cuidado policial do poder militar que dá as cartas hoje em nosso país é uma pura infantilidade.

E é ato ridículo como aconteceu com a polícia de Brasília, que deixou fugir três americanos, que aqui estavam presos por "contrabando de minério" e chegaram ontem aos Estados Unidos depois de uma fuga rocambolesca de avião, enquanto a polícia continuava a procurá-los... nos arredores de Brasília! É uma rata a mais deste nosso inefável estado policial. A polícia é feroz com os estudantes e com os deputados da oposição. Mas quando se trata de cidadãos dos Estados Unidos, condenados por delitos comuns, aí ela se atrapalha toda. É que com os americanos corre o dólar, ao passo que os estudantes não têm nem mesmo cruzeiros, quanto mais dólares! E os deputados, embora com a possibilidade de terem alguns dólares, não têm armas, nem a esperteza dos gringos, nem – quem sabe – a cumplicidade do próprio governo, já que a prisão desses americanos, envolvidos em negócios de minérios, estava sendo protestada pelo governo americano... Logo... tudo isso mostra que "há qualquer coisa de podre no reino da Dinamarca", como dizia Hamlet.

[...]

P.

94. Seis deputados federais do MDB tiveram seus mandatos cassados em 12 de outubro: Armindo Doutel de Andrade, Sebastião Paes de Almeida, Humberto El-Saick, Abrão Moura, Adib Chammas e Cesar Prieto. No dia 20, em represália aos protestos dos parlamentares que condenavam a cassação dos emedebistas, Castello Branco determinou o fechamento do Congresso, que assim permaneceria até 22 de novembro.

Rio de Janeiro, 17 de novembro de 1966

O primeiro dia depois das eleições foi marcado por um pavoroso desastre na Central, em que morreram mais de 30 pessoas, e ficaram feridas mais de 80! Todos operários do trem das 5 da manhã. Um vizinho da nossa "Severina" morreu deixando viúva com nove filhos menores. Esta é a trágica realidade social dos nossos dias, que marca a marcha invencível no sentido de uma sociedade menos criminosamente injusta do que a nossa. São os *pobres* que estão sujeitos a esses desastres: trem de 5 da manhã, quando todos nós, exceto vocês, estamos na cama. E trens superlotados, com maquinistas sonolentos ou, quem sabe – é uma das hipóteses, pois sofria de hipotensão – com um enfarte antes do desastre, tanto assim que avançou três sinais até se chocar com outro trem. E com isso a incúria da administração. Um controle que devia funcionar não funcionou. E o outro trem que trafegava na mesma linha, em sentido contrário, por estar em obras a outra linha! Se isso ocorresse no governo passado, dir-se-ia: "Vejam a bagunça da administração". Mas isto aconteceu agora, três anos depois de uma revolução saneadora! Não culpo *a revolução* e sim o nosso estado permanente de confusão e bagunça, a falta de técnicos etc. e tal. Não este governo ou o passado. Todos.

Mas o importante é que são os pobres que continuam a sofrer! Mas quando falamos por eles somos demagogos. E tudo isso, no silêncio, vai formando a *onda socialista* de amanhã, que será e já é inevitável. Uma sociedade como a nossa não pode durar muito.

Agora, vamos ao outro lado do dia. O lado do momento político, e não apenas social.

Tudo está ocorrendo como se previa: a Arena (governista) vence no interior e nas pequenas capitais. A oposição (MDB) vence nas grandes. O lacerdismo vence no Rio, como vence a oposição, de longe. Em São Paulo também, com exceção do Carvalho[95] Pinto, que é Arena e oposição ao mesmo tempo.

[...]

P.

---

95. Carvalho Pinto havia se filiado à Arena, partido pelo qual concorreu ao Senado por São Paulo. Na campanha, entretanto, posicionou-se a favor das eleições diretas e pela restauração do regime democrático; acabou eleito.

1967

Rio de Janeiro, 11 de janeiro de 1967

Você deve ter ficado tão surpresa quanto eu e Mamãe com a nomeação [...] deste seu criado para uma comissão[1] que não sei bem qual seja, pois existem duas, uma de Justiça e Paz e outra um Conselho de Leigos. Normalmente deveria ser desta última. Mas não está claro nem tenho nenhuma informação precisa a respeito. Quero ver se hoje à tarde passo pela Nunciatura para saber alguma coisa mais, mas imagino que tampouco sabem. Essas coisas, na Igreja, caminham muito lentamente e como nunca participei de nenhuma dessas comissões, nada sei. Estou certo de que a nossa Cúria Metropolitana ainda sabe menos. E no entanto, como é natural, os jornais desde ontem começam a telefonar e já agora de manhã continuaram, e mesmo a *Última Hora* vai passar aqui às 11 horas para tirar fotos na intimidade.

Tudo isso na hora em que eu mais gostaria de passar totalmente despercebido.

[...]

P.

Rio de Janeiro, 12 de janeiro de 1967

Será que a "nomeação" pelo papa não foi um bálsamo da Providência para aliviar nossas feridas? [...]

Fui ontem à Nunciatura agradecer. Só não soube de mais nada, a não ser o que os jornais publicaram. Falei com um padrezinho português, que vi na Secretaria de Estado em 62. Disse-me que só na terça-feira próxima é que chegará a mala diplomática contendo o *Osservatore Romano*[2], com a publicação do *Motu proprio* do papa, e quiçá algum detalhe. Ficaram de me comunicar. Estranhou que eu não tivesse sido consultado antes. Acha provável que tenha sido indicação de dom Eugênio Sales[3], o arcebispo da Bahia

1. Em 6 de janeiro de 1967, Paulo VI instituiu a Comissão Pontifícia Justiça e Paz; a escolha dos membros foi definida por ele. Alceu integrou a Comissão entre 1967 e 1973.

2. Periódico de cunho apologético fundado em 1891 pela Igreja Católica, veiculado em italiano, inglês, francês, espanhol, português, alemão e polonês.

3. Dom Eugênio de Araújo Sales (1920), ex-arcebispo de Natal, nomeado administrador apostólico de Salvador em 1962. Foi consultor da Comissão Justiça e Paz (1967-1973).

("administrador apostólico", pois o velho cardeal ainda é o arcebispo![4]). Quem pode saber? Não haverá nessa escolha de Paulo VI uma lembrança de monsenhor Montini e da nossa conversa de duas horas e meia no Vaticano, e mais o almoço na embaixada, o tríduo da capela da universidade, junto a você, e até mesmo a minha saudação na PUC, e a bênção que me deu na Nunciatura, já cardeal e arcebispo de Milão, com o nosso dom Armando Lombardi, que talvez *lá de cima, tenha também dado um jeito?...*

[...]

P.

Petrópolis,
4 de fevereiro de 1967

[...]

Tenho um programa de trabalho muito sobrecarregado, agora. E como sempre, com a cabeça vazia. É um fato. [...]

[...] me sinto tão vazio, tão incapaz da tarefa que afinal o santo padre teve ontem em mira, quando se lembrou do meu nome (e estou realmente convicto de que foi *só dele*, de mais ninguém – que partiu a idéia de me nomear para a tal Comissão Justiça e Paz. Já agora incluí nas minhas orações diárias e peço a você que faça o mesmo, o pedido de ajuda urgente de nosso Pai e do seu Espírito, para que eu possa ainda fazer, ou pelo menos não des-fazer, a ilusão do próprio monsenhor Montini quando me chamou para trabalhar nessa comissão!!!

Mas, por falar nisso, um *piccolo*[5] episódio pitoresco, que me foi ontem contado pelo Danton Jobim[6], no meio da rua. Ele vinha da Livraria Agir, e no balcão, ao lado dele, estava uma senhora muito "bem", alta, elegante, de cabelos brancos, conversando com um vendedor. E lhe dizia: "Pois é, o Tristão era todo *do lado de lá* (sic) embora eu soubesse que ele era católico... Mas agora o papa o nomeia para uma comissão da própria Santa Sé. Não entendo mais nada" (sic).

Pois bem, minha senhora, agora é que a senhora está ou poderá estar *começando a entender* que a Igreja não está nem do lado de lá nem do lado de cá. E que este seu criado também não está nem do lado de lá nem do lado de cá. Mas está cada vez mais com o lado que está acima de todos os lados! Com a Igreja, sempre com ela, mãe e mestra, e à qual *todos os lados* vão ter. [...]

P.

---

4. O cardeal-primaz dom Augusto Álvaro da Silva (1876-1968) era arcebispo de Salvador desde 1924, tendo sido criado cardeal em 1953.

5. "Pequeno", "breve".

6. Jornalista (1906-1978), um dos responsáveis pela reforma editorial do *Diário Carioca*, realizada nos anos 50. Foi senador pelo Rio de Janeiro (1975-1978).

Petrópolis,
8 de fevereiro de 1967

[...]

Como é que um camarada de 73 pesados anos nos ombros, além de tudo o mais, se vê de repente colocado numa Comissão da Cúria Romana, ao lado de Barbara Ward[7], do presidente da Simca Internacional, da maior filóloga holandesa, de um polaco, de outros que devem ser da mesma estatura e da mesma capacidade, na hora mesma em que só pedia... sombra e água fresca! Confesso a você que ando cada dia mais assustado e mesmo perplexo. Além disso, ou antes, muito acima disso, o estado de saúde de Mamãe não me agrada nada. [...]

P.

Petrópolis,
9 de fevereiro de 1967

[...]

O direitismo católico é que vai lucrar 100% com os ataques de Maritain a Teilhard e à esquerda católica. O engraçado é que Teilhard é acusado de direitismo pelo grupo do *Esprit*, isto é, dos discípulos de Emmanuel Mounier, por suas tendências totalitárias (sic). Você já viu como é difícil traçar uma linha de ordem qualquer nessa barafunda?! E como os tipos de *proporção*, como este seu criado, são naturalmente jogados na cesta dos moderados, e lapidados de lado a lado. Tanto melhor. Foi sempre assim, tanto outrora – quando eu estava à direita, ou pelo menos inclinado à direita – como hoje, e serei sempre assim, quando me sinto mais à esquerda, mas procurando sempre a linha de... cada coisa em seu lugar. Em suma... *justitia et pax*[8].

Cada vez mais amo a minha comissão, *pelo seu nome*. Poderei até nem tomar parte nela, mas só o fato de *ter pertencido a ela*, por indicação do Santo Padre, é um fim de vida que me alegra. Embora com certa nostalgia pela liberdade dessa juventude que se lança na AP, com o ardor do *tudo ou nada*, enquanto nós, os septuagenários – com a paz e a justiça – ficamos de mãos atadas e inaptos à ação. Estou convicto de que só os belicosos e os injustos são aptos à ação efetiva. Por isso mesmo temos de ser muito indulgentes com esses jovens *extremistas* da AP que se revoltam

7. Barbara Ward, jornalista inglesa (1914-1981), foi editora da revista *The Economist*. Não foi possível identificar os demais integrantes da comissão citados por Alceu.

8. "Justiça e paz", que era também o nome em latim da comissão pontifícia para a qual Alceu Amoroso Lima foi escolhido.

contra os integristas, os acomodados, os mornos, os direitistas, e não se intimidam diante dos IPM ou dos Dops.

[...]

P.

Rio de Janeiro,
28 de março de 1967

[...]

Há quanto tempo sem cartas! E quanta, quanta coisa desde então, que ficará sepultada nas palavras conversadas, de que só nos recordaremos no... Juízo Final! Mas que tiveram sua gostosura – no meio da tragédia do desastre de Jorge[9], do "dia-sim-dia-não" de Campinas a São Paulo, já de saudosa memória – tal o entrelaçamento de coisas claras e escuras em nossos dias.

[...]

Volto ao princípio da carta. Quero relatar o encontro mais importante de ontem. Você bem sabe qual foi. O Corção não estava. Ótimo, para aumentar o transe. Fui à casa do dr. Olgério[10]. Também ninguém. Fiquei lá de molho uma hora. Às 6 e meia chegam os meninos de Jorge e Marly[11], com os avós.

Às 7 e meia, volto ao Corção. Vi luz acesa. Devia estar. Bato à porta. Ele mesmo entreabre o postigo e abre, com um sorriso muito acomodado. Como está velhinho!

"Corção, deixe explicar-lhe logo o motivo da minha visita. Você sabe que estou com um filho passando muito mal." "Sei e tenho rezado por ele todos os dias." "Eu já sabia, pelo Octávio (de Faria), do seu interesse pelo caso, e fico-lhe grato. Não me leve a mal se, nesta visita, venho lhe contar como tudo se passou: meu filho ainda estava em estado de coma. Durante a missa, pergunto a Nosso Senhor: 'Qual o maior sacrifício que posso fazer, pela vida de Jorge?' E Ele, sem hesitar: 'Uma visita ao Corção'. Relutei mas acabei no *fiat*[12]. Ao chegar ao hotel, diz-me minha mulher: 'Telefonaram do hospital dizendo que Jorge começou a se mexer'. E logo meu genro telefona do hospital: 'Jorge abriu os olhos' ".

Corção se levantou e me deu um beijo. Eu ainda disse: "Nossas divergências são de idéias, mas no Coração de Jesus estamos unidos, agora e para sempre". Ele começou a chorar, convulsamente, e me abraçou, pois eu já me levantara. *Beijei-lhe a mão* e saí.

9. Filho de Alceu, vítima de acidente de carro.
10. Olgério Tostes Malta, médico, pai da mulher de Jorge Alceu, Marly, casado com Robenita Monteiro Branco.
11. O casal teve quatro filhos: Marcelo, Teresa, Alceu Neto e Maria Cristina.
12. "Que seja feito".

Eis aí.

Foi tudo como Nosso Senhor queria, e quando saí, a paz que eu levava no coração era tão grande como a que vi espraiar-se por todo o vale das Laranjeiras quando fui visitar, com Mamãe e vocês, crianças, a Casa Azul.

[...]

P.

Rio de Janeiro,
15 de abril de 1967

Escrevo com o pé no degrau da escada da Alitalia. Sairá às 9 e meia e não às 7 e meia, e creio que chegará à 1:30 em Fiumicino, o aeroporto onde em 62 fui receber os bispos, chefiados pelo velho cardeal primaz dom Augusto Álvaro da Silva, que chegava para o concílio. Agora devo chegar lá, Deus querendo, sozinho, sem Mamãe, para participar de uma das conseqüências do concílio, essa comissão para a qual levo uma *idéia*..., que já está milagrosamente acondicionada na minha pasta preta. Estou com pena de não ter levado a "pastona", que ficou por aí, pois antes mesmo da *largada* já estou lutando com falta de espaço. Levo apenas uma mala, emprestada, e que, pelo peso, me parece que já vai pagar... excesso. Como a idéia também paga excesso, já saio da área do cruzeironovo para a área da liravelha, com um bom déficit!

[...]

P.

Roma,
17 de abril de 1967

Que beleza, esta Roma, onde encontro espaços pelos cantos apenas entrevistos, tantos pedaços de vocês, em 1950 e em 1962! A viagem foi ótima, salvo a ausência de Mamãe, que é sempre para mim uma mutilação, e me faz voltar um pouco à minha solidão de 1913!!! Daquela vez, porém, não houve Roma e apenas Florença e Veneza! De modo que Roma, para mim, é inseparável de vocês, e por isso me sinto mutilado.

[...]

P.

Roma,
18 de abril de 1967

É hoje que começa a inana! São 8 horas e 8 minutos. Já fui à missa aqui perto, na igreja de Santa Maria della Fornace, de um barroco banal, como 360 das 365 ou mais que devem existir aqui em Roma, mas com o seu *cachet*[13] italiano e romano inigualável. *Por aqui não passou o concílio*, ao menos nas igrejas. Nada se fez para a missa *versus populum*[14] ou em vernáculo, a não ser na capela do Santíssimo de São Pedro, e isso mesmo só quanto ao vernáculo. Nesta igreja aqui perto está tudo como dantes no quartel de Abrantes. Se é assim quanto às reformas litúrgicas mais fáceis, agora você imagina quanto ao pensamento, aos costumes e, acima de tudo, quanto às estruturas. Com exagero, podemos dar um século para que mudem, e depois de sangrentas revoluções.

Infelizmente, cada vez mais me convenço que Marx (Karl) tinha razão... *desgraçadamente.* Assim como nós pessoalmente, em regra, só mudamos quando a asa do sofrimento nos toca pessoalmente, assim também os regimes e as civilizações só mudam mesmo, a fundo, quando derramam muito fogo e muito sangue. É triste dizer, mas é o fato. O que não impede que continuemos a fazer tudo para que... não seja assim. Deus sabe o que fará dos nossos esforços vãos, humanamente falando!

[...]

Houve aqui mesmo no hotel uma recepção para as duas comissões – Justiça e Paz, e a dos Leigos. Fiquei conhecendo então vários dos futuros companheiros dos próximos dias. O cardeal Roy[15] é uma simpatia e me convidou para sua mesa à noite. O secretário-geral, monsenhor Gremillion[16], é um homem dinâmico e muito aberto. Conheci também o dominicano francês que ficou no lugar do padre Lebret[17], e cujo nome não guardei. Creio que deve ter o mesmo espírito do Lebret. Reencontrei ontem o Veronese, o Lunanyès (um catalão que foi presidente da Pax Romana), um dr. Schauff, além de dom Eugênio naturalmente, com quem estou me dando muito bem. Diz o padre Hosanam[18] que d. Eugênio será mesmo o sucessor de dom Jaime, mas sabe tanto quanto nós[19].

[...]

P.

---

13. "Carimbo", aqui no sentido de marca característica e distintiva.

14. [O celebrante] de frente para o povo.

15. Maurice Roy (1905-1985), presidente da Comissão Justiça e Paz. Arcebispo de Quebec desde 1947, foi criado cardeal primaz do Canadá, em 1965.

16. Monsenhor Joseph Gremillion, secretário da Comissão entre 1967 e 1974.

17. O frade dominicano francês Louis-Joseph Lebret (1897-1966), fundador do movimento Economia e Humanismo em 1941, que prosperou por algum tempo também no Brasil, onde o dominicano esteve a trabalho várias vezes. O sucessor de Lebret a que alude Alceu é o também dominicano francês Vincent Cosmao, que fundou o Centro Lebret em 1972.

18. Não foi possível obter informações sobre essa pessoa, assim como a respeito de Veronese e Lunanyès.

19. Depois de ter sido criado cardeal em 1969, dom Eugênio Sales viria a ser designado em 1971, para a Arquidiocese do Rio de Janeiro.

Roma,
21 de abril de 1967

Vou logo te contando a entrevista com Paulo VI. A sala foi outra, bem maior do que aquela em que esperamos Pio XII, de pé, com o coração batendo, e aquela entrega do *Mensagem de Roma*[20], a ele dedicado e ao qual ele mal lançou o mais distraído dos olhares. Se os grandes soubessem como essas pequenas coisas afetam os pequenos...

Bem, a sala em que fomos recebidos é a do trono. Também bispei ontem várias outras, de tamanhos diferentes, conforme o dos auditórios, e admiravelmente bem decoradas. À moderna, isto é, à primitiva. Sobriíssima. Temas cinzentos nas paredes. Quadros de primitivos. Trípticos. Poucos. Um trono formado de duas esculturas antiqüíssimas, de São Pedro e São Paulo, como braços, e ao alto outro fragmento de pedra, maior, em forma mais ou menos triangular, com Nossa Senhora. Ficamos sentados em cadeiras vermelhas e eu na primeira fila, por acaso, ao lado da famosa Barbara Ward, cinqüentona, mas esbelta e jovialíssima.

O papa levou uns 15 minutos para chegar, só com um *cameriere*[21], com a pasta vermelha contendo seu discurso, em que nos comparou ao *coq du clocher*[22], para pregar a doutrina social. Começou saindo do texto e perguntando informalmente quantos eram os membros e se podiam ser acrescentados outros. Ao almoço, monsenhor Pavan[23], co-autor da *Mater et magistra*, me disse que já era uma resposta ao meu pedido, na sessão inicial, que houvesse, na comissão, um operário e um camponês de fato. Quando chegou a hora das apresentações pessoais, o papa disse qualquer coisa a cada um. A mim, de saída (tudo durou um minuto) não me reconheceu. Quando monsenhor Gremillion disse meu nome, o papa falou: *"Ah, c'est vous?"*[24] E voltando-se para o G., segurando minha mão: *"En avez-vous jamais entendu parler? C'est un grand orateur"*[25]. Eu me atrapalhei todo e saí logo, sem pedir a bênção para J., como queria fazer, e tal como pedi a João XXIII para você. Mas pedi de coração. Pedi todos os dias e peço junto aos túmulos, sempre floridos, de Pio XII e sobretudo do nosso Pai João!

Pela segunda vez o nosso Montini se enganava com o velho Tristão. Não sou bom membro de qualquer grupo. Antes, péssimo. Mas ontem, por azar, ainda me elegeram presidente do Grupo de Trabalho! Por falar nisso: Minha *idéia* foi apresentada no grupo. A diocese do desenvolvimento e o bispo do desenvolvimento foram considerados *utópicos*. Eu respondi: "Não faz mal. Será então para o século XXI"... Mas, em geral, o resto da idéia foi aceita. O corpo, não a cabeça... A mère Guillemin, superio-

---

20. Livro de Alceu publicado pela Editora Agir, em 1950.
21. "Camareiro"; na terminologia vaticana, um eclesiástico oficial dos aposentos papais.
22. "O galo do campanário". O galo simboliza a fidelidade, vigilância e o testamento cristão.
23. Cardeal Pietro Pavan (1903-1994), colaborador do papa João XXIII para as questões sociais.
24. "Ah, é o senhor?"
25. "Já o ouviu falar? É um grande orador".

ra geral das 50.000 irmãs de caridade do mundo, me disse: "*J'accepte tout sauf la grande diocèse*"[26]. E o mesmo me disse dom Eugênio.

[...]

P.

Roma,
22 de abril de 1967

Agora mesmo me telefona o Murilo Mendes dizendo-me que tem em mão carta sua para mim. Sempre a primeira! Já me queixara a Mamãe do silêncio total de vocês até agora e amanhã se completa a primeira semana de ausência, que já me parece um mês ou um ano. Se Mamãe não puder vir comigo nas próximas, acho que me demitirei. E mesmo assim...

Decididamente só dou mesmo, neste fim da corrida, para um trabalho individual. E me sinto cada vez mais irritado contra esta tremenda engrenagem da Igreja. Ainda mais quando sabemos que tudo é tão diferente na vida real. Vive-se aqui no subsolo, e não na cúpula. Ao menos quando nos ocupamos com os organismos existentes ou futuros. Talvez seja necessário, como as máquinas de um navio são necessárias para que ele marche. Mas não dou para maquinista, e muito menos para foguista. Felizmente o papa nos chamou de *galos de campanário*! Ele sabe falar linguagem de gente e não de rodas dentadas. Aliás a Barbara Ward apresentou ontem um relatório do seu grupo de trabalho, em que se fala essa linguagem. Mas o relator do nosso grupo, um americano superprático, reduziu tudo a rodas dentadas... [...]

P.

Roma,
25 de abril de 1967

Esta, com a graça de Deus, será a última desta temporada, e já creio que chegará aí depois de mim, pois conto poder ir aí no próximo sábado, se Deus me conduzir! O dia de ontem foi péssimo como tempo – frio, úmido, chuvinha – mas *réussi*[27] como conferência, no teatrinho Feldoni e como jantar.

26 "Aceito toda [sugestão], menos a grande diocese", frase da madre superiora Susana Guillemin (1906-1968), da Companhia das Filhas da Caridade de São Vicente de Paula, Servas dos Pobres.

27. "Proveitoso".

Na conferência sobre *Engagement et dégagement de l'Église dans le monde*[28] havia umas cem (ou 80?) pessoas (a sala era pequena), das quais 40 ou 50 seminaristas brasileiros. Podia quase ter sido em português. Um belga me levou então à recepção nos suntuosos salões do Banco de Roma, e de lá levou-me "à casa sua", delicioso apartamento com uma vista suntuosa sobre o Tibre e parte de Roma, e muito bem arranjado, pois se casou com uma siciliana viúva, mais velha do que ele, pintora, cantora, musicista, em suma italiana renascentista, com uma conversa fulgurante – fiquei a seu lado à mesa – e um estranho conhecimento de horóscopo e signos do Zodíaco. Adivinhou, pela minha cara e pela minha conversa, antes de saber o dia de meu nascimento, que eu pertenço (nunca o soube) ao signo do Sagitário (um touro que lança setas) e – o que muito me alegrou – *que é o mesmo que o do João XXIII.* Disse-me que o meu sinal é "seguir sempre para a frente". Não é realmente impressionante? Se a cartomante de 1913 me decepcionou, essa fisionomista *horoscopista* [...] adivinhou coisas realmente minhas! Daí meu interesse por Teilhard, minha decepção com o Maritain de agora.

Na mesa, éramos seis, essa italiana da Sicília, um italiano finíssimo de Milão (meu vizinho aqui no hotel, homem muito fino mesmo), um polonês, um belga, um flamengo e um brasileiro, que *pot pourri*[29] bem romano e moderno! E ainda estava convidada a Barbara Ward, inglesa, o que teria sido um duelo com a siciliana, pois ambas são artistas e fulgurantes de conversas.

A mulher do belga ficou tão minha amiga, e até confidente (sic) que me deu dois beijos à saída. É ao mesmo tempo artista, mística e trágica – perdeu o primeiro marido num desastre de automóvel, conduzido pela filha, e me disse que só agora, passados 12 anos, e quando se casou, é que a moça voltou ao que era, pois conservara um complexo de culpa pela morte do pai. Tudo isso contado numa atmosfera de superluxo, num restaurante-cabaré – *Le Coq d'Or*[30] – suntuoso, com várias salas de claro-escuro, em que sombras humanas dançavam, à meia música. E ainda salões de festa, uma sala com uma cabeça antiga (sic), pessoas e risos típicos! Nunca estive numa atmosfera tão romana como esta!

E, no meio, aquela mulherzinha esquelética, de cabelos arrepiados, que descobria meu horóscopo, me comparava a um touro lançando setas para o futuro – "*vous ne vous arreterez jamais*"[31] (sic) – e me contando sua tragédia pessoal, suas leituras da mística oriental, seu ascetismo (sic) durante anos, que agora está casada com um belga supermanso e encantador, que também era viúvo, tendo casado *in articulo mortis*[32], no Rio de Janeiro (sic)! Você já viu que noite? Hoje voltamos ao sol e às coisas com os pés no chão, com os meus honrados companheiros da *Commissio pro Justitia et Pace.* Que Deus me conduza depois de amanhã às plagas nativas!

28. "Engajamento e desengajamento da Igreja no mundo".
29. "Mistura".
30. "Galo dourado".
31. "O senhor não vai parar nunca".
32. Expressão eclesiástica para designar um casamento feito "na hora da morte"; no caso, a morte da primeira mulher do belga.

Ia me esquecendo do principal. Ontem, um aleluia, pois recebi carta de Mamãe, daquelas que só ela sabe escrever! Provavelmente a única! E até sábado, se Deus quiser!

P.

Rio de Janeiro, 7 de junho de 1967

Ah, jornais, jornais, e guerra, guerra... Uma hora perdida e só li um, o *JB*, que está escandalosamente a favor de Israel, nesta luta entre judeus e árabes, que é pelo menos uma guerra *anacrônica*, no sentido de que os dois povos, ou as duas facções da raça de Ismael e Israel – os semitas – estão pensando que ainda vivem nos tempos bíblicos, brigando no deserto, a pedradas. Esquecidos de que hoje o que fazem no deserto repercute pelo mundo inteiro e arriscam-se a levar todos os continentes à terceira guerra.

[...]

Não nego que entre judeus e árabes, em princípio, estou com os primeiros. O Nasser[33], o egípcio, é um ditador tipo hitlerista, que quer fazer-se o chefe carismático do arabismo. E é escandaloso que queiram esmagar o estado de Israel, levantando-se contra ele todos os estados árabes.

Tudo isso é certo, mas ninguém pode negar (embora todos neguem e naturalmente Israel é o primeiro a negá-lo) que foi Israel que passou às hostilidades guerreiras e está fazendo uma ofensiva-relâmpago, de tipo Hitler, na esperança de obter vantagens militares para poder negociar com trunfos na mão, quando os "grandes" intervierem, através da ONU, para impedir a continuação da briga entre os irmãos Isaac e Ismael, que é um rastilho de pólvora. E nenhum dos "grandes" tem interesse na guerra... já. Digo já, porque no fundo a psicose de guerra está tão viva hoje como... em 1913. *Sinto* que o povo, pelo menos entre nós, continua a pensar em termos de guerra, isto é, de briga, torcendo por um lado contra o outro, como se fosse uma partida de futebol, e penso que a torcida pró-Israel é muito maior, já não digo entre os "granfas", é evidente, mas mesmo entre o povinho da rua. Os árabes estão realmente mais longe do nosso povo do que os judeus, por mais que uns e outros, como mascates ou usurários, o explorem *comercialmente*.

De qualquer modo, não temos partido a tomar, embora a *causa* de Israel (estado pequeno, 3 milhões de habitantes), com 12 nações árabes contra ele e procurando oprimi-lo, seja a mais simpática, sem dúvida. Mas a causa mais antipática é a da própria guerra em si, e parece incrível, que aos 74 anos, esteja este sobrevivente dos

33. Gamal Abdel Nasser (1918-1970), militar de origem, foi presidente do Egito entre 1956 e 1970.

espectadores [...] da Primeira Guerra Mundial de 1914, ainda se debatendo com o mesmo problema. Paz, paz e não há paz! Guerra, guerra e há guerra! Pobre e louca humanidade! Não há jeito mesmo para ela, senão a misericórdia divina. Pois, se fosse por justiça, todos nós já teríamos sido aniquilados.

[...]

P.

Rio de Janeiro, 9 de junho de 1967

Et Israel detruxit pharaonem et exercitum eius in Mare Rubrum (Salmo 135, responso de quinta-feira, 8 de junho de 67)[34]. Como a história – apesar do "nada há de novo debaixo do sol" não ser do meu agrado – também se repete! Líamos nós ontem, nas Vésperas, esse versículo dos Salmos, oração que Nosso Senhor rezava, e que Davi e outros dos tempos pré-cristãos haviam composto, – quando os rádios anunciavam que a RAU[35], os egípcios afinal, tinham concordado com o apelo de "cessar fogo" da ONU. E, se concordaram, era única e exclusivamente por terem sido batidos militarmente, de modo fulminante, pelos aviões franceses Mirage do exército israelense, e pela fúria militar agressiva dos judeus, que em 48 horas conquistaram a península do Sinai, chegaram a Suez (canal) e ao Mar Vermelho, "batendo os exércitos do faraó" (Nasser!).

Que coisa, seu! Tenho cada vez mais horror à guerra, que não resolve nada, como tento provar no artigo de hoje – *A terceira* – mas dá que pensar essa persistência da imbecilidade humana, através dos milênios. Em 1967 repete-se o que houve quatro ou cinco séculos antes de Cristo, no ano 567 a. C. , digamos! Será que é irremediável a estupidez (perdoe...) humana?

De qualquer modo um fato aí está: mais uma vez brigam no deserto Israel e Ismael e aquele esmaga este mas não o destrói, por ser *também* indestrutível, como herança de Abraão, e com isso se prepara a *revanche* de Ismael algum dia! Que tristeza para a natureza humana! O Cristo (o papa) no meio dos dois irmãos, eternamente desavindos, e a Igreja só pedindo uma coisa... a paz!

[...]

P.

---

34. Alceu parece fazer aqui uma adaptação do Salmo à guerra que então opunha Egito e Israel: "E Israel destruiu faraó e o seu exército no Mar Vermelho". Na versão da Vulgata está : "*Et excussit pharaonem, et virtutem eius in Mari Rubro*", isto é, "precipitou Faraó e seu exército no Mar Vermelho" (na nova numeração, Salmo 136, 15).

35. República Árabe Unida, nome da federação constituída em 1958 pela Síria e o Egito.

Campinas,
13 de junho de 1967

[...]

Pelos jornais vejo que Israel está mais cheio de orgulho do que nunca. Até agora vimos os *judeus perseguidos* e todos nos colocamos ao lado deles. Mas os judeus vitoriosos são tão detestáveis como os nazistas vitoriosos ou como os comunistas vitoriosos, ou como os italianos vitoriosos ou...

Bem razão tinha (não é que me esqueço o nome daquela judia convertida Simone... Weil! Ufa!) – que detestava a palavra "vitória", que considerava como termo odioso e perigoso. A vitória envenena porque nos torna orgulhosos. A derrota liberta porque nos faz humildes. Ai dos vitoriosos! [...]

P.

Rio de Janeiro,
29 de junho de 1967

Tudo correu bem na academia e foi o outro prato da balança em confronto com a rata de Brasília. Assim vai a vida e acima dela a Providência, pesando e despesando os pratos da balança do êxito, cá por baixo, para que não percamos o gosto de viver, nem o alimentemos demais.

Sala cheia. Gente em pé. Ligeiro incidente, durante o discurso do José Américo[36], quando o Barreto Pinto[37], louco e escandaloso, tentou dizer: "Se o senhor continuar atacando o Getúlio Vargas, eu o farei calar", a meia- voz. Mas o bastante para que o JA, que não é de muita paz, respondesse com toda razão: "Eu estou até louvando Vargas. Mas prezo a verdade antes de tudo". Foram 15 segundos, mas naquele ambiente todo formalista, causou certa impressão. Mas hoje não vejo comentário algum nos jornais. Virão amanhã, pois os cronistas andam sempre doidos por esses pratinhos. O belo discurso do JA foi total ou quase totalmente sacrificado, porque ele o pronunciou pessimamente, engolindo o final das frases, de modo que na sala foi difícil ouvi-lo, inclusive porque falou longe do microfone.

Eu aproveitei a observação e levantei bem a voz, apesar de a ter ainda bastante rouca, mas reconheço que *disse* bem. Como todos concordaram, inclusive o maestro José Siqueira[38], que mal conheço, que veio felicitar-me (ele é da linha... esquerda) e eu

---

36. Provavelmente uma alusão ao discurso proferido pelo escritor na Academia Brasileira de Letras. José Américo de Almeida havia sido eleito em outubro de 1966, mas tomou posse somente em 28 de junho de 1969; na ABL, teve recepção de Alceu.

37. O advogado e ex-deputado federal petebista Edmundo Barreto Pinto (1900-1972).

38. O compositor e maestro José de Lima Siqueira (1907-1985), da Orquestra Sinfônica Brasileira.

lhe disse: "Procurei musicalizar o discurso". E ele: "Pois musicalizou-o muito bem". Elogios muitos, alguns enfáticos.

P.

Rio de Janeiro, 30 de junho de 1967

Afrânio me disse: "É preciso que alguém escreva sobre a linguagem dos seus gestos, pois o senhor não pode imaginar como suas mãos falam"!

P.

Rio de Janeiro, 27 de julho de 1967

[...]

Como se perde tempo... para ganhar apenas a inquietação do que anda pelo mundo de violências desencadeadas cada vez maiores. Agora é a luta da "força negra" nos Estados Unidos, com o seu líder Carmichael[39] recebido ontem entusiasticamente em Havana por Fidel Castro, ao passo que os líderes negros da não-violência, como Luther King[40] e mais quatro, lançam manifestos contra a violência.

Estão evidentemente com a razão, mas... os tempos parecem só dar ouvidos à voz dos implacáveis, fanáticos, belicosos e intolerantes, de lado a lado. Sejam os corçonianos ultracultos, sejam os carmichaelianos, ultra-incultos... Por toda a parte o ódio, o sangue, a tortura, a vingança.

[...]

[...] notícia dourada para prosseguirmos impávidos na velha máxima: *fortiter in re, suaviter in modo*[41], como o papa, em Éfeso, com 55° C (espero que tenha sido ao sol...), mas argumentando firme e pregando a união das igrejas, contra todas as guerras do mundo.

[...]

P.

39. Alusão ao movimento Black Power e a Stokely Carmichael (1941-1998).

40. Martin Luther King (1929-1968), pastor batista, líder do movimento pelos direitos civis e pela igualdade racial nos EUA. Prêmio Nobel da Paz em 1964, seria assassinado em 1968.

41. "Firmemente quanto ao conteúdo, mas suavemente no modo de proceder".

Rio de Janeiro,
3 de agosto de 1967

Sempre a correria destes dias! São 9:15 e só disponho de poucos minutos.

Os jornais desta manhã estão cheios dos acontecimentos de São Paulo, com os estudantes e os dominicanos e beneditinos contra o Dops. A situação está assumindo um caráter cada vez mais grave e o choque entre estudantes e o novo governo da revolução nos está levando a uma situação de arrocho talvez mais grave do que a anterior.

A culpa é toda do governo, que vive numa atitude de repulsa policial que só pode provocar também uma repulsa de fatos e um choque com a polícia. Colocada a questão nestes termos de violência, não há mais por onde sair, senão mesmo pela violência, pelos choques de fato, pelas manifestações de solidariedade, como a que vou mandar hoje mesmo aos dominicanos de São Paulo, protestando contra a prisão, embora momentânea – pois foi solto depois de prestar declarações na polícia – do frei Chico[42]!

É lamentável tudo isso, mas a culpa é do governo, que não seguiu a minha (!) proposta insistente: deixar que os estudantes se reunissem livremente e nas próprias associações, enquanto não passarem a atos delituosos. A polícia está enfurecida porque afinal os estudantes realizaram mesmo o congresso, e passaram a perna nela. Daí a fúria deles. Tudo isso é uma amostra, em pequeno, do clima de violência que se alastra por todo o mundo, e contra o qual nossa pregação de paz, não só nos fins mas nos meios, e de liberdade, nas mesmas condições, é cada vez mais vã.

Vamos ver como tudo isso se desenrola.

Ciao.

P.

Rio de Janeiro,
5 de agosto de 1967

[...]

Fico pensando também que vou ter de entrar no fogo, e não posso ficar à margem, mesmo do meu jeito antipolêmico, em toda essa barafunda de estudantes, em que não é fácil distinguir sem cair na água morna. Tenho de desgostar muito os que me apóiam e contentar os que me detestam, mas também confirmar no seu ódio (?) os que me detestam.

(Parei um pouco para falar com Mamãe e não consegui *ler* o que escrevi há cinco minutos... Ontem, no final do encerramento do conselho, o Abgar, que presidia a

---

42. O então prior do convento dominicano de São Paulo, frei Francisco Áureo Pereira de Araújo.

sessão, elogiando o trabalho da datilógrafa, comentou a má letra de alguns conselheiros e colocou a minha como a pior... Com razão. Preciso mesmo, nos meus pareceres agora, pensar nisso – e o tenho feito – para escrever menos ilegivelmente. E aliás costumo dizer – como disse o próprio Abgar – que estas minhas cartas matutinas para você é que pioraram ainda mais o meu belo [...] cursivo, que sempre foi péssimo, pela velocidade que tenho de imprimir a esta correspondência, no tumulto dos assuntos e na premência do tempo...)

O que eu ia dizendo é que terei de falar aí, a 14 e a 17 de agosto, se Deus quiser, em plena ebulição de prós e contras sobre o caso dos estudantes e dos padres. E como sempre procuro, quanto possível, dar a cada um o que lhe pertence, mas procurando a verdade e não apenas o apoio, deste ou daquele lado das barricadas, vivo sempre nessa preocupação quando vou falar a um público que já sei *apaixonado e dividido*: como ser justo, sem ser morno. Eis aí o problema. Mas, como nos diz a Escritura: "Não te preocupes com o que vais dizer. Deixa por conta do Espírito Santo"[43]. Mas é que já tenho abusado tanto dele...

[...]

P.

Campinas,
13 de agosto de 1967

Este tipo de bloco é novo... Pedi emprestado, pois me esqueci totalmente de trazer papel, como também de trazer qualquer livro, de modo que me encontro na situação paradoxal de ter uma tarde livre de domingo, sem ter onde escrever, nem o que ler, e com isso sentir o tempo se escoando como água entre os dedos, quando geralmente ando, como Proust, *à la recherche du temps perdu,* ou antes do *temps à ne pas perdre*[44]... Pois não há nada que mais canse do que perder tempo. É das perdas irremediáveis, talvez a única realmente irremediável, pois até mesmo a vergonha perdida pode se recuperar, mas o tempo perdido, este, *never more*[45]. O fato é que estou sentindo o desperdício de uma tarde de domingo, e o máximo remédio possível foi mendigar estas folhas, de um caderninho onde Marly vem depondo suas meditações dolorosas.

[...]

43. Por exemplo, Mateus 10, 20.
44. "Em busca do tempo perdido", ou do "tempo a não ser perdido".
45. "Nunca mais".

E agora notícias da viagem. Tudo correu, com a graça de Deus, como programamos. Saída na quinta às 9, chegada às 5:30, e volta ontem mais ou menos no mesmo horário. Lá, dois encontros: um com os estudantes, na Faculdade de Medicina, e outro com os políticos na Assembléia. Dois mundos tão distantes um do outro, como se estivessem em dois planetas, ou antes *em duas eras diferentes*!

A mocidade, pelo menos a que lá estava e se manifestou (toda contra mim) está não só totalmente radicalizada e marxista – o que seria o mínimo –, mas fanatizada e na "linha chinesa". Inúteis todos os argumentos e impossível qualquer diálogo. Estou exagerando, como de costume. Pessoalmente farei as nuances. Mas, em bloco, foi assim. Comecei improvisando por uns 45 minutos, mas improvisando mesmo no duro, um troço sobre o conflito de gerações, como o diz, em poucas palavras, essa síntese que um jornal publica e vai junto.

Depois as *questions*[46] e o presidente do diretório, que presidia também a sessão, foi logo dizendo que havia *discordância* entre o meu pensamento e o manifesto da UNE. *E há de fato.* Pois o manifesto conclui pela luta armada e as guerrilhas, como única solução (tal e qual ordena a "linha chinesa" do comunismo, que venceu no congresso de Havana e na organização da Olas – Organização Latino-Americana de Solidariedade[47], creio eu).

Respondi então a oito ou dez *interpelações*, todas nessa mesma linha, pregando a violência como único meio de responder à violência da polícia, etc. A síntese das minhas respostas está nesta frase, que o repórter pegou bem: "À força se responde pela inteligência", mas logo um estudante me disse: "O uso da força não exclui a inteligência". E assim por diante.

Estamos diante de um muro. Trata-se apenas de saber se são todos os estudantes que pensam assim. Para os que pensam assim, a Rússia Soviética é hoje tão abominada como os Estados Unidos!!!! Quem diria isso há cinco anos? E quem diria que os estudantes brasileiros iriam seguir a "linha chinesa" (sic) e a ordem de guerrilha armada e de violência? É certo que, mesmo entre os oito ou dez que falaram, dois ou três eram menos primários. E houve até um caso engraçado. Quando dei por terminado o debate, e estávamos ali conversando com um grupo, aproximou-se um deles com um papel, pedindo-me para falar comigo, e eu fui logo dizendo: "Basta por hoje". Mas quando eu comentei: "Todos estiveram contra mim", ele balbuciou timidamente: "Eu ia justamente apoiar o senhor"...

Isso aliás comprova o que eu não cheguei a dizer, no momento, mas escrevi à noitinha, quando me pediram uma "mensagem aos estudantes mineiros". Disse então que essa "linha chinesa" ia prejudicar muito, senão impedir, todo o movimento estu-

46. "Perguntas".

47. A Organização Latino-Americana de Solidariedade foi criada em Havana, no ano de 1966. A influência dos serviços de inteligência cubanos junto aos grupos de esquerda nacionais voltados para a luta armada atingiu seu ponto máximo entre 1967 – quando teve lugar a partir da primeira conferência da Olas – e 1972, ano em que o Partido Comunista Cubano ministrou treinamento militar em seu país a cerca de 240 brasileiros do Movimento Nacional Revolucionário, criado por Brizola.

dantil, porque ia dividir os estudantes hoje, na base da tática a empregar: a violência ou a não-violência.

Mas, de qualquer jeito, toquei de perto a radicalização do movimento estudantil. Explicada pela radicalização do movimento antiestudantil. Exatamente o que venho dizendo há anos. O governo é que lançou os estudantes na "linha chinesa". Eles, os governantes, é que deviam ser julgados como subversivos... Aliás, na volta, o presidente veio trazer-me e no automóvel me disse uma coisa preciosa: "A separação entre nós, estudantes, não é entre marxistas e católicos. E sim entre partidários ou não da violência. Há estudantes marxistas não-violentos e estudantes católicos pela violência". Isso é um dado capital para julgar os movimentos da mocidade atual, que hei de aproveitar, assim que disponha de papel para escrever.

À noite, na Assembléia, quadro totalmente oposto: algo de vivo de um lado (os estudantes), algo de morto do outro (os deputados)! E eu no meio deles, torcendo pelos vivos, mas discordando deles, e vendo naqueles deputados a face do sepulcro, embora louvado por eles. Gostando de falar naquele ambiente de ordem, respeito e silêncio, sentindo que todos me apoiavam, no fundo, mesmo se o fizessem apenas da boca para fora, ou praticassem o oposto. Os estudantes, por mais que eu os contradissesse, e eles me considerassem, no seu fanatismo, tão inimigo como qualquer daqueles (pseudo ou não) representantes do povo, – os estudantes eram o Brasil de amanhã. E os deputados, o Brasil de ontem, E eu era aplaudido vivamente, sem contraditores, por esses representantes do Brasil de ontem, que eu via como realmente sobreviventes de uma era moribunda, ao passo que tivera de rebater e ser contestado pelos jovens nos quais eu via o Brasil de amanhã, isto é, o futuro, por mais que a maioria deles, daqui a cinco anos, tenha se bandeado para o outro lado, assim que saírem da escola, se casarem e tiverem de ganhar a vida. E dirão então: "Ah, na minha mocidade eu também preguei a revolução sangrenta. Depois, depois"... etc. e tal pontinhos.

Sempre a mesma história, pois mesmo que venha a triunfar a "linha chinesa" e cubana, será sempre... à brasileira, isto é, moderada, e à humana, ou seja, mista.

Em suma, foram dois dias, ou antes um dia, de uma experiência social e humana muito importante para mim. De coração com aqueles moços doidos, cujos métodos violentos de ação eu contestava. E separado à noite daqueles homens, pais talvez daqueles moços da manhã, que me reverenciavam e no entanto o que eu neles via era o passado morto, o Brasil de ontem.

Quanto paradoxo! Mas também, que lição! Não há de ser neste restinho de papel que me sobra, que hei de meditar, nem por sombra, em tudo aquilo que vi no Belo Horizonte de 1967, tão diferente de outros belo-horizontes, inclusive daquele em que fui aclamado por todos os mesmos não-reacionários que hoje me consideram (perdoe a palavra) tão *fóssil* como os seus adversários do Dops e companhia.

Até amanhã, se Deus quiser, porque o bloco acabou.

P.

Rio de Janeiro, 6 de setembro de 1967

[...]

Relendo o trecho acima verifico que minha caligrafia está entrando para a zona dos distúrbios caligráficos que os filólogos (Celso Cunha, por exemplo) chamam de discaligrafia. Ele diz que eu não sou um discaligráfico... mas, ao não conseguir quase entender esse trecho, acho que o sou. O Peregrino Júnior[48] acha minha letra "bonita [...] mas incompreensível". E o engraçado é que algumas datilógrafas lá do conselho dizem o mesmo.

Anedota de Henriquinho, que parece verdade: "O Getúlio nomeou o Catulo da Paixão Cearense para datilógrafo do Ministério da Aviação. Quando o Catulo foi tomar posse do cargo, o chefe de seção perguntou-lhe que tipo de máquina de escrever ele preferia e o Catulo, sem hesitar: "*Singer*"[49]. [...]

P.

Rio de Janeiro, 22 de setembro de 1967

[...]

Também a inflação de assuntos jornalísticos, com a reunião do *Intermeet* – endereço telegráfico para designar o FMI (Fundo Monetário Internacional) e o Bird (Banco Internacional de Reconstrução e Desenvolvimento) – em sua reunião conjunta, com 207 países do mundo, onde os socialistas-comunistas não estão representados, o que mostra o seu artifício[50].

Enquanto a ONU, apesar de tudo, é um ponto de encontro de áreas políticas opostas, esse *Intermeet* é apenas capitalista-socialista-não-comunista, – o que é hoje um artifício. Tanto assim que leio ser um dos projetos dessa reunião a criação de um tipo de moeda internacional conversível que não seja o dólar ou a libra. É lógico. Num mundo que procura a coexistência de iguais, parecidos e contrários, onde a experiência tem demonstrado que só o pluralismo é realista, não se admite mais que a moeda de um país, no caso o dólar, seja o padrão universal. Enquanto não se chegar a um

48. Jornalista, escritor (1898-1983) e membro da Academia Brasileira de Letras.

49. Marca tradicional de máquinas de costura; a fábrica foi fundada nos Estados Unidos em 1851 por Isaac Merrit Singer (1811-1875).

50. No dia 29 de setembro, no Rio de Janeiro, o Conselho de Governadores do Fundo Monetário Internacional e do Bird aprovou o plano para o estabelecimento dos Direitos de Saque Especiais, DSE ou SDR, na sigla inglesa de *Special Drawing Rights*, isto é, uma quota suplementar distribuída aos diferentes países em desenvolvimento.

padrão supranacional não haverá possibilidade de uma unidade de coexistência pacífica do mundo não-comunista com o mundo comunista. Como já se viu que o mundo comunista veio *para ficar*, por bem ou por mal, antes por bem que por mal, é caso de se pensar no assunto. É aliás a política da Igreja. Será possível? Por ora duvido. De modo que estou certo que, nesta reunião do *Intermeet*, cheguem a um acordo. Quando muito, um voto...

De qualquer modo, estou curioso de assistir aos debates, ao menos a alguns. E por isso já ontem lá estive para apresentar minha credencial, por mais que me repugne misturar a *Pontificia Commissio* com uma ou duas instituições capitalistas e não sócio-capitalistas ou cápito-socialistas, como teria de ser... Quando, não sei. Mas temos de caminhar com os pés no chão, isto é, no presente e não apenas no futuro, no material e não apenas no espiritual...

O mais que fiz ontem foi procurar a encarregada dos *social events* e declinar do convite para o banquete da próxima quarta-feira, que me foi enviado para Roma e de lá encaminhado junto ao documento.

(Interrompi para copiar uma notícia do Recife, de uma lavradora que matou os filhos e matou-se porque roubou *um pato* para as crianças comerem, e foi expulsa do engenho... Notícias como essa me levam a desejar para o Brasil a vitória dos guerrilheiros e para o mundo o da linha chinesa... se... não soubesse que essa vitória pelo sangue só multiplicaria por milhões os casos como este. Mas que é possível, é. Que a ira de Deus não pode permitir que casos como este fiquem impunes, não pode. Que não podemos nos queixar de nada do que está acontecendo de catastrófico no mundo, especialmente aderir à luta armada pregada pelos chineses e endossada pelas Olas, na América Latina e pelos nossos estudantes, também não podemos. E que nós, os não-violentos, dificilmente conseguiremos evitar essa onda de ódio e de vingança, também não.)

Notícias como essa é que são a realidade social brasileira e nos deixam perplexos e sombrios sobre o futuro. [...]

P.

Petrópolis,
22 de setembro de 1967

[...]

Agora mesmo estava lendo o noticiário da reunião FMI-Bird que começa amanhã. Sou "representante" da *Commissio.* Terei de apresentar em Roma um relatório da minha missão. Pelo menos oral. E no entanto, tudo aquilo de que se vai tratar por lá – balanço de pagamentos, moeda internacional, liquidez, compensação, que sei eu – me é tão estranho como um tratado de caligrafia. Não consigo me interessar por nada disso. Só me interesso é pelo destino dos pobres. Isso sim. Enquanto os 2.500 delegados e reservas e mirones e *guests*[51] (como eu) debatem ou escutam os debates dos *big shots*, o negócio cá embaixo é fome, hospital, frio, doença, desemprego e companhia. E no entanto, sem aquilo, continuará a haver isto... Ou seja, o destino dos pequeninos, de cada ser humano e sua realidade concreta, depende do funcionamento da estrutura.

Exemplo: em seis anos, a economia do Japão – o Produto Nacional Bruto, segundo o jargão dos economistas – subiu 9%. Nesse mesmo espaço de tempo, o do Brasil subiu oito décimos por cento (0,8%!). Conseqüência: a miséria no Brasil é mil vezes maior que a do Japão... Logo não podemos nos desinteressar das cifras coletivas. Mas, pessoalmente, tenho minhas dúvidas. Ou pelo menos não consigo vencer minha relutância pelo abstrato, pelo coletivo, pelo impessoal, pelas idéias e cifras separadas dos fatos e das realidades concretas. Daí a idéia do... marechal Costa e Silva na nossa primeira (e espero única) entrevista...: "O senhor se ocupa demais com as coisas pequenas" (sic).

Certo. Mas... as coisas pequenas são as maiores. Talvez ele não saiba disso.

[...]

P.

Rio de Janeiro,
11 de outubro de 1967

Hoje há uma notícia importante no plano internacional: a morte (desta quarta vez parece certa) do revolucionário-guerrilheiro argentino-cubano Che Guevara[52], na Bolívia. Os jornais trazem o seu retrato morto. É um verdadeiro "cristo". O do *Correio da Manhã* então está com os braços estendidos, é impressionante. Por mais que eu, pessoalmente, deteste e combata tanto as guerras como as guerrilhas, isto é, o método militar de progredir, não posso deixar – e até me congratulo com isso – de admirar profundamente homens como esse.

Guevara era um médico, de alta educação e grande cultura, que largou tudo para se fazer revolucionário e guerrilheiro com Fidel Castro e depois da vitória da revolução em Cuba, em vez de se acomodar no governo, largou de novo tudo para ir morrer nas selvas de armas na mão, tal e qual o padre Camilo Torres. São verdadeiros mártires da sociedade futura e como também serão, daqui a um século, tão homenageados como é hoje, entre nós, digamos um Tiradentes[53]. Você pode estar certa disso.

---

51. "Convidados".

52. Ernesto "Che" Guevara (1928-1967). Preso em 8 de outubro no povoado de La Higuera, Bolívia, "Che" foi fuzilado no dia seguinte.

53. Joaquim José da Silva Xavier (1746-1792).

Nem por isso vou passar agora a defender o método armado, que continuo e continuarei sempre a considerar anticristão ou pelo menos a-cristão. E portanto errado. Jesus Cristo veio ao mundo exatamente para salvar as almas para a vida eterna, sem dúvida. Mas, como métodos e como fins próximos, apadrinhar as métodos desarmados, a paz como fim e como meio. De modo que todos os Guevaras e os Torres (ateus ou cristãos) de todos os tempos não podem mudar as coisas como são, no plano de Deus e na experiência histórica. O cristianismo veio também para mostrar que o sangue redentor é das vítimas (como agora Guevara ou ontem Torres). Mas não dos atacantes. E eles, Guevara ou Torres, eram também atacantes e, como tais, culpados. Agora, como vítimas é que seu sangue vai servir à causa da revolução. É isso que os seus algozes e matadores não chegam a compreender.

Ontem foi um dia de grande vitória para a causa revolucionária (autêntica) e para os métodos sangrentos (irracionais e anticristãos) de viver a História. A morte de Guevara fez mais para a causa revolucionária comunista do que todos os partidos e manifestos comunistas do mundo. O retrato de hoje nos jornais é a mais tremenda das propagandas. A esta hora não há jovem brasileiro, ou pelo menos 80% deles, que não tenha recortado esse retrato para usá-lo como mascote, como estímulo, como "*remember Pearl Harbor*"[54] ou "*lembrai-vos de 37*". E daqui a um século haverá estátuas desses " mártires" em todas as capitais latino-americanas, africanas ou asiáticas, ou talvez mesmo norte-americanas e européias.

Enquanto isso, o sangue de Mártir supremo, Nosso Senhor Jesus Cristo, continuará a clamar não por vingança, como clama o sangue dos mártires não-cristãos, que alimentam o círculo vicioso do guerrilhas-contra-guerrilhas, ou guerra-contra-guerra internacionais, e não paz-paz-e-perdão-perdão.

Eis a lição que nos dá hoje mais esse sangue derramado por mártires de amanhã, vitimados pelos vilões de hoje, que são os soldados dos Barrientos[55] ou mesmo dos Costa e Silvas se amanhã houver Guevaras brasileiros, ou antes, será esta a hora de os pretendentes a Guevara, já existentes no Brasil e em toda a América Latina, saírem das tocas.

É assim que a História se vai fazendo, sempre irracionalmente, mas também alimentando os que a querem fazer racionalmente e espiritualmente. Pois afinal não nos esqueçamos de que há uma quarta polarização além daquela terceira do meu artigo: é a polarização racional-irracional e espiritual-material, ou sobrenatural-natural ou ainda guerra-paz, todas elas na mesma linha, a quarta, das várias polarizações do mundo moderno. No mesmo pólo, nesta quarta, estão os guerrilheiros e os antiguerrilheiros e portanto Barrientos, o assassino indireto de Guevara.

E do outro lado, os que continuarão agora e sempre a dizer: "Os guerrilheiros são mártires ou heróis, mas as guerrilhas são tão detestáveis como as antiguerrilhas". Pois tanto umas como outras se alimentam do sangue dos adversários, embora só progri-

54. "Lembrai-vos de Pearl Harbor", alusão ao ataque dos japoneses, em 7 de dezembro de 1941, àquela base naval norte-americana.

55. René Barrientos (1920-1969), presidente da Bolívia (1966-1969).

dam mesmo com o próprio sangue, isto é, quando os atacantes morrem (como Guevara) e então se convertem em vítimas e o sangue deles, como vítimas, é que lhes dá a vitória. Logo, quanto mais morrerem, mais facilmente ganharão a guerrilha.

Por isso é que o método guerrilha–antiguerrilha é errado e contraproducente. Resta apenas uma coisa: é que a vitória, no fim, acaba no outro mundo, sem dúvida, de modo que toda vitória na terra é também derrota. Só há uma vitória final: a da morte e da ressurreição. Mas os homens continuam a lutar por vitórias terrenas, de modo que não esperemos que a solução de Cristo vença. Não. O Cristo estará em agonia até a consumação dos séculos. E por isso mesmo é que nós, se quisermos ter a ousadia de nos chamarmos de cristãos, temos de lutar sempre contra as soluções não-cristãs, de guerras e guerrilhas, mas sem deixar de honrar o heroísmo dos mártires, heróis dessas causas (revolucionárias ou reacionárias) e sem deixar de reconhecer que no século XXI é a causa revolucionária de hoje (o comunismo) que será vitoriosa, embora muito modificada pela própria História e experiências. De modo que a nossa luta antimilitar (contra a guerra e contra as guerrilhas) terá sempre um resultado benéfico, através de suas sucessivas derrotas: tornará menos cruéis os vencedores de amanhã, sejam eles os Guevaras (os bons) ou os Barrientos (os vilões).

Basta de política internacional.

[...]

P.

Roma,
26 de outubro de 1967

Ontem não pude escrever. E agora são 8 horas, fui à missa habitual de 7, mas já às 8:30 temos reunião, aqui mesmo no hotel, porque às 10 vamos assistir a alguma coisa de realmente excepcional: o encontro do papa com Atenágoras[56] – de Roma com Constantinopla – pela primeira vez, aqui em Roma, desde o século XI! Isso é realmente História e nos tira do trabalho burocrático das reuniões da comissão que são para mim muito semelhantes às do Conselho de Educação, senão até mais penosas pelo crescente complexo de inferioridade que sinto, não como o albatroz de Baudelaire, mas como um tico-tico num ninho de águias! Não que todos os meus companheiros sejam águias – embora todos menos tico-ticos do que eu – mas cada vez mais me sinto inapto a trabalhos coletivos e como um pássaro em gaiola, doido por voar e a cada momento batendo as curtas asinhas contra as grades. Por culpa minha, certo, por incapacidade de participar de reuniões, por uma invencível tendência ao trabalho individual e isolado. [...]

P.

56. Atenágoras I (1886-1972), patriarca ecumênico de Constantinopla a partir de 1948.

Roma,
27de outubro de 1967

[...]

Ontem, dia 26, assistimos realmente e afinal participamos não só de uma cerimônia fora do comum mas de um acontecimento histórico até hoje único: o encontro, sobre o túmulo de Pedro, das duas Igrejas – a latina e a grega – depois de mil anos de separação![57] Foi realmente impressionante. Foi uma cerimônia litúrgica, com a leitura sucessiva – em grego e em latim – de um trecho da epístola de São Paulo e de um trecho do Evangelho de São João, ambos relativos à fraternidade e à unidade. Houve uma dupla alocução – sempre em grego e em latim – por cada um dos dois supremos, por mais que o patriarca de Constantinopla tenha apenas alguns metropolitas já que as igrejas ortodoxas são autocéfalas. Paulo VI também dirigiu uma saudação especial ou antes uma prece, que deve ter sido feita por ele mesmo, de uma grande beleza. Abraçaram-se no *osculum pacis*[58], mais de uma vez, e juntos deram a bênção ao povo. Atenágoras, com o sinal da cruz, à ortodoxa, da direita para a esquerda, e os três dedos unidos, em sinal da Santíssima Trindade, creio eu. Depois, como antes, rodearam juntos, dando a bênção, em torno do altar do baldaquino. Tudo isso em meio a cânticos religiosos, especialmente o *mandatum novum do vobis*[59].

À entrada, ajoelharam-se na capela do Santíssimo, já que ambos se referiram à Eucaristia comum, e também diante do altar de Nossa Senhora. O povo vibrou, os aplausos não faltaram, como é hábito popular em São Pedro, e nós nos sentimos realmente participar da História pela primeira vez, ou pelo menos pela segunda, já que a abertura do Concílio em 1962 também foi História. Mas essa reconciliação cristã, católico-ortodoxa, depois de mil anos de recíproco isolamento, pode ter sido tudo menos banal. *Deo gratias.*

[...]

P.

---

57. Desde o Grande Cisma de 1054.
58. "Abraço da paz".
59. "Dou-vos um mandamento novo" [que vos ameis uns aos outros] – Evangelho de João 13, 34.

1968

Petrópolis, 28 de janeiro de 1968

[...]

Em matéria de política, estamos em plena ameaça militar. A linha dura, por intermédio do tal general Albuquerque Lima[1], um reaça de quatro costados, entregou há dias ao Costa e Silva um manifesto, parece que aprovado pelos comandos de três das cinco Regiões Militares, exigindo certas coisas do presidente, inclusive a punição do Lacerda. Como você vê, estamos de novo e cada vez mais, em pleno militarismo. Se o Lacerda ceder, como provavelmente cederá, para não perder a mamata do poder, vamos ter a insegurança nacional ainda aumentada, com o arrocho ainda maior sobre todos nós. Pois afinal, por mais absurdo que pareça, o Lacerda representa no momento o poder civil e as liberdades públicas. Embora se amanhã ele se pilhasse no poder, fizesse o oposto e arrochasse também o autoritarismo do regime. Mas, no momento, se o Costa e Silva ceder à linha dura, o que vamos ter é mais ditadura, mais insegurança, menos liberdade, embora – e isso é um exemplo das contradições em que nos debatemos –, embora, repito, várias coisas do que pedem os milicos duros sejam justas, como o aumento do salário dos operários. Mas isso é um puro gesto demagógico para atrair a simpatia do povo, que está passando tão mal que só pensa – e só pode pensar mesmo – é no pão de cada dia, e só vê neste governo a lei miserável que já vem do Castello e foi subscrita logo de início pelo ex-ministro interino do Trabalho[2], congelando os salários. No mais, o que essa milicagem quer é apenas mais ditadura, mais arrocho, menos liberdade de pensamento e de crítica. O discurso do Lacerda, ontem em São Paulo, que foi um dos motivos de todo esse *display*[3] de forças na rua, foi de uma violência enorme e justa contra toda essa gente no poder e, de modo especial, contra o Tarso Dutra, atual ministro da Educação, que de fato tem sido um desastre e se desmoralizou totalmente quando deixou que um linha-dura, o tal coronel Meira Mattos[4], fosse nomeado para chefiar uma comissão para "estudar os problemas e desreativar as relações com os estudantes", que é um verdadeiro superministério. E o tal ministro engoliu tudo, como se nada fosse. Será, de qualquer modo, decapitado,

---

1. Afonso Augusto de Albuquerque Lima (1909-1981), ministro do Interior do governo Costa e Silva.

2. Eduardo Augusto Brêtas de Noronha (1930-1995).

3. "Exibição".

4. Tarso de Morais Dutra (1914-1983), ministro da Educação de 15 de março de 1967 a 31 de agosto de 1969; Carlos Meira Mattos (1913) foi nomeado em dezembro de 1967 para chefiar a citada comissão.

vençam ou não os milicos, pois o tal Meira Mattos passará então de superministro de fato a ministro de direito e com galões..., o que é mais que um simples superministro de fato.

[...]

P.

Petrópolis,
2 de fevereiro de 1968

[...]

A leitura dos jornais traz a boa notícia de que os vietcongs (comunistas) estão vencendo – mesmo que seja provisoriamente – em 12 cidades do Vietnã do Sul e até mesmo lutando em plena capital, Saigon, tendo conquistado a velha capital Hué, onde instalaram um governo provisório, embora apenas... provisório.

Meu prazer é ver os americanos, no fim de quatro anos de guerra da mais forte potência militar do mundo, contra um povo pequeno e pobre, mesmo que auxiliado em armas – mas não em gente, o único material nobre das guerras e revoluções –, a minha alegria é ver o colosso capitalista ser humilhado por um pequeno país asiático que se sacrifica aos milhares, pois morrem dez vezes mais vietnamitas comunistas do que americanos e vietnamitas sulistas (não se pode dizer democratas, sem impostura). Isto prova que os americanos, com sua imensa superioridade em armas e dólares, só conseguem matar homens, mas não conseguem matar consciências nem evitar que outros milhares de seres humanos surjam para se sacrificar por uma causa justa.

É isto que Johnson e o Pentágono e os Falcões (a linha-dura americana) não compreendem. É que essa resistência espantosa dos vietcongs é devida a defenderem uma causa justa. E esta causa não é o comunismo, é a sua independência! Mas os americanos – e é isto o pior – estão convictos (como diria o falecido cardeal Spellman[5]) de que eles é que estão com a causa justa, defendendo a "civilização cristã"!!! É isto que representa o paradoxo e o segredo da vitória física dos viets – mesmo provisória – pois as armas esmagadoras dos invasores, ao menos de momento, acabarão silenciando os adversários. É que eles estão conquistando a vitória moral. Estão não só humilhando, mas até ridicularizando, os americanos e os Estados Unidos.

[...]

P.

5. O cardeal-arcebispo de Nova York, Francis Joseph Spellman, morreu em 1967.

Petrópolis,
5 de março de 1968

[...]

Pelo recorte junto, você já viu que cessou qualquer preocupação de ter ou não de rejeitar a recondução no conselho. Ficou assim encerrado um período que durou de 1935 a 1968, 33 anos! Uma vida. Saio sem saudades, porque realmente nunca me integrei bem naquele mecanismo educativo, pelo qual nunca senti interesse algum. Lamento pelos companheiros que lá vou deixar. E também por que não confessar, pelo *jeton* polpudo que, sem merecer, lá recebia.

[...]

P.

Rio de Janeiro,
2 de abril de 1968

A viagem foi boa, quanto é possível ser boa uma viagem de São Paulo para o Rio. Desta vez, porém, havia um motivo para ser realmente boa, pois aqui se encontrava dona Baby, e você compreende!.. Tinha chovido desabaladamente, o que não impedira que o dia fosse marcado por um clima de tremenda violência, em que o Negrão ficou completamente desmoralizado, pois apelou para o governo federal, que ocupou a cidade pelo Exército, depois de conflitos que redundaram em centenas de feridos e um morto[6].

Que contraste com São Paulo, que deu um exemplo formidável, tanto por parte dos estudantes – que realizaram em ordem sua passeata – como por parte do governo estadual, que resistiu às ordens do governo federal. Especialmente às ordens do general Jayme Portella, chefe da Casa Militar[7] do Costa e Silva, que é um "sanguinário" e queria que ele impedisse a tal passeata. Eu que não vou, de modo algum, com o Abreu Sodré[8] (governador), desta vez tenho uma grande barretada a fazer-lhe, mas especialmente ao povo de São Paulo, de alto a baixo, que deu ontem um exemplo ao Brasil inteiro!

Quando cheguei aqui no Rio, a cidade estava deserta, mas parecia uma praça de guerra, uma cidade "ocupada". Triste comemoração do quarto aniversário de uma quartelada! Triste mas lógica, pois foram os quartéis que comemoraram, os únicos aliás que comemoraram uma quartelada!

---

6. Em 28 de março, o estudante Édson Luís de Lima Souto morreu em confronto com a Polícia Militar durante uma manifestação no restaurante estudantil Calabouço. O episódio suscitou outras manifestações estudantis, violentamente reprimidas.

7. Jayme Portella de Melo (1911-1984) era também secretário-geral do Conselho de Segurança Nacional.

8. O governador de São Paulo, Roberto Costa de Abreu Sodré (1918-1999).

Agora, o que virá daí ninguém sabe. Acredito que venha um agravamento da mão dura que paira sobre nós. Até hoje, as mãos duras (que são mais do que os dedos-duros) punham luvas de pelica. Mas agora, diante da evidência de que o povo está separado e contra as mãos duras enluvadas, vão... tirar as luvas, quando deviam é... tirar as mãos! Não se sabe como vai ser. Fala-se em estado de sítio, isto é, em fim de todas as liberdades, fechamento do Congresso e, no mínimo, novo ato institucional, aumentando ainda mais *o poder do Poder*! Tudo é possível e já agora, provável!

[...]

P.

Rio de Janeiro
4 de abril de 1968

[...]

Hoje, a cidade está de novo em pé de guerra, pelo que sei, e me informa agora mesmo o Carlos, pois o Sobral lhe telefonou dizendo-lhe que não abrisse o Centro Dom Vital, pois inclusive parece que vão interditar a nossa rua, por estar bem no centro da *educação* e da *imprensa* que os milicos consideram como sendo os dois focos da insurreição... Estamos em uma cidade em pânico, ocupada pelo Exército, como se estivéssemos sitiados pelos guerrilheiros do Vietcong (e isto no dia em que parece que se abre uma pequena fresta na luta do Vietnã! Mas a nossa "estupidez" – a palavra é de dom Tito[9], quando eu lhe lembrei a sentença "quem semeia ventos colhe tempestades" e ele me disse "pior ainda, quando se semeia estupidez"...!).

Com certeza houve muitos que esperavam (tanto os pró como os contra) que eu hoje aproveitasse para mandar brasa, na linha do discurso que fiz sábado em São Paulo... Tiveram ambos uma bruta decepção, com *O primado do perdão*, de hoje. Mas fiz de propósito, ao conservar, ou antes seguir exatamente na linha quaresmal que vinha mantendo há três semanas, e espero guardar até a Páscoa, precisamente para mostrar que considero tudo isso como episódios secundários – mesmo quando trágicos – de um processo que vem de longe e vai longe.

Tudo o que está sucedendo vem do 1º de abril de 64. Fartei-me de o predizer. Vai piorar. O governo está em via de perder completamente a cabeça, e está decepcionado pois pensava, no seu primarismo, que bastava falar em humanização, mas deixando de fazer, politicamente, o que esse humanismo de fantasia exigiria...

[...]

P.

9. O monge benditino d. Tito Amoroso Anastácio (1917-1996).

Rio de Janeiro,
5 de abril de 1968

Pelos jornais, mesmo apenas por eco, você deve estar informada da atmosfera em que se vive aqui no Rio. Só não participei diretamente dela para não aumentar as aflições de Mamãe. Por meu gosto teria ido às duas missas da Candelária principalmente à da tarde, depois das quais a polícia praticou as mais estúpidas arbitrariedades, demonstrando a absoluta imbecilidade da gente que nos governa, e que concorre, até parece que deliberadamente – segundo a tese do *Correio da Manhã* – para aumentar o conflito e, com isso, permitir a instauração de um regime exclusivamente militar. Não duvido que assim seja.

Por muito tempo acreditei que os militares brasileiros não quisessem imitar os argentinos. Hoje, depois do golpe de 64, compreendo que eles não se envergonham de ser chamados de "gorilas" e até se orgulham disso, e estão cada vez mais convictos de que só uma *ditadura militar* resolverá o caso do Brasil. Nada impede que um novo 1937 esteja em germe, mas desta vez só de militares. Basta que o Costa e Silva manifeste a mínima aceitação desse esquema para que o façam valer, com ele ou sem ele. É possível que ainda não seja desta vez, mas poderá vir de um momento para outro, pelo menos sob a forma de um endurecimento do atual regime, através de um novo ato institucional, que nos devolva à atmosfera de 66, já agora muito mais violenta e traumatizada. Acredito que seja essa a solução que essa gente vai encontrar, pois querem é permanecer no poder, mas já agora compreendendo que o tal fosso entre o país real e o país oficial, de que falei há tanto tempo, e que eles negam, é um fato.

Lembro-me da minha única conversa com o Costa e Silva, quando me assegurou que essa *impopularidade*, esse fosso, de que eu falava, só existia nas cidades, e que ele "só encontrara aplausos pelas pequenas cidades de todo o Brasil, por onde passara". Pudera, a pequena cidade não representa nada! Vive no sono. Quando aparece um figurão grande, marechal e futuro presidente, todo mundo se rende e aplaude, porque é uma festança excepcional, antes que, no dia seguinte, tudo volte à paz dos cemitérios ou dos pântanos, típica desses lugarejos.

Ou então, nas cidades menores e mirins, os bajuladores locais organizam facilmente, com os meninos dos colégios e dos orfanatos públicos, manifestações forjadas e falsas que esses figurões – fardados ou não – tomam a sério. Hoje, eles estão vendo que existe uma oposição pública, especialmente nas grandes cidades, onde está de fato a nação que tem consciência de si e que é totalmente contrária a essa gente que empalmou a revolução. Basta ver a nova (embora relativa) popularidade do Carlos Lacerda, que mesmo sem contar com os estudantes – que ele hoje procura aliciar, lançando manifestos depois, etc. e tal – mesmo assim, sua popularidade voltou a ganhar adeptos (não comigo...), só porque realmente está *hoje* dizendo o que o povo (e o bom senso) pensa, e é – digam o que disserem – o único político nosso que tem ares de chefe de revolução ou mesmo de chefe de estado! Que pena que esse camarada, em vez de ir hoje ao povo – *porque não conseguiu ser* o chefe da revolução impopular de

64, que ele próprio deflagrou – que pena que não tivesse se aliado ao San Thiago Dantas, em vez de o agredir miseravelmente como o fez, para impedir que o Jango fosse iludido pelo Brizola...

Mas tudo isso é política, e talvez mesmo politicagem. O fato é que estamos vivendo um momento que tem um enorme significado para a História, mesmo quando amanhã essa gente que hoje tem as armas na mão continuar a dominar este povo desmemoriado, como todos somos. O importante é que agora essa *clique* que compõe a cúpula deve ter reconhecido o fato evidente – já hoje, e que os futuros historiadores registrarão de modo ainda mais efetivo – de que há um *divórcio total* entre os que empalmam as revoluções (os militares) e o Brasil, que é "civilista" por natureza.

Volto aos meus entusiasmos juvenis de civilista (Rui Barbosa) contra o hermismo (Hermes da Fonseca) e contra quem esta velha carcaça, então jovem, teve coragem de se jogar na ação direta. Mesmo nos tempos de ginásio e faculdade, nos remotos idos de 1908 a 1918, digamos assim, o Alceu era tão caseiro (ou medroso...) como o Tristão. Mas, sempre do meu canto, tive e continuo a ter essa aversão à farda, essa paixão civilista, que a velha luta civilismo-hermismo de 1909 a 1919 me colocou no sangue. Até por herança paterna, embora papai tivesse sido, antes do meu nascimento, tão *florianista*, que você sabe ter ele querido que eu me chamasse Floriano (!), do que mamãe me salvou! [...]

P.

Rio de Janeiro,
6 de abril de 1968

Agora mesmo acabo de ditar pelo telefone uma mensagem sobre o assassinato de Luther King, que, como Gandhi e John Kennedy, morreu vítima da violência, depois de ter pregado, toda a vida, a ação pela não-violência. É sempre a lição do Evangelho de hoje: *nisi granum...* Esqueci apenas de citar ao repórter esse Evangelho, não só porque no momento não me ocorreu, como porque iria atrapalhar ainda mais a sua cabeça, que me pareceu muito mais de alfinete que de Einstein[10]...

É assim a atmosfera que continuamos a viver, toda ela banhada em sangue e morte. O que salva é que há também compensações, como essa dupla declaração que veio nos jornais, tanto dos padres que impediram o massacre dos estudantes, depois da missa do dia 4[11], como do próprio vigário-geral – o bispo Castro Pinto[12] – a quem

10. Referência ao cientista alemão Albert Einstein (1879-1955).

11. Concelebrada na Candelária por boa parte dos padres do Rio de Janeiro, em memória de Édson Luís. Para evitar a investida da polícia contra os estudantes presentes à cerimônia da tarde – pela manhã tivera lugar outra missa –, os padres, ainda com os paramentos litúrgicos, formaram, de mãos dadas, uma barreira de proteção.

12. Dom José Alberto Lopes de Castro Pinto (1914-1917), bispo auxiliar no Rio de Janeiro e bispo emérito em Gaxupé (MG).

deixei ontem na Cúria um cartão de aplausos pelas palavras que pronunciou durante a missa, mesmo sem conhecer as que ontem iria divulgar na reunião que tiveram no colégio Antônio Maria Zacarias, e que redundou nesses dois magníficos documentos, que representam algo de profundamente reconfortador e colocam a Igreja, não ao lado dos algozes, mas das vítimas, o que é raro... E entre nós quase inédito. Serei injusto? Pelo menos é fato que nunca vi um documento eclesiástico tão nitidamente livre, independente e tão nitidamente corajoso e cristão, como esse, que procurarei exaltar tanto quanto possível, só lamentando que as minhas próprias croniquetas (que pela minha decisão de não alterar o seu cunho quaresmal) não possam ter sido mais violentas. Isso não impede que o tal do Nelson Rodrigues, ainda ontem, no *Globo*, volte a dizer (me conta Mamãe, pois eu não leio...) que sou um instigador da violência...

[...]

P.

Rio de Janeiro,
9 de abril de 1968

[...]

Leio três coisas de destaque, *nacionais*, pois lá por fora os Cavaleiros do Apocalipse ainda andam mais desembestados depois do assassinato desse homem absolutamente fora do comum que foi o pastor Luther King, o Gandhi do Ocidente, que deixa realmente um vazio igual ao do Gandhi do Oriente, e por isso mesmo deixa soltas as cavernas dos ventos do ódio e do desespero. Só nos resta a voz do papa, que diz o que deve ser dito. Mas, não sei por que, a mim mesmo, que sou um dos dele, essa voz soa tão fraquinha, tão medida, tão discreta, tão sem-vôo, tão abaixo dos acontecimentos, por mais que fale as coisas certas...

Será que realmente só as vozes brutais, ou dos tiros de fuzil, ou dos líderes do ódio racista, ou do protesto pelos incêndios e depredações, é que se fazem ouvir?

Minto. Houve uma voz: a da viúva do Luther King[13], em palavras que mostram bem a marca do *santo* que ele foi. Palavras que os jornais reproduzem muito sucintamente na cerimônia religiosa do sepultamento, mas que, positivamente, tiveram muito mais sentido profundo e cristão – sou forçado a reconhecer – que as palavras (ao menos tal como os jornais as reproduzem) de Paulo VI, de protesto, sem dúvida, mas... sei lá.

Fiquei mais uma vez decepcionado. Se a culpa é dos jornais, também deveria repercutir na reprodução das palavras da viúva do grande líder morto. Não será que o nosso Montini, à custa de tanta preocupação de ficar eqüidistante de todos os extremos, foi

13. Coretta Scott King (1927).

vencido pelo torpor do meio-termo? Será que o nosso João XXIII não teria reagido – senão com mais ímpeto – pelo menos com mais... entrega, simplicidade, despreocupação? Será que eu é que estou também vencido pelo radicalismo? É possível. Mas sinceramente não queria que o papa perdesse a serenidade, mas que tivesse um reflexo mais profundamente cristão, essa é a verdade, como teve a viúva do assassinado e como teve o próprio Luther King, nas palavras que pronunciou meses atrás – *para o caso de sua morte* –, que ele esperava a cada momento, pois sabia bem que o *ódio branco*, especialmente no sul dos Estados Unidos, é implacável e legitima tudo o que o ódio negro está fazendo neste momento, por mais que detestem o olho-por-olho. E por mais que a própria viúva, o pai e o sucessor do Luther King estejam, neste mesmo momento, pregando a verdadeira doutrina cristã de *pagar o mal com o bem*, que é o que há de mais difícil sobre a face da terra, cada vez me convenço mais disso!

Estamos aqui em atmosfera semelhante e por isso mesmo é que a mediocridade, o cinzento, o meio-termo e a mornura das reações do papa me fizeram um grande mal. Ou pelo menos uma nova decepção, por mais que saiba quanto no lugar dele eu faria mil vezes pior. Pois se não consigo, mesmo em face de acontecimentos infinitamente menos importantes (como os nossos destes dias), não consigo sair da minha mediocridade e me sinto cada vez mais realmente à margem de tudo, e positivamente *dépassé par les évènements*[14], por mais que alguns pensem o contrário, tanto os amigos e fãs, quanto os inimigos. [...]

P.

Petrópolis,
16 de abril de 1968

[...]

Frase do meu velho fã dos Correios, que me perguntou, há tempos, como é que eu encontrava tempo para escrever cartas tão pesadas todos os dias... Ele estava no guichê com outro, também meu conhecido... (desculpe contar essas bobagens, e não creia que lhes dou a mínima importância. É só para encher este resto de página em branco e deixar a carta um pouco mais pesada, e também porque você pede que eu lhe conte tudo).

Diz o meu velho fã, virando-se para o outro: "Este aqui é o homem mais corajoso [...] do Brasil. Nos momentos mais duros não arredou pé, enquanto outros se chegaram". E o outro: "Já conheço há muito e o leio. Desses homens é que o Brasil precisa"... etc.

(Sem comentários, ou antes, com o meu comentário secreto: "Como é bom ser conhecido apenas pelas aparências"...) [...]

P.

---

14. "Ultrapassado pelos acontecimentos".

Rio de Janeiro,
23 de abril de 1968

[...]

Uma frase de dom Hélder em Roma, ontem, já provocou uma pergunta da *Última Hora* a mim, pelo telefone, e que me dá mesmo um certo *frisson*. Disse ele: "Quem sabe não será esta a minha última viagem a Roma?" Aludiu, possível ou provavelmente, ao destino dos que pregam a paz e a não-violência, como Luther King e Gandhi, e morreram pelas armas, tanto mais quanto ele prega a sua missão de justiça e paz em pleno território dos pistoleiros contratados.

É um aviso trágico, sem dúvida, e o que eu respondi é que: "Peço a Deus que ele não seja profeta, pois é a maior figura do episcopado brasileiro e o que ele prega é precisamente a solução – a única – do Brasil e do mundo", etc. e tal.

Mas senti também um aperto no coração quando li a frase, pois hoje ele (dom Hélder) é uma figura tão universal como Luther King ou Gandhi, e vive precisamente no maior antro de violência e barbárie como é o nosso Nordeste, tendo como amigos os pobres e os desarmados e como inimigos os ricos e os armados. E não hesita, em Roma, em louvar mesmo os violentos, como Che Guevara e Camilo Torres. Se dom Vital, seu predecessor, acabou preso e condenado, num Brasil tranqüilo como o do século XIX, que esperar de um apóstolo contra os ricos e os armados em pleno Brasil da violência e em pleno Nordeste explosivo? Temos de pedir muito a Deus que o proteja, para que não se transforme, antes da hora, em um *mártir*. Em que tempos vivemos! E são naturalmente os imundos, como o NR[15], além dos feudais do latifúndio, que conspiram contra o santo! Mas a força de um Hélder Câmara é ter já oferecido *sua vida* pelo seu apostolado. Por menos não se faz alguma coisa hoje em dia.

[...]

P.

Rio de Janeiro,
25 de abril de 1968

[...]

O fato é que só não se faz nada quando não se tem nada a fazer. Avesso da sentença que dom Leme tanto costumava empregar: "Só têm tempo de fazer alguma coisa aqueles que não têm tempo para nada..."

[...]

P.

15. O jornalista e dramaturgo Nelson Rodrigues.

Rio de Janeiro, 28 de abril de 1968

[...]

[...] sobretudo quando se está numa fase inativa, como estou, mas já com medo de a reativar. Exemplo: estou recebendo comunicados da comissão de Roma[16], mostrando a atividade em que se encontram, através de um comitê diretor composto de membros mais à mão, pois moram em Roma ou ali perto, França ou Bélgica. E vejo aproximar-se o dia da terceira reunião, sem que ao menos tenhamos feito o que já fizeram a Venezuela e o Equador: posto em ação a Comissão *Nacional*. Então ontem me decidi a escrever a dom Eugênio cobrando essa organização. Confesso que, no fundo, é preguiça minha. Se a comissão for requisitada, como quero, mesmo que seja no Rio, fatalmente terei de fazer parte e começar a agir! Ora, no momento continuo no bem-bom, com as manhãs livres, só com o compromisso dos artigos e podendo passar as tardes na biblioteca.

[...]

P.

Rio de Janeiro, 2 de maio de 1968

Acabo de passar um telegrama ao Abreu Sodré: "Venho felicitá-lo seu belo exemplo". Embora não tivesse por ele a menor simpatia, inclusive por sua intimidade com o CL, reconheço que tem tido atitudes dignas de aplauso, como essa agora, não só de permitir as manifestações de 1º de maio, mas sobretudo de atender ao convite para falar, ser agredido pelos terroristas e partidários do "quanto pior melhor" e, *last*[17]... não admitir que, mesmo assim, fosse dispersado o comício. Foi uma cartada arriscada, mas da qual saiu engrandecido. Os não-violentos são hoje os mais ameaçados, pois desgostam os dois lados extremos e correm o risco de ficar no chove-não-molha.

Os tempos estão para os *ou-ou* e não para os *e-e*, como costumo dizer... Até que ponto será viável esse método da coexistência e do respeito à liberdade recíproca, não sei. Mas o fato é que o método é o único racional. Daí a ser viável e eficaz, só o futuro dirá. No Brasil é o que mais se concilia com a nossa *volkseele*[18], para falar difícil (alemão popular). Outrora se dizia que "falar de palanque" era estar tranqüilo, garantido. Hoje é exatamente o oposto. O contraste agora passou a ser às avessas: em abril

16. A Comissão Justiça e Paz.
17. "Por último", provavelmente abreviando a expressão *last, but not least* – "por último, mas não menos importante".
18. "Alma de um povo".

foi o Rio o agitado e São Paulo o tranqüilo. Agora o oposto. Será que um anula o outro e que a *liberdade tanto pode trazer a ordem como a desordem*?

Esta será a conclusão dos extremos. Não é a minha. A liberdade *sempre* traz a ordem. Trata-se apenas de concluir: *mais cedo ou mais tarde*. Pois a ordem não é apenas a ausência de desordem (isto é, de opressões, como as que houve em São Paulo, provocadas pelos terroristas) mas a *superação das incompatibilidades*. De modo que não vale a pena manter a ordem à custa de violências se essas incompatibilidades continuam, como aqui no Rio estão as relações entre o governo, o povo e os estudantes... Ao passo que as desordens que havia em São Paulo, devido às liberdades concedidas (ou antes reconhecidas), embora aparentemente desaconselháveis (já que não impediram os atentados e a ação dos desordeiros), devem ser mantidas porque facilitam o diálogo e a coexistência.

Aliás, as desordens são sempre fruto de minorias irresponsáveis, ou daqueles que fazem profissão de violência. A maioria, afinal a massa, prefere sempre os meios ordeiros e não-violentos, que são os que acabam construindo a verdadeira ordem. Esta nunca é a paz absoluta – que só haverá no céu – mas, sim, uma harmonia predominante. Por isso é que a ausência de desordem nas manifestações cariocas de ontem é no fundo menos ordeira, no sentido profundo e extenso do termo, do que os tumultos paulistas. A ausência de desordem nem sempre é um sinal de presença da ordem. Será um paradoxo? Ou um argumento capcioso, *à la* advogado, em favor de minha tese de liberalista convicto e impenitente: antes a desordem com liberdade, que a ordem com opressão...

[...]

P.

Campinas, 22 de maio de 1968

[...]

Em França, que mundo novo[19]! Não resisto a comentar. Será realmente uma segunda Revolução Francesa? Minha imaginação está trabalhando a todo vapor. É um espetáculo apaixonante. De Gaulle parecia ter domesticado a França por um jogo de balança: à esquerda com uma política exterior de abertura ao socialismo – ida à Rússia, à Polônia, choque com os Estados Unidos, etc. e tal. Quanto à política interior, entregue ao puro capitalismo e a um autoritarismo mais ou menos rígido, mas com a aparência de uma prosperidade que lhe permitia tratar a Inglaterra de cima para baixo, como tratava os Estados Unidos na política exterior.

19. Alusão ao que se tornaria o famoso Maio de 68 – movimento originariamente estudantil, contestatório, reprimido com violência pelo governo.

De repente (ao menos para os de fora como nós), se vê que tudo estava minado. Eu já notara, em Paris, a frieza total com que o povo o via passar no Champs Elysées no dia 11 de novembro. Ele de pé no carro, para receber os aplausos, e da multidão umas palminhas vagas (aliás, enquanto isso, um larápio empalmava os meus dólarzinhos) e mesmo umas vaias. Popularidade alguma na capital. No campo, os agricultores também se queixando. Mas tudo parecia abafado pela prosperidade e pela *grandeur*[20] do prestígio renascente da França no palco internacional. O *clou*: escolha de Paris para a conferência de paz (?!) no Vietnã!!

De repente, os estudantes (eis a *revolução etária* em ação) desencadeiam o que poderá vir a ser uma revolução tão importante como a de 1789! E o país inteiro, com povo, com empregados, operários, funcionários, artistas, etc., tudo se levanta e o *país pára.* Foi um sociólogo francês (Georges Sorel[21]) que no fim do século passado apresentava a greve geral como a grande arma do povo para a revolução. Será que é chegado o momento de ser utilizada essa arma, e a França passar de novo a ser a pioneira de uma nova revolução das esquerdas, quando parecia totalmente aplacada pela *prosperidade*? É um capítulo novo na história moderna, e da qual poderão vir novos rumos para a América Latina, sempre tão sensível ao que ocorre em França e na base da nossa *lei de repercussão.*

Como eu dizia aos estudantes brasileiros em Paris: "Nosso destino não se decide no Brasil". *Se* houver realmente em França uma mudança revolucionária esquerdista radical, será que o nosso militarismo direitista se agüenta? Agüentar, agüenta, pois ele se apóia nos Estados Unidos (totalmente direitista se o Nixon vencer, e apenas parcialmente à esquerda se Bob Kennedy[22] vencer) e não na França. E haverá então um abismo ainda maior entre o povo e o governo. O mais provável é que os milicos (duros ou moles) se apeguem ao leme com unhas e dentes (cassações e segurança nacional...) e entremos no regime do Haiti... Um pouco mais grotesco, mas não menos duro! *Qui vivra verra*[23], mas o fato é que a França volta a se colocar à esquerda!

Ciao!

P.

20. "Grandeza".

21. Teórico do sindicalismo revolucionário (1847-1922).

22. Robert Fitzgerald Kennedy (1925-1968), candidato democrata à Casa Branca; em junho, ele morreria assassinado – como ocorrera em novembro de 1963 com seu irmão John.

23. "Quem viver verá".

Petrópolis,
15 de junho de 1968

Jouant, jouant[24] já são 11 horas, e nada de feito nesta bela manhã de junho, que dá é mesmo vontade de sair passeando pelas ruas, olhando o céu e as árvores, e não fazendo nada. Fico pensando que a teoria da influência do *clima* sobre as letras em geral tem algo de verdade. Não será que a riqueza da literatura européia em geral, e da inglesa em particular, vem do... nevoeiro, do frio, do inverno que fecha os homens em casa ao pé do fogo... Se não fosse a Grécia... pois afinal foi num clima de *ar livre* que se processou o *miracle grec*[25] de que falava Renan (se acaso foi mesmo ele que primeiro pronunciou a frase famosa...). E a Escandinávia – fora os contos de Andersen[26] ou Strindberg[27] (que era sueco, se não me engano) – não legou nada de comparável aos ingleses. E os escoceses, mais ao norte, sem falar nos finlandeses ou lapões, não contam em literatura. Por onde se vê que os dias bonitos, se realmente nos convidam a olhar para a paisagem, mais que a rabiscar folhas em branco, não explicam nada.

[...]

P.

Petrópolis,
22 de junho de 1968

Enquanto ontem, às 3 da tarde, Mamãe e eu subíamos para este pequeno paraíso petropolitano, as ruas centrais do Rio de Janeiro se transformavam num campo de batalha, a tal ponto que um popular, a certa altura, dizia a outro: "Vamos para Saigon"... Quer isto dizer que, realmente, estamos chegando ao que sempre previ: a maneira como o golpe militar de 64 tratou os estudantes tinha de redundar fatalmente na violência, a princípio dos próprios estudantes, e já agora de uma massa popular crescente, acirrada pelo medo estúpido e brutal com que a polícia está agindo, enquanto o Exército não intervém e o estado de sítio (suspensão de toda e qualquer garantia constitucional) não puser uma pedra no túmulo das liberdades públicas e privadas. Para lá caminhamos, pois os estudantes vêm revelando um espírito de

24. "Brincando, brincando".

25. "Milagre grego". A expressão encontra-se no capítulo II de *Souvenirs d'enfance et de jeunesse* (Recordações de infância e de juventude), do filósofo francês Ernest Renan (1823-1892), no qual ele retranscreve a sua célebre prece feita junto à Acrópole de Atenas ("Prière sur l'Acropole").

26. Hans Christian Andersen (1805-1875), escritor dinamarquês.

27. August Strindberg (1849-1912), dramaturgo, romancista e pintor sueco.

luta indomável e até o próprio Moniz de Aragão já reconhece que o problema transcende apenas a explicação "*suplicystica*" e (infelizmente) dos Corções[28] e dos Cândidos (Cândido de Paula Machado) de que tudo é manobra comunista.

Ontem a batalha foi terrível e ameaça continuar segunda-feira, até que o Negrão se entregue totalmente ao governo federal e não desça o pau do silêncio, que será o estado de sítio, em que tribunal algum poderá dar habeas-corpus etc. e tal.

[...]

Será que o meu lugar não seria com os estudantes?...

[...]

P.

São Lourenço, 28 de junho de 1968

[...]

Se na própria França os "revolucionários" não sabem o que querem ao certo e encontram contra si a massa dos *grands et petits bourgeois*[29] assentados no seu conforto, que diremos disto aqui, ainda em pleno feudalismo e passando à tecnocracia sem transição, isto é, de uma escravidão disfarçada a outra escravidão dourada?

Será que o humanismo com que sonhamos, o humanismo cristão, é um mito, ou que teremos – o que é provável – de nos contentarmos com o primarismo dos nossos milicos e o pragmatismo dos nossos homens práticos, a soldo (indireto) dos Estados Unidos? Ainda agora me dizem (foi o Paulo Novaes que contou) que as Indústrias Matarazzo – o parque industrial mais importante do Brasil – foi vendido aos americanos, em pagamento de um empréstimo que, me parece, eles haviam levantado dos Estados Unidos. Disso tenho a certeza: nosso destino será o que for o dos Estados Unidos. Tudo mais é fantasia ou então fogos de artifício, como os que eu lanço nos meus ridículos artiguetes...

Ciao.

P.

28. Alusão às idéias de Flávio Suplicy de Lacerda, a Gustavo Corção e a um dos fundadores da editora Agir.
29. "Grandes e pequenos burgueses".

Rio de Janeiro, 24 de julho de 1968

[...]

Na realidade, o que penso é que a Igreja não devia se meter em autorizar ou não autorizar oficialmente e solenemente, pela voz do próprio papa, este ou aquele processo de limitação da prole[30]. Devia ficar na declaração da *Populorum progressio*[31]: "o problema é da consciência esclarecida dos cônjuges". Acho supinamente ridículo estar o papa a entrar nesses debates – digamos assim, rituais – do casamento, que quando muito deveriam caber aos confessores e na solução de *casos individuais*. O princípio é aquele: problema de consciência. Agora, a solução de métodos, oportunidades, dificuldades pessoais, tudo isso é uma casuística que quando muito cabe bem no confessionário, mas não em encíclicas, *motu proprio* ou documentos para o público. É – mal comparando (pois já sei perfeitamente que os teólogos virão com seus argumentos para mostrar que, no caso do anticoncepcionismo, está em jogo o direito natural ou a vida humana em perspectiva, etc. e tal) – mas, como ia dizendo, é como se a Igreja viesse tolamente decidir se o melhor meio de resolver as dores de barriga é o elixir paregórico ou a *nux vomica*[32]... E assim por diante: se o metrô ou o elevador é que resolvem a circulação do Rio ou o que os católicos devem preferir para a nova ligação Rio-Niterói – se a ponte, se o túnel –, assim como precisariam saber pela voz do papa se podem usar pílulas ou períodos...

Bem sei que pode o papa falar o que quiser, a tendência universal a uma restrição voluntária (e por vezes forçada, nos regimes totalitários) da natalidade é uma inclinação tão fatal como é a passagem do capitalismo ao socialismo. Qual socialismo? Isto sim é problema. Mas a Santa Sé nunca disse exatamente qual capitalismo, que dirá qual socialismo! Fica na linha geral dos grandes princípios.

A vida é boa e a prole é desejável mas a sua limitação cabe à consciência dos esposos. Pronto. O mais é assunto de confessionário.

[...]

P.

30. Alceu alude à encíclica *Humanae vitae*, de Paulo VI, recém-publicada, sobre a regulação da natalidade.
31. O desenvolvimento dos povos, carta-encíclica de Paulo VI publicada em 1967.
32. Ou noz-vômica, árvore cujos frutos são tidos como medicinais.

Rio de Janeiro,
6 de agosto de 1968

[...]

Aliás é hoje, ou esta semana, que se realiza a convenção do partido republicano que vai indicar o Nixon – esse espectro – para ser candidato. E com o assassinato do Bob Kennedy, ex-futuro presidente dos Estados Unidos, o país se torna assim, e cada vez mais, o oposto do que foram os Estados Unidos do século XVIII, à frente da civilização. Hoje está na cauda e a frente passou, desgraçadamente, para o Oriente, o que por sua vez endurece mais o Ocidente. Mas como nem os *comunas* nem os *capitalas* querem a guerra, vamos vivendo nessa tensão contínua de forças equilibradas e decepções sucessivas, especialmente dos que esperavam um mundo novo e só vêem a continuação do mundo velho, com um futuro cada vez mais hipotético, pois o dinheiro e o poder é que continuam a dominar.

O dinheiro no Ocidente, com os Estados Unidos à frente, o poder no Oriente, com a Rússia e a China (brigando entre si, enquanto o dinheiro não for uma ameaça para eles e não será, pois o que querem é defender-se). Agora mesmo a plataforma dos republicanos, nos Estados Unidos, – que provavelmente serão os vencedores das eleições de novembro – pela burrice do Johnson e pelo assassinato do Kennedy – esses republicanos colocaram no seu programa a "desamericanização" da guerra do Vietnã, isto é, a retirada dos americanos, pouco a pouco, dizendo que os vietnamitas do sul e do norte decidam a briga por si mesmos. É uma confissão lastimável de derrota, mas que os republicanos procuram jogar para os ocupadores democratas que estão no poder, não conseguiram ganhar a guerra e, pelo contrário, submeteram os Estados Unidos a uma situação vergonhosa e a uma impopularidade total em todo o mundo.

[...]

P.

Rio de Janeiro,
21 de agosto de 1968

A invasão da Tchecoslováquia pelas tropas da Rússia Soviética[33] é mais um golpe nos que negam a violência como solução para os males do mundo. É um novo ato de pirataria internacional semelhante aos que a Alemanha promoveu, tanto em 1914 como em 1939, com o militarismo do Kaiser, à direita, e com o militarismo de Hitler, à extrema direita. Agora, como em 1948 (primeira invasão da Tchecoslováquia pelos

33. As tropas do Pacto de Varsóvia, sob comando soviético, acabavam de invadir a Tchecoslováquia.

comunistas) e em 1954 (?)[34] – a invasão da Hungria – temos os dois atos de pirataria praticados pela extrema esquerda. De ambos os lados, o que se sacrifica é a liberdade, a dignidade, a humanidade. Continuamos a ser vítimas da divisão do mundo em direita e esquerda, como sendo inevitável, e levando à *exclusão* de uma pela outra. Talvez seja, ou mesmo é, inevitável, mas... levando, ou antes devendo levar à *coexistência* de uma e outra, ao convívio dos contrários, que para mim continua a ser, e será sempre, o sentido realista e idealista (isto é, o que *é* e o que *deve ser*) da vida humana. Se considerarmos que ou a esquerda ou a direita devem ser destruídas, teremos ou o domínio da Alemanha kaiserista ou nazista, ou o domínio da Rússia stalinista ou não. É, pois, *irrealista* pensar que a supressão da divisão direita-esquerda será a solução. Essa supressão terá como conseqüência a vitória de um dos extremos sobre o outro, com a conseqüente vitória do terrorismo policial, da intolerância, da supressão da liberdade. Só uma *terceira solução, acima dos extremos*, é que poderá resolver o impasse. Essa solução terá de ser a *conciliação entre os extremos.*

[...]

P.

Petrópolis,
9 de setembro de 1968

[...]

Ontem o almoço do Eduardo Frei[35] foi uma beleza. Fui para o Museu de Arte Moderna antes de Mamãe, pois o Frei iria autografar livros. Abraçamo-nos à brasileira. "Pensei que não o veria", disse-me ele. Conversei um pouco com ele, e aos pedacinhos, dizendo-lhe apenas que a visita dele iria possivelmente [...] fazer um grande bem ao Brasil, tal a repercussão popular que teve, e certas prevenções da grãfinagem contra o seu esquerdismo, que terá dissipado. Não escrevi nada nas minhas croniquetas. Devia tê-lo feito. Mas com essa mania do Carlos[36] de preparar tudo com dez dias ao menos de antecedência, e com a minha displicência em prever os acontecimentos a comemorar, deixei de chamar a atenção para uma experiência – a mais completa na América – de uma *revolução pela liberdade e na liberdade*, como o Frei está tentando no Chile, tendo contra si as duas extremas e muitos centristas-liberais, além dos extremistas do seu próprio partido.

Mas agora o que não está feito não está feito. Consolo-me apenas em me poder gabar de que não exploro as circunstâncias para puxar a brasa para a minha sardinha.

34. A União Soviética invadiu a Hungria em novembro de 1956.

35. O então presidente do Chile.

36. O MAM do Rio de Janeiro era conhecido por sua oposição à ditadura – sobretudo depois da mostra vanguardista *Opinião 65*, realizada no ano seguinte ao golpe.

O almoço foi ótimo. Sala lindamente ornamentada e dois bons discursos, tanto o dele (Frei) como o do Negrão.

[...]

P.

Roma,
18 de setembro de 1968

[...]

Quem hoje deu um tremendo exemplo de consciência corajosa foi o membro alemão, o padre Adenauer, filho do grande chanceler[37]. Sendo o relator de um grupo sobre o problema da família, declarou que, se a encíclica *Humanae vitae* fosse tomada como documento definitivo para as decisões da nossa comissão[38] sobre essa matéria, *ele pediria demissão*! Felicitei-o pela atitude, que aliás explicou num longo relatório, que o monsenhor Gremillion não queria que fosse copiado, mas afinal cedeu e vai ser distribuído para todos os membros e consultores, como um documento secreto. Temos de encontrar um meio de impedir que o padre Adenauer saia, pois demonstrou ser um homem de excepcional caráter. Como acho, pessoalmente, que a encíclica é apenas um passo avante, "um farol e não uma bitola", creio que será possível tomar a encíclica apenas como uma *recomendação* e não como um *decreto* e muito menos como infalível e irreformável. Vamos ver o que se decidirá amanhã.

[...]

P.

Roma,
22 de setembro de 1968

Prosseguindo hoje, domingo, às 10 horas, o que ontem comecei, volto a falar [...] na solene e comovente visita ao túmulo de São Pedro! Pensei logo em 1950 e na visita em que vocês ficaram a ver navios, no Albergo Nationale, quando o reitor do colégio Pio Brasileiro lembrou que a visita era *só para um*. Ainda estou vendo, a 18 anos

37. Trata-se de Paul Adenauer (1923), filho do líder democrata-cristão e primeiro chefe de governo da então República Federal da Alemanha, Konrad Adenauer (1876-1967).

38. Alceu refere-se à Comissão Justiça e Paz.

de distância, a nossa cara coletiva de decepção – vocês, por não irem ver os *scavi*[39] que naquele momento estavam na ordem do dia, com a revelação do cemitério oculto por 410 anos – e eu, por ir sem vocês. Naquela época a visita era apenas um favor pessoal, e me lembro que a certa, não digo altura mas profundidade, o "sanpietrino" (os arquitetos que trabalham na Basílica de São Pedro) me mostrou uma porta aberta sobre o *escuro*, me dizendo que era por ali que se esperava chegar ao túmulo de São Pedro. Passados 18 anos, a porta foi atravessada, as visitas estão organizadas regularmente, como nas catacumbas, e há meses Paulo VI anunciou que com a máxima probabilidade se havia descoberto o local e *os ossos* da *super hanc petram*[40] e da cabeça da Igreja! E foi isso o que ontem vimos no coração da terra trasteverina, a dez metros abaixo do altar central da basílica, e do *baldachino*[41], e – onde tudo indica, embora não haja certeza matemática nem probabilidade segura – foi enterrado São Pedro.

Vai-se de escada em escada, tudo rústico e fracamente iluminado, através de um labirinto de túmulos e capelas mortuárias, pagãs e cristãs, algumas ainda com as grades pintadas, outras, como as que eu vira em 1950, com o famoso e perfeito mosaico verde e branco representando Cristo, como se fosse Febo[42], num carro romano (biga) puxado por dois cavalos! Em uma das capelinhas pagãs, cheias dos embutidos onde se guardavam as cinzas dos cremados, um túmulo de uma jovem cristã de 28 anos, mandado cavar por seu marido, com um baixo-relevo da moça e a ela dedicado – "à sua beleza e à sua fidelidade"!

Fica-se de respiração parada diante dessa presença, através de 20 séculos, dessa constância perene do amor e da morte. Quatrocentos anos de escuridão, pois desde que o imperador Constantino[43], no século III, mandou construir a primitiva basílica, cujos contrafortes e cujos tijolos lá estão intactos, sobre o *circo* e o cemitério dos séculos I e II, e até antes de Cristo, e sobretudo depois que, em 1506, começaram a basílica michelangelesca – tudo ficou no escuro até 1947.

[...]

P.

---

39. "Escavações".
40. "Sobre esta pedra". Evangelho de Mateus 16, 18.
41. Estrutura que cobre o altar e tem forma de dossel — ou baldaquino (em italiano, *baldachino*).
42. Segundo a mitologia grega, Febo, cognome de Apolo, é o símbolo da luz.
43. Flávio Valério Aurélio Cláudio Constantino, ou Constantino, o Grande (275-337), primeiro imperador cristão.

Roma, 24 de setembro de 1968

[...]

Desta vez, tive de participar um pouco mais, apenas um pouco, mas nem por isso deixo de me confirmar na minha idiossincrasia crescente, ou já total, contra todo trabalho de grupo. Engraçado. Quanto mais falo em comunidade mais me sinto incapaz de viver nela, e tolerando apenas a obrigação de trabalho em grupo e de participação acadêmica, ou conventual.

Dessa vez, o Espírito Santo – e só Ele – me permitiu aquela intervenção feliz, que me valeu um beijo da Barbara Ward, e ontem uma nova intervenção, muito menos *réussie*, que não me valeu beijo algum, a propósito do tal movimento lançado por dom Hélder e por uns 50 bispos – Ação, Justiça e Paz – no fim da qual tornei a repetir, *pela terceira vez em vão*, meu apelo, até mesmo ao papa, para que faça *"participer de notre commission un vrai ouvrier, un vrai paysan, un vrai jeune, auxquels le plus jeune des vieillards est tout près à leur céder sa place"*[44], palavras com que encerrei minha última intervenção, recebidas, com razão, com a mais absoluta frieza, pois na comissão só se trata de... burocracia. Talvez por isso é que me chateie tanto. Tudo de um exasperante pragmatismo.

[...]

P.

Paris, 15 de outubro de 1968

[...]

Violeta Arraes telefonou dizendo que a pessoa que dá notícias ao *Le Monde*[45] quer me ver, e que também o Arraes, irmão dela, vai chegar, e então terei ocasião de conhecer pessoalmente uma pessoa que marcou tanto a vida política brasileira, e ainda a marcará, tanto mais quanto as notícias que nos chegam daí pelos jornais são realmente alarmantes. Especialmente uma palavra do ministro da Aeronáutica, o tristemente famoso "Mello Maluco"[46], que diz tranqüilamente que o dever dos defensores

44. "Participar de nossa comissão um autêntico operário, um autêntico camponês, um autêntico jovem, aos quais o mais jovem dos anciãos está pronto a ceder o lugar".

45. Jornal francês de grande reputação, que fazia, à época, boa cobertura dos acontecimentos brasileiros; o irmão de Violeta Arraes é o ex-governador de Pernambuco Miguel Arraes, que se encontrava exilado na Argélia.

46. Na verdade, o ministro da Aeronáutica conhecido por tal apelido era o do governo JK, Francisco de Assis Corrêa de Mello (1903-1971), e não o então titular da Pasta, Márcio de Souza e Mello (1906-1991). Francisco ficou conhecido por "Mello Maluco" devido à sua destreza para realizar ousadas acrobacias em exibições aéreas.

da *ordem pública* (leia-se os militares que estão no poder) é *morrer e matar*! O bandido não faz diferença entre guerra e paz, nem entre guerra estrangeira e guerra civil. Nem entre a legítima defesa e o assassinato. Para esse bandido (a quem está entregue a aviação brasileira), que sempre foi o cerne do mais brutal reacionarismo e no qual o Lacerda sempre se apoiou – ao menos enquanto era direitista (e é provável que continue a sê-lo) – matar brasileiros que ele considera maus, pois não aceitam suas idéias, *é um dever*! Poucas vezes tenho visto monstruosidade mais abominável na boca de um homem, de um militar, que tem a responsabilidade do governo, e a quem o povo (pobre povo!) entregou armas para o defender na legalidade e não para o assassinar na ditadura.

O regime dos *coronéis*, da Grécia ao Panamá, está se espalhando pelo mundo como uma mancha de óleo envenenado, e com isso se aliando ao imperialismo comunista, pois nada alimenta mais o extremismo da esquerda do que o extremismo da direita. Nesse ponto, devo dizer que o De Gaulle é realmente diferente e não se pode, nem de longe, confundi-lo com esse coronelismo brutal, do Congo à Argentina, gorilismo infame e brutal que afirma tranqüilamente o dever de matar os compatriotas, desde que – a nosso próprio juízo – julguemos os outros maus patriotas.

Quanto mais vivo, mais tenho horror aos regimes de força, e mais amo a liberdade. Foi a separação entre esta e a justiça, aliás, que deu lugar a esse desencadeamento da violência e do crime combatidos em nome da segurança nacional. Como estamos longe da admirável frase do marechal Rondon[47], pronunciada a respeito dos índios: "Morrer se for necessário; matar nunca!" Que abismo entre essa frase memorável de um grande homem e a sentença monstruosa de um homúnculo!

[...]

P.

Paris,
29 de outubro de 1968

Estou então liberto de meu último compromisso no Velho Mundo.

[...]

Correu tudo bem, naquela simplicidade hierática e tão pouco calorosa (já não penso mesmo em dizer acolhedora e muito menos fraternal) do ambiente da Académie des Sciences Morales et Politiques[48], sob o olhar arrogante e distante de

47. Cândido Mariano da Silva Rondon (1865-1958).

48. Alceu tinha sido eleito membro "associado estrangeiro" da Academia de Ciências Morais e Políticas, fundada em 1795 sob a Revolução Francesa. É uma das academias que formam o Institut de France.

Richelieu[49], a atenção delicada de alguns *chers collègues*[50], o sono solto de um ou outro menos discreto e o hieratismo geral de uma sessão marcada pela observação rigorosa do *réglement*[51], desde a hora exata da "largada" (2:45) até a ausência de *questions*, iluminada da última vez por um membro mais ritualista – creio que era também o mais surdo – e que ontem aliás me acompanhou, *sans sourciller*[52] e sem tirar o micro ou o macro, pois era uma rodela bem grande, do ouvido. O presidente foi impecável na sua saudação, preparada pelo secretário Chezelas, muito simpático. [...]

Bem, fui levado a fazer considerações fora da simples cerimônia de ontem, com que mais uma vez entrei para uma academia, e mesmo o mais famoso instituto de cultura mundial, sem que o *espírito acadêmico* consiga entrar em mim.

[...]

P.

Paris,
2 de novembro de 1968

Carta rápida. Já é meio-dia, e à 1 menos 15 tenho de estar na casa do cunhado do Deffontaines para mais um almoço.

Ontem também foi – apesar de uma chuvarada tropical – uma tarde muito boa: visita a Illiers (o Combray de Proust) e à sua casa. Fui sozinho às 3 da tarde. Em Chartres (sic) vislumbrei a catedral e tomei a automotriz, que meia hora depois me deixou em Illiers, já chuviscando. Aldeia tipicamente francesa em que tudo deixa a impressão de ser uma cidade em ponto pequeno, para crianças. O táxi depositou-me junto à casa que tem na fachada um letreiro com o nome do avô de Proust, monsieur Amyot, a quem pertencia, com um subtítulo: Maison de Marcel Proust. Foi com o conservador, um velhote simpático, que há anos se dedicou a essa restauração, pois a casa ia ser destruída, e, por esse motivo, ele recebeu há dias uma medalha, que a visitei. Entrei pelo jardim dos fundos, a que Proust faz menção (*La sonette*[53]), e lá encontrei o velhote, com mais um casal de visitantes que se retirava, e um estudante de Tours. [...]

---

49. Alusão ao busto de Armand-Jean du Plessis, cardeal de Richelieu (1585-1642), primeiro-ministro de Luís XIII, e fundador, em 1634, da Académie Française, a mais antiga das academias que formam o Institut de France.

50. "Caros colegas".

51. "Regulamento".

52. "Sem pestanejar".

53. Jules Amiot (1816-1912) – e não Amyot – era, na verdade, marido de Elisabeth Proust (1828-1886), irmã de Adrien Proust (1834-1903), pai do escritor Marcel. A *sonette* – "campainha" – a que se refere Alceu é, provavelmente, a que anunciava a chegada de Swann, como se lê na primeira parte de *Em busca do tempo perdido* (*No caminho de Swann*); era possível ouvi-la no jardim inspirado no local que Alceu visitou.

Fiquei comovido de percorrer aquelas salas e o quarto, de ver todos aqueles objetos que ele tocou e descreve, sua cama pequena – uma espécie de alcova – sua *cuvette*[54] pequena, tudo como já disse. Toda a casa denota, a cidadezinha também, como se fosse um mundo, à estatura de crianças! Comovente!

[...]

Foi então que caiu um toró tropical! Mas voltei ileso, guardando dessa visita *un souvenir innoubliable*[55], sobre o qual espero voltar aí com você!

[...]

P.

Rio de Janeiro,
28 de novembro de 1968

Politicamente é hoje um dia negro para o Brasil. Na Câmara, o governo, à custa de manipulações as mais indecentes (substituição de nove deputados governistas (sic) que iriam votar na Comissão de Justiça contra a licença para processar o Marcito[56], por outros tantos deputados tipo boi manso, que fazem tudo quanto seu mestre mandar), o governo vai dar uma bofetada no poder Legislativo e com isso marcar mais um ponto no processo de autotransformação de um regime mascaradamente constitucional num regime cinicamente totalitário ou policial. É uma evolução lógica, sem dúvida, mas nem por isso menos lamentável para quem ainda preza a liberdade, como único regime político capaz de assegurar o mínimo dessa segurança de viver que os regimes securitários como o nosso pretendem assegurar e não fazem senão desmentir e realizar precisamente o oposto.

Vou logo ao fato político que tanto chateia a você como a mim, mas que no momento é o que desperta a indignação e a tristeza por ver a degradação dos homens, mais triste ainda do que a corrupção dos regimes e a perda crescente da liberdade. Foi a "fé de ofício" desses nove títeres que ontem os paus-mandados do governo na Câmara conseguiram colocar nos lugares que os decentes foram forçados a abandonar, para que o governo conseguisse maioria na patacoada parlamentar com que procuram esconder a humilhação do Costa e Silva em face de meia dúzia de oficiais duros, verdadeiros rebeldes (se não fosse insultar com isso a dignidade da expressão

54. Bacia de louça usada para lavar-se.

55. "Uma recordação inesquecível".

56. O governo queria processar o deputado federal Marcio Moreira Alves em razão de um discurso, proferido no plenário, no qual atacava os militares e sugeria à população que não participasse das comemorações do 7 de Setembro. A certa altura de seu pronunciamento, Moreira Alves indagava: "Quando não será o Exército um valhacouto de torturadores?". O discurso acabaria servindo de pretexto para o Ato Institucional nº 5, decretado em 13 de dezembro de 1968.

rebelde que significa sempre, ou quase sempre, uma atitude heróica ou pelo menos digna). Ver a "fé de ofício" desses pobres-diabos é uma desolação. São os deputados mais apagados, mais medíocres, mais malandros, mais omissos, mais sem-caráter que se possa imaginar. E esses é que vão decidir a sorte de um deputado como o Marcito – e, mais ainda do que a sorte de um deputado, a sorte da própria dignidade da Câmara. É um espetáculo realmente deprimente. E por isso é que não pude deixar de extravasar, logo de saída, a minha indignação.

Fico chateado por não poder logo extravasá-la de público e ver, pelo contrário, aparecerem, como hoje, "bilhetes" sobre Versailles...

[...]

P.

Rio de Janeiro, 10 de dezembro de 1968

[...]

Ontem comecei a esboçar o plano do Gandhi, e no pra-lá-pra-cá da varanda me ocorreu uma trilogia de grandes figuras, do problema East-West – Oriente-Ocidente – que correspondem também a três soluções para o problema: a oriental, que assume 100% a mentalidade ocidental; a ocidental, que julga paralelas e inconfundíveis as duas mentalidades; e a oriental que se forma no Ocidente e acaba voltando ao Oriente, mas para acabar num conceito *comum* às duas mentalidades, que é a primazia do espírito e da não-violência, em que os místicos e os cristãos se encontram com os místicos e os hindus e confucianos do Oriente.

As três *personalidades* que estão como símbolos dessas três atitudes são – Lênin, Kipling e Gandhi. Creio que nunca foram colocadas assim na mesma bandeja! Mas estou no meu elemento planando por cima de todo esse bate-boca universal em que o próprio papa não hesita em pronunciar palavras sensacionalistas, como "a Igreja está ameaçada de autodestruição" (caso sejam autênticas), o que permite que as rãs do charco repitam, docilmente, que "a Igreja atravessa a sua maior crise da História"!

Mas, santo Deus, a Igreja vive em crise permanente e quando deixa de estar em crise é que está apática ou acomodada com as *potências deste mundo* – o poder, o dinheiro, o prazer.

[...]

P.

Petrópolis,
14 de dezembro de 1968

Estamos sendo bombardeados por todos os lados. Anteontem era a bomba da morte física do nosso grande Merton. Ontem, sexta-feira 13, a bomba da morte civil da liberdade em nosso país, por tempo indeterminado (sic)[57]. Pois os outros Atos Institucionais que precederam este 5, de ontem à noite, que os jornais divulgam esta manhã, ainda, se bem me lembro, marcavam uma data para seu término. O de agora, nem isto. Durará enquanto durar a veleidade ditatorial dos nossos militares, que empalmaram a revolução que fizeram, pela virulência e pela violência vão permanecendo nela, com ela, e para ela. Pois se identificaram com ela. "A revolução é nossa", como o petróleo[58]... E com esse petróleo irresponsável e devastador vão tocando fogo no Brasil, sob o pretexto, como sempre fazem os tiranos, de o salvar. Estamos em plena Grécia dos coronéis[59]. Como Jackson tinha previsto tudo isso na sua campanha antitenentista. Dois anos depois de sua morte os tenentes que ele tanto atacava como revolucionários da ordem civil ainda existem (por mais detestável que fosse, era melhor que qualquer ordem militar) desencadearam a Revolução de 30. E quando, 34 anos mais tarde, tinham subido a generais, desencadearam a nova revolução, esta à direita, como a outra fora à esquerda – e esta está agora de novo de dentes arreganhados e pronta a deglutir todos os que ousarem impedir-lhe a marcha acelerada para a trituração de todas as liberdades no Brasil. De modo que estamos de novo em pleno túnel. E só mesmo um *laranja* como eu, que se recusa a se deixar vencer por toda a evidência dos becos de saída, ainda acredita que o túnel tem saída e que nós "scopriamo la luna" como no conto pirandelliano[60].

[...]

---

57. Em 13 de dezembro de 1968 foi promulgado o Ato Institucional n. 5 que permitia ao presidente da República, entre outras medidas, decretar o recesso do Congresso Nacional, das assembléias legislativas e câmaras municipais e a intervenção nos estados e municípios; suspender os direitos políticos de quaisquer cidadãos pelo prazo de dez anos e a garantia do habeas-corpus; cassar mandatos eletivos e impedir o Poder Judiciário de fazer qualquer apreciação das "medidas de segurança" aplicadas em decorrência do próprio ato institucional. O documento foi subscrito pelo presidente Arthur da Costa e Silva; e pelos ministros Luís Antônio da Gama e Silva, da Justiça; Augusto Rademaker Grünewald, da Marinha; Aurélio de Lyra Tavares, do Exército; José de Magalhães Pinto, das Relações Exteriores; Antonio Delfim Netto, da Fazenda; Mário Andreazza, dos Transportes; Ivo Pereira, da Agricultura; Tarso Dutra, da Educação; Jarbas Passarinho, do Trabalho; Márcio de Souza e Mello, da Aeronáutica; Leonel Miranda, da Saúde; José Costa Cavalcanti, das Minas e Energia; Edmundo de Macedo Soares, da Indústria e do Comércio; Hélio Beltrão, do Planejamento; Afonso de Albuquerque Lima, do Interior; e Carlos de Simas, das Comunicações. Ver também carta de 28 de novembro de 1968, nota 56, pp. 617-8.

58. "O petróleo é nosso" foi, na era getulista, o lema da campanha pela criação da Petrobras (1953).

59. Em 21 de abril de 1967, um grupo de coronéis tomou o poder na Grécia. Os militares, que aboliram a Constituição e as instituições democráticas, passaram a governar pelo terror, mediante campos de concentração, cortes marciais, torturas, prisões domiciliares etc. Várias organizações internacionais condenaram, na época, esse regime ditatorial por violação dos direitos humanos. Em 1974, os coronéis tiveram de entregar o poder a Constantin Caramanlis, que, retornando do exílio, formou um governo civil. Ver também carta de 15 de outubro de 1968, pp. 614-5.

60. Alceu alude ao conto "Ciàula scopre la luna"(Ciàula descobre a lua), do italiano Luigi Pirandello, em que o personagem do título, Ciàula, é um mineiro que passa todo o dia na escuridão, mas, estranhamente, teme o negrume da noite quando deixa o trabalho. No fim de uma certa jornada especialmente estafante, ao sair da mina, "descobre" a lua no céu.

Mas em compensação, esta manhã, uma bomba em sentido contrário: a homilia de dom Jaime (sic, sic, sic) em defesa dos padres franceses e da liberdade de palavra da Igreja[61]. Não encontrei nessa homilia, que amanhã vai ser lida em todas as igrejas cariocas, uma só palavra que não pudesse ser subscrita por um dom Vital[62], um Thomas Becket[63], um Mindszenty[64], um Lacordaire[65], em suma por todos que tenham defendido a tese do *Verbum Dei non est*

61. Em novembro de 1968, quatro religiosos da Congregação dos Assuncionistas – os franceses Michel Le Ven, François Xavier Berthon e Hervé Croguennec, e o brasileiro José Geraldo da Cruz – foram presos, acusados de subversão; um deles foi, mais precisamente, denunciado por ter dado explicações sobre o Fundo de Garantia por Tempo de Serviço (FGTS) a operários da capital mineira. A prisão dos religiosos gerou protestos em todo o país. O arcebispo de Belo Horizonte, d. João Rezende Costa, denunciou do púlpito, no dia 15 de dezembro, que tinha "ciência direta, pessoal e segura" de que aqueles quatro tinham sido torturados em dependências do Exército brasileiro e suas confissões extorquidas. No mesmo dia, o cardeal-arcebispo do Rio de Janeiro, d. Jaime de Barros Câmara, enviou para ser lida em todas as igrejas de sua arquidiocese a homilia em que reafirmava, defendia e exigia a liberdade de pregar o Evangelho. "A Igreja de Cristo no Brasil – dizia ele – não poderia deixar de ser fiel à sua missão, mesmo e principalmente quando a incompreensão e a insensatez tentam impedi-la de atuar e ser fiel. Pouco importa a nacionalidade dos religiosos acusados, pois o Evangelho não tem bandeira – é universal como a justiça e o amor. Não podemos aceitar que se intente negar a liberdade de pregação e amordaçar os arautos do Evangelho, tachando-os de comunistas (...)". Quanto à tortura, exigia "respeito aos inalienáveis direitos humanos. Na pessoa desses quatro religiosos vemos todas as demais pessoas que têm sido, com maior ou menor repercussão, atingidas sem o devido respeito a esses direitos. Quando os defendemos, queremos defender todos aqueles que, como eles, têm sido objeto de tratamento arbitrário". Acerca de d. Jaime, ver também a carta de 3 de janeiro de 1959, nota 12, p. 73.

62. Ver carta de 4 de fevereiro de 1964, nota 39, p. 321.

63. São Tomás Becket (1118-1170), eleito em 1162 arcebispo de Cantuária, intrépido defensor dos direitos da Igreja contra o rei Henrique II. O seu combate valeu-lhe ameaças, perseguições e exílio. Após sua volta à Inglaterra, foi atacado por um grupo de partidários do rei e acabou assassinado. É considerado mártir da fé.

64. Jószef Mindszenty (1892-1975), arcebispo de Esztergom e primaz da Hungria desde 1945, criado cardeal por Pio XII em 1946, teve uma carreira atribulada: a intransigência de suas posições conservadoras fizeram dele, primeiramente, prisioneiro do governo pró-nazista em 1944, e anos depois, prisioneiro do governo comunista e condenado à prisão perpétua. O levante democrático de 1956 o devolveu à vida livre e ativa. Mas os tanques soviéticos trouxeram de volta o regime comunista, e Mindszenty, para escapar a nova prisão, refugiou-se na Embaixada dos Estados Unidos, onde ficaria durante 15 anos ocupando um pequeno cômodo, criando assim um problema político internacional. A abertura diplomática da Santa Sé aos regimes comunistas da Europa do Leste levou Paulo VI a convencê-lo a deixar a embaixada americana e a instalar-se em Viena, Áustria. Em 1974, ele teve também de renunciar ao título de primaz da Hungria. Morreu em Viena, onde foi enterrado. No ano de 1991, seus despojos foram transferidos para a sua antiga sé primacial.

65. Henri-Dominique Lacordaire (1802-1861), advogado francês, converteu-se ao catolicismo em 1824 e anos depois foi ordenado padre no clero secular. Participou ativamente da criação do jornal *L'Avenir* (*O Futuro*), cujo lema era "Deus e Liberdade", órgão de debates e combates de católicos franceses adeptos das liberdades civis e republicanas. As fortes pressões do episcopado francês pelo fechamento do jornal levaram os seus principais dirigentes, entre os quais Lacordaire, a buscar melhor compreensão junto à Sé romana. A resposta, no entanto, veio sob a forma de uma condenação pura e simples das idéias defendidas por *L'Avenir*, através da encíclica *Mirari vos*, do papa Gregório XVI, em 1832. A vida de Lacordaire tomou então novos rumos: com a firme intenção de restaurar na França a Ordem Dominicana que ali se extinguira, tornou-se dominicano na Itália. Após um tempo de formação, ele voltou à França e começou a reunir os seus primeiros companheiros da nova empreitada. Criou ou recriou conventos, fundou um novo jornal, firmou-se como grande pregador e realizou o sonho de restaurar a Ordem Dominicana em seu país. Em 1848, foi eleito deputado na Assembléia Constituinte. Após o golpe de Estado de Napoleão III, em 1851, Lacordaire voltou a se manifestar publicamente contra os rumos totalitários da política francesa e a favor das liberdades. Em 1860, ingressou para a Academie Française.

alligatum[66]. Vou telegrafar-lhe! Nunca imaginei que o pudesse fazer do fundo do coração. Essa homilia, francamente, me fez remorsos, pois afinal vejo em dom Jaime o homem de Deus, na hora precisa em que seus amigos generais e companhia tomam conta do poder absoluto e foram logo a ele, pensando que o intimidavam, pois os padres eram acusados de *comunistas*. E essa palavra mágica, na mente obtusa do general Sarmento[67] (que o Lacerda tinha convidado para ser chefe de polícia do seu governo, e não o foi por ter tido um enfarte, que infelizmente não o levou...), levou o general a correr logo ao Palácio São Joaquim ou ao Sumaré para levar os furos da revolução dos padres. E o cardeal teve a dignidade de responder: não, quem tem de julgá-los somos nós, Igreja, e não vocês, estado.

Confesso a Deus a minha culpa: nunca o julguei capaz dessa atitude. Penitenciei-me e como prova disto logo mais lhe telegrafarei trazendo-lhe a minha *comovida* solidariedade. E não houve uma reticência na homilia.

[...]

P.

Petrópolis,
15 de dezembro de 1968

A "apagada e vil tristeza"[68] que se abateu sobre o Brasil na sexta-feira 13 vai indo até que Deus tenha piedade de nós e que, humanamente falando, volte a imperar a *verdade* brasileira contra a macaqueação totalitária que há quase cinco anos desceu sobre nós e ninguém sabe quando terminará.

San Thiago Dantas, naquela manhã de 1º de abril, pelo telefone, aqui na Moselinha, falou em 20 anos[69]. Já estamos com quase um quarto passado. Como não poderei assistir aos outros três quartos, terei de viver neste túnel ditatorial até a morte. Ainda hoje o *Jornal do Brasil*, que ultimamente se tinha de novo colocado numa oposição, aliás extremamente moderada, *não saiu*, como me informou o vendedor de jornais da velha estação. O *Correio da Manhã* saiu, mas totalmente mutilado, sem nenhuma notícia dos acontecimentos que estão ocorrendo e sem nenhum comentário, a não ser a publicação na primeira página do retrato do Odilon Braga[70], que foi o único ministro que no dia 11 de novembro de 1937, quando o Getúlio desencadeou

66. Segunda epístola de São Paulo a Timóteo, "a palavra de Deus não está acorrentada", na versão da Vulgata.
67. O general Sizeno Sarmento (1907-1983), comandante do I Exército.
68. Luís de Camões, *Os lusíadas*, canto X, 145.
69. Ver cartas de 1º de abril de 1964 e 7 de setembro de 1964, pp. 365-70 e 464-6, respectivamente.
70. Odilon Duarte Braga (1894-1958) foi ministro da Agricultura de 1934 a 1937.

o Estado Novo, fechando o Congresso etc., foi o único que se demitiu e foi levado em triunfo em 1945, quando o Getúlio caiu. O Capanema[71] foi nesse dia à nossa casa, em Dona Mariana, bastante encabulado, para me explicar... por que ficara... Não sei como ele votou agora, na histórica quinta-feira 12 de dezembro quando, mais uma vez, a tirania desceu e se encarnou nos agaloados que nos "felicitam" e dos quais o primeiro prisioneiro é certamente o próprio Costa e Silva, que estou certo *não queria* a ditadura, que lhe foi certamente imposta pelos Costa Cavalcanti[72] e Albuquerque Lima, seus ministros militares (em pastas civis) e dos quais é ele hoje um prisioneiro. Estou certo disso. Mas não teve fibra (nem força) para reagir, renunciando como devia, para ser coerente com a frase que há meses vinha pronunciando de que "não alterariam, durante o seu mandato, uma vírgula da Constituição"! Agora, não só tirou as vírgulas como as palavras... Esse o crédito que podemos dar às palavras dessa gente que já está na segunda, terceira ou quarta revolução. Se tomarmos por uma revolução cada Ato Institucional, já estamos na sexta (cinco Atos Institucionais e a própria revolução de 1º de abril)[73]. E depois ainda queremos que o povo acredite no que dizem os seus dirigentes e tenha por eles o mínimo respeito. Pior. Pois desgraçadamente, por medo e por indiferença, a caricatura de Lan[74], (o maior caricaturista brasileiro de todos os tempos), no *Jornal do Brasil*, apresentava apenas como caricatura comentário do histórico, tristemente histórico, dia 13 de dezembro de 1968, uma biquinista languidamente despida nas areias de Copacabana, como símbolo do *m'enfichismo*[75] da maioria da população brasileira "bestificada" em 68 como em 89 quando caiu o Império. Como ser otimista em face disto? Será que os pessimistas, que acham que *o Brasil não vale a pena*, é que têm razão?

[...]

P.

71. Gustavo Capanema, ex-ministro do governo Vargas; em 1968, era deputado federal. Ver carta de 11 de setembro de 1961, nota 39, p. 217.

72. O general José Costa Cavalcanti (1918-1991), ministro de Minas e Energia.

73. No total, seriam promulgados 17 Atos Institucionais (os dois últimos editados em 14 de outubro de 1969).

74. Lanfranco Vaselli, nascido no ano de 1925 em Montevarchi, na Itália, vive no Brasil desde 1953 e colabora com o *Jornal do Brasil* há 40 anos.

75. Da locução francesa *je m'en fiche*, para assinalar atitude de total indiferença ao que acontece.

Rio de Janeiro,
17 de dezembro de 1968

[...]

Bem, os detalhes com que estou contando esta cena puramente doméstica são bem sintomáticos do momento sombrio que estamos vivendo. É em plena floresta escura, à noite, com tempestade, que as menores coisas dos dias de sol adquirem uma suma importância. Estamos passando por um dos momentos mais tristes e soturnos de nossa História, *sem lei* nenhuma. Sim, sem lei, porque o que diz o tal Ato 5, "fica mantida a Constituição de 1967 com as alterações constantes deste Ato", etc e tal, *ipsis mentibus*[76], a dizer: fica abolida a Constituição de 67 com plenos poderes ao presidente da República para fazer o que entender e pelo prazo que entender. Juro a você que não estou fantasiando. Essa lei, a única que no momento teremos no ápice da pirâmide pseudo legal que "*soi disant*"[77] continua de pé, é que o presidente da República tem poderes, como ontem me dizia o chefe de gabinete do Negrão de Lima, Luiz Bahia[78], que se demitiu do cargo por não tolerar esse regime, como ele velho experimentado me diz: "nunca vi coisa igual em toda a nossa história: o presidente da República tem poderes até para demitir, se quiser, qualquer contínuo de qualquer estado. Foi suprimida a federação", como foi suprimida toda garantia legal. É a ditadura pura, agravada pela impostura, pela hipocrisia, pela máscara, pela mentira, pois o sargentão presidente[79] deitou verbo ontem pela TV.

[...]

Esse sargentão ousou falar em *democracia* "para manter a democracia"... É o cúmulo da desfaçatez. Enquanto isso a imprensa está totalmente amordaçada e obrigada a sair inclusive para fingir que está tudo em ordem. É o fim da picada e... se não houvesse a possibilidade de outros "fins de picada"... No momento é o drama por trás dessa fachada a normalidade com que esses cangaceiros que se apoderaram do Brasil (como os gorilas da Argentina ou os coronéis da Grécia...) agravam ainda o seu crime para abafar o grito das suas vítimas pelo silêncio e pela "vida continua" com "os bancos funcionando", "o comércio do Natal comerciando", isto é, "comercializando o Natal"... e "o presidente da República recebendo mensagens de solidariedade"... É a farsa trágica em sua expressão mais patente. *Estou com vergonha de estar solto* (ainda...), enquanto o Sobral[80] foi preso (sic), ao fazer uma defesa qualquer no

76. "Conforme a intenção" [de seus autores].

77. "Por assim dizer".

78. O jornalista Luiz Alberto Ferreira Bahia (1923).

79. O general Arthur da Costa e Silva; para o epíteto "sargentão" (ou "sargentões") aplicado a oficiais militares protagonistas da ditadura, ver também cartas de 4 de abril e 8 de maio de 1964 e de 19 e 28 de outubro de 1965, pp. 377-9; 398-401; 511 e 517.

80. O advogado e jurista Heráclito Fontoura Sobral Pinto.

Supremo, em Brasília, ou no foro de Goiânia, dizem outros, e protestou gritando que "só iria amarrado", e *foi amarrado*!!!!!

Eis o Brasil de 68, tal como teríamos de o mostrar, se houvesse possibilidade de falar, pois embora fora (ainda) da prisão, estamos todos presos! Eu julgava ainda que o tal Costa e Silva "fosse o mais importante dos milicos" e que o golpe foi dado por seus generais e gorilas e pelo seu ministro da Justiça cujo nome até me dá calafrios de pronunciar e por isso calo[81]. Mas depois da discurseira de ontem, por mais hipócrita que fosse, o tipo é tão culpado como os outros. Seja por covardia, seja por outras razões, o fato é que o criminoso número 1 não pode fugir à condenação. Pois não tem o direito de julgar que esse crime ficaria impune e que continuaremos para sempre nesta prisão fascista. Embora as palavras do San Thiago Dantas estejam sempre vibrando ao sopro destas tempestades e confirmando ainda mais o meu pensamento que lá está num desses três livros que ainda me poderão levar à cadeia: "da inquietação à subversão"... e "as segundas revoluções são as piores".

[...]

Agora, vem o Ato Complementar número 39[82] (...), parece que já assinado, onde estão os presos individualizados, cassações de direitos políticos etc. É aí que poderei figurar, se antes não me prenderem. Digo-lhe isso, para ficar um documento de menos, se acontecer. Não quero preocupar ainda mais Mamãe.

[...]

Bem, o Nelson[83], muito nervoso, me preveniu que alguém lhe dissera que "eu estava numa lista da Marinha ou da Aeronáutica". Estar na lista quer dizer "estar ameaçado de prisão". Não duvido, pois a Marinha e a Aeronáutica são os piores focos de fascistas e ditatoriais, sem o menor escrúpulo. O chefe de gabinete (sic) do ministro da Aeronáutica (que é o "Mello Maluco"[84], assim chamado pelo apelido, basta dizer), que carrega o nome de Paulo Burnier[85], declarou há tempos, numa reunião com seus comandados, que era preciso "matar na paz para saber matar na guerra" (sic), e propôs que se jogasse em alto-mar de aviões, presos políticos culpados de insurreição, etc. Esse o regime mental dos territórios do Brigadeiro!... E eu falando por ele num comício... lembra-se?

---

81. Luís Antônio Gama e Silva; ver carta de 4 de abril de 1964, nota 185, p. 378.

82. Medidas e sanções com respeito às pessoas privadas de seus direitos políticos.

83. Nelson Paes Leme, marido de Heloisa Maria Senise, neta de Alceu Amoroso Lima.

84. Ver carta de 15 de outubro de 1968, nota 46, p. 614.

85. O brigadeiro João Paulo Moreira Burnier (1919-2000). Ao escrever "carrega o nome", Alceu parece aludir à família juiz-forana do frade dominicano Martinho Penido Burnier, seu amigo; ver carta de 4 de abril de 1964, pp. 377-9.

Como os tempos mudaram e se tornaram selvagens!

[...]

Esse o clima de terror em que estamos vivendo, com os Corções e companhia tomando champagne e os homens de bem nas grades.

Por isso é que te digo que *tenho vergonha de estar solto*, numa hora destas, pois são os melhores que estão presos de fato, embora todos nós estejamos presos cá fora, o que é mais confortável.

[...]

P.

Rio de Janeiro,
31 de dezembro de 1968

Encerra-se este ano catastrófico para o Brasil, mas tão luminoso no fundo da nossa consciência para a nossa vida íntima e doméstica – na medida em que é possível separar uma da outra –, com o início das medidas draconianas que os generais do golpe e os civis seus cúmplices vão lançar contra todos os que se opuseram politicamente aos seus desígnios. Por ora são apenas os que se opuseram politicamente. Amanhã virão, possivelmente, os que, de outra forma qualquer, também tentaram "parar o raio com a mão", como dizia Mário de Andrade.

[...]

O Dines me acrescentou que o *JB* continuará remunerando os seus colaboradores "como se os artigos fossem publicados"! O que mostra, ainda mais, a elegância do gesto! Continuarei a mandar-lhes os meus dois artiguetes semanais, para mostrar que, ao menos se não for cassado..., continuo a escrever, para o dia em que voltar a liberdade, se ainda voltar em vida do autor.

[...]

Até 1969, colocando tudo nas mãos de Deus!

P.

Revista *Manchete*/Acervo do Autor

Alceu no Rio de Janeiro, *c.* 1969

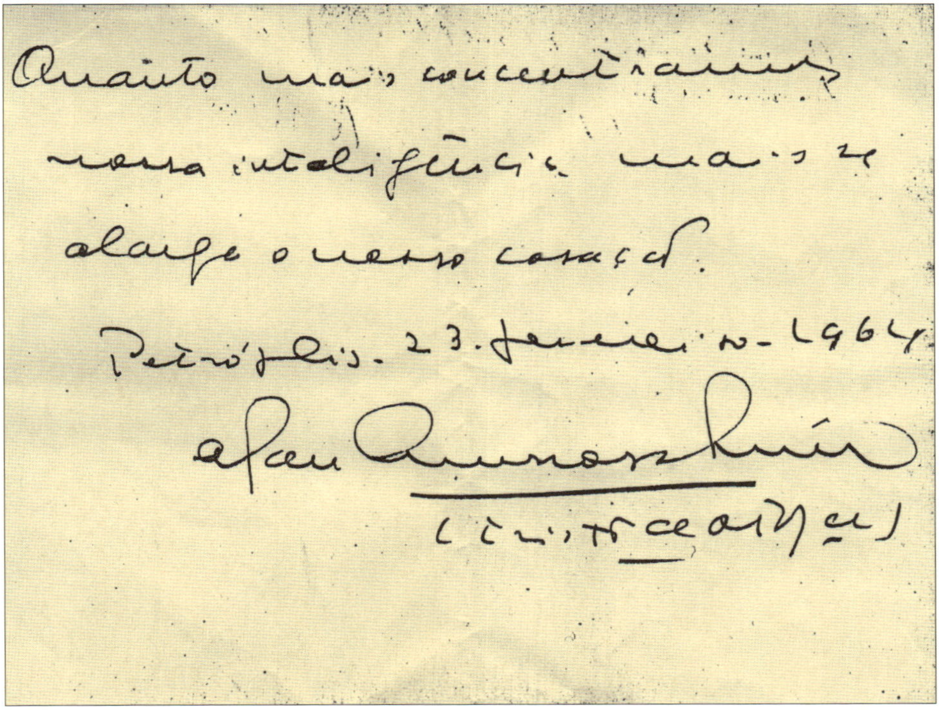

Quanto mais concentramos
nossa inteligência mais se
alarga o nosso coração.
Petrópolis. 23. fevereiro - 1964.
Alceu Amoroso Lima
(Tristão de Athayde)

"Quanto mais concentramos
nossa inteligência mais se
alarga o nosso coração"

Petrópolis, 23. fevereiro – 1964.
Alceu Amoroso Lima
(Tristão de Athayde)"

Acervo do autor

No Bois de Boulogne (Paris, 1900)

Fotos: acervo do autor

Ao lado de Rodolfo Hermany, noivo de sua irmã Carmen (Rio, *c.* 1910)

Alceu com o escritor Graça Aranha (Paris, 1913)

Na Fazenda dos Martinho Prado (Campo Alto, 1914) ▶

Acervo do autor

Fotos: acervo do autor

No Rio de Janeiro (1918)

Junto à primeira filha, Maria Helena (Petrópolis, 1919)

Alceu na casa do sogro (Petrópolis, 1920)

Sentado, com Maria Helena no colo (Petrópolis, 1923)

Alceu em pé, na biblioteca da praia de Botafogo (1918) ▶

Acervo do autor

No ano de sua
reconversão
(Petrópolis, 1928)

Fotos: acervo do autor

Segurando Lia (Rio, 1930)

Fotos: acervo do autor

Na cerimônia de posse na cadeira 40 da ABL
(Rio de Janeiro, 1935)

Lia
(Petrópolis, *c.* 1935)

Fotos: acervo do autor

Com Alceu Filho e a mulher, Maria Thereza (Petrópolis, 1936)

Alceu, [?] e Jacques Maritain (Rio de Janeiro, 1936)

Fotos: acervo do autor

Lia, junto à mãe e ao irmão
Paulo Alceu (Rio, 1939)

Da esq. para a dir., os filhos Maria Helena, Lia, Alceu, Luiz Alceu, Jorge Alceu, Silvia e Paulo Alceu (no colo) e a mulher, Maria Thereza (Petrópolis, 1939)

Acervo do autor

Ao lado de Maria Thereza
(Washington, EUA, 1951)

Acervo do autor

Com Lia, já freira
(Petrópolis, 1972)

Acervo Centro Alceu Amoroso Lima

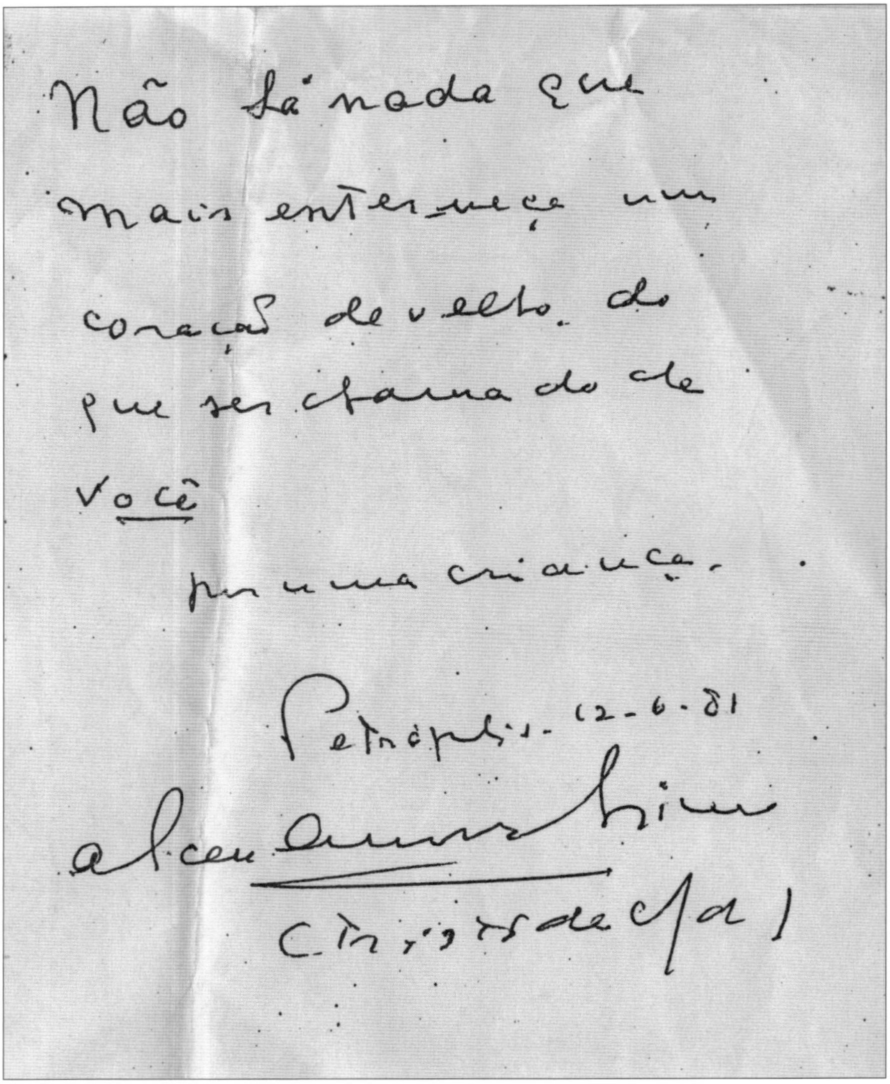

Não há nada que
mais enterneça um
coração de velho do
que ser chamado de
você
por uma criança.

Petrópolis. 12-6-81
Alceu Amoroso Lima
(Tristão de Athayde)

"Não há nada que mais enterneça um coração de velho do que ser chamado de *você* por uma criança.

Petrópolis, 12.6.81
Alceu Amoroso Lima
(Tristão de Athayde)"

◄ Em sua casa, à rua Paissandu, 200 (Rio, 1981)

Que fizeste da vida, Tristão?*

AMEI – Tive filhos e netos – Escrevi livros – Fui professor – Tive amigos e inimigos – Rezei – Já tive pior memória e vista melhor do que hoje – Aprendi, nos Estados Unidos, a ajudar minha mulher nos serviços domésticos – Atravessei a nado da Urca ao Morro da Viúva – Conversei 10 horas seguidas com Maritain – Fui amigo do Cardeal Leme, Jackson de Figueiredo e Wagner Dutra – Gostei de andar a pé – Detestei ouvir rádio – Escrevo a lápis – Gostei muito de música – Não fumei – Só usei gravata preta – Adorei a Deus – Pequei – Visitei várias vezes a Europa – Fui professor nos Estados Unidos – Tive remorsos – Fui crítico literário – Ensinei na Sorbonne – Detestei meus tempos de ginásio – Estudei música com Alberto Nepomuceno – Levarei para o túmulo um vício inveterado que, em jovem, me fez abandonar a advocacia: não faço uma afirmação sem sentir logo o protesto abafado das negações que ela implica – Fui sempre um aluno medíocre – Nunca fui profissional de nada – Sentei-me, provavelmente, ao lado de Péguy nos cursos de Bergson em 1913 e 1914 sem o saber – A grande e a grata surpresa da vida: os homens são melhores do que pensamos – Guiei automóvel de Quebec à capital do México – Mas hesitei dois meses em guiar no Rio – Entreguei pessoalmente meu livro *Mensagem de Roma* ao Papa – Nunca conversei com meu barbeiro – Discuti com Bernanos – Conversei 3 horas com Thomas Merton – Atravessei os Andes a cavalo – Fui presidente da Ação Católica – Nunca estive em escola primária – Recebi as primeiras letras de minha mãe e desse coxo João Köpke, o maior educador brasileiro – A virtude que mais admiro é a naturalidade – O vício que mais detesto, o farisaísmo – Desde os três anos tenho horror às roupas apertadas – De tudo quanto tenho escrito só reli, com prazer, a evocação da casa em que nasci – Considero a crítica uma experiência pendular entre a grande dignidade e a grande vaidade literária – À medida que nos aproximamos do fim da vida, fatalmente temos que escolher entre a humildade e a estupidez – Faço este ano 60 anos. Que surpresa e, olhando para trás, que deserto – Morrerei quando Deus quiser.

* Texto escrito em 1953.

Acervo do autor

Alceu e o monsenhor
dom abade Martinho Michler, no mosteiro de São Bento
(Rio, *c.* 1967)

Cronologia

1893
Nasce, a 11 de dezembro, na cidade do Rio de Janeiro, Alceu Amoroso Lima, filho da dona-de-casa Camila da Silva e do industrial Manoel José Amoroso Lima.

Fotos: Acervo do autor

Manoel José Amoroso Lima
e Camila da Silva, pais de Alceu

1898
É alfabetizado pela mãe, que usa o método criado pelo professor João Köpke, com quem Alceu teria aulas particulares nos anos seguintes.

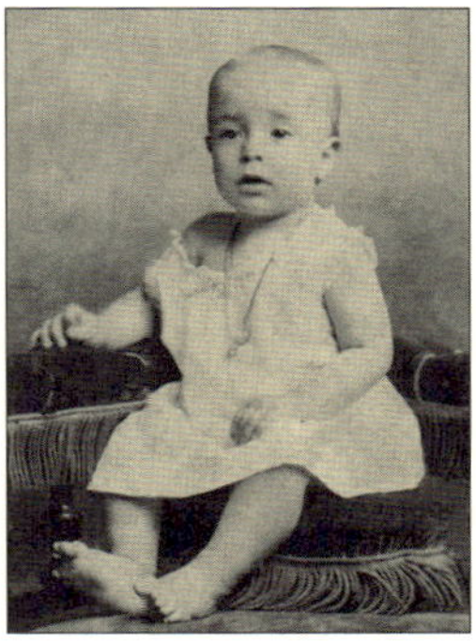

Uma de suas fotos mais antigas, tirada em setembro de 1894, no Rio

1900
Viaja à Europa com a família. Matricula-se numa escola em Paris para aprender francês.

1902
Estuda com os professores Alexandre Barreto e Köpke, visando ao exame de admissão ao Ginásio Nacional (hoje Colégio Pedro II). Faz sua primeira viagem pelo Brasil. Conhece São Paulo e as cidades mineiras de Uberaba e Araguari.

Posando, nos Grands Magasins du Louvre, em sua primeira ida a Paris (1900)

1903
Ingressa no curso de Humanidades do Ginásio Nacional.

1908
Obtém o título de bacharel em Ciências e Letras.

1909
Matricula-se na Faculdade de Ciências Jurídicas e Sociais, dirigida por Afonso Celso. Viaja à Europa.

1911
Faz estágio no escritório de advocacia de João Carneiro de Souza Bandeira.

1912
Assume a direção de *A Época*, revista dos alunos da faculdade, na qual editaria seus primeiros contos, além de alguns comentários jurídicos. Em dezembro, vai à Europa.

1913
Em Paris, freqüenta o curso de Henri Bergson no Collège de France. Volta ao Rio em junho e no mês de dezembro recebe o diploma de bacharel em Ciências Jurídicas e Sociais. Em seguida, embarca para França.

1914
Encontra-se em Paris com Graça Aranha. Em agosto, quando eclode a Primeira Guerra Mundial na Europa, volta ao Brasil. Trabalha no escritório de advocacia de Souza Bandeira, o mesmo em que estagiara.

1916
Viaja a Minas Gerais. Em Belo Horizonte, recebe a notícia da morte de Afonso Arinos. O *Jornal do Commercio* publica seu artigo – o primeiro de uma intensa atividade que teria na grande imprensa – em homenagem ao autor de *Pelo sertão*. Visita Ouro Preto (MG). Fica "impressionado" com a cidade e escreve "Pelo passado nacional", em defesa do pa-

Fotos: Acervo do autor

De novo na França, em viagem à Alsácia, no ano de 1909

Passeio a cavalo por Petrópolis (RJ), com o amigo Henrique (à direita), em 1916

trimônio histórico e artístico do país. O texto sairia em setembro na *Revista do Brasil*, de Monteiro Lobato.

Fotos: Acervo do autor

Casamento de Alceu e Maria Thereza (27 de agosto de 1918)

1917
Ingressa no setor de arquivo do Itamaraty. Conhece, no Rio de Janeiro, Maria Thereza, filha de Alberto de Faria e de Maria Thereza Almeida Faria.

1918
Deixa o Itamaraty para assumir a direção da Companhia Cometa, tecelagem de propriedade de seu pai. No dia 27 de agosto, casa-se com Maria Thereza.

1919
No número de estréia de *O Jornal*, datado de 17 de junho, inaugura a seção de crítica literária – intitulada "Bibliografia" – sob o pseudônimo Tristão de Athayde. Nasce no Rio, sua primeira filha, Maria Helena.

Filha de Quinquina, babá de Alceu, Ângela (Angé) trabalhou com a família

1922
Lança seu primeiro livro, *Afonso Arinos**. Nasce sua segunda filha, Silvia.

1923
Morre, no Rio, seu pai.

1924
Inicia correspondência com Jackson de Figueiredo – jornalista, professor e escritor

* Não se faz aqui referência a todos os títulos da vastíssima obra de AAL Para uma bibliografia completa do autor, ver o site do Centro Alceu Amoroso Lima (http://www.alternex.com.br/~aamorosolima)

sergipano, primeiro presidente do Centro Dom Vital (1922) –, a quem conhecera no Rio de Janeiro em 1918.

1927
Publica *Estudos, 1ª série*, coletânea de artigos literários que escrevera para a imprensa.

1928
Converte-se ao catolicismo no dia 15 de agosto, quando recebe a Eucaristia das mãos do padre Leonel Franca, na igreja de Santo Inácio, no Rio – no que chamou de sua "segunda Primeira Comunhão". No mesmo dia, sai seu artigo "Adeus à disponibilidade: carta a um amigo" (o "amigo", no caso, era Sérgio Buarque de Holanda). Com a morte de Jackson de Figueiredo, ocorrida no dia 4 de novembro, assume a presidência do Centro Dom Vital e a direção de *A Ordem*, revista da instituição.

1929
Em Petrópolis, no dia 30 de março, nasce Lia, que se tornaria madre Maria Teresa. Saem *Freud* e *Estudos, 2ª série*.

1930
Lança a tese "Esboço de uma introdução à Economia Moderna", com a qual disputaria a cátedra de Sociologia na Escola Normal, mas o concurso seria cancelado. Sai *Estudos, 3ª série*, em dois volumes.

1931
Em 17 de julho, nasce Jorge Alceu. Publica *Estudos, 4ª série*, *Debates pedagógicos* e *Preparação à Sociologia*.

Photo Jirota/Acervo do autor

Em Petrópolis, no ano de nascimento de sua filha Lia, 1929

1932
Com a tese "Economia pré-política", classifica-se em segundo lugar no concurso para a cátedra de Economia Política da Faculdade Nacional. Saem a coletânea de conferências *O problema da burguesia* (a versão castelhana, *El problema de la burguesía*, seria editada em Buenos Aires, no ano de 1939) e *As repercussões do catolicismo*. Com a criação da Liga Eleitoral Católica – iniciativa que teve à frente o arcebispo do Rio de Janeiro, d. Sebastião Leme –, torna-se secretário-geral da entidade.

1933
Apresenta "Introdução ao Direito Moderno", tese que o classifica em terceiro lugar no concurso para a cátedra de Introdução à

Ciência do Direito, da Faculdade Nacional de Direito. Lança *Estudos, 5ª série, Contra-revolução espiritual* e *Pela reforma social.*

Fotos: Acervo do autor

Paraninfo de colégio em Lorena, no interior de São Paulo (1933)

1934

Com prefácio de Jacques Maritain, é editado em Paris *Fragments de Sociologie Chrétienne.* Assume o cargo de presidente da Ação Católica Brasileira.

1935

Em 30 de julho, nasce Alceu Filho. Torna-se membro do Conselho Nacional (posteriormente Federal) de Educação – cargo que ocuparia até 1968. No dia 29 de agosto é eleito para a cadeira n.º 40 da Academia Brasileira de Letras, na vaga de Miguel Couto. A posse na ABL ocorreria em 24 de dezembro. Lança *Da tribuna e da imprensa, No limiar da idade nova* e *Pela Ação Católica.*

1936

Publica *O espírito e o mundo* e *Indicações políticas.* Sai em Lima, no Peru, uma versão de *Preparação à Sociologia, Introducción a la Sociología.*

Recebendo, no Rio, Raïssa e Jacques Maritain (ao centro), em 1936

1937

Nasce, em 12 de janeiro, Paulo Alceu. Assume o cargo de reitor da Universidade do Distrito Federal. Recebe o título de doutor *honoris causa* da Universidade do Chile. Dá conferências em Montevidéu, Buenos Aires e Santiago do Chile. É nomeado membro da Academia Argentina de Letras. Recusa convite para assumir o Ministério do Trabalho. Preside a Associação de Educação Familiar e Social.

1938

Renuncia ao cargo de reitor e assume como professor interino de Sociologia da Universidade do Distrito Federal. Nasce, a 20 de junho, o caçula Luiz Alceu. Lança *Idade, sexo e tempo* e *Elementos de ação católica.*

1939
Publica *Contribuição à história do Modernismo – Vol. 1: Pré-Modernismo.* No Rio de Janeiro, morre sua mãe.

1940
É nomeado professor catedrático interino de Literatura Brasileira da Faculdade Nacional de Filosofia. Colabora com a filha Maria Helena na tradução de *Damião, o leproso*, de John Farrow.

1941
Torna-se professor catedrático de Literatura Brasileira da Pontifícia Universidade Católica (PUC) do Rio.

1942
Saem *Meditação sobre o mundo moderno* e *Pela união nacional.* Traduz *O Cristo*, de Georges Goyau.

1943
Lança *O cardeal Leme* e *Mitos de nosso tempo* (a versão castelhana deste livro, *Mitos de nuestro tiempo*, seria editada em Buenos Aires no ano seguinte).

1944
Funda, ao lado de Cândido Guinle de Paula Machado, entre outros, a Livraria Agir Editora.

Acervo do autor

Na Casa Azul, da esq. para a dir., ao fundo: o sobrinho de Alceu, Marcos, e sua mulher, Maria Helena, Lia e uma prima, Beatriz; à frente: as irmãs Carmen e Zaíra, tendo a mãe, Camila, ao centro, e Alceu Amoroso Lima (1938)

1945
Demite-se da presidência da Junta Nacional da Ação Católica.

1946
Publica *Pela cristianização da ação católica: teoria* e *Pela cristianização da idade nova.*

1947
Inicia a colaboração no *Diário de Notícias*, na seção "Letras e Problemas Universais". Após a classificação em primeiro lugar no concurso, é nomeado titular da cátedra de Literatura Brasileira da Faculdade Nacional de Filosofia. Torna-se membro da Academia Nacional de Letras do Uruguai. Dá conferências em Montevidéu e Buenos Aires. Participa da fundação do Movimento Democrático Cristão na América Latina. Sai *O problema do trabalho.*

1948
Lança *Primeiros estudos: contribuição à história do modernismo literário – O Pré-Modernismo, de 1919 a 1920.*

1949
É editada a sua tradução de *O santo cura d' Ars*, de Henri Ghéon.

1950
Dá cursos e conferências sobre a civilização brasileira nas universidades francesas de Paris (Sorbonne), Toulouse, Bordeaux e Montpellier. Publica *Mensagem de Roma* e *Manhãs de São Lourenço.*

1951
Assume, em Washington, nos Estados Unidos, o cargo de diretor do Departamento de Assuntos Culturais da União Pan-Americana (atual Organização dos Estados Americanos, OEA). É convidado a dar palestras em várias universidades americanas, entre as quais Duke, The Catholic University, Vanderbilt, Washington e Fordham.

1952
Participa, como representante da OEA, da IX Conferência Geral da Unesco, em Paris. É delegado da Ação Católica Brasileira no congresso da Pax Romana, no Canadá. Recebe o Sierra Award da Academia Franciscana de História Americana, de Washington. Sai a tradução de *O homem e o Estado*, de Jacques Maritain.

1953
Recebe o título de doutor *honoris causa* da The Catholic University of Washington.

1954
Participa da delegação brasileira na X Conferência Panamericana, em Caracas. Lança *A realidade americana* e *Meditação sobre o mundo interior.*

1955
Publica *Pela América do Norte – Vol. 1.* O segundo volume seria editado no ano seguinte.

1956
Participa, como secretário executivo, da Reunião do Conselho Cultural Americano, realizada no México. Saem *Introdução à literatura brasileira, Quadro sintético da literatura brasileira* e *A vida sobrenatural e o mundo moderno.*

1958
É convidado a dar um curso sobre civilização brasileira na Universidade de Nova York, cidade em que permaneceria até o ano seguinte. Passa a escrever artigos para o *Jornal do Brasil*, do Rio de Janeiro, e *Folha da Manhã*, de São Paulo.

Acervo do autor

Com Thomas Merton, em Saint Louis, Kentucky, EUA, no ano de 1952

1959

Lança *O espírito universitário*, *O teatro claudeliano* e *O trabalho no mundo moderno*. Recebe o Prêmio Moinho Santista de Literatura.

Acervo *Última Hora/Folha Imagem*

Por ocasião da entrega do Prêmio Moinho Santista de Literatura (1959)

1960

Publica *A família no mundo moderno*, *O jornalismo como gênero literário*, *Problemas de Estética* e *Visão do Nordeste*.

1961

Traduz *Diário secular*, de Thomas Merton.

1962

Integra a delegação brasileira no Concílio Vaticano II, em Roma. Saem *A missão de São Paulo*, *Cultura interamericana*, *Da inteligência à palavra*, *Europa e América: duas culturas* e *O gigantismo econômico*.

Acervo padre J. O. Beozzo

Alceu (à esq.), na chegada da delegação brasileira ao Concílio Vaticano II (1962)

1963

Lança suas traduções de *Marta, Maria e Lázaro*, de Thomas Merton, e *Tratado de filosofia moral*, de Jacques Maritain. Escreve a introdução à encíclica *Pacem in terris* (*Paz na terra*), de João XXIII, para a publicação em um volume que incluiria também a outra carta social do papa, *Mater et magistra* (*Mãe e mestra*). Aposenta-se compulsoriamente, aos 70 anos, como professor universitário.

Acervo *Última Hora/Folha Imagem*

Ao receber o troféu Juca Pato como "Intelectual do Ano" (1965)

1964

Eleito "Intelectual do Ano", recebe o troféu Juca Pato, concedido pela União Brasileira de Escritores e pelo jornal *Folha de S. Paulo*. O escritor e jornalista Carlos Heitor Cony pede que Alceu, a quem não conhecia pessoalmente, testemunhe a seu favor no processo movido contra ele pelo ministro da Guerra, Arthur da Costa e Silva. Sai *Revolução, reação ou reforma.*

1965
Lança *Pelo humanismo ameaçado.* Traduz *Ofensiva de paz,* de Thomas Merton.

1967
Nomeado pelo papa Paulo VI, torna-se membro da Pontifícia Comissão Justiça e Paz, em Roma. É eleito membro associado estrangeiro da Academia de Ciências Morais e Políticas do Institut de France.

1968
Publica *A experiência reacionária.*

1969
A Columbia University, de Nova York, concede a Alceu o Prêmio de Jornalismo Mary Moors Cabot. Do governo francês, recebe a comenda da Legião de Honra; de Portugal, a Ordem de San Thiago e da Santa Sé, a Ordem de São Gregório. No Chile é condecorado com a comenda da Ordem Nacional do Condor. Sai *Adeus à disponibilidade e outros adeuses.*

1971
Lança *Companheiros de viagem.*

1973
Publica *Memórias improvisadas – Diálogos com Medeiros Lima.*

1974
Recebe o título de doutor *honoris causa* da PUC

Acervo IMS

Da esq. para dir., no seminário "Presença crítica de Alceu", promovido pelo IMS, em São Paulo: João Luiz Lafetá, José Paulo Paes, João Etienne, Alceu Filho, Antonio Candido, Francisco Iglésias, Davi Arrigucci Jr. e Augusto Massi (1993)

de São Paulo. Saem *Em busca da liberdade* e *Os direitos do homem e o homem sem direitos.*

1976
Em Petrópolis, bate o carro que dirigia contra uma árvore.

1977
Recebe, pelo conjunto da obra, o prêmio do XI Congresso de Literatura de Brasília, conferido pela Fundação Cultural do Distrito Federal. É eleito sócio honorário do Pen Club.

1981
No dia 22 de outubro, morre aos 83 anos, em Petrópolis, Maria Thereza, sua mulher.

1983
Morre em Petrópolis no dia 14 de agosto, aos 89 anos.

1993
O Instituto Moreira Salles realiza, a 18 de novembro, no auditório da sede do Unibanco, em São Paulo, o seminário "Presença crítica de Alceu".

Revista *Manchete*/Acervo do autor

O escritor em
sua biblioteca de
Petrópolis (1980)

Índice Onomástico*

A

A.: ver Lima Filho, Alceu Amoroso
Abranches, Maurina Dunshee de, 199
Abreu, Capistrano de, 34n
Achard, Marcel, 255
Acioly, Breno, 481
Acioly, Hildebrando, 7
Acioly, Roberto, 486, 490
Adão, 324
A de A: ver Athayde, Austregésilo de
Adenauer, Paul, 612
Adenauer, Konrad, 612n
Adjubei, Alexei, 271n, 282
Affonso, Almino, 244n
Afonsinho: ver Arinos Filho, Afonso; Melo Franco Afonso Arinos de
Afonso Celso, 648
Aguilar, José, 246n
Alberigo, G., 61n
Albertinho: ver Faria, Alberto de (filho)
Alceu Filho: ver Lima Filho, Alceu Amoroso
Alceuzinho: ver Lima Filho, Alceu Amoroso
Alcofra, Maria Amélia Pontes Vieira, 297n
Aleixo, Pedro, 523n
Alencar, José de, 154, 441, 494
Alencar, Madalena Fiúza Arraes de, 462, 483
Alicinha, 236
Alighieri, Dante, 335, 463
Alípio, 436, 439
Alkmin, José Maria, 390
Almeida, Bento Coelho de, 200, 421n
Almeida, Filinto de, 542
Almeida, Guilherme de, 190, 535
Almeida, José Américo de, 191, 582
Almeida, Sebastião Paes de, 569n
Almeida e Silva, Ari de, 199
Almeida Júnior, Antônio Ferreira de, 297
Alonso, Artur, 119, 153, 216
Alonso, Dámaso, 291
Alves, Hermano, 346, 489, 523
Alves, João Luiz, 426
Alves, Marcio Moreira, 391, 617-8
Alves Neto, Cosme, 486n
Alves, Rodrigues, 363n
Alvim, Teresa, 422
Amado, Gilberto, 92, 143, 193, 335, 429, 432, 434n, 437-9, 442, 461-2
Amado, Jorge, 150, 263-4, 298, 548
Amaral, Edgar, 119
Amarildo, 234
Americano, Jorge, 119, 172
Amiel, Henri Frédéric, 247
Amiot, Jules, 616
Amiot, Marthe Dubois, 305n,
Ana Amélia, 424
Ana Maria, 420
Anastácio, Timóteo Amoroso, 334, 420
Anastácio, Tito Amoroso, 598
Andersen, Hans Christian, 607
Andrade, Armindo Doutel de, 569n
Andrade, Carlos Drummond de, 190, 378-9, 460, 476, 535, 543
Andrade, Luiz Edgar de, 461
Andrade, Mário de, 111, 130, 205n, 264, 425, 427, 441, 505, 625
Andrade, Oswald, 425
Andreazza, Mário, 619n
Angé, 64, 438, 649
Aníbal, 160
A.P.: ver Prado Júnior, Antônio
Aragão, Cândido, 356n
Aragão, Raymundo Augusto Moniz de, 548n, 564n, 558, 608
Aranha, Temístocles da Graça, 124, 156, 158, 161, 421, 453
Araújo, Carolina Nabuco de, 194
Araújo, Francisco Áureo Pereira de, 584n
Araújo, Serafim Fernandes de, 567n
Arinos, Afonso, 35, 123-4, 176, 180, 236, 241-2, 254, 467, 482, 648
Arinos Filho, Afonso, 467-8
Aristófanes, 140
Aristóteles, 37
Arminda, 452
Arraes, Miguel, 265, 268, 285, 313, 317, 342, 346, 355,

*Os nomes dos correspondentes bem como as outras formas de tratamento que os designam – Alceu, AAL, Tristão de Athayde, P.; Lia, Tuca, Tuquinha, Maria Teresa – não foram incluídos.

367, 373-5, 379, 381, 391, 430, 442, 462, 482-3, 487, 497, 501, 614
Arraes, Violeta, 430, 614
Arrigucci Jr., Davi, 11, 655
Arteaga, Manuel, 113
Assis Brasil, 356, 364
Atenágoras, 592-3
Athayde, Austregésilo de, 119, 178, 219, 296, 298, 382, 417, 424, 460, 503, 548, 560-2
Athayde, Vasco de, 252
Ausônio, 231
Austregésilo, Antônio, 192
Ávila, Fernando Bastos de, 377, 412, 419
Azevedo, Fernando de, 460n

B

Bach, Johann Sebastian, 58
Bacon, Francis, 462n
Baggio, Sebastião, 457n
Bahia, Luiz Alberto Ferreira, 623
Baleeiro, Aliomar, 375
Bandeira, Antoninho, 116
Bandeira, Gustavo, 236
Bandeira, João Carneiro de Souza, 116-8, 152, 163, 236, 335, 648
Bandeira, Luzia de Souza, 117
Bandeira, Manuel, 116n, 190, 220, 248, 296, 420, 424-6, 535
Baptista, Ernesto de Mello, 412n
Baptista, José Newton de Almeida, 208, 352
Barão de Jaceguai: ver Mota, Artur Silveira da
Barão do Rio Branco: ver Paranhos Júnior, José Maria da Silva
Barbieri, Antonio Maria, 67
Barbosa, Rui, 115, 145, 167, 361, 496, 504, 531, 543, 600
Barreto, Alexandre, 647
Barreto, Francisco Barros, 152
Barreto, Plínio, 493-4
Barreto Filho, José, 171
Barrientos, René, 591n
Barros, Adhemar de, 127, 249n, 259, 265, 287, 313-4, 316, 362, 366-7, 372, 375, 380, 382, 390, 413-4, 491, 530-1
Barros, Belinha Monteiro de, 117
Barros, José Pedro Mendes, 176n
Barros, Maria Cristina Amoroso Lima Leite de, 574n
Barros, Maria Teresa Monteiro de, 117
Barroso, Gustavo, 236
Barroso Fernandes, 453
Barth, Karl, 274
Bastos, Justino, 375, 530
Batista, Fulgencio, 74, 104, 112, 414
Baudelaire, Charles, 141, 335, 353, 592
Bauer, 58
Beatriz, 652
Beaumarchais, Pierre Caron de, 380n
Beauvoir, Simone de, 475, 516
Beckett, Samuel, 539
Béguin, Albert, 149, 415-6
Belloc, Hilaire, 335
Beltrão, Hélio, 619n
Bento XV, papa (Giacomo della Chiesa), 33n, 56
Bergson, Henri, 125-6, 645, 648
Bernanos, Georges, 136, 149, 164, 335, 487, 496, 500, 645
Bernardes, Artur, 357, 504, 513-4
Berthon, François Xavier, 620n
Betancourt, Rómulo, 290n
Bevilácqua, Pery Constant, 538
Bidault, Georges, 321
Bilac, Olavo, 361, 504
Bittencourt, Paulo, 297
Blériot, Louis, 124
Bloy, Léon, 136,180, 496
Boileau, Nicolas, 152n
Borges, Mauro, 480, 503
Borges, Raimundo, 253
Borges da Silveira, 373
Bossuet, Jacques-Bénigne, 303
Bourget, Paul, 338
Braga, Ney, 320
Braga, Octacilio, 561-2
Braga, Odilon Duarte, 621
Brigadeiro: ver Gomes, Eduardo
Brinner, Yul, 412
Brito, Antônio Ferreira de Oliveira, 219n
Britto Velho, Carlos, 230
Brizola, Leonel de Moura, 214, 230, 267, 276, 288, 293, 304, 320, 356, 363-4, 371-2, 378, 382, 390, 408, 465-6, 483, 485-6, 499, 514, 586n, 600
Brochado da Rocha, Francisco de Paula, 243n
Bruzzi, Nilo, 368, 382
Bueno, Maria Ester, 540
Buisson, Jules, 140n
Bulhões, Octavio Gouvêa de, 512
Burnier, João Paulo Moreira, 624
Burnier, Martinho, 377

C

C.: ver Corção, Gustavo; Lima, Carmen Amoroso
Cabo Anselmo: ver Santos, José Anselmo dos
Café Filho, João, 212, 390
Caillaux, Henriette, 158, 407
Caillaux, Joseph, 158
Calazans, Benedito Mário, 356, 360, 362, 364, 533
Calderón de la Barca, 262n

Callado, Antonio, 391, 409, 414, 489
Calmette, Gaston, 158
Calmon, Pedro, 119, 217, 532
Câmara, Hélder, 57, 60, 136, 166, 187, 189, 202, 217, 221, 272, 282, 311, 327, 351, 353-4, 365, 370, 372-3, 384-6, 393-4, 396, 404-5, 409, 425, 433, 486, 502, 555-7, 603, 614
Câmara, Jaime de Barros, 73n, 129n, 131n, 136, 202, 221n, 242, 247n, 282n, 319n, 322, 354n, 567n, 576, 620-1
Camilo, 124
Camões, Luís de, 335, 621n
Campos, Chico, 226, 385, 545
Campos, Humberto de, 422
Campos, Milton, 168, 170, 212, 371, 373, 395, 400, 501, 513
Campos, Roberto, 383, 465, 499, 512
Camus, Albert, 225, 390
Candinho, ver: Mendes de Almeida, Cândido
Capanema, Gustavo, 217, 251, 420, 468, 505, 622
Capovilla, Loris Francesco, 282, 283n
Caramanlis, Constantin, 619n
Cardeal Bertram, 100n
Cardeal Suhard, 59n
Cardonnel, Jean, 187
Cardoso, Adauto Lúcio, 213, 267, 354, 378, 490, 501
Cardoso, Lúcio, 150, 194
Carlos, Newton, 398-9
Carmen: ver Lima, Carmen Amoroso
Carmichael, Stokeley, 583
Carmo, Aurélio Corrêa do, 414n
Carneiro, Américo Piquet, 465n
Carneiro, Fernando, 442, 446
Carneiro, Júlio César de Moraes, 326n, 531
Carneiro, Levi, 119, 219, 296, 298
Carone Filho, Jorge, 491n
Caruso, 373
Carvalho, Ferdinando de, 520-1
Carvalho, Ronald de, 172, 253, 426-7, 441, 515
Carvalho Filho, Reynaldo Joaquim Ribeiro de, 243n
Carybé, 264
Casals, Pablo, 58
Casasus, León, 161, 454
Cassiano Ricardo, 190, 535
Castello Branco, Carlos, 375, 494
Castello Branco, Humberto de Alencar, 9, 259n, 320n, 362, 375, 383n, 389, 390n, 394, 395n, 400-1, 409, 412-3, 416-7, 423, 425, 428, 431, 437, 440, 442, 447-8, 450-1, 470, 474, 476, 480, 482, 488-9, 491-2, 499, 501, 504, 506, 508-9, 510-1, 512-7, 520-1, 524, 526, 530-1, 533, 535, 545, 553-5, 556-7, 561-2, 569n, 595
Castro, Bento Ribeiro de, 223
Castro, Fidel, 74, 89, 104, 112-3, 168, 174, 186, 188, 203, 220, 225, 260, 332, 414, 583, 590
Castro, Ludovico Gomes de, 472
Castro, Raul, 113
Castro Alves, 552
Castro Maia, 236
Castro e Silva, 172
Catão, o Velho, 413
Catulo, 236
Catulo da Paixão Cearense, 236n, 588
Cavalcanti, José Costa, 619n, 622
Cavalcanti, Sandra, 351, 383, 429
Cavé, René, 376
Celestino III, papa, 61n
Cerejeira, Manuel Gonçalves, 192
Cervantes, Miguel de, 295n, 335
César, 184
Chagas, Valmir, 537-8, 548
Chamberlain, Arthur Neville, 488
Chammas, Adib, 569n
Chateaubriand: ver Chateaubriand, Assis; Chateaubriand, François-René de
Chateaubriand, Assis, 249, 348, 355, 391, 419n
Chateaubriand, François-René de, 494
Chatô: ver Chateaubriand, Assis
Chaves, Alfredo Ferreira, 206n, 236, 327
Chaves, Armando, 206n
Chaves, Eduardo Pacheco, 179
Chaves, Hélène Grandmasson, 206n
Chaves, Julieta Ferreira, 206n, 327
Che Guevara, 590-2, 603
Chesterton, Gilbert Keith, 8, 80, 96, 142, 335, 336, 404, 529
Chevalier, 487-8
Chezelas, 616
Chiang Kai-chek, 339
Chiquita, 115-6, 200
Chopin, Fréderic 110-1
Churchill, Winston, 61, 201, 281, 469, 488, 527n
Cícero, 545n
Cicognani, Amleto, 384
CL: ver Lacerda, Carlos
Claudel, Paul, 104, 202, 291
Cocteau, Jean, 291
Coelho Neto, 150, 421, 424-6, 504
Columba Marmion: ver Marmion, Joseph
Comparato, Fábio Konder, 416
Comte, Auguste, 125, 563
Condé, Elísio, 481n
Condé, João, 127n, 352, 481n
Condé, José, 481
Condessa Pereira Carneiro: ver Abranches, Maurina Dunshee de
Condessa Pereira Pinto, 178
Congar, Yves, 322, 337-8
Constantino, 613
Cony, Carlos Heitor, 430, 447, 460, 654
Coppée, François, 121

Coqueiro, Manuel da Motta, 523
Corção, Gustavo, 41n, 92-3, 99, 101, 134-5, 147, 176, 187-8, 203, 219, 220, 232, 263, 266, 307, 316, 317n, 322-3, 326, 352, 361, 407, 416, 422, 434, 445-6, 451-2, 454, 459, 470, 476, 500, 508-9, 529, 574, 608, 625
Corrêa, Roberto Alvim, 194
Correia, Oscar Dias, 490
Corvo: ver Lacerda, Carlos
Cosmao, Vincent, 576n
Costa, Francisca Amoroso, 235n
Costa, Carlos Duarte, 326n
Costa, Cipriano Amoroso (pai) 114, 235n, 236, 417n
Costa, Cipriano Amoroso (filho), 235n
Costa, Clóvis Ferro, 139n
Costa, João Cruz, 523
Costa, Hipólito José da, 147, 421
Costa, João Rezende, 620n
Costa, Lucio, 119
Costa, Manoel Amoroso, 115-6, 117n, 176
Costa e Silva, Arthur da, 9, 389, 409, 511n, 523n, 524, 548, 553-7, 560, 561, 566-7, 590-1, 595, 597, 599, 617, 619n, 622, 623n, 624
Coutinho, Afrânio, 192, 219, 246n, 296-7, 298, 382, 500n, 583
Coutinho, Otávio de Azeredo, 171
Coutinho, Rui, 372-3, 407, 409, 426, 433, 446, 448, 487, 516, 536
Couto, Deolindo, 296-7, 464
Couto, Miguel, 651
Couto e Silva, Golbery do, 562
Cravo, Mario, 264
Cristo: ver Jesus Cristo
Croguennec, Hervé, 620n
Cruz, José Geraldo da, 620n
Cunha, Celso, 297, 547-8, 551, 588
Cunha, Euclides da, 35
Cunha, Vasco Leitão da, 414, 429
Cury, Miguel, 419

D

Dale, Romeu, 231, 352
Dalí, Salvador, 42-3
D'Angelo Neto, José, 309n
Daniélou, Jean, 330
Daudet, Alphonse, 335, 434, 518
Daudet, Léon, 241
Day, Dorothy, 496
Decauville, Paul, 222n
De Franceschi, Antonio Fernando, 15
De Gaulle, Charles, 57, 69, 78, 92, 101n, 139, 158, 161, 196, 254, 321, 339, 340, 400, 450, 468-70, 473-4, 488, 516, 605, 615
De Quincey, Thomas, 141n
Del Picchia, Menotti, 177n
Debré, Michel, 92
Deffontaines, Pierre, 525, 616
Delfim Netto, Antonio, 619n
Denys, Odílio, 211n, 212, 214
Deodato, Alberto, 461
Descartes, René, 232
Dias Gomes, 447n
Díaz, Porfirio, 161n, 454
Didi: ver Octavio Filho, Rodrigo
Dindinho: ver Marinhas, Antonio Martins
Dines, Alberto, 351, 625
Dodsworth, Henrique de Toledo, 35, 116, 199, 200, 236, 429, 453, 509, 548-9, 588, 648
Dodsworth, Jorge, 35n, 116
Doherty, Catherine, 107n
Dom Lefebvre, 104n
Dom Marcos Barbosa, 22n
Domenach, Jean-Marie, 415
Domenech, Joel, 267n
Domingues, Heron Lima, 409
Dona Almeidinha: ver Faria, Maria Thereza de Almeida
Dona Baby: ver Lima, Maria Thereza de Faria Amoroso
Dona Celeste, 72
Dona Eglantine: ver Prado, Eglantine
Dória, Ernestina Moutinho, 222n
Dreyfus, Alfred, 158n
Duarte, Emo, 187
Ducatillon, Vincent-Joseph, 388
Dudu, 72, 114
Duff, 109
Dulles, John Foster, 57, 77
Dumas, Alexandre, 420
Durão, José de Santa Rita, 450n
Dutra, Elói, 382
Dutra, Eurico Gaspar, 323n, 378, 381, 383
Dutra, Tarso, 595, 619n
Dutra, Wagner Antunes, 83, 129, 171n, 394, 645

E

E., Eddy: ver Macedo, Eduardo Álvares de Azevedo
Edméia, 368, 465
Einstein, Albert, 600
Eisenhower, Dwight David, 75, 77, 78n, 85, 201, 210
Eli, 436
El-Saick, Humberto, 569n
Emerita, 200, 424n
Emília, 438
Epicuro, 158
Estevam, Carlos, 412n
Estrela, Arnaldo, 420
Etienne Filho, João, 11, 655
Ézio, 439, 440

F

Falcão, Luiz, 424, 537
Faria, Alberto de (pai), 99n, 128, 150n, 494, 649
Faria, Alberto de (filho), 115-6
Faria, Maria Thereza de Almeida, 99n, 128, 138, 200, 421, 649
Faria, Otávio de, 99n, 150, 309, 574
Faria, Raul de, 200
Farias, Cordeiro de, 214, 448
Farrow, John, 652
Faure, Félix, 158n
Feola, Vicente, 543
Fernandes, Hélio, 147, 195, 378, 414, 417-8
Ferrari, Fernando, 168
Ferrario, Carlo (Carlos), 348, 352, 441-2, 455, 598, 611
Ferreira Gullar, 412n
Ferreira, Maria José de, 8, 25-9
Ferreti, Giovanni Maria Mastai, ver: Pio IX, papa
Figueiredo, Jackson de, 39n, 41n, 48, 55-6, 64, 83n, 88, 90, 93n, 95, 157, 170, 171n, 232, 240, 248, 253-4, 261, 296, 321-2, 326, 391, 404-5, 415, 441, 459, 460, 467, 492-4, 545, 567, 619, 649, 650
Fiori, Ernani, 247
Fitzgerald, Francis Scott, 88
Fiúza, Madalena, 462, 483
Flores, Venancio, 73, 279
Flores da Cunha, 224, 404, 408
Fonseca, Hermes da, 167n, 278, 531n, 554, 600
Fontes, Armando, 352
Fontes, José Martins, 427
Fortunato, Gregório, 385
Foucauld, Charles de, 287, 305, 324n
Franca, Leonel, 38, 126, 167, 171, 240n, 331, 334, 404-5, 429, 441, 541, 650
Franca, Leovigildo, 240, 436, 439, 440
France, Anatole, 334-5, 447
Francisco Ferdinando, 159n
Francisco José, 159
Franco, Francisco, 92, 96, 188
Frei Ângelo, 527
Frei Benevenuto, 458n
Frei, Eduardo, 352n, 468, 611-2
Freitas, Luiz Mendonça de, 104n
Freud, Sigmund, 157, 329
Freyre, Gilberto, 271, 433-4, 450, 500, 555
Friedenreich, Arthur, 234
Fromentin, Eugène, 157, 335
Frondizi, Arturo, 372
Frontin, André Gustavo Paulo de, 199
Furtado, Celso, 465

G

G.A.: ver Amado, Gilberto
Gagarin, Iuri, 205, 232
Galileu Galilei, 294 330
Gama, Luiz, 552
Gama e Silva, Luís Antônio da, 378n, 619n, 624n
Gandhi, Mahatma, 496, 600-1, 603, 618
Ganns, Cláudio, 171-3, 254, 417n
Garric, Daniel, 249, 399, 407, 416, 485, 487
GC, ver: Corção, Gustavo
Geisel, Ernesto, 320n
George, David Lloyd, 60-1
George Sand, 156n
Gertrudes Cecília: ver Prado, Ana Abiah da Silva
Gheón, Henri, 653
Gide, André, 335
Gilson, Etienne, 325, 404
Ginsberg, Allen, 86n
Glenn, John, 232n
Gluck, Christoph Willibald, 94n
Godinho, Antônio de Oliveira, 356, 533
Góes Filho, Joaquim Faria, 296, 307, 484, 532
Goldschmidt, 109, 110
Goldwater, Barry, 469, 470, 473, 477, 480, 488
Gomes, Eduardo, 78, 229, 339, 345-6, 382-3, 506, 519, 523, 538, 568, 624
Gomes, Roberto, 140
Gonçalves Dias, 421, 429, 441, 446, 494
Gordon, Lincoln, 533
Goulart, Denise, 285n
Goulart, João, 11, 168, 170, 178, 183, 211-6, 230, 238-9, 241, 243, 259, 268-9, 271n, 273, 276, 279, 285-9, 292-3, 304, 314-7, 323, 339, 342-3, 345, 353-4, 356-7, 359, 362-9, 371-6, 378-9, 381-383, 390, 392, 394, 400, 402, 406n, 414, 416, 419, 423, 426, 431, 440, 442, 445, 448, 452, 464-6, 483, 487, 492, 502, 506, 511, 514, 516, 525n, 560-1, 562n, 568, 600
Goulart, João Vicente, 285n
Goulart, Maria Thereza, 285n, 378
Goulart, Paulo, 236
Goyau, George, 652
Graça Aranha, 93, 156n, 193, 199, 349, 420-1, 424-6, 631, 648
Greene, Graham, 86, 236n, 529
Gregório XIV, 61n
Gregório XVI, papa, 61n, 620n
Gremillion, Joseph, 576-7, 612
Grieco, Agripino, 191
Grünewald, Augusto Rademaker, 619n
Guéranger, Prosper, 340
Guerra, Isa, 486n, 502
Guilherme II, 361n
Guillemin, Susana, 577-8
Guillén, Nicolás, 267n

Guimarães, Chico, 482
Guinle, Guilherme, 133
Guinness, Alec, 93
Gumercindo, 380
Gustavo, 118

H

Habacuc, 351
Hammarskjöld, Dag, 219
Hargreaves, Henrique José, 181
Hasselmann, Ângelo, 109, 110
Hasselmann, Arnoldo Fairbairn, 412
Hasselmann, Sebastião, 109n
Heck, Silvio, 313, 359, 362, 431, 447, 449, 520
Hefele, Karl Joseph, 247n
Hegel, Georg Wilhelm Friedrich, 561
Heinlein, Robert Anson, 431n
Henrique II, 620n
Henríquez, Raúl Silva, 471n
Henriquinho: ver Dodsworth, Henrique de Toledo
Hermany, Rodolfo, 631
Heyman, Laure, 305
Hime, Stanley, 22
Hirszman, Leon, 412n
Hitler, Adolf, 209, 280, 408, 441, 488, 506n, 520, 580, 610
Holanda, Aurélio Buarque de, 192, 505
Holanda, Sérgio Buarque de, 48n, 64n, 559n, 650
Homero, 232n, 335
Horácio, 433n
Hungria, Nelson, 460n

I

I.L.: ver Lins, Ivan Monteiro de Barros
Iglésias, Francisco, 11, 655
Irmã Emanuel: ver Sousa e Silva, Elsie de
Isabel, 372
Ivo, Lêdo, 192

J

J.: ver Lima, Jorge Alceu Amoroso
Jaguaribe, Hélio, 445
Jango: ver Goulart, João
Jansênio, Cornélio, 134n
Jaurès, Jean, 161, 422
Jesus: ver Jesus Cristo
Jesus, Lúcia de, 137n, 138
Jesus Cristo, 23, 27, 38, 40, 44, 47, 48, 50, 59n, 62n, 67, 71, 75-6, 81, 87-90, 98, 109, 110, 123, 126, 129, 134, 137, 143, 150n, 188, 233n, 261, 270, 284n, 288, 307-8, 326n, 329n, 336n, 357, 393, 396-8, 401, 455, 461, 465, 472, 479, 483, 498n, 516n, 517, 529, 574, 581, 591-2, 613, 620n
JG: Ver Goulart, João
João Cândido, 357-8, 361, 363
João Paulo II, papa, 61n, 328n
João XXI, papa (Pedro de Espanha), 59n
João XXII, papa (Jacques Duèze), 59
João XXIII, antipapa (Baldassare Cossa), 59
João XXIII, papa (Angelo Giuseppe Roncalli), 49n, 51n, 56n, 58-62, 63n, 66, 67n, 96-8, 102, 104, 105n, 136-7, 257, 269, 270, 271n, 274-5, 277, 282-4, 288, 290, 299, 300-1, 303n, 315, 320-2, 326-7, 330, 332n, 341-3, 346-8, 355, 377n, 385-6, 405, 455, 457, 459, 461, 468, 470-4, 479, 481, 498, 500, 503-4, 508, 510, 528-30, 563, 565, 577, 579, 602, 654
Joãozinho: ver João XXIII, papa
Joaquim, 133
Jobim, Danton, 572
Joffily, Rosário, 435
Johnson, Lyndon, 341, 382, 469n, 473, 478, 596, 610
Jossua, J. P., 322n
Journet, Charles, 69, 432, 437n
Jovita, 436
Joyce, James, 86
Julião, Francisco, 189
Júlio Maria: ver Carneiro, Júlio César de Moraes

K

Kant, Immanuel, 125n, 126
Keats, John, 81
Kelly, Celso, 381
Kennedy, Jacqueline, 299
Kennedy, John Fitzgerald, 78, 175, 181-2, 185, 194, 299, 300-1, 303n, 317-8, 341, 343, 405, 473, 600
Kennedy, Robert Fitzgerald, 606, 610
Kerouac, Jack, 86n
King, Coretta Scott, 601n
King, Martin Luther, 583, 600-3
Kipling, Rudyard, 275, 618
Kloppenburg, Boaventura, 393, 408
Knaus, Hermann, 311n
Köpke, João, 117, 246, 476, 645, 647
Kruel, Amaury, 375, 389, 530, 555
Kruschev, Nikita, 66, 77, 181, 194, 260, 271, 275, 280, 301, 339, 389, 473-4
Kruschev, Rada, 271n
Kruse, Miguel, 33n
Kubitschek, Juscelino, 65n, 73, 119n, 138-40, 145-7, 183, 189, 197, 202-4, 212n, 273, 278n, 282, 285, 292, 314-5, 346, 349, 352, 355, 359, 365-6, 368-9, 374, 382, 397, 407, 410, 413-4, 416, 418, 445, 448, 482, 492, 503, 508, 510, 512, 524, 525n, 526, 530, 568, 614n
Kuril, 194

L

L.: ver Lima, Luiz Alceu Amoroso
Lacerda, Carlos, 139, 167-8, 169n, 170, 175, 182, 198, 213, 215, 218, 220, 224, 229n, 230, 232, 239, 246n, 265-8, 270, 272-3, 276, 279, 282-5, 287-9, 290, 292-3, 304, 313-4, 316-7, 323, 334, 339, 343-6, 348-9, 350, 351n, 352, 355, 357-9, 360, 362-5, 367-9, 370-9, 380-3, 385, 390, 395, 407-8, 413, 416-7, 419, 422-3, 431, 441, 447, 448-9, 450-2, 463, 465, 467n, 469, 470, 491, 493, 500, 503, 506-14, 516, 524, 526, 530-1, 533, 535, 555-7, 561, 568, 595, 599, 604, 608, 615, 621
Lacerda, Flávio Suplicy de, 447, 523, 532, 549, 608n
Lacombe, Américo, 297, 467
Lacordaire, Henri-Dominique, 620
Laet, Carlos de, 330, 361, 459, 504-5
Lafaiete, Armando 428
Lafer, Horácio, 145
Lafetá, João Luiz, 11, 655
Lage, Francisco, 435
Lago, Ester, 331
Lago, Renato, 331n
Lan, 622
Law, Andrew Bonar, 61
Le Ven Michel, 620n
Leão, Célia de Sousa, 483n
Leão, Múcio, 382
Leão XIII, papa (Vincenzo Gioacchino Pecci), 49, 55-6, 60, 121, 136, 326, 336n, 472, 481n, 493
Lebret, Louis-Joseph, 576
Leclercq, H., 247n
Leibniz, Gottfried Wilhelm, 81
Leme, Nelson Paes, 624
Leme, Sebastião 23, 39n, 71, 90n, 100n, 129, 130, 171, 173, 272, 290, 322, 326n, 327, 346, 351, 357, 396, 399, 404-5, 441, 459, 541, 567, 603, 650
Lemos, José, 331
Lênin, 280n, 408, 618
Leoni, Raúl, 290n
Lercaro, Giacomo, 49, 51-2
Levy, Herbert, 378
Liénart, Achille, 471
Lima, Afonso de Albuquerque, 595, 619n, 622
Lima, Camila da Silva Amoroso, 114, 123, 128, 152, 154-5, 160, 180, 221-2, 327n, 349, 361, 371, 421, 600, 647, 652
Lima, Carmen Amoroso, 100, 109, 123, 154-5, 236, 631, 652
Lima, Casemiro Eugênio Amoroso, 463
Lima, Cláudio Medeiros, 9
Lima, Francisco Negrão de, 305-7, 507-9, 520-1, 597, 608, 612, 623
Lima, Jorge Alceu Amoroso, 23n, 72, 88, 90, 95n, 120, 406, 421, 438, 463, 525, 574, 639, 650
Lima, Jorge de, 7, 150, 190, 405
Lima, Layde Amoroso, 171n, 417
Lima, Luiz Alceu Amoroso, 23n, 72, 95n, 124, 372, 417, 536, 544, 639, 652
Lima, Manoel José Amoroso, 22, 34, 68, 93, 114, 128, 155, 176, 180, 183, 235-6, 252-3, 349, 360, 380, 443, 463, 600, 647
Lima, Marcelo Amoroso, 121, 222, 437, 439, 574
Lima, Maria Helena Amoroso, 87-8, 95n, 204, 237, 253, 421, 634, 639, 649, 652
Lima, Maria Thereza de Faria Amoroso, 7, 11, 15, 21, 41, 44, 49, 54, 58, 66, 68, 72, 74, 78-80, 87-9, 91, 93-5, 97-9, 101, 106, 108, 110, 112, 114, 120, 124-6, 128-9, 135-6, 152, 155, 170-1, 173, 177, 199, 200, 204, 206-8, 218, 224, 227, 235-6, 252-3, 263, 281, 305-6, 327, 340-1, 346-7, 351-2, 357, 370, 373, 381, 386-7, 398, 408, 410, 415, 420-2, 425, 430, 433, 439, 442, 459, 460, 469, 481, 492, 526, 534, 553, 573, 575, 578, 580, 584, 599, 600-1, 607, 611, 624, 638-9, 640, 649, 655
Lima, Marly Tostes Malta Amoroso, 574, 585
Lima, Paulo Alceu Amoroso, 23n, 72, 80, 88, 95n, 107, 439, 639, 651
Lima, Silvia Amoroso, 8, 10, 15, 77, 91-2, 95n, 237, 373-4, 421, 525, 639
Lima, Sílvio Júlio de Albuquerque, 174
Lima, Zaíra Amoroso, 117, 155, 365, 652
Lima Filho, Alceu Amoroso, 8, 11-2, 23n, 72n, 94, 95n, 103, 129, 396, 425, 463, 544, 638-9, 651, 655
Lima Neto, Alceu Amoroso, 574n
Lincoln, Abraham, 299
Linhares, Maria Yedda, 385, 406-7
Lins, Álvaro, 191-2, 194, 352, 380, 451
Lins, Edmundo, 463
Lins, Ivan Monteiro de Barros, 125-6, 241
Lippman, Walter, 185
Lisboa, Miguel Arrojado Ribeiro, 251-2
Liszt, Franz 110, 155
Llewellyn, Richard, 463n
Lobato, Monteiro, 649
Lobo, Laurinda Santos, 482
Loew, Jacques, 230-1, 437
Lombardi, Armando, 241n, 384n, 393, 394n, 396, 399, 405, 457, 572
Lopes, Francisco Leme, 307
Lopes, Renato, 235, 251, 426
Lord Byron, 156
Lott, Henrique Teixeira, 65n,139, 212, 217, 224, 243, 316, 331, 366, 538
Lubac, Henri Sonier de, 330
Lúcia, 114, 200, 494
Luís XIV, 482
Luiz Camilo, 124
Lumumba, Patrice, 200
Lunanyès, 576
Lusquinho, Manoel, 452n

Lutero, Martinho, 471
Luz, Carlos, 65n, 212
Lyra, Carlos, 412n

M

MB, ver Bandeira, Manuel
MC, ver Campos, Milton
M., Marcelinho: ver Lima, Marcelo Amoroso
Macedo, Eduardo Álvares de Azevedo, 157, 161, 176, 236, 241, 422, 453
Macedo, João, 236, 548
Machadinho, 171
Machado, Antônio de Alcântara, 441
Machado, Cândido Guinle de Paula, 608, 652
Machado, Celina Paula, 404n
Machado de Assis, 13, 48n, 78, 335, 385, 441, 462
Maciel, Olegário Dias, 368
Macleish, Archibald, 80n
MacMillan, Harold, 301
Madame de Sevigné, 352
Madame Forain, 361
Madre Pasqualina, 52
Magalhães, Fernando, 438
Magalhães, Juracy Montenegro, 139, 178, 253, 511-4, 517-8, 568
Magalhães, Sérgio, 169, 170
Magalhães Júnior, Raimundo, 298
Magessi, Augusto, 278
Maîstre, Joseph, 240
Maldaner, Bruno, 396
Malebranche, 156n
Malherbe, François de, 152
Mallarmé, Stéphane, 53n, 223n, 335, 476
Malraux, André, 291, 469
Malta, Olgério Tostes, 574
Malvino, 436
Mamãe: ver Lima, Maria Thereza de Faria Amoroso
Mamamãe, 115
Mané, Manezinho: ver Lusquinho, Manoel
Mangabeira, João, 406
Mao Tsé-tung, 320, 339
Maquiavel, Nicolau, 535
Maranhão, Péricles, 195
Marañon, Gregorio, 554
Marcel, Gabriel, 558
Marcito: ver Alves, Marcio Moreira
Marcos, 652
Marechal Fontenele, 397
Maria do Carmo, 422
Maria Elvira, 436
Maria Helena, 652
Maria Olímpia, 532
Marin, Benedito, 404
Marinhas, Antonio Martins, 109, 115
Maritain, Jacques, 51n, 53-5, 68-9, 102, 103n, 104, 126, 136n, 137, 145, 167, 180n, 181, 235, 244, 261, 291n, 315, 322, 324-5, 327, 333, 335-6, 404, 415, 432, 469, 470, 496, 500, 503, 505, 529, 537, 558-9, 563, 573, 579, 638, 645, 651, 653
Maritain, Raïssa, 51n, 54, 69, 136n, 180-1, 469, 500, 651
Marivaux, Pierre, 160n
Mariz, 235
Marmion, Joseph, 22, 38
Martim Francisco, 358
Martini, Luís Teixeira, 495
Martins, Hélcio Andrade, 413-4
Martins, Mário, 297, 544
Marto, Francisco, 137n
Marto, Jacinta, 137n
Marx, Karl, 73, 498, 563, 576
Massi, Augusto, 11, 655
Mata, Ary da, 380
Mata-Machado, Edgar Godoy da, 320
Matarazzo, Matilde, 297
Mattos, Carlos Meira, 595-6
Mattos, Xavier de, 296
Mauriac, François, 22n, 86, 104, 134, 404, 432
Maurin, Peter, 496n
Maurras, Charles, 55n, 136n, 241, 415n
Mayer, Antônio de Castro, 104n, 139, 207n, 313, 346n
Mazzilli, Ranieri, 211, 244n, 372, 374, 378, 381
MC, ver: Campos, Milton
McCarthy, Joseph, 477, 488
McKinlay, Nelly, 110
McKinley, William, 182n
Medeiros, Carlos, 545
Melo Franco, Afonso Arinos de, 217, 219, 241-2, 254, 348, 371, 373, 410, 465, 467-8, 517, 532
Melo Franco, Antonieta Prado Arinos de, 180
Melo Franco, Joãozinho, 124
Melo Franco, Rodrigo, 123
Melo Franco, Virgílio de, 123n
Mello, Francisco de Assis Corrêa de, 614, 624
Mello, Gladstone Chaves de, 445
Mello Maluco: ver Mello, Francisco de Assis Corrêa de
Mello, Márcio de Souza e, 614n, 619n, 624
Mello, Nelson de, 243, 250, 553
Mello e Souza, Antonio Candido de, 11, 655
Mello e Souza, José Carlos, 352
Mendes, Murilo, 190, 337, 389, 405, 578
Mendes Barros, 176
Mendes de Almeida, Candido, 249, 351, 377, 445
Mendonça, Marcos de, 424
Merton, Thomas, 104, 107-8, 244-5, 322, 324-5, 335, 394n, 432, 496, 529, 558-9, 619, 645, 653-5
Mesquitas, Mesquitinhas, 137, 316, 476
Meyer, Augusto, 298,336, 438, 440, 462, 494

Michler, Martinho, 231, 240, 646
Mikoyan, Anastas, 77
Mindszenty, Jószef, 620
Miranda, Leonel, 619n
Miranda, Murilo, 286
Molière, 390
Molina, Josefina, 394
Moline, Pierre-Louis, 94n
Mollica, 476n
Monsenhor Caruso, 129
Monsenhor Lafitous, 369
Monsenhor Melo, 23
Montaigne, 7
Monteiro, Cecília, 351
Monteiro, Pedro Aurélio Góis, 372, 512
Montello, Josué, 296, 298, 349, 421, 426, 505
Montherland, Henri de, 149, 150
Montini, Giovanni Battista: ver Paulo VI, papa
Montoro, André Franco, 268, 320, 467-8, 560
Moog, Vianna, 438
Moraes, Henrique Ferreira de, 33n, 42, 439, 441, 444
Moraes, Vinicius de, 190, 535
Morand, Eugène-Edouard, 36n
Morand, Paul, 36
Moreira, José Carlos, 352
Moreira, Thiers Martins, 119, 296, 467, 535
Moreira da Fonseca, 459, 460
Moreyra, Álvaro, 286
Morley, Helena, 177
Moulin, Jean, 321n
Mounier, Emmanuel, 415-6, 485-6, 573
Moura, Abrão, 569n
Moura, Laércio Dias de, 412, 419
Mourão Filho, Olímpio, 375, 395, 538, 554
Mousinho, Luis do Amaral, 42n
Mota, Artur Silveira da, 335
Mota, Silvio, 356n
Motta, Carlos Carmelo de Vasconcellos, 217n, 329, 351, 405n
Motta Coqueiro, 523
MP: ver Pinto, José Magalhães
Muraro, Rose Marie, 407
Murici, José Cândido de Andrade, 253
Muricy, Antônio Carlos da Silva, 530
Murtinho Nobre, 476n
Musset, Alfred de, 156, 159, 335
Mussolini, Benito, 137n, 408

N

N., Nena: ver Lima, Maria Helena Amoroso
Nabuco, Joaquim (pai), 146n,194n, 552
Nabuco, Joaquim (filho), 331
Nabuco, Maurício, 146, 185, 330, 331n, 482
Napoleão Bonaparte, 92
Napoleão III, 620n
Nascimento, Alcino do, 385n
Nasser, Gamal Abdel, 580-1
Negrão, Maria José, 297
Nehru, Jawaharlal, 454
Nenni, Pietro, 96
Nepomuceno, Alberto, 111, 115, 645
Neves, Eduardo das, 116
Neves, João, 424, 465
Neves, Tancredo, 217
Newman, John, 336, 337, 338, 340
Nguyen Cao Ky, 558
Nietzsche, Friedrich, 563
Nixon, Richard, 75n, 175, 182, 185, 606, 610
Nogueira, Hamilton de Lacerda, 93, 268, 305, 352, 416
Nordau, Max, 166
Noronha, Eduardo Augusta Bretãs de, 595
Novaes, Paulo, 608
Novis, Aloysio, 296
Novo, Antônio Gomes, 200

O

Octavio Filho, Rodrigo, 119, 236, 298, 461
Ogino, Kusaku, 311n
Olinto, Antônio, 419
Oliva, Zitelmann de, 425
Oliveira, Carlos Josaphat Pinto de, 346n, 422n
Oliveira, Jorge Marcos Oliveira, 504
Oliveira, José Aparecido de, 367
Oliveira, Josélia Marques de, 69n
Oliveira, Plínio Corrêa de, 55n, 98, 104, 309n, 423, 500
Oliveira, Vital Maria Gonçalves de, 321, 322
Olympio, José, 377, 553
Ordoñez, Manuel, 352
Ortigão, Ramalho, 124
Osório, Jefferson Cardim, 497n
Ottaviani, Alfredo, 51, 56, 59, 96, 98, 104, 130n, 148, 231, 261n, 269, 315, 408, 471
Otto, 252-3
Ozanam, Frédéric, 328

P

P. ver Lima, Paulo Alceu Amoroso
Pacelli, Eugenio: ver Pio XII, papa
Pacheco, José Félix Alves, 251
Padim, Cândido Rubens, 272
Padre Gemelli, 69
Padre Hosanam, 576

Padre O'Reilly, 104
Padre Vaz Candido, 310
Padre Vogel, 327
Paes, José Paulo, 11, 655
Paim, Antônio, 188
Paiva, Ataulfo Nápoles de, 283
Papini, Giovanni, 404
Paranhos Júnior, José Maria da Silva, 115n, 199, 226
Pascal, Blaise, 100, 103, 134, 233, 335
Passarinho, Jarbas, 503, 619n
Passos, Oscar, 533
Pasternak, Boris, 66n, 86, 475
Patrocínio, José do, 552
Paula, 100
Paulo Filho, 391
Paulo III, papa, 538
Paulo VI, papa, 49n, 53, 67n, 69n, 102n, 153, 277, 288, 291n, 306, 315, 325, 327, 331, 333, 341-3, 347, 385, 394, 396, 404, 455, 457, 461, 467, 470-3, 479, 481, 498, 503, 508-9, 518-20, 528-9, 565, 571n, 572, 577, 593, 601, 603, 609n, 613-4, 620n, 655
Pavan, Pietro, 577
Paz, Gainza, 112, 225
Pecci, Vicenzo Gioacchino: ver Leão XIII, papa
Pedro II, 194, 498, 523
Péguy, Charles, 84, 293, 416, 451, 496, 645
Peixoto, Afrânio, 12, 99n, 116n, 192, 194, 253, 503, 505, 525
Peixoto, Amaral, 319, 376, 467
Peixoto, Floriano, 360n, 514, 599
Pelé, 234, 540
Pellegrino, Hélio, 392, 395
Pena, Affonso, 438n
Pena Júnior, Afonso, 438n
Penido, Maurílio Teixeira Leite, 337
Peralva, Osvaldo, 194
Peregrino Júnior, 588
Pereira, Geraldo Jordão, 377n
Pereira, Ivo, 619n
Pereira, Julieta Brito, 417
Pereira Carneiro, condessa: ver Abranches, Maurina Dunshee de
Perón, Juan Domingo, 225, 369, 388
Pessoa, Epitácio, 167n, 252, 278
Pessoa, Fernando, 157
Pieruccetti, Oswaldo, 491n
Pimenta, Arnaldo Mattos, 417n
Pimenta, Dinah Mattos, 417n
Pimentel, Mesquita, 315-6
Pimentel, Maria Theresa Mesquita, 315n
Pinotti, Mário, 530
Pinho, José Wanderley de Araújo, 153
Pinho, Péricles Madureira de, 549
Pinto, Álvaro Vieira, 254, 445, 501
Pinto, Alzira Costa, 358
Pinto, Edmundo Barreto, 582
Pinto, José Alberto Lopes de Castro, 600
Pinto, Olavo Bilac, 313-4, 316, 511
Pinto, Carlos Alberto de Carvalho, 214, 310, 313, 317, 342n, 345-6, 348-9, 355, 367, 377, 383, 570
Pinto, José de Magalhães, 265, 285, 292, 310, 313-4, 315, 317, 320, 342n, 345-6, 348-9, 355, 353, 363, 365, 367-8, 373-7, 379, 382-3, 391, 487, 490n, 491, 512, 516, 531, 553-5, 619n
Pinto, Heráclito Fontoura Sobral, 93, 147, 171-2, 191, 220, 243, 247, 254, 271, 307, 316, 331, 346-8, 352, 355, 357, 362, 366, 372, 381, 407, 413, 416, 462, 483n, 501, 510, 517, 538, 598, 623, 624
Sodré, Abreu, 597, 603
Pio IX, papa (Giovanni Maria Mastai Ferreti), 55, 61, 97, 102, 104, 121, 377n, 472
Pio X, papa (Giuseppe Melchior Sarto), 50-51, 55, 96, 327
Pio XI, papa (Achille Ratti), 48-9, 55, 61, 100n, 129, 130, 136, 138n, 326, 405, 457
Pio XII, papa (Eugenio Pacelli), 48-52, 55-7, 59, 60-4, 67, 71, 73n, 76, 79, 96-7, 102, 127, 129n, 130, 136-7, 217n, 223, 311, 341, 347, 405, 547, 577, 620n
Pio XIII: ver Paulo VI
Pirandello, Luigi, 177, 619n
Pizzardo, Giuseppe, 130n
Poe, Edgar Allan, 53n
Pombo, José Francisco da Rocha, 253
Pongetti, Henrique, 406
Portella de Melo, Jayme, 597
Portinari, Cândido, 324
Poubel, João, 440
Prado, Ana Abiah da Silva, 33n, 178, 180
Prado, Antonio Caio da Silva, 33n
Prado, Eduardo, 179, 180
Prado, Eglantine,123, 179
Prado, Martinho da Silva, 33n
Prado, Paulo da Silva, 179
Prado, Veridiana Valéria, 33n, 179
Prado Júnior, Antônio, 123n, 179, 573
Prestes, Júlio, 171n, 173, 229n
Prestes, Luís Carlos, 229n, 363, 535
Prieto, Cesar, 569n
Proust, Adrien, 616n
Proust, Adrienne (Suzy), 305n
Proust, Elisabeth, 616n
Proust, Marcel, 13, 110n, 115, 128n, 156-7, 247, 305, 335, 585, 616
Proust, Robert Emile, 305n

Q

Quadros, Jânio, 139n, 165, 167-8, 170, 178, 182, 194, 197, 201, 202-4, 211n, 212n, 213-6, 217n, 220,

229, 238-9, 243, 249, 250, 259, 265, 273, 276, 278, 282, 284, 286, 313-4, 316-7, 339, 355, 364, 367, 374, 381-2, 392, 413, 431, 448, 480, 486, 495, 506, 525n
Quattrocchi, Beltrame, 322n
Queirós, Eça de, 176, 335
Queiroz Filho, Antônio de, 378
Quiido, 23
Quinquina, 64, 649
Quiquinha: ver Lima, Silvia Amoroso

R

Rabelais, François, 231
Racine, Jean, 335
Rahner, Karl, 432
Ramos, Nereu, 65n
Ratti, Achille: ver Pio XI, papa
RC: ver Coutinho, Rui
Rebellon, José, 267n
Rego, José Lins do, 150
Regules, Dardo, 352n
Rembrandt, 36
Renan, Ernest, 607
Renault, Abgar, 464, 539, 557, 562, 584-5
Resende, Otto Lara, 345
Resquet, Jorge, 267n
Restrepo, Camilo Torres, 528n, 529, 590-1, 603
Reyes, Alfonso, 226
Ribas D'Ávila, Teresa Maria Amoroso, 574
Ribeiro, Carlos, 392
Ribeiro, Carlos Otávio Flexa, 467, 507-8, 531
Ribeiro, Darcy, 413
Ribeiro, João Batista, 253
Ribeiro, Hélio, 202
Ribeiro, Leonídio, 296
Ribeiro, Nina, 408
Ribeiro, Paulo Assis, 548
Ribeiro, Paulo Costa, 409
Ribeiro, Pedro de Oliveira, 170-3
Richelieu, 616
Robespierre, Maximilien de, 408
Rocha, Anísio de Alcântara, 523
Rocha, Carlito, 172
Rockefeller, Nelson Aldrich, 78
Rodrigues, Nelson, 193, 599, 601, 603
Rohden Humberto, 434
Rolland, Romain, 92, 318
Romero, Sílvio, 152
Roncalli, Angelo Giuseppe, ver João XXIII, papa
Rondon, Cândido Mariano da Silva, 615
Roosevelt, Franklin Delano, 80, 85, 182, 185, 299, 469, 478
Roosevelt, Theodore, 182
Rosa, João Guimarães, 35, 424-5
Rousseau, Jean-Jacques, 350n
Rousset, David, 416
Roy, Maurice, 576
Rubens, 36
Rudge, Maria Sophia, 33n
Rusk, Dean, 382

S

S.: ver Lima, Silvia Amoroso
Sagan, Françoise, 78
Salazar, Antonio de Oliveira, 92, 139, 188, 192, 433, 450, 503
Salgado, Clóvis, 547n
Salgado, Plínio, 55n, 229n, 238, 284, 331, 339, 409n, 488, 500, 520
Salgado Filho, Joaquim Pedro, 173, 237
Salles, Eugênio, 569, 571-6, 576, 578, 604
Salles, Walther Moreira, 15
Salk, Jonas, 84n
Salvador, Vicente do, 34
Sampaio, Plínio de Arruda, 320
Santa Bernadete, 138n, 436
Santa Clara, 287n
Santa Cruz, Luiz, 309
Santa Joana d'Arc, 123n, 220
Santa Maria, 38, 42, 59, 125, 137n, 223, 324, 436, 405, 467, 577, 593
Santa Teresa de Ávila, 133n, 137n
Santa Teresinha, 99, 100, 507, 566
San Thiago Dantas, Francisco Clementino de, 11, 216-8, 238, 271n, 273, 276, 312, 319, 342, 367-8, 371, 382-3, 410, 414, 419, 445, 464-8, 518, 600, 621, 624
Santo Agostinho, 9, 82n, 232, 336-8, 563
Santo Aleixo, 444, 521
Santo Ambrósio, 62
Santo Inácio de Antióquia, 322n, 332
Santo Inácio de Loyola, 167
Santo-Tomás, João de, 325n
Santo Tomás de Aquino, 51n, 103, 111, 325, 337n, 559
Santos, João Batista Pereira dos, 422
Santos, José Anselmo dos, 356n, 486, 502
Santos, Paulo de Tarso, 292, 320, 485-6, 532, 593
Santos Dumont, 116
São Barnabé, 180
São Bartolomeu, 458
São Bento, 47
São Carlos Borromeu, 62
São Francisco de Assis, 287, 338
São Jerônimo, 263
São Jerônimo Emiliano 321

São João Batista, 63, 353
São João da Cruz, 137n
São João Evangelista, 131n, 257, 593
São José, 42, 65, 347
São Lucas, 40
São Malaquias, 61, 71, 104
São Mateus, 40, 63, 613n
São Paulo, 111, 207n, 337, 401n, 577, 593
São Pedro, 50n, 61-2, 610-11, 471, 478, 498, 577, 593, 612-3
São Pedro de Alcântara, 133-4
São Sebastião, 95
São Thomas Becket, 620
São Tomé, 329n
Saraiva, Augusto de Mello, 224
Sarmento, Sizeno, 621
Sarney, José, 139n
Sarto, Giuseppe Melchior: ver Pio X, papa
Sartre, Jean-Paul, 475, 516
Sá Viana, 117, 152
Schauff, 576
Scherer, Alfredo Vicente, 309
Schlesinger, Arthur, 80n
Schmidt, Augusto Frederico, 143, 145, 190, 220, 241, 249, 266, 389, 390, 416-7, 419, 424, 451-2, 465, 467, 492
Secondi, Pedro, 452
Seixas Dória, 462, 487
Sena, Fábio de, 424
Senise, Heloisa Maria, 624n
Shakespeare, William, 34, 47n, 117, 334, 546n
Shaw, Bernard, 86
Sheen, Fulton, 103-4, 108, 148, 335
Sheil, Bernard, 244-5
Shepard Jr., Alan, 205
Sigaud, Geraldo de Proença, 104n, 309n
Silva, Augusto Álvaro da, 572n, 575
Silva, José, 327
Silveira, Badger Teixeira da, 375-6
Silveira, Pelópidas da, 375, 462
Silveira, Tasso da, 171, 253, 307
Simas, Carlos de, 619n
Simonelli, Girolamo, 61n
Siqueira, José de Lima, 582
Singer, Isaac Merrit, 588n
Siri, Giuseppe, 49, 51
Soares, Edmundo de Macedo, 619n
Sodré, Roberto de Abreu, 597, 604
Sorel, Georges, 606
Sorokin, Pitirim, 563
Sousa, Irineu Evangelista de, 99n, 171n, 374, 494
Sousa e Silva, Elsie de, 244, 327-8, 432
Souto, Édson Luís de Lima, 597n, 600n
Souza, 46
Souza, Luiz Alberto Gómez de, 175n, 309, 485
Souza e Silva, Celso de, 286, 355, 370, 380
Spellman, Francis Joseph, 104, 244, 596
Spengler, Oswald, 563
Stálin, 280, 408, 473
Stendhal, 179, 335, 462
Stevenson, Adlai, 78, 85, 108, 143-5, 185
Strindberg, August, 607
Studart, Heloneida, 133, 389, 420
Sucupira, Newton, 297, 500
Suenens, Leo-Jozef, 310
Suzano, Pedro Paulo de Araújo, 243n, 356n

T

Tardini, Domenico, 63, 67, 98
Tavares, Aurélio de Lyra, 619n
Távora, Edílson, 139n
Távora, José Vicente, 353
Távora, Juarez, 320, 346
Tatá: ver Faria, Otávio de
Tchekov, Anton, 472
Teilhard de Chardin, 261, 263, 315, 324, 330, 331n, 333, 500, 505-6, 529, 537, 558, 573, 579
Teixeira, Anísio Spínola, 86-7, 297, 400, 413, 464, 551, 564
Ticiano, 43
Tio Bentinho: ver Almeida, Bento Coelho de,
Tio Bentoca: ver Castro, Bento Ribeiro de,
Tio Cipriano: ver Costa, Cipriano Amoroso (pai)
Tiradentes, 590
Titov, Gherman, 210, 232
Torquemada, Tomás de, 330, 455, 461, 471, 484, 535
Toynbee, Arnold, 563
Travassos, Nelson Palma, 179
Trigueiro, Dumerval, 564
Trótski, 488
Trujillo, Rafael, 225
Truman, Harry, 76, 185, 478

U

Umancoff, Vera, 69n, 180

V

Vargas, Getúlio, 78n, 138, 140, 145n, 173, 212n, 217n, 220, 229n, 276, 278, 286-7, 289, 317, 342, 345, 362, 365, 371-2, 381, 385n, 392, 431, 441, 489, 504, 506, 512, 514-5, 530, 533, 567, 582, 588, 621-2
Van Acker, Leonardo, 230
Van Dyck, 109
Vasconcelos, José Vieira de, 551

Vaz, Rubens, 385n
Verissimo, Erico, 150
Veronese, 576
Veuillot, Louis, 493
Viana, Alfredo, 376
Viana Filho, Luís, 185, 226, 296, 418, 447, 482-3, 491, 496, 543, 553
Vianna, Eremildo Luiz, 294, 307, 376, 385, 410
Vianna, Hélio, 297
Vianna Filho, Oduvaldo, 412n
Victor Hugo, 375
Vidal, 171
Vieira, Antônio, 167, 409, 416
Vieira Coelho, 466-7
Vilela, Avelar Brandão, 221
Villa-Lobos, Heitor, 119, 120
Virgílio, 35n, 335
Virgínia, 452
Visconde de Mauá: ver Sousa, Irineu Evangelista de
Visconti, Eliseu d'Angelo, 206
Viviani, René, 161
Voltaire, 344
Vovó Camilita: ver Lima, Camila da Silva Amoroso
Vovó Mocinha: ver Faria, Maria Thereza de Almeida
Vovó Viscondessa, 114
Vovô: ver Lima, Manoel José Amoroso
Vovô Visconde, 35

W

Wagley, Charles, 464
Wagner, Richard, 42n, 83
Ward, Barbara, 573, 577-9, 614
Washington, George, 299
Washington Luís, 170-3, 368, 390
Waterman, 234
Weil, Simone, 101, 582
Weiss, Albert-Maria, 149
West, Morris, 331, 333
Wilson, Thomas Woodrow, 541

Y

Yayá, 193
Yedda: ver Linhares, Maria Yedda

Z

Z.: ver Lima, Zaíra Amoroso; Oliva, Zitelmann de
Zola, Émile, 158n, 338n

Agradecimentos

Madre Maria Teresa, Alceu Amoroso Lima Filho, Silvia Amoroso Lima Affonso Ferreira, Maria Helena Arrochellas, Magno Vilela* e também:

Afonso Arinos de Mello Franco, Alberto Dines, Alberto Venancio Filho, Alceu Luiz Pazzinato, Alécia Suaid Moura, Aloysio Pereira Novis, Álvaro Pessoa, Antonio Carlos Villaça, Aurora Fornoni Bernardini, Babi Teixeira, frei Bruno Palma, Carlos Heitor Cony, Celso Renato Duvivier de Albuquerque Mello, Francisco Catão, almirante Giovanni Gargiulo, d. Ireneu Penna, João Alexandre Barbosa, João Almino, padre José Oscar Beozzo, José Pereira da Silva, Lindinalva Barreto Lira, d. Lourenço de Almeida Prado, Luiz Alberto Gómez de Souza, Marco Antonio Villa, Mara Lúcia Rabêlo Silva, Marcelo Thimoteo da Costa, Maria Amélia Pontes Vieira Alcofra, Maria José da Trindade Negrão, Maria Lúcia Ribeiro de Oliveira, almirante Mário Jorge Hermes, Oto Agripino Maia, Paulino Cardoso, Paulo Fiori, Sebastião Lacerda, Tarcísio Padilha, Telê Porto Ancona Lopez, Venício A. de Lima, Vladimir Sacchetta, Wilson Figueiredo;

Academia de Letras da Bahia, Arquivo Histórico do Exército, Botafogo Futebol Clube, Centro Alceu Amoroso Lima para a Liberdade, CNBB – Conferência Nacional dos Bispos do Brasil, Centro Dom Vital, Cerimonial da Governadoria do Estado do Pará, Dedoc – Departamento de Documentação da Editora Abril, Fédération des Réseaux du Parvis, Fundação Alberto Pasqualini, Fundação Biblioteca Nacional, Fundação Bunge, IEB – Instituto de Estudos Brasileiros da Universidade de São Paulo, Instituto Histórico de Petrópolis, Konrad Adenauer Stiftung, Pontifícia Universidade Católica do Rio de Janeiro, Pontifícia Universidade Católica de São Paulo, Universidade Presbiteriana Mackenzie.

---

*Professor de História do Cristianismo, atuou como consultor do presente volume, escrevendo notas sobretudo de natureza crítica. Mineiro da cidade de Formiga, Magno José Vilela iniciou seus estudos superiores na Universidade de São Paulo. Acusado de subversão política e perseguido pela ditadura militar instaurada em 1964, passou um ano na clandestinidade, exilando-se em seguida na França – concluindo sua formação acadêmica na Universidade de Paris-I (Sorbonne) e na École de Hautes Études en Sciences Sociales (Ehess – VIéme section). Condenado à revelia, só voltou ao Brasil após a decretação da Lei de Anistia, em 1979. É um dos autores de *Memórias do exílio* (Lisboa: Arcádia, 1976), obra tratada numa crônica de Tristão de Athayde. Em co-autoria com Francisco Catão lançou *O monopólio do sagrado – Uma análise da presença da Igreja Católica no Brasil* (São Paulo: Best Seller, 1994). Seu ensaio sobre Antônio Vieira, *Uma questão de igualdade* (Rio de Janeiro: Relume Dumará, 1997), foi premiado pela Academia de Letras da Bahia no mesmo ano em que veio a público.

Cartas do pai

De Alceu Amoroso Lima
para sua filha
madre Maria Teresa

Direção Editorial
Antonio Fernando De Franceschi

Editor Executivo
Rinaldo Gama

Editora
Francesca Angiolillo

Seleção, organização e transcrição de originais
Madre Maria Teresa, OSB
Alceu Amoroso Lima Filho
Silvia Amoroso Lima Affonso Ferreira

Notas
Magno Vilela

Checagem das notas
Equipe IMS

Revisão
Silvia Amoroso Lima Affonso Ferreira
Maria Sylvia Corrêa (2. ed.)

Assistentes Editoriais
Adam Sun
Flávia Oliveira Nunes

Projeto gráfico
Hélio de Almeida

Assistente de Arte
Lilian Queiroz

Tratamento de imagens
Sergio Burgi
Cídio Martins Neto
Marcelo Nastari Milanez

Secretárias
Cecília Harumi Niji
Acássia Correia da Silva
Denise Pádua

Dados Internacionais de Catalogação na Publicação (CIP)
(Câmara Brasileira do Livro, SP, Brasil)

Lima, Alceu Amoroso, 1893-1983.
Cartas do pai: de Alceu Amoroso Lima para sua filha madre Maria Teresa / Alceu Amoroso Lima. – 2. ed. rev. – São Paulo: Instituto Moreira Salles, 2004.

ISBN: 85-86707-09-0

1. Cartas brasileiras 2. Lima, Alceu Amoroso, 1893-1983 3. Maria Teresa, madre I. Título.

04-5417 CDD-869.96

Índices para catálogo sistemático:

1. Cartas: Literatura brasileira 869.96

Printed in Brazil, 2004.
Foi feito o depósito legal.

INSTITUTO MOREIRA SALLES

Av. Paulista, 1.294, 14º andar, CEP: 01310-915, São Paulo-SP.
Tel.: (11) 3371-4455; fax: 3371-4497.
Internet – http://www.ims.com.br
E-mail: ims@ims.com.br

IMS
INSTITUTO MOREIRA SALLES

Mantenedor:
UNIBANCO

ESTA OBRA FOI COMPOSTA
POR HÉLIO DE ALMEIDA ESTÚDIO GRÁFICO,
EM MINION
E IMPRESSA PELA IPSIS GRÁFICA E EDITORA
PARA O INSTITUTO MOREIRA SALLES
EM AGOSTO DE 2004.